KB084552

제8판

체제적 교수 설계

THE SYSTEMATIC DESIGN OF INSTRUCTION

WALTER DICK · LOU CAREY · JAMES O. CAREY 지음
김동식 옮김

 아카데미프레스

Systematic Design of Instruction, The, Loose-Leaf Version, 8/E
by Walter Dick, Lou Carey, James O. Carey

Pearson
is an imprint of

역자의 머리말

이 책은 미국 플로리다 주립대학의 Dick 교수 등의 *The Systematic Design of Instruction* 8판을 번역한 것이다. 22년 전에 번역했던 것은 3판이었는데, 이 두 책을 비교해 보면 새로운 내용이 추가되거나 수정된 부분이 많다. 역자는 처음 번역한 책으로 학부에서 강의를 해오다가 그간에 새로운 버전의 책이 출간되자 원서로 강의를 하기도 했는데, 영어로 된 책으로 학부에서 강의하면서 몇 가지의 어려움을 겪었다.

그런 어려움의 하나는 책에서 사용된 예시가 학생들에게 교수 설계의 기법에 대한 이해를 쉽게 해 주기보다는 오히려 혼동을 주기도 한다는 점이었다. 예나 예시는 축약된 이론이나 원리가 어떻게 적용되었는지를 보여 주는 실생활의 예로 구성되는 것이 일반적이기 때문에 이론이나 원리만의 설명보다는 이해가 쉬워야 하는데도 불구하고 이런 현상이 벌어지는 것은 그 예와 예시가 우리나라의 문화, 생활에서 나온 것이 아니라 미국 사회에서 나온 것이기 때문이다. 잘 이해되지 않는 내용을 더군다나 익숙하지 않은 영어로 읽어야 하는 이중적 부담이 작용했을 수도 있다. 이런 어려움을 완화시켜 주기 위해서는 우리나라의 예를 한글로 작성했으면 좋겠지만 번역작업이라는 것이 본래 저자의 글을 한글로 옮겨야 하는 것이기에 예를 모두 바꾸는 작업은 하지 않고 그 대신 우리말로 쉽게 표현하기 위해 노력했다.

이 책에서 다루고 있는 주된 내용은 미시적 차원에서의 교수 설계에 초점을 두고 있다. 하나의 기관을 대상으로 하는 교육적 해결책을 제시하기 위한 거시적 교수 설계를 통해 개발된 교수체제의 한 부분으로서의 단위 교육 프로그램의 설계 과정과 기법을 다루고 있다는 의미이다. 물론 여기에서도 초기 분석(FEA), 설계(Design), 개발(Development), 운영(Delivery), 사후 분석(REA)과 같은 일련의 과정 중에서 앞의 두 단계에 초점을 맞추고 있다.

이전 7판까지의 책과 이번에 번역한 8판의 큰 차이점은 구성주의적 학습 환경(Constructive Learning Environment: CLE) 설계 기법이 추가되었고, 교수 전략 설계가 두 장으로 분리되면서, 제시 전략, 전달 시스템(Delivery System)과 매체 선정 등의 내용이 보강된 점이다. 이전의 책에서는 교수 설계의 주요 배경으로 객관주의적 관점이 지배적이었다면, 이 책에서는 구성주의적 관점을 추가하면서 그 균형을 유지하고, 교수 전략의 다양성을 보완하려고 했다는 점을 그 특징으로 볼 수 있다.

이 책은 교수 설계의 이론만을 다루기보다는 실제로 설계를 해 보는 것을 강조하고 있다. 따라서 설계의 각 단계를 공부하고 각 장에 제시되어 있는 예시를 참고로 하여 실제로 어떤 기관의 문제를 가지고 설계를 해 보는 것이 중요하다. 그 과정을 통해 설계과정에 대한 기술서(document)와 교수 프로그램을 개발할 수 있는 설계 결과를 얻을 수 있을 것이다. 후자를 위해 실제로 학습 현장에서 사용될 수 있는 교수 프로그램까지 만들어 보는 것이 바람직하다. 이를 위해 이 러닝 프로그램과 같이 개발 시간과 노력이 많이 드는 형태보다는 인쇄매체 형태의 교수 프로그램을 개발해 보는 것이 연습을 위해 적절할 수도 있다. 이를 위해 책에 제시되어 있는 예가 많은 도움이 될 수 있다. 그러나 그 예를 그대로 모방하는 것은 잘못이다. 왜냐하면, 설계라는 분야는 설계자의 고유한 아이디어가 교수 설계 원리 못지않게 중요하기 때문이다. 책에 있는 사례와 예는 이 과목을 수강한 학생들이 만들어 본 그야말로 수많은 예들 중 하나이기 때문이다. 따라서 그 예를 참고로 하여 독창적인 설계를 해 보라고 강력하게 권하는 바이다.

이 책은 다양한 교수 전달 시스템에 의한 학습 프로그램의 개발에 앞서서 그 내용의 설계에 주안점을 두고 있기 때문에 이 설계 결과를 기초로 하여 웹 기반 혹은 컴퓨터 기반의 다양한 형태의 학습 프로그램, 혹은 교사나 강사 주도의 학습, 훈련 프로그램 개발로 이어지는 것이 바람직하지만, 1장에서도 지적하고 있듯이, 초보자들은 비교적 개발 부담이 덜한 인쇄 기반의 학습 프로그램을 개발해 볼 필요가 있다. 왜냐하면 그 프로그램을 이용하여 형성 평가도 해 보고, 설계된 프로그램을 교육의 실제 현장에 적용해 볼 수 있기 때문이다.

이 책의 주된 독자는 현장 교사는 물론, 기업, 정부, 군 등의 조직에서 기관의 역량 개발을 위한 교수 프로그램 설계 및 개발자들일 것으로 생각된다. 또한 대학의 교육학과에서 교육과정, 교수-학습이론을 공부하는 학부생과 대학원생에게는 물론, 교육공학과에서 교수 설계를 공부하는 학부, 대학원생, 컴퓨터교육과 등의 관련교과 수업에서 이용될 수 있다. 모쪼록 이런 분야에서 일하시는 분들에게 도움이 되기를 바란다.

2015년 가을 학기에 교수 설계 과목을 수강한 한양대 교육공학과 학생들의 도움을 많이 받았다. 초고를 가지고 강의를 듣는 불편함을 감수하면서 오자, 탈자를 찾아준 학부 수강생들과 찾아보기, 부록 정리를 도와준 한양대 대학원 교육공학과 이혜정에게도 고마운 말을 전하고 싶다. 저자의 생각을 정확하게 옮기려고 최선을 다했지만 어딘가 어색하거나, 오탈자가 있을 수 있는데, 그것은 온전히 역자의 불찰일 뿐이다. 예정보다 시간을 넘겨 원고를 넘기게 되었는데도 불구하고 참아 주신 아카데미프레스의 사장님과 편집부 직원들에게 감사를 드린다.

김동식 씀

차 례

| 제5장 | 학습자 분석과 상황 분석

| 제6장 | 수행 목표 작성

| 제7장 | **평가 도구 개발**

제1장

교수 설계에 대한 기초적 이해

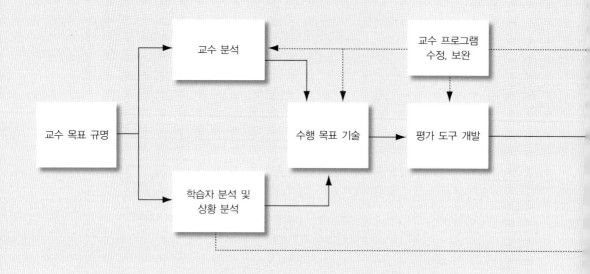

Dick과 Carey가 제시한 체제적 접근에 의한 교수 설계 모형

오늘날의 이 러닝이나 원격교육 코스에서 학생들은 교사와 같이 온라인 연습, 질문/응답/토론게시판, 프로젝트, 동료와의 상호작용 등을 이용해서 교실 활동과 유사하게 교과서나 온라인 강의를 들을 수 있다. 이 경우, 학생들의 태도, 학업성취 수준, 이수율이 기대 수준에 미치지 못한다면, 보다 재미있는 교과서로 대체하거나 학생들의 협력 활동을 하게 하거나 교사와의 실시간 상호작용을 할 수 있도록 한다. 현재 사용하고 있는 교육방법들의 성과가 개선되지 못한다면 교사나 코스 관리자는 이 러닝 포탈의 내용을 재조직하거나, 그렇지 않으면 '이 러닝은 모든 학습자에게 적합하지 않다'는 믿음을 가지고는 학습 성과의 개선에 전혀 도움이 되지 않을 수 있다.

학습자의 성취수준을 증진시키기 위해 코스의 여러 저기를 적당히 수정하는 것은 교사나 코스 관리자들에게 귀찮은 일일 뿐만 아니라, 필요한 배경지식이 부족하고, 똑똑하지도 못하고, 성공적으로 학습을 하는 데 필요한 공부 습관이나 인내심을 가지고 있지 못한 학생들의 문제 때문에 성취수준이 낮다고 교사나 관리자들이 핑계를 대게 할 수도 있다. 그러나 성공적인 학습을 위해서는 내용의 단편적인 수정이나 적당한 합리화보다는 모든 구

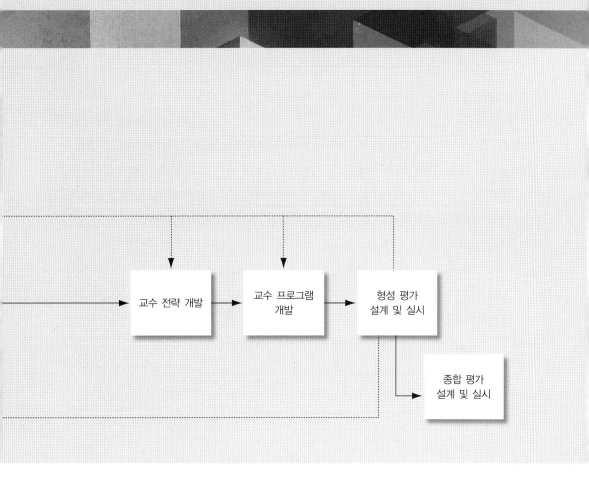

성요소가 중요하다고 보는 체제적 절차로서 이 러닝과 모든 교수 학습 과정을 보는 생산적인 접근 방식을 따를 필요가 있다. 바람직한 학습 성과를 얻기 위해서는 교사, 학습자, 학습자료, 교수 활동, 전달 시스템(delivery system), 학습 및 수행 환경 등의 요소가 서로 밀접하게 상호작용해야 한다. 이런 요소 중에 하나를 수정하면 다른 요소들에게 영향을 주게 되어서 결국 학습 성과에 영향을 미치게 된다. 어떤 하나의 구성요소 내의 조건들을 적절하게 고려하지 못하면 전체 교수 설계 과정을 망칠 수도 있다. Israelite(2004, 2006)는 기업교육을 위한 이 러닝 문제는 *시스템적 사고(systems thinking)*를 제대로 활용하지 못하는 데 기인한다고 주장하고 있다. 예를 들면, 첨단 웹 포탈과 학습 매체기술에 대한 투자가 효과적인 학습 내용의 설계와 같은 교수 설계적 측면에 대한 철저한 고려와 병행되지 않는다는 점이다. 이런 Israelite의 관점을 흔히 *시스템적 관점*이라고 하는데, 이 관점은 역량 문제를 분석하고 교수 설계를 하기 위해서는 시스템적 사고를 해야 함을 주장하고 있다.

그러면 먼저 *체제(system)*의 의미를 알아보고 나서, 교수 설계를 위한 체제적 접근에 대해 살펴보기로 하자. 체제라는 용어는 다양한 사람들이 참여하여 어떤 프로젝트를 수행할 때, 한 부분의 일을 수행한 사람들의 수행 결과가 다른 사람들의 수행 결과와 서로 밀접하게 관련되어 있음을 주목하게 되면서 대단한 인기를 끌었다. **체제**는 체제를 구성하고 있는 서로 관련된 부분들의 집합으로서, 그 모든 부분들은 정해진 목표를 달성하기 위해 같이 작용하게 된다.

체제를 구성하고 있는 부분들은 입력과 출력의 형식으로 서로 의존하게 되고, 바람직한 목표(goal)가 달성되었는지를 확인하기 위해 전체 체제는 피드백을 사용한다. 만일 목표를 달성하지 못했으면 목표가 달성될 때까지 체제는 수정을 계속하게 된다. 가장 쉽게 이해할 수 있는 체제는 자연적으로 발생하는 것보다는 우리가 창조하여 통제할 수 있는 것이다. 예를 들어 가정에 있는 냉난방 장치를 생각해 보자. 냉난방 장치를 구성하고 있는 여러 요소들은 원하는 온도를 만들어 내기 위해 서로 긴밀하게 작동하게 된다. 온도조절 장치는 피드백 메커니즘으로서, 냉난방 체제는 이 장치를 통해 부단히 온도를 측정하여 열이 더 필요한지 아니면 찬 기운이 필요한지에 대한 신호를 보낸다. 원하는 온도가 되면(목표가 달성되면) 그 시스템은 스스로 꺼진다. 온도조절 장치가 온도를 설정하고, 각 부품들이 적절하게 작동하는 한, 이 냉난방 시스템은 우리가 원하는 온도를 항상 유지하게 해 줄 것이다. 한편, 운전자와 같이 상당히 오류를 발생시킬 가능성이 높은 피드백 메커니즘을 사용하는 자동차 제동 체제는 냉난방 장치의 온도조절 장치보다 불안한 체제이다. 기계적인 오류가 제동과 관련된 사고의 원인이 되는 경우는 극히 드문 대신, 교통이 복잡한 도로를 운전하는 중에 미끄러운 도로 조건, 부적절한 시야 확보, 휴대전화 혹은 라디오를 사용하면서 전방 주시를 놓치는 것과 같은 경우에 자동차의 제동 시스템의 구성요소를 찾아서 바로 처치를 내려야 하는 것을 운전자가 잘못했을 경우가 대부분이다. 인간의 생리적, 심리적 특성이 제동 시스템에서 핵심적인 역할을 해야 할 때, 체제는 바람직한 결과를 위해 잘 예측하고 관리하기가 어렵다.

당뇨병 관리의 예를 하나 더 보기로 하자. (1) 다이어트(어떤 음식을 언제 얼마나 먹을 것인가?), (2) 신체적 노력(운동), (3) 정서적 노력, (4) 인슐린(언제, 얼마나), (5) 각 개인의 유일한 신진대사 처리 과정 등의 구성요소들은 건강한 혈당 수준의 유지를 위해 서로 긴밀하게 작용하는 복합적인 균형이 잘 이루어진 체제의 구성요소들이다. 이 체제의 목표가 안정적인 혈당 수준을 유지하는 것이기 때문에 이를 위해 피드백 메커니즘은 정기적으로 혈당 정도를 점검한다. 이 체제는 수용할 수 있는 범위를 벗어난 것을 감지해서 균형을 잃었을 때는 필요한 균형을 찾기 위해 하나 이상의 구성요소들을 조정하게 된다. 이 체제를 통제하는 것은 인간의 개인차가 나타나면 그것을 억제하려는 것처럼 보일지도 모른다. 그러나 이 체제적 접근은 전문가들로 하여금 당뇨를 관리하기 위해 조정해야 하는 요소를 찾아내서, 치료를 위한 출발점으로서 각 구성요소별로 정상적인 수준을 정해 줌으로써 개인차를 조절할 수 있도록 운동과 음식 조절을 하게 해 준다. 당뇨 관리를 위한 전문가들의 시각은 개인의 성장, 연령, 생활 방식의 변화에 따라 지속적인 모니터링을 요구하는 동적인 체제로 보는 것이다.

이와 같이, 교수 과정 그 자체도 학습을 만들어 내기 위한 목표를 가지고 있는 체제로 보고자 한다. 이 체제를 구성하는 요소들은 학습자, 교사, 교수 프로그램, 학습 환경이며, 이러한 요소들은 체제의 목표를 달성하기 위해 서로 밀접하게 상호작용을 하게 되는 것이다. 예를 들면, 전통적인 강의에서 교사는 교과서나 학생용 지침서에 있는 예시 문제에 대해 학생들을 지도할 수 있다. 그 결과 학습이 일어났는가를 알아보기 위해 수업의 마지막에 퀴즈를 실시할 수 있다. 이 교수 체제에서 이 퀴즈가 당뇨병 관리 체제에서 혈당 검사기에 해당된다. 만일 학습자의 성취도가 만족할 만한 수준이 아니면 그 체제가 효과적이 되도록 하여 바람직한 학습 성과가 나올 수 있도록 체제의 구성요소들을 수정해야만 한다.

이러한 체제적 교수의 관점은 교수 과정에 있어서 모든 요소들이 중요한 역할을 한다는 보는 것이다. 당뇨 관리 체제의 구성요소들이 바람직한 성과를 만들어 내기 위해 효과적으로 상호작용해야 하는 것과 같이 교수 체제의 요소들도 마찬가지로 효과적으로 상호작용을 해야만 한다. 그 체제의 성공은 어느 하나의 구성요소에 달려 있는 것이 아니라 바람직한 성과의 달성을 위해 각 요소들이 해내야 할 일을 정확하게 해내느냐에 달려 있다. 따라서 그 체제의 효과성(목표 달성 여부)을 정확하게 측정한 결과 학습 효과를 이끌어 내는 데 그 체제가 실패하고 있다면 수정을 가할 수 있는 메커니즘이 있어야만 한다.

여기까지, 교수 과정(instructional process)에 대한 논의는 학습이라는 목표 달성을 위해 교사, 교수 프로그램, 학생이 상호작용하는 *학습의 중요성*에 초점을 두었다. 그렇다면 교수 과정에 있어서 준비는 어떠한가? 교사는 '무엇을, 언제' 해야 할 것인가를 어떻게 결정해야 하는가? 체제적인 시각에서 보면, 교수 프로그램(instruction)의 준비, 적용, 평가, 수정은 하나의 통합된 과정으로 볼 수 있다. 광의의 체제적인 시각에서 보면, 다양한 자원들이 교수 프로그램의 준비 과정에서 투입(input) 요소로서 제공되는 것이다. 그 산출(output)은 어떤 산출물 혹은 산출물들과 그 산출물이 적용될 때 이용되어야 할 절차와 통합된 것이다. 이 산출물을 이용한 결과에 따라시 그 체제를 어떻게 수정할 것인시를 결성하게 되는 것이다.

이 저서는 교수의 설계, 개발, 적용, 평가를 위한 체제 접근 모형을 논의하는 것이 그 목적이다. 이 체제는 난방기나 냉방기 혹은 열펌프 같은 물리적 체제가 아닌 절차적 체제이다. 설계의 각 단계가 다음 단계의 입력 요소가 되고, 그 산출이 다음 단계의 입력 요소가 되는 일련의 단계에 대해 살펴보고자 한다. 이 체제의 모든 요소들은 효과적인 교수 프로그램의 성과를 달성할 수 있도록 서로 긴밀하게 상호작용하고, 이 체제의 평가 요소가 어떤 실패를 감지한다면 어떻게 교수 프로그램을 수정해야 할 것인지를 결정하게 된다.

이 책에서의 *교수 설계 모형(model of instructional design)*을 체제적 접근 모형이라고 했지만 교수 설계를 위한 체제적 접근 모형이 하나만 있는 것은 아니다. 수많은 모형들이 체제 접근(systems approach)으로 불리고 있고, 그 모든 모형들은 거의 비슷하게 같은 기본적인 구성요소들을 포함하고 있다. 이 책에서 다루려는 체제적 접근 모형은 다른 모형들보다는 덜 복잡하면서도 다른 모든 모형에서 포함하고 있는 분석, 설계, 개발, 실행, 평가와 같은 중요한 요소들을 포함하고 있다. 전체적으로 이러한 설계 모형과 설계 과정을 교수 체제 개발(instructional systems development: ISD)이라고 하며, 교수 설계(instructional design: ID)는 ISD 과정을 구성하는 모든 단계들을 포함하는 하나의 포괄적 개념이다. 이러한 용어들은 교수 설계 과정을 사용하게 되면 익숙해질 것이다.

부분적으로, 교수 설계는 학습 과정에 대한 오랜 연구 결과에 기초를 두고 있다. 교수 설계 모형을 구성하는 각각의 요소들은 이론과 함께, 그 요소의 효과성을 검토한 연구 결과에 기반을 두고 있다. 이 모형은 다양한 교육의 현장에서 볼 수 있는 수많은 개념들을 하나로 통합한 것이다. 예를 들면, 성취 목표(performance objectives)라는 말을 틀림없이 들어 보았을 것이고, 누구나 이미 작성해 보았을 것이다. 준거 지향 검사(criterion-referenced testing), 교수 전략(instructional strategy)도 마찬가지일 것이다. 이 모형은 이와 같은 용어들과 관련된 과정들이 이 용어들과 어떻게 서로 관련되어 있으며, 이런 절차들이 효과적인 교수 프로그램을 개발하기 위해 어떻게 사용될 수 있는가를 제시해 줄 것이다.

이 모형의 교수 전략 요소는 이 교수 설계 모형을 이용하여 개발하려는 교수 프로그램을 학습자의 요구에 잘 부합하게 하는 계획을 세우기 위해, 가르쳐야 할 것을 분석하여 나온 정보를 설계자가 어떻게 사용할 것인지에 대해 기술하려고 한다. 이 책에서 'instruction'[1]이라는 용어는 학습이 일어나게 하거나, 학습을 안내하거나 지원하기 위한 목적의 활동을 광범위하게 지칭하기 위해 사용하고자 한다. 따라서 이 용어는 전통적인 강의실 수업/토론, 컴퓨터 기반의 연습, 소집단으로 구성된 온라인 사례 연구 분석, 개별화 탐구 학습 혹은 컴퓨터로 구현되는 가상세계의 아바타에 의한 집단 문제 해결 등의 활동을 포괄한다. 'instruction'이 필요한 활동의 범위는 교사, 설계자, 학생이 포함되는 상상할 수 있는 모든 일이라고 생각하면 된다.

이 모형에서 교수 전략 요소는 1965년에 발행된 Robert Gagné의 『The Conditions of

---

1) 역주: 이 책에서 'instruction', 'instructional materials', 'materials' 등을 '교수', '교수 프로그램', '학습 프로그램'이라고 번역하여 문맥에 따라 사용하고자 한다. '수업' 혹은 '수업자료'라고 번역하지 않은 것은 교수 설계의 결과로서 컴퓨터기반의 학습 환경(Computer-based instruction), 이 러닝 환경 등 다양한 방법의 교육적 해결책이 나올 수 있는데, 이를 '수업자료' 등으로만 번역했을 경우 교사 중심 강의에서의 자료를 개발하기 위한 것으로만 이해될 소지가 있기 때문이다. 또한 이런 학습 내용을 어떤 매체에 담은 것을 지칭하기 위한 용어로 'delivery system'이 사용되고 있는데, 이것을 '전달 시스템'으로 번역하지 않고 경우에 따라서는 'instruction'과 같은 의미로 번역했다. 영어의 본래 단어의 뜻에 충실한 번역이 오히려 혼란을 초래할 가능성이 있을 경우에는 그 문화에 적합하게 표현하는 것이 이해를 도와줄 수 있다고 보았기 때문이다.

Learning』이라는 책의 영향을 많이 받았다. 이 책에서 주장하고 있는 Gagné의 이론에 따르면, 대부분의 인간 행동은 대단히 복잡해서 외적 자극이나 강화보다는 내적 정신적 처리에 의해 일차적으로 통제된다고 가정하는 학습에 대한 인지적 정보 처리적 관점에 기초를 두고 있다. 교수 과정은 학습자의 내적 정신적 처리과정(학습)을 안내, 지원, 증강해 주기 위해 제공하려는 조직된 정보, 예, 경험, 활동 등의 집합이라고 할 수 있다. 학습은 학생이 어떤 새로운 능력을 가질 수 있도록 하기 위해 새로운 정보와 쉐마를 자신의 기억 장치에 받아들일 때 일어난다고 본다. Gagné는 학습과 교수에 대한 인지적 관점을 이 책의 개정판 (1970, 1977, 1985)에서 보다 발전시켰다. 교수 체제 개발 분야 창시자 중의 한 사람으로, 그의 영향력은 Richey(2000)의 저서에서 『The Legacy of Robert M. Gagné』로 묘사되어 있다.

구성주의는 많은 교수 설계자들의 사고에 큰 영향을 끼친 인지 심리학에 대한 최근의 또 다른 관점이다. 구성주의자들은 여러 가지 문제에 대해 다양한 입장을 취하고 있지만, 그 핵심은 학생 각자가 이미 가지고 있는 지식과 경험에 새로운 정보를 연결함으로써 하나의 독특한 산물을 구성해 내는 것이 학습이라고 보는 관점이다. 학습자 개개인들이 살고 있는 사회적, 문화적, 신체적, 지적 환경에 대해 새로운 정신적 표상(mental representation)을 구성함으로써 학습을 한다고 보는 것이다. 구성주의 관점에서 학습이라는 것은 개인적 경험과 밀접하게 관련되기 때문에, 교사의 주된 역할은 현실감 있게 표현된 실제와의 상호작용을 통해 학습할 수 있는 사회적, 기술적 학습 환경을 적합하게 만들어 주는 것이다.

이 책에서 다루고 있는 교수 설계 모형은 주로 교수 학습에 대한 인지주의자들의 주장에 바탕을 두고 있기는 하지만, 다양한 학습자, 학습 성과, 학습 상황, 수행 상황에 효과적으로 적용하기 위해 구성주의 이론의 요소들을 받아들이고 있음을 알 수 있다. Dick과 Carey의 모형은 과거 1930년 이후에 대두된 대표적인 이론적 주장들로부터 나온 일련의 기법들을 절충적으로 통합하고 있기 때문에, 이 모든 이론적 지향점이 추구하는 교육 실제를 안내하기 위한 효과적인 설계 프레임워크라고 할 수 있다. 어떤 구성주의자들은 자신들이 주장하는 칠학직 바탕에 반하는 교육을 강제할 수 있는 모형이라고 반대를 하지만, 비폐쇄적 관점에서는 이 모형이 옳다고 보면서 교수 설계 전문가들이 이 모형을 사용할 때, 이 모형은 본질적으로 중립적 위치를 고수할 수 있다고 믿는다. 유능한 교사들이나 설계자들은 목표, 학생, 학습 환경에 대한 자신의 입장에 기초하여 교육 실제를 해석함으로써 자신의 학습 이론에 대한 입장을 해석할 수 있을 것이다. 이 모형은 가장 기본적인 교수 설계의 실제를 다루고 있기 때문에, 수많은 교육의 실제에서 교사, 교수 설계자, 교육 공학자, 군사 훈련 전문가, 역량 공학자들에 의해 성공적으로 활용되고 있다. 역사적 시각에서 Reiser의 교수 설계 및 교육 공학을 다루고 있는 논문(2001a; 2001b)에서 교수 설계 분야의 기원과 발전에 대해 종합적으로 잘 제시하고 있다.

여기에서 다루고 있는 모형은 관련 이론과 연구뿐만 아니라 이 모형을 활용해 본 상당히 많은 실제적 경험에 기반을 두고 있다. 이후 장에서, 이 체제적 접근 모형을 '이것은 이렇게, 저것은 저렇게…'와 같이 마치 요리책과 흡사한 방식으로 제시하고 있다. 주방에서 요리책을 이용할 때, 그 요리책은 그 이상의 의미를 가질 수 있다. 무슨 말이냐 하면, 주방과 요리 재료를 어떻게 이용하느냐에 따라서 독특한 음식이 만들어지는 것이다.

다시 말하면, 요리 방식을 바꾸거나 중간 과정을 생략하거나, 재료를 바꾸어 사용하거나 본래 요리 순서에 없는 단계를 추가할 수도 있다. 교수 설계자도 마찬가지이다. 교수 설계자도 처음에는 분석, 설계, 개발, 실행, 평가를 설계하기 위해서 책에서 제시하는 대로 모형을 사용하지만 차츰 설계 경험을 쌓아가게 되면서 익숙해지면, 교수 설계 과정에서 부딪치게 되는 다차원적인 문제에 대해 자기만의 해결 전략을 구사해 볼 수 있다. 전력을 다해도 이런 독자적 판단의 경지에 이르지 못한다면, 이 분야를 통달할 수 없다면, 기껏해야 괜찮은 기술자밖에 되지 못할 것이다.

교수 설계를 처음 하게 된 사람이라면 일단 이 모형을 따라야 한다. 즉, 1970년대부터 수많은 학생들과 교수 설계 전문가들이 이 모형을 활용해 보고 그 효과를 입증했기 때문이다. 이 분야에 대한 지식과 경험을 다소 축적했다면 자기 자신을 믿어야 한다. 독창적인 해결책(교수 설계의 산출물)을 만들어 내는 데 필요한 유연성, 통찰력, 창의성은 경험이 풍부한 전문가의 몫이지 결코 모형에서 나오는 것이 아니다. Dick과 Carey의 모형은 교수 설계 분야에서의 실제(practices)를 표현하는 것에 불과하다. 이 모형의 목적은 교수 설계 실제에 대해 학습하고 이해하고 그 능력을 증진시키는 것을 돕는 것이다. 모형에 대한 이해를 쉽게 하기 위해 모형을 과장되게, 단순하게 기술하기도 한다. 이 모형을 차츰 이해하게 될 때, 모형에서 축약해서 표현하고 있는 것과 현실 세계를 혼동하지 않아야 한다. 이 장의 첫 페이지에 사각형과 화살표를 이용하여 설계의 과정을 표현한 것은 엄격하게 선형적인 작업 과정을 의미하지만, 경험이 많은 교수 설계자는 교수 설계의 실제에서는 그 과정이 그림 1.1에 있는 원 모양의 연속적 개선 모형(continuous improvement model)과 같거나, 혹은 계획, 개발, 실행, 수정이 동시에 이루어지는 것이 유용하다는 그림 1.2의 동시적 처리 모형(concurrent processes model), 아니면 동시적인 활동이 다중적 사이클로 이루어질 수 있음을 경험을 통해 입증할 것이다. 교수 설계의 전문가로 일하고 있는 사람들이라면 다음 페이지의 그림들을 이미 많이 활용하고 있어서 그다지 새롭게 보이지 않을 것이다.

이 책을 읽으면서 교수 설계 분야에 대한 공부를 시작하면, Dick과 Carey 모형은 숲에서 나무 하나하나를 구별해 내는 것처럼 광범위한 교수 설계 분야에서 교수 설계의 실제를 찾아낼 수 있는 안목을 제시해 줄 것이다.

『Fifth Discipline: The Art and Practice of the Learning Organization』이라는 Peter Senge(1990)

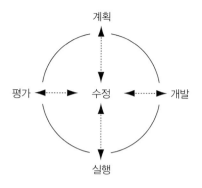

그림 1.1 ┃ 연속적 개선 사이클

의 책에서 그는 한 분야(discipline)를 실천한다는 의미를 정확하게 정의하고 있다.

'discipline'이라는 말은 …… 공부를 해서 통달해야만 실천에 옮길 수 있는 이론 및 기법들의 총체를 의미한다. 하나의 분야(discipline)는 어떤 기능 혹은 역량 개발의 여정이라고 할 수 있다. 피아노 연주 분야에서부터 전자 공학의 분야에 이르기까지 어떤 분야에서든 어떤 사람들은 재능을 타고날 수도 있지만 누구나 실천을 통해 능숙해질 수 있다. 한 분야를 실천하자면 평생 학습자가

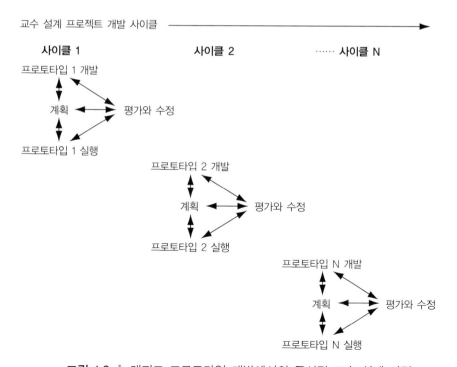

그림 1.2 ┃ 래피드 프로토타입 개발에서의 동시적 교수 설계 과정

되어야 한다. 결코 쉽게 통달의 경지에 이를 수가 없다. 한 분야를 통달하려면 일생을 바쳐야 할 것이다. …… 하나의 분야를 실천하는 것은 하나의 모형을 평가하는 것과는 다르다.(pp. 10-11)

이후의 여러 장에서 자세하게 설명할 모형이 이 장의 첫 페이지에 제시되어 있다. 교수 설계자가 교수 설계, 개발, 평가, 수정/보완을 하기 위해 활용할 이론, 절차, 기법을 10개의 사각형으로 간략하게 제시한 것이었다. 사각형 사이에 점선으로 연결된 선은 피드백을 의미한다. 사각형 안에 포함된 내용은 이후 자세하게 다룰 것이다.

체제적 접근 모형의 구성요소

교수 목표 규명

모형의 첫 단계는 우리가 설계한 교수 프로그램의 학습을 마칠 때, 학습자들이 숙달하게 되기를 기대하는 새로운 정보와 기능, 즉 목표를 결정하는 것이다. 교수 목표(instructional goal)는 목표의 목록, 역량 분석, 요구 분석, 학습의 어려움을 겪는 학생들의 실제적인 경험, 직무를 수행하고 있는 사람들에 대한 분석 혹은 새로운 교수 프로그램에 대한 어떤 다른 요청(requirements)으로부터 도출될 수 있다.

교수 분석

교수 목표를 규명했다면, 다음에는 학습자들이 그 목표를 성취하게 되었을 때 무엇을 할 수 있을 것인지를 단계별로 표현하는 것을 결정해야 하고, 그 목표를 완전하게 숙달하기 위해 필요한 하위 기능들을 분석해야 할 것이다. 교수 분석(instructional analysis)의 마지막 단계는 학습자들이 새로운 교수 프로그램에서 성공적으로 학습하기 위해 필요한 출발점 기능(entry skills), 즉 어떤 기능, 지식, 태도가 필요한지를 결정하는 것이다. 예를 들어, 학생이 원의 면적과 원주를 계산하기 위해서는 지름과 반지름의 개념을 알아야 하는데, 이 개념들은 원의 면적과 원주를 계산하는 것에 관한 교수 프로그램의 출발점 기능이 되는 것이다.

학습자 분석 및 상황 분석

교수 목표를 분석하는 것과 함께, 학습자, 기능들을 학습할 상황, 배운 기능들을 사용하게 될 상황을 분석해야 한다. 학습자들이 현재 가지고 있는 기능, 선호 경향, 태도는 교수 학습 상황의 특성들은 물론 학습한 기능을 나중에 활용할 상황을 결정하는 데 영향을 미친다. 이러한 중요한 정보는 이 모형의 다른 단계, 특히 교수 전략 부분에 영향을 미친다.

성취 목표 기술

교수 분석 및 출발점 기능 기술에 기초하여, 교수 프로그램에 대한 학습이 끝났을 때 학습자가 무엇을 할 수 있게 될 것인지에 대해 구체적으로 기술하는 것이다. 교수 분석에서 나온 기능들로부터 도출된 성취 목표(performance objectives) 진술에는 학습하게 될 성취 행동(기능), 그 성취 행동이 수행될 조건, 성취되었다고 판단할 준거 등이 포함되어야 한다.

평가 도구 개발

앞서 기술한 성취 목표에 기초하여 그 목표에서 기술한 것을 학습자들이 성취했는지에 대한 학습자들의 능력을 측정하기 위한 검사 도구를 개발한다. 여기에서 강조하고자 하는 점은 목표에서 기술한 기능의 유형과 평가 도구(assessment instruments)에서 요구하는 능력의 일관성이다. 검사 시기별로 학습자가 주요한 기능들을 성취했는지를 판단하는 가능한 평가 방법에는 객관식 검사, 배운 것을 그대로 수행해 보기(live performance), 태도 형성의 측정치, 포트폴리오 등이 있다.

교수 전략 개발

앞서 분석한 다섯 단계의 정보에 근거하여, 설계자는 학습자들이 최종 목표(goal)를 성취하도록 교수 프로그램에서 활용할 교수 전략을 찾아내야 한다. 이 전략은 크게 다음의 네 가지로 나누어 볼 수 있다.

- 동기 유발하기, 주의 집중하기와 같은 사전 교수 활동
- 예와 시연(demonstrations)과 같은 방법으로 새로운 학습 내용 제시
- 어떻게 해야 하는지에 대한 피드백이 포함된 능동적인 학습자 참여 활동과 연습
- 학습자의 학습 정도를 측정하고, 새롭게 학습한 기능들을 실세계의 적용에 연결 짓

기 위한 후속(follow-up)활동

이런 전략들은 최근 학습 이론, 학습 연구의 결과, 학습자들이 사용하게 될 교수 매체와 가르칠 내용의 특성, 학습자 특성에 기초해야 한다. 이러한 특성은 필요한 시설과 운영을 계획하고, 교수 프로그램을 개발하거나 선정하고, 교수 활동을 계획하는 데 활용되어야 한다.

교수 프로그램 개발 및 선정

이 단계에서는 앞서 개발한 교수 전략을 사용하여 교수 프로그램을 개발한다. 교수 프로그램에는 학습자용 지침서, 교수 프로그램, 검사가 포함된다. [여기에서, 교수 프로그램은 교육 운영자(학교이면 교사, 기업에서는 강사 혹은 운영자를 지칭함)용 지침서, 학생용 읽기 목록, 파워포인트 발표자료, 사례 연구, 비디오테이프, 팟캐스트(podcasts), 컴퓨터 기반 멀티미디어, 원격 학습을 위한 웹 페이지 등을 포함한 다양한 유형의 프로그램을 말한다.] 교수 프로그램을 새롭게 개발해야 할 것인지는 교수 목표의 유형, 기존의 관련 프로그램이나 자료의 유무, 개발에 필요한 자원의 가용성 등을 고려해서 결정한다. 기존의 프로그램 중에서 선택할 경우 준거도 제공할 것이다.

형성 평가 설계 및 실시

교수 프로그램의 초안이 완성되고 나면, 교수 프로그램이 가지고 있는 문제를 찾아내거나 그 프로그램의 질을 개선하기 위해 사용할 데이터를 수집하기 위한 일련의 평가 활동이 이루어져야 한다. 이때의 평가는 교수 과정이나 프로그램의 질을 개선하는 것이 목적이기 때문에 형성적이라고 한다. 형성 평가(formative evaluation)에는 일대일 평가(one-to-one evaluation), 소집단 평가(small-group evaluation), 현장 적용 평가(field trial evaluation)의 세 가지 유형이 있다. 각각의 형성 평가 결과는 프로그램을 수정하고 보완하는 데 사용할 수 있는 각기 다른 정보를 교수 설계자에게 제공한다. 유사한 기법을 기존의 교수 프로그램이나 교실 수업의 형성 평가에도 적용할 수 있다.

교수 프로그램 수정 및 보완

설계와 개발의 마지막 단계(반복된 주기에서는 처음 단계)는 교수 프로그램을 수정하는 것이다. 먼저 형성 평가 결과가 요약되어 있으면, 학생들이 어떤 목표를 성취하는 데 어려움을 겪고 있는지를 파악하기 위해 그 데이터를 해석해야 하고, 구체적으로 교수 프로그램의 어느 부분이 그런 어려움을 초래하고 있는지를 찾아내야 한다. 이 장 첫 페이지의 그림에서 '교수 프로그램 수정, 보완'이라는 사각형이 점선으로 연결되어 있는 것은 형성 평가의 데이터가 단지 교수 프로그램 그 자체만을 수정하기 위해 사용되는 것이 아니라, 교수 분석의 타당성과 출발점 기능, 학습자 특성의 설정을 재검토하기 위해 사용되어야 함을 나타낸다. 형성 평가 자료로부터 성취 목표의 진술, 평가 문항 등을 검토할 필요도 있다. 그리고 교수 전략을 검토하고, 최종적으로 이 모든 것에 대한 고려사항은 교수 프로그램의 수정에 반영되어서 효과적인 학습이 이루어질 수 있도록 해야 한다.

종합 평가 설계 및 실시

종합 평가(summative evaluation)는 설계한 교수 프로그램의 효과를 총체적으로 평가하는 활동이지만, 일반적으로 설계 과정의 한 부분은 아니다. 이 평가는 교수 프로그램의 절대적 혹은 상대적 가치를 평가하는 것이라서 교수 프로그램에 대한 형성 평가를 통해 충분하게 수정한 후에, 설계자가 생각하는 기준을 만족하고 있는지를 평가하기 위한 것이다. 이 종합 평가는 교수 설계자가 아닌 다른 평가자에 의해 이루어지기 때문에 교수 설계 과정의 총체적 부분으로 보지 않는다.

종합 평가에서 사용되는 절차가 최근 주목을 받고 있다. 훈련기관에서 학습한 지식과 기능의 실무 현장으로의 전이에 대한 관심이 높아졌기 때문이다. 이 종합 평가를 통해, 어떤 기관의 구성원에게 제공된 교수 프로그램이 그 역량 문제를 해결해 주고 있는가에 대한 물음에 답을 찾기 위한 것이다. 그리고 모든 기관, 국가, 지역에서 이-러닝의 효과가 있느냐에 대해서도 관심이 높아지고 있다. 예를 들어, 유타 주의 학생들을 위해서 개발된 이-러닝 프로그램이 중국이나 서인도 제도의 학생들에게도 효과가 있을 것인가 하는 점이다. 다른 나라에서 개발된 매력적인 프로그램의 교수 전략이 어떤 지역에서든 마찬가지로 효과적일 것이라고 학습 전문가들은 결론을 내릴 것인가? 교수 프로그램의 이동(transportability)은 경제적일 뿐만 아니라 개발 노력도 줄여주기 때문에 교수 프로그램 효과에 대한 *학습자로부터의 실험(learner verification)*과 *교수 프로그램의 효과성 보증(assurance of materials effectiveness)*과 같은 용어가 부상하고 있다.

교수 설계를 위해 체제적 접근을 이용할 때 활용할 절차를 9개의 기본적 단계로 제시하려고 한다. 이 절차들은 교수 프로그램이 목표에서 진술된 요구를 충족하기 위해 서로 밀접하게 상호작용하는 구성요소들로 이루어져 있기 때문에 *체제적 접근(systems approach)*에 의한 것이라고 할 수 있다. 이 체제는 만족할 만한 질적 수준에 도달할 때까지 최종 산물이 수정될 수 있도록 그 체제의 효과에 관한 데이터를 수집한다.

체제적 접근 모형의 활용

Dick 등의 교수 설계 모형에 대해 간략하게 살펴보았다. 이번에는 이 모형의 활용과 관련된 몇 가지 중요한 문제에 대해 알아보기로 하자.

체제적 접근 방법을 왜 사용해야 하는가

교수 설계를 위한 체제적 접근이 효과적이라고 보는 이유는, 첫째, 설계 작업을 시작할 때 학습자가 교수 프로그램을 통해 학습을 하고 난 후 무엇을 알아야만 하거나 할 수 있어야만 하느냐에 초점을 두기 때문이다. 이와 같이 정확하게 기술된 목표 없이는, 그 이후의 계획이나 실행 단계가 불분명하고 비효과적일 수밖에 없다. 이렇게 교육의 성과에 초점을 두는 것은 오늘날 교육에 대한 정치적 분위기 때문에도 공립 교육에 종사하는 모두에게 실감나게 와 닿을 것이다. 최근에 기준/책무성(standards/accountability) 운동으로 인하여 많은 주에서 학생, 학교, 교육구의 교육 목표 성취도를 판단하기 위한 검사와 성취 기준을 정하는 법을 통과시키기 시작했고, 연방 하원이 '어떤 학생도 뒤떨어진 상태로 두어서는 안 된다(No Child Left behind Act of 2001)'는 법을 통과시키면서 이런 방향은 더욱 견고해지고 있다. 이 법은 2009년에 주지사협회 핵심기준(National Governors Association Common Core Standards)으로 채택되었다. 이 법에 따르면, 학년별로 기초적인 기능 검사에 대한 주 수준의 개발과 시행을 의무화하고 있다. 학교에서의 수업을 위한 체제적 접근은 성공적인 기준 기반의 교육을 계획하기 위한 강력한 도구이다. 왜냐하면 학습 성과, 학생 특성, 교수 활동, 평가 간의 일관성을 확보할 수 있기 때문이다.

　체제적 접근에 의한 교수 설계가 효과적인 둘째 이유는, 각 단계의 요소들, 특히 바람직한 학습 성과와 교수 전략 간의 관련성을 중요시한다는 점이다. 가르쳐야 할 기능과 지식에 정확하게 목표를 둔 교수 프로그램은 바람직한 학습 성과를 내기 위해 가장 적합한 조건을 제공해 줄 수 있기 때문이다. 바꿔 말하면, 다양한 교수 활동들은 학습해야 할 목표와 적당하게 관계가 있거나 무관할 수 없기 때문이다.

　가장 중요한 셋째 이유는 이 모형이 검증할 수 있고 반복 가능한 과정이라는 점이다. 교수 프로그램은 한 번만 사용하기 위해서 설계되는 것이 아니라 가능하면 많은 학생들에게, 가능한 한 많은 횟수로 사용하기 위해서 설계되는 것이다. 한 번 설계된 교수 프로그램이 비슷한 학습자 혹은 적합한 학습자를 찾아서 재사용될 수 있기 때문에, 시간과 노력을 들여서 평가하여 수정할 가치가 있는 것이다. 교수 프로그램을 체제적으로 설계하는 과정에서, 데이터를 수집하여 교수 프로그램의 어느 부분이 효과적으로 작동하지 않는지를 알아내서 그 부분이 제대로 작동할 때까지 수정한다.

체제적 접근 방법은 교수 프로그램에 대한 성과기반의 접근 방법이라고 할 수 있다. 왜냐하면 이 방법은 학생들이 새롭게 학습할 지식과 기능이 무엇인지에 대한 규명에서부터 시작하기 때문이다. 체제적 교수 설계는 초중등학교는 물론 대학 교육 영역에서 널리 받아들여지고 있지만 기업, 정부, 사회적 공익 기관, 군대에서도 널리 활용되고 있다. 이런 영역에서 이 방법을 활용했을 때, 교육 운영의 효율성은 물론 학업 성취의 효과 모두를 확보할 수 있다.

체제적 교수 설계는 어떤 교수 유형과 학생 집단에 적합한가

체제적 교수 설계는 교수 프로그램의 계획, 개발, 적용, 평가를 포함하고 있다. 이 과정의 한 부분은 전달 방법으로서 교수 유형을 선택하는 것이다. 즉, 어떤 상황에서는 교사에 의한 강의가 가장 적합하지만 다른 상황에서는 다양한 매체를 활용하는 방법이 적합할 수 있다. 대다수의 상황에서, 체제 접근은 무엇을 가르쳐야만 할 것인지를 분석하고, 그것을 어떻게 가르칠 것인지를 결정하며, 그 교수 프로그램이 효과적이었는지를 알아보기 위해 그 프로그램을 평가하는 효과적인 수단임에 틀림없다.

이 책에서 설명하고 있는 교수 전략 개발 절차는 어떤 매체에서나 대동소이하다. 체제적으로 설계된 교수 프로그램이 반드시 개별화 교수 프로그램일 필요는 없지만, 이 방법이 중점을 두고 있는 것은 개별 학생들을 위한 교수 설계 방법이다. 이 방법은 개별 학생들을 위해 인쇄 매체인 단순한 튜토리얼을 개발하기 위해서도 유용하게 사용할 수 있으면서도, 소집단의 학생들을 위한 문제 해결 과제 혹은 웹을 이용하여 다수의 학습자를 상대로 하는 원격용의 다소 복잡한 디지털 멀티미디어를 개발하기 위해서도 마찬가지로 적용할 수 있다. 많은 연구 결과가 시사하듯이 교육의 성패 여부는 분석 과정과 교수 전략이 얼마나 제대로 됐느냐에 달려 있는 것이지 어떤 매체로 전달했느냐에 좌우되지 않는다는 점에 주목한다면, 교수 전략 개발 절차는 어떤 매체의 요구 사항에도 쉽게 적용할 수 있다. 체제 접근 방식은 일반적인 설계 과정으로, 매체에 관계없이 교수 결과가 학습자의 요구에 부응하고 바람직한 학습 결과를 효과적으로 성취할 수 있도록 되어 있다. 체제적 접근을 기본적으로 설계 과정이라고 한다면, 교수 매체의 유형, 개별 혹은 집단 활동은 설계 과정에서 이루어져야 하는 결정 사항이다. 이상적으로는 이런 결정에 대해 미리 결정되어 있는 가정은 없다. 왜냐하면 설계 과정을 통해 교수 프로그램을 어떻게 가장 효과적으로 전달해야 하는지를 결정하기 때문이다.

학습자가 학습해야 할 것이 무엇인지와 프로그램을 통해 학습하기 전에 학습자가 이미 무엇을 알고 있어야만 할 것인지를 정하는 일에 특히 주목해야 한다. 교수 프로그램은 학습해야 할 기능에 초점을 맞추면서 그것의 학습을 위한 최선의 조건으로 제시되어야 한다. 학습자는 목표에 기술되어 있는 기능과 지식을 측정할 수 있는 검사 도구를 사용하여 공정하게 평가되어야 하고, 그 평가 결과는 교수 프로그램이 보다 효과적이 되도록 수정하는 데 사용되어서, 그 이후에 학습자들에게 활용되어야 한다. 이 절차를 따르면 설계자는 학습자의 요구와 기능에 초점을 맞추게 되고 효과적인 교수 프로그램의 개발에 기여할 수 있을 것이다.

체제적 접근 방법은 누가 사용해야 하는가

교사 교사가 이 교수 설계 모형에 대해 공부하여 어떤 수업을 설계하기 위해 이 모형을 사용하다 보면, 시간과 노력이 드는 일임을 알게 될 것이다. 교사들은 '모든 수업 준비를 위해 이 절차 모두를 결코 이용할 수가 없겠다!'라는 생각이 들 것이다. 이런 판단이 옳을지도 모른다. 매일 수업 부담을 갖는 교사들은 한정된 시간 내에 이 모형의 전체 과정을 사용하여 수업을 준비할 수 없다. 그러나 한정된 과정만을 활용하더라도 교사의 수업 설계 능력을 넓혀줄 것이다. 또한 교사들은 다양한 수업 계획을 위해 설계 단계 중 몇 단계나 어느 단계 중의 몇 부분을 선택적으로 활용할 수 있을 것이다. 그러나 각 단계에 포함된 모든 자세한 내용을 숙달할 필요는 있다. 왜냐하면 모형의 모든 과정들을 잘 알아두면 수업 설계의 필요에 따라 교수 설계 과정의 필요한 부분을 적합하게 선택할 수 있는 경험과 안목이 생기게 되기 때문이다. 우리가 이 책에서 배워야 할 것은 교수-학습의 과정을 이론적으로 체계적으로 바라보는 것이다. 이 교수 설계 모형은 이제까지 배운 다른 모든 도구들을 우리의 정신적 툴 박스에서 꺼내 놓아도 되는 모형이 될 수도 있다. 이 모형을 사용하면 학생들을 성공적으로 가르치는 데 필요한 수업의 실제에 중점을 맞출 수 있게 될 것이다.

이 모형을 배운 대다수의 교사들은 두 가지 반응을 보였다. 첫 반응은 이 모형의 모든 요소들을 다 사용할 수 없을지라도 몇몇 단계들만은 즉시 사용할 것이라는 것이다. 그 다음 반응은 이 모형을 배우고 나서 생긴 통찰력 때문에 자신들의 수업에 대한 접근은 달라질 수밖에 없을 것이라는 것이다. (정말 그럴까 하고 의심하는 독자도 있을 것이다. 이 방법을 사용하고 난 다음에 자신의 반응을 살펴보기 바란다.)

교수 설계 전문가 이 방법은 특정 학습자 집단에게 어떤 학습 영역을 가르치기 위해 효과적인 교수 프로그램을 개발하는 일을 하는 사람들에게 대단히 유익하다.

기업, 정부, 공익 기관, 군 혹은 대학이나 각 지역 교육청의 교수지원센터 등에서 일정 기간 동안 많은 학습자들에게 사용될 교수 프로그램이 설계되고 있다. 교수 설계 전문가의 호칭으로 교수 설계자, 교수 공학자(instructional technologist), 훈련 전문가, 인적자원개발 전문가(HRD specialist) 등이 사용되고 있다. [2002년 *산업교육학회(International Society for Performance Improvement: ISPI)*에서는 교수 설계 전문가의 자격을 개발하기 위한 특별 과제팀(task force)이 만들어졌다. 자격증 위원회에서는 일정 자격을 갖춘 지원자에게 자격증(*Certified Performance Technologist: CPT*)을 주게 되었다.]

혼자 수업을 해야 하는 교사와는 달리 교수 설계 전문가들은 내용 전문가(Subject Matter Expert: SME), 교수 공학자, 평가 전문가, 교육 관리자(흔히 교수 설계자)와 같은 다른 전문가들과 팀을 구성해서 교수 개발을 하게 된다. 팀으로 운영하는 것은 혼자서는 할 수 없는 전문적인 기술을 총동원하여 교수 프로그램을 개발하기 위한 것이다. 이런 상황에서 각기 다른 전문성을 갖고 있는 사람들이 어떻게 필요한 설계 과제를 잘 해낼 수 있을 것인지에 관한 중지를 잘 모으기 위해서는 대인관계 능력이 대단히 중요하다.

교수/교육 운영자 이 책은 교수 프로그램의 효과성을 증진시키는 데 관심을 가지고 있는 대학 교수, 군 강사 혹은 그 외 기관의 강사 혹은 교사들을 위한 책이다. 이 책에서 다루고 있는 교수 모형과 절차는 학교뿐만 아니라 다른 교육기관에서도 똑같이 적용할 수 있다고 확신한다. 교수 설계 능력은 웹 기반 교수 설계를 위해서도 필요하다고 본다.

교수 설계 절차가 어떻게 적용되는지를 보여 주기 위해 어린 학생부터 성인에 이르기까지 모든 연령의 학생들을 위한 다양한 상황의 예가 포함되어 있다. 이 책에서는 *교사, 강사, 설계자*를 구별하지 않고 혼용하고 있는데, 그 이유는 서로 얼마든지 바꾸어 사용될 수 있다고 믿기 때문이다.

다음 장에서 성인 학습자를 위한 집단 리더십 기능에 대한 교수 설계 사례를 보게 될 것이다. 그 사례가 교수 설계 모형의 각 단계마다 제시될 것이다. 또한 각 장에 대한 부록에는 학교에서 가르치는 주제(다양한 문장 유형을 활용한 쓰기)에 대한 각 단계의 교수 설계 사례가 포함되어 있다. 이 두 가지 사례를 택한 이유는 이 두 가지 기능이 우리에게 친숙할 뿐만 아니라, 집단 리더십 기능이 수많은 기술훈련 기관에서 가르쳐지고 있으며 작문 기능도 모든 학교급에서 다루어지는 내용이기 때문이다.

참고문헌

각 장의 끝에는 신중하게 선별한 참고자료가 제시되어 있다. 여기에 포함된 저서와 논문은 각 장의 설명을 보완하거나 제시된 내용 중에서 중요한 개념에 대해 더 자세하게 다루고 있다.

1장에서 제시된 참고자료들은 다소 다르다. 이 자료들은 교수 설계 분야의 최근의 저서들과 고전적인 저서나 논문 중에서 선별하여 교수 설계의 실제에 있어서 직접적인 시사점들을 제공해 줄 수 있는 자료들로 이루어져 있다. 이 책에 있는 많은 주제들이 이러한 참고문헌에도 나타난다. 이러한 문헌은 주제 범위의 깊이와 폭에서도 다양하지만, 교수 설계 분야에 대한 이해와 지식을 넓히는 데 도움을 줄 것이다.

Banathy, B. H. (1968). *Instructional systems.* Palo Alto, CA: Fearon Publishers. 체제적 측면에서 교수 설계 문제를 다루고 있는 고전적 저서이다.

Branchard, P. N., & Thacker, J. W.(Eds.). (2007). *Effective training systems, strategies, and practices* (3rd. ed.). Englewood Cliffs, NJ: Prentice Hall. 이론과 실제 사례를 제시하고 있는 유용한 저서이다.

Briggs, L. J., Gustafson, K. L., & Tillman, M. H. (Eds.). (1991). *Instructional design: Principles and applications.* Englewood Cliffs, NJ: Educational Technology Publications. 고전적인 내용. 이 책의 여러 장과 우리 책의 여러 장이 유사하다.

Dills, C. R., & Romiszowski, A. J. (1997). *Instructional development paradigms.* Englewood Cliffs, NJ: Educational Technology Publications. 교수 설계에 대한 다양한 모델과 접근방식을 제시하고 있다.

Driscoll, M. P. (1994). *Psychology of learning for instruction.* Boston: Allyn & Bacon. 교수에 초점을 둔 학습에 관한 현대적 접근을 한다.

Duffy, T. M., & Jonassen, D. H. (Eds.). (1992). *Constructivism and the technology of instruction.* Hillsdale, NJ: Lawrence Earlbaum Associates. 구성주의에 대한 다양한 관점의 종합적인 검토를 하고 있다.

Ely, D. P.(1996). *Classical writings on instructional technology.* Englewood, CO: Libraries Unlimited. 교육공학 분야의 이론가들과 저술을 소개하고 있다.

Ertmer, P. A., & Newby, T. J. (1993). Behaviorism, cognitivism, constructivism: Comparing critical features from an instructional design perspective. *Performance Improvement Quarterly, 6*(4), 50–72. 교수 설계자를 위한 지침의 세 가지 이론적 근거와 비교하고 있다.

Ertmer, P. A., & Quinn, J. (1999). *The ID casebook: Case studies in instructional design* (2nd ed.). Upper Saddle River, NJ: Merrill/ Prentice Hall. 교수 설계 과정을 실제 세계의 문제에 적용하는 예를 폭넓게 제시하고 있다.

Fleming, M. L., & Levie, W. H. (1993). *Instructional message design: Principles from the cognitive and behavioral Sciences* (2nd ed.). Englewood Cliffs, NJ: Educational Technology Publications. 매체 전문가를 위한 디스플레이 및 인터페이스 설계에서 아직 사용되고 있는 고전서이다.

Gagné, R. M. (1965). *The conditions of learning.* New York, NY: Holt, Rinehard and Winston.

Gagné, R. M. (1970). *The conditions of learning* (2nd ed.). New York, NY: Holt, Rinehard and Winston.

Gagné, R. M. (1977). *The conditions of learning* (3rd ed) New York, NY: Holt, Rinehard and Winston.

Gagné, R. M. (1985). *The conditions of learning* (4th ed.). New York: Holt, Rinehart and Winston. 인지적 학습 이론과 교수 설계의 실제 간의 연관성을 자세하게 다룬 고전서이다.

Gagné, R. M., & Medsker, K. L. (1996). *The conditions of learning: training applications.* Fort Worth, TX: Harcourt Brace College Publishers. 위의 저서와 같은 책 이름을 사용하고 있지만 기업에서의 사례를 포함하고 있다.

Gagné, R. M., Wager, W. W., Golas, K. C., & Keller, J. M. (2004). *Principles of instructional design* (5th ed.). Belmont, CA: Wadsworth/ Thomson Learning. 1992년 판이 개정된 것으로서 기술과 온라인 학습에 관한 장이 추가되었다.

Gredler, M. E. (2005). *Learning and instruction: Theory into practice* (5th ed.). Upper Saddle River, NJ: Merrill/ Prentice-Hall. 행동주의, 인지주의, 구성주의의 관점을 교수에의 적용과 함께 다루고 있는 학습 이론을 개관하고 있다.

Hannafin, M. J., Hannafin, K. M., Land, S. M., & Oliver, K. (1997). Grounded practice and the design of constructivist learning environments. *Educational*

Technology Research and Development, 45(3), 101–117. 적용될 사례와는 무관하게 이론적인 입장에서 볼 때, 교수적 실제 상황의 근거에 대한 조심스러운 논쟁을 다루고 있다.

Hannum, W. (2005). Instructional systems development: A 30 year retrospective. *Educational Technology magazine, 45*(4).

Israelite, I. (2004). We thought we could, we think we can and lessons along the way. in E. Masie(Ed.), *Learning: Rants, raves, and reflections*. San Francisco: Jossey–Bass Pfieffer. HRD 책임자가 체제적 관점에서 기술적 결정과 교수 설계 전문가와 훈련 전문가에 의해 개발되는 교수 프로그램과 교수 설계와의 통합적 관점의 중요성을 다룬 저서이다.

Israelite, L. (2006). *Lies about learning. Alexandria*, VA: ASTD press. 13장에서 해결책을 선택하기 전에 목표를 먼저 설정해야 하는 문제에 대해 다루고 있다.

Medsker, K. L., & Holdsworth, K. M. (Eds.) (2007). *Models and strategies for training design*. Hoboken, NJ: John & Wiley and Sons. 훈련 상황에서의 교수 설계 모형에 중점을 둔 저서이다.

Merrill, M. D. (2013). *First principles of instruction*. San Francisco: Jossey–Bass Pfieffer. 모든 교수 설계 이론들은 5가지 공통적인 원리를 포함하고 있다고 주장한다.

Morrison, G. R., Ross, S. M., & Kemp, J. E. (2013). *Designing effective instruction* (7th ed.), Hoboken, NJ: Wiley. 수많은 교수 설계 관련 개념뿐만 아니라 프로젝트 관리 및 교육 실행을 위한 계획을 다루고 있다.

Newby, T. J., Stepich, D. A., Lehman, J. D., & Russell, J. D. (2010). *Instructional technology for teaching and learning* (4th. ed.) Englewood Cliffs, NJ: Merrill/ Prentice Hall. 수업 계획 및 개발, 학생 집단 나누기, 원격 교육을 포함한 다양한 전달 방식의 선정, 수업 관리 및 평가를 포함하여 교실 수업을 위해 수업과 기술의 통합에 중점을 두고 있다.

Orey, M., Jones, S. A., & Branch, R. M. (2013). *Educational media and technology yearbook: Volume 37*. New York, NY: Springer. 교수 설계 분야의 교육 프로그램에 대한 최근 정보를 다루고 있다.

Partnership for 21st Century Skills. (2003). *Learning for the 21st century. Washington ,DC: Partnership for 21st Century Skills*. AOL, Apple, Cable in the Classroom, Cisco Systems, Dell 컴퓨터, Microsoft, National Educational Association, SAP 등이 만든 이 기관은 공립학교 교육에 중점을 두면서 학습과 교육을 증진시키기 위해 필요한 기능과 사고방식을 제시하고 있다.

Piskurich, G. M. (2006). *Rapid instructional design: Learning ID fast and right*. San Francisco: Pfeiffer. 이 책은 교수 설계에서의 Rapid prototyping 기법을 다룬 것이 아니라 오히려 교수 설계를 하는 데 필요한 수많은 팁과 예를 제공하고 있다.

Reiser, R. A. (2001a). A history of instructional design and technology: Part I: A history of instructional media. *Educational Technology Research and Development. 49*(1), 53–64.

Reiser, R. A. (2001b). A history of instructional design and technology: Part II: A history of instructional media. *Educational Technology Research and Development. 49*(2), 57–67.

Reiser, R. A., & Dempsey, J. V. (Eds.). (2012). *Trends and issues in instructional design and technology* (3rd ed.). Upper Saddle River, NJ: Merrill/Prentice Hall.

Richey, R. C. (Ed.). (2000). *The legacy of Robert M. Gagné. Syracuse, NY: ERIC Clearinghouse on information and technology. A biographical and historical retrospective that includes five of Gagné's key research papers.*

Richey, R. C. (Ed.). (2002). *Instructional design competency: the standards*(3rd ed.). Syracuse, NY: ERIC Clearinghouse on information and technology. A International Board of Standards for Training, Performance and Instruction.

Richey, R. C., & Klein, J. D. (2007). *Design and development research: Methods, strategies, and issues*. New York, NY: Routledge. 개발 및 도구에 관한 연구, 모형 연구를 포함한 설계 및 개발 연구를 수행하기 위한 방법과 전략을 다루고 있다.

Rothwell, W. J., & Kazanas, H. C. (2008). *Mastering the instructional design process: A systematic approach* (4th ed.). San Francisco, CA: Jossey–Bass Publishers. 전문가 훈련을 위한 교수 설계 과정에 관한 일반적인 교재이다.

Seels, B., & Glasgow, Z. (1998). *Making instructional design decisions*. Upper Saddle River, NJ: Merrill/Prentice Hall. 초보 교수 설계자를 위한 교수 설계 모형을 소개하고 있다.

Senge, P. (1990). *The fifth discipline: The art and practice of the learning organization*. New York: Currency Doubleday. 현대 경영학의 고전으로, Senge는 체제적 사고를 학습 조직의 성장과 개발을 위해 요구되는 다섯 번째 역량(discipline)으로 본다.

Silber, K. H., & Foshay, W. R. (2010). *Handbook of improving performance in the workplace. Instructional design and training delivery*. San Francisco, CA: Pfeiffer. 교수 설계와 훈련 운영을 위한 표준적 원리와 증거 기반의 실제를 제시하고 있다.

Smith, P. L., & Ragan, T. J. (2005). *Instructional design* (3rd ed.). New York: Wiley. 다양한 학습 결과를 위한 교수 전략을 다루고 있다.

Spector, J. M., Merrill, M. D., Elen, J., & Bishop, M. J. (2013). *Handbook of research on educational communications and technology* (4th ed.). New York, NY: Springer. 새롭게 부상하는 교육공학 연구문제를 제시하고 있다.

Spector, J. M., Merrill, M. D., van Merrienboer, J., & Driscoll, M. P. (2008). *Handbook of research on educational communications and technology* (4th ed.). New York, NY: Routledge. 최근 교육공학 연구를 소개하고 있다.

Visscher-Voerman, I., & Gustafson, K. L. (2004). Paradigms in the theory and practice of education and training design. *Educational Technology, Research, and Development, 52*(2), 69-89.

제 2 장

초기 분석(FEA)을 이용한
교수 목표 규명

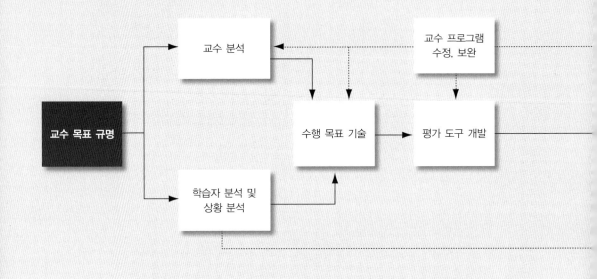

학습 목표

➤ 역량 분석, 요구 분석, 요구(needs statements), 교수 목표를 정의한다.

➤ 효과적인 교수 설계의 착수를 판단하기 위한 준거에 부합하는 교수 목표를 규명한다.

➤ 교수 프로그램 개발의 착수를 판단하기 위한 준거에 부합하는 교수 목표를 작성한다.

➤ 교수 목표가 학습자의 특성, 학습 및 수행 상황, 학습자들이 이용할 수 있는 도구 등에 적합한가
  를 평가한다.

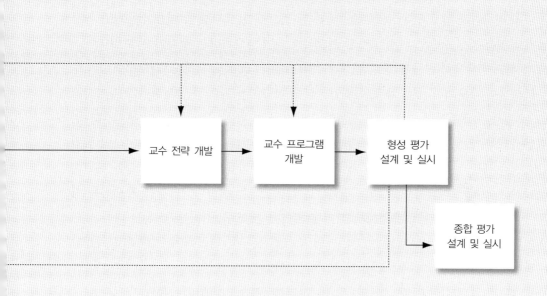

배경

아마도 교수 설계 과정에서 가장 중요한 일은 교수 목표를 규명하는 것일 것이다. 만약 목표 규명이 적절하게 이루어지지 못하면 비록 훌륭한 교수 프로그램이 설계되었다 할지라도 그 어떤 기관이나 대상 학습자들의 실제 요구를 충족시켜 주지 못할 것이다. 정확한 교수 목표가 없다면, 설계자는 존재하지도 않는 요구(문제)에 대한 교육적 해결책 (instructional solutions)을 계획하는 위험을 감수해야 한다. 교수 목표를 규명하는 여러 가지 방법이 있기는 하지만 내용 전문가 방법, 내용 개요(content outline) 방법, 경영자로부터의 명령이나 위임(administrative mandatory) 방법, 역량 공학적 방법이 일반적인 방법이다.

이 책을 읽는 사람들 중에는 어떤 분야의 **내용 전문가(Subject-Matter Expert: SME)**도 있을 것이다. 어느 분야에서 학사 학위를 취득했거나 아니면 재학 중일 수도 있다. 어떤 분야에 대한 지식이 일반 대중의 지식보다 훨씬 앞선다면 내용 전문가라고 할 수 있을 것이다.

내용 전문가들에게 자기 분야에 대한 교수 프로그램의 개발을 요구하면 그들은 자신이 그 분야의 내용에 대해 공부해야 하는 것으로 생각할 것이다. 이들은 그 내용에 대해 얼마나 알고 있느냐에 따라서 자신이 알고 있는 것을 그대로 학생들도 알게 하거나 더 잘 알도록 하는 정도를 자기에게 부과된 일이라고 생각할 것이다. 내용 전문가에 의해 규명된 교수 목표에 어떤 내용에 대해 '안다', '이해한다'와 같은 단어가 포함되어 있는 경우를 흔히 볼 수 있다. 교수 학습 과정에 대해 이와 같은 접근 방식을 생각하는 사람들의 가정에는, 학생은 내용 전문가가 알고 있는 것을 학습해야 할 필요가 있기 때문에 내용 전문가인 교사가 가지고 있는 지식을 수업 과정에서 잘 전달하는 것이 중요하다는 생각이 깔려 있다.

교수 목표를 규명하는 둘째 방법은 *내용 개요(content outline)* 방법으로서, 수행상의 문제는 학생들이 내용의 올바른 유형이나 양만큼을 학습하지 않아서 발생한다고 가정하고 있다. 이 방법은 교육과정 기준이나 프레임워크, 기관의 방침, 장비 매뉴얼, 훈련 매뉴얼 등의 형식으로 가르쳐야 할 내용의 유형과 적절한 양을 미리 규명하는 방식이다. 이 방법이 갖고 있는 위험성 중 하나는 내용 기준이 조직이나 사회적 요구를 위한 적합한 해결책이 아니거나 전혀 무관할지도 모르는 개연성을 차단한다는 점이다. 또 다른 문제점은 사실상, 문제가 책무성의 결핍, 유인체제의 미흡, 부적절한 도구, 조직 문화 혹은 다른 요인에 기인하는 데도 불구하고 새로운 교수 개발이 그런 문제를 해결해 줄 것이라고 가정한다는 점이다.

어떤 한 개인, 패널, 위원회, 기관, 작업 팀, 관리자, 프로그램 관리자 혹은 어떤 다른 행정 책임자가 어떤 선정된 목표를 위한 훈련이 필요하다고 명령하거나 위임했기 때문에 교수 설계 과정을 착수하기 위해 목표를 정하는 경우도 종종 있다. 이런 접근 방법을 *행정적 위임 방법(the administrative mandate approach)*이라고 한다. 이런 방법으로 목표가 규명되어야 할 경우에도 그 목표를 제시한 행정 책임자 혹은 경영자가 적합한 훈련을 받은 사람으로서 적합한 계획을 하고 통찰력을 발휘할 수 있거나, 교수 설계자가 정치적인 수완이나 협상 능력을 발휘하여 목표가 그와 같이 일방적으로 주어진 후에도 그 목표를 재조정할 수만 있다면 타당한 목표가 규명될 수도 있다. 불행하게도 협상의 여지가 거의 없는 경우가 다반사라서, 이렇게 '준비가 되었으면 목표를 향해 발사하라(ready-fire-aim)'는 접근 방식은 표적을 벗어나게 되는 경우가 비일비재하다. 이런 방식으로 목표가 일방적으로 주어질 경우에도 국가의 법, 노조와의 계약, 신입 사원을 위한 안전 요구사항 등이 요구하는 정의에 의해 타당한 목표가 규명될 수 있다. 그런 목표들은 참된 위임 혹은 명령(true mandates) 사항이라서 바로 훈련 담당 부서에서 추진해도 무방하다. 예를 들어, 주 의회가 의결한 학생 성취 기준은 공립 교육의 참된 위임 사항으로 지역 교육청으로 하달되어서 학교에서 실행되어야 한다.

교수 설계자들은 교수 목표를 하나의 조직 내의 문제 혹은 기회에 대한 해결책으로 규명하는 *역량 공학(performance technology)* 방법을 선호한다. 이 방법을 인간 역량 공학 *(human peformance technology)* 혹은 *역량 개선(performance improvement)*이라고 부르기도 한다. Moseley와 Van Tiem(2012)은 국제역량공학회(ISPI)가 인증하는 역량공학의 최근 모형을 제시하고 있다. 교수 프로그램 패키지에서 학습시켜야 하는 것이 무엇인지, 무엇을 포함해야 할지를 사전에 알 수 없다면, 사실상 교수 설계의 요구가 있음을 말해 주는 것이다. 그래서 설계자는 어떤 조직의 질과 생산성 목표를 책임지고 있는 최고 관리직에 있는 사람들과 함께 일하려고 하는 것이다. 이런 시각은 공공 기관, 영리 기관에 관계없이 적용되어야 한다. 사적인 영리 조직은 생산성에 관련된 목표와 고객의 요구를 충족시키기 위해 노력한다. 공립학교를 포함한 공공 기관은 이런 측면뿐만 아니라 조세부담자가 공공 예산을 들여서 부과한 요구를 충족시켜 주기 위해 노력하게 된다. 이런 방식으로 조직이 움직이지 않는 만큼 변화가 필요하고, 올바른 변화가 무엇인가가 핵심적인 이슈가 되는 것이다.

설계자는 문제를 정확하게 규명하기 위해 요구 역량 분석과 요구 분석을 하는데, 그 과정은 항상 쉽지만은 않다. 실제 문제는 처음에 나타난 대로와 같지 않을 경우가 더 많다. 그래서 문제가 규명된 후에 문제의 원인을 밝히고, 그 문제를 해결하기 위해 적용할 수 있는 일련의 해결책을 찾아내려고 한다. 해결책의 한 단계로서 교수 설계 과정을 추진하기 위한 교수 목표를 규명할 수 있다. 교수 설계에 의한 교수 프로그램의 개발이 항상 문제에 대한 유일한 해결책인 것은 아니다. 일반적으로 문제를 효과적으로 해결하기 위해서는 복합적인 변화가 필요하다.

개념

이 절에서 우리가 사용하고자 하는 모형은 교수 설계, 개발, 수정의 과정을 안내하기 위한 것이다. 교수 설계 작업을 시작하기에 앞서, 세심한 분석이 절대적으로 중요하다는 사실은 오래전부터 인정되어 왔다. 여기에서 말하는 분석을 종종 *초기 분석(front-end analysis)*[1]이라고 하기도 하는데, 여기에는 역량 분석(performance analysis), 요구 분석(needs assessment)[2], 어떤 경우에는 직무 분석(job analysis) 등이 포함된다. 이 세 가지 방법에 대해 살펴볼 것이

---

1) 역주: ISD 과정은 Front-End Anslysis(FEA), Design, Development, Delivery, Rear-End Anslysis(REA) 등으로 구분하기로 한다. FEA는 이 과정의 하나로, 주로 요구 분석, 과제 분석 등을 포함하는데, 여기에서는 '초기 분석'으로 번역했다.

2) 역주: Kaufman(1995, Mapping educational success: strategic thinking and planning for school administrators. Thousand Oaks, CA: Corwin Press)에 따르면 'needs assessment'와 'needs analysis'를 명백하게 구분하고 있다. 전자는 역량의 문제(needs)를 찾아내는 데 초점을 두는 반면, 후자는 그 문제가 발생하게 된 원인들을 찾아내는 데 중점을 두고 있다. 그래서 전자를 '요구 평가', 후자를 '요구 분석'으로 해야 옳지만, 우리나라에서는 전자를 '요구 분석'으로 사용해 왔기 때문에 이 관례를 따르기로 했다.

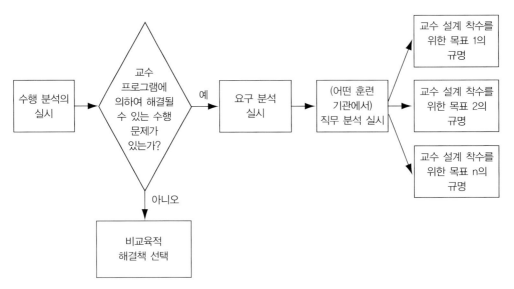

그림 2.1 ▮ 복합적인 훈련 및 교육과정 개발 상황에서의 초기 분석

지만 초기 분석의 자세한 절차와 예는 생략한다.

그림 2.1은 이 장에서 다룰 기능들이 복합적인 대규모 훈련 및 교육과정 개발 프로젝트에서 어떻게 적용되는지를 보여 주고 있다. 공립학교나 대학에서 볼 수 있는 대다수의 교수 설계 작업과 전문적인 기업에서의 기술 훈련 프로젝트를 위한 초기 분석의 예와 개요는 초보 설계자에게 도움이 될 것이다.

교육 공학 분야 대학원생들에게 평가, 역량 분석, 요구 분석에 대한 수업은 전공의 한 부분이 될 수 있다. 초기 분석에 대해 심층적으로 연구하고 싶다면, 평가에 대해서는 Brown과 Seidner(2012), Kirkpatrick과 Kirkpatrick(2006), Russ-Eft와 Preskill(2009)의 연구를, 역량 분석에 대해서는 Brethower(2007), Mager와 Pipe(1997), Robinson과 Robinson(2008), Rossett(1999), Van Tiem, Moseley와 Dessinger(2012), Wedman(2010)의 연구를, 요구 분석에 대해서는 Barksdale과 Lund(2001), Gupta, Sleezer와 Russ-Eft(2007), Kaufman과 Guerra-Lopez(2013), Tobey(2005)의 연구를, 직무 분석에 대해서는 Brannick(2007), Jonassen, Tessmer, Hannum(1999)의 연구를 참고하면 도움이 될 것이다. 이 책을 사용하는 과목을 수강하는 학생이라면, 이 과목의 과제로 한 단원 정도의 내용을 가르치기 위한 교수 프로그램을 설계, 개발해 보아야 한다. 이 책을 이용하여 교수 설계 프로젝트를 하게 된다면, 그림 2.1의 '요구 분석 단계', '교수 설계 프로젝트를 착수하기 위한 목표 1의 규명' 단계에서부터 프로젝트를 시작해야 한다. 교수 설계에 대한 폭넓은 안목을 제시하기 위해 기업과 학교에서의 예를 통해 역량 분석의 실제를 살펴보고자 한다.

역량 분석

기업에서의 역량 분석(performance analysis)[3] 공공 혹은 기업 조직에서는 상급 공무원이나 관리자가 반드시 찾아내서 해결해야 할 문제들을 끊임없이 직면하게 된다. 문제란 조직의 목표를 달성하는 데 실패하거나 조직이 가질 수 있는 기회를 잡는 데 실패함을 말한다. 실패는 조직을 구성하고 있는 사람들의 기능의 부족 혹은 부적합한 활용에 기인하는 경우가 허다하다. 따라서 관리자가 문제가 무엇인지를 알아내기가 어렵지 않기 때문에 훈련이 해결책이라고 가정하는 수가 많다. 그와 같은 문제가 훈련 담당 부서에 전달되면서 그 문제를 해결하기 위해 훈련 프로그램을 개발하라고 요청하는 경우를 흔하게 볼 수 있다.

해결책으로 훈련을 직접적으로 요청하지 않았을 때조차도, "내가 문제를 알고 있어! 좋아, 요구 분석을 해 보고 우리가 어떤 훈련을 제공해 줄 있는지를 찾아봅시다." 하는 반응을 종종 들을 수 있다. 요구 분석은 문제 해결을 위한 필수불가결한 방법이지만, 역량 공학자들은 문제 상황이 주어지면 좀 다른 시각(mind-set)을 가지고 있어서 훈련을 제공할지를 결정하기 전에 어떤 분석을 하려고 한다. 이런 시각을 흔히 *결정적 사고(critical thinking)*라고 한다. 결정 사고방식자(critical thinker)가 된다는 의미는 태도와 인지 기능의 문제이다. 다시 말하면, 결정적 사고방식자와 같이 행동하려는 경향성을 선택해야(태도) 하고, 이런 사고방식을 가진 사람이 이용하는 분석적 기법을 통달해야(지적 기능) 한다는 의미이다. 이런 태도와 기법에는 개방적인 사고를 가지고 있고, 객관적이며, 원인을 찾으려고 하고, 다양한 시각에서 문제를 바라보고, 다양한 시각에서 증거를 공평하게 알아보려고 하고, 모든 관련 정보를 듣게 될 때까지 판단을 유보하며, 상반되는 입장의 이야기를 듣고, 강력한 정보와 접하게 되었을 때는 내렸던 결론도 바꿀 줄 아는 것 등이 포함된다. 어떤 기관의 외부 사람으로 참여하지 않고 내부 직원으로서 그 기관의 문제에 참여하게 될 경우, 이와 같은 능력을 발휘하기는 더욱 어렵다. 따라서 전략적 기획과 역량 분석 활동을 수행하기 위해 외부 컨설턴트를 고용하는 것이 일반적이다. 그러나 교수 설계자는 교수 설계에 대한 전문적 역량을 발휘하는 기관의 일원일 경우가 대부분이기 때문에 효과적인 역량 분석자가 되기 위해 이런 사고방식을 개발해야만 한다.

다음으로는 전문 및 기술 분야 훈련의 역량 분석 예를 보자. 규모가 큰 정보 시스템

---

3) 역주: 'performance'를 '遂行(수행)'으로 번역하는 경우가 많아서 '수행 분석', '수행 공학' 등의 용어를 흔히 볼 수 있다. 그러나 수행이라는 뜻은 학습된 결과뿐만 아니라 학습의 과정, 행동을 지칭하는 의미로 사용되는 경우가 많아서 문맥에 따라 그 의미가 충분하지 않을 경우가 많다. 여기에서 'performance analysis'는 어떤 기관의 구성원들이 어떤 능력, 역량에 문제가 있는지를 분석하는 것이라서, '수행 분석'이라고 하면 현재 구성원들의 능력 분석에만 한정되는 것으로 생각하기 쉽다. 물론 '力量(역량)'은 'competence'를 번역한 말로 사용되는 경우가 많지만 여기에서는 그런 오해를 피하기 위해 '역량'으로 표현하고자 한다. 내용에 따라, 두 가지 표현을 적절하게 사용할 경우도 있다.

(information system) 부서의 부장이 훈련 과장에게 와서 "고객 서비스 콜 센터의 일이 폭주해서 그 센터의 컴퓨터 워크스테이션으로 모든 고객 주문을 감당할 수가 없다. 그곳에서 근무할 직원을 더 채용하는 대신, 인사 담당자들은 감원하기로 되어 있는 타 부서로부터 6명을 충원해 달라고 요구하고 있다. 나는 지금 필요한 직원들을 선별하려고 하고 있지만 우리가 필요로 하는 역량을 그들이 가지고 있는 것 같지가 않다. 그들을 컴퓨터 수리를 할 수 있도록 훈련시켜야 할지 아니면 내보내야 할지를 훈련 담당자인 당신이 좀 결정해 주었으면 한다."고 했다. 그러면 훈련 과장은 "그렇게 빈틈없이 대처해 주셔서 감사합니다. 일단 고객 서비스 담당 과장과 검토해 보고 내일 아침에 보고를 드리겠습니다."라고 대답할 것이다. 훈련 과장은 밤새 뭔가를 준비해서 다음날 아침 성급하게 훈련 프로그램 개발에 착수하기보다는 외교적 수완을 발휘해서 역량 분석을 해 볼 것을 제안했다. 정보 시스템 부장은 흔쾌히 선발 과정을 보류하기로 합의해 주었지만 10여 일 후에, "당신이 할 수 있는 것이 무엇이든 당장 추진하세요!"라고 지시했다. 향후 10일 남짓한 기간 동안, 그 과장이 취한 몇 가지 조치와 알게 된 사실은 다음과 같았다.

- 고객 서비스 콜 센터에는 컴퓨터 고장 문제가 있는데, 이 문제는 새로운 고객 담당자에게 급속하게 영향을 줄 뿐만 아니라 컴퓨터 구매에도 영향을 주었다. 정보 시스템(IS) 부서의 현재 직원들로는 컴퓨터 고장, 수리 요구를 감당하기에 벅차다.
- 고객 서비스 부서의 비즈니스 목표 중의 하나는 고객 관계를 개선하는 것이다.
- 고객 관계를 개선하기 위한 하나의 실행 목표는 전화로 접촉하게 된 고객의 96%를 만족시키는 것이다.
- 고객 만족 목표를 달성하기 위해, 고객 서비스 부서는 "고객 상담자에게 통화가 연결되기 전에 최대한 세 개의 자동화된 콜 메뉴를 선택할 수 있고, 상담자와 통화하기 위해 최대한 평균 90초를 유지할 수 있다." 등의 역량 기준을 마련했다.(다른 역량 기준들도 있지만 여기에서 고려하고자 하는 기준만 제시했다.)
- 훈련 담당 과장이 최근의 고객 데이터를 검토한 결과, 고객 통화 만족도는 76% 정도이고, 통화 기록 추적 보고서를 보았더니 통화 대기 시간은 2분 30초이고, 통화의 17%가 5분을 상회하고 있음을 알았다. 분명하게 고객 서비스 부서의 비즈니스 목표와 목표 역량 기준은 달성되지 못했다.
- 훈련 담당 과장은 컴퓨터 워크스테이션 문제 보고서, 정보 시스템이 다운된 시간, 보수 기록을 검토하고, 워크스테이션을 수리해서 빨리 정상화시키기 위해 새롭게 컴퓨터 기술자를 채용하여 훈련하면 틀림없이 콜 센터의 서비스 혼란이 줄어 통화 대기 시간을 단축할 수 있을 것임을 알게 되었다.

그러나 다른 해결책은 없었는가? 훈련 담당 과장은 다른 추가적인 정보를 접하고 판단을 유보하면서, 역량 문제에 영향을 줄 수 있는 구성요소들의 관계를 분석하고, 훈련이 아닌 다른 해결책의 가능성을 타진해 보면서 다음의 사실을 알아냈다.

- 통화 기록을 살펴보고 거래 기록을 검토해 보았다. 특별 훈련을 받은 전문적인 고객 서비스 담당자에게로 연결된 통화의 1/4은 컴퓨터 없이도 접수계에서 해결할 수 있는 단순한 정보만이 필요한 내용임을 알게 되었다.
- 워크스테이션 문제 보고서와 수리 기록을 재차 검토해 보았더니, 16%의 컴퓨터 다운 문제는 단순한 컴퓨터 'configuration' 문제였고, 경험 없는 고객 서비스 담당자에게는 익숙하지 않은 무단 리부팅 때문이었다.
- 컴퓨터 구입은 고객 서비스 콜 센터의 성장세를 유지하는 것과 반드시 관련되어 있지 않으며, 정보 시스템 부서에서는 고장 난 컴퓨터를 교체해 줄 수 있는 재고를 충분히 보유하고 있지 않다는 사실을 알게 되었다.

10일간의 역량 분석을 마치고, 훈련 담당 과장, 정보 시스템 부장, 고객 시스템 과장은 회의를 하고, 찾아낸 역량 문제를 해결하기 위한 다음의 전략을 시도해서 고객 서비스 팀의 비즈니스 목표를 달성할 수 있도록 협조하기로 했다.

- 훈련 담당 과장은 정보 시스템 직원과 같이 자동응답 스크립트에서 메뉴 선택 내용을 명백하게 하고 세 개의 메뉴 중에 두 개에는 각각 하나의 메뉴를 추가함으로써 호출 화면의 성능을 개선하기로 합의했다. 이런 변화를 통해 새롭게 발령을 받은 경험이 많지 않은 고객 서비스 담당자들에게 보내지는 단순한 정보에 대한 많은 요청을 자동응답 시스템에 보냄으로써 크게 부담을 줄일 수 있다.
- 훈련 담당 과장은 정보 시스템 직원과 같이 "이런 일이 있으면, 저렇게 해 보라."와 같은 내용의 '컴퓨터 응급조치'에 해당하는 직무수행 보조물을 조그마한 금속판으로 만들어 모든 컴퓨터에 부착하기로 합의했다. 그리고 그 금속판에 새겨둔 컴퓨터 문제 해결 방법에 대한 'decision tree'의 용어와 과정을 사내 인트라넷에 올려 두어서 고객 서비스 담당자들이 언제나 이용할 수 있는 간단한 훈련 프로그램을 개발하기로 합의했다.
- 정보 시스템 담당자는 컴퓨터 구매 일정을 앞당겨서 고장 난 컴퓨터를 수리하는 중에 사용할 수 있는 재고 컴퓨터 수를 늘리기로 결정했다.
- 제안된 해결책을 실행해서 그 적합성을 평가해 볼 수 있는 기간을 가지고 난 후에 외주 직원 채용 회사로부터 필요하다면 임시직 컴퓨터 기술 인력을 채용하는 것이 좋

겠다고 모두 합의했다.

지금까지 살펴본 예에서 역량 문제를 해결하는 데 훈련 담당 과장은 역량 분석을 위해서 Robinson과 Robinson(2008)이 제시한 '역량 관계도(performance relationship map: PRM)'를 따르고 있다. PRM 기법은 제기된 문제를 조직의 핵심적인 비즈니스 성과와 관련시켜 보고 나서, 기관의 실행 목표(operation goals)와 역량 기준이 그 성과와 어떻게 관련되어 있는지를 검토하는 것이다. 표 2.1은 역량 분석을 위한 PRM 절차 중에 필요한 질문 및 응답 양식에 대한 조사 결과의 일부를 요약한 것이다.

표 2.1 ▎ Robinson(1995) 등의 PRM 적용 사례

수행 분석을 위한 질문 내용	수행 분석 응답 결과
1. 처음 제기된 문제가 무엇인가?	1. 고객 서비스 콜 센터에서 데스크 탑 컴퓨터 고장 진단과 수리를 할 수 있는 컴퓨터 기술자 6명을 위한 훈련 프로그램
2. 제기된 문제는 조직의 핵심적 성과(목표)와 관계가 있는가?	2. 그렇다: 고객 만족 증진
3. 조직의 성과를 달성하기 위한 실행 목표가 설정되어 있는가?	3. 그렇다: 전화로 만나게 되는 고객의 96%는 만족해야 한다(기대 수준 혹은 상태).
4. 실행 목표가 충족되고 있는가?	4. 그렇지 않다: 고객의 76%만 만족하고 있다(실제 수준 혹은 실제 상태).
5. 실행 요구가 있는가?	5. 그렇다: 기대 수준과 실제 수준 간에 존재하는 20%의 격차(gap)를 없애야 한다.
6. 실행 목표를 성취하기 위하여 직무 수행 기준이 설정되어 있는가?	6. 그렇다: 서비스 담당자에게 연결하기 전에 최대 3개의 자동 통화 메뉴를 선택하고 대기시간이 최대한 평균 90초여야 한다(기대 수준)
7. 직무 수행 기준이 충족되고 있는가?	7. 그렇지 않다: 평균 대기시간이 2분 30초를 넘고, 5분을 초과하는 경우도 17%에 이른다(실제 수준)
8. 직무 수행 요구가 있는가?	8. 그렇다: 기대 수준과 실제 수준 간에 존재하는 60초의 격차를 없애야 한다.
9. 실행 및 직무 수행 요구에 영향을 주는 외적 요인(정부의 규정, 기업의 고용 동결, 노조와의 협약 등)이 경영자의 통제권 밖에 있는가?	9. 그렇지 않다: 실행 및 직무 수행 요구는 통제권 안에 있다.
10. 직무 수행 요구에 영향을 미치는 내적 요인이 경영자의 통제권 안에 있는가?	10. 그렇다: 작업 경로, 기자재관리, 직원 능력, 근무시간
11. 수행 요구(performance needs)를 위한 해결책이 있는가?	11. 그렇다: 작업 경로(work flow)-통화 라우팅 재설계기자재 관리-컴퓨터 구입 시기를 당김, 직원 능력-훈련을 위한 직무수행 보조물 개발, 근무시간-기술자 채용

표에서 알 수 있듯이, 역량 분석의 목적은 문제를 검증하고, 해결책을 찾기 위한 정보를 수집하는 것이다. 역량 분석의 결과는 실패하고 있는 조직 성과(organizational results), 조직 구성원의 목표 역량 수준(actual performance)과 현재의 역량 수준, 역량 문제 발생 원인의 증거, 비용 효과적인 해결책 등에 의하여, 문제를 명료하게 기술하는 것이다. 교수 설계자는 역량 분석을 추진하는 과정에서 교수 프로그램 개발을 문제에 대한 해결책으로 미리 예단하지 않아야 한다. 이 역량 분석은 주로 팀이 구성되어 수행하게 되는데, 역량 분석 결과는 그 기관이 보유하고 있는 자원을 최대한 반영해야 한다. 하나의 해결책을 선정할 때 경비가 주요한 고려사항이 되는데, 교수 설계는 사실상 상당히 비싼 해결책들 중의 하나임에 틀림없다. 면밀하게 역량 분석을 해 보면, 앞의 예에서 훈련 부서에서 제시한 대부분의 기관 차원의 문제들에 대해 훈련이 해결책으로 나오기도 하지만, 한편으로는 여러 요소가 포함된 해결책이 나오기도 하는데, 이런 점은 이제까지의 역량 분석에서 얻은 경험이 말해 주고 있다. 해결책이 새로운 기능의 훈련이거나 구성원들의 기존 역량 재훈련이었다면 요구 분석을 계획해서 교수 설계 프로젝트를 추진해야 한다.

공립학교에서의 역량 분석 역량 분석이라는 용어를 공립학교에서는 잘 사용하지 않지만, 학교 경영자, 교사, 학생들의 역량 문제를 해결하기 위해서도 거의 비슷한 방식을 적용할 수 있다. 학생들의 수행 문제 예를 들어 보면, 어느 초등학교 교장이 주 표준 검사 결과를 검토해 보고 5학년 학생들의 성적이 주의 평균에 미치지 못함을 알게 되었다고 하자. 여러 자료를 찾아서 검토해 보았더니, 그 검사의 특정 부분에서 대다수의 학생들의 역량 수준이 낮기 때문에 5학년의 전반적인 성적이 떨어졌음을 알게 되었다. 교장은 이런 학생들의 역량 문제를 교무부장에게 설명하고 "정보 리터러시 기능에 대해 5학년 교사들과 매체 센터 교사(media specialists)에게 연수 훈련이 필요합니다. 선생님께서 좀 추진해 주시겠습니까?"라고 말했다. 교무부장은 그렇게 하겠다고 대답했지만, 연수 훈련 일정을 잡기 전에 몇 가지 조사를 해 보기로 했다. 다음은 교무부장이 취한 몇 가지 조치와 조사 내용이다.

- 주정부가 정한 표준을 알아보았더니, 정보 리터러시 역량을 가지고 있는 사람이라면 "하나의 문제를 해결하는 데 있어서 언제 정보가 도움이 되는지를 인식할 수 있고, 타당하고 최선의 정보를 찾기 위해 최선의 자원을 선택할 수 있으며, 새로운 정보를 조직, 통합할 수 있고, 그 문제에 적절한 정보를 작성하여 제시할 수 있어야 함"을 알았다. [정보 *리터러시*는 도서관에서 필요한 기능(library skill) 혹은 연구를 위한 기능을 가리키는 최근의 용어이다.]
- 정보 리터러시에 대한 주의 측정 기준과 기능을 공개된 예시 검사 문항과 비교해 보

았다. 그 측정 기준과 검사 문항들은 주어진 문제 상황을 해결하는 데 필요한 정보의 회상과 정보와 개념의 적용을 요구하고 있었다. 그 검사는 정보 리터러시 기능을 타당하게 측정하고 있는 것으로 보였다.

- 일정을 알아보았더니 모든 학급이 돌아가면서 일주일 한 번씩 미디어센터를 40분 동안 방문하는 것을 알았다. 그는 미디어센터를 방문하는 5학년 여러 학급을 관찰하여 팀을 만들고 준비해서, 책을 반납하고, 새 책을 찾아서 빌리고 'Accelerated Reader' 퀴즈를 보고 난 후 정보 기능을 학습하는 것은 고작 15~20분에 불과함을 알았다. 이 시간 동안의 수업은 학습해야 할 내용을 집중적으로 다루고 있었지만, 각 학급으로 돌아온 후 충분한 보충활동을 하지 않았다.

이런 조사를 마친 후에, 교무부장은 잠정적인 몇 가지 결론을 교장에게 보고하고, 5학년 교사들과 미디어센터 담당교사와 회의를 갖기로 결정했다. 이 회의에서 그는 모든 교사들이 정보 리터러시 기능을 충분히 갖고 있지만 그 내용을 어떻게 가르쳐야 할 것인지에 대해서는 아무도 자신이 없음을 알게 되었다. 그 교사들은 단순한 정보기술을 설명해 주는 것을 뛰어넘어서 그 기능을 적용하는 것에 대해 다루는 시간을 가지지 않았음을 모두 인정했다. 또한 교무부장 선생님이 관찰한 대로 학생들이 미디어센터를 떠나 교실로 돌아와서 이렇다 할 추후 활동을 하지 않았음도 인정했다. 왜냐하면 읽기, 쓰기, 수학 등의 교과 성적을 올려야 하는 중압감 때문이었다. 이 교사들은 정보 자원을 사용하여 학생들의 주 표준검사 점수를 올려야 할 필요에 동의하면서, 자신들의 수업 방법을 수정하는 데도 동의하고, 다음과 같은 실천 계획을 결정했다.

- 미디어 담당교사가 5학년 교사 회의에 참석해서 언어관련 수업에 정보 기능을 포함하기 위한 전략을 실천하기 위한 계획에 협력하기로 한다.
- 5학년 수업 중 팀티칭 시간에 미디어 담당교사를 참여시킨다.
- 현재의 데스크 탑용 소프트웨어를 네트워크 버전의 'Accelerated Reader(AR)' 소프트웨어로 업그레이드해서 학생들이 자기 교실에서 AR 검사를 할 수 있고, 검사 결과를 보고 자기의 수준을 점검할 수 있도록 한다. 동시에 미디어센터에 가는 수업 시간은 융통성 있게 운영해서 언제든지 자유롭게 그 센터에 갈 수 있도록 한다.
- 수업 내용에 평가, 보충, 심화 활동이 내재화된 집중적인 학습 증진 프로그램(intensive learning improvement program)을 실시한다.

교무부장은 자신과 다른 교사들이 함께 주정부에서 정한 역량 문제를 해결할 수 있는 계획을 가지고 있으나 몇 가지 지원이 필요하다고 보고했다. 교장은 이들의 주장에 대해 동감을 표시하면서 소프트웨어 업그레이드를 위한 예산이 있다고 했다. 미디어 담당교사를 재배치하는 것은 좀 어렵기는 하겠지만 비정규직 미디어센터 직원을 채용할 수 있는 예산을 사친회(PTA), 학교개선 팀의 재량 예산, 역량 개선 프로젝트를 위한 교육구청의 예산 등에서 가져올 수 있을 것이라고 말했다.

교무부장은 자신의 조사를 역량 분석이라고 말하고 있지 않지만, 학생들의 부진한 성취 문제의 근본적인 원인을 찾기 위해 적절하고 타당한 문제 해결 기법을 사용하고 있었다. 미디어 담당교사와 5학년 담당교사들은 가르쳐야 할 내용과 어떻게 가르쳐야 할지에 대해 이미 알고 있기 때문에 별도의 연수 훈련은 학생들의 성적을 향상시키는 데 도움이 되지 못한다고 판단했다. 그리고 학사 일정상 그런 훈련을 실시할 수 있는 시간적 여유도 없다. 여기에서 파악된 요구는 수업 시간을 충분하게 확보해서 학생들이 정보 리터러시 기능의 적용을 학습할 수 있도록 변화를 주는 것이다.

기업과 학교의 이 사례는 교수 설계가 항상 어떤 문제의 주된 해결책이 되는 것이 아님을 보여 준다. Mager와 Pipe(1997)의 『Analyzing Performance Problems』에서 교수 프로그램이 아닌 다른 상황에 의해 발생한 역량 문제를 규명하기 위한 결정 과정을 잘 설명해 주고 있다. 그 과정을 이해해서 적용하기 쉽도록 플로차트로 일목요연하게 표현하고 있다. Lundberg, Elderman, Ferrell, Harper(2010)는 소매 고객 서비스 상황에서 역량 분석의 사례를 제시하고 있는데, 그들은 그 사례에서 훈련이 전반적인 역량 개선을 위한 해결책의 작은 한 부분임을 보여 주고 있다. 교수 설계에 의한 어떤 형태의 교육이 해결책일 때, 요구 분석은 효과적인 교수 설계 과정을 시작할 수 있는 중요한 도구이다.

요구 분석

요구 분석의 논리는 '바람직한 상태-실제 상태 = 요구'라는 간단한 등식으로 표현할 수 있다.

요구 분석(*needs assessment*)을 종종 *격차 분석(discrepancy analysis)*이라고 부르기도 한다. 여기서 격차는 바람직한 상태와 실제 상태 간의 관찰된 차이를 말한다. 대규모의 요구 분석을 하는 과정은 대단히 복잡하지만 그 논리는 간단하다. 표 2.1에서 제시한 역량 분석에서 요구 분석의 논리는 하나의 도구로 이용되었다. 표에서 단계 3부터 5까지를 먼저 보고, 단계 6부터 8까지를 보자. 여기에는 요구 분석 논리의 세 가지 구성요소가 포함되어 있다. 첫째 요소로, *바람직한 상태(desired status)*라고 하는 기준 혹은 목표를 설정하고 있다. 예를 들어, 등록한 모든 학생들이 학교 도서관에서 10권 이상을 이용할 수 있도록 구비하게 하든지, 시내버스의 90%는 정시에 정차장에 도착하도록 한다든지, 하드웨어 판매를 통해 40%의 매출 이익을 낸다든지, 혹은 기능적 리터러시 검사에 참여한 해당 교육구청 재학생의 95%는 합격한다는 등이다. 둘째 요소는 그 기준 혹은 목표에 대해 현재의 역량 수준(level of performance) 혹은 실제 상태(actual status)를 결정하는 것이다. 예를 들면 학생당 8권의 소설책, 77%의 버스만이 정시에 도착, 43%의 수익률, 81%의 학생 합격 등이다. 셋째 요소로는 바람직한 상태와 실제 상태 간의 간격(gap)를 규명하는 것으로 이것이 바로 요구(needs)이다. 이 간격을 격차(discrepancy)라고 한다. 이 격차의 예로는, 학교 도서관은 학생당 2권의 소설책을 더 확보할 필요가 있다거나, 시내버스 회사에서는 정시에 도착하는 버스의 비율을 13% 올릴 필요가 있다거나, 실제 수익률이 바람직한 상태의 수익률을 상회하기 때문에 수익률은 적정하다든지, 지역교육구청에서는 기능적 리터러시 검사 합격률을 14% 올릴 필요가 있다는 것 등이다.

조직의 관리자 혹은 경영자들은 현재의 *실제 상태* 혹은 지금 이루어지고 있는 일의 방식으로 조직의 문제점을 기술하는 경우를 자주 보아 왔다. 경영자들의 문제점 기술 예를 보면, "우리 회사는 서류 배달이 늦는 편이다.", "소수의 학생들만이 지역교육청 영어단어 맞히기 대회에 참여한다.", "너무 많은 학생들이 기초 기능 검사에서 실패하고 있다."와 같은 식이다. 요구 분석에서 실제 상태 혹은 역량이 의미를 갖기 위해서는 바람직한 상태 기준을 설정하여 배달이 정확하게 어느 정도 지체되어도 되는지, 몇 명의 학생들이 대회에 참가해야 하는지, 판매 실적이 어느 정도까지 내려가도 되는지, 검사에 실패하는 학생의 비율이 어느 정도가 되어야 하는지를 정확하게 설정해야만 한다.

격차 혹은 *요구(needs)*는 바람직한 상태와 현재의 실제 상태 간의 비교로부터 정의될 수 있는 것이기 때문에 이 두 가지 상태를 정확하게 기술해야만 한다. 조직 성과의 큰 격차에 주목해 볼 필요가 있다. 그러나 거기에 주목할 만한 격차가 없다면, 어떠한 요구가 없어서, 어떤 변화도 필요하지 않다는 의미이기 때문에, 새로운 교육 혹은 훈련이 분명히 필요하지 않다. 어떤 기관장(학교의 이사진을 포함해서)이라도 하나의 상황을 조사해서 바람직한 상태와 실제 상태가 동일하기 때문에 어떠한 변화가 필요하지 않은 경우가 바로 이런 상황이다.

요구 분석의 논리가 역량 분석에서 사용되는 도구들 중의 하나임을 알아보았다. 역량 분석을 한 결과, 훈련이 어떤 하나의 역량 문제에 대한 최선의 해결책이라고 판단되었다면, 그때에는 요구 분석을 다시 해 볼 수 있을 것이다. 이와 같은 과정을 훈련 *요구 분석(training needs assessment: TNA)* 혹은 *학습 요구 분석(learning needs assessment)*이라고 하며, 요구 분석 결과를 통해 우리는 교수 설계 프로젝트를 착수하기 위한 교수 목표(instructional goals)를 결정해야 한다. 앞에서 보았던 예를 잠깐 다시 보면, 고객 서비스 역량 분석의 예에서, 훈련 담당 부장은 컴퓨터가 다운된 시간의 16%는 미숙한 고객 서비스 담당자에게 익숙하지 않은 단순한 컨피규레이션의 오류와 빈번한 재부팅 때문에 발생했음을 알았다. 그래서 그는 이것을 훈련의 문제라고 결론짓고, '직무수행 보조물(job aid)'을 개발하여 워크스테이션의 응급조치를 위한 훈련을 실시하기로 했다. 이 시점에서 그는 "훈련을 통해서 해결하고 싶은 역량 문제의 실제 범위와 특성이 무엇일까?"를 가장 먼저 떠올리고 있을 교수 설계 프로젝트 책임자에게 이 과제를 넘길 것이다. 이 질문에 훈련 요구 분석이 그 답을 제시해 줄 것이다. 그는 다음과 같은 요구 분석의 세 가지 원리를 적용했다. (1) 정보 시스템 내용 전문가와 같이 고객 서비스 담당자가 워크스테이션 응급조치 역량 기준을 개발하고(바람직한 상태), (2) 작업 지시서, 정비 기록 등을 조사하고, 고객 서비스 담당자들을 대상으로 관찰, 면담, 검사를 실시하여(실제 상태), (3) 역량 기준(standards for performance)과 실제 역량 수준 간의 격차(needs)를 기술한다. 이런 요구 분석을 통해, 프로젝트 책임자는 최고 경영자가 훈련의 성패를 판단하는 데 사용할 수 있는 직무 역량 기준(job performance standard)과 ID 프로젝트를 착수하기 위한 교수 목표를 기술할 수 있다. 이 예에서 본다면, 직무 역량 기준은 "고객 서비스 담당자들은 단순한 데스크 탑 컨피규레이션의 오류와 빈번한 재부팅 문제의 95%를 해결할 수 있다."로, 교수 목표는 고객 서비스 담당자들은 "의사 결정형 직무수행 보조물을 사용하여 동료, 감독자, 정보 기술자의 도움을 받지 않고도, 데스크 탑 컨피규레이션의 오류와 빈번한 재부팅 문제를 진단하여 그 문제를 해결할 수 있다."로 기술하는 것이다. Chevalier(2010)는 역량의 실제 수준과 바람직한 수준 간의 총체적인 차이를 충분히 포괄하기 어려울 때는 잠정적인 교수 목표를 정하는 것이 오히려 적합할 수 있음에 주목할 필요가 있다고 제안했다.

Kaufman과 Guerra-Lopez(2013), Kaufman, Herman, Watters(2002), Gupta 등(2007)은 조직이 무엇을 할 수 있고, 어떤 영역에서 문제를 갖고 있는지에 따라서, 수단과 목적을 구별하는 것을 포함하여 요구 분석 과정에 필요한 통찰적 시각을 제시하고 있다. 공립학교의 예를 보자.

교장들이 자기 학교의 교사들은 컴퓨터에 대해서 좀 더 알아야 할 '필요(need)'가 있다고 말하는 것을 흔하게 들을 수 있다. 결국, 모든 교사들이 컴퓨터를 좀 더 능숙히 다루도록 하기 위해 워크숍을 갖게 된다. 이런 상황에서, 교사의 기능은 학생들의 능력을 높이기 위한 '목적'에 대한 '수단'으로 보아야 한다. 실제적 요구 분석을 통해 "학생들의 바람직한 컴퓨터 기능 수준과 현재의 실제 수준이 어느 정도인가?"와 "만일 그 수준 간에 어떤 격차 즉, 요구가 존재한다면, 그 기능을 향상시키기 위한 다양한 해결책은 무엇인가?"를 규명했다면, 모든 교사를 위한 워크숍이 반드시 최선의 해결책일 수도 있고, 그렇지 않을 수도 있다. Kaufman(1998)은 요구를 규명하고, 이러한 요구를 충족시킬 수 있도록 조직이 가지고 있는 다양한 자원을 사용하기 위한 계획을 세울 때, 조직의 내적 업무 과정보다는 조직의 성과에 있어서의 격차에 주목할 필요가 있다고 한다.

전 설계 과정에서 요구 분석은 핵심 요소이다. 훈련 담당자 혹은 교육업무 종사자들은 불필요한 교육 프로그램을 개발하는 데 막대한 비용이 소요될 뿐만 아니라 뚜렷한 목적이 없는 학습 활동에 학생들을 끌어들이면 그들에게 대단히 부정적인 태도가 형성될 수 있음을 명심해야 한다. 따라서 요구를 보다 정확하게 규명하기 위해 초기 분석(front-end analysis), 역량 분석 혹은 그 외 접근 방법에 주목할 필요가 있다. 옛날에는 조사 도구가 훈련 요구를 규명하고 문서화하기 위한 주요한 수단이었다. 그러나 요즘에는 조사 도구에만 의존하지 않고 직무 실행자의 심층 인터뷰 혹은 역량 행동의 직접적인 관찰과 병행하거나 후자만을 주로 활용하기도 한다.

직무 분석

*직무 분석(job analysis)*은 초기 분석에서 하나의 주요한 요소이다. 초기 분석에 포함되어야 하는 것을 개략적으로 살펴보기 위해, 어떤 직무를 수행하고 있는지에 대한 정보를 수집, 분석, 종합하는 과정인 직무 분석에 대해 간략하게 살펴보자. 직무 분석은 1900년대 초기에 시간, 동작 연구(time and motion studies)와 함께 유행하던 하나의 경영 관리적 활동이다. 이 직무 분석은 (1) 인적 자원 예측 및 기획, (2) 인재 선발 및 모집, (3) 고용 기회 균등성 확보, (4) 역량상의 문제 검토를 위한 설계, (5) 보수 계획, (6) 직무 설계 및 재설계, (7) 훈련용 직무수행 보조물, 역량 지원 시스템(performance support system), 직원 개발 등을 계획하는 활동을 포함한 인적 자원 개발(HRD)을 위해 활용되어 왔다. 하루가 다르게 발전하는 기술의 시대에, 직원들의 직무에 대한 최신 분석 결과는 직무 재배치를 하는 데 특히 유용하게 사용될 수 있다. 왜냐하면 이 분석 결과는 조직의 효과성, 개별 생산성, 직무 만족도를 높일 수 있도록 직무 재설계를 위한 기초 자료가 될 수 있기 때문이다. 직무 분석을 실시하기 위한 전형적인 절차는 다음과 같다.

- 직무 과제(job tasks)에 대한 최초 목록의 작성
- 명명된 과제의 정확성에 대해 전문가와 재직 직원들의 조사
- 결정적으로 중요하다고 보고된 과제에 대한 요약
- 차후 검토를 위해 우선순위가 가장 높은 과제의 명명
- 우선순위가 높았던 과제에 대한 직무 분석 수행

특정 직무 과제에 대한 최초의 목록을 작성할 때, 그 직무를 수행하는 사람과 그 직무를 둘러싸고 있는 환경을 활용하여 그 직무를 일반적인 용어로 기술한다. 그리고 나서, 직무의 특성을 결정하는 데는 두 가지 방법이 있다. 첫째 방법은 그 직무의 전문가로 하여금 현업 종사자의 직무 수행 과정을 관찰하게 하고, 관찰한 과제들을 열거하게 하는 것이다. 또 다른 방법은 현업 종사자들로 하여금 그 직무를 수행한 그대로 모든 단계를 포함하여 그 직무를 열거하도록 하는 것이다. 직무 과제의 초기 목록을 어느 방법으로 작성했든지 간에 직무 과제들을 *임무(duties)*라고 하는 범주로 묶고 공통적인 특성에 따라 분류해서 목록화해야 한다.

과제 목록이 만들어지면, 내용 전문가와 현업 종사자에게 그 과제들이 실제로 그 직무에 속하는지에 대한 검토를 받아서 그들의 판단에 따라 이 목록을 수정해야 한다. 이런 수정 과정을 거치고 나서, 그 과제에는 하나의 조사 도구가 될 수 있도록 응답할 수 있는 반응 평정 척도(response scales)와 조사 실시 방법이 추가되고 예비 조사를 실시할 수 있게 된다. "이 과제가 직무의 한 부분으로서 수행해야 할 과제입니까?", "얼마나 자주 이 과제를 수행합니까?", "이 과제를 수행하는 데 보내는 시간이 하루의 업무 중 몇 %를 차지합니까?", "성공적으로 직무를 수행하기 위해 이 과제가 얼마나 중요합니까?", "이 과제를 수행하는 것이 어느 정도 어렵다고 봅니까?" 등의 질문에 응답할 수 있는 반응 척도를 개발한다. 최종 검토와 수정을 한 후에, 조사지를 제본하여, 현업 종사자들에게 배부한다. 조사 결과가 돌아오면, 과제별로 응답 결과를 요약하고, 차후 검토를 위해 우선순위가 높은 과제를 선정한다. 여기까지 기술한 일련의 과정을 *직무 분석*이라고 한다.

차후 검토를 위해 선정한 과제들을 구성요소들로 다시 분석하여, 그 요소들 간의 관련성을 자세히 기술하고, 각각의 요소들을 수행하는 데 포함될 도구와 조건을 기술하며, 그 요소들이 성공적으로 수행되었다고 판단하기 위한 기준을 작성하는 등의 과정을 과제 분석(task analysis) 과정이라고 한다. 과제 분석은 복잡하고, 작업량이 대단히 많을 뿐만 아니라 시간이 길리는 작업이다. 따라서 직무의 설계 혹은 재설계와 핵심적인 훈련의 설계와 개발을 위해 과제를 상세화할 필요가 있을 경우에만 실시하는 것이 일반적이다. 직무 분석이 전문 분야 혹은 기술 분야 훈련 상황에서 실시될 때는, 무엇을 하는 것이 실제로 직무 역량에 해당하는지에 대한 물음에 답할 수 있어야 하고, 직무 효율성, 효과성, 만족도를 향상시킬 수 있는 가능성이 가장 높은 과제에 초점이 맞추어져야 한다.

종합하면, 교수 목표(instructional goals)는 교육적 해결책을 제공함으로써 해결될 수 있는 문제의 보다 포괄적인 지표 혹은 증거를 찾기 위한 역량 분석의 과정을 통해 설정하는 것이 이상적이다. 그 다음으로, 구체적으로 어떤 역량상의 문제(performance deficiencies)가 있는지를 분석하기 위한 요구 분석을 하고 나서, 하나의 교수 목표를 진술해야 한다. 간혹 그 교수 목표에 대한 추가 검토가 학교 교육과정 혹은 직무 분석의 상황에서 이루어지기도 한다. 이런 과정을 통해, 학습자가 무엇을 할 수 있게 될 것인지와 그 목표 행동을 수행하게 될 상황을 구체적으로 기술하고 있는 교수 목표 진술문이 나오게 되는 것이다. 하나의 목표를 도출하기 위해 사용된 과정과는 무관하게, 교수 설계자는 언제든지 교수 설계 과정의 확실한 출발점으로서 역할을 할 수 있도록 목표를 명확하게 할 필요가 있다. 애매하거나 추상적으로 진술된 목표들을 설계자는 효과적으로 검토해야 한다.

교수 목표의 명확한 진술

Mager(1997)는 모호하거나 구체적이지 않게 진술된 목표를 수정하는 절차를 제시한 바 있다. *모호하게 진술된 목표(fuzzy goal)*는 일반적으로 '감상한다', '무엇에 대해 알 수 있다' '느낀다' 등과 같이 학습자가 학습하고 나서, 머리에 남게 될 내적 상태를 추상적으로 진술하는 것을 흔히 볼 수 있다. 이런 표현을 목표 진술에서 종종 볼 수 있지만 설계자는 학습자들이 이 목표를 성취하게 되었을 때, 무엇을 할 수 있는지에 대한 구체적인 증거 수행 행동이 목표에 없기 때문에 그 목표가 무엇을 의미하는지를 알기가 어렵다. 설계자는 교수 프로그램이 성공적으로 완수되었을 때, 학생들이 그 프로그램의 목표를 성취했음을 보여 줄 수 있어야 한다. 그러나 목표가 불명확해서 무엇을 할 수 있어야 목표가 성공적으로 수행된 것인지 분명하지 못하다면 부가적인 분석이 이루어져야만 한다.

목표가 모호하게 진술된 것인지를 분석하기 위해서는, 먼저 목표를 적어 보라고 권하고 싶다. 그리고 나서 학습자들이 그 목표를 성취했다면 어떤 행동을 보여 줄 수 있는지, 혹은 그 목표를 성취하여 수행할 수 있게 된다면 무엇을 하고 있게 될 것인지를 열거해 보도록 한다. 처음부터 너무 완벽하게 목표를 진술하려고 해서는 안 된다. 좀 무모해 보일지 모르지만 머리 속에 떠오르는 모든 것을 일단 적어 보라고 하고 싶다. 그 다음에 본래 가지고 있던 막연하게 진술된 목표를 통해서 말하고 싶었던 문장이 있는지를 찾아본다. 이제 이렇게 찾아낸 문장 속의 증거 성취 행동(indicators)을 이용하여 학습자들이 무엇을 할 수 있게 될 것인지를 말해 주는 하나의 문장을 진술해 본다. 마지막 절차로 진술한 목표를 검토하게 되는데, 이 때 '만약 학습자가 수행 행동(performances)을 성취하면, 학습자들이 목표를 달성했다고 생각할 수 있는가?'라고 스스로에게 물어본다. 만일 그 물음에 긍정적으로 답할 수 있다면, 그 목표는 명확하게 진술된 것으로 보아도 된다. 하나의 중요한 목표를 나타내기 위해 하나 이상의 목표 진술 문장을 개발할 수도 있다. 이 장의 예시 부분에서 모호한 목표를 명확하게 진술하는 과정을 볼 수 있다.

수많은 교육, 훈련 목표가 처음부터 학습자의 수행 목표를 명확하고 간결하게 진술하고 있지 않은 경우가 허다하기 때문에, 설계자는 이와 같은 목표 분석 절차를 잘 알고 있어야 한다. 그 목표를 작성한 사람에게만 의미가 있도록 진술되어서, 설계자가 교수 설계를 할 수 있도록 구체적으로 진술되지 않은 경우도 종종 있다. 그렇게 진술된 목표라고 해서 쓸 모없다고 버릴 필요는 없다. 그런 목표가 있다면 그 목표가 시사하는 구체적 수행 성과를 규명해 볼 필요가 있다. 성공적인 교수 프로그램이 개발되고 적용된다면 어떤 구체적인 성취 행동을 획득할 수 있을 것인지에 대한 합의를 구하기 위해, 그 프로그램의 교수 목표와 요구로부터 나올 수 있는 다양한 아이디어를 찾기 위해 이 과정에 다양한 전문가들을 활용하면 도움이 될 것이다.

학습자, 상황, 도구

교수 목표에서 가장 중요한 부분은 학습자들이 무엇을 할 수 있게 될 것인지를 기술하는 것이지만, (1) 학습자가 누구인지, (2) 그 기능들을 어떤 상황에서 사용할 것인지, (3) 어떤 도구들을 사용할 수 있는지에 대한 구체적인 표현이 없다면 그 진술은 완전한 것이 아니다. 이런 측면들을 기술해야 하는 데는 두 가지 중요한 이유가 있다. 첫째 이유로, 학습자 집단에 대해 모호하게 표현하거나 암시하기보다는 어떤 학습자를 대상으로 하는 것인지를 명백하게 진술한 목표를 설계자에게 제시해 주어야 하기 때문이다. 설계할 교수 프로그램을 이용하여 학습할 학습자가 없다는 사실이 밝혀지면서 설계 프로젝트가 중단된 어떤 사례를 들어 보았을 것이다. 설계한 프로그램을 사용할 시장이 없는 교수 설계는 무의미하기 때문이다.

마찬가지로, 프로젝트를 시작할 때부터 역량 분석을 통해서 파악된 기능들이 어떤 상황 혹은 맥락에서 이용되고, 어떤 자료와 도구들을 쓸 수 있는지에 대해 설계자는 명백히 밝혀야 한다. 이를 수행 *상황(performance context)*이라고 한다. 예를 들어, 학습자가 연산 기능을 사용할 수 있도록 가르치려고 한다면, 계산기나 컴퓨터를 이용할 수 있도록 할 것인가? 수행 상황으로, 그들은 책상에 앉아서 일할 것인가? 아니면 고객을 만나 걸어 다니면서 일해야 하는가? 필요한 정보를 기억하고 있으면서 일을 하는 상황인가 아니면 컴퓨터 기반의 수행 지원 시스템을 이용하여 일을 할 수 있는가? 등을 말한다.

이와 같은 수행 상황과 대상 학습자 특성에 대한 정보는 교수 프로그램의 내용으로 어떤 기능들을 포함할 것인지를 정확하게 분석할 때 대단히 중요하다. 최종적으로 이런 정보들은 학습 환경뿐만 아니라 나중에 실무에 적용해야 할 상황에서 배운 기능의 사용을 촉진할 수 있도록 가장 효과적인 교수 전략을 선택하는 데 활용될 것이다.

완벽하게 목표를 진술하기 위해서는 다음과 같은 요소들이 포함되어야 한다.

- 학습자
- 학습자들이 수행 상황에서 무엇을 할 수 있게 될 것인가?
- 배운 기능들을 어떤 수행 상황에 적용할 것인가?
- 수행 상황에서 학습자들이 어떤 도구들을 이용할 수 있는가?

이런 점을 고려해서 하나의 완벽한 목표 진술의 예로, "Acme 콜 센터 직원은 그 센터에 전화를 건 고객에게 정보를 제공하기 위해 고객 도우미 지원 시스템(Client Helper Support System)을 사용할 수 있을 것이다."와 같이 진술할 수 있다. 이 목표에는 위의 네 가지 요소가 모두 포함되어 있다.

교수 목표로 확정하기 위한 판단 준거

목표 결정 과정은 언제나 완벽하게 합리적으로만 이루어지는 것이 아니다. 즉, 체제적 요구 분석 과정에 따라 목표가 결정되지 않을 경우를 두고 하는 말이다. 교수 설계 프로젝트가 원칙만으로 결정되지 않는 정치적 상황, 경제적 문제뿐만 아니라 기술적 제약조건, 학문적 고려사항 등이 포함되어 있는 어떤 특정 환경에서 추진될 수 있는 가능성을 교수 설계자들은 이해하고 있어야 한다. 다시 말하면, 권력을 가진 사람이 어떤 역량 문제가 먼저 해결될 필요가 있다고 우선권을 결정해 줄 경우가 있으며, 재정 문제는 언제나 교수 설계 프로젝트에서 무엇을 할 수 있을지에 대한 범위를 결정해 준다. 다음을 고려하여 교수 목표를 선정해야 한다.

1. 이 교수 개발(instructional development)을 통해 검토되었던 요구를 발생시킨 문제를 해결할 수 있는가?
2. 이 목표들은 이 교수 개발 프로젝트의 승인권자로부터 받아들여질 수 있는가?
3. 이 목표들을 달성하기 위한 교수 개발을 완성하는 데 필요한 인적, 시간적 자원이 충분한가?

이런 문제들은 교수 설계 및 개발을 수행할 기관이나 조직 쪽에서 보면, 너무나 중요한 것이다.

교수 설계를 추진하려고 하는 교수 목표와 기관의 서류화된 성취 문제 간에 논리적이고, 설득력 있는 관계를 밝혀주는 일이 특히 중요하기 때문이다. 교수 프로그램을 고객 기관을 위해 설계, 개발하려고 할 때, 학습자가 결정된 교수 목표를 성취하게 되면 그 목표를 통해서 새롭게 배운 기능들을 사용할 수 있게 됨으로써 그 조직의 중대한 문제가 해결되거나 아니면 기관 성과의 기회가 실현될 것이라는 확신을 고객 기관이 가질 수 있어야 한다. 이런 이치는 기업체, 군대, 공공기관에서의 경우와 마찬가지로 공립학교에서도 그대로 적용되어야 한다.

교수 목표의 설득력이 있는 논거는 의사 결정권자로부터 지원을 받는 데 도움이 되는 것이고, 한편 설계자나 관리자는 교수 개발 및 운영(delivery)을 위한 충분한 시간과 자원이 있다는 확신을 가지고 있어야 한다. 대부분의 설계자들은 교수 개발 및 운영을 위한 시간이 충분하다는 데 좀체 동의하기가 어려울 것이다. 프로젝트를 수행하는 데 필요한 시간을 예측하기 어려운 점이 한 가지 이유이고, 모든 기관이 하루라도 빨리 프로젝트가 완료되기를 바라는 것이 또 다른 이유이다.

교수 개발에 얼마나 시간이 걸릴 것인지 예측하기가 어려울 뿐만 아니라 학습자들이 교수 목표를 숙달하는 데 얼마나 걸릴 것인지(즉, 얼마 동안 교수 프로그램을 운영해야 할지) 예측하는 것 또한 어렵다. 어떤 목표(기능)를 숙달하는 데 필요한 학습 시간을 추정할 수 있는 공식도 없다. 학습 시간을 예측하는 데는 수많은 요인들이 관련되기 때문에 그만큼 예측이 어렵다.

설계자는 현장에서 흔히 "네 시간짜리 워크숍을 3주 동안에 개발해 주세요."와 같은 주문을 받게 된다. 해당 기관에서는 작업현장에서 즉시 필요하기 때문에 그런 결정을 할 수 있다. 물론 설계자는 그런 시간적 제약에 맞추어 주기 위해, 교수 프로그램의 길이를 줄이거나 늘일 수는 있다. 그러나 일차적으로 고려되어야 할 전문가적 판단으로, 숙달해야 할 기능을 가르치기 위한 가장 효과적인 교수 전략을 선택하고 나서, 필요한 시간을 결정하는 것이 올바른 순서이다. 분명한 사실은, 교수 프로그램을 몇 차례 시험 적용해 보아야 정확한 학습 시간을 추정할 수 있다는 것이다.

만일 혼자서 하나의 프로젝트 추진을 생각하고 있다면, 설계자는 다음의 몇 가지 문제들을 검토해야 한다. 이미 요구 분석을 통해 요구가 파악되어 있고, 필요한 시간과 자원이 확보되어 있다고 가정한다면, 설계자는 가르치고자 하는 내용의 활용기간이 개발 비용을 들여서 개발할 만한 것인지를 따져 보아야 한다. 만약 6개월 만에 구닥다리가 될 수 있다면 교수 개발의 필요성은 상당히 낮을 수밖에 없다.

또한 교수 설계 과정에서 교수 프로그램을 시험 적용해 볼 수 있는 학습자들을 확보할 수 있어야 한다. 만약 설계자가 적합한 학습자를 확보할 수 없다면 전체 설계 과정을 추진할 수 없을 것이다. 교수 프로그램의 초안을 시험 적용해 보기 위해서는 최소한의 학습자라도 확보해야 할 필요가 있다. 그렇지 않다면, 교수 설계 과정을 변경해야만 하고, 요구의 타당성을 재고해야 할 것이다.

마지막으로 고려해야 할 것은 교수 개발을 하고자 하는 분야에 대한 설계자 자신의 전문성의 문제이다. 경험 있는 전문적 설계자라고 하더라도 프로젝트 초기에 자신들에게 완전히 생소한 내용 영역을 다루기 위해 여러 분야의 전문가들로 이루어진 팀으로 작업을 하게 되는 경우가 많다. 따라서 팀으로 일할 수 있는 능력과 의지는 성공적인 설계자가 갖추어야 할 중요한 역량 중의 하나이다. 설계자는 효과적으로 작업을 진행하기 위해 그 전에 내용을 충분하게 공부해 두어야만 한다. 설계 과정만을 공부한 사람들(설계자)은 자신들이 이미 좀 알고 있는(전문적 지식을 어느 정도 가지고 있는) 내용 영역부터 설계 작업을 시작하는 것이 바람직하다. 하지만 내용 영역과 교수 설계 기술을 동시에 배우는 것보다는 교수 설계에 대해 먼저 배우는 것이 바람직한 순서이다.

만약 이 책에 있는 대로 교수를 설계해야 한다면, 상당한 시간을 소요할 필요가 있을 것이다. 교수 목표를 선정하거나 규명하기에 앞서 다음의 몇 가지 준거를 검토해 보라고 권하고 싶다. (1) 설계자인 자신이 다루고자 하는 내용에 대해 어느 정도 알고 있는가? (2) 교수 프로그램의 형성 평가를 위해 시험 적용해 볼 수 있는 학습자를 확보할 수 있는가? (3) 그 기관에서 확보할 수 있는 시간으로 가르칠 수 있는 교수 목표인가?

예시

교수 목표를 개발하기 위한 절차를 어떻게 사용했는지를 보여 주는 다음의 사례는 우리들이 목표를 설정하거나 그 목표가 적합한지를 평가해 보는 데 도움이 될 것이다. 여기에 제시된 모든 사례는 이미 문제가 규명되어 있고, 요구 분석 활동이 이루어져 있으며, 문제에 대한 해결책이 결정되어 있는 상태를 전제하고 있다. 각각의 예는 문제 상황을 규명하기 위한 시나리오와 목표를 결정하기 위해 사용된 과정을 가지고 있다. 첫째 사례는 은행에서의 고객 친절 서비스 제공에 관한 것이고, 집단 리더십 훈련에 대한 둘째 사례는 사례 연구 방식으로 제시되어 있다. 학교 학습 상황의 셋째 사례는 부록 A를 참고하기 바란다.

고객 서비스 제공

어느 은행에서 각 지점의 은행 직원과 고객 서비스 담당자와 고객과의 일상적 은행 거래 업무에 대한 평가에 따르면, 고객 만족도가 대단히 저조하다는 문제를 감지하게 되었다. 비공식적인 역량 분석 결과를 통해서도 은행 직원들이 종종 비인격적인 처신을 하기도 하고, 거래에 관해서도 미흡하다는 등의 고객 만족도에 문제가 있었다. 은행 직원들이 점잖고, 다정하고, 은행 직원다운 자세로 고객을 대할 줄을 모르는지, 아니면 그럴 시간이 없는 것인지를 간단하게 판단하기 어렵지만, 다른 고객의 대기 시간을 줄이기 위해 서둘러 거래를 마칠 필요가 있다는 공감대가 있음이 이후의 조사에서 밝혀졌다. 그러나 많은 직원들이 정중한 거래 상담을 진행하기 위한 단순한 절차를 알지 못해서, 매장의 바쁜 시간대에 고객들과의 개별적인 대면을 유지하려는 전략을 갖고 있지 않음이 보다 심각한 이유였다. 물론 훈련이 효과적인 해결책 중의 하나임에 틀림없었기 때문에 다음과 같은 교수 목표를 설정했다.

'직원들은 정중하고 친절한 서비스의 가치를 안다.'

이 목표가 무엇을 말하려고 하는지 그 의도를 충분히 이해할 수는 있지만 그 진술 방식이 모호해서 수정되어야 할 것 같다. 어떤 목표가 애매하게 진술되었다고 해서 그 목표가 가치 없는 것이 아니라 오히려 그 반대일 수 있다. 많은 은행에서 볼 수 있는 이 목표의 경우처럼 그 목표가 다소 수정될 필요는 있지만 대단히 중요한 목표임에는 틀림없다.

첫째, 직원들이 '무엇을 할 줄 알아야 할지'를 프로젝트 참여자들 간에 정확하게 의사소통할 수 있도록 '가치를 안다'라는 문구를 '시연할 수 있다'로 수정하는 것이 좋다. 둘째, 직원들이 정확하게 어떤 행동을 시연할 수 있게 되기를 기대하는지를 결정해야 한다. 우선 포괄적인 의미로 표현된 *서비스*라는 용어를 의미 있는 부분 행동으로 분석하면 된다. 여기에서 서비스를 (1) 고객에게 인사하기, (2) 거래하기, (3) 업무 마무리 등으로 정의했다. 두 군데를 조금 수정했을 뿐인데도 목표는 훨씬 분명해졌다.

최초의 목표	수정된 목표
직원들은 정중하고 친절한 서비스의 가치를 안다.	직원들은 고객에게 인사를 하거나, 거래 업무를 하거나, 업무를 종료할 때, 정중하고, 친절한 행동을 보여 줄 수 있다.(시연할 수 있다.)

위의 표에서 수정된 목표가 본래의 목표보다 훨씬 분명해졌지만 아직도 '정중하고', '친절한'이라는 표현을 수정해야 한다. 이 두 개의 표현을 앞서 수정한 '서비스' 개념을 세 단계로 분류한 것 각각에 연결함으로써 목표를 명확하게 할 수 있다. 모호하게 진술된 목표를 다음의 다섯 가지 요령(단계)을 지켜서 명료화할 수 있다.

1. 일단 생각나는 대로 목표를 써 본다.

2. 그렇게 써 본 목표를 학습자들이 성취하게 된다면 어떤 증거 행동을 보여 줄 수 있을지 브레인스토밍을 해 본다.

3. 브레인스토밍 결과로 나온 행동들을 분류해서 위의 목표를 가장 잘 대표하는 행동들을 선택한다.

4. 그 행동들을 이용하여 학습자가 무엇을 할 수 있게 될 것인지를 기술하는 진술문을 작성한다.

5. 그렇게 작성한 진술문이 명확하고 본래 기술한 목표의 의도를 잘 반영하고 있는지를 따져 본다.

'정중하고, 친절한'이라는 표현에 담으려는 행동을 찾기 위한 브레인스토밍 과정을 돕기 위해, 서비스 각각의 단계에 해당하는 행동을 기술했다. 또한 은행 업무를 수행하는 상황에서 정중하지 못하고 불친절한 것으로 분류될 수 있는 행동들도 알아보았다. 표 2.2는 은행 직원의 행동 중에서 정중하고 친절한 행동과 그렇지 않은 행동으로 간주될 수 있는 행동의 목록이다. 정중한 행동과 정중하지 못한 행동의 목록은 은행 경영자에게 제출하여 첨가되어야 할 것과 삭제되어야 할 것에 대해 추후 수정 과정을 거칠 수 있다.

대표적인 행동에 대한 목록이 결정되면, 교수 목표를 가장 잘 표현해 줄 수 있는 핵심 행동을 규명하기 위해 서비스의 각 단계에 해당하는 목록을 검토할 것이다. 예로 제시한 목록을 바탕으로, 다음과 같이 교수 목표를 재진술했다. 교수 목표가 얼마나 완벽하고 명료해졌는지를 비교해 볼 수 있도록 다음과 같이 세 가지의 수정되고 있는 목표를 제시했다.

원래의 목표 직원은 정중하고 친절한 서비스의 가치를 안다.

수정된 목표 직원들은 고객에게 인사를 하고, 거래 업무를 하고, 거래를 마무리하는 중에 정중하고 친절한 행동을 보여 줄 수 있다.

최종적으로 진술된 목표

- 직원은 고객에게 인사를 하고, 거래 업무를 하고, 거래를 마무리하는 중에, 먼저 말을 걸고, 사적인 언급을 하고, 고객에게 관심을 보이며, 양식을 기입하는 것을 돕고, '고맙다'는 표현으로 거래를 마무리하고, 고객에게 하시는 일이 잘 되기를 기원한다는 등의 언행을 통해 정중하고 친절한 행동을 보여 줄 것이다.

- *학습자, 상황, 도구:* 학습자(직원)는 직접적인 대면, 전화나 서신을 통해 고객과 직접 접촉하는 모든 은행 직원들이다. 상황은 가장 일반적인 은행 시설과 고객과 자발적으

표 2.2 ┃ 고객과 거래 상담을 하는 동안의 친절하고 정중한 행동

고객에게 인사하기	
해야 할 행동	**하지 말아야 할 행동**
1. 고객에게 먼저 "안녕하세요?"와 같은 인사를 한다.	1. 고객이 말할 때까지 기다린다.
2. 찾아온 고객의 이름을 부르거나 "또 오셨군요."라는 표현을 하면서 친절하게 대한다.	2. 고객을 이방인이나 전에 한 번도 보지 못한 사람처럼 대한다.
3. 하고 있던 일이 끝나지 않아서 시간이 필요할 때는 고객에게 웃으면서 죄송하다고 말하고 조금만 기다려 달라고 부탁한다.	3. 자기 일이 끝날 때까지 고객을 쳐다보지 않고 인사도 하지 않는다.
4. "뭘 도와드릴까요?"라고 묻는다.	4. 고객이 뭘 해 달라고 말할 때까지 기다린다.

거래 업무 하기	
해야 할 행동	**하지 말아야 할 행동**
1. 고객이 기다리고 있는 줄에 관심을 둔다. 만약 자리를 비워야 한다면, 새로 도착하는 고객에게 이 줄은 끝났으니 다른 줄에서 기다리라고 말한다.	1. 아무 말 없이 줄을 바꾸어 고객을 받는다.
2. 어떤 서비스가 필요한지 고객의 말을 주의 깊게 듣는다.	2. 고객이 무엇을 원하는지 말하지 않아도 아는 듯 말을 가로막는다.
3. 한 고객의 일을 봐주는 동안에는 모든 주의를 그 고객의 일에만 집중한다.	3. 동료 혹은 다른 고객과 잡담을 하면서 앞에서 기다리는 고객의 일을 지연시킨다.
4. 고객의 양식에서 누락된 것을 대신 기입하면서 무엇이 누락되고 왜 빠뜨리면 안 되는지를 고객에게 설명해 준다.	4. 고객이 양식에 잘못 기입했거나 누락한 것만 지적한다.
5. 고객이 기입해야 할 다른 양식이 있으면 완벽하고 분명하게 설명해 준다.	5. "이 양식을 기입해서 가져오세요."라고만 말한다.

거래 업무 끝내기	
해야 할 행동	**하지 말아야 할 행동**
1. 다른 도움이 필요한지 묻는다.	1. 줄에 있는 다음 고객에게 눈길을 주면서 외면해 버린다.
2. 거래에 대해 고객에게 감사한다.	2. 부탁한 일을 다 해주었다는 식으로 행동한다.
3. 날씨, 휴일, 은행원의 외모 등 고객이 하는 어떤 말에든지 대답을 한다.	3. 못 들은 척한다.
4. "잘 가세요.", "조심하세요.", "여행 잘 다녀오세요."와 같은 작별 인사를 한다.	4. 아무 말 없이 보낸다.

로 거래 업무를 하는 환경이다. 직원은 고객과 거래를 하는 동안 도움을 받을 수 있는 의사소통 보조 도구가 없다.

최종 목표가 브레인스토밍 과정을 통해서 찾은 행동들의 하위 항목들만을 반영하기는 하지만, 이렇게 선택된 행동들은 교수 목표의 기본적인 의도를 잘 담고 있다. 정중하거나 정중하지 못한 행동 목록은 다음 단계의 교수 분석 활동을 위한 입력 정보(input)가 되어야 한다.

모호하게 진술된 하나의 목표를 명확하게 다듬어 가는 과정을 보여 주는 이 예에서, 그 목표를 수정하기 위한 첫 단계를 거치게 되면 목표의 의미가 좀 더 명백해지기는 하지만 아직도 교수 설계자나 교사가 그 의미를 해석해 보아야 할 곳이 남아 있음을 보여 준다. 가끔 그 목표를 그 목표에 포함되어 있는 실제적인 행동들을 정의해 가면서 수정해야 할 경우도 없지 않다.

교수 목표를 결정할 때 최종적으로 목표에 포함된 성취 행동들이 어떤 상황에서 수행될 것인지를 따져 보아야 한다. 은행 직원을 위한 교수 목표는 궁극적으로 은행 내에서 고객과 함께 하는 수행 상황에서 성취되어야 한다. 목표가 성취되었을 때의 수행 상황은 어떤 교수 전략을 동원할 것인지를 결정하는 데 중요한 시사점을 제공해 줄 것이다.

사례 연구: 집단 리더십 훈련

이 사례 연구는 교수 설계 과정을 어떻게 서로 통합하는지를 보여 주기 위한 예로 계속 사용될 것이고, 각 장의 끝에 제시될 것이다. 유능한 리더를 훈련하는 일은 지역의 자원봉사자 집단에서부터 기업체, 군, 정보, 교육 기관 등에서 필요로 하는 것이다. 어떤 기관이든지, 효과적인 집단 리더십(group leadership)을 좌우하는 업무의 과정은 효과적인 집단 리더십을 필요로 한다. 이 사례의 상황은 리더십학과의 석사과정 프로그램이다. 다음 내용은 요구 분석에 기초한 결정, 교수 목표, 교수 목표의 수정을 위한 정보, 최종 교수 목표를 결정하기 위한 준거에 대해 다루고 있다.

집단 토론 유도하기

역량 분석 학과장은 졸업생들의 면담 및 조사 결과로부터 그들이 조직의 문제를 해결하기 위한 집단 토론을 이끌 만한 자신감을 갖지 못하고 졸업하게 되었음을 알게 되었다. 졸업생들은 이 역량이 자신들에게 대단히 필요한 전문성이라고 믿고 있었지만, 이 역량이 수강해야 할 과목에 포함되어 있거나, 자기들의 인턴십이나 프로젝트의 한 부분으로 다루어졌다고 믿지 않고 있었다. 이 학과가 추구해야 할 주된 목표 중의 하나로 이 역량을 다루어야한다고 믿고 있는 학과장은 이 내용을 이 학과 프로그램 어디엔가에 반영해야겠다고 생각했다. 수강 과목을 늘리지 않기를 바라는 학과장은 모든 과목의 실라버스를 검토해 보고, 지난 2년간 학생들이 들은 인턴십 과목의 특징적인 내용들을 조사해 보았다. 학과장은 소속학과 교수들에게 이런 역량을 지금 어떤 코스에서 가르치고 있는지, 이전에 의사소통에 관한 과목을 설강한 적이 있는지에 대해 알아보았다. 이런 과목이 4년 전에 학과 교육과정 개정에서 삭제되었음을 알게 되었다. 그 당시, 교수들은 학과에서 개설하고 있는 다른 교과목에서 하나의 단원으로 의사소통에 대한 내용을 포함하기로 합의했었다.

이후에 학과장은 교육, 기업, 주정부의 관련 전문가로 구성된 학과 교육과정 자문위원회에 참석하게 되었다. 이 위원회에서는 학과의 현재 목표를 검토하고, 위원들이 속한 기관의 동향과 요구에 관련된 다른 과목들도 추천했다. 이 회의에 앞서, 학과장은 이 회의에 참석한 위원들의 소속 기관 직원들에게 "조직의 문제를 찾아내고, 해결하기 위해 집단 토론을 이끌어 가기"와 같은 역량이 얼마나 중요한지에 대한 조사해 줄 것을 부탁했다. 이 자문위원회에서는 이 능력이 소속 기관 직원들에게 대단히 필요한 역량인데 최근에 입사한 신입 직원들이 이 능력을 충분히 갖추고 있지 않다고 보고했다.

요구 분석 졸업생들의 면담과 조사 결과와 학과 교육과정 자문위원회의 추천 내용이 학과 교육과정 위원회에 보고되었다. 위원들에게 보고된 조사 결과와 추천 내용을 분석하고, 재학생들에게 조사를 해 보고, 커뮤니케이션학과 교수들과 이 문제에 대해 토론해 보라고 요구했다. 위원회는 (1) 리더는 문제 해결 집단의 효과를 결정하는 데 중요한 사람이고, (2) 가장 효과적인 집단의 리더는 잘 훈련된 집단 토론 리더십 역량을 가지고 있으며, (3) 현재 재학생들은 이 역량의 만성적인 결핍 상태에 있다고 결론을 내렸다. 위원회는 집단 문제 해결 토론에 대한 내용을 현재 교육과정의 과목 중 어디에 추가할 수 있을지를 결정하려고 했다. 그들은 한 학기동안 진행되는 과목으로 설강하는 대신, 인턴십과 연계해서 한 시간 정도의 미니 코스 혹은 여름학기 코스로 설강하는 방식이 필요하다고 결론을 내렸다.

교육과정 위원회의 권고에 따라, 학과에서는 4주 정도로 진행되는 블렌디드 웹 기반 미니 코스를 개발하기 위한 연구비를 신청했다. 강의 내용은 집단 토론 리더십 능력 양성에 초점을 두기로 했다. 이 코스의 개발을 위해 단과대학 기술지원팀과 컴퓨터학습센터에 지원을 요청했다. 교육공학 혹은 리더십 학과 1명의 교수와 4명의 조교에게 개발보조 경비 지급을 요청해서 허가를 받았다.

교수 목표 명료화하기 교수 목표는 (1) 확인된 문제와 요구 분석 결과와 밀접하게 관련되어 있고, (2) 직원들의 동기 향상과 같은 효율성을 강조하는 수단보다는 교수 활동을 통해 성취 가능한 (3) 학습자의 학습 성과를 포함하고 있는 분명하고 일반적인 서술문을 말한다.

교수 목표가 무엇인가? 이 예에서 교수 목표는 리더십학과 석사과정 학생들이 문제 해결 회의에서 효과적인 집단 토론 리더십 역량을 보여 줄 수 있다는 것이다. 이 토론은 동료들을 회의에 참석하도록 하고, 그들로 하여금 캠퍼스와 지역사회 수준의 문제를 찾아내도록 돕고, 찾아낸 문제를 해결할 수 있는 프로그램을 기획하는 데 초점을 두어야 한다.

목표와 요구 분석 결과 간에는 어떤 관계가 있는가? 교수 목표는 요구 분석 결과와 캠퍼스와 지역사회 수준에서 효과적인 리더십에 대한 학과 교육과정 위원회의 권고사항과 직접적으로 연결되어 있다. 또한 교수 목표는 효과적인 집단 토론을 이끌 수 있는 리더십과 기관 내의 효과적인 집단 간에 관련성이 높다는 증거와도 밀접하게 관련되어 있다.

교수 프로그램이 그 목표를 달성하는 가장 효과적인 방법인가? 효과적으로 집단 토론을 이끌 수 있는 리더십 능력을 개발하자면 교수 프로그램을 통해서 학습하고 연습해야 하기 때문에 잘 계획되지 않은 과목의 수강이나 인턴십의 활동으로는 개발하기 어려운 역량이다.

어떤 학습자들을 대상으로 하는가? 학습자는 리더십학과에 등록한 석사과정 학생들이다. 그들은 다양한 학부 전공 배경을 가지고 있고, 코스워크의 진도도 다양하며, 지역사회의 일원으로, 직장에서 한 사람의 구성원으로, 직장에서 과장 등의 간부로 다양한 집단 리더십 역량을 개발해 온 경험이 있다. 어떤 이들은 학부에서 소집단 리더십 과목을 수강하기도 했다. 이들은 전공으로 리더십 분야를 선택했기 때문에 동료들 간에 한 사람의 리더로서 역량을 키우고 싶은 동기가 충분히 있는 사람들이다.

어떤 상황에서 배운 기능을 활용할 것인가? 리더들은 배운 기능을 캠퍼스와 지역사회에서 회의를 계획하고 회의 중 리더십을 발휘하여 토론을 이끄는 데 사용할 것이다. 이러한 회의는 캠퍼스, 다양한 교육, 기업, 정보 조직에서의 회의를 그 대상으로 한다.

실제 상황에서 학습자의 역량 수행에 도움이 되는 유용한 도구는 무엇인가? 꾸준한 연습 외에도 집단 토론 리더십 역량을 개발할 수 있는 방법은 없다. 어떤 기관에는 집단 리더들을 도와주기 위한 직원 개발 부서가 있기도 하지만 그렇지 못한 곳도 많다.

교수 목표 결정을 위한 준거 교수 설계자들은 설계, 개발, 현장 평가에 상당한 예산과 노력을 투자할 만한 교수 목표인지에 대해 다음의 준거를 이용하여 검토해 보아야 한다.

 기관의 의사 결정자가 이 교수 목표를 수용할까? 이 예에서 학과장은 이 프로그램의 학생들에게 이 과목을 필수과목으로 수강하도록 요구했고, 과목을 개발할 사람들을 지원할 수 있는 예산을 신청했다. 그 전에, 졸업생들과 교육과정 자문위원들은 이 역량이 필요함을 지적했으며, 교육과정 위원회는 그 필요성을 인정했다.

 교수 프로그램을 개발하는 데 필요한 충분한 자원(시간, 비용, 인력)이 있는가? 학과에서는 이 프로젝트를 완성하는 데 필요한 교수와 네 명의 대학원생들을 지원하기 위한 예산을 신청했다. 이들은 사대에 속한 교육공학과와 컴퓨터실 팀으로부터 기술 지원을 받게 될 것이다.

 학습 내용이 안정적인가? 효과적으로 집단 토론을 이끌 수 있는 리더십 기능과 그 내용은 앞으로 쉽게 바뀔 내용이 아니라서 대단히 안정적이라고 할 수 있다. 사실 1910년에 발간된 John Dewey의 저서 『How We Think』가 기업, 교육 기관, 정부, 서비스 혹은 관광 산업체에서의 문제 해결 토론과 생산적인 팀워크에 대한 최근의 책에서도 상당히 많이 인용되고 있는 것만 보더라도 이 분야의 내용은 그렇게 큰 변화가 없다고 볼 수 있다.

 학습자들을 확보할 수 있는가? 이 과목은 학과에서 필수과목으로 개설될 예정이기 때문에, 교수 프로그램의 개발과 운영에 참여할 학습자들이 충분히 있다. 과목이 개설될 때마다 20~25명 정도의 학생들이 등록할 것으로 예상된다. 과목을 개발하는 학기에는 수강생 수를 20명으로 제한할 것이다.

 이 사례는 교수 목표를 설정하고 구체화해 가는 과정이 복잡하고 긴 과정임을 보여 준다. 왜냐하면 문제점 파악, 역량 분석, 요구 분석, 교수 목표의 구체화 등의 과정에 많은 사람들이 참여해야 하기 때문이다. 그러나 교수 프로그램이 기관이 직면하고 있는 실제 문제를 해결하기 위해 실제적인 목표를 반영하자면 이 과정은 반드시 필요하다.

 학교 교육에 초점이 맞추어진 하나의 사례 연구가 부록에 있으니 참고하기 바란다. 이 자료들은 각 장의 내용들을 분산한 것이 아니어서 한꺼번에 전체 설계 과정을 참고할 수 있다. 이것을 통해서 하나의 설계 문서로부터 다음 내용으로 어떻게 넘어가는지를 알게 됨으로써 설계의 진도가 어떻게 나가야 하는지를 쉽게 파악할 수 있다. 부록 A에서는 이 장에서 다룬 초기 분석과 교수 목표 설정에 대한 예를 볼 수 있다. 이 사례들을 제시하는 목적은 어떻게 회의를 주재해야 하는지 혹은 문장을 어떻게 작성해야 하는지를 가르치는 것이 아니다. 이 사례들은 친숙한 내용들을 가지고 설계에 관한 지식과 기능이 어떻게 적용되는지를 훑어볼 수 있도록 되어 있다. 친숙하지 않은 학습 내용으로 친숙하지도 않은 설계 원리들을 학습하기가 대단히 어렵기 때문이다. 다른 사례를 더 보고 싶으면, Ertmer, Quinn, Glazewski의『ID 사례집』(2013)을 참고할 수 있다.

요약

교수 목표는 교수 프로그램의 학습 결과로서 보여 줄 수 있는 성취 행동에 대한 명확한 진술문이다. 교수 목표는 보통 초기 분석 과정을 통해서 도출되며, 교육적 해결책(여기에서는 교수 프로그램)을 통해서 가장 효율적으로 해결될 수 있는 문제를 찾으려고 한다. 교수 목표는 이후의 모든 교수 설계 활동의 기초가 된다.

교수 목표는 분석되어서 나온 특정 문제와 요구에 관해, 목표 진술문의 명쾌함에 대해, 교수 설계, 개발을 위해 필요한 자원의 가용성 등에 관해 다음과 같은 질문을 이용한 검토 과정을 통해 선택되고 수정된다.

문제와 요구에 관한 다음의 몇 가지 질문을 이용하여 검토해야 한다.

1. 요구가 명확하게 기술되었으며 그 증거가 충분한가?
2. 현재뿐 아니라 미래에도 요구의 존재가 예측 가능한가?
3. 문제에 대한 가장 효과적인 해결책으로 제안된 교육적 해결책(instruction)인가?
4. 문제에 대한 해결책과 결정된 교수 목표 간에는 논리적 일관성이 있는가?
5. 교수 목표는 최고 결정자와 관리자들에게 받아들여질 수 있는가?

다음은 교수 목표의 명확함과 관련된 질문이다.

1. 목표에 포함된 성취 행동이 명확하게 시연 가능하며, 달성되었는지를 측정할 수 있는가?
2. 주제 영역의 윤곽이 명백하게 나타나 있는가?
3. 내용이 시간이 지나더라도 금방 바뀌지 않고, 비교적 안정적인가?

다음은 자원과 관련된 질문이다.

1. 설계팀에 포함된 사람들은 그 교수 목표 영역에 대한 전문성을 가지고 있거나 아니면 그 외 전문성을 가지고 있는 사람들을 안정적으로 확보할 수 있는가?
2. 이 프로젝트를 완성하는 데 필요한 시간과 자원이 있는가?
3. 교수 개발 과정에서 교수 프로그램을 평가하고 수정하는 데 필요한 학습자 집단을 확보할 수 있는가?

이런 질문을 활용하여 교수 목표를 검토하기

전에 교수 목표에 포함된 성취 행동과 내용이 너무 일반적으로 진술되어 있어서 반드시 수정되어야 할 경우가 종종 있다. 이를 위해 다음과 같은 절차를 활용할 수 있다.

1. 교수 목표를 일단 적어 본다.
2. 학습자들이 목표를 성취했음을 보여 주기 위해 그들이 수행해야 할 모든 행동의 목록을 만들어 본다.

3. 그 행동 목록을 분석하여 목표가 성취되었음을 잘 반영해 줄 수 있는 행동을 선택한다.
4. 그렇게 선택된 행동을 포함하여 학습자가 무엇을 보여 줄 수 있게 될 것인지를 기술하는 문장을 완성한다.
5. 수정된 목표 진술문을 검토하고, 그 행동을 보여 줄 학습자가 초기에 일반적으로 기술된 목표를 성취할 수 있는지를 판단해 본다.

교수 목표 적합성 평가를 위한 루브릭

다음은 교수 목표를 평가하여 수정, 보완하는 데 사용할 수 있는 준거들이다. 이 준거들은 기관의 요구, 목표의 실현 가능성, 명백성 등의 일관성에 중점을 두고 있다.

※ 다음 요소 중에 진행하고 있는 프로젝트와 관계없다면, '아니오' 칸에 '해당 없음'이라고 표시하세요.

아니오   약간   예   가. 기관 요구와의 일관성 교수 목표는

_____ _____ _____ 1. 그 기관에서 확인된 문제와 분명하게 연결되어 있다.

_____ _____ _____ 2. 문서화된 역량 요구(gaps)와 분명하게 연결되어 있다.

_____ _____ _____ 3. 그 문제에 대한 분명한 해결책이다.

_____ _____ _____ 4. 교수 설계 프로젝트를 허가해 주어야 하는 사람들에게 받아들여질 수 있다.

나. 실현 가능성 이 계획은 다음을 포함하고 있다.

_____ _____ _____ 1. 시간이 지나도 그 내용/기능은 지원을 투자할 정도로 안정적인가?

_____ _____ _____ 2. 설계자는 이 교수 목표 영역에 대해 충분한 전문성을 가지고 있는가?

_____ _____ _____ 3. 교수 설계/개발/운영을 할 수 있는 충분한 인력이 있는가?

_____ _____ _____ 4. 교수 설계/개발/운영을 할 수 있는 충분한 시간이 있는가?

_____ _____ _____ 5. 교수 개발/운영에 필요한 적정 학습자를 확보하고 있는가?

다. 명백성 교수 목표 진술문은 다음을 기술하고 있는가?

_____ _____ _____ 1. 학습자의 활동(학습자가 무엇을 할 것인가)?

_____ _____ _____ 2. 내용은 분명한가?

_____	_____	_____	3. 대상 학습자는?
_____	_____	_____	4. 수행 상황은?
_____	_____	_____	5. 수행 상황에서 학습자들에게 필요한 도구는 있는가?

라. 기타

_____	_____	_____	1.
_____	_____	_____	2.

적합하고, 실현 가능하고 분명하게 진술된 교수 목표가 이 활동의 결과이다. 여기에서 명백하게 기술된 학습자의 학습 성과에 대한 진술문이 있어야 다음 장에서 다룰 목표 분석을 수행할 수 있다.

연습

적절하게 교수 목표를 작성해야 하는 준거에 비추어 보면 적합한 것도 있고 그렇지 못한 목표도 있다. 각각의 목표를 읽고, 정확하게 진술되었는지 혹은 재진술되어야 하는지를 판단해서, 만약 그 목표에 포함된 정보를 이용하여 재진술할 수 있다면 수정해서 피드백 부분에 제시된 목표와 비교해 보자.

1. 지역 교육청은 표준화 검사의 실시의 해석에 대해 교사들에게 연수를 실시할 것이다.
2. 학생들은 다양한 단문에 구두점을 찍는 법을 이해할 수 있을 것이다.
3. 판매 직원들은 시간 관리 양식을 사용하는 방법을 배울 것이다.
4. 교사들은 주마다 하나의 주제를 배당할 것이다.
5. 고객들은 수표책의 지출, 수입액수를 적는 방법을 이해할 것이다.

교수 프로그램의 한 단원을 개발하는 첫 단계는 교수 목표를 진술하는 것이다. 그 목표가 적합한지를 결정하기 위해 몇 가지의 준거들을 이용할 수 있다. 다음의 준거 중에서 교수 설계자가 목표의 적합성을 판단하기 위해 필요한 준거를 선택해 보자.

- _____ 6. 내용 영역에 대한 자신이 가지고 있는 지식과 기능
- _____ 7. 내용 영역의 안정성
- _____ 8. 교수 프로그램을 작성하는 데 필요한 시간과 학생들의 지식과 기능 학습의 중요성
- _____ 9. 교수 프로그램의 정확성을 검토하여 수정하는 과정에 동원할 수 있는 학생을 확보할 수 있는가?
- _____ 10. 학생들이 학습하기를 어려워하는 영역
- _____ 11. 교수 내용이 중요하지만 그 주제를 다루고 있는 교수 프로그램의 부족
- _____ 12. 내용 영역은 매우 논리적이다.

교수 목표는 가능한 한 명확하게 진술되어야 한다. 교수 목표를 작성하는 데 있어서 고려해야 할 각각의 항목에 대해 어떤 점을 중요하게 고려해야 하는지를 선택해 보자.

13. 행동의 명확한 진술문
    1) 학생에게 요구되는 행동이 목표에 명백하게 제시되어 있다.
    2) 목표에 포함되어 있는 행동은 관찰 가능하다.
    3) 목표에 포함되어 있는 행동은 학생이 목표를 성취했는지를 판단하기 위해 측정 가능하다.
14. 명확한 목표/모호한 목표
    1) 교수 목표는 명확하게 진술된 행동을 포함하고 있다.
    2) 행동에 대한 한계가 명확하게 진술된다.
15. 시간
    1) 학생의 목표 성취에 도달하는 데 필요한 대략적인 시간
    2) 교수 프로그램을 개발하고 수정하는 데 사용할 수 있는 대략적인 시간
16. 중학생들의 쓰기 기능에 대한 지역교육청 관할 학교의 요구 분석 결과에 따라, 교사들은 다음의 성취 행동에 중점을 둔 교수 프로그램을 설계하기로 결정했다.
    - 문장의 목적에 부합하는 다양한 유형의 문장 작성하기
    - 복잡성이 다양화하여 다양한 문장구조 사용하기
    - 문장의 유형과 복잡성에 부합하는 다양한 구두점 사용하기

교수 프로그램이 요구 분석에서 파악된 문제에 직접적으로 초점을 둠으로써, 교사들은 학생들의 작문에서 볼 수 있는 단순한 유사성의 현재 패턴을 바꾸고 싶어했기 때문에 그런 의도를 반영하여 작문을 가르치는 교수 프로그램의 단위 프로그램에 사용될 수 있는 교수 목표 하나를 작성해 보자.

17. 자신이 개발해 보고 싶은 교수 프로그램을 위한 교수 목표를 작성해 보자.

피드백

1. 이 교수 목표는 교사들이 아니라 교육청이 무엇을 성취할 수 있을 것인지를 기술하고 있기 때문에 수정되어야만 한다. 지역교육청이 제공할 두 개의 교수 프로그램을 반영할 수 있도록 다음과 같이 재작성될 수 있다. 교사들이 보여 줄 행동이 어떻게 다듬어졌는지에 주목해서 볼 필요가 있다.
   - 교사는 검사 매뉴얼에 기술된 절차에 따라 선택한 표준화 검사를 실시할 수 있을 것이다.
   - 교사는 검사 개발자에 의해 제공된 개별 학생과 학급 전체의 프로필 양식에 학생의 응답을 해석하여 기록할 수 있다.

2. 목표에 포함된 '이해할 수 있다'라는 표현은 너무 일반적이기 때문에 수정해야 한다. 학생들이 문장에 어떻게 구두점을 찍는지를 이해하고 있음을 보여 주는 데 사용할 행동을 명확하게 할 수 있도록 교수 목표를 수정해야 한다.
   - 학생들은 마침표, 물음표, 느낌표를 사용하여 다양한 단문에 구두점을 찍을 수 있다.
3. '사용하는 방법을 학습한다'라는 표현은 교수 프로그램에서 의도하고 있는 학습 성과를 진술하고 있기는 하지만, 판매 직원이 무엇을 해야 하는지를 기술할 수 있는 행동을

다음과 같이 명료하게 표현하는 것이 좋다.

- 판매 직원은 매일, 주간, 월간 일정표를 사용하여 시간 관리 양식을 완성할 수 있을 것이다.

4. 이것은 교수 목표라고 보기가 어렵고, 학생들로 하여금 작문 기능을 연습시키기 위해 교사들이 사용할 수 있는 과정을 기술하고 있을 뿐이다. 이 진술문에는 연습 중에 학생이 습득하리라 기대되는 기능의 특성이 무엇인지가 완전히 무시되어 있다. 교수 목표를 재작성하는 데 필요한 정보가 충분하게 제공되어 있지 않다.

5. 목표에서 '이해할 것이다'라는 문구는 구체적이지 않다. 다음과 같이 교수 목표를 명확하게 진술해야 한다.

- 고객들은 말소된 수표, 개인수표책, 은행에서 발송해 주는 월별 거래 내역을 가지고 수표책의 잔고를 정리할 수 있다.

6~12. 모든 항목이 옳다고 응답했다면, 제대로 알고 있는 것이다. 모든 준거는 교수 목표를 설정할 때, 중요한 고려사항이다. 설계하려는 분야에 대한 지식을 얼마나 가지고 있느냐의 문제에 대해 살펴보면, 경험이 많은 교수 설계자라면 내용 전문가와 같이 전혀 전문적인 지식이 없는 다양한 내용 분야에 대한 프로젝트를 수행해야 하는 경우도 종종 있을 수 있다.

13~15. 모든 내용들이 중요하다.

16. 자신이 작성한 교수 목표와 다음의 목표를 비교해 보자. 작문해 보기에 대한 목표에서는, '학생은 (1) 문장의 목적과 분위기에 어울리는 구두점이 사용된 다양한 유형의 문장을 사용할 수 있고, (2) 문장의 복합성 혹은 구조에 어울리는 구두점이 활용된 다양한 문장 유형을 사용할 수 있다.'로 표현할 수 있을 것이다. 부록 A에 있는 학교 교육과

정 사례 연구를 위한 초기 분석에 관련된 모든 정보를 검토해 보아야 할 것이다. 그곳에 있는 내용을 보면 학교 상황에서 교수 설계에 대한 전체적인 사례 연구를 위한 출발점에 해당하는 정보를 볼 수 있을 것이다. 현재 학교에서 일을 하고 있거나 할 계획이 있는 사람들은 이런 학교의 사례에서 유익한 정보를 얻을 수 있을 것이다.

17. 앞서 살펴본 바와 같이 교수 목표를 평가하기 위한 준거들을 다시 보기로 하자. 그 준거들을 이용해서 자신의 목표를 평가해 보자.

- 자신이 작성한 목표는 이 모든 준거를 만족시켜 주는가?
- 어떤 준거를 만족시켜 주지 못한다면, 만족할 수 있도록 수정될 수 있는가?
- 만일 어떤 목표가 어떤 하나의 준거를 만족시키지도 못하고, 수정할 수 없다면, 다른 목표를 작성해서 재차 시도해 볼 수 있다.

자신이 작성한 교수 목표가 그 준거를 만족시켜 주는지를 판단하기 위해 동료들과 토론을 통해 도움을 받을 수 있다. 자신이 구상하고 있는 주제에 대한 교육 자료들이 있는지, 있다면 그 특성이 어떤 것인지를 알기 위해 도서관이나 인터넷 검색이 좋은 정보자원이 될 수 있다. 앞서 제시한 준거를 만족시킬 수 있도록 자신의 교수 목표를 수정하고 재작성해 보자.

자신의 교수 목표가 명확하게 작성되었는지를 검토해 보기 위해 동료들이나 대상 학습자들에게 그 교수 목표의 의미를 해석해 보게 할 수도 있다. 자신이 의도한 대로 그 목표와 그 목표에 포함된 성취 행동을 해석하는가? 그렇지 않다면 수정되어야 할 것이다.

자신의 교수 목표가 가용한 시간(예, 30분,

한 시간, 두 시간 등)에 학습하기에 너무 클 경우, 그 목표를 논리적으로 합당하게 주요 부분으로 나누어서 각 부분에 해당하는 목표들을 작성하고, 교수 설계자의 요구와 시간적 제약 조건에 가장 적합한 부분만을 선택할 수 있다.

이와 대조적으로 교수 목표가 너무 작을 경우에는, 학생들이 학습할 필요가 있는 기능과 학습할 준비가 되어 있다고 판단되는 기능들을 교수 프로그램에 포함시킬 것을 고려할 수 있

다. 이렇게 목표에 관련된 기능들을 포함시킬 때는 한정된 학습 시간에 그런 내용을 확장해도 소화해낼 수 있는 적절한 유형의 교수 프로그램을 찾도록 해야 한다. 물론 더 많은 내용을 포함하자면 교수 목표도 수정해야 할 것이다.

필요하다면 교수 목표를 재작성하고 나서 정해진 학습 시간 내에 학습할 수 있는 명확하게 진술된 교수 목표가 설정되었다고 판단되면 다음 장의 내용을 시작할 수 있다.

참고문헌

Barbazette, J. (2006). *Training needs assessment: Methods, tools, and techniques*, SF: Pfeiffer.

Barksdale, S., & Lund, T. (2001). *Rapid needs analysis*. Arlington, VA: ASTD Press. 요구 분석 도구와 사례 연구를 다루고 있다.

Brannick, M. (2007). *Job analysis: Methods, research, and applications for human resource management in the new millenium* (2nd ed.). Thousands Oaks, CA: Sage Publications. 기업에서의 직무 분석의 역할과 방법을 총합적으로 제시하고 있다.

Brethower, D. (2007). *Performance analysis: Knowing what to do and how*. Amherst, MA: HRD press. 체제적 접근 기법을 사용하여 역량 분석을 하는 방법과 도구를 소개하고 있다.

Brown S, M., & Seidner, C. J.(Eds.). (2012). *Evaluating corporate training: Model and issues*. New York, NY: Springer. 초기 분석과 관련된 평가 상황과 모형에 대해 다루고 있다.

Chevalier, R. (Ed.) (2010). Gap analysis revisited. *Performance Improvement, 49*(7), 5-7. 합리적인 목표 설정과 그 목표에 이르기까지의 진척정도를 평가하기 위한 이정표가 되는 평가에 대해 다루고 있다.

Dessinger, J. C., Moseley, J. L., & Van Tiem, D. M. (2012). Performance improvement/HPT model: Guiding the process. *Performance Improvement, 51*(3). HPT 모형의 역사와 활용을 다루고 있다.

Educational Technology Magazine, 43(1). (2003). 기업에서의 훈련과 그 성과에 대한 다양한 시각을 제시하고 있다.

Ertmer, P. A., Quinn, J., & Glazewski, K. D. (2013). *The ID casebook: case studies in instructional design* (4th ed.). Upper Saddle River, NJ: Merrill/ Prentice Hall.

Gagné, R. M., Wager, W. W. Golas, K. C., & Keller, J. M. (2004). *Principles of instructional design* (5th ed.). Belmont, CA: Wadsworth/ Thomson Learning. 학습 영역별로 교육의 성과를 제시하면서 교육 목표를 그런 관점에서 다루고 있다.

Gupta, K., Sleezer, C. M., & Russ-eft, D. F. (2007). *A practical guide to needs assessment* (2nd ed.). San Francisco: Pfeiffer. 훈련과 개발 분야에 종사하는 교수 설계 실무자들을 위한 모형과 실무 팁을 제시하고 있다.

Jonassen, D. H., Tessmer, M., & Hannum, W. H. (1999). *Task analysis methods for instructional design*. Mahwah, NJ: LEA. 직무 과제 분석에 대해 다루고 있다.

Kaufman, R. (1998). *Strategic thinking: a guide to identifying and solving problems* (revised). Arlington, VA: and Washington D.C.: ASTD and ISPI. 전체적인 교수 계획 과정을 기술하고 있는데, 여기에는 교육의 요구에 대한 세부적인 평가가 포함되어 있다.

Kaufman, R., & Guerra-Lopez, I. (2013). *Needs assessment for organizational success*. Alexandria, VA: ASTD Press. 성공적이고, 측정가능한 성과를 얻는 데 필요한 초기 분석 도구에 대해 논의하고 있다.

Kaufman, R., Herman, J., & Watters, K. (2002). *Educational planning: Strategic, tactical and operational.* Lanham, MD: Roman and Littlefield Education. 학습자 중심 교육을 기획할 때 고려해야 요소를 체제적 시각에서 접근하고 있다.

Kirkpatrick, D. L., & Kirkpatrick, J. D. (2006). *Evaluating programs: The four levels*(3rd ed.). San Francisco, CA: Berrett-Koehler. 반응, 학습, 행동, 성과를 포함한 훈련 프로그램 평가의 세 가지 수준을 사례 연구와 함께 제시하고 있다.

Lundberg, C., Elderman, J. L., Ferrell, P., & Harper, L. (2010). Data gathering and analysis for needs assessment: a case study. *Performance Improvement, 49*(8), 27-34. 기업에서의 데이터 수집 방법과 데이터 분석을 위한 절차를 사례와 함께 제시하고 있다.

Mager, R. F. (1997). *Goal analysis* (3rd ed.). Atlanta, GA: CEP Press. 교수 목표를 설정하기 위한 방법을 도와주기 위해 저자가 사용했던 과정을 기술하고 있다.

Mager, R. F., & Pipe, P. (1997). *Analyzing performance problems* (3rd ed.). Atlanta, GA: CEP Press. 훈련이 역량 문제에 대한 해결책인지 혹은 다른 해결책이 도입되어야 하는지를 결정하기 위한 접근방법을 다루고 있다.

McConnell, J. (2003). *How to identify your organization's training needs: A practical guide to needs analysis.* New York: AMACOM. 이 자료는 NetLibrary e-book이라서 인터넷에서 찾아볼 수 있다.

Pershing, J. A. (Ed.). (2006). *Handbook of human performance technology: Principles, practices and potential* (3rd. ed.). San Francisco: Pfeiffer.

Richey, R. C., Kline, J. D., & Tracey, M. W. (2010). *The instructional design knowledge base: Theory, research, and practice.* New York, NY: Taylor and Francis. 고전적, 현대적 이론들을 교수 설계 실제의 프레임워크로 기술하고 있다.

Robinson, D. G., & Robinson, J. C. (2008). *Performance consulting: Moving beyond training* (2nd ed.). San Francisco: Berrett-Koehler.

Rosenberg, M. (1990, January). Performance technology: Working the system. *Training*, 43-48. 수행 공학에 대한 정의를 다루고 있는 논문이다.

Rossett, A. (1987). *Training needs assessment.* Englewood Cliffs, NJ: Educational Technology Publications. 다양한 요구 분석 기법과 필요한 도구를 다루고 있다.

Rossett, A. (2009). *First things fast.* San Francisco: Jossey-Bass Pfeiffer. 어떤 조직에서 역량 문제가 있는지를 분석하기 위한 접근방법을 다루고 있다.

Rothwell, W. J., & Kazanas, H. C. (2008). *Mastering the instructional design process: A systematic approach* (4th ed.). San Francisco, CA: Jossey-Bass. HPT에 중점을 두고, 요구, 학습자, 직무 상황, 직무 분석을 포함하여, 교수 설계 프로젝트의 성공적인 관리 방법을 다루고 있다.

Russ_Eft, D., Preskill, H. (2009). *Evaluation in organizations: A systematic approach to enhance learning, performance, and change* (2nd ed.). Philadelphia, PA: Basic Books. 프로그램 효과를 평가하기 위해 필요한 측정 도구와 절차를 기술하고 있다.

Sink, D. L. (2002). ISD-Faster, better, easier. Performance Improvement, 41(7), 16-22.

Stolovitch, H., & Keeps, E. J. (2004). *Front-end analysis and return on investment toolkit.* San Francisco: Jossey-Bass Pfeiffer. 이 툴 키트는 초기의 훈련 요구 분석뿐만 아니라 ISD의 마지막 단계에서 ROI를 평가하는 데 유용하다.

Tobey, D. (2005). *Needs assessment basics.* Arlington, VA: ASTD Press. 훈련과 기관의 요구와의 관련성의 중요성을 논의하고, 요구 분석 모형을 제시하고 있다.

Van Tiem, D. M., Moseley, J. L., & Dessinger, J. C. (2012). *Fundamentals of performance technology: A guide to improving people, process, and performance* (3rd ed.). San Francisco, CA: Pfeiffer. HPT 모형을 사용하여 조직 변화에 영향을 미칠 수 있는 방법을 기술하면서 그 사례 연구를 제시한다.

Wedman, J. (2010). The performance pyramid. in R. Watkins, & D. Leigh (Eds.), *Handbook of improving performance in the workplace* (51-73), 2, Hoboken, NJ: Wiley. 요구 분석 모형들을 종합적으로 담고 있는 역량 피라미드 모형을 설명하고 있다.

Wilmoth, F. S., Prigmore, C., & Bray, M. (2002). HPT models: an overview of the major models in the field. *Performance Improvement, 41*(8), 16-24.

제 3 장

교수 목표 분석

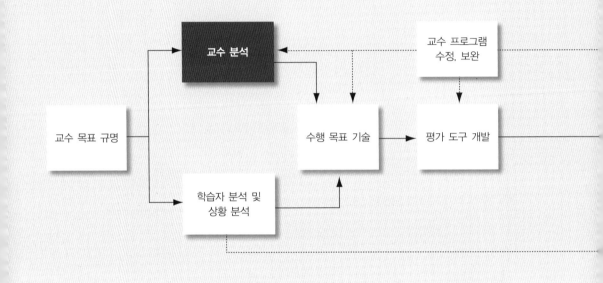

학습 목표

➤ 교수 목표를 지적 기능, 언어적 정보, 운동 기능, 태도의 영역으로 분류한다.

➤ 목표 분석을 해서 교수 목표를 성취하는 데 요구되는 주요 단계를 규명한다.

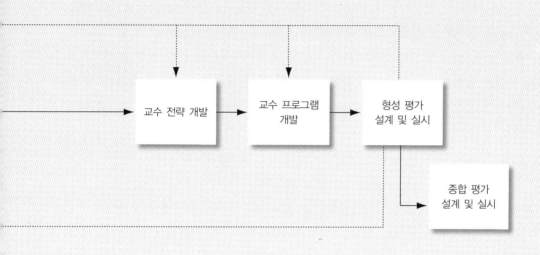

배경

교수 설계 과정을 설명하는 각 장에서 다음 장으로 넘어갈 때마다 그 장에서 논의되는 단계가 위의 그림에서 음영으로 강조되어 있음을 주목하자. 그리고 이 설계 단계는 바로 앞장에서 규명하고 진술한 목표를 가지고 시작하는 점도 유념해야 한다. 그 목표는 수행 분석과 요구 분석을 통해 혹은 주정부가 정한 학교 학업 성취도 기준이나 연방 정부가 정한 작업장 안전 기능 등에 의해 규명될 수 있었다. 그러나 그 목표는 학습자가 무엇을 할 수 있게 될 것인지를 명확하게 보여 주는 진술문이어야 한다.

  교수 분석(instructional analysis)은 교수 프로그램에 포함해서 가르치려는 기능과 지식을 규명하기 위한 것이다. 교수 분석은 비교적 복잡한 과정이기 때문에 이 책에서는 두 하위 단계로 구분하여, 그 각각을 별개의 장에서 다룬다. 이 장에서는 설계자가 목표 분석을 통해서 어떻게 교수 목표의 주요한 단계들을 결정하는지에 대해 살펴보고, 4장에서는 목표의 각 단계의 하위 기능(subordinate skill) 분석에 대해 알아볼 것이다. 지금까지 교수 설계를 가르쳐 온 경험에 비추어 보면, 이 장에서 다루려는 목표 분석을 성공적으로 한 사람은 다음의 하위 기능 분석도 쉽게 해낸다. 이 두 분석 과정을 묶어서 *교수 분석*이라고 한다.

교수 목표를 규명한 후, 설계자는 '학습자들이 교수 목표를 성취하게 된다면, 그들은 정확하게 무엇을 할 수 있게 될 것인가?'라는 첫 질문을 하게 된다. 이런 방식의 물음을 통해 교수 프로그램을 구상하는 것은 먼저 주제나 내용 영역을 정하고 나서 각 주제별로 어떤 학습 내용이 들어가야 할 것인지를 결정해서 교수 프로그램을 만드는 내용 전문가(Subject Matter Expert: SME)의 방식과는 극명하게 대조적이다. 내용 전문가적인 접근 방식이 '아는 것(knowing)'을 강조하는 편이라면, 교수 설계 접근 방식은 '행하는 것(doing)'을 강조하는 편이다. 예를 들어, 첫 주에 인터넷의 역사와 이론에 대해 배운 뒤에, 둘째 주에 웹 사이트의 개발과 운영에 대해 훈련을 받으면서 불만으로 가득 찬 직원들을 상상할 수 있는가? 둘째 주가 되어서야 그들은 컴퓨터 앞에 앉아서 자신들의 웹 페이지를 만드는 학습 경험을 하게 될 것이다. 이 경우는 학습자들의 학습 동기를 완전히 파괴하는 예일 뿐만 아니라 교수 목표를 성취하기 위해 반드시 필요한 기능들을 찾아내는 절차를 거치지 않은 예라고 할 수 있다.

이와 비슷한 방식으로, 학생들이 읽어야 할 10개의 희극 목록을 이용하여 세익스피어에 대한 코스의 내용을 결정하는 것이 아니라, 교수 설계자는 코스를 수료하고 나면 "세익스피어 희극 중 3개에서 등장인물의 역할 변화의 요소를 비교하고 대비할 수 있다."와 같은 방식으로 학생들이 무엇을 할 수 있게 될 것인지를 정확하게 찾아내려고 할 것이다. 목표 분석을 통해서, 설계자는 학생들이 세익스피어에 대한 코스를 마쳤을 때, 단순하게 무엇을 읽었는지를 말해 주는 것 이상을 목표로 정할 수 있게 될 것이다. 이 장에서는 이러한 목표 분석 절차에 초점을 둔다.

목표 분석 접근 방법이 교수 프로그램에 포함시킬 내용을 찾아내는 유일한 방법은 아니겠지만 효과적으로 교수 목표를 성취시켜 줄 그 기능들을 찾아내게 해 줄 것이다.

개념

교수 분석은 하나의 교수 목표를 수행하는 데 관련된 단계와 학생이 그 목표를 성취하기 위해 요구되는 하위 기능들을 찾아내기 위한 일련의 절차라고 할 수 있다. **하위 기능 (subordinate skill)**은 상위 기능들의 학습을 위한 긍정적 전이를 제공함으로써 어떤 상위 기능을 학습하기 위해서는 반드시 성취되어야 할 기능을 말한다. 이 장에서는 목표 분석에 대해, 다음 장에서는 하위 기능 분석에 대해 살펴볼 것이다.

목표 분석(goal analysis)에는 두 가지의 기본적인 단계가 있다. 첫째 단계에서는 어떤 유형의 학습이 일어날 것인지에 따라서 목표를 분류하는 것이다. [학습의 서로 다른 범주를 학습 영역(*domains of learning*)이라고 한다.] 둘째 단계에서는 그 목표를 수행하는 데 요구되는 주된 단계를 찾아내고 계열화(sequence)하는 것이다. 그 목표가 언어적 정보 영역의 목표라면, 학습자가 회상해 내야 하는 정보의 주된 군집을 찾아내야 한다.

다음에서 간략하게 진술된 목표를 보기로 보자.

1. 도시이름의 목록을 주면, 그 도시가 어느 주의 수도인지를 말할 수 있다.
2. 은행 거래서와 수표책을 주면, 수표책의 수입, 지출, 잔액을 정산할 수 있다.
3. 디지털 비디오카메라를 설치하고 작동시킬 수 있다.
4. 평생 건강에 긍정적인 영향을 미치는 생활 방식을 결정하여 선택할 수 있다.

위에 열거한 것과 같은 목표들은 교수 설계를 위한 출발점이 된다. 따라서 "이 목표를 성취하기 위해서 어떠한 기능들이 학습되어야만 하는지를 어떻게 결정할 것인가?"라는 물음을 할 차례이다. 첫째 단계는 Gagné(1985)의 학습 영역 분류에 따라 목표를 분류하는 것으로, 그 목표가 어디에 속하느냐에 따라 이후의 목표 분석과 하위 기능 분석 기법이 달라진다.

언어적 정보

위에서 제시한 목표의 예 중에서 첫째 목표는 학습자에게 각각의 도시가 어느 주의 수도인지를 말할 수 있는 것이다. 이와 같은 기능을 가르칠 수 있는 방법이 많을 뿐만 아니라 학습자가 그것을 학습하기 위해 시도해 볼 수 있는 방법도 여러 가지 있을 수 있다. 그러나 기본적으로 이런 목표를 옳게 학습했는지를 알기 위한 질문에는 유일한 하나의 정답이 있을 뿐이고 그 질문을 묻는 방법도 하나뿐이다. 여기에서는 문제 해결이나 법칙 적용과 같은 의미가 축약되어 있는 기호들을 사용한 조작(symbolic manipulation)을 필요로 하지 않는다. 본질적으로, 언어적 정보(verbal information) 목표는 학습자에게 비교적 특정 질문에 대한 특정 응답을 요구하는 것이다.

언어적 정보 목표 인지는 대게 사용된 동사를 보면 알 수 있다. 흔히 학습자는 어떤 것을 '*진술한다*', '*열거한다*', '*기술한다*'와 같은 동사를 사용한다. 이 목표를 다루는 교수 프로그램에서는 어떤 정보를 진술하거나 열거할 수 있도록 가르칠 것으로 기대할 수 있다. 따라서 이 목표를 학습하는 사람에게 요구되는 과제는 학습 중에 그 정보를 자신의 장기기억고에 저장했다가 어떤 관련된 과제를 위해서 필요할 때나 혹은 시험을 위해서 기억하고 있어야 하는 것이다.

지적 기능

수표책(checkbook) 정산에 대한 둘째 목표를 보자. 누가 보더라도 이 목표는 문제 해결 과제이기 때문에 학습자에게 모종의 유일한 인지적 활동을 요구하는 기능으로 정의될 수 있는 **지적 기능(intellectual skills)**에 속한다. 여기에서 '유일하다'고 하는 것은 하나의 유일한 문제를 해결하거나 혹은 그 전에 접해 본 적이 없는 정보나 예를 사용하여 어떤 활동을 수행해야만 한다는 의미이다. 전형적인 지적 기능의 네 가지 유형은 변별하기, 개념 형성하기, 규칙 적용하기, 문제 해결하기이다. 이 기능을 가지고 있는 학습자는 어떤 명칭이나 특성(속성)에 따라서 어떤 것을 분류하고, 규칙을 적용하고, 문제를 해결하기 위해 다양한 규칙들을 선택하여 적용할 수 있을 것이다. 학습자에게 어떤 상징적 기호로 표현된 내용을 조작하도록 요구하는 목표는 지적 기능에 해당된다. 위의 예가 문제 해결 목표에 해당되는 것과 함께, 거래에 대한 세금 계산을 위한 규칙을 적용할 수 있는 목표와, 여러 종류의 생물을 포유류, 파충류로 분류할 수 있는 목표도 지적 기능으로 분류된다.

어떤 목표가 있다면 그 목표가 지적 기능의 어느 수준에 해당하는 목표인지를 결정하는 것이 중요하다. 변별(discrimination) 학습은 가장 단순한 최하위 수준의 학습으로서 어떤 것들이 같은지 혹은 다른지를 구별할 수 있는 것을 말한다. 우리는 어린 아동들에게 색깔, 모양, 질감, 소리, 온도, 맛 등이 같은지 아니면 다른지를 변별하도록 가르치고 있다. 외국어나 음악에서 소리, 화학에서 색깔이나 냄새, 체육에서 운동 감각적 '느낌'과 같은 특별한 경우를 제외하고는, 변별을 학생들이나 성인에게 별개의 학습 성과를 위해 가르치는 예는 극히 드물다. 그러나 개념을 학습할 때 그것을 구성하는 요소들을 함께 묶는 데 이 변별이 중요한 역할을 하게 된다. '뜨거운 버너'와 같은 개념이나 '버너가 뜨겁다면 손을 대지 말아야 한다'와 같은 규칙을 가르치는 과정에 변별은 하위 기능으로 포함되어 있는 중요한 부분임에 틀림없다.

개념을 학습한다는 것은 본질적으로 어떤 하나의 분류 항목에 속하는 예를 찾을 수 있다는 것을 의미한다. 배울 개념이 야구 장비라면, 학습자는 수많은 장비들이 야구 장비인지를 결정할 수 있어야 한다. 여기에서 학습자들에게 야구 장비에 속하는 실물 혹은 그 물체의 그림이나 설명 중에서 야구 장비에 해당하는 것을 찾아내라고 요구할 수 있음을 명심해야 한다. 학습자는 다른 스포츠 장비나 다른 물체들과 구별할 수 있는 야구 장비의 특성들(속성)을 학습함으로써 그 개념을 숙달해야 한다.

여러 개념들이 결합된 것이 규칙이다. '$a^2 + b^2 = c^2$'가 규칙의 한 예이다. 학습자가 이 규칙을 알려면 a, b, c, 제곱, 더하기, 제곱근의 개념을 가지고 있어야 한다. 이 개념들 간에 어떠한 관계가 있는지를 이 규칙이 보여 준다. 이 규칙을 학습자가 알고 있는지는 a, b에 다양한 값을 주고 c의 값을 물어보면 알 수 있다. 학습자는 옳은 응답을 하기 위해서 일련의 단계를 따라야만 한다.

지적 기능 중에서 가장 높은 수준은 *문제 해결*인데, 문제에도 **구조화된(well-structured) 문제**와 **비구조화된(ill-structured) 문제**, 두 유형이 있다. 전형적인 문제는 구조화된 문제로서 보통 *적용 문제(application problem)*로 취급된다. 학습자들은 구조화된 문제[잘 정의된(well-defined) 문제라고도 함]를 해결하기 위해서 여러 개념들과 규칙들을 적용하기만 하면 된다. 문제 상황에 대한 많은 자세한 정보, 적용할 수 있는 규칙과 개념의 제시, 해결책의 특성에 대한 암시 등이 전형적으로 제공된다. 예를 들면, 대수학 문제는 바람직한 하나의 해결 과정을 가지고 있는 구조화된 문제라서, 다양한 개념과 규칙이 포함되어 있으며, 하나의 '옳은' 응답만을 가지고 있다.

연구자들은 해결에 필요한 모든 데이터를 학습자에게 제공하지 않거나 심지어 문제 해결 목표의 성격조차 분명하지 않은 문제를 비구조화된 문제로 분류하고 있다. 하나의 해결책을 찾기 위한 과정이 하나만 있는 것이 아니라 다중의 과정을 사용할 수 있을 뿐만 아니라 '옳은' 해결책이 하나만 있는 것도 아니다. 비구조화된 문제 해결로서 교수 설계 과정 그 자체보다 더 좋은 예는 없다. 교수 프로그램의 요구가 무엇이며, 어떤 학습자인지에 대한 모든 핵심적인 요소들을 알기는 어렵다. 교수 프로그램을 제시하기 위한 다양한 분석 방법과 전략이 있고, 그 효과를 측정하는 데도 다양한 방법이 있다.

교수 설계자들이 설계해야 하는 대다수의 교수 프로그램은 지적 기능의 영역에 속한다. 지적 기능의 위계에 따라서 학습해야 할 내용을 올바른 목표 영역으로 분류하고, 학습자들이 높은 수준의 지적 기능의 학습 성과를 달성할 수 있도록 그 교수 목표를 적합하게 수정할 수 있는지를 결정할 수 있는 것이 중요한 것이다. 특히, 언어적 정보의 목표를 다룰 때 더욱 그렇다.

운동 기능

'비디오 카메라를 설치하고 작동시킬 수 있다'와 같은 셋째 목표는 정신적, 신체적 활동의 절묘한 조정(coordination of mental and physical activity)을 포함하기 때문에 **운동 기능(psychomotor skills)**[1] 목표로 분류할 수 있다. 이 경우에, 질적으로 쓸 만한 비디오 이미지

---

1) 역주: 'psychomotor'의 번역을 '心動的'으로 해야만 그 정의에 있는 요소를 잘 포함한 번역일지 모르지만, 일반적으로 '운동'이라는 표현을 더 많이 사용하기 때문에 편의상 '운동'으로 번역하고자 한다. 실제로 운동이라고 할 때, 그것이 의미하는 바는, 여기에서 설명하고 있듯이, 단순한 신체적 동작만을 지칭하는 것이 아니라 심리적, 정신적 활동과의 조율, 조정을 의미하기 때문에 '운동'이라고 번역하더라도 그 의미를 훼손하지 않는다고 본다.

를 성공적으로 만들어 내자면 그 장비를 아주 세밀한 방식으로 조정해야 할 것이다.

　　운동 기능의 특징은 구체적인 결과를 성취하기 위해서 장비의 사용 여부와 무관하게 어떤 신체적 동작을 실행하는 것이다. 어떤 운동 목표에는 많은 '정신적' 활동이 필요한 경우도 있다. 즉, 신체적 동작에 많은 정신적, 인지적 활동이 포함되어야 하는 경우이다. 그러나 학습자에게 생소하고 중요한 운동 기능을 학습해야 하거나 혹은 하나의 신체적 기능을 아주 능숙하게 실행해야만 한다면 교수 분석을 위해 그것을 운동 *기능의 목표*로 본다. 다음의 예를 보자. 야구공 던지기 숙달은 반복 연습이 요구되는 운동 기능이다. 비디오 프레임의 옳은 리드 공간을 유지하면서 움직이는 물체를 따라가기 위해 비디오 카메라를 유연하게 패닝하는 것을 숙달하려면 상당한 연습이 필요하다. 그러나 심야 프로그램을 자동으로 녹화하기 위해 VCR의 버튼을 누르는 것은 성인에게는 대수롭지 않은 운동 기능이면서 동시에 본질적으로 *지적 기능*에 해당한다. 버튼 누르는 것을 숙달하기 위해 연습할 필요도 없을 뿐만 아니라 그것을 연습한다고 해서 심야 프로그램을 녹화하는 능력이 증진되는 것도 아니다.

태도

건강한 생활 방식을 선택하는 것에 대한 넷째 예에서처럼 학습자들이 어떤 행동을 선택하게 하도록 하는 것으로 목표를 진술했다면, 그 목표는 **태도**(attitudes) 목표로 분류해야 한다. 태도는 주로 특정한 선택이나 결정을 하려는 경향으로 기술할 수 있다. 예를 들어, 우리는 어떤 개인이 훌륭한 직장인이 되는 것을 선택하거나, 환경을 보호하는 행동을 선택하거나, 영양가 있는 음식을 먹기를 선택하게 하고 싶어할 것이다. 앞서 제시한 넷째 목표는, 학습자들이 일생동안 건강에 긍정적인 효과를 미치는 생활 방식에 해당하는 행동들을 선택할 수 있도록 만들기 위한 목표이다. 태도 목표를 정하기 위해서는, 학습자들이 어떤 행동의 선택을 해야만 할 것인지 아니면 목표에서 그 결정에 영향을 미칠 수 있는 방향을 가리켜 줄 것인지를 결정해야 한다.

　　태도 목표의 또 다른 특성은 학습이 종료되는 시점에 와서도 그 목표가 성취되지 못할 수 있다는 점이다. 태도 목표들은 아주 중요하지만 단기간에 평가하기가 어려운 장기적인 목표인 경우가 대부분이다. 태도 목표를 살펴보면, 학습자들이 태도를 성취했는지를 알 수 있는 유일한 방법은 그들로 하여금 '어떤 것'을 해 보도록 하는 것임을 알게 될 것이다. 여기에서, '어떤 것'은 운동 기능, 지적 기능, 언어적 정보가 될 수 있다. 따라서 태도에 초점이 맞춰진 교수 목표는 학습자들로 하여금 어떤 상황을 선택하고 이해하거나 어떤 지적 기능이나 운동 기능을 수행하거나 혹은 어떤 언어적 정보를 진술하도록 영향을 미치는 것으로 볼 수 있다. 태도에 대한 이런 시각은 인간됨을 어떻게 가르쳐야 하는지(성품, 인간의 행동 경향)에 대한 최근의 시각과 궤를 같이하고 있다고 본다. 무엇을 할 줄 아는 것과 어떤 행동을 선택하는 것의 구분은 명약관화하다. 예를 들어, 운동장에서 사람들이 싸움을 하는 것이나 불법적인 방법으로 모기지 대출을 받는 것을 신고하는 방법을 아는 것은 필요하기는 하지만 사회적 양심에 입각한 도덕성, 공정한 경쟁, 윤리적 행동이 따라야 하는 실천을 위해서는 불충분하다.

인지 전략

Gagné의 이론에 익숙한 사람들은 그가 다섯째의 교수 목표 영역인 **인지 전략(cognitive strategies)**에 대한 논의를 잘 알고 있을 것이다. 여기에서는 그가 제시한 모든 교수 목표 영역을 다루기 위해 언급은 하지만 이후에는 혼란을 피하기 위해 의도적으로 인지 전략을 생략했는데, 그 이유는 인지 전략이 비구조화된 문제 해결(ill-structured problem solving)과 비슷하게 다루어질 수 있어서 지적 기능의 한 부분으로 가르쳐질 수 있기 때문이다. 인지 전략은 어떤 것에 관한 우리의 사고를 관리하고 자신의 학습을 관리하기 위해 우리가 사용하는 상위적 처리과정(metaprocesses)이라고 할 수 있다. 단순한 전략에는 처음 만난 사람들의 이름을 다음에도 부를 수 있도록 하기 위해 그 사람의 이름을 여러 차례 반복하는 전략도 있겠지만, 그 사람의 얼굴을 시각화해 보는 전략이 있을 수 있다. 조금 더 복잡한 인지 전략에는 시험 범위에 포함된 학습 내용을 어떻게 조직하고, 분류하고, 기억하고, 적용할 것인지를 알아내는 것이 있다. 그러면, 어떤 기술자가 주택 개발을 위해 농지의 일부를 재배치하는 데 사용할 수 있는 비구조화된 문제 해결과 인지 전략을 대단히 복잡하게 관련짓고 있는 예를 보도록 하자.

1. 기술자는 컴퓨터 보조 설계, 지리적 정보 시스템 데이터베이스, 토지 측량, 토양 분석, 수리학, 급수, 하수, 전력 장치 등과 같은 광범위한 물리적, 지적 도구장비들을 다룰 필요가 있다.
2. 기술자는 토지 개발 프로젝트에서 직면할 수 있는 다양한 문제를 다루고 있는 '교과서적인' 기술 전략들에 대해 잘 알고 있을 필요가 있다.
3. 대형 프로젝트를 위해서, 기술자는 환경, 법, 건축 분야의 그 회사 내부는 물론 외부 전문가들로 구성된 협력팀을 관리할 수 있어야 한다.
4. 기술자는 이전에 경험해 보지 못한 이 새로운 작업 환경에서 모든 이런 도구들, 해결 전략, 협력 능력을 조직, 관리, 적용할 수 있어야 한다. 어떤 도구는 유용하게 사

용할 수 있지만 어떤 도구는 그렇지 않을 것이다. 어떤 해결책은 유용하게 적용될 수 있겠지만 다른 전략들은 아예 사용할 수 없어서 버려야 하거나 수정해야만 할 것이다. 어떤 프로젝트 팀원들은 민첩하고 믿을 만하게 직무를 수행할 수 있지만, 일하는 방식을 더 설명해 줄 필요가 있는 직원들이 있을 수도 있다. 결국 최종적 토지 개발은 유일한 하나의 문제 해결책을 위해 다양한 자원들을 조화시킬 수 있는 이 기술자의 능력으로부터 나오게 되는 하나의 산물일 것이다.

이 예에서 기술자는 주택 개발이라는 다차원적인 문제를 조직하고, 시도해 보고, 해결하기 위해 필요한 내적인 사고 처리 과정과 부과된 업무를 해결하는 데 배운 새로운 전략을 관리하고 있었을 것이다. 이 기술자의 작업은 앞서 제시한 교수 설계자의 작업과 직접 비교할 수 있다. 둘 다 비구조화된 문제 해결 목표의 학습 과제이다. 교수 설계 과정을 다루면서 이 책에서는 지적 기능의 최상위 기능으로 문제 해결과 함께 인지 전략을 다루고자 한다.

Bloom의 교수 목표 영역

1950년대 중반에, Bloom 등은 다양한 종류의 기능의 복합성에 대한 그의 이론에 기초하여 학생들의 학습 성과를 분류하기 위한 틀로서 『교육 목표 분류학(Taxonomy of Educational Objectives)』을 출간한 바 있다. Bloom의 분류는 학교와 기업에서 교수 목표를 분류하는 데 널리 사용되고 있는 방법이기 때문에 여기에 제시했고, 표 3.1에서 보는 바와 같이 Gagné의 분류와 비교해 보았다. 이 책에서는 Gagné의 분류 방법을 사용하려고 한다. 왜냐하면 그의 분류 방법은 교수 목표와 그 하위 기능의 분석 방법과 함께 효과적인 교수 전략 개발 방법에 대한 지침을 잘 제시해 주고 있기 때문이다.

Anderson 등(2001)은 최근에 Bloom의 분류를 수정하여 인지적 영역의 지식수준과 다른 수준들 간을 시각적으로 연관지어서 보여 주는 매트릭스로 자신들의 분류를 제시하고 있다.

목표 분석 절차

하나의 교수 목표를 가르치는 데 필요한 시간은 목표에 따라 엄청난 차이가 있을 수 있다. 어떤 목표는 가르치는 데 한 시간도 걸리지 않는 반면, 어떤 다른 목표들은 학생들이 성취하는 데 많은 시간이 걸릴 수도 있다. 작은 목표일수록 학습해야 할 것을 정확하게 분석하기가 더 쉽다. 정해진 목표가 어떤 영역의 목표인지를 정한 다음에, 학습자가 목표를 수행하게 되었을 때 무엇을 할 수 있게 될 것인지를 구체적으로 파악할 필요가 있다.

표 3.1 ┃ Bloom의 교수 목표 영역에서 요구되는 학습 유형

Bloom의 교수 목표 영역	Gagné의 학습 유형
운동 영역	운동 기능
태도 영역	태도 기능
인지적 영역: 지식	언어적 정보 기능
인지적 영역: 이해	지적 기능: 다수의 규칙과 개념
인지적 영역: 적용	지적 기능: 다수의 문제 해결과 규칙
인지적 영역: 분석	지적 기능: 잘 정의된 문제 해결
인지적 영역: 종합	지적 기능: 다수의 인지 전략과 비구조화된 문제 해결
인지적 영역: 평가	지적 기능: 다수의 인지 전략과 비구조화된 문제 해결

참고: Bloom의 분류 중에 인지적 영역의 대다수는 몇 가지의 기능이 복합된 것이다. 이 표는 기능들의 정의를 제시하기보다는 예시적으로 양자를 대비해서 보여 주기 위한 것이다.

지적 기능과 운동 기능 목표의 분석 절차 지적 기능이나 운동 기능의 목표를 분석하는 최선의 방법은 학습자가 목표를 수행하게 되었을 때 무엇을 할 수 있게 될 것인지를 단계별로 정확하게 기술하는 것이다. 이것은 처음에 생각하는 것만큼 그렇게 쉽지가 않다. 목표가 운동 기능이라면, 학습자가 수행해야 할 것은 관찰하기가 쉬운 신체 활동일 것이다. 그러나 지적 기능의 목표인 경우에는 명시적 행동이 있기 전에 실행되어야 하는 *정신적 단계*들을 학습자가 수행해야 할 것이다. 예를 들어, 페인트 솔과 분무기 장비를 세척하는 신체 활동적인 단계들을 관찰하기는 쉽지만, 하나의 빌딩을 칠하기 위해 얼마나 많은 양의 페인트가 필요한지를 결정하기 위해 거쳐야 하는 모든 인지적 과정을 직접적으로 관찰하기는 거의 불가능하다.

우리가 정한 목표를 학습자가 수행하는 데 취해야 할 정확한 단계를 기술하는 과정을 진행해 가면 그 단계 중에 하나를 몇 가지 대안적 경로 중에 하나를 선택해야 하는 결정 단계를 필요로 함을 알게 될 것이다. 예를 들어, 페인트 솔을 세척할 때, 어느 한 시점에서 페인트가 깨끗하게 씻기지 않아서 다른 방법을 적용해야 하는 경우가 있을 것이다. 이 경우처럼, 어떤 구역을 칠하는 데 필요한 페인트의 양을 계산하기 위한 수학 문제를 해결해야 할 때, 우선 그 문제를 'A 유형'(페인트의 양을 덜 필요로 하는 매끄러운 면)과 'B 유형'(페인트가 더 필요한 거친 면)으로 분류할 필요가 있다. 이렇게 문제를 분류해야 각각의 문제를 해결하는 데 필요한 문제별로 다른 기법을 사용할 수 있을 것이다. 여기에서 핵심은 그 목표를 성취하는 데 필요한 결정을 어떻게 내려야 하는 것인지는 물론 다양한 대안적 단계 모두를 수행하는 방법에 대해 가르쳐야 한다는 점이다.

목표 분석은 교수 목표를 수행할 때 학습자가 실행해야 하는 구체적 단계들을 시각적으로 표현하는 것이다. 각 단계는 아래의 그림에서 보는 사각형 안에 표현되어 있다.

이 그림이 나타내는 것은 학습자가 목표 진술에서 기술된 것과 같은 도구를 가지고 있다면, 그는 첫 번째 단계의 목표를 수행할 수 있게 될 것이라는 것을 의미한다. 그 의미는 '숫자 두 개의 합을 구하거나 키보드의 어떤 특정 키를 누를 줄 알게 된다'와 같은 1단계 목표를 성취했기 때문에 그것을 수행할 줄 알게 됨을 의미하며, 1단계를 할 줄 알게 된 다음에, 학습자는 2단계를, 그러고 나서 3, 4, 5단계를 수행하게 된다는 것이다. 5단계를 할 줄 알게 되면 목표에서 기대한 전 과정을 완성한 것이며, 그 전 과정을 기대한 대로 적합하게 수행할 수 있게 되었다면 최종 목표의 전체 과정을 성취할 줄 알게 된 것으로 볼 수 있다.

단순한 것처럼 보이겠지만, 실제로 각자의 프로젝트를 위해 하나의 목표를 가지고 분석을 시작해 보면 그렇게 간단한 작업이 아니라는 것을 알 수 있다. 목표 분석을 하다 보면 하나의 단계 크기는 얼마가 적당한지, 다시 말하면 그 단계에 얼마나 많은 성취 행동이 포함되어야 하는지에 대한 의문이 생기게 된다. 그 의문에 대한 대답은 기본적으로 학습자에게 달려 있다. 교수 프로그램의 대상이 '학습하는 방법에 대한 학습이 되어 있지 않은' 아주 어린 학습자이거나 노령 학습자라면, 그 단계들은 아주 작아야만 한다. 같은 주제로 성인 학습자이거나 숙련된 학습자를 위한 것이라면, 같은 기능들을 포함하더라도 약간 큰 단계들로 구성해도 무방하다. 이 장 첫 페이지의 그림을 잘 보면, 이 장에서 다루고 있는 '교수 분석 실시'와 다음 장의 '학습자 분석과 상황 분석'이 나란히 그려져 있음을 알 수 있다. 학습자 분석 절차는 5장에 있지만, 학습자 분석 단계에서의 요소들은 목표 분석과 동시에 분석되어서, 목표 분석을 할 때에 학습자에 대한 자세한 정보가 이용되어야 유용하고 실감나는 프로젝트 결과가 나올 수 있음을 아는 것은 중요하다. 이 책에서 각 장의 내용을 순서대로 제시하고 있는 것은 실제 교수 설계 작업을 이 순서대로 하라는 것이 아니라 체제적 설계 모형을 활용하고 배울 수 있도록 설계했을 뿐이다. 교수 설계에 익숙해지면, 이 설계 단계들 간에 순차적, 평행적, 순환적 관계가 있음을 느끼게 되고, 교수 설계 작업의 순서를 정하는 데 나름대로의 전략을 응용할 수 있는 자신감이 붙게 될 것이다.

단계의 크기와는 무관하게 각 단계는 관찰할 수 있는 행동[2]을 묘사하는 동사로 표현되어야 한다. 위의 예에서는 '더하다', '누르다'와 같은 동사가 포함되어야 한다. 그러한 동사는 관찰할 수 있는 행동이고, 더하기의 경우 학습자가 더하기를 한 것을 보고 제대로 더하기

---

2) 역주: 여기에서 '관찰할 수 있는 행동'이라 함은 눈으로 관찰할 수 있는 가시적인 행동만을 지칭하는 것이 아니라 그 목표를 학습할 수 있게 되었는지를 평가(확인)할 수 있도록 진술되어야 함을 강조하기 위한 표현이며, 또한 '행동'도 신체적 행동만을 말하는 것이 아니라 인지적 행동까지를 포괄하는 것이다.

를 했는지를 쉽게 파악할 수 있다. 그러나 읽거나 듣는 것과 같은 행동은 우리가 볼 수 없기 때문에, 직접적인 행동의 결과나 산물을 볼 수가 없다. 만일 이러한 행동이 목표의 일부분으로 포함되어 있다면, 학습자가 읽거나 들을 수 있게 되었음을 알 수 있는 것을 그 단계에 나타내야 한다. 반드시 각 단계는 관찰할 수 있는 학습 성과로 표현되어야 한다.

우리가 직접 관찰할 수 없는 또 다른 행동은 의사 결정에 관한 것이다. 분명히 그것은 어떤 준거에 바탕을 둔 정신적 처리과정이다. 의사 결정을 하는 단계는 종종 목표 수행에서 매우 중요하고, 어떤 결정이 이뤄지는지에 따라 다른 일련의 기능들이 사용될 수 있다. 목표에 의사 결정에 대한 행동이 포함되어 있다면, 결정 단계는 의사 결정 과정을 보여 줄 수 있도록 선택할 수 있는 경로가 표시된 마름모꼴로 제시해야 한다.

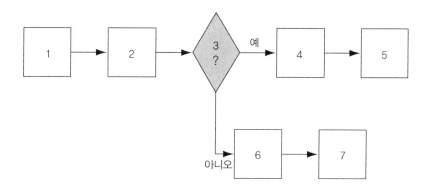

목표 수행 과정을 보여 주는 위의 그림을 보자. 학습자는 순서에 따라 1단계와 2단계를 수행한다. 그리고 나서, '추정가가 300달러를 넘는가?' 혹은 '화면에 있는 단어의 철자가 정확한가?'와 같은 물음에 답해야 하는 것처럼 모종의 의사 결정을 하지 않을 수가 없다. 여기에서 응답이 '예'일 경우에는 학습자가 4단계와 5단계를 진행하겠지만 '아니오'일 경우에는 다른 경로인 6단계와 7단계를 수행해야 한다.

의사 결정이 갖고 있는 몇 가지 중요한 특징에 주목할 필요가 있다. 우선, 이 의사 결정이 목표 분석 과정에서 한 단계가 될 수 있다. 그 단계는 마름모꼴 안에 적절한 동사가 포함되어 기술되고 표현되어야 한다. 둘째, 의사 결정에 따라서 학습되어서 수행되어야 할 최소한 두 가지의 다른 기능들이 수반되어야 한다. 반면, '사과를 선택하는' 단계, 다음 단계로 '사과를 깎는다'와 같이 의사 결정이 필요 없는 단계도 있다. 학습자는 사과를 선택하기 위해 사용할 수 있는 준거를 학습해야 하지만, 선택한 사과가 어느 것이든 그 다음 단계는 항상 그것을 깎을 수밖에 없다. 이 경우 의사 결정을 필요로 하는 단계가 있을 수가 없다.

위에서 제시한 사과의 예를 바꾸어 보면, 마름모꼴의 단계는 익은 사과와 익지 않은 사과를 변별하는 것이다. 사과를 변별한 후에, 각각의 사과는 각각 다른 방법으로 다루어져야 할 것이다. 분명하게 학습자는 두 종류의 사과를 구별할 수 있어야만 사과의 익은 정도에 따라 적절한 그 다음의 절차를 수행할 수 있을 것이다. 마름모꼴에 있는 '사과는 익었는가?'라는 질문에 주목해 보자. 이 말은 사과가 익었는지, 그렇지 않은지를 식별할 수 있는 능력을 학습자가 가지고 있는지를 의미한다. 학생들이 이미 사과를 변별할 능력을 가지고 있다면 가르칠 필요가 없을 것이며, 교수 프로그램을 사용하여 학습을 할 때 언제 사과를 변별해야 하는지를 알려 주는 것으로 충분할 것이다. 그러나 그렇지 않은 경우에는 이것을 하나의 기능으로 취급해서 교수 목표 분석 과정에서 다른 단계들처럼 이 기능을 위한 교수 프로그램을 제공할 필요가 있다.

사각형 안의 숫자들은 모든 단계들이 반드시 순차적으로 수행되어야 함을 의미하는 것은 아니다. 예를 들어, 3단계의 결정에 따라 4, 5단계를 수행해야 한다면 6, 7단계는 수행할 필요가 없다. 그 반대의 경우도 마찬가지이다. 또한 3단계는 마름모꼴의 의사 결정 단계를 표현하기 때문에 질문으로 진술되어야 한다. 그 물음에 대한 결정에 따라 다른 단계나 기능으로 연결될 것이다.

예를 들어, 분석된 단계가 너무 많아서 목표 분석 결과를 하나의 공간에 그림으로 표현하기가 어려울 때, 몇 가지 관례에 대해 살펴보자. 분석 결과를 사각형으로 가로로 배열하려고 하는 데 공간이 필요할 경우를 가정해 보자. 그럴 경우에는 분명히 다음 페이지에 사각형을 계속 그려 넣을 수 있다. 다음에 제시된 그림처럼 마지막 사각형 다음에 원을 하나 그려서 다음 줄의 사각형들로 다시 연결됨을 표시할 수 있다. 원 안의 문자는 임의적이지만 분석 결과 그림에서 사용된 문자와는 다른 문자를 사용해야 한다. 다음의 예에서는 문자 M을 사용했다. M이 있는 원으로부터 M이 있는 또 다른 원에 선을 연결할 필요는 없다. 왜냐하면 다음 원에 같은 문자가 있는 것을 금방 알 수 있기 때문이다.

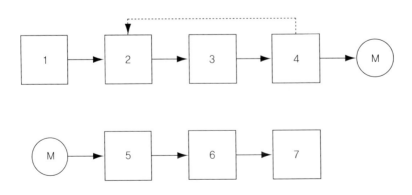

또 다른 방법으로는 다음에 이어질 선을 아래로 긋고 단계의 번호를 오른쪽에서 왼쪽으로 진행하는 것이다. 선과 화살표가 흐름의 방향을 표시해 줄 수 있으면, 이것도 또 다른 방법이 될 수 있다. 화살표는 이 다이어그램을 해석하는 데 중요하다. 또한 점선을 사용할 수 있음에도 유의할 필요가 있다. 여기에서 점선은 하나의 목표가 수행되고 있을 때, 그 전 단계의 어느 지점으로 되돌아가서 다시 순서대로 수행될 수 있음을 의미한다. 위의 다이어그램을 통해서 이런 점들을 면밀하게 살펴보기 바란다.

목표를 분석할 때, 각 단계 안에 얼마나 많은 내용을 포함해야 하는지를 결정하기는 쉽지 않다. 가장 일반적인 원리로는, 각 단계의 학습 시간이 한두 시간 정도면 충분할 정도로 최소한 다섯 단계 이상 열다섯 단계가 넘지 않는 범위에서 단계를 결정하는 것이다. 만일 분석한 단계가 다섯이 되지 않는다면, 단계들을 충분히 자세하게 분석하지 않은 경우이다. 열다섯 단계 이상으로 분석되었다면, 목표의 내용이 너무 큰 경우이거나, 지나치게 상세하게 단계들을 분석했기 때문일 것이다. 이 경우, 각 단계를 한두 시간 정도면 충분히 학습할 수 있는 단계들로 다섯에서 열다섯 개 정도가 나올 때까지 검토, 수정을 거듭하는 것이 최선의 요령이다.

언어적 정보 목표의 분석 절차 언어적 정보로 분류된 교수 목표를 분석하기 위해서는, "자, 학생들이 이 목표를 성취하게 된다면 무엇을 할 수 있게 될까? 아마 우리 신체의 중요한 뼈를 열거하라고 하거나, 골절 발생의 주요한 원인 등을 기술하라고 할 것 같다. 그렇다면 평가 문제에 이것을 하도록 요구하면 자신들의 답을 쓸 것이다."를 생각해 보면서 분석 과정을 시작해야 한다. 이 경우 시험 문제를 제시하여 답을 상기시키는 것 외에 어떤 다른 지적 혹은 운동 절차가 필요 없다. 학습자에게 어떤 내용을 이용한 문제 해결이나 의사 결정을 요구할 것도 없다. 이런 유형의 목표를 분석하는 것은 그 목표에 포함되어야 할 내용의 개요를 준비하는 것과 비슷할 뿐이라서 단계의 순서를 정해야 할 일은 없다. 목표에 포함되어야 할 주요한 내용을 사각형 안에 넣어 주면 되고 수행 단계를 표시하기 위한 화살표는 사용되지 않는다. 따라야 할 절차가 없다면, 설계자는 어떻게 언어적 정보 기능을 계열화해야 할까? 언어적 정보 기능의 순서를 가장 잘 표현하는 방법은 그 내용에 자연스러운 시간 순서가 존재할 경우에 연대기적 순서이다. 그런데 그 내용에 자연적 순서가 없다면, 공간적인 것, 쉬운 것에서 복잡한 것, 친숙한 것에서 친숙하지 않은 것, 공통적인 내용 등과 같은 그 내용이 본래 가지고 있는 관련성을 참고로 하여 단계의 순서를 정하면 된다.

태도 목표의 분석 절차 교수 목표가 태도 목표로 분류되면, 그 태도를 갖게 된다면 보여 줄 수 있는 행동을 찾아볼 필요가 있다. 그 행동들이 지적 기능이거나 운동 기능이라면 앞서 살펴본 바와 같이 절차적 흐름도로 표현해야 한다. 한편, 태도 목표에 언어적 정보가 포함되어 있다면, 그 목표 분석은 그 언어적 정보에 포함되어야 할 주요 내용의 항목들을 열거하면 된다.

요약하면, 지적 기능과 운동 기능의 목표 분석은 수행되어야 할 단계들을 분석하는 과정이 되겠지만 언어적 정보를 위한 목표 분석은 학습해야 할 주요 내용의 목록을 찾는 것이 된다. 한편 태도 목표는 그 태도 목표에 어떤 성격의 행동이 포함되어 있느냐에 따라 그 방법이 달라진다.

목표에 포함된 단계 규명을 위한 몇 가지 제안

자신의 목표를 순차적인 단계로 표현할 수가 없다면, 아마도 그 목표를 학습의 성과로 명료하게 진술하지 않았기 때문일 것이다. 목표를 구체적으로 기술했는데도 불구하고 여전히 어려움이 있다면, 단계를 찾아내는 데 이용할 수 있는 몇 가지 절차가 있다. 먼저, 학습자들이 목표를 성취했는지를 알아보기 위해 사용할 수 있는 검사 문항의 유형이나 평가의 방법을 스스로 기술해 본다. 다음으로, 그 검사나 평가에 응답하기 위해 학습자가 거쳐야 할 단계에 대해서 생각해 본다. 또 다른 제안으로는 자신이 학습자라고 생각하고 '검사'를 해 보는 것이다. 즉, 목표를 성취하게 되었을 때, 자신이 어떤 신체적, 정신적 행동을 하게 될지를 관찰해 보는 것이다. 어떤 단계를 거치면서 어떤 의사 결정을 내리게 될지를 기록해 본다. 이런 것들이 목표 분석을 통해 나와야 할 단계들이다. 이렇게 찾아낸 단계들을 보면 너무 단순한 단계들처럼 보일 수 있으나, 자신은 그 내용을 잘 알고 있는 내용 전문가이기 때문에 그렇게 보일 수 있는 것이다. 그 내용을 전혀 모르는 학습자들에게는 그렇게 단순한 내용이 결코 아니다.

목표 분석을 위한 몇 가지 다른 방법들이 있다. 자신이 목표를 수행할 때, 어떤 단계를 거치게 되는지를 관찰해서 기록하는 방법뿐만 아니라, 그 목표를 수행할 줄 아는 다른 사람들에게 그들은 그 목표를 수행하기 위해 어떤 단계를 따르는지를 물어보는 방법이다. 그들의 단계들과 자신의 단계를 비교해 보면, 목표 분석 결과를 표현할 단계에 어떤 차이가 있음을 알 수 있다. 그들은 어떤 단계를 거칠까? 목표에 포함시킬 기능들을 어떻게 기술할 것인지를 결정하기 위해 교과서, 기술 보고서, 장비 매뉴얼, 소프트웨어 매뉴얼, 사용자 안내서, 내규 혹은 업무 지침서 등의 문서 자료를 참고하는 것도 좋은 아이디어이다. 전문적인 기술 훈련의 경우, 업무 현장(5장에서 다룰 수행 *상황*)은 그 목표들을 실제로 수행하고 있는 전문가를 관찰하거나, 직무 수행 기준을 다루고 있는 매뉴얼을 찾아보거나, 그 목표를 수행하거나 관리하는 일을 현재 하고 있는 직원이나 중간 관리자들과 이야기해 볼 수 있는 유용한 공간이다. 몇 개의 기능을 선택해서 유튜브, 'Videojug' 등의 웹사이트에서 어떻게 하는지의 동영상을 면밀하게 살펴볼 수도 있는데, 이런 형태의 자료를 너무 믿어서는 곤란하다. Dick 등의 교수 설계 모형에서 환경 분석은 목표 분석과 동시에 진행되어야 하는 활동이기 때문에 목표 분석과 대단히 유관한 활동임을 생각해 보자.

잠시 2장으로 돌아가 그림 2.1을 보면, 목표 설정 바로 앞에 있는 '직무 분석 실시'라고 하는 단계가 있다. 전문적인 기술 훈련 상황에서, 직무 분석 결과는 목표 분석을 하는 데 사용할 수 있다. 간단히 말하면, 직무 분석 결과는 앞서 설명한 바 있는 직무별 수행 내용을 자세하게 검토한 결과 보고서이다. 그러나 교수 설계 작업을 시작할 때, 이런 정보가 제공되지 않은 상황도 있을 수 있다. 새로운 장비나 소프트웨어가 개발되어서 그것의 활용에 대한 훈련 프로그램이 동시에 개발되어야 할 경우, 매뉴얼, 훈련 프로그램, 새로운 장비나 소프트웨어 같은 제품이 동시에 출시되어야 하는 상황을 생각해 보자. 시장에 출시하는 시기가 회사의 경쟁력 우위를 확보하는 데 결정적으로 중요할 경우, 회사에서는 훈련 부서에서 훈련 패키지를 완성할 때까지 제품의 출시를 기다리려고 하지 않는다. 이런 경우, 10장에서 다룰 교수 설계의 *래피드 프로토타이핑(rapid prototyping)*이 필요하다.

목표 분석을 위해서 설계자는 목표에 대한 폭넓은 지식을 가지고 있거나 그렇지 않으면 내용을 잘 아는 사람들을 활용해야만 한다. 내용에 대한 이런 요구조건은 설계자가 정규 교실 수업에서 그 주제나 목표에 대해 가르쳐 왔다면 그다지 심각한 문제가 아니다. 우리는 초보 설계자들이 학습자가 목표를 수행하는 데 사용할 단계가 아니라 학습자들에게 그 목표를 가르칠 때 설계자인 자신이 따르려고 하는 단계들을 열거하는 것을 수없이 보아 왔다. 가르치는 것과 수행하는 것은 명백하게 다른 것이다. 목표 분석에서 단계를 기술할 때 조심해야 할 동사는 '*기술하다*', '*열거하다*', '*말하다*' 등이다. 이런 동사들은 운동적, 지적, 태도 목표를 수행하는 행동의 부분을 기술하는 경우가 거의 없고, 우리가 가르치는 방법을 기술하기 위해 유용하게 사용하는 단어들이다. 이런 점은 앞으로 교수 설계 과정에서 다루게 될 것이다. 지금은 다만 학습자가 목표를 수행하기 위해 따라야 할 단계를 그림으로 제시하는 문제만 알아보려고 한다.

목표의 수행을 위해서는 절실하게 필요하지 않은데도 불구하고 교수 설계자가 생각하기에 '중요하다고 생각하거나 친숙한' 기능이나 내용을 포함하는 것이 목표 분석을 할 때 조심해야 할 또 다른 문제이다. 어떤 내용 영역에 대한 경험이 많은 설계자가 이런 문제를 일으키기 쉽고, 어떤 특정한 주제, 기능이나 내용이 포함되어야 한다고 고집하는 내용 전문가와 교수 설계자가 작업을 해야 할 경우 이런 문제가 발생할 가능성이 높다. 이런 문제는 협상을 통해서만 해결할 수 있는 정략적인 문제이다.

목표 분석의 주된 목적은 학습자가 목표를 수행할 때, 무엇을 할 수 있게 될지를 정확하고도 분명하게 기술하는 것이다. 일단 목표 분석이 끝나면 설계자는 각 기능의 정확한 특성과 학습자가 반드시 숙달해야 하는 선수 기능을 분석해야 한다.

예시

목표 분석의 첫 단계는 두 가지 주요한 단계로 이루어진다. (1) 그 목표가 어떤 유형의 목표인지를 분류하고, (2) 그 목표를 수행하기 위해 필요한 주요 단계를 규명하고 순서화하는 단계이다. 표 3.2는 네 가지 교수 목표 유형의 예와 앞서 제시한 네 가지 학습 영역을 보여주고 있다. 먼저, 각 목표가 어떤 영역의 목표인지 분류하고 나서 그 목표 수행이 요구하는 주요 단계를 찾아서 배열한다. 각 목표 진술문의 왼쪽 칸에 있는 문자는 해당 학습 영역을 가리킨다.

지적 기능 목표

표 3.2의 첫째 목표 '지도에서 특정 위치 간의 거리 측정하기'를 살펴보자. 이 목표는 학습자들에게 이 목표를 수행할 수 있으면 개념을 학습하여 법칙에 따라 문제를 해결할 수 있기 때문에 지적 기능으로 분류한다. 분류된 목표를 가지고 그 목표를 수행하기 위해 필요한 주요 단계를 찾아내서 최적의 순서를 정해야 한다. 설계자가 할 수 있는 한 방법으로는 학생이 그 기능들을 수행할 수 있게 되었는지를 알기 위해 어떤 유형의 검사 문항이 필요한지를 알아보는 것이다. 지도 한 부를 참고자료로 하여 이 과제가 어떻게 실행될 수 있는지를 관찰할 수 있을 것이다. 지도를 보면, 특정한 장소 간의 거리를 측정하는 데 세 가지의

표 3.2 ┃ 교수 목표와 학습 영역의 예

목표의 예	학습 영역
1. 지도에서 특정 두 위치 간의 거리 측정하기	지적 기능—변별, 개념 학습, 법칙 적용, 문제 해결
2. 골프공 퍼팅하기	운동 기능—정신 활동을 수반하는 신체 활동
3. 호텔 투숙 중 가장 안전한 행동 선택하기	태도—신념이나 기호에 따라 특정한 선택을 하거나 행동하기
4. 작업장 안전을 위해 가장 중요한 재료 안전 데이터시트의 다섯 가지 항목 기술하기	언어적 정보—사실 진술하기, 특정 정보 제공하기 (예, 사물의 이름 말하기)

확연하게 구별되는 방법이 있다는 것을 알게 될 것이다. 즉, 거리 계산표를 이용하거나, 거리 척도를 이용하거나, 도시 간 고속도로 거리 표시로부터 거리를 계산하는 방법이다. 따라서 학생이 이 세 가지 방법을 모두 이용할 수 있어야만 한다면, 목표 분석에 이 세 가지 방법들을 포함시키면 된다.

그 다음 해야 할 일은 그 세 가지 방법 중 어느 방법을 특정 상황에서 사용하는 것이 가장 적절한지를 결정하는 것이다. 이 과제는 의사 결정이 있어야 함을 암시하고 있기 때문에 그 결정을 하기 위해 필요한 준거를 학습해야만 한다. 그림 3.1에는 목표 수행에 필요한 주요 단계가 포함되어 있다. 학생들이 한 지역의 주요 도시 간의 거리를 결정할 필요가 있다면, 1, 2, 3, 4의 단계를 거치게 될 것이다. 만약 먼 거리에 있는 마을이나 도시 간의 거리를 결정해야 한다면, 1, 2, 3, 5, 6의 단계를 거치게 된다. 마찬가지로 그들이 비교적 가까운

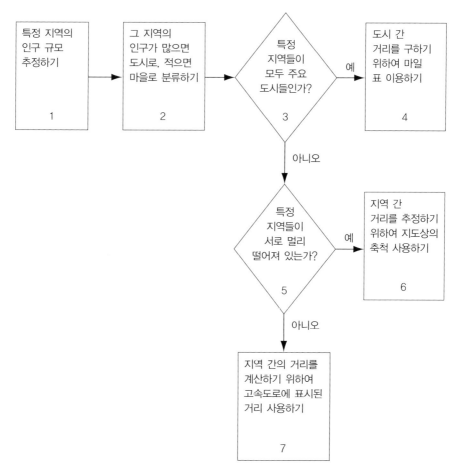

그림 3.1 ▎ 지적 기능을 위한 목표 분석
목표: 지도에서 특정 도시와 마을 간의 거리 측정하기
학습 유형: 지적 기능

도시나 마을 간의 거리를 측정해야 하고, 그림에 있는 물음에 대해 '아니오'라고 응답해야 하는 경우에는 1, 2, 3, 5, 7의 단계를 거치게 된다. 목표 수행을 위해 선택이나 결정을 해야 하는 경우라면, 결정의 시기와 방법에 대해 다른 단계와 함께 학습해야 한다. 학생에게 단순히 세 가지 절차를 각각 사용하도록 가르치는 것은 이 목표의 경우에 적절하지 않다. 여기에서는 각각의 주요 과제를 성취하는 데 필요한 하위 기능을 구체화할 수 있는 틀을 제공하기 위해서 교수 목표를 분석해 보았다.

운동 기능 목표

표 3.2의 '골프공 퍼팅하기'에 대한 둘째 교수 목표는 공을 컵에 퍼딩하기 위한 정신적 구상(mental planning)과 그 구상에 의한 신체적 동작(physical execution)의 실행을 요하기 때문에 *운동 기능(psychomotor skill)*으로 분류되어야 한다. 그린 주위에 공을 올라가도록 치거나 공을 컵에 넣어야겠다는 의지만으로는 이 과제를 달성할 수 없다. 마음속의 계산에 의한 정확한 스트로크의 실행이 결합된 그야말로 정신적 구상과 계산이 필요한 기능이다.

퍼팅 목표의 영역을 결정했으니까, 그림 3.2에서 보는 바와 같이 학습자가 그 목표를 실행하기 위해서 취해야만 할 주요 단계를 분석하여 구체화하고 순서를 정해야 한다. 골퍼의 퍼팅 동작을 지켜보면, 모종의 정신적 구상 활동을 하고 있는 것을 알 수 있다. 이 구상에 의해 구체화된 단계는 그 성취 행동의 개략적인 윤곽을 제공한다. 여기에서 제시한 순서는 이미 규명된 각 단계를 수행하는 데 요구되는 하위 기능들을 분석하기 위해 필요한 프레임워크를 제공해 준다.

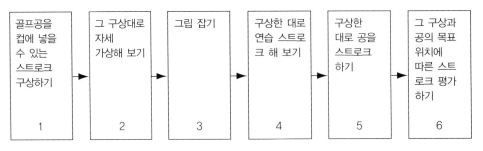

그림 3.2 ❘ 운동 기능을 위한 목표 분석
목표: 골프공 퍼팅하기
학습 유형: 운동 기능

태도 목표

표 3.2에 나열된 셋째 목표인 '호텔 투숙 중 가장 안전한 행동 선택하기'는 태도나 신념에 근거한 행동을 포함하기 때문에 *태도 목표*로 분류된다. 호텔에 머무는 동안에 안전 의식을 가지고 있음을 행동으로 보여 주려면 무엇을 해야 할 것인가? 이 목표의 프레임워크를 구상하기 위한 첫 단계로, 여러 호텔들을 둘러보고, 호텔이 비치하고 있는 안전장치에 대해 문의해 보면, 다음과 같은 세 가지의 주목해야 할 영역이 나온다.

1. 호텔 화재
2. 호텔 객실에 있을 때 개인의 안전
3. 귀중품의 보관

그림 3.3은 호텔의 화재에 관련하여 개인의 안전을 최대화하기 위해 취해야 할 주요 단계를 보여 주고 있다. 이 일련의 단계들은 개인이 호텔 투숙 중에 최대한의 화재 안전 예방책을 선택할 경우 수행하게 될 실제 행동을 반영한다. 각 주요 단계는 더 세분화될 수 있겠지만, 여기에서는 개인이 이 목표의 첫 단계를 수행할 경우 취할 행동을 나타낸다. 개인의 안전, 귀중품 보관이라는, 목표의 둘째, 셋째 내용 요소에도 이와 동일한 분석이 이루어져야 한다.

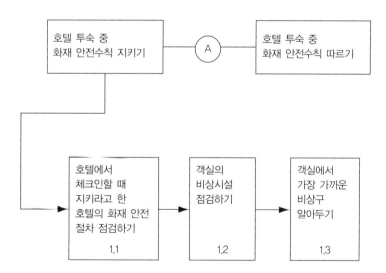

그림 3.3 ┃ 태도를 위한 목표 분석

목표: 호텔 투숙 중 개인의 안전을 최대화할 수 있는 행동 선택하기
학습 유형: 태도

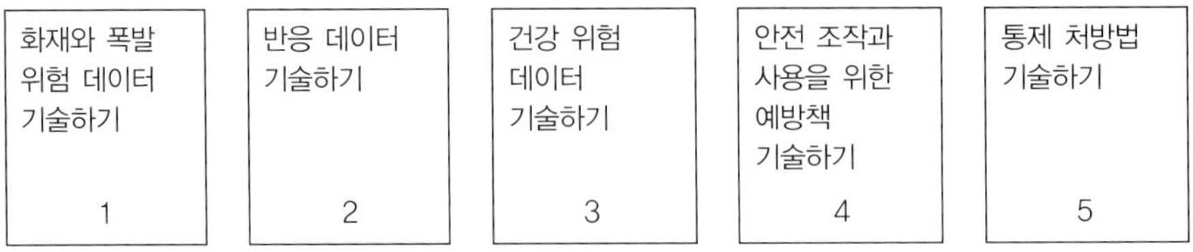

화재와 폭발 위험 데이터 기술하기	반응 데이터 기술하기	건강 위험 데이터 기술하기	안전 조작과 사용을 위한 예방책 기술하기	통제 처방법 기술하기
1	2	3	4	5

그림 3.4 ┃ 언어적 정보 기능을 위한 목표
목표: 재료안전 데이터시트의 다섯 가지 주요 항목 기술하기
학습 유형: 언어적 정보

언어적 정보 목표

표 3.2의 넷째 교수 목표인 '작업장 안전을 위해 가장 중요한 재료안전 데이터시트(MSDS)의 다섯 가지 항목 기술하기'는 *언어적 정보 목표*이다. 왜냐하면 이 목표는 학습자들에게 그 문서 목차별로 세부적인 정보를 회상해 내도록 요구하는 목표이기 때문이다. MSDS는 연방정부가 의무적으로 요구하는 것으로 화공 관련 물품 생산자가 고객에게 반드시 제공해야 하는 정보 시트이다. 이 목표를 수행하기 위해서는 그림 3.4에 제시된 다섯 가지 주제에 대한 지식을 알고 있어야 한다. 언어적 정보 목표는 어느 활동 다음에 또 다른 활동으로 넘어가야 하는 의미의 단계가 없음을 주목할 필요가 있다. 즉, 언어적 정보의 목표 분석은 교수 프로그램에 포함되어야 할 내용의 주요 주제만을 제시하면 된다.

처음 시도해 보는 전형적인 교수 분석

이 책을 읽고 있으면, 교수 목표 분석표를 저자들이 간단하게 작성한 것처럼 보일지도 모른다. 그러나 이제까지 설명한 기법을 그대로 적용해 보면, 그렇게 간단하게 분석되지 않음을 알 수 있다. 처음 시도한 목표 분석 결과를 보여 주고, 피해야 할 문제점을 지적해 주면 도움이 된다.

그림 3.5는 워드프로세서 프로그램을 처음 사용하는 사람들을 가르치기 위한 교수 프로그램과 관련된 목표 분석 결과이다. 이 분석 결과를 보면, 설계자가 '어떻게 이 목표를 수행할 것인가?'에 주목하지 않고 '내가 이 목표를 어떻게 가르칠 수 있을까?'만 생각하고 분석한 것 같다. 교수 활동을 시작하기 위해 가르칠 내용에 대한 배경을 다루고 싶겠지만, 여기에서는 목표를 실제로 수행하기 위한 단계만 열거하면 된다. 그림 3.5의 목표를 수행하기 위해서는 운영체제를 설명할 필요가 없기 때문에 1단계는 삭제해야 한다.

2단계는 시스템의 시작이나 작동과 관련된 일반적인 단계이다. 이 단계는 전원을 켜고 시작 메뉴의 위치를 찾는 것으로 학습자가 무엇을 해야 하는지를 표현하도록 수정되어야

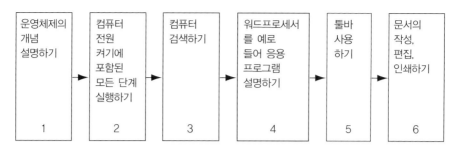

그림 3.5 ┃ 워드프로세싱과 관련된 지적 기능의 목표 분석을 잘못한 사례

목표: 학생들은 컴퓨터를 켜고, 운영체제를 설명하고, 워드프로세서 프로그램을
이용해서 문서를 만들고 편집하고 인쇄할 수 있다.
학습 유형: 지적 기능

한다. 3단계는 초보 사용자에게 필요한 하위 단계를 나타내는 일반적인 과정이기 때문에 삭제해야 한다.

4단계에서 그 목표를 잘 수행할 수 있는 전문가는 응용 프로그램이 무엇인지를 설명하자고 시간을 허비하지 않을 것이다. 이것은 어떤 단계의 하위 기능일지도 모르지만, 여기에 올 내용이 아니기 때문에 삭제해야 한다. 여기에서 우리가 해야 할 일은 워드프로세서 응용 프로그램으로 문서를 작성하는 데 필요한 단계를 찾는 것이다. 검색 단계로 이동하는 것은 다시 뒤로 돌아가는 듯하지만, '툴바 사용하기'는 무엇을 의미하는가? 이 목표의 실제 내용의 대부분은 6단계에 포함되어 있기 때문에 5단계도 삭제해야 한다.

마지막 단계인 6단계는 문서 작성하기, 편집하기, 인쇄하기에 대한 것이다. 이 단계는 목표 분석을 위한 하나의 단계라고 하기에는 너무 큰 단계이다. 따라서 파일 만들기, 문단 입력하기, 편집하기, 인쇄하기 등과 같은 단계들로 분리해야 한다.

이런 분석 결과를 반영하여, '간단한 문서를 입력하고, 편집하고, 인쇄함으로써 워드프로세싱 프로그램을 운용할 수 있다.'와 같이 목표를 재작성할 수 있다. 수정된 단계들은 그림 3.6과 같으며, 그림 3.5의 단계와 상당히 달라졌음을 알 수 있다. 또한 이 목표 수행에 필요한 단계들을 검토해 보면, 모든 단계가 달라졌음을 확연히 알 수 있다. 이 목표를 제대로 수행할 수 있는 능력을 가지려면, 이 모든 단계들을 순서대로 수행해야만 한다.

사례 연구: 집단 리더십 훈련

그림 3.7에 제시된 '효과적인 토론 집단 리더십 기능을 시연할 수 있다'는 교수 목표를 보자. 이 예는 2장에서 보았던 것이다. 이 목표는 개념, 법칙뿐만 아니라 문제 해결 학습을 요

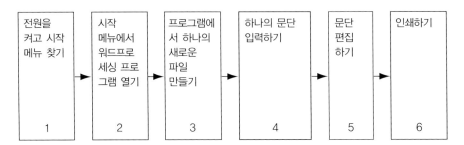

그림 3.6 ┃ 워드프로세싱과 관련된 지적 기능의 목표 분석을 수정한 것

목표: 학생들은 컴퓨터를 켜고, 운영체제를 설명하고 워드프로세서 프로그램을 이용해서 문서를 만들고 편집하고 인쇄할 수 있다.

학습 유형: 지적 기능

구하기 때문에 지적 기능으로 분류된다. 이 목표를 수행하기 위해 필요한 일곱 개의 단계는 다음 그림과 같다. 각각의 단계에서 개발된 결과는 다음 단계의 투입 요소가 되기 때문에 왼쪽에서 오른쪽으로 넘어가는 과제의 흐름을 보여 주고 있다. 일반적인 교수 목표에 대한 단계별 설명 다음 교수 설계 활동의 이해를 보다 용이하게 해 줄 것이다. 학교 교육과정의 사례에 관심이 있다면 부록 B의 작문에 대한 사례 연구에서 제시한 목표 분석 부분을 참고하면 된다.

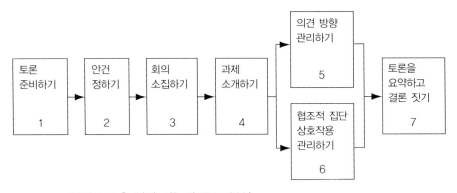

그림 3.7 ┃ 지적 기능의 목표 분석

목표: 효과적인 토론 집단 리더십 기능을 시연할 수 있다.

학습 유형: 지적 기능

요약

목표 분석 과정은 교수 목표를 정확하게 진술한 뒤에 시작된다. 목표 분석의 첫 단계는 목표를 태도, 지적 기능, 언어적 정보, 운동 기능 중의 하나로 분류하는 것이다.

목표 분석의 둘째 단계는 학습자들이 목표를 성취하게 된다면 보여 줄 수 있는 수행 행동의 주요 단계를 파악하는 것이다. 이 단계에는 수행해야 할 기능과 관련 내용이 포함되어야 하며, 가장 효율적인 순서로 표현되어야 한다. 단계를 순서에 의해 표현한 그림은 대부분의 태도, 지적 기능, 운동 기능의 목표 분석에 적합하다. 언어적 정보의 분석 결과는 연대순이나, 전체의 일부, 단순한 것과 복잡한 것, 친숙한 것과 친숙하지 않은 것과 같은 내용의 관련성에 따른 일련의 주제들로 표현된다. 하나의 목표를 구성하는 기능들의 완벽한 프레임워크를 첫 시도를 통해 얻기는 대단히 어려운 일이다. 따라서 처음 분석한 결과는 하나의 초안으로 보고, 잘 다듬고 수정해야 한다. 자신의 목표 분석 결과를 검토할 때는 그 과정을 구성하고 있는 부분이 자연스럽지 못한 단계가 있는지, 너무 작거나 큰 단계는 없는지, 순서가 뒤바뀌지 않았는지를 중점적으로 살펴보아야 한다.

목표 분석 결과 검토를 위한 루브릭

다음 루브릭은 자신의 교수 분석 결과의 질을 평가하는 데 사용할 수 있다. 그 내용으로는 주된 단계, 다이어그램 그리기 방법을 평정해 볼 수 있는 부분과 자신의 프로젝트에 포함시킬 수 있는 다른 준거 등으로 이루어져 있다.

※ 다음 요소 중에 진행하고 있는 프로젝트와 관계없다면, '아니오' 칸에 '해당 없음'이라고 표시하세요.

아니오	약간	예	가. 단계는
_____	_____	_____	1. 행동이나 조치를 나타내는 동사를 포함하고 있는가?
_____	_____	_____	2. 그 성과가 가시적이고 달성되었는지를 확인할 수 있는가?
_____	_____	_____	3. 내용이 핵심적이고 분명한가?
_____	_____	_____	4. 단계는 교사의 활동이 아니라 학습자의 행동에 초점이 맞추어져 있는가?
_____	_____	_____	5. 그 단계의 크기가 학습자에게 적합한가?
_____	_____	_____	6. 그 목표의 성취에 중요하고 주된 단계들로 표현되어 있는가?
_____	_____	_____	7. 단계들 간의 관련성이 명백한가?
_____	_____	_____	8. 단계들 간의 관련성이 단계의 순서에 반영되어 있는가?
_____	_____	_____	9. 단계들 간의 군더더기가 제외되어 있는가?
_____	_____	_____	10. 기타

나. 다이어그램 그리기

_____ _____ _____   1. 주된 단계들이 사각형 내에 표현되어 있고, 왼쪽에서 오른쪽으로 나열되어 있는가?

_____ _____ _____   2. 의사 결정이 필요한 단계는 마름모 안에 의문문으로 제시되고 다음 단계로 연결되는 화살표에 분지할 수 있는 표시(예, 아니오)가 있는가?

_____ _____ _____   3-a. 단계 간에는 화살표로 순서가 명백하게 표현되어 있는가?

_____ _____ _____   3-b. 흐름을 나타내기 위해 단계별로 번호 붙이기를 사용하여 순서가 명백하게 표현되어 있는가?

_____ _____ _____   3-c. 너무 많은 단계를 한 줄로 표현하기가 불가능할 때 연결되는 표시가 효과적으로 사용되어 순서가 명백하게 표현되어 있는가?

다. 기타

_____ _____ _____   1.

_____ _____ _____   2.

교수 분석 최종 결과는 학습자가 그 교수 목표를 수행할 때, 무엇을 할 수 있어야 할지에 대한 윤곽을 보여 주는 기능들로 구성된 도표여야 한다. 이 결과는 다음 장에서 다룰 하위 기능 분석의 기초가 된다.

연습

1. 표 3.3에는 학습 영역과 교수 목표가 열거되어 있다. 둘째 칸에 있는 각 목표를 읽고, 첫째 칸에 열거된 학습 영역을 이용해서 그 목표를 분류하고 그 이유를 셋째 칸에 적어 보자.

2. 표 3.3에 있는 교수 목표 1, 2, 3이 암시할 수 있는 주요 활동 영역을 찾아내서 순서에 의해 작성해 보자.

3. '작문을 하기 위해 (1) 문장의 목적과 분위기에 적합한 다양한 문장 유형과 구두점을 사용할 수 있다. (2) 문장의 복합성과 구조에 적합한 다양한 문장 유형과 구두점을 사용할 수 있다.'는 교수 목표에 포함되어야 할 주요 단계들을 찾아 순서대로 열거해 보자. 앞서 제시한 루브릭을 사용하여 자신이 분석한 것을 평가해 보자.

표 3.3 ▮ 학습 영역에 의한 목표 분석 분류

학습 영역	교수 목표의 예	근거
가. 운동 기능 나. 지적 기능 다. 언어적 정보 라. 태도	_____ 1. 일반적 용어를 사용하여 신체의 각 부위 명칭 대기 _____ 2. 달걀 껍데기를 이용해서 노른자와 흰자 분리하기 _____ 3. 항공기 탑승 중에 안전한 행동 선택하기	

피드백

1. 표 3.4의 내용과 자신의 결과를 비교해 보자.
2. 그림 3.8부터 3.10까지 열거한 세 가지 교수 목표의 각각을 위한 주요 단계와 순서와 자신이 분석한 결과와 비교해 보자. 아마 자신이 분석한 것과 여기에서 제시한 것이 약간 다를 것이다. 왜냐하면 목표에 포함될 단계를 분석하는 유일한 방법이 없고, 표현 방식도 다를 수 있기 때문이다.

인간의 신체라고 되어 있는 둘째 목표(그림 3.8)는 하나의 논리적인 프레임을 개발하기 위해 사용할 수 있는 순서가 있는 활동을 갖고 있는 목표가 아니다. 논리적으로 정보를 묶을 수 있는 방법을 찾을 필요가 있다. 여기에서는 '전체의 부분'의 방법(즉, 신체의 주요 부분)을 이용해서 내용을 조직하는 방법을 선택하고 머리에서 발끝까지, 즉 머리, 팔, 몸통, 다리, 발과 같은 영역의 순서로 조직하기로 했다. 여기에서 각 항목 간에 화살표 표시를 하지 않았다. 왜냐하면 이것을 수행하는 데 반드시 따라야 할 순서가 있는 단계가 아니기 때문이다.

달걀을 깨서 노른자와 흰자를 분리하는 것(그림 3.9)을 요하는 운동 기능의 목표는 그 활동에 자연스러운 순서가 있다. 껍질을 깨기 전까지는 완전히 분리될 수 없고, 흰자는 껍질이 떨어지기 전까지는 분리될 수 없다. 대부분의 운동 기능과 마찬가지로, 이 활동도 연습이 필요하다. 껍질을 어느 정도의 힘으로 두드려야 하고, 얼마나 빨리 노른자를 부어야 할지를 우리의 머리가 생각한 것을 손에 전달해 줄 수 있는 유일한 방법은 그 기능을 연습해 보는 것이다. 얼마나 힘을 주어서 두드려 깨야 할지를 정확하게 추정하여 그대로 손에 전달하지 않으면 껍질에

표 3.4 ▌ 교수 목표 분류

학습 영역	교수 목표의 예	근거
가. 운동 기능 나. 지적 기능 다. 언어적 정보 다. 태도	<u>다</u> 1. 일반적 용어를 사용하여 신체의 각 부위 명칭 대기	신체의 각 부위와 그 명칭을 짝지을 수 있어야 한다. 신체의 각 부위는 각각 하나의 명칭을 갖고 있다. 이 목표는 다른 어떤 능력을 요구하지 않고, 신체 부위 명칭의 회상을 요구하기 때문이다.
	<u>가</u> 2. 달걀 껍데기를 이용해서 노른자와 흰자 분리하기	정신적 구상을 해서 그 구상대로 신체적 동작으로 정확하게 옮기는 것을 요하기 때문이다.
	<u>라</u> 3. 항공기 탑승 중에 안전한 행동 선택하기	이 행동은 안전에 대한 태도에 기초하기 때문이다.

신체 각 부위의 명칭을 판별하여 붙여라.

1. 머리	2. 팔	3. 손	4. 몸통	5. 다리	6. 발

그림 3.8 ▌ 언어적 정보의 목표 분석
목표: 신체의 각 부위를 찾아서 그 명칭 대기

금만 가거나 노른자가 깨지는 결과가 나오게 될 것이다.

비행기 안전(그림 3.10)에 관한 교수 목표에는 일련의 순서가 있다. 소지품을 잘 보관하고 안전 방송에 주의를 기울이면 비행기

의 안전 장비의 위치를 알 수 있다. 또한 안전벨트 착용과 알코올 섭취의 제한도 필요한 단계이다.

3. 작문하기에 대한 자신의 목표 분석 결과와 부록 B에 제시된 결과를 비교해 보자.

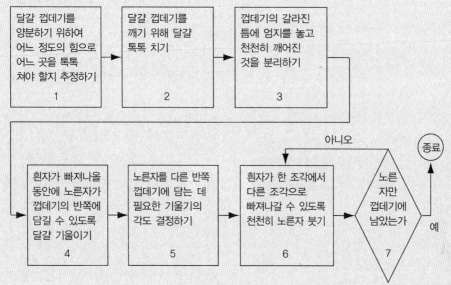

그림 3.9 ▎ 운동 기능의 목표 분석
목표: 달걀 껍데기를 사용하여 달걀의 노른자와 흰자 분리하기

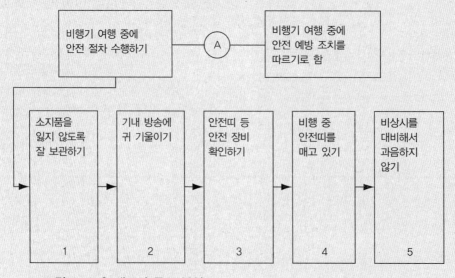

그림 3.10 ▎ 태도의 목표 분석
목표: 항공기 탑승 중에 안전 조치 행동을 따르는 것을 선택하기

참고문헌

Anderson, L. W., Krathwohl, D. R., Airasian, P. W., Kruikshank, K. A., Mayer, R. E., Pintrich, P. R., Raths, J., Wittrock, M. C. (2001). *A taxonomy of learning, teaching, and assessing: A revision of Bloom's taxonomy of educational objectives*. Upper River, NJ: Pearson.

Bloom, B., Englehart, M., Furst, E., Hill, W., & Krathwohl, D. (1956). *Taxonomy of educational objectives: The classification of educational goal: Handbook 1; The cognitive domain*. New York: W. H. Freeman.

Clark, R. C., & Mayer, R. E. (2013). *Scenario-based e-learning: Evidence-based guidelines for online workforce learning*. San Francisco, CA: Pfeiffer. 기술 훈련 분야에서의 인지적 과제 분석(cognitive task analysis) 사례들을 제시하고 있다.

Crandall, B., Klein, G., & Hoffman, R. R. (2006). *Working minds: A practitioner's guide to cognitive task analysis*. Cambridge, MA: MIT Press.

Gagné, R. M. (1985). *Conditions of learning*(4th ed.). New York: Holt, Rinehart and Winston. 학습 영역과 학습의 위계 분석을 포함하는 다양한 측면에서 교수 설계 문제를 다루고 있는 고전이다.

Gagné, R. M., Wager, W. W., Golas, K. C., & Keller, J. M. (2004). *Principles of instructional design*(5th ed.). New York: Holt, Rinehart and Winston. 지적 기능에 관한 교수 분석 적용을 많은 예로 제시해 주고 있다.

Hachos, J. T., & Redish, J. C. (1998). *User and task analysis for interface design*. Hoboken, NJ: Wiley.

Jonassen, D. H., Tessmer, M., & Hannum, W. (1999). *task analysis procedures for instructional design*. Mahwah, NJ: Lawrence Erlbaum. 교수 분석을 위한 다양한 기법을 교수 설계에 어떻게 적용해야 할지에 대한 가이드이다. e-book도 나와 있다.

Jonassen, D. H. (2011) *Learning to solve problems: A handbook for designing problem-solving learning environments*. New York, NY: Routledge.

Loughner, P., & Moller, L. (1998). The use of task analysis procedures by instructional designers. *Performance Improvement Quarterly, 11*(3), 79-101.

Mager, R. F. (1997). *Goal analysis: How to clarify your goals so you can actually achieve them*. Atlanta, GA: The Center for Effective Performance.

Mellon C. (1997). Goal analysis: Back to the basics. *Tech Trends, 42*(5), 38-42.

제4장

하위 기능과 출발점 기능 분석

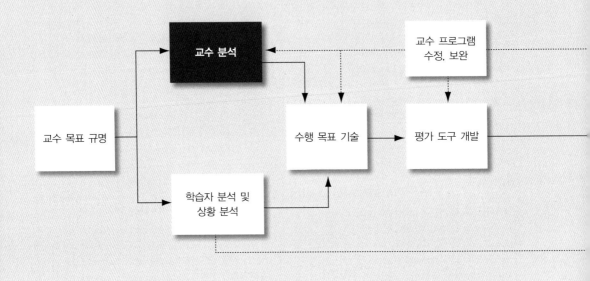

학습 목표

➤ 하위 기능 분석 방법으로 위계적 분석, 절차적 분석, 군집 분석, 통합적 분석 기법을 기술한다.

➤ 출발점 기능을 포함하여, 하위 기능 분석을 통해 규명된 하위 기능들 간의 관련성을 설명한다.

➤ 목표 분석 결과로 나온 단계별로 하위 기능 분석 기법을 적용하고 적합한 출발점 기능을 규명한다.

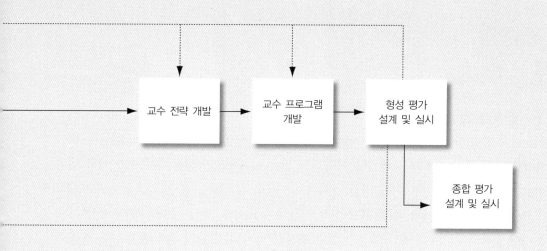

배경

이 장은 교수 분석 과정에 대한 두 번째 장이다. 앞 장에서는 목표 분석의 절차에 대해 알아보았다. 최종 목표의 단계들을 규명한 다음에, 그 목표의 한 단계를 수행할 수 있도록 학습하기 전에 학습자들이 알고 있거나 할 수 있어야 하는 것을 결정하기 위해 각 단계들을 검토해 볼 필요가 있다. 이 교수 분석 과정의 두 번째 단계를 *하위 기능 분석(subordinate skills analysis)*이라고 한다.

하위 기능 분석의 목적은 목표에 포함된 각 단계별로 하위 기능들을 규명하기 위한 것이다. 반드시 필요한 하위 기능들이 교수 프로그램에 빠져 있어서 학습할 기회가 주어지지 않은데다 대다수의 학생들이 그 기능들을 가지고 있지 않다면, 그 교수 프로그램은 효과적일 수 없다. 반면에 불필요한 기능들까지 포함되어 있다면, 그 교수 프로그램으로 학습하는 데 필요한 시간보다 더 많은 시간을 허비하게 될 것이며 불필요한 기능들이 꼭 필요한 기능들의 학습을 방해할 것이다. 하위 기능을 지나치게 많거나 적게 분석해 내는 것 모두 문제가 될 수 있다.

하위 기능들을 규명하기 위한 몇 가지 방법이 사용된다. 여기서 이러한 분석 기법을 설명하고, 목표의 유형에 따라 그 기법들이 어떻게 사용되는지를 알아볼 것이다. '단순한' 목적, 즉 그 목표의 단계들은 단지 지적이거나 운동 기능의 목표들로 시작할 것이다. 하지만 복합적인 목표들은 대개 여러 영역과 연관되어 있다. 따라서 복합적인 목표에 사용될 수 있는 복합적 접근 방법도 다룰 것이다.

개념

위계적 분석 방법

위계적 분석 방법(hierarchical analysis approach)은 지적 기능이나 운동 기능에 속하는 목표의 각 단계를 분석하기 위해 사용된다. 위계적 방법을 이해하기 위해서, 학습자가 어떤 부동산을 특정 시기에 구입해야 하는지를 추천하는 이유를 제시할 수 있는 역량을 가르치기 위한 교수 목표의 예를 보자. 이 목표는 지적 기능의 목표이며, 재산 가치의 평가, 재산 가치에 대한 인플레이션의 영향, 구매자의 경제 형편, 구매자의 장·단기 투자 목적 등과 관련된 여러 가지 법칙과 개념을 학습자가 학습하기를 요하는 목표이다. 각 영역의 기능들은 금융 및 부동산 분야에서 사용되는 기본적인 개념에 대한 지식에 기초를 두고 있다. 이 예에서는 특정 부동산 구매 상황을 분석하여 구매 결정에 대한 추천을 할 수 있도록 하기 위한 단계들을 가르치기에 앞서, 각 단계에 속하는 핵심적인 법칙과 개념을 분석해서 가르치는 것이 매우 중요하다.

설계자는 학생들이 상위 수준의 지적 기능을 성취하도록 하기 위해 학습해야 할 하위 기능들을 어떤 방법으로 규명할 것인가? Gagné가 제안하고 있는 위계적 분석 방법에 따르면, "최소한의 학습을 통해 이 과제를 학습하기 위해 학생들이 미리 알고 있어야 할 것은 무엇인가?"라는 질문을 해 보라는 것이다. 이런 물음을 던져 봄으로써 그 목표의 한 부분인 단계 자체에 대한 학습에 참여하기에 앞서 학습자에게 요구되는 하나 이상의 핵심적인 하위 기능들을 설계자는 찾아낼 수 있을 것이다. 이런 하위 기능들을 규명하고 나면, 설계자는 이 각각의 하위 기능에 대해 똑같은 질문을 한다. 그 질문은 '학생이 어떻게 하는지를 이미 알고 있어야만 하는 것이 무엇이 있는가? 만일 그것을 알고 있지 못하다면 이 하위 기능을 학습하기가 불가능한가?'이다. 그러면 또 다른 하위 기능들이 나오게 될 것이다. 이런 과정을 계속하여 점점 낮은 단계의 하위 기능에까지 이르게 되면, 곧 정수나 문자의 인식과 같은 가장 기초적인 수준까지 내려가게 된다.

설계자가 위계적 분석을 이해하기 위해서, 그림 4.1의 기본적인 위계 표를 보자. 이 그림에서 '법칙'은 목표에 있는 특정한 문제 해결 기능을 학습하는 데 요구되는 직접적인 하위 기능이다. 그림 4.1에서 두 번째 사각형 안의 내용은 목표 수행의 한 단계를 나타내고 있음을 명심해야 한다. 2.4의 법칙을 규명한 다음에, 설계자는 '학생이 이 법칙을 학습하기 위해서 할 줄 알아야 하는 것은 무엇인가?'를 스스로 물어봐야 한다. 그 응답은 학생이 2.2와 2.3의 개념을 학습해야 하는 것이다. '2.2의 개념을 학생이 학습하기 위해 할 줄 알아야 할 것은 무엇인가?'라는 질문에 대한 대답은 '없다'이므로 그 기능 아래에 어떤 하위 기능도 표시하지 않았다. 2.3에 대한 똑같은 질문의 응답으로 2.1과 같은 하나의 관련된 변별 기능을 찾을 수 있다. 그림 4.1은 분석 결과를 그림으로 표현한 것을 보여 준다.

그림 4.1은 지적 기능에 대한 Gagné의 위계에 대한 주장에 바탕을 두고 있다. Gagné의

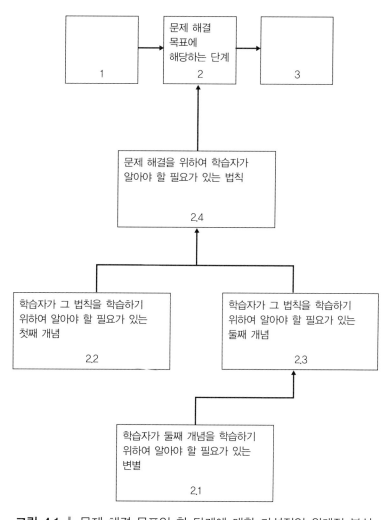

그림 4.1 ┃ 문제 해결 목표인 한 단계에 대한 가설적인 위계적 분석

주장에 따르면, 학습자가 문제 해결 기능을 학습하기 위해서는 먼저 그 문제를 해결하는 데 필수불가결한 법칙들을 적용할 줄 알아야 한다고 했다. 이 그림에서 교수 목표에 대한 하위 기능은 그 문제 상황에 적용되어야 할 법칙들이다.

Gagné의 지적에 따르면, 법칙들은 그 법칙을 구성하고 있는 요소 혹은 개념의 인식에 기초하고 있다고 한다. 다르게 표현하면, '어떤 요소들' 간의 관계를 학습하려면, 그것들을 분류할 수 있어야 한다는 것이다. 어떤 법칙을 적용할 줄 아는 데 요구되는 하위 기능들은 보통 그 법칙에 사용된 개념을 분류할 줄 아는 것이다. 마지막으로, 학습자는 어떤 예가 그 개념과 관련이 있는지를 변별할 수 있어야 한다.

이와 같은 기능의 위계 구조는 교수 목표의 특정 단계에서 어떤 유형의 하위 기능들이 필요한지를 알려줄 수 있기 때문에 설계자에게 도움이 된다. 만약 그 단계가 하나의 문제 해결(혹은 몇 가지의 법칙을 선택하여 사용하기) 기능이라면, 그 하위 기능은 관련된 법칙, 개념, 변별을 포함해야 한다. 한편, 한 가지 법칙의 적용을 가르쳐야 한다면, 그 하위 개념과 변별만을 가르치면 될 것이다.

목표 분석을 한 결과의 각 단계에 위계적 분석 방법을 적용하기 위해, 설계자는 모든 결정 단계들을 포함하여 목표의 각 단계에 이 방법을 적용한다. 이 경우, '그 목표를 수행하는 데 있어서 첫 단계를 할 수 있도록 학습하기 위해 학습자는 무엇을 알아야만 할 것인가?'라는 질문을 해 보는 것이다. 첫 단계에 대한 각각의 하위 기능들에 대해 이 질문을 반복하여 하위 기능을 찾아내고, 그 다음의 단계들에 대해서도 똑같은 과정을 반복한다. 이 방법을 그림 4.1에 있는 문제 해결의 목표에 사용하면, 그림 4.2와 비슷한 결과가 나올 것이다.

그림 4.2에서 Gagné가 제안한 원래의 방법대로 똑같은 하위 기능들이 찾아졌음을 알 수 있다. 1, 3, 4단계에 하위 기능들이 열거되지 않았다는 사실은 설계자가 그 단계를 가르치

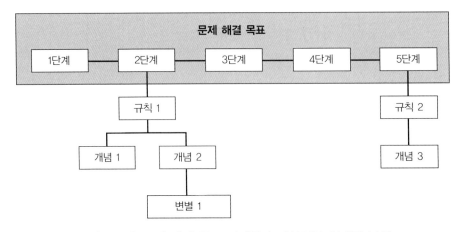

그림 4.2 ┃ 문제 해결 목표 단계들의 가설적인 위계적 분석

기 전에 학습자가 숙달해야 할 관련 기능들이 없다고 판단했다는 것이다. 이런 경우는 종종 있을 수 있는 합당한 경우이다.

위계적인 교수 분석 방법을 사용하여 분석한 결과의 예를 그림 4.3에서 보자. 도표에서 목표 분석 결과의 단계 8은 학생들이 소수점 첫째 자리까지만 나타나 있는 저울의 눈금에 지정된 점을 1/100자리 단위(±0.01)까지 근접하는 정도로 정확하게 측정할 수 있기를 요구하는 목표임을 알 수 있다. 단계 8은 0.1단위로만 표시된 눈금에서 한 점을 가장 가까운 0.01단위까지 판단하기, 저울의 눈금을 하위 단위로 나누기, 저울 눈금에서 표시된 점을 찾기와 같은 세 가지의 하위 기능을 가지고 있다. 이 기능들은 또다시 하위 기능들을 각각 가

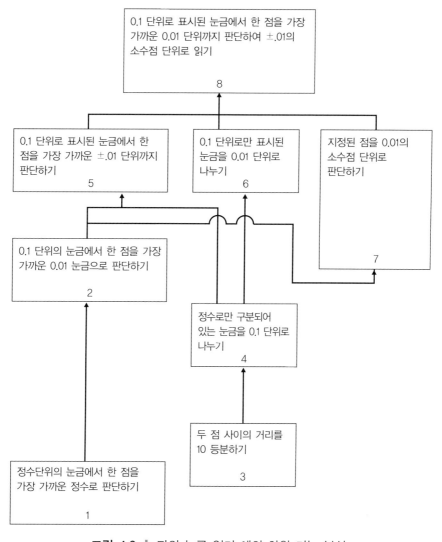

그림 4.3 ▮ 자의 눈금 읽기 예의 하위 기능 분석

질 수 있다.

위계적 분석 방법을 활용한 예가 그림 4.4에도 있다. 학습자에 의해 수행되어야 할 인지적 과제는 목표 분석 결과, 단계 1, 2, 3, 4와 같은 연속적인 하위 단계가 있음에 주목해 보자. 이 예에서의 하위 기능들은 그림 4.3의 하위 기능과 똑같지만, 다소 다르게 조직되어 있음을 눈여겨보아 둘 필요가 있다.

이 분석 결과는 한두 번 시도해서 나온 것이 아니다. 관련된 모든 기능들을 찾아내고 적절하게 진술해서 설계자가 만족하기까지는 어떤 단계의 수직적 하위 기능들과 그 기능들 간의 관계를 찾아내기 위한 수차례의 시도가 필요하다. 하나의 교수 목표에 대해 적절하고 타당한 위계적 분석이 되었는지를 알기는 쉽지 않다.

교수 목표를 완벽하게 성취하는 데 필요한 모든 하위 기능들을 만족할 만한 수준으로 찾아냈다면, 분석 결과를 그림으로 표현할 차례이다. 위계적 분석 결과를 도표화할 때 다음의 관례를 참고해서 그릴 수 있다.

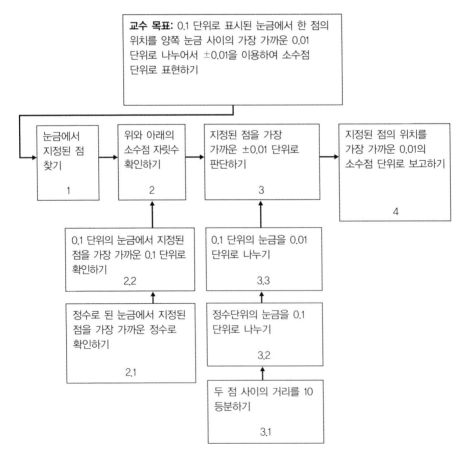

그림 4.4 ┃ 목표 분석에서 각 단계에 대한 위계적 분석

1. 교수 목표는 가장 위에 진술해 둔다. 목표의 각 단계들은 위계 표의 맨 윗줄에 번호를 붙여야 한다.

2. 모든 지적 하위 기능들은 사각형의 위나 아래에 나오는 선들로 연결된 사각형 안에 표시한다.

3. 지적 기능과 운동 기능에 보충적으로 붙는 언어적 정보와 태도 기능은 가로선으로 연결한다.

4. 화살표는 목표를 향해 위쪽으로 기능들이 연결됨을 표현하도록 한다.

5. 선들이 교차되어서는 안 되는 경우에는, 그림 4.3의 2와 7 간의 선처럼 아치모양으로 표시한다. 여기에서 2의 기능은 5와 7을 위한 하위 기능이지, 6에는 필요하지 않음을 나타낸다.

6. 의사 결정을 포함한 모든 하위 기능을 표현하는 문장에는 학생들이 무엇을 할 수 있어야 하는지를 가리키는 동사가 포함되어야 한다. 사각형 안에 명사만 포함되어서는 안 된다.

7. 실제로 위계도가 반드시 대칭 형태일 필요는 없고, 어떤 모양이라도 될 수 있다. 위계도의 모양에 하나의 정답만 있는 것은 아니다.

8. 목표 분석의 한 단계에서 질문의 의사 결정이 마름모로 들어 있다면, 그 의사 결정을 하는 데 필요한 하위 기능들이 있는지 결정할 필요가 있다.

각 단계에 대한 위계적 분석은 쉬운 일이 아닌데, 그것은 우리가 이런 방식으로 학습 내용을 생각하는 데 익숙하지 않기 때문이다. 위계적 분석을 계속하기 위한 한 가지 방법은 '이 기능을 학습하면서 학생들은 어떤 실수를 할 수 있는가?'와 같은 질문을 해 보는 것이다. 이런 물음에 대한 대답이 그 기능에 대한 적절한 하위 기능을 찾아내는 열쇠가 될 경우도 종종 있다. 학생들이 잘못 이해하기 쉬운 것은 그들이 반드시 가지고 있어야 할 기능으로서 이해해야 하는 것이 무엇인지를 알려 줄 수 있다. 예를 들어, 학생들이 종유석과 석순을 혼동하여 뭔가를 잘못한다면, 그 두 가지의 예를 분류할 수 있는 능력이 하나의 중요한 하위 기능이 될 것이다.

분석한 결과를 여러 번 검토하여 학생들이 교수 목표를 숙달하는 데 필수불가결한 모든 하위 기능들을 분석했는지를 확인하는 일이 중요하다. 이 시점에서 위계도의 위에서 아래로, 즉 가장 위에 있는 복잡한 기능에서부터 가장 아래에 있는 단순한 기능까지 내려가 볼 필요가 있다. 이렇게 하면 필요한 모든 하위 기능들을 포함했는지를 알 수 있다. 또한 가장 단순한 기능에서부터 위쪽의 가장 복잡한 기능까지를 검토해 봄으로써 상위 기능에서 하위 기능으로의 검토가 제대로 되었는지를 점검해 볼 수 있다. 또한 다음과 같은 질문도

해 보아야 한다.

1. 사물이나 사물의 성질과 같은 기본적인 개념들의 식별과 관련된 하위 기능들을 포함시켰는가? (예, 사면체를 찾아낼 수 있는가?)
2. 학생들이 정의를 통해 추상적인 개념을 식별할 수 있는 하위 기능들을 포함시켰는가? (예, 학생들은 도시가 무엇인지 설명할 수 있는가? 학생들은 유체가 무엇인지를 보여 줄 수 있는가?)
3. 학생들이 법칙들을 적용할 수 있는 하위 기능들을 포함시켰는가? (예, 학생들은 문장의 동사를 주어에 일치시킬 수 있는가? 대분수를 간단하게 표현할 수 있는가?)
4. 학생들이 교수 목표를 성취했음을 보여 줄 수 있도록 어떻게 문제를 해결해야 할지를 학습할 수 있도록 해 줄 수 있는 하위 기능들을 분석에 포함시켰는가?

교수 분석 결과를 검토하기 위한 이러한 질문들을 통해 누락된 하위 기능들을 찾아낼 수 있다. 또한 학생들이 변별이나 개념 식별만을 학습해야 하는 교수 목표도 있다. 이런 기능들도 확실히 중요하지만, 개념의 활용과 변별을 사용하도록 요구하는 문제 해결이나 법칙 활용을 학생들에게 요구하는 목표로 우리가 최초에 진술한 교수 목표를 수정할 수 있다.

한편 교수 목표를 성취하기 위해 '알아서 나쁠 것은 없지만(알면 좋은)' 반드시 필요하지 않은 기능들을 포함시키고 있을 수도 있다. 많은 설계자들이 이런 기능들도 중요하니까 꼭 포함시켜야 한다고 생각한다. 결국에는 불필요한 과제들이 학습자들을 혼동시키거나 교수 프로그램의 양만 불필요하게 늘려서 정작 중요한 과제를 학습하기 위한 교수 활동을 망치거나 시간에 쫓겨서 급하게 끝내 버리거나 생략하게 되는 원인이 될 수 있다. 설계자가 다루고자 하는 주제에 대해 알고 있는 모든 것을 위계도에 포함시킬 필요는 없다. 위계적 분석의 핵심은 학습자가 교수 목표를 성공적으로 성취하기 위해 꼭 알아야만 하는 것을 찾는 일일 뿐 그 이상도 이하도 아니다. 때로는 그렇게 하는 게 내키지 않더라도, 최선의 조언은 위계적 분석으로 그런 기능들을 찾아내 보라고 것이다. 그것이 절대적으로 최선의 출발점이다.

교수 분석을 하다 보면, 목표 수준의 단계들 혹은 하위 단계들과 하위 기능들 간의 구분을 명확히 하는 것이 중요하다는 것을 알게 된다. 단계와 하위 단계들은 그 목표를 숙달하게 된 학습자나 전문가의 수행 단계로 진술한 활동들이다. 하위 기능들은 숙달하게 된 학습자들의 수행을 묘사하는 것이 아니라서 반드시 그들로부터 기능을 찾아낼 필요가 없다. 이 하위 기능들은 학습자들이 목표의 단계들을 수행할 수 있게 되기 전에 학습해야 할 기능과 지식이다. 예를 들어, 물을 끓이는 방법을 가르친다면, 그중 한 단계는 '버너를 켜기'일 것이다. 그 단계의 하위 기능 중 하나는 '버너의 예를 찾아내기'일 것이다. 실제로 물을 끓일 때에 '이것은 버너이다'와 같은 말을 하지 않고, 용기에 물을 채워서 버너에 올려놓을 것이다. 버너가 무엇인지 알아야 하는 것은 확실하지만, 언어적으로 버너를 찾아내는 단계가 물을 끓이는 과정에 있어야 할 하나의 단계는 아니다.

절차적 분석

지적 기능이나 운동 기능을 위한 목표 분석 결과의 단계들을 보면, 그중에 몇 단계에 부가적인 정신적 혹은 신체적 단계들이 포함되어 있는 것을 알 수 있다. 그럴 경우, 다음 그림에서와 같이 최초의 목표 분석에서 했던 것처럼 왼쪽에서 오른쪽으로 기능들을 단지 열거만 하면 될 것이다.

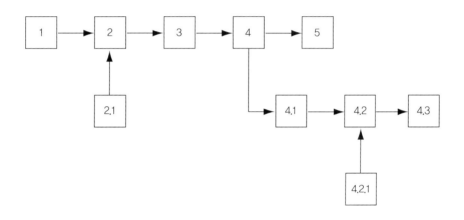

단계 1부터 5까지는 목표 분석에 있었던 단계 그대로이다. 단계 2.1은 전형적인 위계관계 중의 하나로 단계 2의 하위 기능이다. 단계 4.1, 4.2, 4.3은 단계 4가 세 개의 절차적 단계를 가지고 있다는 점에서 단계 4의 하위 기능이다. 단계 4.2.1은 단계 4.2와 정상적인 위계관계를 가지고 있는 하위 기능이다.

교수 분석에서 볼 수 있는 단계의 예를 하나 보기로 하자. 그 단계 중의 하나가 '차의 범퍼 아래에 잭을 장치할 수 있다'라고 하자. 이 단계는 성인 학습자를 위한 교수 목표로서 그 목표의 일련의 단계로 기술될 수도 있지만, 자동차의 타이어 교체의 과정 중의 한 단계일 수 있다. 그러나 '요구 분석을 시행할 수 있다'와 같은 문제 해결 단계는 어떤가? 이 단계는 학습자의 수준에 따라서 교수 설계의 하나의 목표 중의 한 단계로 취급하기에는 확실히 너무 큰 단계이다. 이것은 '이상적인 상태를 기술할 수 있다' '데이터 수집을 위한 도구들을 설계할 수 있다' '현재 상태를 문서화하기 위한 데이터를 수집할 수 있다' '이상적인 상태와 현재 상태 간의 간격을 정할 수 있다'와 같이 더 작은 단계로 분리해야만 한다. 또 다른 예를 하나 더 보자. 교수 목표 단계 중의 하나가 '물을 끓일 수 있다'라고 하자. 대다수의 성인은 이것이 무엇을 의미하는지 알고 있을 것이고, 이런 내용은 간단하게 가르칠 수 있다. 어린 아동을 위한 것이라면, '찬장에서 팬을 가져 온다' '물을 채운다' '팬을 버너 위에 올려 놓는 다' '버너를 켠다' '물이 끓는가?' '팬을 옮긴다'와 같은 단계들로 세분화해야 할지 모른다. 그림 4.6은 목표 분석한 결과의 한 단계(단계 4)가 또 다른 단계들(단계 4.1에서 4.5)로 어떻게 세분화되는지를 보여 준다. 절차적 분석(procedual analysis)에 대해서는 3장의 목표 분석에서 보았던 것을 참고하기 바란다.

군집 분석

군집 분석(cluster analysis)은 교수 목표 혹은 목표 중의 주된 단계가 언어적 정보의 학습을 요구할 때 사용한다. 언어적 정보의 목표를 분석하는 것은 그 목표가 어떤 논리적 절차를 가지고 있지 않기 때문에 분석할 것이 별로 없다는 것을 앞에서 보았다. 대신에, 목표를 성취하기 위해 필요한 내용을 바로 찾아내면 된다.

가르쳐야 할 하위 기능들을 어떻게 찾아내야 할까? 그 대답은 항상 목표 진술 그 자체에서 명확하게 찾아볼 수 있다. 학생이 미국 50개 주의 주도를 맞출 수 있어야 한다면, 각주와 그 주도를 연결시키는 50개의 하위 기능이 있게 된다. 이것들을 분석의 요소로 모두 써둘 필요는 없을 것이다. 그것들은 간단하게 한 개의 문장으로 표현할 수 있다. 반면에 '인플레이션의 다섯 가지 주요 원인을 열거해 보세요'라는 목표 진술에서처럼 하위 기능이 명확하지 않은 경우도 있다. 이 목표에 대한 대답은 특정 경제학 이론에 따라 다를 수 있기 때문이다. 이런 경우에 그 다섯 가지 주요 원인을 군집 분석 결과의 부분으로 열거해 볼 만하다.

언어적 정보 목표를 가장 의미 있게 분석하는 것은 목표가 지칭하는 정보의 주요 범주를 찾아내는 것이다. 그 정보를 가장 효과적으로 묶을 수 있는 방법이 있을까? 각 주의 주도는 지리적인 거점으로 묶을 수 있고, 신체의 뼈들은 신체의 머리, 팔, 다리, 몸통 등의 주요 부분을 기준으로 묶을 수 있다. 만약 교수 목표가 메이저 리그 야구 경기가 열리는 모든 도시들을 열거하는 것이라면, 도시들을 아메리칸 리그와 내셔널 리그로 군집화하고, 다시 디비전(division)으로 묶을 수 있다.

군집 분석 결과를 어떻게 표현할 것인가? 한 가지 방법은 위계적 분석 결과를 그린 것과 같이 맨 위에 목표를 두고 그 아래에 주요 군집을 하위 기능처럼 표시하는 것이다. 이것은 위계가 아니라 언어적 정보 군집으로 명확하게 이름을 붙여 구분할 수 있어야 한다. 그

것은 개요 형식을 이용하여 간단하게 각 군집을 열거하는 것이라 어려울 것이 없다.

교사 혹은 설계자들이 교수 설계 기법을 사용할 때, 그들이 이제까지 가르쳐 온 목표와 체제적으로 교수 설계를 하려고 했던 목표가 사실은 단지 언어적 정보였음을 알게 되면, 무척 당황스러울 때가 종종 있다. 그들은 법칙이나 문제 해결을 가르치지 않은 것에 대해 죄책감을 가질 수 있는데, 반드시 그럴 필요까지는 없다.

언어적 정보의 습득이 필수적으로 중요한 때가 있다. 예를 들어, 외국어의 어휘 학습은 매우 복잡한 의사소통 기능 학습의 기초가 되는 언어적 정보이다. 어린이로서 혹은 성인으로서 학습해야만 하는 언어적 정보는 복잡한 개념과 법칙의 발달을 위한 견인차의 역할을 한다. 언어적 정보의 목표는 발견 학습을 중시한다는 미명하에 무시될 것이 아니라, 다른 중요한 교육 목표와 연계되도록 고려해야 한다. 언어적 정보는 지적 기능을 실행해야 할 때 불러와야 하는 하나의 지식 기반이다.

태도 목표의 하위 기능 분석 방법

태도 목표의 하위 기능을 결정하기 위해서, '학습자가 이 태도를 학습하고 나서, 그 태도를 갖게 되었음을 보여 주기 위해서는 무엇을 할 수 있어야만 할 것인가?'와 '왜 학습자는 이 태도를 가져야 하는가?'와 같은 물음으로부터 시작해야 한다. 첫 번째 질문에 대한 대답은 거의 운동 기능 혹은 지적 기능에 관한 것이다. 태도 목표는 학습자로 하여금 하나의 운동 기능 혹은 지적 기능을 실행할 것을 선택하는 것이다. 따라서 태도 목표 분석의 전반부에서는 위계적 분석 방법을 사용하여 학습자가 그 기능들을 실행하기로 선택하는 데 필요한 하위 기능들을 찾아내야 한다. 학습자가 철인 경기 훈련하기를 선택했다면, 학습자에게 효과적인 훈련 절차를 가르칠 필요가 있다. 학습자가 어떤 문학 작품 감상을 선택했다면, 그 작품을 이해하고 분석하는 방법을 학습해야 한다.

하위 기능 분석의 후반부는 '왜 학습자가 다른 것이 아닌 특별히 그것을 선택해야 하는가?'에 관한 것이다. 이 질문에 대한 대답의 내용은 대개 언어적 정보에 관한 것이다. 이때의 언어적 정보는 별도의 군집 분석을 통해서 분석되거나, 분석의 전반부에서 수행된 기본적인 위계적 분석 결과에 언어적 정보로서 통합될 수 있다. 언어적 정보는 모델링, 강화와 함께 태도 형성에서 중요한 부분을 차지하므로 교수 분석에 통합적인 부분으로 포함되어야 한다.

교수 분석표에 태도를 나타내기 위해서는 분석될 운동 기능이나 지적 기능의 옆의 사각형에 간단히 태도 목표를 쓰면 된다. 두 사각형 사이를 다음과 같이 선으로 연결한다.

이 연결선은 운동 기능이나 지적 기능이 태도 목표를 지원하고 있음을 보여 준다. 이제 우리가 여러 가지 분석 기법들을 통합하기 시작한 것을 확실히 알 수 있다. 때때로 *정보 지도(information maps)*라고 불리는 이 통합 방법을 다음에서 살펴보자.

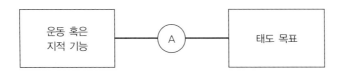

영역들의 통합을 위한 분석 기법(통합적 하위 기능 분석)

방금 태도 목표를 어떻게 위계적으로 분석하는지를 보았다. 교수 분석을 실제로 해 보면 여러 영역(목표의 분류 영역)에 걸쳐 있는 목표의 하위 기능을 분석해야 할 경우가 대부분이다.

예를 들면, 지적 기능과 언어적 정보가 통합되어 있는 경우를 보자. 위계적 분석을 할 때, 학습자가 '알아야' 할 지식을 찾아내는 것은 흔한 일이다. 단순하게 '어떤 것을 아는 것'은 지적 기능이 아니기 때문에 원칙적으로 지적 기능의 위계도에 포함되어서는 안 된다. 하지만 종종 언어적 정보를 어떤 교수 목표를 성취하기 위해서 학습해야 할 것의 분석 결과의 한 부분으로 포함시키는 것은 중요하다. 이런 점에서 Briggs와 Wager(1981)는 언어적 정보를 다음과 같이 연결선으로 표시하도록 제안했다.

오른쪽 사각형의 언어적 정보는 왼쪽의 지적 기능을 뒷받침하기 위해 사용되어야 함을 나타낸다. 위계도에서 다음과 같은 모양으로 표현할 수 있다.

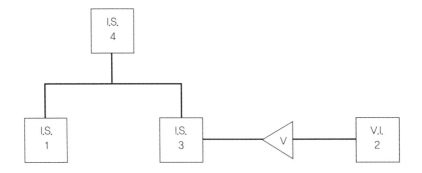

사각형 1, 3, 4는 지적 기능을 나타내고, 사각형 2는 언어적 정보이다.

지금까지 알아본 도식화 방법을 종합해서 표현하면 어떻게 될까? 운동적 요소를 가지고 있는 태도 목표는 다음 그림처럼 지적 기능과 언어적 정보에 해당하는 하위 기능들을 필요로 함을 알 수 있을 것이다.

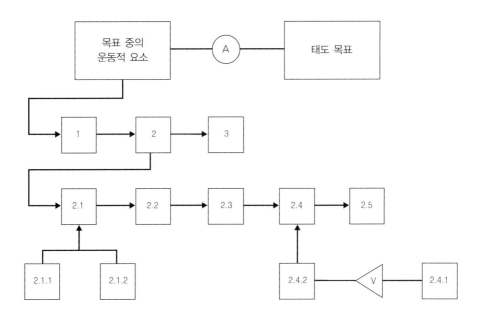

이 그림을 보면, 주된 목표는 학습자들로 하여금 어떤 운동 기능이 수행을 통해 나타날 수 있는 태도를 개발하기 위한 것임을 알 수 있다. 그 운동 기능은 1, 2, 3의 세 단계로 이루어져 있다. 기능 2는 2.1에서 2.5까지의 다섯 개의 하위 단계를 갖고 있다. 2.1.1과 2.1.2의 두 가지 지적 기능은 2.1단계의 하위 기능이다. 2.4.2의 지적 기능은 단계 2.4를 지원하기 위해 2.4.1의 언어적 정보를 필요로 한다.

교수 분석 결과 그리기

이 시점에서 교수 분석 결과를 그림으로 나타내기 위한 절차를 검토해 보자. 첫 번째 단계는 당연히 교수 목표를 분류하고 목표 분석을 하는 것이다. 그러고 나서 하위 기능 분석을 위해 적합한 기법을 선택하는 것이다.

목표 혹은 단계의 유형	하위 기능 분석의 유형
지적 기능	위계적 분석*
운동 기능	위계적 분석*
언어적 정보	군집 분석
태도	위계적 분석*, 군집 분석

*위계적 분석은 절차적 단계를 포함할 수 있음.

설계자가 분석을 진행하면, 하위 기능들을 다이어그램에 시각적으로 표현하게 된다. 그림을 그려 보면, 최종 목표에 이르기 위해 요구되는 하위 기능들은 다양한 형태로 나타날수 있다. 다음 그림은 전형적인 목표 분석의 결과이다. 이 그림에서 하위 기능들은 없기 때문에 기능들이 하나의 선으로 연결되어 있다.

일반적으로 상위 기능들은 하위 기능들의 위에 배치하게 된다. 이렇게 하면 누구나 쉽게 학습해야 할 기능들이 어떤 관계가 있는지를 쉽게 알 수 있다. 다음 그림을 보면 그렇다. 1.1, 1.2, 1.3의 하위 기능들은 서로 관계가 없는 것을 알 수 있지만, 기능 1을 학습하기전에 1.1, 1.2, 1.3을 먼저 학습해야 할 필요가 있음을 알 수 있다. 목표 2, 3, 4는 서로 관련이 없지만, 4를 학습하기 전에 4.1과 4.2를 학습해야 한다.

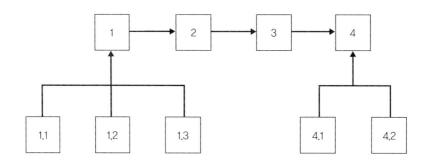

다음 그림은 선수 기능들 간의 위계관계를 나타낸다.

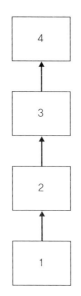

학생은 하위 기능 2를 수행하는 것을 학습하기 위해서는 하위 기능 1을 먼저 학습해야한다. 마찬가지로 하위 기능 4를 학습하기 전에, 하위 기능 1, 2, 3을 먼저 숙달해야 한다. 따라서 이 기능들은 하나의 위계를 이루고 있다. 기능 1, 2, 3, 4가 수행의 순서(절차)를 의미하는 것은 아니다. 만약 그럴 경우라면, 그 기능들은 어느 상위 기능의 하위 단계들로 다음과 같이 표현되어야 할 것이다.

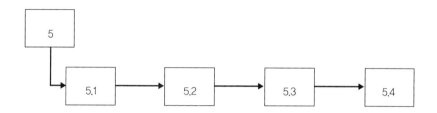

또한 태도 목표는 다음과 같이 표시됨을 앞서 보았다.

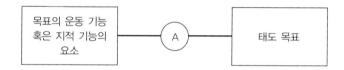

언어적 정보는 V자 표시의 삼각형을 통해 지적 기능에 연결시켜서 표현한다.

이런 방식을 사용하여 기능들을 표현하면 교수 분석 결과의 하위 기능들 간의 관련성을 파악하는 데 도움이 될 것이다. 각 기능을 학습하는 순서 또한 기능의 순서를 보여 줌으로써 알기 쉽게 해 줄 것이다.

하위 기능들을 그림으로 표현할 때, 반드시 사각형 안에 번호를 사용하되, 그 번호 이상의 의미를 부여하여 해석하지 말아야 한다. 교수 설계 과정에서 사각형 안에 붙여진 번호들은 그 기능들을 지칭하기 위한 방법일 뿐, 그 기능들을 가르칠 순서를 의미하지 않는다. 이 기능의 번호를 사용하면, 굳이 그 내용을 일일이 말하지 않고도 기능 7과 5의 관계를 이야기할 수 있다. 이 기능들을 어떻게 가르칠 것인지에 대해서는 지금 생각할 필요가 없고 그 대신 정확하게 기능들을 분석했는지에 초점을 두어야 한다. 어느 정도 분석이 이루어지고 난 다음에, 그 기능들의 가르칠 순서(교수적 계열화)를 결정해서 그 기능의 번호를 수정할 수 있다.

교수 설계에서 교수 분석 과정이 왜 그렇게 중요할까? 학습자가 최종 목표를 성취하기 위해 정말로 필요한 기능들을 찾아내고, 불필요한 기능들을 배제하기 위해 사용하는 것이 바로 교수 분석 과정이다. 이런 점은 우리가 선택한 특정 교수 목표의 측면에서 보면 그렇게 강한 주장도 아니다. 설계자는 학습자에게 요구되는 내용과 기능들에 익숙하기 때문에 이런 형태의 분석이 불필요하다고 느낄 수도 있다. 하지만 다양한 교수 설계 프로젝트에 참여하다 보면, 교수 설계자가 모든 분야의 내용 전문가일 수 없음을 확신하게 될 것이다. 효과적이고 효율적인 교수 프로그램을 개발하자면 반드시 포함되어야 할 필수적인 기능들을 분석하기 위해 다양한 내용 전문가들과 함께 이런 형태의 분석 과정에 참여할 필요가 있다.

인지적 과제 분석

2장에서 직무 분석(job analysis)과 직무 과제 분석(job task analysis)에 대해 살펴보았다. 직무 분석과 직무 과제 분석의 원리와 관련이 있는 **인지적 과제 분석(cognitive task analysis: CTA)** 이라고 하는 방법이 이 장에서 논의하려는 하위 기능 분석과 잘 어울리는 것 같다. 교수 설계 실무자들이 이 CTA 방법을 개발했는데, 조직의 직원들이 복합적인 직무를 수행할 때 그들의 머리 속에서는 수많은 정신적 처리 과정이 진행되는데, 대부분의 이 처리 과정은 그들의 직무 수행의 관찰만으로는 전혀 포착할 수 없음을 인지했기 때문이다. 어떤 도전적인 과제들은 온전히 그들의 마음 속에서 실행되기 때문에, "바로 여기에 그 바늘을 찔러라."와 같이 단순한 한 줄의 컴퓨터 코드나 언어적 설명에 지나지 않는 것처럼 나타날 수 있다.

CTA는 인간 요인 분석이나 인간 공학 분야에서 많이 활용되어 왔으나, 현재는 교수 설계의 초기 분석에서 활용되고 있다. 특히 훈련 및 수행 공학뿐만 아니라 설계 분야에서 각광을 받고 있다. CTA의 절차는 직무 과정을 포착하여 기록하기 위한 관찰과, 직무를 수행하는 데 필요한 개념적 지식을 포착하여 기록하기 위한 인터뷰로 구성되어 있다. 관찰과 인터뷰는 직무에 대해 잘 아는 전문가가 담당하는 것이 일반적이라서 상당히 구조적으로 이루어지고 정확성이 높다.

CTA에 대해 논의를 하는 한 이유는 CTA와 이 책에서 다루고 있는 교수 설계 과정이 여러 가지 면에서 유사하기 때문이다. CTA에서 사용하는 관찰, 분석 기법들은 교수 설계에서의 초기 분석, 목표 분석, 하위 기능 분석에서도 찾아볼 수 있다. CTA 결과는 하나의 직무를 수행하는 데 요구되는 기능들을 규명하는 목표, 하위 목표, 과제 등의 집합과 같아서 그것들은 바로 이 장에서 다루고 있는 위계적 분석 혹은 절차적 분석 결과와 대단히 유사하다. Clark 등(2008)이 제시한 바에 따르면, CTA 결과는 위에서 말한 것뿐만 아니라, (1) 그 기능을 수행할 상황과 함께, 그 기능을 수행하기 위해서 필요한 도구에 대한 기술, (2) 역량

(performance)에 대한 정확한 진술, (3) 그 역량을 측정하는 데 사용하기 위한 준거 등을 포함한다. 이 세 가지 요소는 6장에서 다룰 목표의 세 가지 요소인 조건, 성취 행동, 준거와 유사한 요소이다. CTA의 목표가 교수 설계 초기 단계인 직무 분석, 목표 설정, 목표 분석, 하위 기능 분석, 성취 목표와 같기 때문에, CTA와 교수 설계의 과정과 결과가 대단히 유사함을 쉽게 이해할 수 있다.

CTA는 정확한 수행을 필요로 하는 복합적 과제를 분석하는 데 대단히 빈번하게 사용되어 왔다. CTA의 결과는 단순한 직무수행 보조물(job aids), 인쇄 기반의 학습 프로그램에서부터 강의 중심 학습(instructor-mediated learning), 이 러닝에 이르기까지 다양한 훈련 프로그램 개발을 위해 이용할 수 있다. CTA는 비용과 소요시간이 많이 들기 때문에, EPSS(Electronic Performance Support System), 훈련용 시뮬레이터, HMI 혹은 HCI 인터페이스, 컴퓨터 기반 시뮬레이션과 전문가 시스템 등 보다 복잡한 훈련 프로그램 개발을 위해 종종 활용된다. CTA에 관심이 있는 사람들은 Clark 등(2008)이 집필한 논문이나 Crandall, Klein, Hoffman(2006)의 책을 참고하기 바란다.

학습 과제 분석과 관련된 또 다른 분석 방법은 *개념 지도화(concept mapping)*로, 이는 개념적 지식이 어떻게 구조화되어 있는지를 그림으로 표현한 것인데, 그 개념들 간의 관계를 보여 주기 위해 그 개념들을 선으로 연결해서 표현하는 것으로서, 플로차트, 위계 표, 원형 혹은 거미줄 형 등의 형태로 표현된다. 여기에서는 교수 분석과 관련하여 개념 지도화 방법을 설명하고 있지만, 교수 설계의 분석 방법보다는 지적 기능을 가르치기 위한 교수 방법으로 활용하는 것이 보다 적합하다고 본다. 인기 있는 'WebQuest' 하이퍼 링킹(hyperlinking) 모형은 교수 학습 방법으로 개념 지도화 혹은 웨빙(webbing)을 활용한 좋은 사례이다. 그러나 Novak(2009)은 1960년대에 개념 지도화 방법을 소개하고 나서, 최근에 인간수행 공학에서의 활용 방법을 제시하고 있다.

출발점 기능

교수 분석 과정은 아직까지 이야기하지 않은 또 다른 중요한 역할을 갖고 있다. 교수 분석 과정의 또 다른 역할이란 학습자들이 교수 프로그램으로 학습하기 전에 이미 알고 있어야 하거나 할 수 있어야 하는 것을 정확하게 찾아내는 것을 말한다. 교수 프로그램에 포함된 새로운 기능들을 학습하기 위해 학습자가 이미 숙달하고 있어야 하는 기능이기 때문에 **출발점 기능(entry skills)**[1]이라고 한다. 여기에서는 설계자가 어떻게 출발점 기능을 찾아내야

---

1) 역주: 이전 책에서는 출발점 행동(entry behaviors)이라고 표현했다.

하는지, 왜 그것이 그렇게 중요한지 살펴보고자 한다.

출발점 기능을 규명하는 방법은 바로 하위 기능 분석 과정과 연관되어 있다. 위계적 분석을 할 때, '학습자가 이 기능을 학습하기 위해서 알아야 할 필요가 있는 것이 무엇인가?'와 같은 물음을 해야 하는 것을 기억할 것이다. 이 물음에 대한 대답은 하나 혹은 그 이상의 하위 기능들에 대한 것이다. 계속 하위 기능들을 찾아 내려가다 보면, 위계의 맨 아래에는 대단히 기초적인 기능까지 포함하게 될 것이다.

그렇게 가장 기본적인 이해의 수준에서부터 교수 목표에 이르는, 학습자가 학습해야 할 기능들을 망라한 대단히 자세하게 분석된 위계도가 있다고 가정해 보자. 하지만 학습자들은 이 기능들 중의 몇 가지를 이미 알고 있을 수가 있어서 위계도에 있는 모든 기능들을 가르칠 필요는 없다. 출발점 기능을 규명하기 위해, 위계적 분석 혹은 군집 분석 결과를 검토하여 우리가 설계하려는 교수 프로그램에서 대부분의 학습자들이 학습하기에 앞서 이미 숙달하고 있어야만 할 기능들을 찾아내면 된다. 분석 차트에 이 출발점 기능들 위에 점선을 그어 주는 것이 전부이다. 점선 위의 기능들은 교수 프로그램에서 반드시 가르쳐야 하는 기능인 반면, 아래쪽의 기능은 출발점 기능에 해당된다.

출발점 기능이 왜 그렇게 중요한가? 출발점 기능은 가르치려는 기능들의 바로 아래에 있는 것으로 교수 프로그램의 초석, 다시 말하면, 교수 프로그램에서 제시된 기능들의 학습을 시작할 수 있는 기초라고 할 수 있다. 학습자들이 기능들을 알지 못한다면, 우리가 설계한 교수 프로그램을 학습하는 데 매우 어려움을 겪을 수밖에 없다. 출발점 기능은 설계 과정의 핵심 부분이다. 위계도를 이용하여 출발점 기능을 규명한 예를 그림 4.5에서 볼 수 있다. 이것은 그림 4.3과 기본적으로 똑같은 위계도이지만 분석 차트에 세 가지의 기능이 첨가되어 있다. 점선 위에 있는 기능들은 모두 교수 프로그램에서 가르칠 기능이지만, 점선 아래의 모든 기능들은 교수 프로그램의 학습을 시작하기 전에 학습자들이 이미 습득하고 있을 것으로 기대되는 기능들이다.

점선 아래에 있는 각 기능들(출발점 기능)도 '이 기능을 배우기 위해 학습자가 할 수 있어야 하는 것은 무엇인가?'와 같은 질문을 통해 분석한 교수 분석 결과표에 이미 나와 상위 기능들로부터 도출된 것이다. 그림 4.5에 있는 출발점 기능들 간에도 위계적 관계가 있음에 주목할 필요가 있다. 그 기능들 중에는 정수와 소수의 개념을 아는 기능도 포함되어 있다. 이 출발점 기능들은 기능 1과 7을 학습하기 위해 반드시 숙달해야 할 기능이기는 하지만 이 교수 프로그램에서는 다루지 않겠다. 저울 읽기에 대한 교수 프로그램을 학습하기 전에 학습자들은 이런 기능들을 미리 숙달하고 있어야만 한다.

교수 설계자는 학습자들에게 기본적인 기능들이 나올 때까지 교수 분석을 계속하여 예상되는 출발점 기능들을 찾아내야 한다. 설계자는, 모두는 아니더라도, 대부분의 학습자들

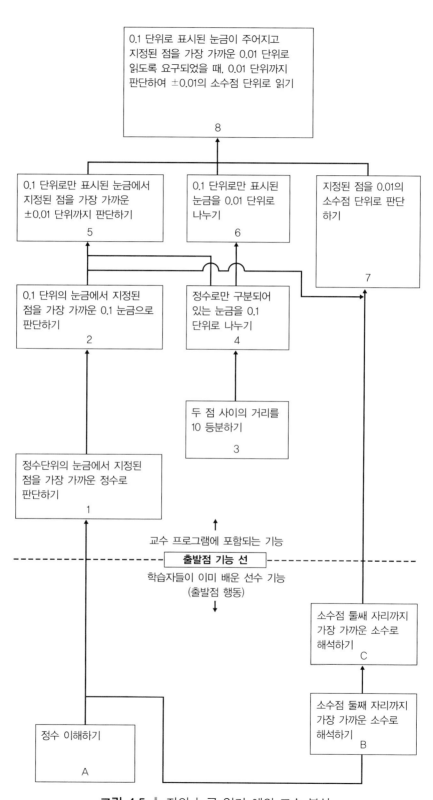

그림 4.5 ┃ 자의 눈금 읽기 예의 교수 분석

이 이 기능들을 갖고 있다(알고 있거나 할 수 있다는 의미)고 전제할 수 있어야 한다. 그러면, 교수 분석 결과표에서 교수 프로그램에 포함시킬 기능과 대상 학습자들의 모집단(target population)이 이미 숙달하고 있다고 전제할 수 있는 기능을 구분하는 점선 하나를 긋는 간단한 일이다.

이제까지 위계적 교수 분석에서의 출발점 기능에 대한 문제를 다루었다. 마찬가지로, 군집 분석이나 통합적 분석을 이용하여 하위 기능과 지식을 분석했다면 기본적인 기능들이 나올 때까지 계속 분석하여 점선으로 구분해 준다.

여기에 제시된 예들은 어떤 교수 목표에 대한 하위 기능들을 깔끔하게 분석한 예들이었음을 명심할 필요가 있다. 실제로는 어떤 교수 프로그램에 대한 출발점 기능으로 보일 수도 있고, 혹은 대상 학습자 집단의 일반적 특성과 같은 것처럼 보일 수도 있다. 학생들의 읽기 수준의 문제를 생각해 보자.

어떤 형태의 교수 프로그램이든지 학생들의 읽기 능력에 크게 좌우될 수 있음은 틀림없다. 학생들이 그 프로그램을 이용하여 학습을 하려면 반드시 최소한의 읽기 능력을 갖추고 있어야 한다. 읽기 수준에 대해 구체적으로 기술한 것이 학습자들의 일반적 특성인가, 아니면 학생들이 교수 프로그램으로 학습하기 전에 반드시 갖추고 있어야 할 출발점 기능이라고 보아야 하는가? 이 문제에 대해 두 가지 측면 모두에서 논의가 가능하다. 이와 비슷한 문제들을 야기할 수 있는 다른 기능들도 찾아볼 수 있다.

그런 능력이 어느 쪽에 속하는지를 적절하게 분류할 수 있는 한 방법은 학습자들에게 그 교수 프로그램의 학습을 시작하도록 허락하기 전에 그 능력에 대한 검사를 할 수 있고 그럴 만한 가치가 있는지를 따져 보는 것이다. 만약 검사를 할 만하면 그것은 출발점 기능으로 보아야 한다. 그러나 학습을 하기 전에 학습자들의 기능을 검사하는 것이 부적절하다면(읽기 검사를 실시하는 것처럼), 그것은 이 교수 프로그램을 통해 학습하려는 학습자들의 일반적 특성으로 분류하는 것이 더 낫다.

우리가 설계하려는 교수 프로그램을 위해 어떤 출발점 기능들을 어떻게 분석했는지는 어디까지 교수 분석을 했느냐에 달려 있다. 만일 교수 프로그램에 포함시켜서 다루려고 하는 과제와 기능들만을 분석했다면, 위계도의 최하위 기능 각각에 관련된 하위 기능들을 추가로 분석할 필요가 있다. 이 하위 기능들은 교수 분석 차트에서 교수 프로그램에 포함할 기능들과 명확하게 구분되도록 출발점 기능 선 아래에 열거해야 한다. 하위 기능 분석을 통해 기초적인 하위 단계의 기능까지 찾아서 분석을 했다면, 대부분의 학습자들이 이미 습득한 것으로 판단되는 기능들의 위쪽으로 점선을 긋기만 하면 된다.

또한 언어적 정보 목표를 강조하는 일반적인 주제에 대한 교수 프로그램을 개발할 경우, 때때로 그 교수 목표를 성취하기 위해 읽기와 추론 능력 이외에 명백한 출발점 기능을 필요로 하지 않을 수도 있다. 그런 영역을 설계해야 하는 경우라면, 그 교수 프로그램이 특정 학습자 집단을 위한 것이라고 하더라도 필요한 특정 출발점 기능이 없다고 해도 전혀 잘못된 것이 아니다.

출발점 기능의 잠정적 특성

출발점 기능을 정하는 것은 교수 설계 과정에서 상당한 위험을 감수해야 하는 부분이다. 왜냐하면 학습자가 학습해서 알아야만 하는 것과 이미 알고 있어야만 하는 것을 설계자가 가정(추정)해야 하기 때문이다. 확실히 설계자가 두 방향 중에 하나의 오류를 범할 수가 있고, 그 오류는 필연적인 결과를 낳게 된다. 예를 들어, 똑똑한 학생들만을 대상으로 하는 교육과정 자료를 개발한다고 할 때, 하위 기능 분석을 통해 분석한 결과에서 가르쳐야 할 기능과 이미 알아야 할 기능을 구분하는 점선(출발점 기능을 표시한 선)은 그 표의 윗부분에 그어질 것인데, 이때 학습자들은 대부분의 기능을 미리 숙달하고 있음을 의미한다. 그렇게 예상된 출발점 기능을 대상 학습자들의 대부분이 숙달하지 못했다면, 대다수의 학습자들에게 그 교수 프로그램의 효과성을 잃게 될 것이다. 출발점 기능을 적합하게 예상하지 못한다면 학습자들의 노력은 허사가 될 뿐만 아니라 그 교수 프로그램은 비효과적일 수밖에 없게 될 것이다.

그 다음으로 예상할 수 있는 오류는 출발점 기능 선을 너무 낮게 잡는 것이다. 즉, 대부분의 학습자들이 그 교수 목표를 성취하는 데 필요한 기능을 거의 학습하지 못한 것으로 전제할 경우이다. 이런 오류는 학습자들이 반드시 학습할 필요도 없는 교수 프로그램을 개발하게 하고, 학습자들이 이미 알고 있는 기능을 학습하게 되는 시간 낭비를 초래할 수 있다.

설계자는 아직 교수 프로그램을 개발하지도 않은 시점에서 그 프로그램을 사용할 학습자들에 대해 몇 가지의 추정을 해야 한다는 점에 주목할 필요가 있다. 시간이 허락된다면, 시험(try-out) 집단을 선정하여 대부분의 학습자들이 하위 기능 분석에서 도출된 출발점 기능을 갖추고 있는지를 검사하거나 면담할 필요가 있다. 이를 위한 절차는 11, 12장에서 다룰 것이다. 이런 활동을 할 수 있는 시간이 여의치 않다면, 이후의 개발 과정에서 출발점 기능에 대한 추정이 얼마나 정확했는지를 검증해 보아야 한다. 하지만 이렇게 출발점 기능을 확인하는 과정을 늦추면, 교수 프로그램과 학습자 수준의 불일치로부터 발생하는 불필요한 개발 시간을 할애해야 하는 위험을 담보할 수밖에 없다.

학습자들이 갖추고 있는 출발점 기능과 교수 프로그램에 포함시켜서 가르치려고 하는 기능 간에 조율이 이루어지지 못하면, 근본적인 질문을 제기해야 한다. '즉, 개발하려는 교수 프로그램이 특정 내용을 가르치는 데 초점이 맞추어져 있는가?' 아니면 가르치려고 하는 대상 학습자들에게 맞추어져 있는가? 만약 전자의 경우라면, 출발점 기능을 수정할 필요가 없다. 이 교수 프로그램에서 설정하고 있는 출발점 기능을 갖추고 있는 학습자 집단이 나타날 때까지 기다리는 것이다. 그런 학습자들이 나타나면 바로 그들을 위한 교수 프로그램이니까! 특정 학습자 집단을 가르치는 것이 그 교수 프로그램을 개발하는 목적이었다면, 그 집단의 출발점 기능에 맞도록 교수 프로그램에 어떤 기능의 보충이나 삭제를 해서 수정해야 한다. 이 딜레마에 대해 하나의 정답은 없다. 그 교수 목표를 도출한 요구 분석의 관점에서 양 극단의 상황이 판단되어야 한다.

비슷한 맥락으로, 의도된 학습자들의 일부분만이 출발점 기능을 갖추고 있는 경우도 자주 있다. 이런 상황은 어떻게 조절해야 하는가? 하나의 교수 프로그램 안에 다수의 '출발점'을 두어서, 출발점 기능 검사 점수를 이용하여 학습자들을 적절한 출발점에 배치하는 것도 가능하다. 또 다른 해결책은 이 교수 프로그램이 특정 출발점 기능을 갖추고 있는 학습자들을 위해 설계되었음을 알려 주는 것이다. 이 기능들을 갖추고 있지 않은 학습자들은 이 교수 프로그램을 시작하기 전에 어디에선가 출발점 기능을 숙달하고 와야 한다. 이러한 너무나 일반적인 상황에 대해서도 손쉬운 정답은 없다.

예시

여기에서는 운동 기능과 태도를 위한 통합적 분석 과정을 살펴보고, 다음 사례 연구에서 지적 기능과 언어적 정보를 위한 통합적 분석 절차의 예를 보고자 한다.

운동 기능의 하위 기능 분석

교수 목표 골프공을 컵에 퍼팅하기

운동(psychomotor) 기능은 대개 지적 기능과 운동 기능을, 지적 기능은 종종 언어적 정보를 필요로 한다. 골프공을 퍼팅할 때 따라야 할 절차는 그림 3.2와 같다. 이 시점에서는 앞서 분석한 각 단계를 수행하는 데 필요한 하위 기능과 정보를 찾아내기 위한 교수 분석을 계속할 필요가 있다. 그림에서 보는 것처럼, 먼저 우리는 '컵에 공을 넣기 위해 요구되는 스트로크를 구상한다'라는 첫 단계를 수행하기 위한 하위 기능을 분석할 것이다. 그 분석 결과는 그림 4.6에 있다.

스트로크를 계획하는 데 필요한 하위 기능은 모두 지적 기능(운동 기능 중의 심리적

(psycho) 요소)인 점에 주목할 필요가 있다. 운동 요소는 골퍼가 머릿속에 구상한 계획을 실제 행동으로 옮길 때 일어난다. 퍼딩하는 행동을 설계자가 관찰한다면 그 기능의 운동적인 부분은 쉽게 볼 수 있지만, 정신적 부분은 가려진 채로 남아 있다. 스트로크를 구상하는 데

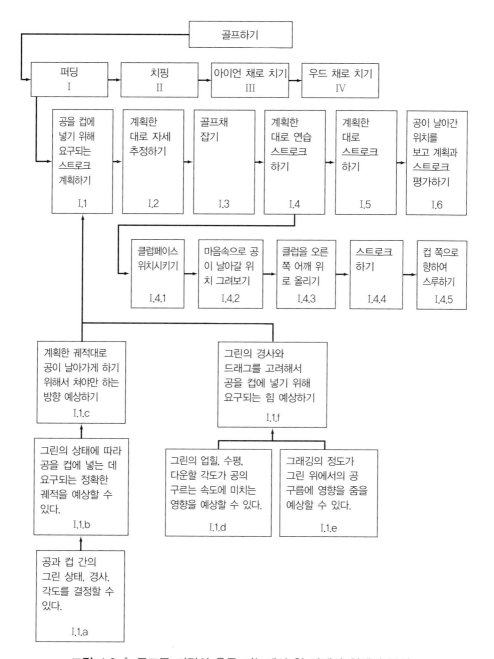

그림 4.6 ┃ 골프공 퍼팅의 운동 기능에서 첫 단계의 위계적 분석
목표: 골프공 퍼팅하기
학습 유형: 운동 기능

필요한 모든 정신적 활동은 '그 구상에 기초하여 자세를 취하기'인 2단계로 가기 전에 완성되어야만 한다.

이런 운동 기능의 첫 단계는 지적 기능이므로 위계적 분석 절차를 적용한다. '학생들이 스트로크를 어떻게 계획(구상)해야 할지를 학습하기 위해 무엇을 할 수 있어야 하는가?'라는 질문에 답으로 공을 쳐야 하는 방향과 공을 칠 때의 힘에 대한 예측이 함께 포함된 계획을 결정해야 한다. 그 다음에 퍼팅의 방향은 공이 어떻게 굴러갈지를 알아야 하고, 공의 궤도는 '그린의 레이(기울기의 정도)'를 얼마나 정확하게 읽었느냐에 달려 있다. 공을 어느 정도의 힘으로 쳐야 할 것인지를 결정하는 것과 관련된 하위 기능 분석을 위해서도 비슷한 분석 방법이 사용되었다.

이 예에서는 두 가지 내용이 중요하다. 첫 번째 내용은, 공을 어떻게 칠 것인지를 계획(구상)하는 목표의 첫 단계가 학습자들이 공을 치는 방향과 힘 그리고 이것에 관련된 하위 기능을 학습하기 전에는 가르쳐질 수 없는 기능이라는 점이다. 이 하위 기능은 스트로크 계획을 구상하는 단계에 통합될 수 있다.

둘째 내용으로, 단계 4의 아래에 있는 네 가지 하위 기능들을 살펴보자. 각 기능이 지적 기능인지를 알아보고, 만약 그렇다면, 또 다른 위계적 분석이 필요한지를 결정해야 한다. 4.1, 4.3, 4.4, 4.5단계는 더 이상의 분석이 필요 없는 운동 기능이다. 그러나 단계 4.2는 지적 기능이어서, 단계 1에 열거된 모든 하위 기능과 스트로크 계획의 사용을 요한다. 도표에 이런 모든 기능을 다시 쓸 필요는 없다. 단순히 ①이라는 기호를 단계 4.2 아래에 표시함으로써 1단계의 모든 것이 이 단계 전에 학습되어야만 함을 나타낼 수 있다.

퍼팅 절차의 다른 단계들도 그것을 수행하기 위한 하위 기능을 나타내기 위해 분석이 필요할 것이다. 기능은 정확한 예측과 그 예측을 실제 행동으로 옮기는 연습 과정을 통해 획득된다. 정확한 행동을 위해서는 많은 연습이 필요하다.

태도 목표의 하위 기능 분석

다음의 태도 목표 분석의 예는 태도 목표의 교수 분석에 사용할 수 있는 하나의 기법을 보여 주고 있다. 목표 진술문으로 시작해서, 필요한 기능과 정보를 단계별 순서로 찾아내는 것이다.

교수 목표 학습자는 호텔에 머무는 동안 개인적인 안전을 최대화할 수 있는 행동을 선택할 수 있을 것이다.

호텔 투숙 중 사전안전 조치를 준수할 수 있는 행동을 선택할 수 있으려면(안전한 행동을 선택하는 태도) 학습자에게 만일의 경우에 발생할 수 있는 위험에 대해 알아야 하고, 따라야 할 절차도 알아야 하며, 실제로 안전수칙을 따라야 할 것을 요구한다. 태도에 대한 이 교수 목표는 3장에서 나왔던 것인데, 기본적인 분석 결과와 계열을 결정한 것은 그림 3.3에 나와 있다.

그 분석을 계속해 보기 위해 여기에서는 화재와 관련된 안전만 살펴보기로 한다. 호텔에 화재가 발생했을 때 호텔 투숙객이 위험을 최소화하기 위해 따라야 할 절차는 무엇인가? 다음과 같이 자연스러운 순서로 되어 있는 세 가지 기본 단계가 포함된 절차가 있을 것이다.

1. 호텔에 처음 투숙할 때 화재 시 호텔의 화재 안전수칙, 절차, 주의사항에 대해 문의를 한다.
2. 배정된 객실의 비상 장비를 점검한다.
3. 객실에 인접한 비상구를 점검한다.

다음 단계는 한 개인이 위의 각 단계를 성취하는 데 필요한 정보와 기능을 분석하는 것이다. 태도를 형성하고, 그럼으로써 사람들이 요구된 행동을 보일 수 있도록 하는 중요한 요소는 사람들에게 왜 그런 방식으로 행동해야 하는지에 대한 정보를 제공하는 것임을 명심해야 한다. 이런 과제의 분석에서, 각각의 단계를 왜 성취해야만 하는지에 대한 이유를 포함해야 한다.

첫째 과제부터 시작해 보자. 화재 시의 안전 정보에 대해서 왜 문의를 해야 하는가? 그 이유에 호텔의 화재로 인한 사망이나 부상에 대한 사실 데이터가 포함될 수 있을 것이다. 호텔에서의 연간 화재 발생빈도, 고층 건물이기 때문에 생길 수 있는 부가적 위험성, 연간 호텔 화재에 의한 사망자 및 중상자 수가 이 사실 데이터에 포함될 수 있다. 이러한 정보의 목표는 화재 문제에 대해 학습자들의 관심을 끌 수 있고, 학습자들도 역시 호텔에 투숙하는 동안 이런 위험에 노출되어 있음을 환기시킴으로써 그런 사실을 인지하도록 도와주기 위한 것이다.

뿐만 아니라, 호텔에서 제시하는 안전을 위한 주의사항과 절차가 적합한지를 판단할 수 있어야 한다. 그래야 투숙자가 호텔에서 입수하길 기대하는 일상적인 화재 안전을 위한 주의사항에 관한 정보를 필요로 하게 될 것이다. 따라서 호텔 고객들이 호텔에 대한 화재 안전 정보를 왜 수집하고 어떤 정보를 찾아야 할지를 기술하고 있는 지원적인 정보가 첫 과제에 포함될 것이다. 첫째 하위 기능과 지원 정보를 도식화하면 다음과 같다.

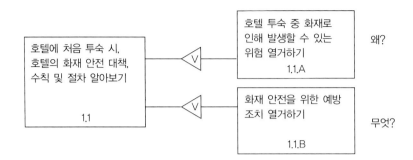

만일 호텔 투숙 절차를 밟는 동안 투숙객이 화재 안전 절차에 관해 문의하는 것을 관찰하게 된다면, 우리는 그 고객이 호텔 투숙 중 자신의 안전을 최대화하려 한다는 것을 정확하게 추론할 수 있다(본래의 태도 목표).

여기서 둘째 하위 기능, 객실 비상 장비 점검하기를 살펴보자. 여기에서도 마찬가지로 왜 점검을 해야 하고, 어떤 장비를 찾기를 기대하는지를 알아낼 필요가 있다. 이를 도식화하면 다음과 같다.

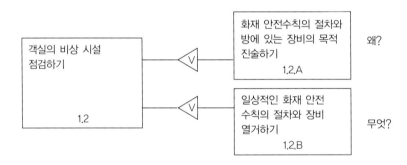

셋째 하위 기능은 투숙객이 왜 객실 근처의 비상 출구를 점검해야 하는지, 그리고 무엇을 알아야 하는지에 관한 것으로 이를 그림으로 나타내면 다음과 같다.

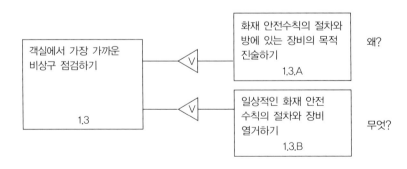

화재 안전수칙의 기능에 대한 완전한 분석 결과는 그림 4.17에 있다. 이 도식에서 주요

하위 기능이 수평으로 배열되어 있음에 주목해야 한다. 그 절차의 각 단계를 수행하기 위한 정보의 블록은 다음 기호와 같이 연결시킨다.

기능 2와 3의 분석을 완성한 후, 각각의 하위 기능이 본래의 태도 목표와 관련되는지를 결정하기 위해 모든 하위 기능을 검토해 보는 것이 현명하다. 만약 투숙객들이 과제들을 기술한 대로 수행하고 있다면, 그들은 호텔 투숙 중에 자신들의 개인 안전을 최대화하는 태도를 보여 주고 있다고 추론할 수 있을까? 만약 '예'라고 답할 수 있다면, 원래 목표에 벗어나지 않은 것이다.

출발점 기능의 규명

그림 4.6에 있는 골프공 퍼딩하기에 대한 운동 기능의 교수 분석 결과를 보자. 적절한 출발점 기능의 규명은 학습자가 갖추고 있는 기능에 대한 현재 수준으로부터 나온다. 게임 점수를 어떻게 계산하는지와 공을 컵에 최대한 붙이기와 같은 높은 지식이나 기능을 숙달하고 있지 않은 골프 초보자가 갖추고 있을 만한 출발점 기능들은 거의 없을 것이다. 골프 치는 능력을 갖추고 있는 골퍼들을 위해서 출발점 기능을 규명하려고 한다면, 단계 1(하위 기능 1.1부터 1.7까지)과 주된 단계 1 사이에 출발점 기능 선을 그을 것이다. 그 출발점 기능 선을 어디에 그어야 할지를 자신 있게 할 수 있는 유일한 방법은 대상 집단에 속하는 표집된 학습자들이 실제로 퍼딩하는 행동을 관찰하는 것이다.

이번에는 그림 4.7에 있는 호텔에서의 개인 안전에 대한 태도의 교수 분석을 검토해 보자. 어디에 출발점 기능 선을 그어야 할까? 절차에 있는 모든 단계와 각 단계가 요구하는 모든 정보를 가르쳐야 할 필요가 있다고 전제할 수 있다. 그렇다면, 여기에는 어떤 출발점 기능 선도 필요가 없다.

사례 연구: 집단 리더십 훈련

집단 리더를 위한 리더십 훈련에 관한 사례를 보자. 여기에서는 3장에서 보았던 목표 분석 결과의 한 부분을 선택해서 하위 기능 분석에 대해 자세하게 보려고 한다. 그 목표의 모든 단계들에 대한 분석 결과 전부를 보기에는 내용이 너무 많기 때문이다. 이 사례를 통해 지적 기능과 언어적 정보 둘 다 포함된 하위 기능 분석의 예를 보기로 한다.

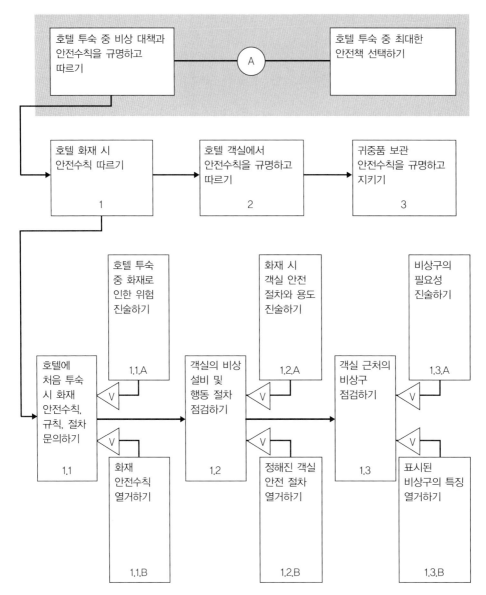

그림 4.7 ┃ 태도 교수 목표의 선택된 요소에 대한 하위 기능 분석

지적 기능의 위계적 분석

교수 목표 효과적인 집단 토론 리더십 기능을 시연할 수 있다.

그림 3.7에 있는 목표 분석 결과 중에서, 단계 6에 대한 교수 분석을 위해 위계적 분석 방법을 선택했다. 리더로서의 주된 세 가지 토론 행동을 협력적인 집단 상호작용을 관리하는 데 도움이 되는 행동들(구성원들의 협조적 행동을 유도하는 행동, 구성원들의 비협조적

행동을 거부하는 행동, 회의 중 집단 스트레스를 완화하는 행동)로 파악했다. 이 세 가지 행동들은 다음의 도식에서 순차적으로 제시되어 있다. 이 행동들 간에는 위계적 관계가 없기 때문에, 그 행동들을 어떤 순서로 표현할 것인지에 대해서는 약간의 유동성이 있다. 협조적 행동 유도하기를 맨 앞에 열거했는데, 그 행동이 세 가지 행동 중에서 가장 직접적이고 긍정적이기 때문이다. 비협조적 행동 거부하기를 둘째에 두었는데, 이는 이 행동이 첫째의 긍정적 행동을 유도하는 것과 보완적 관계가 있기 때문이다. 그리고 집단 스트레스 완화하기를 마지막에 표시했다. 상위 기능인 기능 6에서 학습자는 협조적 집단 상호작용을 관리하기 위해 이 세 가지 하위 기능들의 활용을 통합할 것이다.

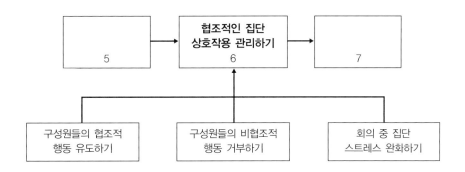

각각의 관리 기능에 대한 하위 기능을 규명하기 위한 위계적 분석을 계속할 수 있다. 이를 위해 과제들을 하나씩 분석하기 위해 구성원들의 협조적 행동을 먼저 분석한다. 리더가 협조적 행동을 유도하기 위해서는 협조적 행동을 유도하는 전략이 어떤 것인지를 인식할 수 있어야 하고, 집단 구성원의 협조적 행동을 인식할 수 있어야 한다. 구체적으로는 협조적 상호작용을 촉진하기 위한 전략을 말할 수 있고, 협조적 상호작용을 촉진하는 구성원의 행동도 진술할 수 있어야 할 것이다. 이 마지막 과제들은 언어적 정보이므로 언어적 정보임을 표현하는 기호를 사용하여 각각의 분류 과제에 연결했으며, 다음과 같이 도식화할 수 있다.

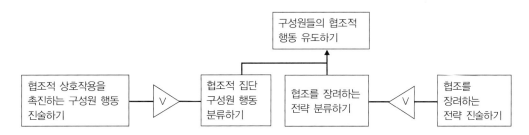

이번에는 두 번째 과제인 집단 토론 구성원들의 비협조적 행동 거부하기에 대해 알아보자. 이 기능을 학습했음을 시연할 수 있게 하려면, 리더들은 협조적 상호작용을 가로막

는 구성원의 행동과 비협조적 행동을 거부하기 위한 전략을 분류할 필요가 있다. 다음 그림에서 보는 것처럼, 이러한 각각의 행동들은 협조적 상호작용을 가로막는 구성원의 행동과 전략을 진술로 구성한 언어적 정보 요소를 포함하고 있다.

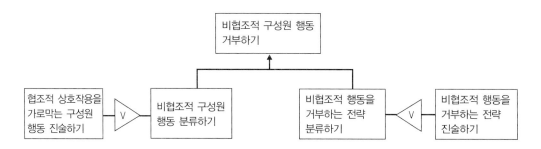

셋째 기능인 집단 스트레스를 완화하기에 대해 알아보자. 처음의 두 과제들과 비슷하게, 리더들은 집단 스트레스의 증상과 집단 스트레스를 완화하기 위해서 리더가 취해야 할 행동을 분류할 필요가 있다. 이러한 두 과제들은 증상과 전략을 진술하는 것과 관련된 언어적 정보 과제를 하위 과제로 하고 있으며, 다음과 같이 표현할 수 있다.

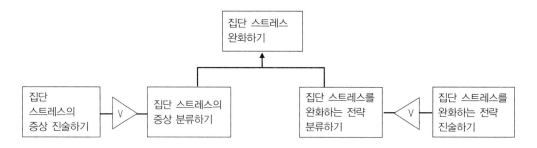

지금까지의 분석된 결과를 도표로 완성한 것은 그림 4.8과 같고, 이것은 위계 안에 포함된 하위 과정들 간의 관련성을 보여 준다. 첫째, 도표 상단에 있는 처음의 일곱 단계가 교수 목표에 대한 개관과 함께 단계적 순서를 제공함에 주목할 수 있다. 둘째, 단계 6 아래에 있는 위계적 구조는 단계 6에만 해당되는 하위 기능들을 제시하고 있음을 눈여겨보아야 한다. 셋째, 집단 관리에 대한 단계(하위 기능 6.5, 6.10, 6.15)는 수평으로 열거되어 있는데, 이는 그 기능들이 서로 위계적 관계가 아님을 의미함에 주목할 필요가 있다. 교수 목표에 대한 교수 분석을 완성하기 위해, 교수 목표에 명시된 다른 주요 단계를 위한 하위 기능과 나머지 언어적 정보 과제에 포함되는 정보를 파악해야 할 것이다. 이 예를 통해서 알 수 있듯이, 지적 기능의 철저한 분석은 다소 까다로울 수 있다.

언어적 정보의 하위 기능을 위한 군집 분석

하위 기능 협조적 상호작용을 촉진하는 구성원의 행동을 진술하고 협조적 상호작용을 가로막고 방해하는 구성원의 행동을 진술할 수 있다.

어떤 교수 목표는 순전히 언어적 정보의 과제일 경우도 있지만, 지적 기능의 위계 안에 내재되어 있는 언어적 정보의 하위 기능을 분석할 필요가 있을 경우가 훨씬 더 많다. 표 4.1은 그림 4.8에 있는 협조적 집단 토론의 관리에 대한 분석에서 언어적 정보의 하위 기능 과제 중 두 군집 분석 결과이다. 그것은 협조적 상호작용을 촉진하는 구성원의 행동을 진술하는 하위 기능 6.1의 언어적 정보, 협조적 상호작용을 가로막거나 저해하는 구성원의 행동을 진술하는 하위 기능 6.6을 말한다. 과제 6.1은 새로운 아이디어를 제시하거나 그것에 대하여 반응할 때 자발적인 행동을 취한다는 하나의 정보 군집만을 포함하고 있다. 과제 6.6은 자발적이고 비계획적인 행동과 계획적이고 유목적적인 행동의 두 군집을 포함한다. 표 4.1을 보면, 세 군집별로 그 정보가 제시되어 있다.

출발점 기능의 규명

그림 4.8에 제시된 '집단 토론 이끌기'에 대한 위계적 분석 결과를 보자. 석사과정 대학원생을 위해서는 어떤 과제들을 출발점 기능으로 분류해야 할 것 같은가? 대단히 이질적인 집단인 경우, 그림 4.9처럼 두 개의 기능을 출발점 기능으로 분류할 수 있다. 대상 학습자 집단이 전공이 각기 다른 학부 학생들이라고 생각해 보자. 대다수의 학부 학생들은 아주 엉성한 집단 토론 훈련을 받았을 것이고 극소수의 학생들만이 현업이나 지역사회에서의 다양한 단체에서 위원장의 역할을 해 보았을 것이다. 이런 학습자들을 위해서는 기능 6.5, 6.10, 6.15 이하에 있는 모든 기능들을 출발점 기능으로 분류할 수 있다. 그러나 교수 설계자는 다음의 상위 기능들로 옮겨 가기 전에 위에서 말한 가정들을 점검해 보아야 한다. 이 세 개의 기능 아래에 있는 모든 기능들이 출발점 기능들로 분류되어야 한다면, 이들을 위한 교수 프로그램은 회의 중에 언어적, 비언어적 관리 행동에 대한 자세한 피드백을 제공하면서 상호작용적 집단에서의 이 세 가지 리더십 기능들의 연습에 초점을 두어야 할 것이다.

학교 교육과정의 사례에 관심이 있다면 부록 C에 있는 하위 기능 분석과 출발점 기능 분석 결과를 참고하기 바란다.

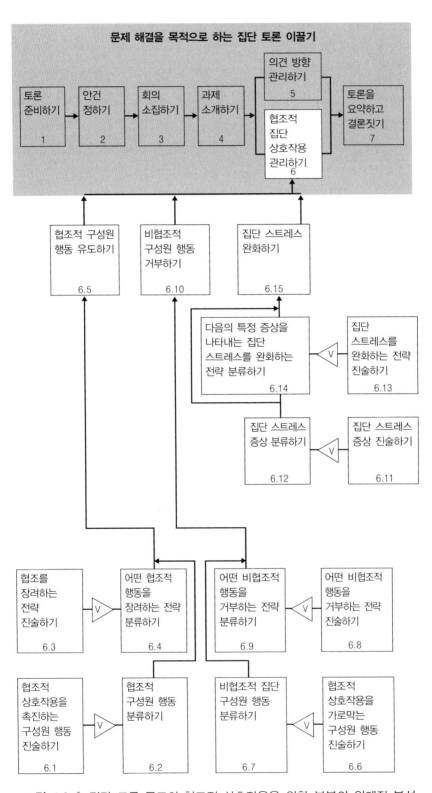

그림 4.8 | 집단 토론 목표의 협조적 상호작용을 위한 부분의 위계적 분석

표 4.1 ┃ 집단 토론 이끌기에 관한 목표 중에서 언어적 정보에 해당되는 과제의 군집 분석

협조적 상호작용을 촉진하는 구성원 행동 진술하기 6.1	협조적 상호작용을 가로막는 구성원 행동 진술하기 6.6	
자발적이고 비계획적인 행동	자발적이고 비계획적인 행동	계획적이고 유목적인 행동

6.1.1 새로운 아이디어를 소개하고 그것에 반응할 때
1. 모든 구성원들의 아이디어를 공평하고 신중하게 처리하기
2. 열린 마음으로 대하기
3. 다른 이의 평을 경청하고 고려하기
4. 정보와 아이디어를 제공하기
5. 다른 이들이 진지한 동기를 갖기를 기대하기
6. 다른 이들이 참여하게 하기
7. 선의를 항상 보여주기
8. 동의를 강요하는 압력을 제지하기
9. 구성원이 타인이나 다른 집단에 보이는 품위에 감사하기
 	
6.1.2 구성원이 아이디어에 대해 의문을 가질 때
1. 아이디어와 판단에 대한 실수를 인정하기
2. 너무 빨리 아이디어를 버리는 경향을 제지하기
3. 정당한 평가를 위해 아이디어를 심화 설명하기
4. 집단의 동의를 위해 아이디어 수정을 돕기
	6.6.1 새로운 아이디어를 소개하고 그것에 반응할 때
	1. 다음의 동료가 하는 평을 무시하기
	   a. 거의 말을 안 하는 이
	   b. 영향력이 없는 이
	2. 동료가 하는 다음의 평을 무시하기
	   a. 유창하지 않은 말
	   b. 인기 없는 친구의 말
	   c. 즉각적인 호응을 못 얻는 말
	3. 다음으로 인하여 의견을 너무 빨리 수용하기
	   a. 빠른 진행을 위해
	   b. 인기 있고 똑똑하고 경험 많은 회원의 옹호
	   c. 협조적으로 보이기 위해
	   d. 새롭기 때문에
	4. 잘 짜여진 결론을 들고 나오기
	5. 제안하고 회유하기
	6. 요청을 받을 때만 발언하기
	7. 타인의 진의를 오인하기
	8. 타인의 평이나 생각을 무시하기
	9. 타인의 생각에 상이나 벌을 주기
	10. 타인에게 동의하도록 강요하기
	11. 타인에 대한 회원의 품위를 손상시키기
	
	6.6.2 구성원이 아이디어에 대해 의문을 가질 때
	1. 개인의 실수를 인정하기를 거절하기
	2. 자신의 아이디어에 독선적으로 집착하기
	3. 질문을 개인적 공격이라고 여기기(과대 반응)
	4. 질문에 방어적으로 대응하기
		6.6.3 개인적 이미지를 조작하면서 타인을 조정하려 하기
		1. 현인의 역할을 채택('더 오래 있었고 잘 안다'); 처음엔 조용히 있다가 나중에 그럴듯한 권고로 집단을 구제하기
		2. 이름, 장소, 경험을 말하지 않기
		3. 공동 논의(동료에게 단서를 제공하고, 각자에게 말할 기회를 준다.)
		4. 타인이 시작도 하기 전에 결론을 내는 식으로 남보다 앞서 가기
		5. 극단적 입장을 취하다가 협조적인 척 중도적 입장에 서기
		6. 과대 반응(경청하고 협조적인 척한다)
		7. 그럴듯한 진지함을 보이기('당~신 정말 좋~은 생각을 가졌군요')
		8. 인기를 위해 유행어를 사용하기
		
		6.6.4 이하로 인해 타인에게 부적당한 느낌을 유발함으로써 조정을 시도하기
		1. 불필요한 기술적 용어를 사용하기
		2. 되풀이하여 정의를 요구하기
		3. 타인의 논평에 고의적인 무시를 보이기(무시하고 아무 말도 없었던 다른 화자에게로 화제를 돌린다.)
		4. 리더의 기능을 계속 빼앗기
		
		6.6.5 이하와 같이 일을 지연시킴으로써 타인을 조정하려 하기
		1. 짧은 간격으로 불필요하게 요약하기
		2. 너무 빨리 진행하는 것에 주의를 주기
		3. 속임수로 숙고와 회의 조정을 보이기(자세/몸짓)
		
		6.6.6 다음을 통해 균형을 뺏음으로써 타인을 조정하려 하기
		1. 목소리의 속도와 음색과 크기를 부적절하게 바꾸기
		2. 타인의 의견을 모순적, 극단적, 비논리적으로 만들어 사실을 왜곡하기
		3. 갑자기 논리에서 감상으로 전환하기
		4. 중요한 문제를 지나치게 가볍게 취급하거나 최소한으로 언급하면서 얕보기
		5. 연구된 허위 진술

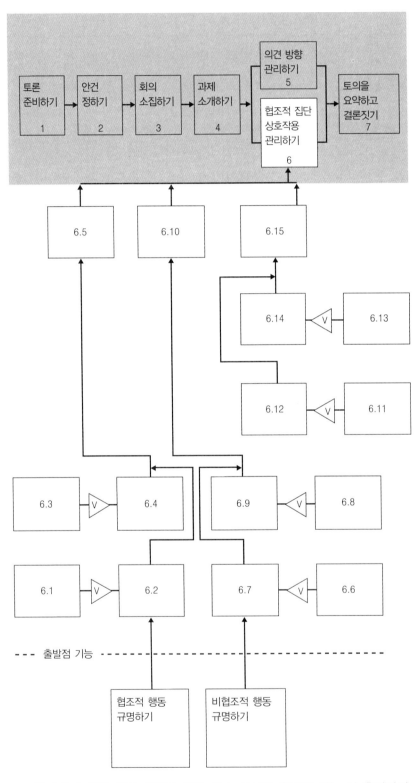

그림 4.9 | 집단 토론 목표를 위한 교수 분석에 출발점 기능 선 추가하기

요약

하위 기능 분석을 하기 위해서는 먼저 학습자가 교수 목표를 성취하기 위해 수행해야 할 필요가 있는 주요 과제들을 명료하게 진술해야 한다. 규명된 이 주요 단계들은 3장에 제시되어 있다. 하위 기능 분석을 하기 위해 목표의 주요 단계 각각을 분석해야만 한다. 만약 한 단계가 언어적 정보라면 군집 분석이, 지적 혹은 운동 기능이라면 위계적 분석이 사용되어야 한다. 위계적 분석에는 종종 절차적 단계의 계열이 포함될 수 있다.

태도에 대한 목표 분석은 어떤 사람이 어떤 태도를 가지고 있다면 그 사람이 보여 줄 행동들을 분석한다. 하위 기능 분석 단계 중에 그 행동 각각을 분석할 필요가 있다. 그 행동들은 지적 기능이거나 운동 기능일 것이다. 그 지적 기능이나 운동 기능을 수행하는 데 요구되는 언어적 정보는 위계 안에서 관련된 단계들을 지원할 수 있도록 표현되어야 한다. 이 정보의 내용은 어떤 행동을 할 것으로 기대되는지, 그리고 왜 특정 행동이 수행되어야 하는지에 관한 것이다.

하위 기능 분석은 이런 과정을 반복하면서 하위 기능들을 찾아내는 것이다. 다시 말하면, 하위 기능들을 분석했으면 다시 그것의 각 하위 기능들을 규명하기 위해 분석하는 과정을

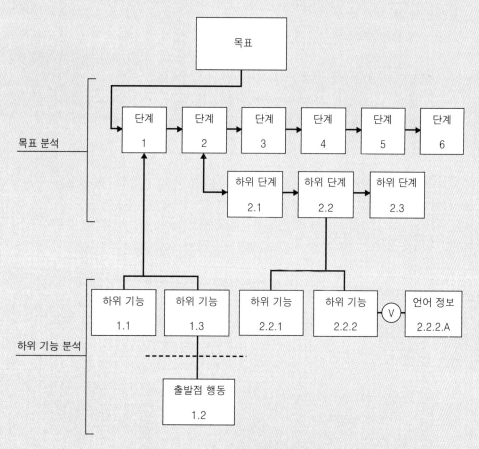

그림 4.10 | 교수 분석 과정의 구성요소

반복한다. 이렇게 목표에서 하위 기능으로 분석하는 과정은 더 이상의 하위 기능이 남아 있지 않다고 여겨질 때까지 계속된다. 이 시점에서 설계자는 학습자에게 가르칠 기능과 가르치지 않을 기능을 구별하기 위해 출발점 기능을 결정해서 선으로 표시한다. 분석 결과에서 가르치지 않을 기능을 출발점 기능이라고 한다.

하위 기능 분석의 최종 산출물은 교수 목표의 주요 각 단계를 수행하는 데 요구되는 하위 기능들의 프레임워크이다. 교수 분석의 전체적인 결과에는 교수 목표, 그 목표를 성취하기 위한 주요 단계, 주요 단계를 성취하는 데 요구되는 하위 기능과 출발점 기능이 포함된다. 이 프레임워크가 이후의 모든 교수 설계 활동의 바탕이 된다.

앞으로 해야 할 일이 많이 남아 있기 때문에, 다음의 설계 활동으로 들어가기 전에 학습 과제를 분석한 것을 평가해 보는 것은 중요하다. 어떻게 분석을 잘 하느냐에 따라서, 이후의 설계 활동이 쉬워질 수도 있고, 최종 산출물인 교수 프로그램의 질에 직접적으로 영향을 미칠

수도 있다. 분석 결과를 평가하는 데 사용할 준거는 모든 관련 과제들이 규명되었는지, 불필요한 과제들이 제외되었는지, 과제들 간의 관계를 명확하게 나타낼 수 있도록 분석표에 적절하게 선으로 잘 연결되었는지 등이다. 과제의 정확하고 명확한 분석을 위해서는 보통 수차례의 반복과 정제 과정이 필요하다.

그림 4.10에는 2, 3장에서 다룬 주요 개념이 요약되어 있다. 목표는 목표 분석 과정을 통해 단계와 하위 단계의 도식으로 나타나야 한다. 다음으로, 그 단계들은 목표를 위한 하위 기능과 출발점 기능을 이끌어 내기 위해 활용되어야 한다. 이 전체 과정을 교수 분석이라고 한다. 조심스럽게 교수 분석을 하는 일은 복잡할 뿐만 아니라 시간이 많이 필요한 일이다. 새로운 교수 프로그램을 개발해야 하거나 시중에 교수 프로그램을 내놔야 하는 대형 ID 프로젝트에서 그 전체적인 교수 설계 과정 작업이 신속하게 이루어지도록 하기 위해 동시적 설계(rapid prototyping) 기법이 동원되기도 한다. 이 문제는 9장에서 다룰 것이다.

하위 기능과 출발점 기능 분석 결과의 평가를 위한 루브릭

다음은 하위 기능과 출발점 기능 분석 결과 평가를 위한 루브릭(rubric)이다. 이 준거에는 기능에 대한 진술, 다이어그래밍, 목표 분석 프로젝트를 위해 찾아볼 수 있는 다른 준거들이 포함된다.

※ 다음 요소 중에 진행하고 있는 프로젝트와 관계없다면, '아니오' 칸에 '해당 없음'이라고 표시하세요.

아니오   약간   예   가. 지적 기능과 운동 기능 분석은

1. 목표의 각 단계별로 핵심적인 법칙과 개념들을 규명했는가?
2. 기능들 간의 위계적 관계는 다음에 의해 표현되어 있는가?
   1) 문제 해결에서 법칙으로, 개념으로, 변별로의 순서로?
   2) 위계적 기능들을 표현하기 위해 위로 향하는 화살표를 사용하고 있는가?
   3) 관련된 기능들을 연결하기 위해 적합한 번호[예 4.2(단계4

의 기능 2)] 체계를 사용하고 있는가?

_____ _____ _____ 3. 절차적 하위 기능들은 절차임을 보여 줄 수 있도록 사각형을 왼쪽에서 오른쪽으로 향하는 화살표를 사용하고, 기능별 번호 체계를 사용하여 주된 단계들과 연결하고 있는가?

_____ _____ _____ 4. 요구되는 언어적 정보가 적절한 기능에 연결되어 있는가?

나. 언어적 정보의 분석은

_____ _____ _____ 1. 소제목으로 그 내용의 주요 영역 표시를 하고 있는가?

_____ _____ _____ 2. 학습자의 수준에 맞는 내용의 크기와 깊이를 사용하고 있는가?

_____ _____ _____ 3. 논리적 순서(시, 공간적, 친숙한 것에서 비친숙한 것 순으로)에 따라 내용을 제시하고 있는가?

_____ _____ _____ 4. 그렇게 중요하지 않은 내용을 배제하고 있는가?

_____ _____ _____ 5. 범위를 표현하기 위한 적합한 포맷(예, 매트릭스, 군집, 사각형, 요약)을 사용하고 있는가?

_____ _____ _____ 6. 태도나 기능에 관련된 정보를 표현하기 위해 V자가 들어간 삼각형을 사용하고 있는가?

다. 태도는 다음과 명확하게 연결되어 있는가?

_____ _____ _____ 1. 태도가 반영되어 있는 행동(긍정적으로, 부정적으로)

_____ _____ _____ 2. 태도를 지원하기 위해 필요한 언어적 정보

_____ _____ _____ 3. 어떤 특정 방식으로 행동할 필요가 있는 운동 기능들

_____ _____ _____ 4. 적절하게 추론할 필요가 있는 지적 기능들(예, 해야 할 것, 어떤 보상, 결과)

_____ _____ _____ 5. 기능과 태도 사이에 원을 표시하고 그 안에 'A'라고 써서 수평선으로 연결했는가?

라. 기타

_____ _____ _____ 1.

_____ _____ _____ 2.

연습

다음 연습에서 운동 기능, 지적 기능, 언어적 정보의 목표를 위한 하위 기능 분석을 해 보자. 사례에 사용된 주제와 목표는 의도적으로 앞에서 사용한 예와 다른 것을 사용했다. 새로운 목표로 연습을 해 보아야 나중에 자신의 주제와 목표를 선택했을 때, 또 다른 경험을 하게 됨으로써 도움이 될 것이라고 생각했기 때문이다.

다음의 예를 가지고 분석을 해 보고, 자신의

분석 결과와 피드백에 제시된 예를 비교해 보자. 만약 자신이 분석한 것과 다르다면, 다른 점이 무엇인지를 찾아서 어떻게 수정해야 할지 정해 보자. 제공된 예보다 자신의 분석 결과가 낫다고 생각하면 그 이유를 설명하고 다른 점을 정당화해야 한다.

1. 운동 기능의 교수 분석해 보기

   주제: 타이어 교체하기

   다음의 '타이어 교체하기' 목표 중에 단계 2를 수행하기 위해 요구되는 하위 기능을 찾아냄으로써 절차적 분석 해 보기

   교수 목표: 자동차 타이어를 교체할 수 있다.

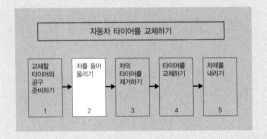

2. 지적 기능의 위계 분석해 보기

   주제: 지도 읽기 기능

   '지도 읽기'에 관한 교수 목표의 네 주요 단계를 수행하는 데 요구되는 하위 기능들을 찾아냄으로써 위계적 분석을 해 보기

   교수 목표: 자신이 살고 있는 동네의 지도를 사용하여 특정 위치에 있는 곳들을 찾아낼 수 있고, 그곳들 간의 거리를 정할 수 있다. 분석하는 데 도움이 되기 위해 살고 있는 도시의 지도를 구입하여 주요 단계를 수행하기 위해 그 지도를 사용할 수 있다. 분석을 하면서 무슨 과제를 수행해야 할지, 그 과제를 수행할 수 있으려면 어떤 정보와 기능이 필요할지에 주목해야 한다.

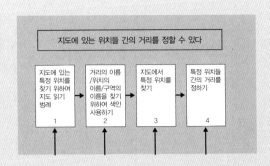

3. 지적 기능에 대한 하위 기능 분석해 보기

   주제: 작문하기

   '작문하기'에 대한 다음 목표의 교수 목표 분석에서 지적 기능과 언어적 정보가 통합되어 있는 경우 분석해 보기

   교수 목표: 작문을 할 때, (1) 그 문장의 목적과 분위기에 어울리는 문장의 유형과 구두점을 사용하고, (2) 문장의 복잡성과 구조에 어울리는 다양한 문장의 유형과 구두점을 사용할 수 있다.

4. 언어적 정보를 위한 군집 분석

   주제: 신체의 부위

   교수 목표: 일반 용어를 사용하여 신체 각 부위의 명칭을 붙일 수 있다.

   이 분석을 위한 한 가지 전략은 위에서 아래, 즉 머리에서 발로 과정을 진행하는 것이다.

5. 대상 학습자 집단이 임시 운전 면허증을 가진 고등학교 2학년 학생이라고 가정하고 그림 4.11에 있는 타이어 교체에 대한 운동 기능의 교수 분석 결과를 검토해 보자. 절차로 표현된 각 단계에 대해 출발점 기능이라고 생각되는 것을 찾아보자. 자신이 생각한 것을 기초로 하여 다이어그램에 있는 절차적 분석 결과를 수정해 보자.

6. 그림 4.12에 제시되어 있는 '지도 읽기'에 대한 위계적 분석을 검토해 보자. 대상 학습자 집단이 읽기와 수리 기능에서 중하위, 중위,

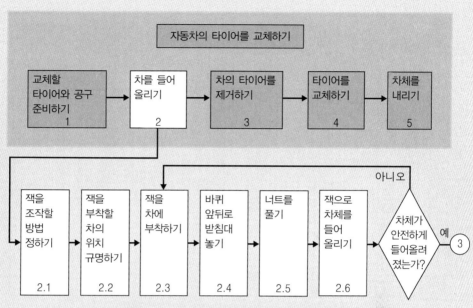

그림 4.11 ┃ 자동차 타이어 교체 목표 분석

상위 집단으로 나눌 수 있는 6학년 학생이
라고 가정하자. 이 분석에서 어떤 과제가 출
발점 기능이라고 생각하며, 6학년을 대상으
로 하는 이 교수 프로그램에 어느 기능들이
포함되어야 한다고 믿는가? 자신의 분석 결
과에 기초하여 그림 4.12를 수정해 보자.
7. 그림 4.13의 '신체 부위별 이름 대기'에 대한
언어적 정보 목표를 보자. 대상 학습자 집

단이 초등학교 3학년 학생이라고 가정하자.
어느 과제가 출발점 기능이어야 한다고 생
각하는가? 이 과제는 학생들에게 신체 부위
의 이름을 댈 수 있을 뿐만 아니라 철자법에
맞게 쓸 수 있어야 함도 잊지 말자. 자신의
분석 결과에 기초하여 그림 4.13을 수정해
보자.

피드백

1. 타이어 교체하기에 대한 자신의 하위 기능
분석 결과와 그림 4.11을 비교해 보자. 기
능 2.1부터 2.6까지의 아래에 있는 몇 가지
하위 기능들을 포함하고 있을 수 있다. 예
를 들어, 단계 2.5를 성공적으로 수행하려
면, '시계반대방향으로 너트를 풀어야 한다'
와 같은 법칙을 알 필요가 있다고 했을 수
도 있다.
2. 자신의 분석 결과와 그림 4.12에 있는 지도

읽기에 대한 위계적 분석 결과를 비교해 보
자. 그 차이를 분석해 보고, 그 차이점을 설
명해 보자.
3. 작문하기에 대한 위계적 분석 결과와 부록
C에 제시된 것을 비교해 보자.
4. 신체 부위에 대한 언어적 정보의 군집 분석
결과와 그림 4.13을 비교해 보자.
5. 고등학생들을 대상으로 할 경우, 타이어 교
체에 대해 교수 분석한 하위 기능들 중에서

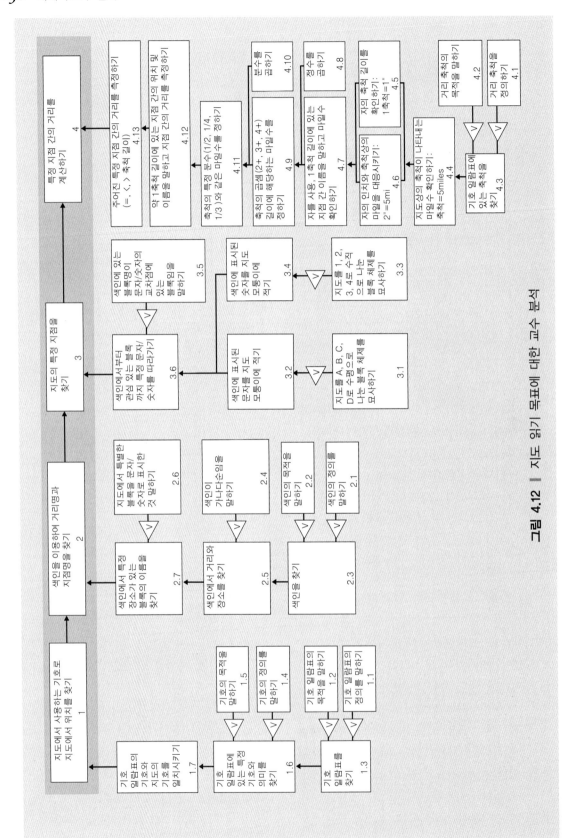

그림 4.12 지도 읽기 목표에 대한 교수 분석

출발점 기능으로 지정해야 할 것이 없다.

6. 지도 읽기 목표에 대한 교수 분석 결과 중에서 기능 4.8과 4.10만 출발점 기능으로 지정할 수 있을 것 같다. 정수나 분수의 곱셈을 할 수 없는 학생은 그들을 위한 교수 프로그램 중에서 단계 4를 제외시켜 주거나 더하기만으로 거리를 계산할 수 있는 다른 프로

그램으로 학습하게 한다.

7. 언어적 정보의 군집 분석에서 확인된 출발점 기능은 머리, 팔, 손, 몸통, 다리, 발을 구별할 줄 아는 능력이다. 용어들을 철자법에 맞게 쓰는 것은 교수 프로그램에서 다룰 것이기 때문에 출발점 기능은 없다.

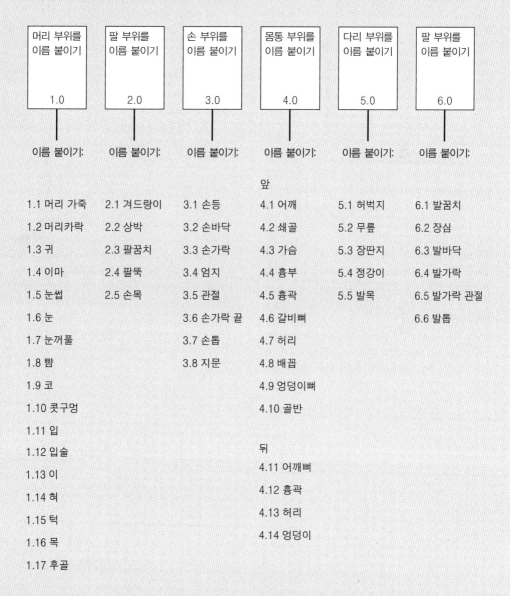

머리 부위를 이름 붙이기 1.0	팔 부위를 이름 붙이기 2.0	손 부위를 이름 붙이기 3.0	몸통 부위를 이름 붙이기 4.0	다리 부위를 이름 붙이기 5.0	팔 부위를 이름 붙이기 6.0
이름 붙이기:	이름 붙이기:	이름 붙이기:	이름 붙이기:	이름 붙이기:	이름 붙이기:
			앞		
1.1 머리 가죽	2.1 겨드랑이	3.1 손등	4.1 어깨	5.1 허벅지	6.1 발꿈치
1.2 머리카락	2.2 상박	3.2 손바닥	4.2 쇄골	5.2 무릎	6.2 장심
1.3 귀	2.3 팔꿈치	3.3 손가락	4.3 가슴	5.3 장딴지	6.3 발바닥
1.4 이마	2.4 팔뚝	3.4 엄지	4.4 흉부	5.4 정강이	6.4 발가락
1.5 눈썹	2.5 손목	3.5 관절	4.5 흉곽	5.5 발목	6.5 발가락 관절
1.6 눈		3.6 손가락 끝	4.6 갈비뼈		6.6 발톱
1.7 눈꺼풀		3.7 손톱	4.7 허리		
1.8 뺨		3.8 지문	4.8 배꼽		
1.9 코			4.9 엉덩이뼈		
1.10 콧구멍			4.10 골반		
1.11 입					
1.12 입술			뒤		
1.13 이			4.11 어깨뼈		
1.14 혀			4.12 흉곽		
1.15 턱			4.13 허리		
1.16 목			4.14 엉덩이		
1.17 후골					

그림 4.13 ▌ 언어적 정보 과제를 위한 군집 분석
목표: 신체 각 부위의 이름 붙이기
학습 유형: 언어적 정보

참고문헌

Annett, J., & Neville, A. S. (Eds.) (2000). *Task analysis*. New York, NY: Taylor & Francis.

Clark, R. E., Feldon, D., vanMerrienboer, J., Yates, K., & Early, S. (2013). Cognitive task analysis, In Spector, J. M., Merrill, M. D., vanMerrienboer, J., & Driscol, M. P. (Eds.) *Handbook of research on educational communication and technology* (4th ed.), Mahwah, NJ: LEA. CTA 연구와 실제, CTA 연구의 쟁점을 제시하고 있다.

Crandall, B., Klein, G., & Hoffman, R. R. (2006). *Working minds: A practitioner's guide to cognitive task analysis*. Cambridge, MA: MIT Press.

Gagné, R. M. (1985). *Conditions of learning* (4th ed.). NY: Holt, Rinehart and Winston. 학습 영역과 위계적 분석을 포함한 교수 설계의 여러 측면을 다루고 있는 고전이다.

Gagné, R. M., Wager, W., Golas, K. C., & Keller, J. M.(2004). *Principles of instructional design* (5th ed.). Belmont, CA: Wadsworth/Thomson Learning. 지적 기능에 대한 위계적 분석의 실제 적용 예를 많이 소개하고 있다.

Gottfredson, C.(2002, June/July). Rapid task analysis: The key to developing competency-based e-learning. *The E-Learning Developer's Journal*. Http://www.elearningguild.com/pdf/2/062502DST.pdf. 교수 분석을 위한 예들과 함께 그 절차를 자세하게 소개하고 있다.

Jonassen, D. H. (1997). Instructional design models for well-structured and ill-structured problem-solving learning outcomes. *Educational Technology Research and Development, 45*(1), 65-94. 교수 분석 중에 사용할 수 있는 구조화된 문제와 비구조화된 문제 해결을 위한 단계별 접근 방법을 다루고 있다.

Jonassen, D. H., Tessmer, M., & Hannum, W. (1999). *Task analysis procedures for instructional design*. Mahwah, NJ: Lawrence Erlbaum. 직무 분석과 과제 분석에 대한 다양한 기법을 교수 설계과정에 적용할 수 있는 개략적 설명과 함께 가이드를 제시하고 있다.

Lee, J., & Reigeluth, C. M. (2003). Formative research on the heuristic task analysis process. *ETR & D, 51*(4), 5-24.

Loughner, P., & Moller, L. (1998). The use of task analysis procedures by instructional designers. *Performance Improvement Quarterly, 11*(3), 79-101.

Mager, R.F. (1997) *Goal analysis: how to clarify your goals so you can actually achieve them*. Atlanta, GA: The Center for Effective Performance.

Novak, J. D., (2009). *Learning, creating, and using knowledge: Concept maps as facilitative tools in schools and corporations* (2nd ed.) New York, NY: Routledge. 교수 설계를 위한 개념도의 활용을 소개하고 있다.

Reigeluth, C. M.(1993). Current trends in task analysis: The integration of task analysis and instructional design. *Journal. of instructional development, 6*(4), 24-35. 과제 분석을 교수 설계 과정에 통합하는 문제를 기술하고 있다.

Shepard, A. (2000). *Hierarchical task analysis*. New York, NY: Taylor & Francis. CTA를 설명하면서, 기업 교육 분야에서의 직무 분석을 위계적으로 제시하고 있다.

제 5 장

학습자 분석과 상황 분석

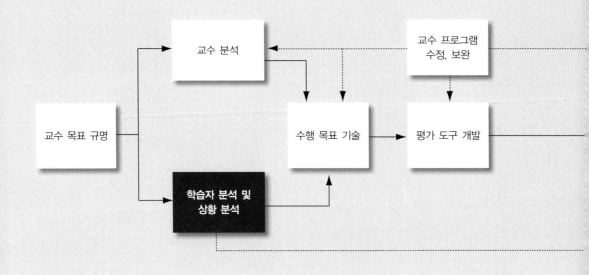

학습 목표

➤ 교수 프로그램을 개발할 때 고려되어야 할 대상 학습자의 일반적 특성을 기술한다.

➤ 습득한 기능을 사용할 수행 환경의 상황적 특성을 기술한다.

➤ 교수 환경의 상황적 특성을 기술한다.

➤ 규명한 교수 목표와 상황에 적합한 대상 학습자, 수행 환경, 학습 환경에 관한 정보 수집 방법과 자원을 기술한다.

➤ 대상 학습자 모집단의 일반적 특성을 분석하고 기술한다.

➤ 수행 환경과 교수 환경의 상황적 특성을 분석하고 기술한다.

➤ 학습자와 학습 상황에 따라 교수 분석 결과를 검토하고 수정한다.

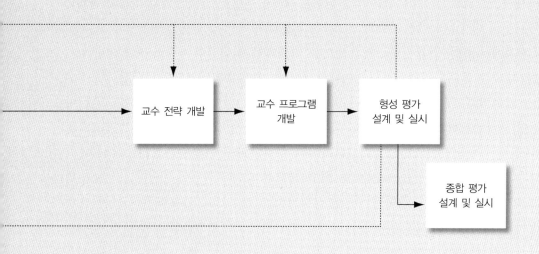

배경

앞 장에서는 가르쳐야 할 기능과 지식에 초점을 두고 살펴보았다. 요구 분석으로부터 교수 목표가 규명되었고, 목표에 포함되어 있는 구체적인 단계들을 결정하기 위해 목표를 분석했다. (1) 교수 프로그램에 포함되어야 할 하위 기능들과 (2) 교수 프로그램으로 학습을 시작하기 전에 학습자가 가지고 있어야 할 출발점 기능을 규명하기 위한 분석 활동이 있었다.

교수 설계자는 무엇을 가르칠 것인가는 물론, 학습자의 특성, 교수 프로그램이 사용될 환경, 학습된 기능들이 실제적으로 사용될 환경을 결정해야 한다. 우리는 이러한 유형의 분석을 학습자 분석(learner analysis)과 상황 분석(context analysis)이라고 한다. 이러한 분석을 통해 무엇을 가르쳐야 하고, 어떻게 가르쳐야 할지에 대한 상세한 정보를 얻을 수 있다.

우리가 가르치려고 하는 사람들에 대해서는 무엇을 알 필요가 있는가? 이에 대한 대답은 다양하다. 한 가지 접근 방법은 학습자들에게 가장 적합한 교수 프로그램을 설계하기 위해 가능한 한 많은 것을 알아내는 것이다. 그러나 자료 수집에 많은 경비와 시간을 소요하고도 쓸데없는 정보만을 얻는 경우도 있다. 또 다른 접근 방법은 설계자가 학습자들에 대해 이미 충분히 알고 있다고 생각해서 그들에 대한 정보 수집을 생략해도 된다고 전제하는 것이다. 그렇게 해도 될 정도로 대상 학습자들을 충분히 파악하고 있는 설계자들도 있을 수 있겠지만, 새로운 학습자들을 대상으로 설계하는 경우, 학습자에 대한 정확하지 않는 정보만으로 설계를 한다면, 설계된 교수 프로그램이 실제로 이용됨으로써 심각한 문제를 일으킬 수 있다.

역사적으로 교육 심리학자들은 학습자들의 개인차 변수와 그 개인차와 학습의 관계를 연구해 왔다. 대다수의 이런 부류의 연구들은 지능과 성격 특성에 관한 연구이다. 교수 설계의 관점에서 보면, 우리가 가르치려고 하는 대상 학습자 집단의 학습 성과에 의미 있게 영향을 미치는 변수가 무엇인지를 알아내는 것이다. 왜냐하면 설계자들은 어떤 공통적인 특성을 갖고 있는 학습자 집단을 위한 교수 프로그램을 만들어 내고자 하기 때문이다. 따라서 이 장에서는 학습에 영향을 미치는 일련의 변수들을 알아보고자 한다. 이런 변수들로 학습자들을 기술함으로써, 학습을 촉진하기 위해 우리의 교수 전략을 수정할 수 있다.

교수 설계 과정에서 학습자 변수 못지않게 중요한 요인은 학습이 일어나는 상황과 학습자들이 새롭게 습득한 기능들을 사용할 상황에 대한 분석이다. 학습자들이 교실에서 하나의 기능을 학습하고, 사후검사에서 그 기능이 완전학습이 되었음을 보여 주면, 학습이 다 된 것으로 볼 수도 있다. 마찬가지로 학생이 올해 수업시간에 배운 수학 기능들을 다음 해 수학시간에도 사용할 수 있다면, 이는 학습 상황과 배운 기능의 활용 상황이 본질적으로 같은 것이다.

이와는 대조적으로 관리자를 위한 대인관계 기능 코스를 보자. 이러한 기능들은 훈련센터에서 배우고 연습하지만 실제적으로는 다양한 기업 실무 환경에서 활용된다. 이렇게 학습과 활용 상황이 다르다면, 교수 매체 선정, 교수 전략, 학습자 평가 설계에 그런 차이점이 반영되어야 한다.

교수 설계자가 학습자와 상황을 분석해야 하는 또 다른 이유는 실제와 동떨어진 책상 위에서 하는 상상으로는 이런 분석이 불가능하기 때문이다. 설계자는 학습자, 교사, 관리자와 이야기를 해 봐야 한다. 교수 설계자는 교실, 연수원, 학습자의 직장을 방문하여, 학습자가 새로운 기능을 학습하고 사용하게 될 환경을 파악해야만 한다. 이러한 모든 노력들은 무엇을 가르쳐야 하고 배운 기능이 어떻게 사용될지에 대한 교수 설계자의 이해를 한층 높여 줄 것이다.

3장과 4장에서 보았듯이, 교수 분석의 단계와 학습자와 상황 분석의 단계는 순차적이지 않고 동시에 진행되어야 각 단계에서 수집된 정보가 양 단계에 유용한 정보가 될 것이다.

이 장에서는 첫째로 학습자에 대해 알아야 할 것(학습자 분석), 둘째로, 학습자가 배운 기능을 활용하게 될 환경에 관한 것(수행 상황 분석), 마지막으로 새로운 기능을 학습할 환경에 관한 것(학습 상황 분석)에 대해 알아볼 것이다.

개념

학습자 분석

어떤 교수 프로그램이든지 그 프로그램을 통해 학습할 학습자, **대상 학습자의 모집단 (target population)**에 대해 알아보자. 이들을 *대상 집단(target audience, target group)*이라고 부르기도 한다. 교수 설계자가 최적의 교수 프로그램으로 '맞추어(hit)' 주려는 집단이다.

이 대상 학습자 집단을 나이, 수준, 학습 주제, 직무 경험, 직위 등의 기준으로 기술한다. 예를 들어, 어떤 교수 프로그램은 시스템 프로그래머, 5학년 읽기 수업, 중간 관리자, 고등학교 교장을 대상으로 할 수 있다. 일반적으로 교수 프로그램을 이런 방식으로 기술하기도 한다. 그러나 교수 설계자는 이러한 일반적인 설명을 넘어 그 자료가 만들어질 때에 가르치려고 하는 특정 학습자가 어떤 구체적인 기능을 갖추고 있어야 하는지를 구체적으로 기술해야 한다.

여기에서는 대상 학습자(target population)와 다음 장에서 다루게 될 **시험 대상 학습자 (tryout learners)**를 구별해 둘 필요가 있다. 대상 학습자란 대학생, 5학년, 성인과 같이 아주 포괄적인 사용자들을 축약적으로 표현한 것이다. 반면에, 시험 대상 학습자란 교수 프로그램의 개발 중에 설계자가 설계 목적을 위해 활용할 대상을 말한다. 이러한 대상 학습자는 대학생, 5학년생, 성인과 같은 대상 집단의 모집단에 속한 학습자들이다. 그러나 시험 대상 학습자는 대상 학습자들 중에서 표집한 특정 대학생, 5학년생, 성인이다. 교수 설계자가 대상 학습자를 위한 교수 프로그램을 설계할 때, 교수 프로그램을 기획하고, 그 프로그램이 개발되어서 얼마나 효과적으로 그 효력을 발휘할 수 있는지를 결정하기 위해 시험 대상 학습자는 그 대상 학습자 집단의 대표성을 확보해야 한다.

그렇다면 설계자가 대상 학습자에 대해 알아내야 할 정보에는 어떤 것들이 있는가? (1) 출발점 기능 (2) 내용 영역에 대한 사전 지식 (3) 내용과 잠재적 전달 시스템(delivery system)에 대한 태도 (4) 학습 동기 (5) 교육과 능력 수준 (6) 일반적인 학습 선호도 (7) 훈련 기관에 대한 태도 (8) 집단 특성 등의 유용한 정보를 알아내야 한다. 이러한 범주에 대해 보다 자세하게 알아보자.

출발점 기능(entry skills) 교수 프로그램을 통해 학습을 시작하기 전에, 대상 학습자들은 교수 목표와 관련된 특정한 기능들(예, 출발점 기능)을 먼저 숙달하고 있어야 한다. 이 기능들은 정확하게 정의되어야 하고, 이 기능에 대한 학습자들의 실제 수준은 교수 개발 과정을 통해 확인되어야만 한다. 관련 연구에서 학습의 성과에 영향을 줄 수 있는 다른 학습자 특성들을 제시하고 있는데, 이런 특성들은 구체적이거나 일반적인 것으로 분류할 수도 있으며, 학습자의 지식, 경험, 태도와 모종의 관련성이 있다.

내용 영역에 대한 사전 지식   학습자들이 배우게 될 주제에 대해 무엇을 이미 알고 있는지를 알아내는 것이 대단히 중요함을 강조하는 최근의 학습 연구들이 많다. 학습자들이 주제에 대해 완전히 모르거나 최소한의 지식도 없는 경우는 거의 없다. 학습자들은 해당 주제에 관해 부분적인 지식이나 잘못된 개념을 가지고 있는 경우도 있다. 따라서 우리가 가르칠 때, 학습자들은 이전 학습을 연상하면서 새롭게 배우고 있는 내용을 해석하려고 한다. 그들은 사전 이해에 기초하여 새로운 지식을 구성하려고 하기 때문에 교수 설계자가 사전 지식의 범위와 특성을 파악하는 것은 대단히 중요하다.

내용과 잠재적 전달 시스템에 대한 태도   학습자들은 배우게 될 내용이나 전달 방법에 대해 선입견이나 어떤 태도를 가지고 있을 수 있다. 예를 들면, 영업 직원들은 일말 혹은 주말 영업 실적 데이터를 데스크 탑 컴퓨터로 데이터베이스의 필드에 입력하여 회사의 데이터망을 유지하는 데 필요한 규칙이나 기법을 숙달하는 데 흥미가 없을 수 있다. 오히려 회사의 전산망과 동기화되는 태블릿 컴퓨터나 스마트폰으로 데이터를 입력할 수 있는 앱을 회사가 제공해 주면 그것을 사용하는 방법을 학습하는 데는 흥미를 가질 수 있다. 따라서 교수 설계자는 표집한 대상 학습자들에게 가르칠 내용에 대한 사전 경험과 지식, 태도의 범위를 결정해야 한다. 학습 내용이 어떠한 방법으로 전달될 것인지에 대한 학습자의 기대도 설계자는 파악해야 한다. 아주 형편없는 학습 관리 시스템이 지원되는 이 러닝을 경험한 학습자들은 이 러닝과 유사한 학습 시스템으로 학습을 해야 한다면 아주 회의적인 태도를 보일 수 있다.

학습 동기   수많은 교사들은 성공적인 교육의 가장 중요한 요인으로 학습자의 동기 수준을 꼽는다. 교사들은 학습자들이 학습 내용에 관해 동기나 관심이 부족할 때, 학습은 거의 불가능하다고 보고하고 있다. Keller(1987)는 성공적인 학습에 필요한 다양한 형태의 동기 유발 모형을 개발하고, 효과적인 교수 설계를 위해 이 모형의 활용 방법을 제안했다. **ARCS(Attention, Relevance, Confidence, Satisfaction) 모형**은 8장에서 상세하게 살펴볼 것이다. 여기에서는 학습자 분석을 위해 학습자에 관한 정보를 수집하는 방법만을 살펴볼 것이다.

Keller는 학습자에게 다음과 같은 질문을 할 것을 제안하고 있다: 이 교수 목표는 학습자에게 어떻게 관련되는가? 목표의 어떤 측면이 가장 흥미로운가? 이 목표를 성공적으로 달성할 자신이 있는가? 목표를 성취한다면 얼마나 만족할 것인가? 이러한 질문에 대한 답은 대상 학습자, 교수 설계 과정에서 발생할 수 있는 잠재적인 문제점에 대한 모종의 아이

디어를 제공해 줄 수 있다. 모든 학습자들이 학습 내용에 흥미가 있고, 자신들의 관심 영역
이나 직무와 관련 있거나, 학습에 자신감을 보이거나 만족할 것으로 전제하는 것은 오산이
다. 안타깝게도 그런 경우는 거의 없다. 따라서 교수 설계자는 교수 프로그램을 실행할 때
보다는 설계하기 전에, 학습자들이 어떻게 느끼고 있는지를 아는 것이 중요하다. 이 장에
서는 학습자들의 일반적인 특성을 알아보고, 학습자들의 학습 동기의 시사점을 논의하고,
동기 수준에 관한 자료 수집의 절차를 설명하고자 한다.

교육과 능력 수준 학습자들의 성취 수준과 일반적 능력 수준을 파악해야 한다. 이러한 정
보는 학습자들이 어떤 교육 프로그램을 경험했으며, 이제까지 경험해 보지 못한 새로운 교
수 방법에 대한 학습자들의 대처 능력을 알 수 있게 해 준다.

일반적인 학습 선호도 대상 학습자들의 학습 능력, 선호도, 새로운 학습 방법에 도전해 보
려는 의지 등을 찾아내야 한다. 다시 말하면, 학습자들이 강의식/토의식 학습법에 고착되
어 있는지, 아니면, 세미나 수업, 사례 연구, 소집단 문제기반 학습(problem-based learning)
또는 개별적인 웹 기반 코스를 이용하여 성공적으로 학습한 경험이 있는지를 분석하고자
하는 것이다. 교육 프로그램이 그 효과를 극대화할 수 있도록 적응적이기 위해서는 학생들
의 개인적인 *학습 양식(learning style)*을 측정하여 반영할 필요가 있다는 연구가 수없이 이
루어져 왔다. 연구 결과에 따르면, 학습자가 어떻게 학습하는지를 예측할 수 있는 심리적
특성을 측정하는 것보다는, 오히려 듣고, 보고, 읽고, 소집단 토론을 하는 등에 대한 학습
자의 개인적인 선호로부터 학습자의 학습 양식을 확인하는 것이 낫다고 한다. 이 장에서는
학습 양식에 기초하여 교수 프로그램을 개별화함으로써, 학습의 효과성, 효율성, 태도의 효
과를 확정할 수 있는 연구가 나오기 전에는 학습 양식을 학습 선호도의 중요한 측면으로
보고자 한다.

훈련 기관에 대한 태도 교수 프로그램을 제공하려는 기관에 대한 학습자들의 태도를 알
아본다. 그 기관의 관리 방식이나 동료들에 대해 건설적이고 긍정적인 시각을 가지고 있는
지, 아니면 필요한 훈련을 제공하려는 상급자들의 지도력이나 능력에 대해 냉소적 태도를
가지고 있는지를 알아보아야 한다. 연구 결과에 따르면, 새롭게 학습한 기능들을 실제 업
무에 활용할 가능성이 높을 때, 이런 태도가 교수 프로그램의 성공을 예측할 수 있는 실제
적인 지표가 된다고 한다. 훈련 기관과 동료들에 대한 긍정적인 태도를 가지고 있는 학습
자들은 배운 기능을 활용할 가능성이 더 높다.

집단 특성 학습자들을 정확하게 분석하면 교수 설계에 중요한 영향을 미칠 수 있는 두 가지의 정보를 얻을 수 있다. 첫째는 대상 학습자 모집단의 이질성 수준이라는 중요한 변수를 파악함으로써 그 다양한 학습자들에게 적응할 수 있는 방법을 찾게 해 준다는 점에서 중요하다. 다음으로는 학습자들과의 직접적 상호작용을 통해 대상 학습자 모집단의 종합적인 인상에 관한 정보를 얻을 수 있다는 점이다. 이는 단지 학습자들에 대한 판에 박힌 서류상의 형식적인 설명이 아니라, 학습자들이 무엇을 알고 어떻게 느끼고 있는지를 알아내기 위한 진솔한 상호작용이 필요함을 의미한다.

요즘 유행하는 형태의 이 러닝 방법에서 시도되고 있는 집단 특성 분석의 흥미로운 예를 보자. 예를 들어 'MOOC(Massively Open Online Course)'에 등록한 5,000명의 학생들의 특성을 어떻게 분석할 수 있을까? 온라인 조사 도구인 'Survey Monkey'를 이용하여 개인 신상 정보, 교육 수준, 희망 직업, 동기 유발적 요소 등의 자료를 수집할 수 있다. 아마 전체 집단을 대표할 수 있는 전형적인 학습자의 심층적인 프로파일을 개발해서, 대상 학습자 집단의 대표적인 특성을 갖고 있는 가공의 학습자, '**personas**'를 개발할 수도 있다.

이러한 정보가 어떻게 수집되었든지, 학습자에 대한 변수는 교수 목표 선정, 개발에 유용하게 사용될 수 있고, 다양한 측면에서 교수 전략 개발에도 영향을 줄 수 있다. 또한 동기 전략 개발, 요점을 보여 주기 위한 다양한 사례, 교수 전달(instructional delivery) 방법과 학습자에게 적절한 기능을 연습하는 방법을 선정하는 데에도 도움을 준다.

학습자 분석을 위한 자료 수집

학습자들에 관한 정보를 수집하는 방법에는 여러 가지가 있는데, 그 중 한 가지가 관리자, 교사, 학습자와의 구조화된 면담을 위한 현장 방문이다. 이 면담을 통해서 출발점 기능, 개인적 학습 목표, 내용이나 훈련 기관에 대한 태도, 자기 보고 형식의 기능 수준 등의 정보를 얻을 수 있다. 현장 방문 중에, 교수 설계자는 실제 업무 수행과 학습 환경에서 학습자를 관찰할 수도 있다. 현장 면담이든, 온라인 조사이든, 설계자는 학습자의 관심, 목표, 태도, 자기 보고 형태의 기능 수준 등에 관한 정보를 얻기 위한 조사지와 설문지를 활용할 수 있다. 교수 설계자는 자기 보고나 관리자의 의견 이외에도, 학습자의 실제 출발점 기능과 사전 지식, 기능 등을 파악하기 위해 사전검사를 활용할 수 있다.

산출물 학습자 분석의 결과물은 학습자들의 (1) 가르칠 영역에 대한 출발점 기능과 사전 지식 (2) 내용과 잠재적 전달 시스템에 대한 태도 (3) 학습 동기 (4) 사전 성취와 능력 수준 (5) 학습 선호도 (6) 훈련 기관에 관한 일반적인 태도 (7) 집단 특성 등에 관한 기술이다. 배운 새로운 기능을 실제로 활용할 업무 상황에서 그것을 활용하는 것에 대한 적절한 지원이나 보상 체제가 마련되어 있지 않는다면, 학습자의 요구와 특성에 정확하게 맞추어진 좋은 교수 프로그램이라고 하더라도 말짱 허사가 될 수 있다.

수행 환경의 상황 분석

교수 설계자는 지식과 기능이 활용될 환경적 특성에 관심을 가져야 한다. 교수 프로그램은 해당 기관을 위해 제공될 교수 프로그램 혹은 다른 해결책들을 통해 해결될 수 있는 역량 문제에 기반을 둔 요구 분석을 통해 도출된 요구를 충족할 수 있어야 한다. 교수 프로그램은 학습 환경이 아닌 어떤 공간 혹은 직무 수행 환경에서 활용될 수 있는 기능과 태도를 학습자에게 제공해 줌으로써 확인된 요구를 만족시키는 일에 기여할 수 있어야만 한다. 교수 프로그램을 모두 학습하고 나서, 학습자가 어떤 검사에서 모두 숙달했음을 보여 주었다고 해서 학습이 완벽하게 이루어졌다고 생각하면 오산이다. 따라서 설계자는 학습자들이 새로 배운 기능들을 그들의 작업 실제에서 얼마나 활용하고 있는지를 아는 것이 중요하다. 특히 고차적 학습을 위해서(예, 문제 해결 과제 등), 신중하게 상황 분석을 해야만 교수 설계자는 수행 실제와 가장 유사하고 생생한 요소들을 설계에 반영할 수 있을 뿐만 아니라, 학습자가 학습을 위한 최적의 개념적 프레임워크를 형성할 수 있도록 해 준다. 수행 환경을 정확하게 분석해야만 교수 설계자는 보다 실제적 학습 경험들을 개발하게 됨으로써, 학습자 동기와 학습자의 개인적 목표와 가르칠 내용의 관련성을 높이고, 새롭게 배운 지식과 기능을 실제 업무에 이용할 가능성을 배가시킬 수 있다. 실제로, 학습 상황 분석을 하기 전에 수행 상황을 분석하는 이유는 새로운 기능을 학습하는 중에도 그 기능들이 실무에 최대한 적용될 수 있도록 하기 위한 요건들을 확인하려는 것이다.

의사소통을 위한 기술이 발전함에 따라서 수행 상황의 개념을 바꾸어 놓고 있다. 콜 센터 직원들의 근무 상황을 보면, 물리적 환경의 필요성을 최소화할 수 있는 컴퓨터 화면과 헤드셋을 이용하여 대부분의 직무를 수행하고 있다. 전기가설 회사에서 전선을 가설하는 직원도 높은 버킷 트럭에 올라가서, 자신들이 찾아낸 문제를 해결하기 위하여 태블릿 컴퓨터의 수행 지원 시스템(performance support)에 접속하고 있는 것을 흔히 볼 수 있다. 아니면 단기간의 건강 문제 혹은 출퇴근을 하는 데 교통상의 문제 때문에 재택근무 방식을 선호하기도 한다. 이런 분산적 수행 상황을 분석하는 것은 복잡할 수 있다. 왜냐하면 실제 수행 상황이 이동하면서 일을 해야 하는 사람들도 있을 뿐만 아니라, 직원들이 일한 결과를 최종적으로 보고하고, 직원들 간의 다양한 상호작용을 하는 상황이 "직원의 집"일 수도 있기 때문이다. 수행 상황이 전통적이든, 아니면 물리적으로 지능적으로 분산되어 있든지 간에, 수행 상황은 다음의 네 가지를 분석해야 한다.

관리/감독 지원 학습자들이 새롭게 배운 기능들을 활용할 때 받게 될 기관의 지원에 대해 알 할 필요가 있다. 연구에 따르면, 새로운 상황에서 새롭게 학습한 기능들을 사용할 가능성(**훈련의 전이**라고 함)을 예측해 줄 수 있는 가장 강력한 지표 중의 하나는 학습자가 근무하는 기관으로부터 그렇게 했을 때 얼마나 지원을 받느냐에 달려 있다고 한다. 만약 관리자, 감독자 또는 동료들이 새롭게 배운 기능을 활용하는 사람들을 무시하거나 비난하면, 바로 그들은 그 기능들을 사용하지 않으려고 한다. 하지만 인사담당자가 새로운 기능을 사용하는 사람들을 인정해 주고 칭찬해 주며, 그들이 새롭게 배워 온 기능들이 기관의 발전에 어떻게 기여하는지를 보여 주려고 한다면, 그 기능들은 계속 사용될 것이다. 그리고 새롭게 습득해 온 기능들의 활용이 최초의 요구 분석에서 규명된 문제를 해결할 수 있을 것이다.

만약 관리자의 지원이 없다면, 교수 설계자(혹은 훈련 기관)는 관리자들의 지원을 받을 수 있는 방안을 이 프로젝트에 추가해야 한다. 예를 들어, 관리자들을 프로젝트 기획 단계부터 포함시키거나, 그들을 내용 전문가로 참여하게 하거나, 훈련 중 혹은 학습자들이 현장으로 돌아오면 그들의 코치 또는 멘터의 역할을 요구하는 것이다.

직무 수행 현장의 물리적 여건 상황 분석의 또 다른 측면은 새롭게 학습한 기능들이 활용될 물리적 환경을 측정하는 것이다. 새롭게 습득한 기능들이 활용되자면 어떤 장비, 설비, 도구, 시간 혹은 다른 자원이 필요한가? 이런 물음에 대한 정보를 활용하여 가르칠 기능들이 실무 환경과 가장 유사한 조건에서 연습될 수 있도록 훈련 프로그램을 설계해야 한다.

직무 수행 현장의 사회적 여건 습득한 기능이 적용될 직무 수행 현장의 사회적 환경을 이해하는 것은 효과적인 교수 설계에 매우 중요하다. 이 사회적 환경을 분석할 때에는 다음과 같은 질문을 해 보아야 한다. 학습자들은 팀으로 일을 하는가 아니면 혼자서 하는가? 학습자들은 현장에서 독립적으로 일을 하는가, 아니면 직원들이나 감독자들의 회의에서 자신의 의견을 제시할 수 있는가? 그 기능들을 훌륭하게 잘 사용하는 다른 사람들이 이미 기관 내에 있는가, 아니면 이 학습자들이 최초의 사용자인가?

그 기능의 실무 현장과의 관련성 새롭게 그 기능들을 가르쳐서 학습자들이 그 역량을 갖게 되면, 규명한 요구가 해결되었는지를 확인하기 위해서, 실무 현장에서 일하고 있는 직원들을 통해 학습할 기능의 관련성을 측정해 보아야 한다. 이것은 최초에 규명된 요구에 대해 교수 프로그램이 실제로 해결책 전부 또는 부분이 되고 있는지를 입증하기 위한 사실 점검이다. 교수 설계자는 새롭게 배운 기능을 방해하는 어떤 물리적, 사회적, 동기적 제약 요소가 있는지를 알아보아야 한다. 물리적 제약 요소에는 작업 공간의 부족, 노후화된 설비, 부적합한 시간 혹은 스케줄, 인적 자원의 부족 등이 포함될 수 있다. 예를 들어, 고객이 계속 밀려오고 네 대의 전화기가 계속 울려대고, 고객과의 약속에 30분씩이나 늦는 사원에게 고객 지원 훈련은 별 도움이 되지 않을 것이다. 마찬가지로 최근 응용 소프트웨어 애플리케이션을 사용할 수 없는 오래된 컴퓨터를 가지고 있는 교사들에게 새로운 소프트웨어에 관한 컴퓨터 활용 교육도 어떤 효과를 기대하기 어려울 것이다.

수행 환경에서의 상황 분석을 위한 자료 수집

어떤 교수 분석은 사무실에서 이루어질 수 있는 부분도 있겠지만, 상황 분석은 설계자가 실제 업무 환경에서 관찰하는 것이다. 이러한 관찰 결과는 프로젝트의 직접적인 자료가 될 뿐만 아니라 설계자의 기능과 지식을 향상시킬 수 있는 중요한 정보가 되기 때문에 설계 프로젝트의 전체 과정에 영향을 준다.

상황 분석을 위한 현장 방문은 사전에 잘 기획되어야 하고, 여러 차례의 방문이 이루어져야 한다. 이상적으로, 이러한 현장 방문은 교수 설계와 동시에 이루어져야 한다. 그 현장은 특정한 상황일 수 있고, 그 현장들 중의 일부는 요구 분석에서 이미 정해져 있는 곳일 수 있다.

이 방문의 목적은 예비 학습자와 관리자로부터 자료를 수집하고, 새로 학습할 기능들이 사용될 작업 환경을 관찰하는 것이다. 이를 위한 기본적인 자료 수집 절차는 면담과 관찰이다. 면담은 이 장에서 제시된 문제들을 묻는 질문지를 사용하여 수행되어야 한다. 질문에 대한 응답은 구체적인 상황 또는 프로젝트에 초점이 맞추어져야 하고, 상황별 특성에 따라 다르게 실시되어야 한다.

산출물 주요 결과물은 (1) 새롭게 배우게 될 기능들이 사용될 물리적, 조직적 환경에 대한 기술 (2) 학습자들이 새롭게 학습할 기능들의 사용을 촉진하거나 방해할 수 있는 요소의 목록이다.

학습 환경의 상황 분석

학습 환경 분석의 두 가지 측면은 현재 상태(what is)와 필요한 상태(what should be)를 규명하는 것이다. 현재 상태는 학습이 이루어질 환경을 알아보는 것이다. 이것은 하나의 대학 강의실이나 회사의 훈련 센터와 같이 오직 하나일 수도 있고, 고객들이 사용할 수 있는 여러 장소 중의 한 곳이 될 수도 있다. 또한 직무수행 보조물, 코칭, EPSS가 있는 직무 현장일 수도 있다. 사실 모바일 기술이 있다면 언제, 어디서든지 가능하다. 교수 프로그램을 적절히 지원하기 위한 시설, 통신수단, 하드웨어, 소프트웨어, 전문적 역량, 인력, 물자 지원 혹은 다른 자원들이 필요한 상태의 수행 상황이다.

학습 상황 분석은 다음의 요소에 초점을 둔다. (1) 교수 프로그램 실행의 필요 요소와 교육 장소의 호환성(compatibility), (2) 직무 현장 또는 수행 현장과 유사한 상황에서 모의 훈련할 수 있도록 교육 장소의 변형 가능성, (3) 다양한 교수 전략과 훈련 전달의 접근 방법에 대한 교육 장소의 적용 가능성, (4) 교수의 설계와 전달에 영향을 미치는 제약 조건. 이러한 각각의 영역들을 보다 구체적으로 보면 다음과 같다.

교수 프로그램 실행의 필요 요소와 교육 장소의 호환성 첫째 단계에서 준비한 교수 목표에서 목표를 수행하기 위해 요구되는 도구와 다른 지원 항목들을 열거했다. 설계자들이 방문한 학습 환경에는 이러한 도구들이 구비되어 있는가? 그렇지 않아서 필요한 도구들을 제공하면 환경을 바꿀 수 있는가? 오늘날 가장 일반적인 도구는 아마 컴퓨터를 비롯한 스마트 모바일 장비일 것이다. 학습 과제가 무엇이든지 간에, 컴퓨터, 태블릿, 스마트 폰 등은 학습, 의사 소통은 물론 학습 정도를 추적하기 위한 매체로 빈번하게 사용되기 때문에 학습 상황에서의 기술 문제는 면밀한 분석을 필요로 한다.

특정 도구도 학교, 기술 교육 상황에서 어떤 과제들을 학습하거나 수행하기 위해 필요하다. 망치와 끌과 같은 단순한 장비에서부터 생산 라인에 있는 컴퓨터가 통제하는 로봇, 병원에 있는 전문적인 의료 장비까지 복잡한 것도 있다. 학습 상황에서의 장비 동원 가능성과 호환성은 효과적인 교수-학습에 대단히 중요하다. 2차 세계대전 당시 피아노나 악보가 거의 없을 때 피아노 레슨을 다녔던 동료의 이야기가 생각난다. 팝송 연주 연습을 갈 때, 종이로 된 피아노 건반 모양을 들고 레슨을 다녔다고 한다. 이런 경험을 한 동료는 학습 상황과 실제 상황 간에 전이를 경험하기 어려웠고, 연습할 의욕을 느끼기가 아주 어려웠다고 한다.

직무 현장과 유사하게 만들기 위한 교육 장소의 변형 가능성 또 다른 문제는 훈련 환경과 작업 환경 간의 호환성이다. 훈련에서 실제 업무 수행에 절대적인 작업 환경 요소들을 갖추고 모의 훈련할 수 있도록 해야 한다. 정해진 훈련 상황에서 이렇게 할 수가 있는가? 무엇을 바꾸거나 부가해야 하는가?

전달 시스템의 적용 가능성 목표에 나와 있는 필수 도구의 목록은 학습 환경은 물론 실무 환경에 대한 필요 상태를 명백하게 보여 주는 것이다. 환경 분석을 하고 있는 현 시점에서 지적해 두고 싶은 제약 조건 혹은 필수 조건이 있다. 그런 조건은 우리가 개발할 교수 프로그램이 공급될 해당 기관의 의무적인 조건(mandates)에 관한 것이다. 그 기관이 결정한 의무적인 조건들 중에는 미국의 전형적인 훈련 센터에서 전달 가능한 교수 프로그램이어야 한다든지, 웹으로 직원들의 탁상용 컴퓨터에 전달되어야 하거나, 초등학교의 전형적인 4학년 교실 수업에서 활용되어야 하는 것 등이 있을 수 있다. 제안된 교육 상황에서 사용될 수 있는 전달 시스템을 결정해야 하는 것이다.

설계와 전달에 영향을 미치는 학습 장소의 제약 요인 어떤 이유에서건, 교수 프로그램이 어떤 전달 시스템을 통해 전달될 것인지가 사전에 결정될 수 있다. 교수 프로그램이 바람직하게 전달할 수 있는 매체(기술)의 속성에 대한 충분한 분석에 근거해서 결정되지 않을 경우도 있다. 이 경우, 학습 환경에 대한 상황 분석은 대단히 중요하다. 학습 환경에서 역병처럼 괴롭혀 왔던 디지털 기술의 수많은 호환 문제들은 많은 훈련 프로그램들이 HTML로 개발되거나, 특정 목적의 프로그램을 개발하기 위한 소프트웨어로부터 HTML로 포팅을 하면서 사용자들을 실망시키고 있다. 호환성 기술의 추세가 무엇이든지 간에, 호환성 문제를 해결하기 전에는 교수 프로그램의 개발을 착수하지 않아야 한다. 노련한 많은 설계자들도 설계 과정에서 제약 조건 분석의 생략을 후회한 경험이 있을 것이다.

이상적으로 훈련 장소와 전달 방식은 교수 목표 달성을 위한 필수요소(requirements) 분석에 기초하여 결정되어야 한다. 극단적으로는 각 개인이 그 훈련을 필요로 하지 않는다면 어떠한 훈련도 전달되지 않아야 한다고 주장하는 사람도 있다. 훈련은 교실에서가 아니라 실무 현장에서 필요로 할 때 즉각적으로 이루어져야 한다. 그러나 현실은 이런 관점과는 거리가 멀다. 한 강의실에서 한 명의 강사가 20~24명 정도를 훈련하는 것이 기업 교육의 지배적인 방법이고, 공교육은 20~40명의 학생들에게 교사의 강의로 이루어지는 것이 전형적이다. 그러나 집이나 직장에서 웹을 통해 이 러닝에 접속하는 것이 증가하고 있다. 개별화된 수업도 가능하지만, 동료 학습자나 집단 리더 혹은 교사와 실시간 상호작용을 할 수 있는 가상 학습 공동체를 통해서 이루어질 수도 있다. 학습해야 할 새로운 기능들은 직무 현장에서 학습자의 컴퓨터 혹은 모바일 장치를 이용하여 수행 지원 소프트웨어(performance support software)의 지원으로 학습될 수 있다. 이러한 시스템이 최근의 훈련 기술로 현실화되고 있기 때문에, 체제적 설계 원리가 효과적이고 효율적인 교수 개발을 위해 보다 적용 가능하도록 노력해야 한다.

학습 환경에서의 상황 분석을 위한 자료 수집

학습 상황 분석은 많은 측면에서 현장 분석과 상당히 유사하다. 분석의 주된 목적은 환경에서의 사용 가능한 설비와 제한 조건들을 규명하는 것이다. 학습 상황을 분석하기 위한 절차는, 가능하다면 한두 곳의 훈련 장소를 방문하여 교사, 관리자, 학습자들과의 면담 일정을 정하는 것이다. 수행 분석과 마찬가지로 사전에 면담 질문을 준비해야 한다. 만약 면담할 학습자들이 가르치게 될 학습자들과 유사한 집단이라면, 그들은 훈련 장소의 사용에 관한 소중한 정보를 제공할 수 있을 것이다. 또한 그 장소 사용에 관한 제한점이 무엇인지, 그 제한점이 우리 프로젝트에 어떤 영향을 줄 수 있을지를 알아보아야 한다. 훈련 장소에 영향을 받지 않을 경우에도, 관리자와 학습자들과의 면담을 통해서 교수 프로그램을 실제로 실행하는 데 필요한 학습 기술, 인프라, 인적 자원을 검토해 볼 필요가 있다.

산출물 학습 상황 분석의 주된 결과물은 (1) 현장으로 전이될 수 있도록 기능을 훈련하는 데 훈련 장소가 얼마나 유용한지에 대한 서술 (2) 프로젝트에 중요한 시사점을 줄 수 있는 제한점의 목록이다.

공립학교 상황

이 절을 요약하기 전에, 공립학교를 위한 교수 프로그램을 개발하려는 설계자들의 입장에서 학습자와 환경 분석을 살펴볼 만하다. 학습자와 학습 환경 분석을 하려는 설계자들은 그들이 공립학교의 학습자와 환경을 이미 잘 알고 있어서, 더 이상 분석을 해 보지 않아도 충분하다고 믿을 수 있다. 그러나 공립학교에 가서 학습자, 교사, 전형적인 교실을 앞에서 말한 방법대로 한번 분석해 보라고 권하고 싶다. 또한 공교육에서의 교과서나 교육과정 지침을 냉정하게 분석해 보면, 대다수의 공교육이 개념적 이해보다는 단순한 사실적 회상을, 실제 적용보다는 교과서에 있는 문제들을 더 강조하고 있다는 비판적인 관점에 이르게 될 것이다. 구성주의 이론가들은 실제적인 물리적, 사회적 문제 상황들에 적절하지 않은 축약된 형태의 교수 학습 활동에 대해 예리한 비판을 가해 왔다. 이런 공립학교의 현실은 학생들의 학습 동기를 감소시킬 뿐 아니라, 배운 내용을 학교 밖의 의미 있는 실생활 문제 상황으로 전이시키지 못하는 문제를 야기해 왔다.

학교 교실에서 학습한 기능이 궁극적으로 사용될 현장 상황의 분석은 아무리 강조해도 지나치지 않을 만큼 중요하다. 직업 교육 분야에서 일하는 사람들은 설계를 하는 데 있어서 이 단계의 중요성을 강조한다. 그들은 현장에서 사용되고 지원될 수 있는 기능을 습득한 졸업생을 배출하려고 한다. 그러나 5학년 과학 수업을 생각해 보자. 이 코스에서 학습한 기능을 사용할 수 있는 '수행의 현장'은 어디일까? 이 문제에 대한 답을 구하는 한 가지 방법은 이 기능들이 다음 학년의 교육과정에서 사용될 곳을 찾아보거나, 이 기능들이 사용될 수 있는 상황과 과거에 학생들이 이러한 기능을 얼마나 잘 준비했는지에 대해 교사들과 이야기해 보는 것이다.

또 다른 수행 상황 분석은 배운 기능과 지식이 학교 밖에서 어떻게 사용될 수 있을 것인지에 관한 것이다. 학생들은 이러한 기능들을 왜 배우고 있는가? 그 기능들이 가정 혹은 지역사회에서, 아니면 취미나 여가 생활에, 또는 직업이나 고등 교육을 추구하는 데, 혹은 생활을 위한 능력 개발에 활용될 수 있는가? 그렇다면, 수행 상황의 적용 가능성을 면밀하게 살펴보고, 그 정보들은 교수 전략 설계 단계에 반영되어야 한다. 이렇게 알아본 결과들은 동기 유발을 촉진하기 위해서 필요한 것이고, 새로운 학습 내용과 그 예의 맥락을 제공해 주며, 학생들에게 관련된 연습 활동을 설계하게 해 준다. 본질적으로, 이 교수 설계 모형에서 학습자 분석과 상황 분석 단계는 성인을 대상으로 하는 다양한 훈련 기관이나 업무 환경에서 그 효과가 입증되었듯이, 공립학교의 교수 설계자들에게도 똑같이 중요하다고 생각한다.

교수 분석의 평가와 수정

대부분의 설계자들은 교수 프로그램의 초기 버전을 설계하기도 전에, 설계 과정에서 얻은 분석 결과를 검토하고 수정해야 한다. 예비적인 시험 적용을 해 볼 수 있는 설계 절차 요소 중의 하나가 교수 분석이다. 10장에서가 아니라 이 장에서 시험 적용을 다루는 이유는 교수 분석에 대한 시험 적용을 설계자가 학습자 분석, 상황 분석과 함께 동시에 진행할 수도 있기 때문이다. 설계자들은 상황 분석, 학습자 분석 결과를 학습자들과 같이 검토해 보고 동시에 이들과 함께 교수 분석 결과를 검토해 볼 수 있다.

교수 분석표에는 교수 목표, 그 목표를 수행하는 데 필요한 단계, 하위 기능, 필요한 출발점 기능 등이 포함되어 있다. 교수 분석이 합당하게 이루어졌는지를 알아보기 위해, 대상 학습자 집단의 특성을 가지고 있는 몇 사람을 표집하고, 개별적으로 만나서 분석표를 설명해 준다. 교수 목표를 말해 주고 나서, 학습자가 그 목표를 성취했다면, 무엇을 할 수 있게 될지를 설명해 준다. 교수 목표에 있는 각 단계들을 예시를 통해 설명해 줄 수도 있다. 그 다음에, 목표에 나타나 있는 하위 기능들을 가지고 있는 단계들이 어떻게 다른 단계들로 연결되는지(지원하는지)를 설명해 준다. 출발점 기능의 의미를 설명해 주고, 우리가 설계하려는 교수 프로그램을 위해 열거한 출발점 기능들을 대상 학습자들이 어느 정도 이미 알고 있거나 할 수 있는지를 물어본다.

이렇게 설명하는 이유는 무엇일까? 우리가 분석한 것을 그들에게 설명함으로써 자신이 한 것을 들어 보게 되는 기회가 된다. 때때로 분석 결과를 설명하면서, 중복, 누락, 분명하지 못한 관계, 비논리적 계열화(sequences), 불필요한 내용을 찾아낼 수 있다. 설명할 때 학습자가 어떤 말을 하든지, 수정하고 싶은 부분을 찾게 해 줄 것이다.

우리가 발견한 내용뿐만 아니라, 우리가 가르치려는 기능에 대한 대상 학습자들의 반응도 예의 주목해야만 한다. 우리 설계자들은 이때 *가르치려고 하지 말고* '설명해야' 하지만 가끔은 학습자들에게 질문하는 것을 멈추어야 한다. 학습자들은 우리가 설명한 것을 이해하는가? 학습자들은 우리가 설명한 내용을 자신들의 말로 어떻게 표현하는가? 학습자들은 출발점 기능을 (예상했던 대로) 수행할 수 있는가? 이러한 질문들은 과제에 초점을 두어야 하지만, 학습자들이 그 기능들을 자신들이 필요로 하는 기능으로 이해하고 있는지, 주제 영역에 대해 얼마나 알고 있는지, 그 기능들을 학습해서 사용하게 되면 초기에 확인했던 문제나 요구를 완화시켜 줄 수 있는지를 묻는 학습자 분석을 위한 질문에 이런 내용을 포함할 수 있다.

배경과 경험이 다양한 상당수의 대상 학습자들과 함께 이런 검토를 하면, 교수 분석 결과를 다듬는 데 도움이 되는 정보를 얻을 수 있다.

교수 분석 자료를 직무 현장의 관리자에게 설명함으로써 도움을 얻을 수도 있다. 관리자는 내용 전문가의 입장과 현장의 실천 가능성의 측면에서 통찰적인 아이디어를 줄 수 있다. 대상 학습자와 관리자로부터 얻은 정보는, 교수 분석 결과에 완전히 좌우되는 다음 설계 단계들인 수행 목표 작성과 평가 문항 개발을 시작하기 전에 교수 분석 결과를 보완하는 데 큰 도움이 된다.

교수 분석 결과의 초기 검토와 수정 결과는 교수 설계 과정이 반복적인 특성을 가지고 있음을 잘 보여 주는 것이다. 체제적 접근에서 각각의 구성요소들이 상호작용하고 있음을 생각해 보자. 즉 하나의 구성요소의 투입 요소의 변화가 다른 구성요소의 산출 요소에 영향을 준다는 점이다. 교수 설계자는 교수 설계 과정을 진행하면서 새로운 정보를 발견하면 바로 이전에 결정했던 것을 다듬기 위해 수시로 되돌아가서 수정하는 것이다.

예시

수행과 학습 환경에서 학습자 특성과 상황 특성을 규명하는 것은 교수 설계의 중요한 초기 단계이다. 이 절에서는 학습자 특성, 수행 상황, 학습 상황이 2차원적인 매트릭스 형식을 사용하여 어떻게 기술되어야 하는지를 예로 제시하고자 한다. 이러한 분석을 수행할 때 2

차원적 표가 도움이 된다. 이 표는 설계자가 제한된 공간에 많은 정보를 기록하고, 교수 설계의 여러 국면에서 작업을 할 때 편리하게 정보를 찾아내게 해 준다. 표 5.1은 학습자 분석에 대한 예시이다. 표 5.2는 수행 상황 분석에 대한 예시이며, 표 5.3은 학습자 상황 분석에 대한 예시이다. 각 표의 첫째, 둘째 열은 분석에서 유용한 정보 범주와 자료 출처를 제시한다. 학습자와 상황에 따라 중요성 정도가 변동될 수 있다. 어떻게 이 표가 채워지는지에 대해서는 다음에 이어지는 사례연구 분석이나 부록 D를 참고하기 바란다.

표 5.1 ┃ 학습자 특성 분석 양식

정보 범주	자료 출처	학습자 특성
1. 출발점 기능	대상 학습자와 감독자 면담 사전검사	
2. 주제에 대한 사전 지식	대상 학습자와 감독자 면담 수행 상황의 관찰 사전검사	
3. 내용에 대한 태도	면담 설문지 관찰	
4. 잠재적 전달 시스템에 대한 태도	면담 설문지 관찰	
5. 학습 동기	면담 질문지 관찰	
6. 교육과 능력 수준	면담 설문지 관찰	
7. 일반적인 학습 선호도	면담 설문지 관찰	
8. 훈련 기관에 대한 태도	면담 설문지 관찰	
9. 일반적인 집단 특성 　　a. 이질성 　　b. 규모 　　c. 전반적인 인상	면담 설문지 관찰	

표 5.2 ┃ 수행 상황 분석 양식

정보 범주	자료 출처	수행 현장 특성
1. 관리/감독 지원	**면담:** 현직 감독자, 관리자 **기관의 기록물:**	보상 체계(내적—개인적 성장 기회; 외적—재정, 승진, 인정) 직접적 감독의 양(시간)과 본질 감독 이행 약속(시간, 자원)의 증거
2. 수행 현장의 물리적 여건	**면담:** 현직 감독자, 관리자 **관찰:** 전형적인 수행 현장 1∼3곳의 관찰	시설: 자원: 장비: 시간:
3. 수행 현장의 사회적 여건	**면담:** 현직 감독자, 관리자 **관찰:** 선정된 장소에서 전형적인 개인 수행 기능 관찰	감독: 상호작용: 기능을 효과적으로 사용하는 다른 사람:
4. 기능의 실무 현장과의 관련성	**면담:** 현직 감독자, 관리자 **관찰:** 선정된 장소에서 전형적인 개인 수행 기능 관찰	규명된 요구 충족: 현재의 적용: 심화 적용:

표 5.3 ┃ 학습 상황 분석 양식

정보 범주	자료 출처	학습 현장 특성
1. 현장의 수/특성	면담: 관리자 현장 방문: 관찰:	수: 시설: 장비: 자원: 제한점: 기타:
2. 교수 요구에 대한 현장의 적합성	면담: 관리자, 교사 현장 방문: 관찰:	교수 전략: 전달 시스템: 시간: 인력: 기타:
3. 학습자 요구에 대한 현장의 적합성	면담: 관리자, 교사, 학습자 현장 방문: 관찰:	위치(거리): 편의시설: 장소: 장비: 기타:
4. 현장에의 적용 가능성	면담: 관리자, 교사, 학습자 현장 방문: 관찰:	감독 특성: 물리적 특성: 사회적 특성: 기타:

사례 연구: 집단 리더십 훈련

학습자 분석과 상황 분석은 교수 설계자가 잘 모르는 이질적인 학습자들이 설계자와도 친숙하지 않은 상황에서 학습하고, 새로운 기능들을 자기 주도적으로 수행해야 하는 경우에는 대단히 중요하다. 이 사례 분석에서 제시된 집단 리더십 훈련이 바로 그런 예이다. 집단 리더십 시나리오를 다시 생각해 보기 위해 2장의 사례 연구를 보자.

학습자 분석

표 5.4는 석사과정 학생 집단 리더를 위한 학습자 분석의 예이다. 표의 첫 열은 고려해야 할 내용의 범주, 둘째 열은 자료 출처, 셋째 열은 집단 리더십 교육과정에 입학하게 된 학생들에 대한 정보이다. 이 내용들을 읽어 보면, 학생 집단이 어떤 집단인지에 대한 그림이 그려질 것이다.

표 5.4 ┃ 리더십 학과 석사과정 학생들의 학습 특성 분석 결과

정보 범주	자료 출처	학습자 특성
1. 출발점 기능	**면담과 관찰:** 학과 출신이면서 이 학과에 근무 중인 직원 3명, 동문 3명, 타 과교수, 졸업 예정자 3명 **검사 데이터:** 졸업생 조사와 출구면담. 코스 개발에 앞서 현재 어떠한 검사 데이터도 없다.	**수행 환경:** 학습자들은 회의의 사회자 경험이 없으며, 대부분은 문제 해결 토의에서 리더로서의 경험이 없다. 학습자들은 직장에서나 지역사회의 위원회에서 위원으로 봉사했으나, 대부분은 상호 토의를 통한 문제 해결 방법에 대한 정식 훈련을 받지 못했다. **학습자 환경:** 대상 학생들은 수년간의 대학 교육을 성공적으로 마쳤다. 그들은 웹기반 블렌디드 학습뿐만 아니라 소집단 학습과 문제 기반 학습 코스를 경험한 적이 있다.
2. 주제에 대한 사전 지식	**면담과 관찰:** 위와 같음	학습자들은 집단 토론의 위원으로 그리고 과거에 리더들을 관찰함으로써 집단 리더십에 대한 일반적인 지식을 갖고 있다. 그들은 동료들과 상당히 성공적으로 상호 교류를 해 온 성인들로서 적어도 효과적인 토론 리더에게 필요한 기능들의 상당부분을 인식하고는 있다.
3. 내용에 대한 태도	**면담과 관찰:** 위와 같음	학습자들은 리더십 석사과정 재학생들이라서 그들이 배울 집단 문제 해결 기능이 유용하며, 집단의 노력에 공헌할 수 있는 구성원이 되는 데 도움이 될 것이라고 생각한다. 그들은 또한 집단 리더십 기능의 습득이 효과적이고 생산적인 위원회 모임을 만드는 데 도움이 될 것이라고 생각한다.
4. 잠재적인 전달 시스템에 대한 태도	**면담과 관찰:** 위와 같음	학습자들은 실제 강의, 웹 기반 수업, 실제 집단 문제 해결 시뮬레이션을 경험했다. 그들은 웹 기반 수업의 편리함을 좋아했고 시뮬레이션이 도움이 되었다고 믿는다.

표 5.4 ┃ 리더십 학과 석사과정 학생들의 학습 특성 분석 결과 (계속)

정보 범주	자료 출처	학습자 특성
5. 학습 동기 (ARCS)	**면담과 관찰:** 위와 같음 **질문지:** 리더십 학과 모든 학생들에게 보냄	학습자들은 자신들의 전공 선택에 만족하고 자신들의 리더십 역량 개발에 호기심을 갖고 있다. 문제 해결을 위한 집단 리더십 역량이 자신들의 현재와 미래 직업에 관계가 있다고 믿으며, 효과적인 집단 토론 리더가 될 수 있다는 확신을 하고 있다. 상호작용적인 교수 프로그램의 특성과 함께 이런 요소들은 교수 활동에의 주의집중에 도움이 될 것이다.
6. 교육과 능력 수준	**면담과 관찰:** 위와 같음 **서류:** 프로그램 지원서에 있는 개인 인적사항 **검사 데이터:** 학과의 석사과정이 집단을 이끌어온 경험에 대한 조사 데이터는 없다.	**교육 수준:** 학습자들은 고등학교, 대학교, 대학원 졸업 등 정규 학력 수준이 다양하다. **지적 능력:** 학생들은 높은 수준의 학습자들이다. 학문적인 문제 외에 학습자들의 대인관계 기능도 관심사다. 프로그램에 대한 지금까지의 경험에 따르면 학습자들은 대인관계 기능이 높은 사람, 중간, 낮은 사람으로 다양하다. 어떤 이는 협조적인 리더십 철학을 갖고 있는가 하면, 독재적인 이들도 있다.
7. 일반적인 학습 선호도	**태도 데이터:** 신입생 질문지 조사 **면담과 관찰:** 소속 학생 중 30%	학습자는 다양한 학습 형태를 경험했다. 그러나 그들은 훈련자와 집단의 기대 그리고 그들이 집단의 상황에서 보여야 하는 기능을 분명히 알기 전까지는 공개적으로 나서는 것을 좋아하지 않는다. 수업 환경에서 그들은 (1) 제시(나에게 무엇을 기대하는가?) (2) 개인적인 리허설(이것을 어떻게 가장 잘 성취할 수 있는가?) (3) 상호적인 '실제 발표' 모의 학습(나는 실제의 사람들과 문제에 집단 상호작용/발전을 잘 감당할 수 있는가라는 주제로 진행되는 짧은 과정을 선호한다. 그들은 실존 인물, 실제 문제, 시뮬레이션을 이용한 문제 기반 학습, 상호작용을 좋아한다. 직접 해 보기를 좋아한다.
8. 훈련 기관에 대한 태도	**면담:** 위와 같음	응답자들은 교수, 학과, 웹기반 수업, 대학의 컴퓨터 학습센터에 대하여 긍정적인 느낌을 가지고 있다. 이 코스는 자신들의 기관 내에서 회의를 계획하고, 관리하는 능력을 갖게 하는 데 좋은 아이디어라고 모두 믿는다. 그리고 이 코스를 들으면서 학과의 다른 학생들과 대학 내의 다른 사람들도 아는 데 도움이 될 것이라고 믿고 있다. 이런 인연을 통해서 도움을 줄 수 있는 대인관계망이 생기게 될 것이라고 믿는다.
9. 일반적인 집단 특성 a. 이질성 b. 크기 c. 전반적인 인상	**면담:** 학과 학생과 교수 **방범 기록:** 요구 분석, 학생들의 경력, 인적 기록 **관찰:** 교내 문제 해결을 위한 회의를 수행하는 세 명의 동문	**이질성:** 학습자들은 다양한 대학과 학과 출신으로 이질적이다. 근무 환경, 전문 역량, 근무 기간, 연령, 성별, 문화적 배경이 다양하다. **규모:** 훈련의 효용성을 높이고 상호적인 집단 활동을 위한 훈련기에 총 20명의 리더들이 선정된다. **전반적인 인상:** 교수 프로그램은 효율적이고 효과적이며 편리해야 한다.

수행 상황 분석

표 5.5는 수행 상황 분석 결과이다. 앞선 표와 마찬가지로, 내용 범주가 첫째 열에, 자료 출처가 둘째 열에, 수행 현장 특성이 셋째 열에 있다. 집단 리더가 일할 지역에 대한 정보 수집은 교수 설계자로 하여금 가르칠 기능들의 직무 수행 현장 전이를 극대화하기 위한 최선

표 5.5 | 집단 리더십 수업을 위한 수행 상황 분석 결과

정보 범주	자료 출처	수행 현장 특성
1. 관리/감독 지원	**면담:** 3명의 프로그램 자문위원; 3명의 교수; 학과장 **기록:**	프로그램 리더에 대한 감독은 거의 없다. 그들이 감독자로 인용되었기 때문이다. 감독은 이 학과 프로그램의 현재 정보에 대한 보고서 양식이나 대학 본부로부터의 지시 형식을 취한다. 예를 들어, 그들은 대학 리더십위원회에 참석하여, 현재 이슈와 문제를 알게 되고, 직원 웹사이트에서 대학게시판, 자료, 정보를 받는다. 그들은 자기 지역의 현재 문제에 대한 즉각적인 통보, 그 문제에 대한 자세한 내용, 대상이 된 문제에 대한 통계표 등을 받는다.
2. 수행 현장의 물리적 여건	**면담:** 위와 같음 **관찰:** 그 지역의 다른 모임에 참석한다. 기관에서 열리는 세 차례의 회의에 참석한다.	**시설:** 동문을 고용하고 있는 대부분의 기관은 간부 회의를 위한 훌륭한 회의실을 제공하고 보통 이 회의실에서 회의가 열린다. **자원:** 회의에 필요한 자원(모임 광고, 회의 자료)은 대학에서 제공한다. **장비:** 방범대 모임을 위한 특별한 장비는 없다. 필요하면 대학 훈련센터에서 기술지원을 한다. **시간:** 특별한 상황이 발생하면 추가로 열린다.
3. 수행 현장의 사회적 여건	**면담:** 위와 같음 **관찰:** 위와 같음	**감독:** 동문들은 회의 중에 감독을 받지 않는다. **상호작용:** 동문들은 회의에 참석하는 지역 회원과 활발하게 상호작용을 한다. 이 상호작용은 집단의 일을 관리하는 리더로서 하는 것이다. 동문들은 토론할 주제에 따라 다른 전문가를 초청할 수 있다. **기능을 효과적으로 사용하는 다른 사람:** 회의에서 토론 리더십 기능을 효과적으로 사용할 수 있는 다른 사람들이 있다. 그들은 직장 혹은 다른 지역사회 활동에서 자신들의 교육 프로그램 역량을 개발해 왔다. 회의 중에 동료 참석자들이 노련하게 방해를 하거나 다른 문제로 논의를 벗어나게 하는 행동을 볼 수도 있다.
4. 기능의 실무 현장과의 관련성	**면담:** 위와 같음 **관찰:** 위와 같음 **기록:** 효과적/비효과적 방범대 리더의 특성을 기술하는 요구 분석 연구를 재검토	**규명된 요구 충족:** 리더십 훈련은 문제 해결 회의에서 리더의 효율성을 증진시켜야 하는 규명된 요구를 충족시켜야 한다. 새 리더들은 그들의 첫 회의에서 기능들을 사용할 수 있어야 하고, 그 기능들은 이후의 회의에서도 잘 활용될 수 있을 것이다.

의 교수 전략을 선택하는 데 도움을 준다. 이 경우 리더들은 대학 캠퍼스에서, 기업이나 정부에서 공식적, 비공식적 회의를 주재하면서 정보를 수집하거나 회의와 프로그램을 조직하거나, 집단 관리 업무를 수행할 수 있다. 이들은 흔히 독자적으로 업무를 수행하거나, 근무하는 기관에서 느슨한 감독을 받는 경우도 있지만 주로 자신들이 감독자가 되는 경우가 흔하다.

학습자 상황 분석

표 5.6은 집단 리더십 교수 목표를 위한 학습 상황 분석 결과이다. 범주의 목록이 첫째 열에, 자료 출처가 둘째 열에, 학습 상황 특성이 셋째 열에 있다. 이러한 정보로부터, 설계팀이 매우 좋은 교수 상황에 있음을 알 수 있다. 표를 보면, 이 교수 목표에 대한 중요성은 물론, 이 문제에 대한 정치적, 사회적 우선순위가 인정되고 있어서 질 높은 교수 프로그램을 개발하는 데 필요한 재정적, 전문적 자원, 시설, 설비, 인적 자원을 확보하기 쉽겠다는 추측을 할 수 있다. 교수 설계자에게 부담이 되는 유일한 제한점은 시간, 학습 효율성, 비용 효과성 간의 균형을 맞추는 문제이다. 학교 교육과정의 예를 보려면, 부록 D의 학습과 상황 분석을 참고하기 바란다.

표 5.6 ┃ 석사과정 학생들을 위한 학습 상황 분석 결과

정보 범주	자료 출처	학습 현장 특성
1. 학습 현장의 수/특성	**면담:** 관리자 **현장 방문:** **관찰:**	**수:** 상호작용적 집단 시뮬레이션을 할 수 있는 다섯 개의 회의실이 학과에 있다. **시설:** 학습자들은 WiFi가 되는 자신들의 집과 학교의 대부분의 장소에서 웹기반, 개별화 교수 프로그램에 접속할 수 있다. 그리고 대학 내의 여러 컴퓨터 센터의 자료도 이용할 수 있다. 상호작용적 집단 세션은 리더십 학과의 강의실과 다섯 개의 회의실에서 진행된다. **장비:** 모든 강의실과 회의실에는 화이트 보드, 프로젝터 스크린, LCD 프로젝터, 뉴스 프린트 패드 등이 있다. **자원:** 단과대학은 블렌디드, 웹기반, 상호작용적 토론 교수 프로그램을 개발한 예산을 지원한다. 개발해서 시험 적용을 하고 나면, 학과는 그 프로그램의 관리에 대한 책임을 질 것이다. 이 프로그램을 계속 활용하는 비용은 학생의 등록금과 학과 예산으로 감당한다.

표 5.6 ┃ 석사과정 학생들을 위한 학습 상황 분석 결과 (계속)

정보 범주	자료 출처	학습 현장 특성
		제한점: 1. 회의실은 종종 바쁘다. 집단 토론 세션의 일정을 잡기가 어려울 수 있다. 그러나 저녁이나 주말에는 그 어려움이 덜하다. 2. 앞으로 채용될 전임교수들은 집단 토론 리더십의 내용 전문가가 아닐 수 있다. 이 역량이 없는데도 이 코스를 가르치고 싶은 교수들은 커뮤니케이션 학과에서 자신들의 역량을 높여야 할 필요가 있다. 의사 소통 역량을 갖춘 교수를 더 채용할 필요가 있다. 그렇지 않으면 커뮤니케이션 학교 교수로부터 이 수업을 들어야 한다.
2. 교수 요구에 대한 학습 현장의 적합성	**면담:** 관리자, 강사 **현장 방문:** **관찰:**	**교수 전략:** 자율 학습 인쇄물, 컴퓨터 기반 교수 프로그램, 교실 발표와 토론, 시뮬레이션, 회의실에서의 소집단 토론 등 다양한 교수 전략이 채택될 수 있다. **전달 시스템:** 모든 인쇄물과 비인쇄물의 제작 및 사용에 대한 지원이 가능하다. 최근에는 웹이나 다른 컴퓨터 기반, 멀티미디어 공학에 대한 지원이 가능하다. **시간:** 대다수의 학습 시간은 학습자가 개별적으로 이용할 웹기반 학습으로 걸리는 시간이다. 상호작용적 집단 회의를 위해 과에서 정하는 시간은 12시간으로 제한한다. (1학점) 세 시간씩 4주간으로 한다. **인력:** 한 사람의 교수와 4명의 조교(리더십, 커뮤니케이션, 기술, 교수 설계 전공)가 이 코스를 개발한다. 컴퓨터 센터와 교육공학 지원 센터의 직원들이 이 팀을 지원한다.
3. 학습자 요구에 대한 학습 현장의 적합성	**면담:** 관리자, 강사, 학생 **현장 방문:** **관찰:**	**위치(거리):** 캠퍼스는 이 지역의 중심부에 있고 집단 토론 세션을 위한 교통편을 최대한 편리하게 제공한다. **편의시설:** 근처에 식당이 있으며 대학 안에 커피숍이 있다. **장소:** 강의실은 많은 참석자가 있는 집단 회의를 위해, 회의실은 소규모 회의를 위해 이용할 수 있다. **장비:** 학생 리더들은 회의에 필요한 장비를 설치할 책임이 있다.
4. 학습 현장에의 적용 가능성	**면담:** 관리자, 강사 **현장 방문:** **관찰:**	**감독 특성:** 리더들이 직장에서 감독도 없고 지원도 없기 때문에 이것은 실시할 수 없다. **물리적 특성:** 리더들이 회의실에서 간부회의를 하기 때문에 물리적 특성은 모의 학습을 할 수 있다. **사회적 특성:** 학습자들은 자신들이 속한 기관에서 상호 집단 토론에서 리더로 일할 것이다. 리더로 학습자와 함께하는 이러한 토론은 학과 내에서 쉽게 모의 학습을 할 수 있다.

요약

교수 설계의 단계를 시작하기 전에 목표 분석과 출발점 기능 규명을 포함한 하위 기능 분석을 끝마쳐야 한다. 또한 교수 설계의 목표가 될 학습자에 대한 전반적인 사항을 파악해야 한다. 이 사항은 일반적으로 유치원생, 중학교 1학년생, 대학 1학년생, 구급차 기사 혹은 교통사고를 많이 내어 운전 재교육을 받을 운전자 등과 같은 일반적인 학습자들을 포함한다.

첫 과제는 교수 설계의 대상 학습자의 일반적 특성을 규명하는 것이다. 이 특성에는 독해 수준, 집중 지속 시간, 사전 경험, 동기 수준, 학교나 일에 대한 태도 그리고 이전 교육 상황에서의 수행 수준에 대한 서술이 포함된다. 또 다른 중요한 특성은 학습자가 관련된 지식을 어느 범위에서 얼마나 알고 있느냐 하는 것이다. 이러한 대상 학습자의 특성에 대한 분석 결과는 적절한 상황, 동기에 관한 정보와 활동, 자료 형태 그리고 한 번에 제공될 학습 자료의 분량 등 이후의 설계에서 고려할 사항들을 결정하는 데 중요한 자료가 된다.

둘째 과제는 수행 상황 혹은 환경을 규명하는 것이다. 즉 학습자가 학생, 종업원, 시민 혹은 고객 등으로 자신들의 역할을 상정하고 교수 목표에 서술된 정보와 기능을 실제로 사용하는 상황을 기술한다. 기술해야 할 수행 장소의 내용 범주에는 학습자가 수행 환경에서 관리나 감독 지원을 받을 수 있는가, 수행 현장의 물리적, 사회적인 측면의 지원, 수행 현장에서 제공될 도구나 기술, 학습할 내용이나 기능들이 업무 현장에 얼마나 관련성이 있는가 등이 포함되어야 한다.

이 절에서의 마지막 과제는 학습 상황 분석이다. 학습 상황에서 교수·학습을 지원하는 자원 그리고 방해를 받거나 제한점을 갖게 되는 사항 등을 검토함으로써 중요한 문제들을 발견하게 된다. 자원과 제한점은 보통 재정, 인력, 시간, 시설, 장비, 지역 문화 등과 같은 범주로 분석된다. 추가로 학습 장소가 교수 요구사항과 학습자의 요구사항에 적합한지를 기술해야 한다. 마지막으로 학습 장소에서 수행 장소를 모의 학습할 수 있는 가능성에 대해 기술한다. 수행 장소를 실제 수행에 가깝게 모의 학습할수록 학습자는 새로 배운 기능을 실제 상황에서 사용하게 될 것이다.

학습자와 상황 분석 측정을 위한 루브릭

다음의 평가 기준은 학습자 특성(성취, 경험, 태도), 수행, 교수 상황을 측정하기 위해 여러분이 사용할 수 있는 평가 기준을 요약한 것이다.

※ 다음 요소 중에 진행하고 있는 프로젝트와 관계없다면, '아니오' 칸에 '해당 없음'이라고 표시하세요.

아니오	약간	예	
			가. 성취와 능력 기술된 내용이 교수 목표, 하위 기능, 출발점 기능에 대한 적합한 정보를 포함하고 있는가?
＿＿＿	＿＿＿	＿＿＿	1. 나이
＿＿＿	＿＿＿	＿＿＿	2. 학년/ 교육 수준

_____ _____ _____ 3. 성취 수준

_____ _____ _____ 4. 능력 수준

나. 경험 기술된 내용이 다음과 같은 학습자에 관한 요소를 포함하고 있는가?

_____ _____ _____ 1. 현재 직업

_____ _____ _____ 2. 사전 경험

_____ _____ _____ 3. 출발점 기능

_____ _____ _____ 4. 주제에 대한 사전 지식

다. 태도 기술된 내용이 다음과 같은 학습자에 관한 요소를 포함하고 있는가?

_____ _____ _____ 1. 내용에 대한 태도

_____ _____ _____ 2. 전달 시스템에 대한 태도

_____ _____ _____ 3. 학습 동기(주의, 관련성, 자신감, 만족감)

_____ _____ _____ 4. 교수에 대한 기대

_____ _____ _____ 5. 학습 선호도

_____ _____ _____ 6. 훈련 기관에 대한 태도

_____ _____ _____ 7. 집단 특성(이질성, 전체적인 인상)

라. 수행 상황 분석이 다음과 같은 요소를 포함하고 있는가?

_____ _____ _____ 1. 목적이 요구 분석에 기초하여 형성되었으며, 문제와 기회를 규명하는가?

_____ _____ _____ 2. 프로젝트는 관리적인 지원을 받고 있는가?

_____ _____ _____ 3. 물리적인 측면은 긍정적인가, 혹은 제약적인가?

_____ _____ _____ 4. 장소의 사회적인 측면은 긍정적인가, 혹은 제약적인가?

_____ _____ _____ 5. 목적과 기능은 작업 환경에서 대상 학습자 및 관리자와 관련이 있는가?

_____ _____ _____ 6. 기타

마. 학습 상황 분석이 장소에 있어서 다음과 같은 요소를 포함하고 있는가?

_____ _____ _____ 1. 교수 요구와 부합하는가?

_____ _____ _____ 2. 작업 환경을 모의 학습하기에 적합한가?

_____ _____ _____ 3. 계획된 전달 접근을 사용하는 데 적합한가?

_____ _____ _____ 4. 설계와 전달에 영향을 미칠 수 있는 제약이 있는가?

_____ _____ _____ 5. 기타

학습자, 수행 상황, 학습 상황에 대한 분석을 마치면 여러분은 그 다음 설계 단계인 정해진 기능, 학습자, 상황에 적합한 수행 목표를 기술할 준비가 된 것이다.

연습

이 장의 주요한 개념인 교수 설계는 학습자 분석, 수행 상황 분석, 학습 상황 분석, 교수 분석에서의 평가와 수정이다. 아래의 제시된 연습에서는 각각의 설계 활동에 대한 목적이 열거될 것이고, 각기 모아진 자료가 기술될 것이며, 자료 수집 절차가 규명될 것이다. 아래 제시된 각각의 분석 진술에 대해, 관련된 분석 유형이 무엇인지 규명해 보자. 만약 제시된 요소가 하나 이상의 분석 유형과 관련이 있다면, 가장 관련이 밀접한 순으로 다음을 선택하고, 만약 어떤 것과도 관련이 없으면, d만 적으세요.

- a. 학습자 분석
- b. 수행 상황 분석
- c. 학습 상황 분석
- d. 교수 분석

분석의 목적

____ 1. 시설, 자원, 장소의 한계를 규명해 보자.

____ 2. 작업 환경과 관련된 기능을 검토해 보자.

____ 3. 학습자의 출발점 기능을 기술해 보자.

____ 4. 교수 장치와 체제를 검토해 보자.

____ 5. 장소의 사회적인 측면을 기술해 보자.

____ 6. 학습자의 학습 동기를 기술해 보자.

분석을 위한 정보 수집

____ 7. 훈련가와 교사의 기능과 경험

____ 8. 교수 내용에 대한 관리자의 태도

____ 9. 작업 환경과 관련 있는 기능

____ 10. 사전 지식과 경험

____ 11. 훈련 장소의 수와 특징

____ 12. 학습자에 대한 감독관과 관리자의 태도

분석에 포함되어야 하는 사람

____ 13. 교수 설계자

____ 14. 감독관이나 관리자

____ 15. 감독, 훈련가, 또는 교사

____ 16. 학습자

17. 여러분이 대도시 교육청 소속 교수 설계자로 고용되었다고 가정하자. 당신의 첫 번째 프로젝트는 부록 A, B, C에 제시되어 있는 6학년 학생의 인터넷 기반 쓰기 교수를 개발하는 것이다. 대규모 교육청 산하 학교의 6학년 학생의 전형적인 특징을 상상하여 프로젝트를 위한 학습자 특성표를 작성해 보자.

18. 수행 상황과 학습 상황 분석 결과표를 작성해 보자. 이것은 중학교 상황에서도 동일하다.

피드백

1. b, c	4. c	7. c	10. a
2. b	5. b, c	8. b	11. c
3. a	6. a	9. b	12. b

13~16. 열거된 모든 사람들은 세 가지 유형의 분석에 모두 참여할 수 있다.

17. 부록 D, 섹션 1에 있는 특성과 이 문제에 기

술된 학습자 특성을 비교해 보자.

18. 부록 D, 섹션 2와 이 문제에 제시된 수행/학
    습 환경을 비교해 보자. 이 문제는 비구조화

된 문제이기 때문에 사람마다 분석 결과가
상이할 수 있다.

참고문헌

Duffy, T. M., Lowyck, J., & Jonassen, D. H. (Eds.). (1993). *Designing environments for constructive learning.* Berlin: Springer-Verlag. 이 책은 다양한 학습 환경, 특히 구성주의적 교수 학습 접근에 관해 기술한다.

Haskell, R. E. (2000). *Transfer of learning: cognition, instruction and reasoning.* New York, NY: Academic Press. 학습이 익숙하거나 새로운 상황에 어떻게 응용되고 받아들여지는지에 대한 문제를 다루고 있다.

Holton, E. F., & Baldwin, T. T. (Eds.). (2003). *Improving learning transfer in organizations.* San Francisco: Jossey-Bass. 성인 학습자를 중심으로 학습한 내용의 직장에서의 전이에 대한 그들의 요구를 다루고 있다.

Hutchins, H. M. (2009). In the trainer's voice: A study of training transfer practices. *Performance Improvement Quarterly, 22*(1), 69-93. 학습자의 특성, 훈련 설계의 특징, 업무 환경 등을 포함하여 수행 상황에 배운 지식과 기능을 전이하는 것에 영향을 미치는 변수에 대해 다루고 있다.

Kaiser, L., Kaminski, K., & Foley, J. (Eds.). (2013). *Learning transfer in adult education: New directions for adult and continuing education,* Number 137. San Francisco, CA: Jossey-Bass. 성인교육 분야에서 학습 전이를 교육과정, 실라버스, 연습 등과 통합하기 위한 방법을 다루고 있다.

Keller, J. M. (2008). An integrative theory of motivation, volition, and performance. *Technology, Instruction, Cognition, and learning, 6*(2), 79-104. 체제적 모형의 시각에서 의향, 행위, 통제, 인지적 저리와 MVP 이론을 통합하려고 한다.

Mager, R. F., & Pipe, P. (1997). Analyzing performance problems (3rd ed.) Atlanta: GA: CEP Press. 이 책의 결정 플로차트는 수행 상황 분석에 있어서 어떠한 측면을 고려해야 하는지를 결정하는 데 유용하다.

McCombs, B. L. (2011). Learner-centered practices: Providing the context for positive learner development, motivation, and achievement In J. Meece, & J. Eccles(Eds.) *Handbook of research on schools, schooling and human development.* Marwah, NJ: Erlbaum. 성공적인 학습을 위해서 학습자의 특성과 학습 상황 특성의 고려에 대한 중요성을 강조한다.

Pershing, J. A., & Lee, H. K. (2004). Concern matrix: Analyzing learner's needs. In A. M. Armstrong (Ed.), Instructional design in the real world (pp.1-10). Hershey, PA: Information Science Publishing (IGI Global). 이 장은 학습자의 가치와 요구 분석에 중점을 둔다.

Rothwell, W., & Kazanas, H. C. (2008). *Mastering the instructional design process* (3rd ed.). San Francisco: Pfeiffer. 전문적, 기술 훈련 분야에서 전이 촉진을 위한 방법을 제시하고 있다.

Rozkowski, M. J., & Soven, M. (2010). Did you learn something useful today? An analysis of how perceived utility relates to perceived learning and their predictiveness of satisfaction with training. *Performance Improvement Quarterly, 23*(2), 71-91. 학습한 양은 훈련 중에 얼마나 만족했느냐에 달려 있다고 한다.

Schuble, L., & Glaser, R. (1996). *Innovations in learning: New environments for education.* Manhwah, NJ: Lawrence Erlbaum Associates. 이 책은 학습 환경이 교수 설계에 미치는 영향을 기술한다.

Tessmer, M., & Harris, D. (1993). *Analyzing the instructional setting.* London: Kogan Page. 이 책은 학습이 일어날 환경을 규명하기 위한 완전 모형을 제공한다.

Tobias, S. (1987). Learner characteristics. In R. M. Gangé. (Ed.), *Instructional technology: Foundations.* Hillsdale, NJ: Lawrence Erlbaum Associates. 이 책은 학습자 특성에 관한 연구 분야를 요약한다.

제 6 장

수행 목표 작성

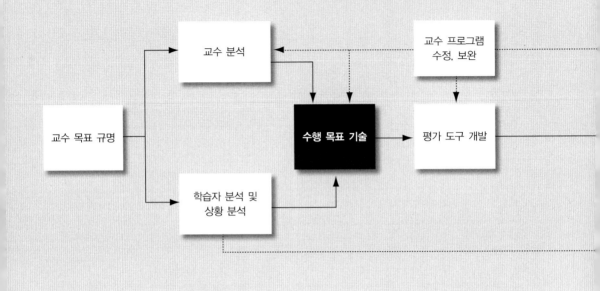

학습 목표

➤ 교수 목표, 최종 목표, 하위 기능, 하위 목표, 행동 목표, 수행 목표, 교수 목표를 구별한다.

➤ 필요한 요소가 포함된 수행 목표를 적절하게 진술하고, 각 부분의 명칭을 말할 수 있다.

➤ 교수 상황, 수행 상황에 관련된 내용이 포함되도록 최종 목표를 작성한다.

➤ 교수 분석에서 규명된 기능별로 수행 목표를 기술한다. 이 목표에는 수행되어야 할 기능, 그 기능이 수행될 조건, 학습자의 수행 정도를 평가하기 위한 준거 등이 포함되어야 한다.

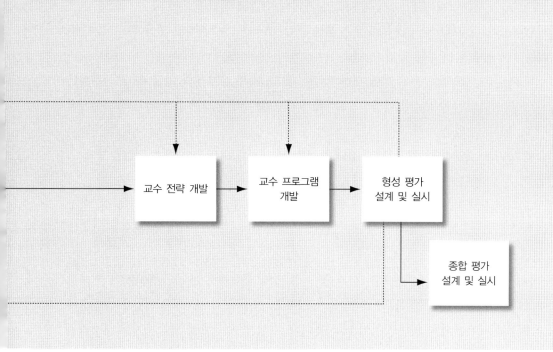

배경

가장 잘 알려진 교수 설계 모형 요소는 수행 목표, 혹은 **행동 목표(behavioral objective)** 작성이다. 1962년에 Robert Mager는 교수 목표에 관한 책을 출판한 이래, 학습자들이 학습을 완성했을 때 무엇을 할 수 있게 되어야만 하는지에 대한 분명하고 정확한 진술의 필요성을 강조함으로써 교육계에 큰 영향을 주었다. 행동 목표는 1960년대에 수많은 교육자들 간에 익숙한 용어로 자리 잡게 되었다.

그 당시에 공립학교 교사를 위한 전국적인 규모의 워크숍들이 열렸고, 수많은 교사들이 자신들의 수업 책무성을 높이기 위해 행동 목표 작성에 대한 훈련을 받았다. 그러나 목표의 구체화 과정이 전체 교수 설계 모형의 통합적인 요소로 포함되지 않으면, 다음과 같은 두 가지의 중요한 문제가 생길 수 있다.

첫째, 위에서 말한 그런 교수 설계 모형을 갖고 있지 않은 상태에서, 교사들이 목표를 어떻게 이끌어 내기는 어렵다. 비록 교사들이 목표를 진술하는 방법을 숙달했다손치더라도, 여기에는 목표를 이끌어 내줄 개념적 바탕이 없다. 그러다 보니, 많은 교사들은 교과서의 목차에서 학습 주제를 찾아 행동 목표로 바꾸는 것이 고작이었다.

보다 중요할 수 있는 둘째 문제는 목표를 작성한 다음에 그것으로 무엇을 하는지에 관한 것이다. 교사들에게 좋은 교사가 되려면 자신의 수업에 목표를 통합해 보라고만 했을 뿐이었다. 그러다 보니, 작성된 목표들은 책상 서랍 속에서 고이 잠자고 있을 뿐, 그들의 수업에는 아무런 영향을 주지 못했다.

연구자들은 목표의 활용 효과에 대해 탐구해 왔다. 거의 대부분의 연구에서, 이 문제는 잘 통제된 실험적인 수업 상황에서 그 효과를 알아보았다. 전형적인 실험 연구에서의 실험 집단 학생들은 수업을 마친 후에 그들이 무엇을 할 수 있게 될 것인지에 대한 학습 목표의 진술문 하나를 수업 중에 듣고, 통제 집단은 교수 목표에 대한 언급이 없는 수업을 받았다. 이런 연구 결과는 애매했다. 어떤 연구들은 학습 효과가 집단 간에 유의미한 차이가 있다고 보고하고 있으나, 다른 연구에서는 통계적으로 의미 있는 차이를 보이지 않았다. 연구 결과를 종합하면, 교수 목표를 알려 준 집단이 경미하지만 약간 높은 학습 성취를 보였다고 결론을 내릴 수 있었다.

비록 이런 연구들이 흥미롭기는 하지만, 교수 설계 과정에서 목표의 중요성을 제대로 다루었다고 보이지 않는다. 목표는 내용을 선정하고, 교수 전략 및 평가 방법을 개발하는 데 있어서 설계자에게 중요한 지침이 되는 것이다. 수업 중에 목표를 학습자에게 제시하는 것과는 무관하게, 목표는 교수 설계 과정에서 매우 중요하다.

학습자가 학습을 완료한 후에 무엇을 할 수 있어야 하는지에 대한 진술은 설계자뿐만 아니라 학습자, 교사, 교육과정 담당 장학사, 훈련운영 담당자에게도 유용한 정보를 제공해 준다. 만일 단원이나 코스의 목표를 학습자들에게 제시해 주면, 학습자들은 이 코스를 통해 무엇을 배우게 되고 나중에 어떤 내용의 평가가 있게 될지에 대한 명확한 지침을 갖게 될 것이다. 매 시간 목표를 알려 주면 장기간의 코스가 진행되는 동안 무엇을 학습해야 하는지에 대해 어려움을 겪는 학생이 줄게 될 것이고, 무엇을 학습해야 하는지를 알고 있으면 학습 목표를 숙달하게 될 학생이 늘어날 수 있다. 또한 처음부터 학습자들에게 수업의 목표를 알려 주는 것은 최근 주목받고 있는 학습자 중심의 수업 개념과도 부합하며, 어떤 프로그램에서 가르치려고 하는 학습 성과를 학습자들이 알고 있으면 자신들이 최근에 알게 된 지식과 경험에 새로운 지식을 더욱 쉽게 연결지을 수 있다.

행동 목표 활용에 대한 반대도 꾸준히 제기되어 왔다. 예를 들어, 비판자들은 학습 프로그램에 제시되어 있는 사소해 보이는 목표들을 지적할 수 있다. 그러나 전형적으로 이 목표는 학습자의 출발점 기능들과 새롭게 학습해야 할 기능들 간의 관계를 보여 주기 위한 면밀한 교수 분석에 바탕을 둔 것이 아니다. 마찬가지로, 많은 교육자들도 대부분의 전문적인 분야보다 인문학이나 대인관계와 같은 분야에서의 목표 진술이 상대적으로 더 어렵다는 것을 지적하고 있다. 그러나 이런 영역에서도 교사는 학습자의 성취도를 평가하고,

무엇을 어느 정도 할 수 있어야 할지(예, 점수, 개인적 평가)를 학생들에게 알려 주어야 하기 때문에 (1) 가르칠 기능, 지식, 태도를 구체화하고, (2) 교수 전략을 결정하고, (3) 학습이 종료되었을 때 학습자의 역량(학습 결과)을 평가하기 위한 준거를 설정하는 등의 과제를 해냄으로써 목표 개발은 교사의 업무를 도와줄 수 있다.

비록 일부 교사들은 목표들이 자유로운 토론이 흐르는 교실 수업에서 방해 요소가 될 수 있다고 주장하기도 하지만, 실제로 목표는 목표와 무관한 토론을 방지해 주는 역할을 할 수 있다. 목표는 또한 교사 각자의 수업들을 조정하기 위한 교사들 간의 의사소통의 정확성을 높여 준다. 학습이 완료되었을 때 무엇을 할 수 있는지를 담고 있는 목표는 무엇을 가르쳐야 할지에 대한 명백한 프레임워크를 제공해 줌으로써, 교수 프로그램에서 다루어야 할 것과 다룰 필요가 없는 것의 혼동이나 쓸데없는 중복을 피하게 해 준다. 또한 목표는 학부모나 훈련 감독관에게 학습자들이나 고용 근로자들이 무엇을 배우게 될지를 알려 줄 수 있다. 이런 목적을 위해 사용될 수 있는 일반적인 코스 목표는 흥미롭고 도전적으로 보일 수는 있지만, 학습이 완료되었을 때, 학습자들이 무엇을 알거나 하게 될 수 있는지를 절대로 알려 주지 못한다.

개념

수행 목표

이 장에서 가장 중요한 개념은 수행 목표(performance objective)이다. 수행 목표는 학습자들이 한 단원의 학습을 끝마쳤을 때 무엇을 할 수 있을 것인지에 대한 상세한 기술이다. 우선 수행 목표를 기술할 때 같은 의미의 용어가 있음을 지적할 필요가 있다. Mager(1997)는 학생이 무엇을 할 수 있을 것인지를 강조하기 위해 처음으로 행동 목표라는 용어를 사용했다. 일부 교육자들은 이 입장에 대해서 강력히 반대해 왔다. 또한 일부에서는 '행동'이라는 용어 대신에 보다 수용할 수 있는 용어인 수행 목표, 학습 목표, 교수 목표와 같은 용어를 많은 문헌에서 사용하고 있다. 이런 용어들은 행동 목표와 동의어로 보면 된다. 우리는 교수 목표를 교사가 무엇을 할 것인지를 기술한 것으로 오인하지 않아야 한다. 그것이 아니라 학습자가 학습하게 될 지식, 기능, 태도가 교수 목표이다. Marken, Morrison(2013)은 1970년대부터 2000년대까지 목표에 관련된 용어의 변화 과정을 다룬 흥미로운 분석 결과를 제시한 바 있다.

앞에서 교수 목표는 학습자가 일련의 교수 프로그램의 학습을 완료했을 때 무엇을 할 수 있는지를 기술한 것이라고 했다. 교수 목표는 학습 상황이 아니라 실제 세계의 맥락에서 배운 지식과 기능을 활용하여 무엇을 할 수 있을 것인지를 기술한 것이다. 이 교수 목표를 수행 목표로 바꾸었을 때 이것을 **최종 목표(terminal objective)**라고 한다. 최종 목표는 학습자들이 한 단원의 수업을 끝마쳤을 때, 정확하게 무엇을 할 수 있을 것인지를 기술한 것이다. 최종 목표를 수행하는 맥락은 실세계가 아닌 학습 상황이다. 마찬가지로 교수 목표 분석에서 나온 단계별 기능을 *하위 기능(subordinate skills)*이라고 한다. 최종 목표 달성을 위한 과정에 이르는 일련의 기능에 대한 목표를 **하위 목표**라고 한다. 다소 복잡해 보이는 전문 용어들로 채워져 있다는 인상을 받을 수 있겠지만, 이 교수 설계 모형을 사용하다 보면, 이 용어들이 의미 있게 될 것이다.

요약하면, 교수 목표는 5장에서 설명한 바와 같이 수행 상황에서 학습자들이 할 수 있게 될 것들에 대한 진술문이다. 학습자들이 학습 상황에서 할 수 있어야만 할 것에 대한 기술이 최종 목표이고, 하위 목표는 최종 목표를 성취하는 과정에서 숙달해야만 할 일군의 기능들(building-block skills)을 말한다.

수행 목표는 교수 분석에서 나온 기능들로부터 도출된다. 교수 분석에서 규명된 기능들에 대해 각각 하나 이상의 목표가 작성되어야 한다. 때로는 출발점 기능도 수행 목표를 작성하기도 한다. 교수 프로그램에서 가르치지도 않을 출발점 기능에 대한 목표를 왜 작성해야 할까? 출발점 기능 목표가 필요한 가장 중요한 이유는 학습자들이 이미 갖고 있을 것으로 추정되는 출발점 기능을 실제로 갖추고 있는지를 알아보기 위한 평가 문항을 개발하는데 기초가 되기 때문이며, 특정 학습자들을 위해 실시된 교수 프로그램이 적절했는지를 확인할 수 있는 방편이 되기도 한다. 나아가 설계자가 대상 집단 중에서 출발점 기능을 갖추지 못한 학습자가 있는지와 출발점 기능을 가르칠 교수 프로그램을 개발할 필요가 있는지를 결정할 때도 이 출발점 기능에 대한 목표가 유용하다.

표 6.1은 수행 목표 추출 방법에 대한 요약이다. ID 단계별 설계 결과와 해당되는 목표 유형이다.

표 6.1 ┃ 수행 목표의 유래

교수 설계 과정 내 단계	단계의 결과	목표로 기술될 때의 명칭
목표 규명 (2장)	교수 목표	최종 목표나 목표
목표 분석 (3장)	주요 단계나 목표 달성을 위해 필요한 정보	하위 목표
하위 기능 분석 (4장)	하위 기능	하위 목표
하위 기능 분석 (4장)	출발점 기능	하위 목표

목표의 역할

목표는 단지 검사 문항과 학습 과제를 도출하기 위한 용도만이 아니라 다양한 용도로 사용된다. 목표는 설계자, 교사, 학습자에게 각각 다른 용도가 있어서, 그 차이에 염두를 두어야한다. 설계자들에게 목표는 설계 과정에서, 하나의 통합적인 부분으로, 교수 분석에서 나온기능들이, 교수 프로그램의 학습을 마친 후, 학습자들이 무엇을 할 수 있는지를 말해 주는완전한 문장으로 전환되어야 한다. 목표는 설계자나 평가 전문가에게 교수 전략이나 평가문항을 개발할 때, 하나의 투입 내용이 된다. 따라서 교수 설계자는 이런 활동에 대해서 가능한 한 상세하게 알 필요가 있다.

교수 프로그램이 일반적인 용도를 위해 설계되었다면, 목표는 학습자들이 무엇을 배우게 될 것인지에 대해 학습자와 교사 간의 의사소통을 위해서 이용될 수 있다. 학습자들에게 목표의 내용을 명확하게 이해시키기 위해, 간혹 내용을 줄이거나 쉬운 단어로 표현을바꾸는 것도 바람직하다. 설계자들은 목표 활용에 있어서 이런 점을 정확하게 인식하고,교수 프로그램 설계 과정에 이런 점을 반영해야 한다.

설계 과정 중에 만들어진 목표의 전체 목록을 교수 프로그램에 포함하기 위한 수정 방법을 생각해 보자. 수정한 목표들은 설계를 위해 사용한 것과는 어떻게 다른가? 첫째, 교수프로그램에는 하위 기능의 목표가 거의 포함되지 않고, 일반적으로 주요 목표들만 코스 계획서(syllabus), 교과서 안내서, 메인 웹 페이지, 이 러닝 관리 시스템의 메뉴에 소개된다. 둘째, 이런 곳에 제시할 목표는 성취 목표를 진술한 대로가 아니라 학습자들이 이해하기 쉽게 수정해야 한다. 학습자들이 쉽게 알아차릴 뿐만 아니라 학습하게 될 구체적인 기능에학습자들의 관심을 집중시키기 위해 목표의 조건과 준거 부분을 종종 생략하여 제시하기도 한다. 마지막으로 학습자들이 쉽게 알아볼 수 있도록 하위 기능 목표의 긴 목록이 아니라 3~5개의 주요 목표만을 제시해야 한다.

목표의 구성요소

코스의 최종 목표, 그 목표에 포함된 단계, 하위 기능, 출발점 기능을 위한 목표는 어떻게작성해야 할까? Mager(1997)는 목표 개발의 기준을 제시했다. 그의 기준에 따르면, 주요한세 요소가 포함되어야 한다. 첫째 요소는 교수 분석에서 규명된 기능에 관한 것으로, 학습자가 무엇을 할 수 있는지에 관한 기술이다. 이 요소는 행동(action)과 내용(content), 개념(concept)을 모두 포함한다. 그림 4.3에서 제시한 거리 추정 문제에서 기능이나 행동은 "소수점 둘째 자리까지 정확하게 소수점 첫째 자리에 해당하는 두 지점의 거리를 추정하기 위해 자의 해당하는 위치를 소수점의 형태로 찾아내는" 것이다.

둘째 요소는 학습자가 이 과제를 수행하는 동안의 주된 조건들이다. 학습자에게 컴퓨터 사용을 허락할 것인가? 분석할 문단을 줄 것인가? 이 문제를 해결하기 위해 친구들과 의논을 해도 되는가? 학습자가 그 기능을 수행할 때 활용할 수 있는 것이 무엇인지에 대한 문제이다. 거리 측정 문제에서 조건은 자에 소수 첫째 자리까지 표시된 눈금이다.

셋째 요소는 학습자 수행 정도를 평가할 준거이다. 준거는 학습자 반응의 허용 한계치를 나타내는 것으로, 허용 한계, 범위, 수용할 수 있는 응답이나 반응을 말한다. 또한 준거는 정의에 특정 사실을 포함시키거나, 전문가가 수용할 수 있다고 판단되는 신체적 수행 같은 질적 판단으로 표현될 수도 있다. 거리 추정 문제에 있어서 수용 가능한 응답의 준거는 "0.01단위 이내에서 읽어내기"가 될 수 있다.

다음 문장에는 목표의 세 가지 요소가 모두 포함되어 있다. "소수 첫째 자리 단위로 눈금이 매겨진 자를 주면, 소수 첫째 자리의 두 수의 평균을 내어 소수 둘째 자리까지 계산하여 소수점 형태를 가지고 자의 눈금의 위치를 알아내어 0.01단위에서 읽을 수 있다."

목표로서 갖추고 있어야 할 요건들을 충족하고 있을 경우에도, 어떠한 실제적인 정보를 전달해 주지 못하는 목표도 있다. 다음 목표의 예를 보자. '선다형 문제의 검사 문항을 주면, 검사에 모두 응답을 하고, 10개 문항 중 적어도 9개에 정답을 한다.'와 같은 목표는 다소 과장되어 보일 수 있는 있겠지만, 이 목표는 목표로서 필요한 모든 준거들을 갖추고 있고, 거의 모든 인지적 과제의 학습 상황에 적용할 수 있다는 의미에서 *보편적 목표(universal objective)*라고 할 수 있다. 그러나 이 목표는 학습과 평가를 위한 실제적 조건들이나 학습, 성취 행동에 대해 전혀 말하고 있지 않고 있다. 우리는 이런 목표를 작성하지 않도록 명심해야 한다. 표 6.2는 수행 목표의 구성요소를 포함한 몇 가지 예이다.

표 6.2 ┃ 행동 목표의 구성요소

목표의 요소	요소의 설명	요소의 예
조건(CN)	기능이 수행될 때, 학습자가 이용 가능한 도구와 자원의 설명	1. 업무 팀 회의에서 (CN) 2. 웹 검색엔진을 사용할 때 (CN) 3. 암기하여 (CN)
행동(B)	행동, 내용, 개념을 포함하는 기능의 설명	1. 토론을 조정한다. (B) 2. 논리 연산자를 사용한다. (B) 3. 가스 경보기가 울릴 때 반응 절차에 대해 설명한다. (B)
준거(CR)	수용 가능한 기능에 대한 설명	1. 회의가 제대로 진행되도록 한다. (CR) 2. 관련된 힌트의 수를 반으로 줄이도록 한다. (CR) 3. 회사 정책 매뉴얼과 같이 자세히 (CR)

행동의 도출

목표는 교수 분석으로부터 직접 도출되는 것이고, 분석에서 규명된 행동의 유형을 정확히 표현해야 한다. 교수 분석에서 확인된 하위 기능이, 마땅히 그러해야 하지만, 분명하게 인식할 수 있는 행동을 포함하고 있으면, 목표를 작성하는 일은 간단하게 평가를 위한 준거와 그 수행 행동이 수행될 조건만을 추가하기만 하면 된다. 예를 들어, 하위 기능이 "소수 첫째 자리까지 자의 눈금을 나눈다."라면, "0과 자연수 단위로 나누어진 자를 주었을 때, 각 단위를 소수 첫째 자리로 나눈다. 하위 단위 수는 10개여야 하며, 모든 단위의 크기는 대략 같아야 한다."와 같이 조건과 준거만을 추가하면 적합한 수행 목표가 될 수 있다.

그러나 하위 기능이 애매하게 작성되어 있어서 그 기능에 적합한 목표 작성이 어려울 경우도 있다. 이런 경우, 설계자는 행동을 기술하기 위해 사용할 동사에 유의해야 한다. 대부분의 지적 기능은 '식별하다(identify)', '분류하다(classify)', '시연하다(demonstrate)', '만들어 내다(generate)'와 같은 동사로 기술할 수 있다. 이 동사들은 Gagné, Wager, Golas, Keller(2004)가 지적했듯이, 비슷한 것끼리 묶거나, 서로 다른 것과 변별하기, 문제 해결 등과 같은 활동을 표현하기 위한 동사이다. Gagné 등이 강조했듯이, 그 동사의 의미가 너무 포괄적이어서 애매하게 해석될 수 있는 '알다', '이해하다', '감상하다' 등과 같은 동사들은 사용하지 말아야 한다. '안다'는 언어적 정보를, '이해한다'는 지적 기능을, '감상한다'는 태도를 나타내기 위해서 일반적으로 사용할 수는 있지만 목표에서는 이런 동사가 잘못된 표현이다. 이런 모호한 표현은 보다 구체적인 성취 행동 동사로 대체되어야 한다. Combs 등(2008)은 학습 결과를 타당하게 측정하기 위해 목표를 정확하게 진술해야 하는 문제에 대해 설득력이 있는 논의를 한 바 있다.

교사는 각각의 목표를 검토해 보고 나서, 스스로에게 '학습자가 이 목표를 수행하는 것을 관찰할 수 있는가?'라고 물어보아야 한다. 학습자가 '안다' 또는 '이해한다'는 것은 관찰이 불가능하다. 교사들은 이 동사들을 통해 학습자들이 학습했으면 하는 내용을 담으려고 한다. 학습자들이 어떤 기능을 학습했으면 하는 것을 명확히 학습자에게 전달하려면, 학습자들이 그 기능을 알거나 이해했음을 어떻게 보여 주어야 할지를 정확하게 목표로 진술하는 것이 바람직하다. 예를 들어, 학습자에게 뉴욕과 캘리포니아가 대략 3천 마일 떨어져 있음을 말하도록 요구할 수 있다. 학습자들이 이 사실을 말하거나 쓸 수 있다면, 이 사실을 알고 있다고 유추할 수 있다.

운동 기능에 대한 목표는 대개 행동을 표현하는 단어(예를 들면, 달리기, 뛰기, 운전하기)로 쉽게 표현할 수 있다. 태도 목표는 대개 선택할 수 있는 것들 중에서 특정한 선택을 하는 것이다. 그러나 학습자에게 다양한 활동 중에서 하나를 선택하게 할 수도 있다.

조건의 도출

지식, 기능, 태도 부분을 분명하게 찾아서 목표를 구성했으면, 이제 목표의 조건 부분을 구체화해야 한다. 조건은 목표를 수행할 때 학습자들에게 제공될 활용 가능한 상황이나 자원들을 말한다. 적절한 조건을 선택하기 위해서는, 성취 행동과 대상 집단의 특성을 고려해야 한다. 그리고 목표에서 조건이 담당해야 할 목적을 분명히 해야 한다. 이 목적에는 (1) 학습자들이 자신의 기억에 저장되어 있는 정보를 찾는 데 사용할 수 있는 단서를 제공할 것인가, (2) 과제를 수행하는 데 필요한 어떤 자료를 줄 것인가, (3) 과제의 범위와 복잡성, (4) 실제 수행 환경을 위한 관련된 혹은 확실한 맥락을 제공할 것인가에 관한 것이다.

단서 혹은 자극 우선 학습자들에게 제공될 단서나 자극을 보자. 이것은 언어적 정보 과제를 아는지를 평가하는 데는 특히 중요하다. 학습자에게 특정 개념을 그 정의와 확실하게 연결시킬 줄 알도록 하려 한다고 하자. 이런 유형의 과제에 대한 조건은 "기억으로부터 ~을 정의하기", "지필 검사를 통해 ~을 정의하기"와 같이 간단하게 작성하는 것이 일반적이다. 이 예에는 학습자들이 자신들의 기억으로부터 관련 정보를 찾는 데 이용할 수 있는 어떤 단서나 자극이 명시되어 있지 않다.

학습자에게 언어적 정보를 떠올리도록 도와줄 수 있는 자극들을 표현하기 위해 여러 가지 조건들을 사용할 수 있다. 다음의 자극(조건)과 행동을 보자. 다음의 각 조건들은 학습자들이 개념과 정의를 연결 짓거나 아는 것을 보여 줄 수 있다.

조건	행동
용어를 주면 ⟶	정의를 쓸 수 있다.
정의를 주면 ⟶	용어를 명명할 수 있다.
용어와 여러 가지 정의들을 주면 ⟶	가장 정확한 정의를 선택할 수 있다.
그림으로 개념을 주면 ⟶	그 개념의 명칭을 대고 정의할 수 있다.
용어를 주면 ⟶	그 용어의 유일한 물리적 특성을 열거할 수 있다.
용어를 주면 ⟶	그 용어의 기능과 역할을 열거할 수 있다.

비록 각 조건들은 "학습자의 메모리로부터"이지만, 이 조건들은 바람직한 응답을 학습자의 기억으로 찾기 위해 제공할 수 있는 자극 자료나 정보의 특성을 보다 구체적으로 보여 주고 있다. 각 조건으로는 지필 평가, 컴퓨터 터치스크린 또는 온라인 쌍방향 형식 등도 가능하지만, 조건으로 검사가 실시될 것이라고 그 방법만을 제시하는 것만으로는 적절한 자극을 잘 규명했다고 보기 어렵다.

자원적 자료(resource materials) 목표에 포함된 조건의 둘째 목적은 주어진 과제를 수행하는 데 필요한 일체의 자원의 용도로 사용할 수 있는 자료를 구체화하는 것이다. 자원적 자료에는 (1) 표, 차트나 그래프 같은 예시(illustrations), (2) 보고서, 이야기 또는 신문기사 같은 저작물, (3) 바위, 나뭇잎, 슬라이드, 기계, 연장과 같은 물리적 물체, (4) 사전, 매뉴얼, 정보 자료, 교재 또는 인터넷과 같은 참조 자료 등이 있다. 그 외에도, 이 조건들은 각 자원의 독특한 특성들을 상세화해야 한다.

과제의 복합성 조절 목표에 포함된 조건의 셋째 목적은 대상 학습자의 모집단의 능력과 경험에 딱 맞추기 위해 과제의 복잡한 정도를 조절하는 것이다. 지도 읽기 목표에서 조건이 과제의 복잡성을 어떻게 조절하는지 보자.

1. 지정된 장소가 여섯 개 미만인 마을 지도를 주면 ……
2. 한 도시의 상업용 지도를 주면 ……
3. 도시의 상업용 지도가 주어진다면 ……

이런 조건들을 이용하여 똑같은 과제라도 그 복잡성을 높이거나 낮추어서 대상 학습자들의 수준에 맞출 수 있다.

전이의 촉진 조건의 넷째 목적은 학습 환경에서 배운 지식과 기능이 실무 수행 환경으로 전이되도록 돕는 데 있다. 그렇게 되도록 하기 위해 학습(교수) 상황에서 관련 자료들을 최대한 실세계와 유사하고, 실제적이고 관련성이 높은 맥락으로 상세화하기 위해 조건을 활용한다. 다음에서 볼 지도 읽기 예를 보면, 학생들에게 많은 것을 생략해 단순화한 이웃 지도, 상업용 도시 지도, GPS를 이용할 수 있는 스마트 폰을 주었다. 이것은 실제 수행 상황에서 학습들이 사용할 실제적인 자료들이다. 이렇게 하면, 수행 환경에의 전이가 비교적 쉽게 일어날 수밖에 없다.

상세화해야 하는 조건들을 정할 때, 수행, 학습 상황, 제시 자료의 특성, 학습 대상 집단의 특성 등을 일차적으로 고려해야 한다. 학습 상황과 수행 상황에서 필요한 자원은 적합한 특성의 자극을 주기 위한 조건이며, 과제 복잡성을 조절하기 위한 제한점의 사용 시 집단의 능력에 따라 조건을 결정해야 한다.

비록 앞의 예가 지적 기능과 언어적 정보에 초점을 두었지만, 운동 기능 실행, 태도의 선택을 위한 적절한 조건들도 신중하게 고려해야 한다. 운동 기능의 과제에 대해서 보면, 운동 기능이 수행될 상황의 특성과 그 과제 실행에 필요한 장비 활용의 가능성을 고려해볼 필요가 있다. 예를 들면, 학습자가 자동차를 운전할 수 있음을 보여 주기 위해서라면, 소형차나 SUV 또는 둘 다를 운전할 수 있어야 하는지를 결정해야 할 것이다. 또한 주행도로가 시내를 통과하는 도로인지, 고속도로인지, 시내 거리인지, 2차선 지방도로인지 또는 이 모든 도로가 포함되는지 고려해야 한다. 위의 조건을 어떻게 결정하느냐에 따라, 필요한 장비, 교수 프로그램의 성격, 기능의 연습 시간, 운전 시험의 성격이 달라질 것이다.

학습자들이 어떤 태도를 가지고 있는지를 시연할 조건들을 상세화할 때 다음과 같은 문제에 대해 세심한 주의를 해야 한다. 세 가지의 중요한 문제는 선택할 맥락, 학습자가 선택할 대상들의 성격, 학습자 집단의 성숙도 등이다. 선택은 상황에 따라 달라질 수 있기 때문에 이런 고려사항은 중요하다. 예를 들어, 테니스를 하는 동안 훌륭한 스포츠 정신을 보여 주는 태도는 승패의 결과에 따른 경기의 중요성에 달려 있다. 이것은 또한 선수들이 부정적인 반감을 불러일으키지 않으면서 좌절이나 분노의 느낌을 자유롭게 표현할 수 있느냐에 달려 있다. 또한 선수들의 나이와 상응하는 감정 통제력도 영향을 줄 수 있다. 스포츠 정신과 같은 태도를 진정으로 습득했음을 보여 줄 수 있으려면, 보복에 대한 두려움 없이 태도를 표현할 수 있는 경쟁적 시합이어야 한다. 단순한 지필 검사로 적절한 행동을 말하게 하거나 감독이 감시를 하면서 그런 스포츠 정신을 보여 주는 태도 행동을 하게 하는 것으로는 불충분하다.

운동 기능과 태도 선택 목표의 조건을 정하는 것은 다소 미묘할 수 있다. 적절한 조건들을 교수 환경 및 평가 환경에서 실제로 적용하기가 어려울 수 있다. 이런 이유로, 때로는 모의 상황이 필요하다. 그러한 모의 상황에서는 태도의 실제적 실행이 다소 축소될 수 있음을 명심해야 한다.

목표의 조건 덕분에, 목표에 포함된 행동과 최대한 비슷하게 교수 프로그램을 만들 수 있다. 예를 들어, 학습자는 목표에 있는 내용을 기억할 필요가 있는가? 왜 기억해야만 하는가? 그 내용을 참고 서적이나 매뉴얼에서 찾아볼 수는 없는가? 또는 그럴 시간이 없는가? 이런 특별한 경우에, 학습자가 그 정보를 찾을 필요가 있다면, 교수 프로그램은 목표와 관련된 다양한 정보를 찾을 수 있는 기회와 피드백으로 구성되어야 할 것이다. 그러나 노트나 참고자료로부터 정보를 찾을 필요 없이 기억하고 있으면 그 정보를 저장하고 빨리 찾기 위한 연습을 하는 것도 한 방법이 되어야 한다.

설계자는 어떤 조건들이 필요한지를 정확하게 어떻게 결정하는가? 때로 이것은 단순히 내용 전문가가 결정할 문제이다. 하여튼 상황 분석은 가르치고자 하는 바람직한 수행 행동이 어떤 상황에서 일어날 것인지를 분석하는 것이고, 그 상황이 바로 우리가 목표에서 기술하고자 하는 조건들이다.

준거의 도출

목표의 마지막 부분은 기능이 제대로 적합하게 수행되었다고 판단하기 위한 준거이다. 논리적으로 타당한 준거를 정하기 위해서는 수행하게 될 과제의 특성을 잘 파악해야 한다. 어떤 지적 기능이나 언어적 정보와 같은 과제는 옳은 응답이 하나만 있다. 회계 장부의 대차 대조표 맞추기, 주어와 동사의 시제 및 수의 일치, 회사의 안전수칙 말하기 등이 그 예이다. 이런 경우에 준거는 학습자가 정확하게 옳은 응답을 하는 것이다. 어떤 설계자들은 이런 유형의 목표에 '정확하게'라고 표기하기도 하지만, 다른 설계자들은 어떤 준거도 진술하지 않고 조건과 행동에 이런 준거가 묵시적으로 내포되어 있는 것으로 전제한다. 그런 목표를 어떻게 다루든지, 학습자가 과제를 수행하는 횟수를 정하는 것(예를 들어, 세 번 중 두 번, 또는 시도 횟수 중 80%는 정확하게)은 목표의 준거가 아니다. '몇 번' 또는 '정확히 몇 개를'의 문제는 숙달(mastery)의 문제이다. 설계자는 학습자가 숙달했음을 확신하기 위해 그 기능에 해당하는 행동을 몇 차례 하도록 해야 할지를 결정해야 하지만, 평가 문항을 개발할 때 보통 이 결정을 한다. 목표에 있어서의 준거는 어떤 행동이 수용 가능하고, 그 행동을 어느 정도 해야 하는지를 기술하는 것이 여기서의 핵심이다.

지적 기능과 언어적 정보 과제는 옳은 응답이 하나만 있는 것이 아니어서 '하나의 직선을 같은 길이로 나누기나 자를 이용하여 거리 측정하기'와 같은 경우의 과제에서 학습자의 응답은 다양해질 수 있다. 이런 유형의 목표의 준거는 수용 가능한 응답으로 인정해 줄 수 있는 허용 범위를 정해야 한다. 다양한 옳은 반응이 나올 수 있는 과제의 예로는 사업 문제의 해결책 구상하기, 글쓰기, 특정 주제에 대한 논술 질문에 응답하기, 연구 보고서 작성하기 등이 있다. 이런 목표를 위한 준거는 하나의 응답이 충분히 정확하다고 판단할 수 있기 위해 나타나야 하는 어떤 정보나 특성을 규명할 수 있어야 한다. 복잡한 응답을 판단하기 위해서는, 응답의 수용 가능성 여부를 판단하기 위한 준거를 표현할 수 있는 응답 체크리스트가 필요하다.

운동 기능 수행의 적절성 판단을 위한 준거는 기대되는 행동을 나타내는 체크리스트를 사용할 필요가 있다. 이 체크리스트에는 빈도수 및 시간제한도 필요하다. 기능이 수행될 때의 몸 자세를 묘사하는 것도 포함되어야 한다(예, 피아노 건반 위의 손 위치).

태도 목표의 준거를 정하는 것은 좀 복잡하다. 관찰할 행동의 성격, 관찰할 맥락, 학습자 집단 구성원의 연령과 같은 요인에 따라 적합한 준거가 정해져야 한다. 준거에는 주어진 상황에서 관찰할 바람직한 행동의 횟수와 바람직하지 않은 행동의 횟수도 포함될 수 있다. 기대 행동에 대한 체크리스트는 태도의 습득 여부를 판단하기 위한 준거를 정하는 가장 효율적인 방법임을 알 수 있다. 태도 측정을 위한 준거의 흔한 문제점은 주어진 시간과 상황에서 얼마나 그 행동을 관찰할 수 있는가라고 하는 평가자의 능력에 달려 있다는 점이다. 따라서 여기에는 적절한 절충을 할 필요가 있다.

특정 교수 환경에서 제기될 수 있는 한 가지 문제는 내용 전문가나 교사의 판단이 학습자의 수행을 판단하는 준거로 사용하는 것이다. 내용 전문가 판단을 준거로 사용하는 것은 설계자나 학습자에게 도움이 되지 않기 때문에 목표의 준거로 내용 전문가 판단을 열거하지 않는 것이 현명하다. 그 의미는 다른 누군가가 학습자의 수행을 판단할 것이라는 것이다. 설계자 혹은 다른 사람이 평가자의 역할을 해야 할 경우라면, 이 준거 요소들을 고려해야 한다. 준거가 명백하게 이해되도록 목표에 이 내용을 포함하고 행동 유형의 체크리스트를 개발한다.

둘째 문제는 응답, 산출물, 수행을 위한 준거가 복잡할 수 있어서, 준거를 다음과 같은 항목으로 나누는 것이다. 항목으로는 (1) 응답의 적합한 유형(즉, 응답의 물리적 구조), (2) 응답의 적합한 기능(즉, 응답이 특정 목적이나 의도에 부합하는가?), (3) 적합한 질 또는 심미적 측면 등이 있다. 이 세 가지 항목을 이용하여 복잡한 준거를 명확하게 하는 예를 보자. 학습자들이 의자를 제작한다고 하자. 그 의자를 제대로 만들었는지는 얼마나 견고하게 만들어졌는가(물리적 구조), 얼마나 편안한가(기능 혹은 용도), 미적 외양(색, 균형미, 조화) 등으로 판단할 수 있다.

그러면, 단락 글쓰기에 적용될 수 있는 준거들을 생각해 보자. 형식과 관련하여, 구조적 규칙에 따라 문단의 들여쓰기가 되어 있는가를 준거로 포함시킬 수 있다. 기능이나 목표와 관련하여, 하나의 주제에 대한 내용 전달하기, 독자 설득하기, 적합한 방향 제공하기 등도 적합한 준거가 될 수 있다. 질이나 심미적 측면과 관련하여, 명료성, 흥미 수준, 논리적 배열, 문장 전환, 독창성 등이 준거에 포함될 수 있다.

학습자의 응답, 산출물, 수행을 판단하는 다른 많은 준거 범주들도 사용될 수 있다. 사회적 적절성, 환경적 건전성, 경제적 경쟁력, 절약 등이 그 예이다. 설계자는 수행 과제의 복잡성을 분석해야 하는데, 이런 분석을 하는 중에, 학습자의 응답을 판단하는 데 고려해야 할 적절한 준거 범주를 도출해야 한다. 숙달은 학습자의 응답이 적절히 준거 범주와 질을 충족하는지에 따라 판단해야만 한다. 많은 설계자들은 수용 가능한 응답을 판단하기 위한 복잡한 준거를 명확하게 하기 위해 루브릭(rubrics) 또는 체크리스트를 사용한다.

목표 작성의 과정

목표와 그 목표를 달성하기 위한 교수 프로그램이 상황 분석 결과와 일관성을 갖도록 하기 위해, 설계자는 목표(objectives)를 작성하기 전에 프로그램의 전체 최종 목표(goal)를 검토해 보아야 한다. 최종 목표는 그 목표가 사용될 최종 상황을 충분하게 기술하고 있는가? 그렇지 못하다면, 첫째 절차는 그 상황을 반영하도록 교수 목표를 수정하는 것이다.

그 다음 절차는 최종 목표(terminal objective)의 작성이다. 하나의 목표(goal)를 갖고 있는 각각의 교수 프로그램들마다 최종 목표를 가지고 있다. 최종 목표는 수행 목표가 갖추어야 할 세 요소 모두를 가지고 있기 때문에, 이 목표에 포함된 조건은 학습 환경에서 가용한 상황을 반영한다. 다시 말하면, 교수 목표(goal)는 학습자가 결국 새롭게 배운 기능을 사용하게 될 상황을 기술해야 하지만, 최종 목표(terminal objective)는 학습자가 학습을 완료한 다음에, 그 목표를 수행하기 위한 조건을 기술해야 한다. 이상적으로 이 두 조건들은 같지만, 필요에 의해 어느 정도 다를 수도 있다.

설계자는 최종 목표를 설정한 다음에, 교수 분석 결과로 얻은 기능 및 하위 기능들을 위한 목표를 작성해야 한다. 다음 단계는 지적 기능, 언어적 정보, 운동 기능, 태도 등을 포함하여 교수 분석표에 있는 하위 기능들별로 목표를 작성하는 것이다. 7장과 10장에서 우리가 작성한 목표들은 그 기능에 대한 평가뿐만 아니라 기능을 가르칠 교수 프로그램의 중요한 하나의 요소가 될 것이다.

그러나 출발점 기능들은 어떻게 할 것인가? 여기에서는 좀 다른 결정을 해야 한다. 만약 출발점 기능들이 기초적 기능이거나 내용이라서 거의 모든 대상 학습자들이 이것을 알고 있어서 평가를 한다는 것이 그들에게 고통만 주는 일이라고 판단된다면, 어떤 목표 작성도 필요 없다. 그러나 모든 학습자들이 이 출발점 기능들을 학습할 필요가 있다면, 이 기능들에 대한 목표를 작성해야 한다.

목표 작성 단계는 다음과 같다.

1. 최종적 수행 상황이 반영되도록 교수 목표를 수정한다.
2. 학습 환경의 상황이 반영되도록 최종 목표를 작성한다.
3. 목표 분석에서 하위 단계가 없는 각 단계에 대한 목표를 작성한다.
4. 목표 분석 결과표에 있는 단계 및 하위 단계의 목표를 작성한다.
5. 모든 하위 기능들의 목표를 작성한다.
6. 학습자들 중 출발점 기능을 갖추지 못한 학습자가 있다면, 그 출발점 기능에 대한 목표를 작성한다.

목표의 평가

이 장의 마지막 부분에서 제시한 루브릭은 목표 평가를 위한 준거의 목록이다. 루브릭은 잘 작성된 목표는 어떠해야 하는지를 보여 주는 것으로, 교수 설계 프로젝트를 위한 목표 작성을 도와주기 위한 것이다. 목표를 판단하기 위한 루브릭으로 사용할 수 있을 뿐만 아니라, 목표의 명료성이나 실행 가능성을 평가하는 데도 이용할 수 있다. 이 목표를 학습자가 달성했는지를 측정하기 위한 검사 문항을 하나 만들어 보자. 그런데 만약 하나의 논리적인 검사 문항이 만들어지지 않는다면, 그 목표는 뭔가 잘못된 것이라서 반드시 수정해야 한다. 목표의 명료성을 평가하기 위한 또 다른 방법은 목표에 제시된 행동과 조건에 맞는 검사 문항을 동료에게 만들어 보라고 부탁해 보는 것이다. 만약 만들어진 문항이 우리가 생각하고 있는 것과 비슷하지 않다면, 이 목표도 우리의 의도를 전달하기에 명료하지 않다는 징조이다.

목표의 준거도 평가해 보아야 하는데, 이것은 바람직한 성취 행동이나 반응의 사례들을 가지고 이 준거를 사용해서 평가해 보는 것이다. 이 사례들은 동료나 과제를 수행할 누군가에 의해 작성된 것일 수도 있다. 작성된 준거가 특정한 조건과 시간 프레임에서 관찰 가능한지에 대해 구체적으로 주의를 기울여야 한다. 우리가 추측할 수 있듯이, 운동 기능이나 태도보다는 언어적 정보나 지적 기능 과제에 대한 준거를 관찰하는 것이 더 용이하다.

목표를 작성할 때, 이 준거는 교수 프로그램의 평가 문항을 개발하는 데 사용하기 위한 것임을 명심해야 한다. 설계자는 "목표에 기술한 것을 학습자가 성공적으로 수행할 수 있는지를 평가할 수 있는 평가 항목이나 과제를 설계할 수 있는가?" 스스로에게 물어봄으로써 목표의 명료성과 이행 가능성을 재검토해야 한다. 만약 현재의 시설 및 환경에서 이 목표가 어떻게 실행될지 잘 그려지지 않는다면, 이 목표도 수정해야 한다.

다른 도움이 될 만한 제안을 하면, 목표를 적합하게 작성할 때 둘 혹은 세 문장도 괜찮다는 것이다. 목표를 하나의 문장으로 작성해야 하는 법은 없다. 학습자들이 목표에 기술된 기능을 수행할 조건의 일부로서 '이 교수 프로그램의 학습을 완료한 후에'라는 문구를 사용할 필요가 없다. 이러한 문구를 사용하면 학습자들이 기능을 수행하기 전에 교수 프로그램으로 공부할 것으로 짐작할 수 있기 때문이다. 목표는 수행 행동을 어떻게 학습할 것인지를 정하는 것이 아니다.

마지막으로, 목표 작성의 논쟁에 깊이 들어갈 필요가 없다. 목표를 '정확하게' 진술하는 데 사용되어야 하는 정확한 단어에 대한 논쟁이 많았다. 목표는 무엇을 가르칠 것인가에 대한 진술문으로 유용함이 밝혀져 왔음이 여기서의 요점이다. 목표는 설계자나 내용 전문가에게 학습자들이 무엇을 할 수 있도록 할 것인지를 전달할 수 있어야 한다. 그러나 목표 자체만으로는 의미가 없다. 목표는 전체 교수 설계 과정에서 단 하나의 구성요소일 뿐이고, 이 과정에 어떤 영향을 줄 때만 의미가 있다. 의미 있게 목표를 작성하고, 교수 설계 과정의 다음 단계로 가는 것이 이 시점에 할 수 있는 최선의 조언이다.

예시

여기에서는 운동 기능과 태도에 대한 수행 목표의 예를 보려고 한다. 각각의 예에 대한 분석을 돕기 위해, 조건은 CN으로, 행동은 B로, 준거는 CR로 표시했다. 목표를 작성할 때 이런 방식으로 표현할 필요는 없다. 각각의 목표 다음에 나오는 설명을 읽어 보면, 목표를 분석하는 데 도움이 될 것이다. 언어적 정보와 지적 기능을 위한 수행 목표들의 예에 대해, 부록 E에 제시된 이 장의 사례 연구와 학교 교과과정 부분을 살펴본다.

운동 기능

자동차 타이어 교체에 대한 목표 분석의 예가 그림 4.11에 제시되었다. 표 6.3에 있는 하위 목표들은 분석 결과에서 나온 하위 단계에 대한 것이다.

앞서 지적했듯이, 운동 기능에 대한 목표 작성은 언어적 정보나 대다수의 지적 기능보다 훨씬 더 복잡하다. 예시 목록에서 조건이 보다 상세하게 기술되어 있는 점에 주목할 필

표 6.3 ▌ 운동 기능의 예와 그에 따른 수행 목표

단계	수행 목표와의 적합성
2.1 잭(jack)을 조작할 방법 결정하기	2.1 표준의 가위형 잭과 분리된 잭의 핸들(자동차 밑에 설치되어 있지 않은)이 주어진다면(CN), 잭을 작동시킨다(B). 핸들을 안전하게 부착하고, 핸들을 펌프질해서 잭을 올리고. 안전마개를 열고, 잭을 접힌 위치로 낮춘다(CR).
2.2 잭을 차의 어느 부분에 위치시킬 것인지 찾기	2.2 차가 길가의 벼랑에 불안정하게 세워져 있고 장착되지 않은 가위형 잭이 있을 때(CN), 잭을 부착하도록 준비하고(B), 차를 평평하고 안정적인 곳에 다시 주차하고, 들어올려질 바퀴 부분의 가장 적합한 차체의 위치를 찾아서, 그 위치의 아래에 장방형으로 잭을 위치시킨다(CR).
2.3 잭을 차에 설치하기	2.3 잭을 적당한 장소에 장방형으로 위치시키고 나서(CN), 손잡이를 고정시키고 잭을 들어 올린다(B). 잭을 차체에 닿을 정도로 올리고 균형 있게 고정시킨다. 차는 올려지지 않고 너트도 풀지 않는다(CR).
2.4 바퀴를 땅에 내려놓기 전에 버팀목을 뒤에 놓는다.	2.4 받침대가 주어지지 않고 적절한 받침대를 뒤에 놓으라는 지시가 없이(CN), 받침대를 찾아서 바퀴의 뒤에 받침대를 놓는다(B). 적당한 벽돌크기의 단단한 물건을 찾아서 잭과 떨어져서 바퀴의 앞뒤에 놓는다.
목표: 자동차의 타이어 갈아 끼우기	**최종 목표:** 펑크 난 자동차가 있고, 바퀴를 갈아 끼울 모든 도구가 트렁크의 적당한 위치에 있고 스페어타이어가 정상적인 위치에 고정되어 있다(CN). 펑크 난 타이어를 스페어타이어로 갈아 끼운다(B). 갈아 끼우는 각각의 절차는 순서와 각각의 단계에 맞는 준거에 맞게 시행될 것이다(CR).

요가 있다. 어떠한 특수 상황도 규명되어야 한다. 설계자가 타이어를 교체하기 위해 타이어 아래에 받침대를 학습자에게 주지 않거나 그것을 구해야 한다는 사실을 알려 주고 싶지 않아서 목표에 이런 조건을 포함하고 있음을 알 수 있다. 그러나 분명히 학습자가 이 목표를 학습하고 나서 이 기능을 학습했음을 보여 주기 위해서는 이 사실을 기억해 내서 받침대를 구해서 타이어 아래에 댈 수 있어야 한다.

그리고 또한 목표에 어떤 동사 표현을 사용하는가는 대단히 중요해서, 목표의 성취 행동을 관찰 가능하도록 하기 위해 부분적으로 수정해야 할 수도 있다. 목표 2.1에 보면 '어떻게 할지를 결정한다(determine how)'라는 표현을 보다 관찰하기 용이한 동사인 '작동시킨다(operate)'로 수정했음을 볼 수 있다. 학습자가 어떻게 할지 결정했는지를 측정하기 위해 관찰 가능한 행동을 찾아서 수정한 것이다.

또한 준거 작성에 대해서 보자. 운동 기능의 단계들에 대한 준거를 정하기 위해서는 성취해야 할 하위 단계들을 열거할 필요가 있다. 이 각각의 목표들의 준거에는 그 목록들이 포함된다.

운동 기능 목표에는 또 다른 흥미로운 점이 있다. 각 목표에 각각의 조건이 포함되어 있으면서도, 앞의 예에서 볼 수 있는 것처럼, 그 목표의 조건, 행동, 준거가 어떤 주어진 단계를 수행하기 위한 조건이 되기도 한다는 점이다. 예를 들면, 목표 2.2가 암시하는 조건은 목표 2.1의 성공적인 완성이다. 마찬가지로, 목표 2.3에 포함된 조건은 목표 2.2의 성공적인 완성을 함축하고 있다.

마지막으로, 최종 목표에 대한 조건을 보자. 최종 목표 수행을 위한 모든 준거를 실제로 열거하기 위해서는, 각 단계의 구체적인 준거들을 모두 열거해야 한다. 그 모든 단계들을 완성(숙달)해야 최종 목표가 달성되기 때문이다. 이런 이유 때문에, 각 목표를 위해 열거한 준거는 체크리스트에 열거해서, 학습자의 수행을 평가하는 데 중요한 가이드로 사용할 수 있다.

태도

태도 학습을 위한 목표를 개발하기 위해 조건, 행동, 준거를 정하기도 복잡하다. 표 6.4의 예들은 그림 4.7에 제시된 호텔 안전에 대한 태도 목표에서 가져온 것이다. 설계자가 만날 수 있는 문제에 대한 좋은 사례이다.

이 태도 목표의 조건에 대해 유의해야 할 것 중의 첫째는, 여러 가지 이유로 그것을 실천하기가 어렵다는 점이다. 개인의 권리와 사생활과 같은 문제가 있을 것이고, 방문이 잠겼는지, 보석이나 돈이 없어지지 않았는지를 알아보기 위해 방을 관찰하려고 접근하는 것은 또 다른 문제이다. 이 예에서, 설계자는 절충할 필요가 있다. 최선의 절충안은 호텔에 투숙하고 있는 동안 개인의 안전을 극대화하기 위해 선택해야만 할 것이 무엇인지를 알 수 있는 방법을 찾는 것이다. 언어적 정보를 측정하기 위한 객관식 검사 혹은 문제 해결 시나리오 검사가 설계자가 선택할 수 있는 최선의 방법일 것이다.

좀 더 다루기 용이한 태도에 대한 다른 예를 보자. 2장에서 나왔던 예의 바르고 친절한 은행원의 목표를 보자. 표 6.5의 은행원의 태도에 대한 태도 목표(goal)와 수행 목표(objectives)는 관찰뿐만 아니라 측정하기에 용이하다. 이 예는 우리에게 몇 가지 중요한 점을 말해 주고 있다. 첫째, 네 가지 행동에 대한 조건들이 정확하게 모두 같다. 그러므로 중복을 피하기 위해 행동 앞에 한 번만 제시하면 된다. 태도 목표는 은행원이 고객에게 인사를 할 때, 어떻게 행동해야 하며, 왜 그렇게 해야 하는지를 측정해야 한다. 또한 은행원은 자신이 선택한 대로 자유롭게 행동할 수 있다고 믿어야 한다. 이 말의 의미는 그들이 관찰되고 있다는 사실을 알 수 없다는 뜻이다. 다른 조건은 그들이 매우 바쁠 때조차도 예의 바른 행동을 선택하는 것이다. 이런 조건에서 친절하게 고객에게 인사하는 것을 선택한 은행원들이 바람직한 태도를 갖게 되었다고 설계자는 생각하게 될 것이다.

둘째, 수용 가능한 수행 행동을 위한 준거로 '항상' 그 행동이 수행되어야 하는 것이 네 개의 목표에서 모두 같다는 점이다. 여기에서도 마찬가지로 중복을 피하기 위해 행동 목록

표 6.4 ‖ 태도의 예와 그에 따른 수행 목표

단계	수행 목표와의 적합성
1. 호텔에 투숙하는 동안 화재로부터 안전을 최대화하기	1.1 호텔에 투숙 수속을 밟을 때 관찰된다는 것을 모르는 상태에서(CN), 여행객들은[항상(CR)]: (1) 낮은 층의 객실을 요구한다. (2) 객실 안과 근처의 안전 대책 즉 화재 경보기, 스프링클러시스템, 비상구와 같은 것을 알아본다(B).
2. 호텔에 투숙하는 동안 침입으로부터 안전을 최대화하기	2.1 객실을 잠시 떠나기 위해 준비할 때 관찰되는 것을 모르는 상태에서(CN), 여행객들은[항상(CR)]: (1) 라디오나 TV, 불을 켜 놓고 나간다. (2) 그들은 문을 잠근 후 안전하게 잠겼는지 확인한다(B).
	2.2 호텔에 다시 들어올 때 관찰된다는 것을 모르는 상태에서(CN), 여행객들은[항상(CR)] 그들이 객실을 나갔을 때와 같은지, 객실에 누가 없는지 살핀다. 그들은 항상(CR) 자물쇠와 보조 장치로 방문을 잠근다(B).
3. 호텔 객실에 있는 동안 귀중품의 안전을 최대화하기	3.1 호텔에 체크인하는 동안 관찰되고 있는지 모르는 상태에서(CN), 항상(CR) 보관함과 귀중품을 위한 보호를 요청한다. 귀중한 서류, 여분의 현금과 보석류를 안전 보관함에 넣는다(B).
	3.2 잠시 객실을 비울 때 관찰되는 것을 모르는 상태에서(CN), 여행객들은 전혀(CR) 호텔의 가구 위에 보석과 돈을 놓아두지 않는다(B).

표 6.5 ┃ 다룰 수 있는 태도와 수행 목표의 적합성

태도	수행 목표와의 적합성
은행원은 정중하고 친절한 태도로 고객을 대한다.	바쁜 날 고객을 대하는 동안에 본인이 관찰된다는 것을 모르는 상태에서 (CN), 은행원들은 항상(CR): 1. 고객과 거래를 시작한다: (a) 웃으면서, (b) 친절하게 인사를 하고, (c) 개인을 위한 사적인 서비스가 되게 하기 위해 무언가 말하고, (d) 하던 일이 있으면 미리 사과를 하고, (e) 어떤 일을 도와주어야 하는지 물어본다(B). 2. 고객과 다음의 거래를 한다: (a) 고객의 설명을 신중하게 듣고, (b) 필요시 다른 명확한 정보를 요청하고, (c) 필요한 추가적인 양식을 제공하고, (d) 필요 시 양식을 완성하거나 수정하고, (e) 고객에게 어떠한 변경 사항이 있을 때 설명해 주고, (f) 고객에게 돌려줄 모든 것들을 설명해 준다(B). 3. 다음을 함으로써 각각의 거래를 끝낸다: (a) 필요한 다른 서비스가 있는지 물어보고, (b) '고맙습니다'라고 말하고, (c) 고객이 하는 어떤 말에든지 대답해 주고, (d) 인사를 하고 끝낸다(예, 좋은 하루 되세요. 건강하세요. 또 뵙겠습니다)(B).

앞에 준거를 한 번만 표시해 주면 된다.

마지막으로, 기대된 행동들은 준거와 조건들 밑에 따로따로 열거한다. 은행원들이 고객에게 인사하는 동안 절대 해서는 안될 행동(예, 손님이 먼저 말하기까지 기다리고, 제대로 쳐다보지 않거나, 손님이 준비될 때를 인식하려 한다)들을 행동 목록에 추가할 수 있다.

이 목표를 이용해서 은행 업무를 관리하는 위치에 있는 사람은 각각의 행동들이 발생하는 빈도를 측정하기 위한 체크리스트를 개발할 수 있다. 이 기록을 이용해서 그 감독관은 은행원들이 업무 중 필요로 하는 태도를 가지고 있는지를 알아낼 수 있다.

사례 연구: 집단 리더십 훈련

지적 기능과 언어적 정보에 대한 목표 예의 사례 연구를 다시 보자. 여기에서는 몇 개의 목표만 선택해서 보았지만, 전체 교수 설계 과정에서는 교수 분석을 통해서 얻은 각각의 하위 기능에 대해 하나 이상의 목표를 작성해야 한다. 여기에서도 조건은 CN, 행동은 B, 준거는 CR로 표시했다. 실제 목표 기술을 할 때는 이렇게 문자로 표시할 필요가 없다. 다음에서는 각각의 목표에 대한 중요한 속성을 강조하기 위해 간략한 논의를 했다.

언어적 정보와 지적 기능

표 6.6은 수행 상황과 학습 상황에서의 교수 목표(instructional goal)와 최종 목표(terminal objective)이다. 표 6.6과 6.7에 있는 지적 기능과 표 6.7에 있는 언어적 정보 과제는, '문제 해결을 위한 집단 토론 이끌기' 교수 목표의 교수 분석 결과인 그림 4.8에서 가져온 것이다. 표 6.7은 그림 4.8의 하위 기능들 중에서 지적 기능과 언어적 정보 과제를 수행 목표로 작성한 예이다.

언어적 정보 표 6.7의 언어적 정보 목표 예에서, 조건들은 학습자에게 제시할 검사 문항의 주요 용어(key terms)를 정하는 것이다. 예를 들어, 기능 6.1에 대한 하위 목표 6.1.1과 6.1.2에서, 정한 핵심 내용들은 "협력적인 상호작용을 촉진할 수 있는 구성원의 행동"과 "자신의 아이디어에 대해 질문을 받았을 때, 구성원들이 해야 할 일"이다. 이런 내용이 단서가 되어서 학습자들로 하여금 자신의 기억에 저장되어 있는 관련정보를 찾아내는 데 이용되는 역할을 한다. 같은 내용이라도 다양한 방법으로 검사 문항을 만들 수는 있지만(예, 논술형 문항이나 단답형 문항), 이 핵심적인 조건들은 학습자에게 반드시 제시해 주어야 한다. 학습자들이 명쾌하게 이해할 수 있도록 글로 작성해서 제시해 주어야 한다. 또한 하위 단계와 목표에서 사용된 행동들이 같을 것일 수도 있다. 그것들이 정확하게 같지 않을 경우에도, 사용된 행동들은 학습자에게 같은 외현적 기능(명명하기와 열거하기)을 시연하게 해야만 한다. 마지막으로 각 목표에 대한 준거를 고려해야 한다. 학습자들이 이름 붙이는 방법이 너무나 다양하기 때문에 학습자들이 명명할 수 있는 행동의 수를 제한해 주어야 한다.

표 6.6 ▎ 수행 상황과 목표를 위한 학습 상황을 가진 최종 목표인 '문제 해결을 목적으로 하는 집단 토론 이끌기'를 예로 보여 주는 교수 목표의 표본

교수 목표	수행 상황이 부여된 교수 목표
문제 해결을 목적으로 하는 집단 토론 이끌기	캠퍼스와 지역사회의 지정된 장소에서 개최된 실제 회의 중에(CN), 캠퍼스와 지역사회에 현존하는 문제를 해결하기 위한 집단 토론을 성공적으로 이끌 수가 있다(B). 참석자의 협조적 행동을 이용하여 이 목표를 학습했는지를 판단할 것이다(CR).
	학습 상황이 부여된 최종 목표
	학과 회의실에서 열린 리더십 학과의 석사과정 학생들이 참석한 모의 문제 해결 회의 중에(CN), 주어진 문제를 해결하기 위한 집단 토론을 성공적으로 이끌 수가 있다(B). 참석자의 협조적 행동을 이용하여 이 목표를 학습했는지를 판단할 것이다(CR).

지적 기능 지적 기능의 예(기능 6.2에 대한 6.2.1과 6.2.2)에서, 목표의 조건 부분은 언어적 정보 목표 부분과 비슷함을 알 수 있다. 포함된 핵심 내용들(예, "회의 중, 집단 구성원의 활동들")뿐만 아니라, 이런 활동을 규정하는 방식(예, "집단 활동에 대한 문자적 설명"과 "구

표 6.7 ┃ 교수 목표 '문제 해결을 목적으로 하는 집단 토론 이끌기'를 위한 언어적 정보와 지적 기능 과제를 위한 수행 목표의 예

교수 목표에서의 주요 단계	주요 단계를 위한 수행 목표
6. 협조적 상호작용 관리하기	6.1 학과 회의실에서 리더십 석사과정 학생들이 참석한 모의 문제 해결 회의 중에(CN), 협조적인 집단 상호작용을 관리할 수 있다(B). 토론 참석자들은 자유롭게 참석하고, 아이디어를 자발적으로 발언하고, 리더와 다른 참석자들과 완전하게 협조해야 한다(CR).
하위 기능	**주요 단계를 위한 하위 목표의 예**
6.1 협조적 상호작용을 촉진하는 집단 행동 진술하기	6.1.1 협조적 상호작용을 촉진시키는 집단 위원의 행동을 열거하도록 구두나 서면으로 요청받으면(CN) 그런 행동을 진술하고(B), 적어도 6가지의 촉진적인 행동을 진술할 수 있어야 한다(CR).
	6.1.2 어떤 구성원이 구두나 서면으로 의견 개진을 요청받았을 때(CN), 협조적 집단 상호작용에 도움이 되는 긍정적 반응을 진술한다(B). 학습자들은 최소한 3가지 가능한 반응을 진술할 수 있어야 한다(CR).
6.2 협조적 집단 구성원 행동 분류하기	6.2.1 회의 동안 집단 구성원의 행동에 대한 진술이 서면으로 주어진다면(CN), 그 행동이 협조적인지를 지적하고(B), 학습자들은 적어도 보여준 행동의 80%를 정확하게 분류한다.
	6.2.2 구성원의 행동을 보여주는 문제 해결 회의 비디오가 있다면(CN), 그 행동이 협조적인지를 지적하고(B) 학습자들은 적어도 행동의 80%를 정확하게 분류해야 한다.
6.3 협조적 구성원을 장려하는 전략 진술하기	6.3.1 구성원의 토론과 협조를 높이거나 저해하는 리더의 행동을 서면으로 열거하라고 요청받으면(CN), 이 행동을 진술한다(B). 학습자는 협조를 높이거나 이를 요구하는 행동을 최소한 10개 제시할 수 있어야 한다(CR).
6.4 협조를 장려하는 전략 분류하기	6.4.1 회의 동안에 집단 리더의 행동에 대한 진술이 서면으로 주어진다면(CN), 이러한 행동이 집단의 상호작용을 장려할지 저해할지를 지적하라(B). 학습자는 적어도 이러한 행동의 80%를 정확히 분류할 수 있어야 한다.
	6.4.2 리더의 행동을 보여주는 비디오가 있다면(CN), 리더의 행동이 구성원을 장려할지 저해할지를 지적할 수 있다(B). 학습자는 적어도 장려하거나 저해하는 행동의 80%를 정확히 분류한다.
6.5 협조적 구성원 행동 유도하기	6.5.1 집단의 리더로서 학습자 행동을 포함한 모의 문제 해결 회의에서(CN) 구성원들 사이의 협조를 촉진할 수 있는 행동을 지적하라(B). 집단 구성원들은 회의 동안에 다른 구성원들 및 리더들과 서로 협조한다.

성원들의 활동을 묘사하는 연출된 동영상")도 비슷하다. 목표 6.5.1에는 조건에 언급된 핵심 내용들이 없지만, "집단 리더로서 어떻게 행동해야 하는지를 모의 문제 해결 회의"로 검사하게 될 것이다. 이 세 가지 지적 기능의 조건들이 과제의 복잡성을 정해 주는 것을 알 수 있다. 긍정적인 리더와 구성원의 행동을 찾아내기에는 아마 문서가 상호작용 대화 동영상보다 더 쉬울 것이다. 후자의 경우, 설계자가 회의를 주재하면서 참석한 동료들의 언어적, 비언어적 행동을 적극적으로 촉진하면서 우리가 능동적으로 참여한다면 긍정적인 리더의 행동과 구성원들의 행동을 쉽게 찾아낼 수 있을 것이다. 하위 기능과 그 목표에 대한 수행 행동이 같음에 주목할 필요가 있다. 비록 같은 의미의 다른 핵심 내용들을 사용해도, 양쪽에서 보여 주어야 하는 기능은 동일하다. 이런 목표에 포함된 준거를 보자. 하위 목표 6.2.1과 6.2.2에서 보면, 학습자들은 시나리오나 비디오에서 협조적 행동의 80%를 찾아내야 한다. 그러나, 리더가 속한 집단의 구성원들은 서로 간에는 물론 리더와도 협력해야 한다는 것이 목표 6.5.1의 준거이다. 다시 말하면, 집단 구성원의 행동은 리더의 성공에 대한 증거이다. 추가적으로, 부록 E에 있는 학교 교육과정의 사례 연구에서 하위 기능들과 수행 목표에 대해 알아보자.

요약

수행 목표를 작성하기 전에, 교수 분석, 학습자 분석, 상황 분석을 완성해야 한다. 이를 기초로, 목표, 목표의 단계와 하위 단계, 하위 기능을 위한 수행 목표를 작성할 준비가 되는 것이다. 각 목표를 작성하기 위해서는 행동으로부터 시작해야 하는데, 행동들은 기능이 진술된 문장에 나타나게 된다. 각각의 기능을 수행 목표로 전환하기 위해서는 조건과 준거가 필요하다. 적합한 조건을 선택하기 위해서는 다음을 고려해야 한다. (1) 학습자들이 관련 정보를 기억 속에서 찾아내도록 적절한 단서와 자극 (2) 필요한 학습 자료에 대한 특징 (3) 학습 대상을 위한 적절한 과제 난이도 (4) 기능이 수행되는 상황과의 관계성과 실제성. 태도 목표를 위해서는 학습자가 자유롭게 의사를 선택할 수 있는 상황

을 제시할 수 있어야 한다.

마지막으로는 준거 또는 조건에 적합한 준거 그리고 학습 대상에게 적합한 발달수준의 행동에 대해 명확히 하는 것이다. 만약 한 가지 정답만이 가능하다면 어떤 설계자들은 '정확하게'라는 용어를 선택하는 반면 많은 설계자들은 준거를 생략할 것이다. 학습자들의 반응이 다양할 때에는 모든 네 가지 영역에 대한 과제가 가능한데, 이때의 준거들은 적합한 모든 반응의 특징에 대해서 설명해야 한다. 운동 기능이나 태도 준거를 찾아내는 것은 몇몇의 관찰 가능한 행동을 목록화하는 데 있어서 좀 더 복잡하다. 그러나 이러한 행동들은 체크리스트나 평가 척도 개발에 굉장히 유용하다. 준거를 서술할 때, 설계자들은 '전문가의 판단'과 같은 애

매한 준거에 의존하지 말도록 유의해야 한다. 학습자들의 반응에 가장 적합한 준거를 선택하는 데 있어서는 구조, 기능, 심미성, 사회적 수 용 가능성, 환경적 건전성, 경제적 경쟁력 등과 같은 몇 가지 범주가 있다.

수행 목표 평가를 위한 루브릭

목표, 최종 목표, 수행 목표를 평가하고 구성하기 위한 준거를 다음과 같이 요약했다. 오른쪽 칼럼에 제시된 준거를 읽고 판단하여 왼쪽 빈칸에 작성하시오. 여러 명의 평가자를 위해서 체크리스트를 복사하여 사용해도 좋다.

※ 다음 요소 중에 진행하고 있는 프로젝트와 관계없다면, '아니오' 칸에 '해당 없음'이라고 표시하세요.

아니오	약간	예	
____	____	____	**가. 목표 진술** 목표 진술은 다음을 만족하는가?
____	____	____	1. 최종 수행 상황에 대해 기술한다.
____	____	____	2. 실제적이고 실질적인 상황에 대해 기술한다.
			나. 최종 목표 최종 목표들은 서로 동질성이 있는가?
____	____	____	1. 조건들과 학습 환경 상황은?
____	____	____	2. 행동과 목표 진술 내의 행동은?
____	____	____	3. 준거와 목표 진술 내의 준거는?
			다. 수행 목표 조건 조건들은 다음을 만족하는가(할 것인가)?
____	____	____	1. 학습자들에 제공된 자극과 단서를 열거하는가?
____	____	____	2. 필요한 참고 자료/도구를 나열하는가?
____	____	____	3. 학습자의 요구를 위해 과제의 난이도를 조절하는가?
____	____	____	4. 수행 상황(실제상황)에서 수행을 위해 전이를 돕는가?
			라. 수행 목표 행동 행동이 다음을 만족하는가?
____	____	____	1. 교수 목표 분석의 연결 단계에서 행동들과 일치하는가?
____	____	____	2. 학습자가 어떻게 반응할 것인지(예, 동그라미로 표시하기보다는 '분류하기'처럼)에 대한 설명이 아니라 실제 행동으로 기술했는가?
____	____	____	3. 모호하지 않고 명확하고 관찰 가능한가?
____	____	____	**마. 수행 목표 내용** 교수 목표 분석의 연결 단계와 내용이 일치하는가?

바. 수행 목표 준거 준거가 다음을 만족하는가?

_____ _____ _____ 1. 복잡한 과제를 판단할 때에만 포함하는가?

_____ _____ _____ 2. 물리적 또는 형태 특성을 포함하는가?

_____ _____ _____ 3. 목표/기능의 특성을 포함하는가?

_____ _____ _____ 4. 심미적 특성을 포함하는가?

_____ _____ _____ 5. 그 외 관계된 특성(예, 사회적 수용 가능성, 보건, 환경, 경제, 검소)

사. 전체적 수행 목표 수행 목표가 다음을 만족하는가?

_____ _____ _____ 1. 명확한가(당신에게/학습자 평가 도구를 만들 사람들에게)

_____ _____ _____ 2. 학습과 수행 상황에서 일어날 가능성이 있는가(시간, 자료 등)?

_____ _____ _____ 3. 교수 목표와 하위 목표의 관계가 의미 있는가(중요한가)?

아. 기타

_____ _____ _____ 1.

완성된 수행 목표 항목들은 다음 단계의 설계 과정인 각 목표에 해당하는 준거 지향 목표의 기초를 제공하게 된다. 이를 위해 필요한 정보와 절차는 7장에 기술되어 있다.

연습

주어진 수행 목표에 대해서 잘 완성되었는지 판단해 보자. 다음의 각 목표를 읽고 조건, 행동, 준거가 있는지 알아보시오. 만약 하나라도 없으면 생략된 부분을 골라 보자.

1. 북아메리카 초기 이주자에 대한 활동들이 주어졌을 때 어떠한 물품을 생산했고 어떠한 자원을 이용했고 무엇을 교환하고 거래했는지를 이해한다.
   a. 중요한 조건들과 준거
   b. 관찰 가능한 행동과 중요한 조건들
   c. 관찰 가능한 행동과 준거
   d. 해당 없음

2. 각 주와 주도에 대한 인쇄물이 주어졌을 때, 지도나, 차트, 목록을 사용하지 않고 주와 그에 맞는 주도를 최소 35~50개 정도를 맞힌다.
   a. 관찰 가능한 반응
   b. 중요한 조건
   c. 준거 수행
   d. 해당 없음

3. 고객과 일일 거래 업무를 할 때, 친절하고 정중한 서비스를 제공해야 하는 회사의 방침을 안다.
   a. 관찰 가능한 행동
   b. 중요한 조건들

c. 준거 수행
d. a와 b
e. a와 c

4. 학습자들은 피아노를 연주할 수 있다.
   a. 중요한 조건들
   b. 중요한 조건과 준거 수행
   c. 관찰 가능한 행동과 준거 수행
   d. 해당 없음

5. 매일 사무실에서 음악을 들을 수 있다면, 근무 시간의 절반 동안은 고전음악 듣기를 선택한다.
   a. 중요한 조건들
   b. 관찰 가능한 행동
   c. 준거 수행
   d. 해당 없음

교수 목표와 하위 기능을 최종 목표와 하위 목표로 만들어 보자. 목표는 교수 목표와 하위 기능 분석을 통해서 얻어진다는 것을 명심한다. 다음에 주어진 교수 목표와 하위 기능은 부록 E.의 작문 목적에서 나온 것이다. 다음을 수행함으로써 목표 분석에서 목표와 하위 기능을 변환할 수 있음을 보자.

6. 교수 목표에서 최종 목표를 작성해 보자. 작문 시에, (1) 문장의 양식과 목적에 근거해서 구두점을 사용하는 다양한 종류의 문장을 사용한다. (2) 문장의 복잡한 정도 또는 구조에 따른 구두점을 사용하여 다양한 종류의 문장을 사용한다.

7. 다음 하위 기능들에 대해서 수행 목표를 써보자.
   5.6 정보 전달을 위한 선언적 문장을 목표로 진술해 보자.
   5.7 완성된 문장을 선언적 문장으로 분류해 보자.
   5.11 알맞은 구두점을 이용해서 선언적 문장을 써 보자.

수행 목표들을 평가해 보자. 루브릭을 사용하여 작성한 목표들을 평가하고 개발해 보자.

8. 목표에 대한 질을 판단하기 위해서 체크리스트에 자신의 생각을 '예/아니오'로 표시해 보자. '아니오'라고 판단된 목표들을 살펴보고, 어떻게 수정될 수 있을지 계획해 보자. 분석 결과에 근거해서 목표에 모호하거나 생략된 부분을 수정해 보자.

피드백

1. c 2. d 3. e 4. b 5. d
6~7. 부록 E의 작문 사례 연구에서 최종 목표, 하위 기능별 수행 목표를 검토해 보자.
8. 루브릭을 사용해서 수정한 목표, 최종 목표,

수행 목표를 평가해 보자. 수행 목표의 완성도와 명백함을 위한 피드백을 받고 싶으면, 동료에게 루브릭을 사용하여 평가해 달라고 부탁한다.

참고문헌

Anderson, L. W., Krathwohl, D. R., Airasian, P. W., Cruikshank, K. A., Mayer, R. E., Pintrich, P. R.,, Raths, J., & Wittrock, M. C. (2001). *A taxonomy for learning, teaching, and assessing: a revision of Bloom's taxonomy of educational objectives.* Upper Saddle River, NJ: Pearson. Bloom의 이론의 용어들을 수정하여 지식 결과들을 인지처리의 위계와 연결시키기 위한 2차원 매트릭스 프레임워크를 제시한다.

Caviler, J. C., & Klein, J. D. (1998). Effects of cooperative versus individual learning and orienting activities during computer-based instruction. *Educational Technology Research and Development, 46*(1), 5-17. 학습자에게 목표를 제시했을 때의 효과성을 제시한다.

Combs, K. L., Gibson, S. K., Hays, J. M., Saly, J., & Wendt, J. T. (2008). Enhancing curriculum and delivery: Linking assessment to learning objectives. *Assessment and Evaluation in Higher Education, 33*(1), 87-102. 학습 성과의 보다 타당한 측정을 위한 보다 정확한 목표 진술 문제에 대해 논의한다.

Gagné, R. M., Wager, W. W., Golas, K. C., & Keller, J. M. (2004). *Principles of instructional design* (5th ed.). Belmont, CA: Wadsworth/ Thomson Learning. 다섯 가지 부분의 수행 목표에 대해 설명하고 목표와 다양한 학습 영역을 연결시켜 설명한다.

Gronlund, N. E. (2008). *Writing instructional objectives for teaching and assessment* (8th ed.). Upper Saddle River, NJ: Pearson/ Merrill/ Prentice Hall. 다양한 종류와 다양한 수준의 학습을 위한 목표와 교수와 교실 평가에서 사용되는 목표 만들기에 대해 설명한다.

Mager, R. F. (1997). *Preparing instructional objectives* (3rd ed.). Atlanta, GA: Center for Effective Performance. 이 책은 Mager의 1962년도 목표에 대한 책의 개정판이다. Mager의 기지가 프로그램화 교수 형태에 잘 연결되어 있다.

Marken, J., & Morrison, G. (2013). Objectives over time: A look at four decades of objectives in the educational research literature. *Contemporary Educational Technology, 4*(1), 1-14. 목표라는 용어의 다양한 통로의 변화를 살펴보고, 현재 사용되고 있는 조작적 정의를 찾고 있다.

Mayer, R. E. (2011). *Applying the science of learning.* Upper Saddle River, NJ: Pearson. 세 가지 수준의 교수 목표, 교수 목표에서 다루고 있는 지식의 유형, 학습, 교수, 측정의 관계에 대해 다루고 있다.

Plattner, F. B. (1997). *Instructional objectives.* Alexandria, VA: American Society for Training and Development.

Roberts, W. K. (1982). Preparing instructional objectives: Usefulness revisited. *Educational Technology, 22*(7), 15-19. 목표를 기술하기 위한 다양한 접근 방법이 이 논문에서 제시되고 평가되었다.

Strayer, J. (Ed.). (2003). *Instructional systems design revisited.* Silver Springs, MD: International Society for Performance Improvement. 이 E-book의 편집된 저널은 ISPI Performance Improvement에서 내려받을 수 있다.

제 7 장

평가 도구 개발

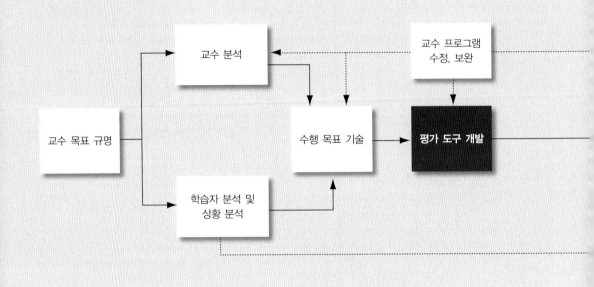

학습 목표

▶ 준거 지향 검사의 목적을 설명한다.

▶ 출발점 기능 검사, 사전검사, 연습 검사, 사후검사를 교수 설계자가 어떻게 사용하는지를 기술한다.

▶ 준거 지향 검사를 개발하기 위한 준거의 네 가지 범주를 열거하고, 각 준거별 고려사항을 열거한다.

▶ 다양한 목표가 주어지면, 각 범주별 준거에 부합하는 준거 지향 검사, 목표 지향 검사 문항을 작성한다.

▶ 결과 개발, 실제 수행 행동, 태도를 평가하기 위한 지시사항(instructions)을 개발하고, 학습자의 실행 결과를 평가하기 위한 루브릭(rubric)을 개발한다.

▶ 교수 목표, 하위 기능, 학습자 분석, 상황 분석, 수행 목표, 준거 지향 검사 문항 등이 서로 일관되도록 평가한다.

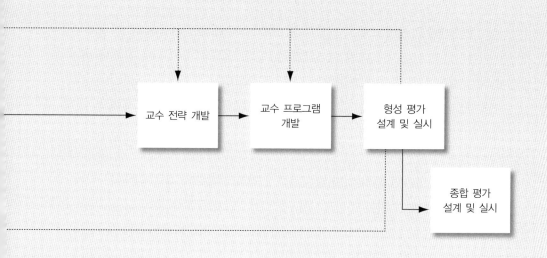

배경

성취도 검사는 최근 미국에서 일고 있는 학교 개혁 운동의 견인차 역할을 하고 있는데, 학습자 중심 평가(learner-centered assessment)라는 새로운 개념이 학교 개혁 논문에 등장하고 있다. 학습자 중심 평가에서는 평가과제 자체가 학습의 한 부분으로 작용하는 것으로 보기 때문에, 이 모형에 따른다면, 학습자들은 자신의 학습의 질에 대한 책임을 진다는 입장에서 자기 평가를 해보도록 유도할 필요가 있다.

　학습자 중심 평가는 **준거 지향 검사(criterion-referenced testing)**라는 전통적인 개념과 동일한 개념으로, 체제적 교수 설계의 핵심적인 요소 중의 하나이다. 학습자 중심 평가는 준거 지향적이어야 한다. (다시 말해, 평가 문항은 교수 목표, 목표로부터 도출된 수행 목표를 측정하는 것이어야만 한다는 의미이다.) 이러한 유형의 검사는 학습자의 학습 정도(progress)와 교수 프로그램의 질을 평가하는 데 중요하다. 준거 지향 검사의 결과를 통해서 학습자들이 각 교수 목표를 얼마나 잘 성취했는지를 교육담당자[1]에게 알려 주며, 설계자

---

1) 역주: 여기서 '교육담당자'는 'instructor'를 번역한 것으로, 교육기관에 따라서 직책명이 '교사, 강사, 교육 운영자, 훈련담당자, HRD 담당자' 등으로 다양하게 사용되기 때문에 보다 포괄적인 명칭을 사용했다.

에게는 교수 프로그램의 어떤 구성요소가 효과적으로 작동하고, 어떤 구성요소는 수정되어야 하는지를 알려 준다. 뿐만 아니라 이 검사 결과는 학습자들이 자신의 학습 결과를 판단하기 위해 정해진 준거를 적용해서, 자신의 학습 성취정도(performance)를 성찰하게 해준다. 이런 성찰 활동을 통해서 학습자들로 하여금 자신 학습의 질에 대해 책임감을 갖게 해준다.

교수 프로그램의 개발을 시작도 하지 않았는데, 교수 설계 과정인 이 시점에 왜 검사 도구의 개발을 이야기하고 있는지에 대해 의아해할 수 있다. 검사 문항이 수행 목표와 완전히 일치해야 하기 때문이다. 목표가 요구하는 수행 행동이 검사 문항이나 수행 과제에서 요구하는 수행 행동과 일치해야 한다. 마찬가지로 학습자에게 주어질 검사 문항의 특성은 교수 전략 개발에 견인차 역할을 한다.

이 장에서는 설계자가 어떻게 다양한 유형의 평가 도구를 개발해야 하는지에 대해 살펴볼 것이다. "검사(testing)"라면 흔히 지필 사지선다형 검사 혹은 주정부 단위에서 실시하는 교육 책무성을 가늠해 보기 위한 종합평가를 생각하기 쉽기 때문에 평가(assessment)라는 개념도 필요에 따라 혼용하여 사용한다. 평가는 학습자들의 새로운 기능 숙달정도를 볼 수 있는 효과적인 모든 활동을 포함하는 광의의 개념이다. 설계 과정의 이 시점에서, 각 목표에 대한 평가 문항을 개발할 필요가 있다.

개념

이 장에서의 주된 개념은 하나 이상의 수행 목표에 기술되어 있는 기능을 직접 측정할 수 있는 문항들로 구성된 검사 도구 혹은 수행 과제로 구성된 *준거 지향 평가(criterion-referenced assessment)*이다. *준거(criterion)*라는 용어를 사용한 이유는, 목표를 달성하기 위해 학습자의 수행 적합성을 결정하는 데 평가 문항이 이정표의 역할을 하기 때문이다. 평가 결과가 성공적이라면 그 학습 프로그램의 목표를 학습자들이 성취했다는 것을 의미한다. 평가와 수행 목표 간의 관계를 보다 명백하기 나타내기 위해 *목표 지향(objective referenced)*이라는 용어가 *준거 지향*보다 빈번하게 사용되고 있는 편이다. 평가 문항이나 과제는 교수 프로그램을 위한 목표에 기술된 수행과 직접적으로 연관되어 있다. 그런 의미에서 *목표와 준거*는 본질적으로 같은 뜻으로 봐도 좋다.

또한 준거라는 용어는 숙달에 요구되는 수행 적절성을 구체화하기 위해 사용된다. "모든 문항에 정확하게 대답해야 할 것이다.", "발화 물질의 안전 보관을 위해 모든 여섯 단계를 따라야 한다.", "각도를 5도의 오차범위 내에서 자를 수 있다." 등이 그 예이다. 하나의 목표를 평가하기 위해 하나의 문항 혹은 여러 개의 문항, 여러 개의 목표를 위한 다수의 문항을 개발하기 위해 이런 방식으로 준거를 구체화할 수 있다. 만족할 만한 수행 수준을 평가하기 위해 목표와 준거를 명백하게 구체화하는 것은 적절한 검사 개발을 위해 필요하다. 구체화한 준거를 사용한 하나의 수행 목표에 기초하여, 사후검사에는 단 하나 혹은 그 이상의 문항이 필요할 수 있다.

규준 지향 검사와 준거 지향 검사

교수 설계자에게 보다 필요한 검사는 어느 검사일까? 이 물음에 답하려면, 두 가지 검사를 구별할 수 있어야 하겠다. 어떤 검사가 다른 검사보다 더 낫다고 말할 수는 없다. 검사 데이터의 결과로부터 어떤 결정을 할 것인지에 따라서 적합한 검사가 정해지는 것이다. 아마도 같은 검사로부터 준거 지향적 데이터와 규준 지향적 데이터를 보고하는 검사 개발 회사들을 보았을 것이다. 이것은 다른 곳이 아닌 그 회사의 상업적 판단이라서 그들은 이런 검사들의 목적과 그 검사들로부터 타당한 결정을 하는 문제에 정통함을 우리는 알아야 한다.

이 두 가지 검사는 주된 목적이 서로 다르기 때문에, 그 검사의 설계, 개발, 시행, 해석의 방법이 다르다. 준거 지향 검사(criterion-referenced test)의 주된 목적은 대단히 세심하게 정의된 내용 영역에서 한 개인 혹은 집단의 성취도를 검사하기 위한 것으로, 이 검사는 주어진 내용 영역에서의 구체화된 목표에 초점을 두게 된다. 반면, 규준 지향 검사(norm-referenced test)는 예를 들어 수학 혹은 국어와 같은 특정 교과영역에 대해 학생들의 상대적인 성취도를 비교하기 위해 활용된다. 규준 지향 검사 결과를 가지고는 학생들이 무슨 기능을 학습하게 되었는지를 정확하게 알 수 없지만, 같은 나이 혹은 학년에 있는 학생들 중에 누가 다른 학생보다 더 많이 알게 되었는지를 알 수 있다.

교수 설계자는 두 유형의 검사 결과를 활용할 수 있다. 규준 지향 검사 결과를 사용하여, 학습자들의 일반적인 성취도 수준과 능력 수준을 동료들과 비교해서 상, 중, 하와 같은 규준으로 기술할 수 있다. 준거 지향 검사 결과를 활용하면, 학생들이 특정 교과영역에서 어떤 기능을 학습했는지를 정확하게 알 수 있다. 규준 지향 검사 결과는 교수 설계 및 개발을 위해서는 유용하지 않지만, 교수 프로그램을 개발하는 과정에서 시험 집단(field-trial group)을 선발할 때 유용하게 사용할 수 있다. 하지만 준거 지향 검사는 교수 프로그램의 개발과 평가를 하는 과정에서 중요한 결정을 하는 데 사용할 수 있는 중추적인 평가이다. 이런 이유 때문에, 여기에서는 준거 지향 검사에 초점을 두는 것이다.

네 가지 유형의 준거 지향 검사와 그 활용

우리가 개발해야 할 출발점 기능 검사, 사전검사, 연습 혹은 리허설 검사, 사후검사 등 네 가지 유형의 검사가 있다. 이 검사들 중에는 단순한 지필 객관식 검사부터, 학습 결과 산출물을 평가하기 위한 평정 척도 혹은 실제 신체적 동작을 평가하기 위한 도구까지 그 형태가 다양하다. 가장 적합한 검사 유형은 목표에서 구체화한 성취 행동을 측정하기에 가장 적합한 것이다. 이 다양한 검사 유형은 교수 프로그램을 설계하고 현장에 실제로 활용할 때 그 유형의 독특한 역할을 가지고 있다. 교수 설계자의 관점에서 각 유형의 검사를 보자. 교수 설계 과정에서 각각의 검사가 어떤 목적으로 사용될까?

출발점 기능 검사(entry skills tests) 첫 번째 유형의 검사인 출발점 기능 검사는 학습자들이 교수 프로그램을 이용해서 학습을 시작하기 전에 학습자에게 제공되는 것이다. 이 준거 지향 검사는 학습자의 **선수(先修) 기능(prerequisite skills)**, 즉 학습자들이 교수를 이용해서 학습을 시작하기 전에 이미 숙달하고 있어야 할 기능들을 얼마나 숙달하고 있는지를 평가하기 위한 것이다. 선수 기능은 교수 분석표에서 점선 아래에 있는 것들이다. 그 프로그램으로 학습하는 데 필요한 출발점 기능이 있다면, 검사 문항을 개발해서 형성 평가 중에 사용해야 한다.

　관련 이론에서 시사하고 있듯이, 학습자들이 이 기능들을 갖추고 있지 않은 상태에서 학습을 하면 엄청난 어려움을 겪을 수밖에 없다. 교수 분석을 하는 동안 찾아낼 수 있는 중요한 출발점 기능이 없다면, 억지로 출발점 기능에 해당하는 목표와 검사 문항을 개발할 필요는 없다. 또한 어떤 기능들을 대상 집단의 학습자들이 숙달하고 있는지 아닌지가 불분명할 경우에는, 그 기능들을 평가할 수 있는 출발점 기능 검사를 개발해서 평가해야 한다.

사전검사(pretests) 사전검사의 목적은 사후검사와의 비교를 통해 교수 프로그램을 이용하여 학습한 다음에 반드시 학습의 성과를 보여 주기 위한 것이 아니라, 교수 분석 결과와 관련하여 학습자들의 수준을 프로파일하기 위한 것이다. 사전검사는 교수 프로그램의 효율성, 즉 학습자들이 교수 프로그램에 포함될 기능의 일부나 전부를 교수 프로그램의 학습을 시작하기 전에 이미 숙달하고 있었는지를 결정하기 위해 실시한다. 만일 모든 기능들을 학습자들이 숙달하고 있다면 교수 프로그램을 개발해서 학습을 시킬 필요가 없다. 반면 기능 중 일부만 숙달하고 있다면, 사전검사 결과는 설계자의 교수 프로그램을 보다 효율적으로 개발하는 데 활용된다. 이 경우에는, 아마도 복습이나 다시 간단하게 상기시켜 줄 필요가 있는 일부 기능에 대한 예와 그대로 따라해 보기(rehearsal)와 같은 활동만을 프로그램에 포함함으로써 학습 시간을 절약할 수 있다.

설계자들은 어떤 기능을 사전검사에 포함해야 할지를 결정할 수 있는 안목과 함께, 검사해야 할 가장 중요한 목표를 선택할 수 있는 판단력도 가지고 있어야 한다. 어느 기능을 검사에 포함할 것인지의 결정은 각 목표와 상황에 따라 다를 수 있다. 전형적인 사전검사에는 코스 전체를 포괄하는 교수 목표와 교수 분석에서 규명된 핵심적인 기능에 대한 하나 이상의 문항을 포함하게 된다.

출발점 기능 검사와 사전검사는 교수 프로그램을 시행하기 이전에 실시되기 때문에, 종종 하나의 검사로 종합해서 실시하지만, 하나의 검사로 묶어서 시행한다고 해서 하나의 동일한 검사인 것은 아니다. 교수 목표 분석표에 있는 모든 기능에 대해 각기 다른 문항으로 평가를 하기 때문에, 설계자는 두 가지 검사에서 얻은 학습자 점수에 대해 서로 다른 결정을 해야 한다. 출발점 기능 검사 점수로부터, 학습자들이 교수 프로그램을 이용하여 학습을 시작할 준비가 되어 있는지 결정해야 하고, 사전검사 점수로부터 교수 프로그램 수준이 학습자들에게 너무 어울리지 않고 기초적인 내용을 다루고 있지 않은지를 판단해야 하고, 그렇지 않다면, 대상 학습자들을 위한 교수 프로그램을 어떻게 가장 효율적으로 개발할 수 있을 것인지를 고민해야 한다.

가르칠 기능에 대한 사전검사를 항상 실시해야 할까? 실시하지 않아도 될 경우도 있다. 만약 대상 집단의 학습자들이 이제까지 한 번도 경험하지 않은 새로운 주제를 가르치려고 하거나, 사전검사에서 학습자들이 알지 못하면서도 순전히 추측해서 응답할 것으로 예상된다면, 사전검사 실시는 바람직하지 않다. 일부 학습자가 가르칠 내용에 대해 부분적으로 알고 있을 것 같을 경우에만 사전검사를 실시할 만하다. 검사를 실시할 수 있는 시간적 여유가 충분하지 않을 경우에는, 최종 목표와 몇몇 중요한 하위 목표만을 평가하는 약식 사전검사를 설계하는 것도 가능하다.

연습 검사(practice tests) 연습 검사는 교수 프로그램을 통해 학습하는 중에 학습자의 적극적인 참여를 유도하기 위한 것이다. 연습 검사는 학습자들에게 새롭게 배운 지식과 기능을 활성기억에서 예행연습(rehearse)을 하도록 하며, 스스로 자신들이 얼마나 이해했거나 할 수 있게 되었는지(skill)를 판단해 보도록 한다. 교사는 연습 검사에 대한 학생들의 응답을 이용하여 정확한 피드백을 제공하고 학습 속도가 적합한지를 모니터해 보아야 한다. 연습 검사 문항 수가 사전검사나 사후검사보다 적을 때는, 각 단원(unit)보다는 레슨(lesson) 단위로 하나의 연습 검사를 개발하는 것이 일반적이다.

사후검사(posttests) 사후검사는 교수 프로그램의 학습이 끝난 다음에 실시되며, 출발점 기능 검사 문항들을 포함하지 않는 것을 제외하고는 사전검사와 유사하다. 사후검사는 사전검사와 비슷하게, 교수 프로그램에서 가르치려는 목표들을 측정한다. 여기서 설명하고 있는 모든 검사에서, 설계자는 검사할 기능과 사후검사의 해당 문항을 연결할 수 있어야 한다.

사후검사는 교수 목표 분석 결과에서 포함할 기능을 선택할 때, 모든 목표들을 평가해야 하고, 특히 최종 목표에 초점을 맞추어야 한다. 사전검사처럼 사후검사가 모든 하위 기능을 측정한다면 검사의 길이가 늘어날 수 있고, 사후검사는 교수 목표 분석표의 많은 기능에 문항들을 포함하고 있기 때문에 보다 종합적인 평가라고 할 수 있다. 실시할 수 있는 시간이 충분하지 않다면 검사 문항 수를 줄여야 하는데, 그럴 경우에도 최종 목표와 중요한 하위 기능들은 반드시 평가해야 한다. 이때에 최종 목표 중에서 학습자들이 어려워할 것 같은 하위 기능들을 측정하기 위한 문항들은 반드시 포함해야 한다.

실제로 사후검사는 학습자의 수행 결과를 평가하여, 어떤 프로그램이나 과정의 성공적 학습을 했는지를 판단하기 위해 성적을 주는 데에도 사용될 수 있다. 그러나 사후검사의 원래 목적은 교수 프로그램 중에서 제대로 작동하지 못한 곳을 설계자가 찾아내는 것을 도와주기 위한 것이다. 학생들이 최종 목표의 성취에 실패했다면, 설계자는 학생들이 학습 과정의 어디에서 이해하지 못했는지를 찾아낼 수 있어야 한다. 각 문항에 옳게 응답했는지를 검토하고, 핵심적인 하위 기능에 대해 옳게 응답한 것과 잘못 응답한 것들을 연결해 봄으로써, 설계자는 프로그램의 어느 부분을 학습자들이 잘 이해하지 못하는지를 파악할 수 있어야 한다.

여기까지 살펴본 네 가지 유형의 검사는 모든 교수 설계 과정에서 사용하기 위한 것이다. 그러나 교수 프로그램에 대한 형성 평가를 한 이후에는 출발점 기능 검사와 사전검사의 일부나 전부를 없애 버리는 것이 바람직할 수도 있다. 또한 최종 목표 달성만을 측정하기 위해 사후검사도 수정할 필요가 있다. 본질적으로 교수 설계와 개발을 완료하고 나서는, 평가하는 데 걸리는 시간이 줄게 것이다. 검사 유형, 설계적 판단, 각각의 검사에 전형적으로 포함되어야 할 목표에 대한 요약은 표 7.1과 같다.

검사 설계

준거 지향 검사의 설계와 개발은 어떻게 해야 하는가? 우선적으로 고려할 사항은 학습할 내용 영역과 평가 문항 혹은 과제를 일치시키는 일이다. 언어적 정보 영역의 목표는 전형적으로 단답형, 양자택일, 연결하기, 다지 선다형 문항과 같은 형태의 객관식 평가 문항을 필요로 한다. 서답형 검사이든, 구술형 검사이든 학습자의 언어적 정보에 대한 반응으로 언어적 정보 목표를 숙달했는지를 판단하는 것은 비교적 쉬운 일이다. 학습자들은 적합한

표 7.1 ▎ 검사 유형, 설계자의 결정, 포함해야 할 목표

검사 유형	설계자의 결정	포함해야 할 목표
출발점 기능 검사	• 대상 학습자들이 교수 프로그램을 사용할 준비가 되었는가 • 학습자들이 요구되는 선수 기능을 가지고 있는가	• 선수 기능이나 교수 분석에서 점선 아래의 기능들
사전검사	• 학습자들은 할 수 있는 기능들을 숙달했는가 • 그들은 어떠한 특별한 기능들을 숙달했는가 • 어떻게 가장 효과적으로 교수 프로그램을 개발할 수 있는가	• 최종 목표 • 목표 분석에서의 주요 단계
연습 검사	• 학생들은 의도된 지식과 기능을 얻고 있는가 • 그들은 어떠한 과오와 잘못된 개념을 형성하고 있는가 • 교수 프로그램은 적절하게 군집되었는가 • 교수 프로그램의 속도는 학습자들에게 적절한가	• 목표 내의 하위 목표를 위한 지식과 기능 • 단원 수준보다는 레슨 수준의 목표
사후검사	• 학습자들은 최종 목표를 성취했는가 • 교수 프로그램은 주요 단계와 하위 기능에 효과적이었는가 • 교수 프로그램은 어디에서 수정되어야 하는가 • 학생들은 의도된 정보, 기능, 태도를 숙달했는가	• 최종 목표 • 주요 단계와 하위 기능

정보를 회상하기만 하면 되기 때문이다.

지적 기능 영역의 목표는 언어적 정보의 목표보다 복잡해서, 객관식의 검사 문항, 산출물 만들기(예, 음악 보표, 연구 보고서, 위젯) 혹은 어떤 유형의 실제 수행(예, 오케스트라 연주, 연기하기, 업무회의 주관하기) 등을 필요로 한다. 지적 기능 중에서 상위 기능의 평가 문항이나 과제를 개발하기는 언어적 정보 목표의 문항 개발보다 어렵고, 또한 그 반응의 적합 정도를 판단하기도 어렵다. 학습자에게 하나의 유일한 해결(solution)이나 산출물을 창출하도록 요구하는 목표라면 어떻게 해야 할까? 이때는 학습자가 따라야 할 지시사항을 작성하고, 응답의 질을 판단하기 위한 준거를 정하고, 그 준거를 바꾸어서 학습자들의 산출물을 평가하기 위해 사용할 수 있는 체크리스트, 평정 척도, 흔히 말하는 *루브릭(rublic)*을 만들 필요가 있다.

태도 영역에 대한 평가도 복잡하다. 정의적 영역의 목표는 일반적으로 학습자의 태도 및 선호도에 관한 것이다. 흔히, 사람의 태도를 측정할 수 있는 직접적인 방법은 없다(예를 들면, 조직 내에서 다양성을 지지하는지의 여부가 여기에 해당된다). 태도 목표에 대한 문항은 학습자의 선택(preference)을 말하고, 교사가 학습자들의 행동을 관찰하여, 이것으로부터 학습자의 태도를 추론하는 것이 일반적이다. 예를 들어, 학습자들이 자발적으로 세 차례에 걸쳐 소수 민족인 직원들의 승진을 옹호하는 활동에 참여했다면, 우리는 그들이 사회

의 다양성을 지원하는 태도를 갖고 있다고 추론할 수 있을 것이다. 이런 말로 표현하는 선택적 발언과 관찰된 행동으로부터 우리는 태도를 추론할 수 있을 것이다.

운동 기능 영역의 목표에 대한 검사 문항은 어떻게 운동 과제를 실행해야 하는지를 설명해 주는 일련의 지시문들로 구성하여, 운동 기능의 목표의 실행을 종합적으로 나타낼 수 있는 일련의 동작들의 단계를 학습자가 수행하도록 요구한다. 뿐만 아니라 수용 가능한 수행의 준거를 설정하여, 각 단계를 적절하게 실행했는지를 교사가 확인하는 데 사용할 수 있는 체크리스트나 평정 척도를 준거를 이용하여 개발해야 한다. 체크리스트는 교수 분석에서 규명한 기능과 동작 실행의 수준으로부터 직접적으로 개발될 수 있다. 설계자는 또한 운동 기능의 하위 기능들도 검사하려고 한다. 거의 이런 하위 기능들은 지적 기능이나 언어적 정보인 경우가 대부분이라서 운동 기능의 동작 수행을 요구하기 전에 객관식 문항으로 이 하위 기능들을 검사할 수 있다. 항아리 만들기와 같은 운동 기능의 수행은 산출물을 만드는 것이다. 따라서 이 산출물의 적합성을 판단하기 위한 준거의 목록을 개발해야 할 것이다.

숙달 수준

우리가 작성해야 할 각 수행 목표별로, 평가에서는 그 목표에 기술되어 있는 기능을 학습자들이 어느 정도 수행해야만 하는지를 가리키는 준거가 명시되어야만 한다. 본질적으로, 준거는 학생에게 요구되는 숙달 수준을 가리킨다. *준거 수준(criterion level)*과는 대비되게, **숙달 수준(mastery level)**은 교수 프로그램의 전 단원 혹은 전체 코스를 어느 정도 학습하게 되었는지를 검사하려고 할 때 보다 자주 적용하는 개념이다. 학습자가 이 단원을 "숙달(master)"했다고 하려면, 이 정도의 수행 수준을 성취해야 할 것이라고 교사는 말할 수 있다. 그렇다면 "숙달 수준이 어느 정도가 되어야 하는지를 어떻게 결정하는가?"라는 문제가 남는다.

완전학습(mastery learning) 체제 연구자에 의하면, 숙달은 가장 훌륭한 학습자에게 기대되는 수행 수준에 버금가는 수준을 말하는 것이라고 한다. 이렇게 숙달을 정의하는 방법은 분명하게 규준 지향적이지만(예, 집단 비교 방법), 때로는 합리적으로 사용될 수 있는 유일한 표준이 될 수 있다.

숙달에 대한 두 번째 접근은 일차적으로 통계적인 접근이다. 설계자들이 다음 교수 단원으로 넘어가기 전에 학습자들이 '정말로' 기능을 아는지를 확인하고자 한다면, 운이 좋아서 옳게 응답하는 것이 거의 불가능하도록 학습자들에게 그 기능을 수행할 수 있는 충분한 기회를 제공해야 한다. 객관식 검사 문항을 사용할 때는 운이 좋아서 옳은 응답을 할 확률을 계산하는 것이 간단하다. 다른 유형의 검사 문항에서는 운에 따른 수행의 가능성을 짐작하기가 어렵지만 수행이 단순히 운에 따른 것이 아님을 다른 이에게 확인해 주기는 어렵지 않다. 그러나 옳은 수행에 대한 우연의 기준을 높게 잡는 것이 숙달 수준을 정하는 데 필요한 일이 아니다. 운에 의한 것보다 높은 숙달 수준을 잡는 것은 오히려 임의적인 선택이다.

숙달을 정의하기 위해 정확하고, 가시적 수행 수준으로 정의한 것이 이상적인 숙달 수준이다. 군인들이 암호화된 메시지를 보내는 것을 배우기 위해서 표준 군대 용어를 쓸 수 있어야 한다고 하자. 이 경우, 군대 용어의 철자를 배우는 단원에서의 100% 숙달 수준은 완전히 임의적이지 않다. 이 기능의 숙달 기준은 후속 기능 학습을 위해 이 기능의 학습이 결정적이라는 가정에 기초를 두고 있다. 현재의 기능과 후속 기능 간의 관련성이 높을수록 더 높은 수준의 숙달 수준을 설정해야 한다. 어떤 수행이든지 현재의 숙달 수준의 평가와 이후의 다음 과정에서의 후속 관련 기능의 학습과의 관련성을 고려하여 숙달 수준을 정하는 것은 일반적인 원리이다.

어떤 경우에서나 숙달에 대한 최선의 정의는 어떤 직무를 성공적으로 실행하는 데 필요한 수준이다. 대부분의 복잡한 기능은 한쪽 끝에는 초보자가, 다른 한쪽 끝에는 노련한 전문가가 있는 연속선상의 수행이다. 직무 수행의 현장에서 요구되는 숙달 수준은 어느 정도이고, 차후에 수행할 수 있기를 기대하는 전이의 과제에서 요구되는 숙달 수준은 어느 정도여야 할까? 수행 상황 분석 결과는 바람직한 수행 수준을 정하는 데 유용한 정보가 될 수 있고, 준거 지향 검사의 설계 과정에도 사용될 수 있다. 수행 상황 분석에서 어떤 기능을 아무도 사용하지 않는다면, 경영자나 내용 전문가들은 숙달 수준을 정하는 데 있어서 전문가로서의 판단을 해야 한다. 숙달 수준이 비현실적이면 추후에 조정해야 한다.

검사 문항 준거

목표가 어떤 유형의 학습이든지에 관계없이, 준거 지향 검사의 개발을 위해서는 적합한 검사 문항 작성 기법이 적용되어야 한다. 검사 문항과 평가 과제를 고려하기 위한 네 가지의 검사 문항 유형이 있는데, 그 범주는 목표 중심 준거, 학습자 중심 준거, 상황 중심 준거, 검사 중심 준거이다. 다음에서 그 각각을 보기로 하자.

목표 중심 준거(goal-centered criteria) 검사 문항과 과제는 최종 목표, 수행 목표의 내용과 일관성을 가지고 있어야 한다. 검사 문항과 과제는 목표에 있는 행동과 개념을 포함해서 성취 행동과 일치해야 한다. 목표에 명시한 성취 행동과 검사 문항에서 요구하려는 반응을 일치시키기 위해서 설계자는 목표에 기술한 학습 과제 혹은 성취 동사를 잘 살펴보아야 한다. 학생에게 '진술하거나', '정의하고', '안내한 대로 수행하고', '독립적으로 수행하기'를 요구하는 목표라면 그 목표마다 각기 다른 형태의 질문과 응답을 요구해야 한다.

검사 문항은 목표에서 제시한 행동을 정확하게 측정하는 것이 무엇보다 중요하다. 예를 들어, 목표가 어떤 개념의 설명을 보고 어떤 명칭을 일치시키는 것이라면, 검사 문항에는 학생들이 찾아서 연결해야 하는 개념들에 대한 설명과 일련의 명칭이 포함되어야 한다.

목표: 십분의 일 단위로 표시된 자를 주고, 척도상에 지정된 위치를 찾아서, 그 지정된 위치의 거리를 십분의 일 단위의 소수점으로 쓴다.

이 목표에 대한 검사 문항:

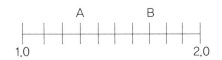

_____ 1. A라고 표시된 자의 위치를 소수점 첫째 자리까지 읽으면 얼마입니까?
_____ 2. B라고 표시된 자의 위치를 소수점 첫째 자리까지 읽으면 얼마입니까?

이 예에서 목표는 학습자가 척도상의 위치를 소수점 첫째 자리까지 정확하게 읽기를 요구한다는 것을 알 수 있다. 검사 문항은 학습자에게 자의 두 지점에 두 곳이 표시되어 있는 자를 주면 학습자는 두 지점의 값을 읽어야만 함을 제시해야 한다.

이 장의 예와 연습 부분에서 비슷한 여러 가지 예들을 만나게 될 것이다. 교수 목표에 동사로 표현되어 있는 성취 행동을 세심하게 살펴볼 필요가 있다. 만약 그 성취 동사가 '연결한다', '열거한다', '선택한다', '기술한다'로 되어 있다면, 학생들에게 연결하고 열거하고 선택하고 기술할 수 있는 검사 문항을 주어야 한다. 목표가 문항의 성격을 결정한다. 목표의 특성에 대한 고려가 없이 적당하게 다지 선택형 검사 문항을 사용해서는 안 된다. 검사와 문항의 유형은 목표에 사용된 성취 동사가 무엇이냐에 따라 달라져야 한다.

검사 문항과 과제는 목표에 명시된 조건과도 일치해야 한다. 특정한 항목 유형, 장비, 시뮬레이션, 자원이 목표에 포함되어 있다면, 평가를 위해 그런 조건들이 마련되어야 한다. 오픈 북 시험은 참고자료를 볼 수 없는 시험과는 매우 다르다. 수행 목표에 포함된 기대되는 수행의 조건은 검사 문항을 작성하는 지침이 된다.

검사 문항과 과제는 학습자들에게 목표를 숙달했음을 보여 주는 데 필요한 준거를 만족시켜 줄 수 있는 기회를 주어야 한다. 측정할 각 목표의 숙달을 판단하는 데 필요한 문항의 수와 필요한 모든 준거가 체크리스트나 평정 척도에 포함되는지를 결정해야 한다.

수행 목표는 기능의 숙달을 판단하는 데 사용될 준거를 포함해야 한다. 수행 준거를 학습자에게 제공한다거나 제공하지 말아야 하는지에 대한 절대적인 법칙은 없다. 때로는 학습자들에게 수행 준거를 알려줄 필요가 있지만 그렇지 않을 때도 있다. 학습자들은 점수를 받으려면 질문에 정확하게 답해야 한다고 보통 짐작하는 편이다.

최종 목표의 평가도 필요하다. 학습자들이 교수 목표를 성취했음을 어떻게 보여 주어야 할지를 어떤 이가 묻는다면 어떻게 응답해야 할까를 생각해 보자. 학습자들이 숙달 수준에 도달했음을 보여 주기 위해서 무엇을 해 보라고 요구하겠는가? 이 물음에 대한 응답은 목표의 주요 단계들을 학습자들이 사용해 보도록 요구하는 평가 문항이다. 일반적으로 가르친 대로 각 단계를 학습자가 숙달했는지를 알기 위해, 각 단계의 평가 문항을 통해 평가하는 것이 일반적이다.

학습자 지향 준거 검사 문항과 평가 과제는 학습자들의 어휘와 언어 수준, 과제의 복잡성에 대응할 수 있는 발달 수준, 동기와 관심 수준, 경험과 배경, 특정 요구, 선입견(예, 문화, 인종, 성별)으로부터의 자유 등의 학습자들의 특성과 요구에 맞추어 작성되어야 한다.

문항을 완성하기 위한 지시문과 문항 그 자체에 사용된 어휘는 대상 학습자들에게 적합해야 한다. 검사 문항은 대상 학습자들의 수준에 맞추어야지, 설계자의 어휘 수준에서 작성되어서는 안 된다. 학습자들이 익숙하지 않은 용어 때문에 문제에 대한 응답을 잘못해서는 안 되며, 특정 용어에 대한 정의가 해당 기능의 수행을 위한 선수(先修) 기능이라면, 그 용어의 정의는 지시문에 포함되어 있어야만 한다. 필요한 용어나 정의를 빼먹는 것은 설계자가 흔히 저지르기 쉬운 실수이다.

상황 및 경험의 친숙성과 관련하여 고려할 점은 학습자들에게 익숙하지 않은 평가 환경이나 형식을 사용해야 하기 때문에 어떤 문항이나 과제를 빼먹어서는 안 된다는 것이다. 바람직한 수행 행동을 검사하기 위해서는 물론이고 부가적으로 아무 관련이 없는 수행 행동을 검사하기 위해서 바람직한 수행 행동을 학습자들에게 친숙하지 않은 맥락에 포함하면 검사 문항을 불필요하게 어렵게 만들 수 있다. 이 또한 흔한 일이지만 부적합한 문항 작성 기법이다. 따라서 예, 질문 유형, 응답 형태, 검사 실시 절차가 생소할수록 성공직인 검사 개발이 더 어려워진다. 이런 '상황적' 어려움의 한 예로, 익숙하지 않은 상황을 사용하여 문제를 만들면 그렇게 된다. 문제의 배경이 해변, 상점, 학교, 또는 사무실이건 간에 대상 집단과 친숙한 곳이어야 한다. 학습자들은 친숙하지 않은 주제보다는 친숙한 주제를 사용함으로써 학습한 기능을 보다 잘 발휘할 수 있다. 문항이 불필요하게 어려워도, 정확한 학습자의 수행 행동의 평가를 어렵게 한다.

고차원인 지적 기능, 운동 기능, 혹은 태도를 측정할 때 위에서 말한 친숙하지 않은 상황에 대한 가이드라인이 적용되지 않는 예외적인 경우로는 최근에 학습한 기능을 한 번도 경험한 적이 없는 생소한 수행 환경에 전이하는 것이 교수 프로그램의 목표인 경우이다. 그러나 이럴 경우일지라도, 그 검사 문항은 새롭게 학습한 기능에 대한 논리적인 수행 상황과 맞아야 하며, 그 생소한 상황을 분석하고 익숙해지기 위한 전략이 학습 프로그램에서 다루어져 있어야 한다.

그리고 설계자들은 문항과 과제를 작성할 때, 성차별이나 다른 지역적 다양성 문제에 예민하게 대처해야 한다. 어떤 특정 집단에게 표면적으로나 통계적으로 편파적인 문항은 부적절할 뿐 아니라 비윤리적이다. 궁극적으로 설계자들은 학습자들이 자신들의 과제와 수행을 평가할 수 있는 평가자가 될 수 있도록 도와줄 방법을 고민해야 한다. 자기 평가와 자기 수정은 모든 교수 활동의 주된 두 가지 목적이다. 왜냐하면 이 방법들은 독자적인 학습자가 되도록 해줄 수 있기 때문이다.

상황 지향 준거 검사 문항과 평가 과제를 작성할 때, 설계자는 배운 기능을 실제로 사용할 수행 환경뿐만 아니라 학습이나 교실 환경도 고려해야 한다. 검사 문항과 과제는 가능한 한 실제 수행 환경과 가깝게 현실감을 느낄 수 있어야 한다. 이 준거는 배운 지식과 기능이 수행 환경에 전이되도록 하기 위한 것이다.

학습 환경에서 학습 자원과 그 사용 편리성도 중요한 고려사항이다. 정확한 수행 조건을 재연하는 데 필요한 장비를 구비하고 있지 못한 학습 환경이 종종 있어서, 설계자는 기지를 발휘하여 가능한 한 실제와 최대한 비슷한 조건을 제공하려는 시도를 해야 한다. 검사 환경이 현실에 더 가까울수록, 학습자의 응답은 타당해진다. 예를 들어, 수행 행동이 청중 앞에서 수행되어야 하는 것이라면, 평가를 위해서도 청중이 있어야 한다.

평가 지향 준거 평가는 학습자들을 긴장하게 만들 수도 있지만, 잘 구성되고, 전문적으로 보이는 문항과 평가 과제를 준비하면 그들은 평가를 통해 다소 유쾌한 경험을 하게 될 수도 있다. **평가 지향 준거(assessment-centered criteria)**에 중점을 두어서 질적으로 괜찮은 문장을 작성하기 위한 요소로는 정확한 문법, 철자, 구두점은 물론, 명확하고 경제적으로 작성된 지시문, 관련 자료, 질문 등이 포함된다.

문항과 과제를 분명하게 하고, 검사 불안을 털어 주기 위해서, 학습자에게 응답을 요구하기 전, 물음에 응답하기 위해 필요한 모든 정보를 제공해 주어야 한다. 이상적으로, 학습자는 질문과 지시문을 잘 읽고, 마음속으로 어떻게 답해야 할지를 궁리한 다음, 적절한 응답을 하거나 주어진 선택지에서 해당되는 항목을 선택할 것이다.

학습자들을 '함정에 빠뜨리려고' 작성된 문항(예, 이중 부정, 오도하려는 정보, 여러 가지를 묻는 복합적인 질문, 불완전한 정보)은 목표에 명시하지 않은 기능이나 행동을 측정하게 되는 경우가 종종 있다. 설계자들은 함정에 빠뜨리는 질문을 만들기보다 좋은 시뮬레이션 문항을 만들려고 해야 한다. 목표가 하나의 기능을 학습자들이 얼마나 잘 수행할 수 있는지를 결정하는 것이라면, 아주 쉬운 것부터 어려운 것에 이르는 일련의 질문을 만들면, 한두 개의 함정에 빠뜨리는 질문보다 수행 수준을 보다 정확하게 알 수 있다.

객관식 검사 문항, 산출물이나 수행 실행을 위한 지시문과 루브릭을 만들 때에도 몇 가지 규칙이 있다. 가능한 한 문항과 평가 과제를 분명하게 만드는 것이 가장 일반적인 법칙이다. 이상적으로는 학습자가 측정하고자 하는 기능을 갖고 있지 않다면 당연히 옳은 응답을 할 수 없어야 하고, 검사 문항이나 측정이 혼돈스럽거나 꼬여서 옳게 응답을 하지 못하는 경우는 없어야 한다. 문항과 지시문을 작성하는 데 익숙하지 않은 설계자는 평가를 위한 규칙을 다루는 준거 지향 평가에 대한 교재를 읽어 보아야만 한다.

숙달 준거

검사를 개발하면서 항상 떠오르는 질문은 '목표를 숙달했는지를 결정하는 데 필요한 문항 수는 몇 개가 적합할까?'이다. 어떤 목표에 대한 학습이 성공적이었다고 판단받기 위해서 학습자는 몇 개의 문항을 옳게 응답해야 할까? 학습자들이 한 문항에 정확하게 응답했다면, 학습자들이 그 목표를 성취했다고 볼 수 있을까? 한 문항을 놓쳤다면 그 개념을 숙달하지 못했다고 확신할 수 있을까? 아마도 목표별로 10개의 문항을 학습자에게 주고, 그들이 모든 문항에 대해 정확하게 응답을 했거나 모두 정확하게 응답을 하지 못했다면, 우리는 자신 있게 학습자가 목표를 달성했는지를 평가할 수 있을 것이다. 목표별로 필요한 문항 수를 정하는 데 도움이 될 수 있는 몇 가지 실제적인 제안을 하면 이렇다. 학생들이 알지도 못하면서도 우연하게 옳게 응답할 수 있는 여지가 있는 문항이나 검사라면 하나의 목표에 대해 다수의 비슷한 문항을 포함해야만 한다. 그러나 추측을 해서 옳게 응답할 가능성이 적다면, 한두 개의 문항으로 학생이 그 기능을 수행할 수 있는 능력을 갖추고 있는지를 충분히 결정할 수 있다.

목표의 학습 영역에 따라서 문항의 수를 정하는 문제는 구체적으로 다음과 같다. 지적 기능을 평가하기 위해서는 세 번 이상의 기회를 줄 필요가 있다. 그러나 언어적 정보를 평가하기 위해서, 학습자의 기억으로부터 어떤 정보를 회상하도록 하는 데는 한 문항이면 충분하다. 정보 목표가 여러 가지 정보 지식을 다루고 있다면(예, 주별 주도 찾기), 설계자는 그 정보들 중에서 무선적으로 선택한 문항을 개발하고, 이 경우에 학습자가 숙달한 언어적 정보 목표의 한 부분을 평가하고 있음을 알고 있어야 한다. 운동 기능의 경우에, 학생에게 배운 운동 기능을 실제로 해 보라고 요구하는 것과 같이 운동 기능을 검사하는 유일한 하나의 방법을 사용하는 것이 일반적이다. 다만 운동 기능의 목표는 학생들에게 몇 가지 다양한 조건에서 그 기능을 해 보라고 요구할 수도 있다. 이러한 것들은 운동 기능의 반복된 수행에서 나타나야 한다.

검사 문항 유형과 수행 목표

"어떤 유형의 검사 문항이나 평가 과제가 학습자의 수행을 가장 잘 평가할 수 있을 것인가?"라는 문제는 고려해 보아야 할 중요한 문제이다. 목표에 기술된 행동은 그 수행 행동을 검사하기 위해 어떤 문항이나 과제의 유형이 적합할지를 판단할 수 있는 단서가 될 수 있다. 표 7.2에서 가장 왼쪽 칸에는 수행 목표에 포함될 수 있는 행동의 유형이 열거되어 있다. 맨 윗줄에는 각 행동 유형별로 학생의 수행 행동을 평가하는 데 사용할 수 있는 검사 문항의 유형이 제시되어 있다. 이 표는 단지 하나의 제안 사항일 뿐이라서 목표를 보는 '감각'에 따라 어떤 검사 유형이 가장 적절한지를 찾아내야 한다.

표에서 보듯이, 하나의 수행 행동은 여러 가지 방식으로 평가될 수 있고, 어떤 검사 문항 유형은 다른 유형보다 수행 행동을 검사하기에 유리할 수 있음을 알 수 있다. 예를 들어, 학습자들이 하나의 사실을 기억하는 것이 중요하다면, 그들에게 그 사실을 진술해 보라고 요구하는 것이 객관식 질문에 응답하게 하는 것보다 낫다. 목표는 어떤 유형의 검사가 가장 적합한지를 알려 주는 안내자의 역할을 한다. 따라서 학습자들에게 목표에 명시되어 있는 수행 행동을 가장 잘 실행할 수 있는 기회가 될 수 있는 검사 유형을 선택해야 한다. 가장 적합한 검사 문항의 유형을 선택하기 위해 고려해야 할 다른 요소들도 있다. 검사 문항의 유형들은 각기 강점과 약점을 가지고 있다. 학습자가 응답하는 데 필요한 시간, 학습자의 응답을 분석하고 판단하는 데 필요한 채점 시간, 검사 환경, 정답의 추리 가능성 등과 같은 요인들을 고려하여 최적의 문항 유형을 선택해야 한다.

어떤 문항 유형은 검사 과정을 빨리 진행할 수 있을지라도 부적합할 수 있다. 학생이 어떤 용어의 정확한 정의를 말할 수 있는지를 알기 위해 진위형 질문을 사용하는 것은 부적합하다. 이 경우 진위 중에서 선택하게 하면, 학생은 자신의 메모리로부터 그 정의를 진술해 내는 것이 아니라, 검사 문항에 제시된 정의와 배운 정의가 어떻게 다른지만을 변별할 것이다. 이 경우는 목표에 명시된 행동에 대한 부적절한 응답 유형일 뿐만 아니라 알지 못하고도 옳은 응답을 할 확률이 50%나 된다.

"최선의 가능한" 응답 유형에서 검사와 채점 시간을 단축시켜 줄 수 있는 다양한 검사 문항들로 바꿀 수도 있지만, 다른 질문 유형을 사용해서 학습자가 목표에 진술된 행동을 잘 드러낼 수 있는 충분한 기회를 그 질문이 제공할 수 있어야만 한다. 교수 프로그램이 실

표 7.2 ▎ 성취 행동 유형과 관련된 검사 문항 유형

목표에 진술된 성취 행동 유형	검사 문항 유형						
	완성형	단답형	연결형	선다형	서술형	산출물 개발	실제 수행 체크리스트
진술하기	X	X					
정의하기	X	X	X	X			
규명하기	X	X	X	X			
변별하기		X	X	X			
선정하기		X	X	X			
위치 알기		X	X	X			
평가/판단하기		X	X	X			
해결하기		X	X	X	X	X	X
토론하기					X		X
개발하기					X	X	X
구축하기					X	X	X
생성하기					X	X	X
작동시키기/수행하기							X
선택하기(태도)							X

제 교육 현장에서 활용될 때, 교육 운영자들이 이런 평가 절차를 활용할 수 있는 능력을 갖고 있는 것이 중요하다. 교수 설계자는 교수 프로그램을 개발하는 동안에는 한 유형의 문항을 사용할지 모르지만, 개발된 프로그램이 실제 교육 현장에서 폭넓게 사용될 시점에 이르게 되면, 다양한 문항 유형들을 제공할 수 있어야 한다.

검사 환경 또한 문항 유형 선택에서 중요한 요소가 된다. 어떤 장비와 시설들을 검사 환경에서 이용할 수 있는가? 실제로 학습자들은 목표에서 제시된 조건에서 기능을 수행할 수 있는가? 장비와 시설을 이용할 수 없는 경우, 지필이나 그 밖의 형식과 같은 실제적인 시뮬레이션이 제시될 수 있는가? 시뮬레이션이 가능하지 않을 경우, '~을 하기 위해서 취해야 할 단계를 나열하세요.'와 같은 질문이 주어진 상황에 적절한 것인가? 평가에서의 행동이 목표에 명시된 행동과 관계가 더 적을수록, 학습자가 그 행동을 수행할 수 있는지 아니면 할 수 없는지를 예측하는 것은 그만큼 정확하지 못하게 된다. 때로는 목표에 기술된 대로 정확하게 수행 행동을 측정하는 것이 불가능할 경우에는 다소 덜 바람직한 방법이라도 불가피하게 사용해야 한다. 이런 점들은 교수 전략을 개발할 때 중요하게 고려되어야 한다.

객관식 검사

*객관식 검사*는 학습자가 응답하고, 설계자가 채점하기가 쉬운 검사 문항들로 구성된다. 응답이 짧고, 정답 혹은 오답으로 채점되기 때문에 응답의 옳고 그름이 분명하다. 완성형, 단답형, 정오형, 연결형, 선다형 등의 객관식 유형이 있다. 논술형 검사를 포함하여 체크리스트나 루브릭을 이용하여 채점해야 하는 검사 문항은 객관식 문항으로 간주하지 않기 때문에 다음에서 다른 형태의 평가 방법으로 다룰 것이다.

객관식 검사 문항 작성 설계자는 목표 중심, 학습자 중심, 상황 중심 혹은 평가 중심 준거에 따라, 효과적인 객관식 검사 문항을 개발해야 한다. 이 준거들은 앞의 준거 지향 검사 문항 개발에 관한 절에서 자세하게 다루었는데, 이 장의 마지막에 '루브릭'으로 다시 제시해 두었다.

문항의 배열 지적 기능이나 언어적 정보 목표의 검사 문항을 배열하는 절대적인 규칙은 없지만, 참고할 수 있는 몇 가지 지침은 있다. 검사 상황과 검사하려는 수행 목표의 특성에 따라서 적절한 배열을 정해야 한다.

응답한 것을 손으로 점수를 매기고 목표별로 응답을 분석해야 하는 설계자들을 위한 전형적인 배열 방법은 문항 유형과는 무관하게 동일한 목표를 측정하는 문항끼리 묶는 것이다. 이 방법이 예외적으로 적용될 경우는 학습자에게 검사하는 동안에 자신의 시간 관리를 도와주기 위해서 길게 응답을 해야 하는 논술형 문항을 검사의 맨 마지막에 배치하는 것이다. 이런 방식으로 배열한 검사는 문항 유형별로 배열한 검사만큼 매력적으로 보이지는 않지만, 이렇게 배열하면, 학습자와 교육 운영자 모두 편리해진다. 이렇게 배열하면 학습자는 한꺼번에 하나의 지식이나 기능 영역에 집중할 수 있게 되고, 교수 설계자나 교육 운영자는 데이터를 재정리하지 않고도 목표별 개인과 집단의 목표 성취 여부를 쉽게 분석할 수 있다.

지시문 작성 검사는 분명하고 정확한 지시문을 포함하고 있어야 한다. 학습자들이 검사 결과에 따라 자신들이 평가된다고 느끼기 때문에 검사를 하는 것은 학습자들로 하여금 언제나 불안감을 초래하게 된다. 그들은 검사에서 옳게 응답해야 하는 것이 자신들이 해야 할 일이라는 것은 틀림없이 알고 있다. 따라서 전체 검사에 대한 지시문은 검사의 도입부에, 문항 유형이 바뀔 때에는 그 곳에 또 다른 하위 지시문을 제시해야 한다.

검사 지시문의 성격은 검사 상황에 따라서 다를 수 있지만 주로 다음과 같은 내용을 포함하고 있어야 한다.

1. 검사 명은 간단하게 "사전검사" 혹은 "검사 Ⅰ" 등으로 표시하지 말고, 검사에서 다루게 될 내용을 짐작할 수 있도록 이름을 정해야 한다.
2. 간단하게 목표와 수행해야 할 성취 행동을 설명해 주고, 부분 점수에 대해서도 알려 주어야 한다.
3. 정답을 알 수 없을 때, 추측해서 응답해도 되는지도 알려 준다.
4. 철자를 정확하게 적어야 완전하게 옳은 응답으로 간주되는지도 알려 주어야 한다.
5. 학습자들에게 실명을 밝혀야 하는지 아니면 어느 팀에 속하는지만 밝히면 되는지도 알려 주어야 한다.
6. 학습자들에게 시간제한, 단어제한, 공간제한에 대해서도 알려 주어야 한다. 또한 특수한 연필, 기계 채점답지, 특별한 책, 사전, 계산기 또는 그림 등과 같이 검사에 응답하는 데 특별하게 필요한 것이 있는지를 알려 주어야 한다.

검사 지시문을 분명하고 정확하게 작성하기가 쉽지 않다. 어떤 이에게 명확한 것이 다른 이들에게는 혼동을 일으킬 수 있기 때문에, 검사에 정확하게 응답하는 데 필요한 모든 정보를 제시했는지를 꼼꼼하게 생각하면서 지시문을 작성하고 검토해야 한다.

객관식 검사가 평가를 위한 유일한 방법이 아니기 때문에, 실제로 해 보기(live performance), 산출물 개발(product development), 태도 등을 평가하기 위한 방법에 대해 살펴보기로 한다.

수행[2], 산출물, 태도 평가를 위한 도구

수행, 산출물, 태도 등을 평가하기 위한 측정도구는 검사 문항을 작성하지 않는 대신, 학습자에게 어떤 활동을 해야 하는지를 안내해 줄 수 있는 지시문을 작성하고 수행, 산출물, 태도를 평가할 수 있는 '루브릭'을 만들어야 한다. 복잡한 지적 기능은 과정과 산출물 목표를 모두 가지고 있다. 예를 들어, 이 책을 교재로 이용하는 수업을 생각해 보자. 이 수업의 복 표가 "교수 설계 절차를 활용하여 한 시간 정도로 학습할 수 있는 개별화 학습 프로그램을 설계, 개발, 평가할 수 있다"라고 한다면, 학생들은 이 절차에 따라 각 단계의 설계내용을 문서화해서, 하나의 프로그램을 만들어 내야 할 것이다. 이 수업을 담당한 사람은 학생들의 교수 분석과 수행 목표와 같은 과정의 활용과 중간 산출물에 대한 학생들의 보고서를

---

2) 역주: 여기에서 '수행'은 'performance'를 번역한 것으로, 위에서 말한 '실제로 해 보기(live performance)'와 같은 것이다. 예를 들어, 목표가 테니스 로빙을 하는 것이었다면, 실제로 코트에서 로빙을 해 보도록 요구하는 것이고, 영어로 인사하는 법을 배웠다면 실제로 다른 사람에게 영어로 인사를 하는 것이다.

평가함으로써 그들이 이 절차를 제대로 이해하고 활용할 줄 아는지를 평가할 수 있을 것이다. 각 단계를 제대로 수행했는지를 평가하기 위해 평정 척도를 사용할 수도 있다. 그리고 학생들이 설계한 교수 프로그램을 평가하기 위한 별도의 평정 척도를 사용할 수 있다.

분명하게, 과정의 반복적인 이용을 통해 산출물을 계속 보완해 가는 것이라는 믿음에서 보면, 산출물에는 관심을 덜 갖는 대신, 그 과정 자체가 주된 학습 성과인 상황도 있을 수 있다. 이와는 대조적으로, 산출물이나 학습 결과가 가장 중요해서, 학습자가 사용한 과정이 그다지 중요하게 다루어질 필요가 없는 상황도 있다. 설계자는 전통적인 검사뿐만 아니라 평가를 위한 평정 척도와 다양한 방식의 관찰 방법을 사용하는 다소 생소한 접근 방법을 개발할 수 있는 능력을 갖고 있어야 한다. 여기에서는 그런 도구를 개발할 때 사용하기 위한 방법을 살펴보고자 한다.

지시문 작성 수행 행동이나 산출물을 학습자에게 요구하기 위한 지시문은 어떤 준비물이 있거나 시간제한과 같은 특수한 조건들을 포함하여 무엇을 어떻게 해야 하는지를 분명하게 기술하고 있어야 한다. 지시문을 작성할 때 얼마만큼 안내해 줄 것인지를 고려할 필요가 있다. 학습자에게 특정 단계들을 실행해 보도록 알려줄 필요가 있는 자신의 수행 정도를 평가하는 데 사용할 수 있도록 준거를 알려 주는 것이 바람직하다. 그러한 경우(예, 논문을 쓰거나 연설을 하기), 학습자들에게 지시문의 일부로서 자신들의 수행을 평가하는 데 사용할 수 있는 평가 체크리스트나 평정 척도의 사본을 제공할 수도 있다. 다른 검사 환경(예, 서술식 문제에 대답하거나 타이어를 교체하는 것)에서 이와 같은 지시문을 제공하는 것은 검사의 목적에 부합하지 않을 수 있다. 지시문의 적절한 양을 정하는 데 사용할 수 있는 요인으로는 검사하고자 하는 기능의 복잡성을 포함한 과제의 특성, 대상 학습자의 수준, 상황 분석 결과에서 얻은 대로, 학습자들이 배운 기능을 전이하려는 실제 직무 상황 등이 있다.

태도 측정을 위한 지시문은 수행(실제로 해 보기)과 산출물 측정을 위한 것과 다르다. 태도의 정확한 평가를 위해서, 피검사자가 자신들이 가지고 있는 태도에 따라서 자유롭게 행동을 선택할 수 있도록 하는 것이 중요하다. 감독이나 교사가 자신들을 관찰하고 있다는 것을 학습자들이 알 경우에 그들은 자신들이 가지고 있는 태도가 반영된 행동들을 적나라하게 드러내지 않으려고 한다. 그렇다고 해서 피고용인들의 행동을 몰래 관찰하는 것은 대부분의 직장에서 큰 문제가 될 수 있다. 누가 평가될 것이고, 평가하는 사람이 누구이며, 무엇을 평가할 것이고, 피고용인에게 미리 평가할 것을 알려줄 것인지의 여부, 수집한 데이터는 어떻게 사용될 수 있는지 등에 대해 고용인과 고용주에게 동의를 구하고 나서 태도에 대한 평가가 진행되기도 한다. 이런 경우에 다소 이해할 수 있는 한계점이 있기는 하지만,

계획과 사전 합의를 통해 태도에 대한 상당히 합리적인 평가를 할 수 있는 상황을 만들어 낼 수도 있다.

검사 도구 개발 지시문 작성과 함께 수행, 산출물, 태도를 평가하기 위한 '루브릭(rubric)'을 개발해야 한다. 이 검사 도구를 개발하는 데에는 다음의 다섯 단계가 있다.

1. 평가할 요소를 정하기
2. 각 요소를 풀어쓰기
3. 도구의 요소들을 배열하기
4. 평가자가 어떤 유형의 판단을 할 것인지를 선택하기
5. 채점 방법을 정하기

요소를 정하고, 풀어쓰고, 배열하기 검사 문항과 마찬가지로, 판단하려는 요소는 수행 목표에 있는 수행 행동을 가져오면 된다. 평가 요소로는 만든 물건이나 실제로 해 보게 할 수행 행동의 물리적 측면, 산출물이나 수행의 유용성 혹은 미적인 질 등이 그 범주에 포함된다. 선택한 요소는 수행을 하는 동안이나 결과물에서 실제로 관찰할 수 있어야 한다.

도구에 그 요소를 포함하기 위해서는 각 요소를 알기 쉽도록 풀어써야 한다. 특히 실제적인 수행을 관찰하고 평가하는 데 이용할 수 있는 시간이 제한되기 때문에, 목표에 포함된 것처럼 길게 설명을 하면 그 수행을 관찰하고 평가하는 데 방해가 된다. 종종 어떤 산출물이나 수행의 단계 혹은 조건을 평가자에게 알려 주는 데에는 단 하나 혹은 두 단어 정도만이 필요할 경우도 있다. 학습자의 긍정적인 성과를 평가자가 평가해야 할 때는 '예'로, 부정적인 성과에 대해서는 '아니오'라고 응답할 수 있도록 표현하는 것 또한 중요하다. 구두 발표를 평가하기 위한 다음의 사례를 보자.

옳지 않은 반응	예	아니오	옳은 반응	예	아니오
시선 접촉을 유지한다	___	___	1. 시선 접촉을 유지한다	___	___
"그리고, 저어" 다음에는 숨을 쉰다	___	___	2. "그리고, 저어" 호흡을 피한다	___	___
말할 내용을 잊었다	___	___	3. 말할 내용을 잘 기억한다	___	___

수행 행동을 잘못 풀어서 작성한 예는 채점하기 아주 어렵게 긍정적인 성과와 부정적인 성과를 혼합하는 것이다. 정확하게 풀어서 작성한 문항에서는 '예'라는 응답은 긍정적으로 판단할 때, '아니오'라는 응답은 부정적으로 판단할 때 사용할 수 있는 것이다. 이렇게 일관되게 문항을 작성해야 수행이나 산출물의 질을 나타내는 전체적인 점수를 얻기 위해

서 '예'에 해당하는 점수를 합하면 될 것이다.

요소들은 쉽게 알아볼 수 있도록 작성한 다음에 그 요소들을 배열해야 한다. 요소들의 배열순서는 그 과제의 실제적이고 자연적 순서와 같아야 한다. 예를 들어, 논술형 검사의 문항을 평가하기 위한 체크리스트라면 먼저 도입, 그 다음에는 주장을 뒷받침하기 위한 증거 등에 관한 내용, 마지막으로 결론에 대한 특성을 평정할 수 있는 내용의 순으로 제시하면 될 것이다. 다른 예로, 타이어를 교체하는 과제라면, 타이어를 교체하는 단계의 순서대로 체크리스트를 구성하면 된다. 은행원의 업무 수행 행동에 대한 가장 효율적인 순서는 고객에게 인사하고, 거래 업무를 수행하고, 마무리하는 순서일 것이다. 일반적으로 목표 분석에 나타나 있는 순서대로 평가 요소를 배열하면 간단하다.

반응 유형 개발하기 실제로 수행하기, 산출물, 태도를 측정하기 위한 도구를 개발하기 위한 네 번째 단계는 어떻게 평가자가 판단을 하고 그 결과를 기록할지를 결정하는 것이다. 여기에는 체크리스트(예, 예 혹은 아니오), 질적인 차이를 판단하기 위한 평정 척도(예, 부족, 적당, 좋음), 평가하려는 요소가 몇 번 일어났는지의 횟수를 헤아리는 빈도 계산하기(frequency count), 아니면 이 세 가지 유형을 종합한 형태 등이 있다. 어떤 방식이 가장 효과적인지는 다음과 같은 요인에 따라 달라질 수 있다: (1) 관찰하려는 요소의 성격과 복잡성, (2) 관찰하고 판단하고 기록하는 데 허용된 시간, (3) 평가자가 판단할 수 있는 정확성 혹은 일관성, (4) 피검사자에게 제공할 수 있는 피드백의 질.

체크리스트. 위에서 말한 유형 중에서 가장 기초적인 것이 체크리스트이다. 체크리스트를 사용하려고 했다면, 각 요소를 순서대로 열거하고 그 옆에 그 요소가 나타나면 '예'를 표시할 수 있는 칸을, 그렇지 못하면 '아니오'를 기록할 수 있는 칸을 만들어서 쉽게 이 도구를 만들 수 있다. 체크리스트의 이점으로는 한정된 시간 내에 관찰할 수 있는 다수의 요소를 포함할 수 있는 점, 평가자가 평가하는 데 시간이 덜 걸리는 점, 판단의 일관성이나 신뢰성, 그리고 전체적 수행 점수를 쉽게 얻을 수 있는 점 등이 있다. 체크리스트의 한 가지 제한점은 왜 '아니오'라고 판단했는지를 학습자에게 말해 줄 수 있는 정보가 없다는 점이다.

평정 척도. 각 요소에 대한 학습자의 수행 수준의 질을 판단하기 위한 반응의 수를 확장하면 체크리스트를 평정 척도로 바꿀 수 있다. 체크리스트에서는 각 요소를 평가하기 위해 예 아니면 아니오만을 사용했지만 평정 척도에서는 해당 없음(0), 있음(1), 우수함(2), 혹은 부족(1), 적절(2), 우수함(3) 등과 같은 척도를 사용할 수 있다. 가장 낮은 평가로 (0)이나 (1)의 의미는 평가하려는 요소가 산출물이나 수행에서 완전히 누락되었다는 뜻이다. 예를 들어, 구두로 보고할 때, 청중과의 어떤 시선 맞추기라는 요소가 있다고 할 때, 최하의 평정은 1로 정할 수 있다. 그러나 하나의 문장에 이 모든 내용을 포함하지 못했다면 0 점으로 평정하는 것이 적절할 수도 있다. 따라서 평정은 평정하려는 요소의 특성에 따라 달라진다.

평정 척도는 체크리스트와 마찬가지로 긍정적, 부정적인 면이 있다. 긍정적인 면으로, 평정 척도는 학습자의 산출물이나 수행 행동의 수준을 분석적으로 평가해 줄 수 있기 때문에 체크리스트의 평가 결과로는 불가능했던 수행 수준에 대한 피드백을 제공할 수 있다는 점이다. 부정적인 면으로는, 각 요소의 질을 보다 정확하게 수준에 따라 판단해야 하기 때문에 판단하는 데 다소 시간이 덜 걸리는 단점이 있다. 한편 평정해야 하는 척도를 많이 포함해서 주어진 시간 안에 충분히 판단하기 어려울 때는 체크리스트보다 평정 척도의 신뢰도가 낮아질 수도 있다. 각 요소에 대해 10개의 질적 판단 수준이 있는 평정 척도를 상상해 보자. 3과 4, 6과 7의 평정의 차이는 정확하게 무엇이겠는가? 이렇게 평정 척도를 지나치게 많이 포함하면 평정자 간 혹은 내의 일관성을 확보하기 어렵다.

보다 신뢰도 높은 평정이 가능하도록 평정 척도를 개발하기 위한 두 가지 전략이 있다. 첫째, 평정 수준을 아주 명백하게 기술하는 것이다. 간단하게 (1) 부적절, (2) 적절, (3) 우수함과 같은 일반적인 용어보다는 각각의 수행 수준에 대한 구체적인 세부적인 준거에 의해 어떤 수행의 질을 어떻게 평정해야 하는지를 정확하게 제시해야 한다. 한 단락의 주제문에 대한 평정의 예를 보자.

일반적인 표현을 사용한 예

	누락	부족	적절	우수
1. 주제문	0	1	2	3

평정을 위한 준거를 포함하여 보완한 예

	누락	너무 광범위하고/ 구체적임	정확하고/ 구체적임	정확하고, 구체적이고 흥미로움
1. 주제문	0	1	2	3

위의 예에서 반응 척도는 네 가지의 결정 수준이 있다. 위쪽의 예에는 척도가 있기는 하지만, 부족, 적절, 우수한 주제문이 어떤 문장을 말하는지가 불분명하다. 아래쪽 예에는 각 척도를 선택할 수 있는 명확한 준거가 제시되어 있다. 각 평정 척도의 질적 수준에 대한 준거를 보다 구체직으로 진술할수록 평정할 요소의 질을 보다 신뢰롭게 계량화할 수 있다.

둘째 전략은 각 척도에서 질적 수준의 개수를 제한하는 것이다. 평정하고자 하는 모든 요소들이 같은 수의 평정 점수 4점 혹은 5점 척도여야 하는 법은 없다. 평정 점수(수준의 수)는 평정하려는 요소의 복잡성과 평정하는 데 가용한 시간에 의해 정해진다. 다음의 예를 보자.

	예	아니오				
1. 들여쓰기	___	___	1. 들여쓰기	0	1	2	3
2. 주제문	___	___	2. 주제문	0	1	2	3

왼쪽의 체크리스트에서 요소들은 주어진 대로 최대한 신뢰롭게 평정할 수 있겠지만, 오른쪽의 평정 척도를 보면, 직감적으로 평정하기가 어렵겠다는 생각이 들 것이다. 단락 들여쓰기와 주제문 쓰기는 그 기능의 성격이 전혀 다르다. 단락이 얼마나 잘 들여쓰기가 되었는지를 네 가지 수준으로 평정할 수가 있겠는가? 이에 비하면 앞에서 지적된 바와 같이, 주제문에 대해 네 가지로 그 질적 수준을 평정하는 것은 합리적이다.

각 요소별 평정 척도의 수를 결정하는 좋은 방법은 평정을 하는 데 사용할 구체적인 준거의 개수만큼 척도의 수를 정하는 것이다. 더 이상 만들어 낼 준거가 없으면, 그 준거의 개수만큼 평정 수준의 개수가 정해질 것이다.

빈도 계산하기. 빈도 계산하기는 어떤 요소가 긍정적이건 부정적이건 간에 수행 행동이나 산출물을 평정할 때, 연속적으로 반복되는 요소를 평정하기에 적합하다. 예를 들어, 보고서 작성하기와 같은 산출물에서 비슷한 형태의 우수한 측면이나 오류가 반복적으로 발생할 수가 있다. 테니스 경기에서도 서비스는 계속 반복해야 하는 동작인데 어떤 때는 제대로 공이 날라가지만 그렇지 않을 경우도 많이 생길 수밖에 없다. 은행원의 업무 행동을 평정할 때에도, 다양한 고객들과, 여러 날짜에 걸쳐서 그들의 업무 처리를 관찰할 수 있다. 은행원이 보여 주는 긍정적이거나 부정적인 행동의 사례들을 고객별로, 날짜별로 헤아려 볼 수 있다.

발생한 행동의 수를 기록할 수 있도록 각 요소 옆에 적절하게 빈칸을 남겨 두는 방식으로 빈도 계산하기 도구를 만들 수 있다. 체크리스트와 마찬가지로 빈도 계산하기 도구를 만드는 데 있어서 가장 어려운 점은 평가할 요소를 정하고 배열하는 것이다.

채점 절차 산출물, 실제로 수행해 보기, 태도를 측정하기 위한 검사 개발의 최종 단계는 채점 방법을 정하는 것이다. 지필 평가와 마찬가지로, 객관적 수준의 점수뿐만 아니라 종합적인 수행 점수도 필요하다. 체크리스트는 가장 채점하기 쉽다. 한 목표를 측정하기 위한 각 요소들에 대해 '예'라고 체크된 것을 합하면 그 목표의 점수가 된다. 체크리스트에서

'예'라고 표시된 전체를 합하면, 그 점수가 교수 프로그램의 최종 목표(goal) 점수가 된다.

하나의 목표를 평정하기 위한 각 요소에 부여했던 점수를 합산하면 그 목표에 대한 점수가 될 것이다. 하나의 단위 프로그램에 대한 목표를 측정하기 위한 평정 척도의 전체 점수를 합산하면 최종 목표에 대한 학습자의 수행 정도를 나타내는 점수를 얻게 된다.

객관식 검사, 체크리스트, 평정 척도와는 달리, 빈도 계산하기 검사의 채점 절차를 정하는 것은 도전적일 수 있다. 최선의 절차는 구체적 상황을 고려하여 적합한 방법을 정하는 것이다. 여기에서 말하는 상황이란 측정하려는 기능과 태도의 특성과 검사 상황을 말한다. 예를 들어, 교실에서 교사가 학생들과의 상호작용 혹은 영업사원이 고객과의 상호작용 행동을 관찰한다고 하면, 우리가 관찰해서 평가하고자 하는 행동들이 평가하는 중에 일어날 수 있고 그렇지 않을 수도 있다. 그런 경우, 보고 싶은 행동의 빈도가 모자란다고 학습 성과를 부정적이라고 판단해야 할 것인지를 고려해야 한다. 테니스와 같이 또 다른 상황에서는, 서비스와 같은 요소를 관찰할 수 있는 기회가 많아서, 퍼스트 서브, 풋 폴트, 레트 서브를 전략적으로 사용하는 횟수를 쉽게 계산할 수 있다. 어떤 선수가 서빙을 몇 번 했고, 전략적으로 행해진 퍼스트 서브, 풋 폴트, 레트 서브 등이 전체 서빙 중에서 차지하는 비율도 쉽게 계산할 수 있다. 그러나 일단 이렇게 계산을 했더라도, 이 점수가 테니스공을 서브하는 교수 목표 달성을 어느 정도 한 것인지를 해석해야 한다.

빈도 계산 도구를 통해 얻은 결과의 채점 방식과 무관하게, 검사 도구 개발 과정에서 채점을 어떻게 할 것이고, 그 채점 결과를 어떤 방식으로 비교할 것인지에 대해 미리 고려하는 것은 중요한 문제이다. 채점 방식에 따라서 관찰하고자 하는 요소 목록을 수정할 필요가 있다. 따라서 학습자의 수행 행동을 관찰하고 평정하기 전에 어떤 절차로 채점할 것인지를 미리 계획해야 한다. 빈도 계산하기 방법으로 했을 때 마땅한 채점 방식이 떠오르지 않는다면, 체크리스트, 평가 척도 혹은 이 두 가지 방법을 혼합한 방식을 사용할 것인지를 재고해야 한다.

여기에서 제시한 모든 제안점들은 준거 지향 검사를 개발할 때에 반드시 참고해야만 한다. 만약 검사 문항 개발에 경험이 적다면 검사 개발에 대한 다른 책을 참고할 필요가 있다. 이 장의 뒷부분에는 검사 개발에 필요한 기법에 대한 참고자료가 제시되어 있다.

포트폴리오 평가

포트폴리오는 학습자의 학습 성과를 예증해 보여 줄 수 있는 준거 지향 검사를 할 수 있도록 모아둔 것들이라고 할 수 있다. 이 평가에는 사전검사로부터 사후검사까지의 학습 성과의 발전 과정을 보여 줄 수 있는 객관식 검사, 학습 중에 학습자들이 만들어 낸 각종 작품이나 산출물 혹은 실제 수행 등이 포함된다. 또한 학습한 특정 영역이나 학습 프로그램에 대한 학습자들의 태도 검사가 포함될 수도 있다.

포트폴리오 평가는 관찰할 수 있는 변화, 또는 발전의 증거가 될 수 있는 학습자들의 산출물을 종합적으로 평가(meta-evaluating)하는 과정이라고 정의할 수 있다. 객관식 검사를 통해 사전검사와 사후검사 간에 나타나는 학습자의 변화나 성장을 평가할 수 있고, 산출물과 실제 수행해 보기를 조사하거나 비교해 봄으로써 학습자의 발전 정도를 알 수 있는 증거로 사용하는 것이다. 포트폴리오 평가를 제대로 설계하기 위해서는 다음의 준거들을 따라야 한다.

1. 포트폴리오 평가는 교수 프로그램의 최종 목표와 수행 목표를 포함하고 있기 때문에 이 평가 방식에 필요한 충분한 시간을 확보해야만 한다.
2. 산출물은 구체적인 프로그램 목표, 수행 목표에 부합해야 한다.
3. 학습하는 중에 수집된 산출물을 대상으로 하여 준거 지향 평가가 이루어져야 한다.
4. 평가는 검사 유형과 무관하게 정기적인 사전, 사후검사로 이루어져야 하는데 보통 포트폴리오 평가를 위해 특별하게 검사를 만들 필요는 없다.
5. 학습자의 응답들을 루브릭을 이용해서 평가하고 채점하는 정기적인 평가를 통해 수행상의 변화와 문제점을 알 수 있다.

학습자들이 만들어 낸 일련의 산출물이 수집되면, 평가자는 학습자의 성장 정도를 평가할 수 있는 준비가 되었다고 할 수 있는데, 이 평가는 보통 두 가지 수준에서 이루어질 수 있다. 첫째 수준은 *학습자 자기 평가(learner self-assessment)*로, 학습자 중심 평가 운동에서 나온 원리 중 하나이다. 학습자들은 자신의 검사 점수, 산출물, 수행, 채점된 루브릭 등의 자료를 검토하고 나서 자신의 자료에서 어떤 강점과 문제점이 있는지를 판단해서 기록해야 한다. 그리고 이들은 자신의 자료를 보고 학습 성과를 향상시키기 위해서 무엇을 해야 할지를 기술해 보아야 한다. 교사들은 학습자들의 평가 결과를 검토하지 말고 학습자들의 자료 세트를 검토하고 나서 자신의 판단을 기록한다. 교사의 평가가 끝나면, 교사와 학습자는 서로의 평가 결과를 같이 비교해 보고 그 차이점을 토론해 본다. 이 토론의 결과로 학습자의 학습 성과의 질을 향상시키기 위한 다음 단계를 함께 계획하게 된다.

포트폴리오 평가는 많은 시간과 경비가 필요하기 때문에 모든 교수 프로그램 평가에 적합하지 않다. 교수 프로그램의 실행과정에서 상당한 시간적 여유가 필요한데, 학습자들이 자신을 평가할 수 있는 역량을 개발할 시간이 필요하고, 포트폴리오 평가를 위해 자신의 산출물이나 수행 행동을 해내야 하기 때문이다.

교수 설계를 배우는 수업은 학생들이 실제로 교수 설계 과제를 몇 개월 간의 학기 중에 완성해야 하기 때문에 포트폴리오 평가를 활용하기에 적합한 상황이다. 학생들이 해내야 하는 산출물 중에는 교수 목표, 교수 목표 분석, 학습자 분석과 상황 분석, 수행 목표 진술, 평가 도구와 절차, 교수 전략, 프로그램, 형성 평가, 교수 프로그램의 강점에 대한 서술뿐만 아니라 확인된 문제점의 수정 보완 계획 등이 있다. 설계와 개발 과정에서, 각각의 설계 요소를 평가하기 위한 루브릭을 활용할 수 있다. 이 과정의 후반부에서는 모든 자료 및 초기의 규정에 대한 종합적인 평가가 수행될 것이다. 여기가 바로 종종 학습자들이 '만약 내가 지금 아는 것을 그 당시 알았더라면…'이라고 말하는 시점이 될 것이다.

설계 과정에서의 일관성

체제적 접근 방법으로 교수 설계를 한다는 것은, 한 단계에서의 산출 결과가 다음 단계에서의 입력이 된다는 의미이다. 따라서 단계마다 만들어진 산출물들이 일관성을 유지하고 있는지를 주기적으로 검토하는 것은 대단히 중요하다.

설계 과정에서 목표 분석이 이루어지고, 하위 기능이 확인되고, 학습자와 상황이 분석되었으며 목표가 서술되고, 준거 지향 검사가 개발되었다고 하자. 여기에서 기능, 목표, 평가 내용은 반드시 모두 같은 기능을 다루고 있어야 한다. 그래서 이런 일관성을 확보하고 있는지를 알아보기 위한 면밀한 검토가 있어야 한다.

설계 과정에서의 평가를 위한 산출물 설계 작업의 결과를 평가하기 위해서는 설계 과정에서 만들어진 교수 분석표, 수행 목표, 수행 상황과 학습 상황 분석 결과뿐 아니라 학습자 특성 요약, 검사 도구 등을 가지고 있어야 한다. 이 시점에서 우리가 설계한 모든 것은 목표, 학습자, 상황, 평가 준거 등에 의해 평가되어야 한다. 이 준거들은 우리의 설계 과정 평가를 위해 구성되었다.

설계 과정의 평가를 위한 절차 이 준거를 이용하여 설계 과정을 평가하기 위한 다섯 단계는 다음과 같다.

1. 위에 제시한 산출물들의 관계를 알 수 있도록 조직할 것
2. 교수 목표 분석표와 개발된 프로그램에 포함된 정보와 기능 간의 일관성을 판단할 것
3. 프로그램과 대상 학습자 특성과의 일관성을 판단할 것
4. 수행 상황, 학습 상황, 프로그램 간의 일관성을 판단할 것

5. 모든 산출물의 명확성을 판단할 것

조직화. 어떻게 자료를 잘 조직하고 제시하여 교수 설계 절차를 평가할 수 있을까? 각각의 구성요소들은 앞 단계의 산출물로서 만들어진 것이기 때문에 설계 과정의 다양한 요소들을 비교해 볼 수 있도록 제시해야 한다. 설계자는 구성요소들이 서로 적절한지를 한눈에 파악하기 쉽도록 관련된 설계 구성요소들끼리 묶어서 조직해야 한다. 표 7.3을 보면, 첫째 열은 교수 목표 분석에서 나온 하위 기능 목록이고, 둘째 열은 각 기능에 대한 수행 목표이며, 셋째 열은 목표별 검사 문항이다. 마지막 줄에는 교수 목표, 최종 목표, 검사 문항들이 나열되어 있다. 이 표를 통해 평가자는 설계의 중간 산출물들이 일관성을 확보하고 있는지를 한눈에 알 수 있다. 표 7.4는 표 7.3의 구체적인 내용들이다.

표에 제시된 하위 기능의 순서는 중요하다. 그 기능들을 가르쳐야 하는 순서대로 배열을 했다면, 그 기능들을 계열화(순서화)하고 가르치려는 근거에 대해 검토자로부터 그 적합성에 대해 피드백을 받을 수 있을 것이다. 이 피드백은 이후에 교수 프로그램을 작성하고 구성하는 단계를 줄여 줄 것이다(불필요한 노력을 하지 않아도 되도록). 기능의 계열화에 대한 문제는 다음 장에서 상세하게 다룰 것이다.

표 7.3 ▮ 설계 평가 차트의 구조

하위 기능	수행 목표	표본 평가
1	목표 1	검사 문항
2	목표 2	검사 문항
3	목표 3	검사 문항
교수 목표	최종 목표	검사 문항

표 7.4 ▮ 설계 평가표의 사례

기능	성취 목표	평가 항목(들)
1. 야드(yard)를 미터로 변환하기 위한 공식 쓰기	1. 야드를 미터로 변환하기 위한 공식을 기억해 내서 정확하게 쓴다.	1. 아래 주어진 공간에 야드를 미터로 변환하기 위한 공식을 써라.
2. 야드를 미터로 단위 변환하기	2. 야드의 단위로 다른 길이가 주어졌을 때, 야드를 미터로 변환시키고 일의 자리까지 나타내어라.	2. 5야드 = _____ 미터 7.50야드 = _____ 미터 15야드 = _____ 미터

설계자는 교수 분석표, 대상 학습자 특성, 수행 상황 분석 결과와 학습 상황 분석 결과 등을 평가하기 위한 산출물들을 준비해야 한다. 설계표의 모든 항목은 분석표 있는 하위 기능들과 번호가 맞아야 한다. 이렇게 마무리된 자료는 이 시점에서 교수 설계의 산출물이다.

일관성. 다음 단계는 목표 중심 준거를 사용하여 설계 중간 산출물들의 일관성을 평가하는 것이다. 목표의 하위 기능들, 그 목표를 통해서 얻으려는 성취 목표(조건, 행동, 상황), 평가 문항들 간의 일관성은 프로그램의 질을 결정하는 데 대단히 중요하다. 이 분석을 위해 따라야 할 절차는 (1) 교수 목표 분석표에 있는 하위 기능들과 설계 평가표에 열거한 하위 기능들 간의 비교, (2) 하위 기능들과 성취 목표들 간의 비교, (3) 성취 목표(조건, 행동, 준거)와 검사 문항들 간의 비교 등이다.

목표 분석표와 설계 평가표에서 하위 기능들의 표현은 일치해야만 한다. 일단 이렇게 일치한다면, 목표 분석은 제쳐 둘 수 있다. 하위 기능과 수행 목표의 다른 점은 수행 목표에 조건과 준거가 추가된 것뿐이다. 최종적으로 수행 목표와 평가 문항의 상황, 수행, 준거가 서로 일치하는지를 검토해 보아야 한다. 학생들에게 목표에서 처방한 대로 가르칠 내용을 제공하고 평가를 하고 있는지를 검토해야 한다. 이런 점들에서 일관성이 확보되었다면, 수행 목표와 학습자 특성 간의 일관성을 검토할 차례이다.

학습자 특성. 셋째 단계는 교수 프로그램과 학습자 특성을 비교하는 것이다. 이를 위해, 평가자는 프로그램과 학습자들의 능력, 흥미, 경험, 요구 간의 일관성을 판단해 보아야 한다. 대상 학습자들에게 효율적으로 활용할 수 없다면, 그 어떤 것도 효과적인 교수 프로그램이 될 수 없다. 검토자는 수행 목표와 평가 문항이 대상 학습자들에게 적합한 범위와 복합성을 반영하고 있는지를 살펴보아야 한다. 목표가 충분히 아니면 지나치게 잘게 분석되었는가? 평가 문항은 학습자들에게 적합한 난이도 수준을 유지하고 있는가?

상황. 넷째 단계는 수행 상황, 학습 상황과 성취 목표, 평가 문항 간의 일관성을 판단하는 것이다. 검토자는 직무 수행 상황을 위해 기술한 과제의 사실성(authenticity)을 판단해야 한다. 왜냐하면 이러한 사실성은 학습한 기능이 수행 상황으로 전이되는 것을 촉진하기 때문이다. 또한 학습 상황에서 그 과제의 실행 가능성을 검토해야 한다. 다시 말하면, 학습 상황에서 교수 프로그램을 실행에 옮기고 평가하기 위해서 필요한 자원들(예, 비용, 시간, 인력, 시설, 장비)을 동원할 수 있는가?

교수 프로그램의 명료성. 프로그램, 목표, 상황, 대상 학습자 간의 일관성과 더불어, 마지막 단계는 검토자가 교수 프로그램의 명료성을 판단하는 것이다. 이 단계는 평가가 시작될 때 이루어져야 하지만, 불행하게도 가끔 설계 산출물들 간의 일관성을 확인하여 수정하는 과정이 생략된다면 프로그램의 명료성은 미결 상태로 남게 될 수 있다. 이 단계를 진행하는 중, 평가자는 목표 분석의 구조와 범위가 자신들에게 설득력이 있는지를 따져 보아야 한다. 하위 기능과 출발점 기능이 정확하게 분석되었고, 그 순서가 제대로 열거되었는가? 수행 목표는 명백하게 작성되어 있으며, 그 목표가 의미하는 바를 알 수 있는가? 표현의 명료성, 단어 수준, 문법, 철자, 구두점, 검사 유형, 전문적인 기본 방식 등을 포함하여 검사 문항의 질은 적합한가?

설계 산출물의 적절성에 대한 피드백을 받고, 설계자 나름대로의 프레임으로 적합한 수정 보완을 한 다음, 이 모든 결과들이 다음의 교수 설계 단계인 교수 전략 개발을 하는 데 투입 요소가 되어야 한다. 이 시점에서 훌륭하고, 세심하게 분석되고 다듬어진 설계의 중간 산출물들은 이후의 설계 작업을 촉진해 줄 것이다.

예시

검사 문항을 검토할 때, 앞서 제시한 네 가지 범주의 준거를 사용하여 그런 점에 관심을 갖고 문항을 검토할 필요가 있다.

운동 기능을 평가하기 위한 체크리스트

운동 기능의 수행을 측정할 때는, 그 운동 기능을 어떻게 실행해 보라고 요구해야 하는지에 대한 지시사항과 운동 기능의 동작을 평가해서 기록할 수 있는 루브릭이 필요하다. 표 6.3에 있는 승용차 타이어 교체에 대한 수행 목표의 예를 보자.

그림 7.1은 학습자에게 요구할 지시사항이다. 지시사항은 표 6.3에 있는 최종 목표와 약간 다르다. 시험을 위해서 펑크 난 타이어가 장착되지 않은 차도 무방하다. 대신에 학습자는 평가자가 지정해 준 타이어를 교체하기만 하면 된다. 15~20명의 학습자를 평가하기 위해 펑크 난 타이어가 장착된 자동차를 준비해야 하는 문제가 대단히 비현실적이거나 불가능하기 때문이다. 지시사항에 포함된 다른 정보는 검사를 실제로 진행할 때 발생할 수 있는 점을 고려해야 한다. 학생이 모든 장비, 검사, 부품을 적절한 장소에 정리하도록 해야 한다. 학습자들이 이 과제를 어떻게 수행해야 하는지를 알려 주고 확인하는 동안, 다음 학습

차에 제공된 장비를 사용하여 교사가 지정한 타이어를 차에서 빼기. 그 타이어를 트렁크에 있는 여분의 타이어로 바꾸기. 검사는 (1) 그 차를 안전한 주행 조건으로 되돌렸을 때, (2) 모든 검사를 트렁크의 적당한 위치에 놓았을 때, (3) 트렁크의 타이어 놓는 공간에 뺀 타이어를 놓았을 때, (4) 검사 동안에 엉망이 된 바퀴나 트렁크에 뚜껑이나 덮개를 되돌려 놓았을 때 완성된다.

각 단계에서의 수행은 세 가지 기초 준거를 사용하여 평가된다. 첫째, 각 단계를 수행할 것을 기억하기. 둘째, 적당한 방식으로 적절한 검사를 사용하여 각 단계를 수행하기. 셋째, 안정감을 가지고 수행하기. 안전성을 이유로 검사자는 검사 도중 피검사자를 멈추게 하고 피검사자로 하여금 (1) 잊었던 단계를 수행하도록, (2) 검사를 사용하는 방식을 바꾸거나 다른 검사로 바꾸도록, (3) 안전하게 수행되지 않은 단계를 되풀이하도록 요구할 수 있다. 이렇게 되면 그 단계에 대한 점수를 받지는 못할 것이다. 그러나 그 이후에는 정확하게 실행한 것에 대한 점수를 받게 될 것이다.

그림 7.1 ┃ 운동 기능 검사를 위한 지시사항(타이어 교체하기)

자의 검사를 위해 장비와 차를 준비해야만 한다.

학습자들에게 이 과제의 수행을 어떻게 평가할 것인지도 알려 주어야 한다. 이를 위해 (1) 각 단계를 생각해 내고, (2) 적절한 연장을 사용하여 그 단계를 실행하고, (3) 연장을 적합하게 사용해야 하고, (4) 각 단계를 실행할 때는 항상 안전을 의식하고 있어야 한다. 이렇게 정보를 주어야, 이 네 가지 준거의 어느 하나에 부합하지 못하면, 그 단계의 점수에서 감점을 당하게 되는 것을 학습자들이 알게 될 것이다. 또한 검사 도중 언제나 검사를 중지할 수 있다는 것도 알려 주어야 한다. 그러한 경우가 일어날 수 있다는 것과, 그런 경우가 왜 발생할 수 있는지, 그리고 그런 경우의 결과를 미리 알려 주면, 검사가 도중에 중지되었을 때 학습자들의 불안을 덜어 줄 수 있다.

수행 과정이나 산출물을 평가하기 위한 체크리스트는 그림 7.2에 부분적으로 제시되어 있다. 여기에는 "자동차를 들어올리는" 단계 2만 설명되어 있다. 단계 2에 속해 있는 하위 단계들의 번호와 앞에서 보았던 목표 분석표의 단계 2(그림 4.11), 표 6.3에 있는 수행 목표에서의 단계들과 똑같은 번호가 붙여져 있는 점에 주목해 둘 필요가 있다. 표 6.3에서 각 목표에 열거된 준거는 쉽게 풀어썼으며, 체크리스트는 알파벳(예, a, b, c 등)을 붙였다. 평가자의 응답을 할 수 있도록 두 칸이 여백으로 주어져 있다.

검사 도구를 개발하는 다음 단계는 학습자들의 점수를 어떻게 종합할 것인지를 정하는 것이다. 각 단계의 점수(예, 차 들어올리기)뿐만 아니라 검사 전체 총점을 구해야 한다. 이 점수를 기록할 수 있도록 괄호가 각 주요 단계의 왼쪽에 있다. 단계 2에서 가능한 전체 점수는 공간 아래 괄호에 기록한다. 각 학생이 얻은 점수는 '예' 칸에 있는 X의 수를 헤아려서 적으면 된다. 이 점수는 단계 2 옆의 괄호에 기록한다. 이 예에서 이 학생은 가능한 총 13점에서 11점을 얻었음을 알 수 있다. 왼쪽 칸에는 각 단계의 점수를, 총점은 이름 아래에 기록한다. 검사로 가능한 만점은 총점 아래 괄호에 제시해 줄 수 있다.

이름 *Karen Haeuser* _____ 날짜 *6-12* _____ 점수 _____
( )

_____ 1. 예비 타이어와 검사를 준비하기
(11)

_____ 2. 자동차 들어올리기 　　　　　　　　　　　　　　예　　　아니오
(13)

　　　2.1 잭 작동 체크하기
　　　　　a. 잭 손잡이를 안전하게 붙이기 　　　　　　　X　　_____
　　　　　b. 잭을 들어올리도록 펌핑하기 　　　　　　　X　　_____
　　　　　c. 잭을 풀고 낮추기 　　　　　　　　　　　　X　　_____

　　　2.2 잭을 위치에 맞게 놓기
　　　　　a. 차 위치와 안전성을 검토하기 　　　　　　　X　　_____
　　　　　b. 필요하다면 차를 다시 주차하기 　　　　　　X　　_____
　　　　　c. 잭을 붙이기 위해 프레임의 한 지점을 정하기 　X　　_____
　　　　　d. 적절한 지점에 잭을 위치시키기 　　　　　　X　　_____

　　　2.3 잭을 차에 붙이기
　　　　　a. 프레임과 접목시키기 위해서 잭을 들어올리기 　X　　_____
　　　　　b. 잭과 차 사이의 접촉을 평가하기 　　　　_____　　X
　　　　　c. 필요하다면 잭 위치를 조정하기 　　　　_____　　X

　　　2.4 바퀴 옆에 벽돌 놓기
　　　　　a. 적절한 벽돌을 파악하기 　　　　　　　　X　　_____
　　　　　b. 바퀴 앞에 벽돌 놓기 　　　　　　　　　X　　_____
　　　　　c. 바퀴 뒤에 벽돌 놓기 　　　　　　　　　X　　_____

_____ 3. 타이어 빼기
( )

_____ 4. 타이어 교체하기
( )

　　　등등

그림 7.2 ▍ 운동 기능을 평가하기 위한 체크리스트 일부(타이어 교체하기)

　　최종적으로 정해야 할 일이 있다. 평가자는 자동차나 잭을 조정할 필요가 없을 때, 문항 2.2.b와 2.3.c의 점수를 어떻게 줄 것인지 정할 필요가 있다. 한 가지 방법은 이 단계가 필요 없을 경우에는 점수를 주는 방법으로 '예'에 X표를 하는 것이다. 단순히 그것들을 비워 놓아서 학생이 오류를 범하지 않았음을 표시해 주는 방법이다.

태도와 관련된 행동을 평가하기 위한 도구

태도를 획득했는지를 알 수 있는 행동을 평정하기 위해 체크리스트, 평정 척도, 빈도 계산하기와 같은 방법이 필요하다. 2장과 표 6.5에서 보았던 정중한 은행원 예를 다시 생각해 보자. 은행원이 고객과 거래하는 행동을 실제 직무 수행의 공간에서 평가할 수 있어야만 하기

이름 Robert Jones		날짜 4/10. 17. 24
관찰된 전체 거래 행동 卌 卌 卌	전체 + 186	전체 -19

A. 고객의 접근과 은행원:	예	아니오
1. 미소	卌 卌	卌
2. 먼저 말로 인사하기	卌 卌 卌	
3. 개인적인 정보 주기	卌 卌 卌	
4. 지연에 대해 사과하기	////	//
5. 서비스에 대해 질문하기	卌 卌 ////	/
6. 줄선 사람들 모두에게 신경 쓰기	卌 卌	///
7. 기타		

B. 상호작용 동안, 은행원:		
1. 주의 깊게 듣기	卌 卌 卌	
2. 정보를 분명히 할 것을 요청하기	卌 ////	
3. 요청받은 양식을 제공하기	卌 ////	
4. 양식을 완성하기/수정하기	卌 ////	
5. 변경사항을 설명하기	卌 ////	
6. 돌려주는 자료를 설명하기	卌 卌 //	///
7. 기타		

C. 상호작용 마무리하기, 은행원:		
1. 다른 볼 일이 있는지 질문하기	卌 卌 卌	
2.'감사합니다'라고 말하기	卌 卌 卌	
3. 고객의 말에 응답하기	卌 卌	卌
4. 인사를 하며 마무리하기	卌 卌 卌	
5. 기타		

그림 7.3 ┃ 태도가 (정중하다고) 추론될 수 있는 행동을 평가하기 위한 빈도 검사

때문에, 빈도 계산 방식이 틀림없이 가장 효과적이다. 그림 7.3은 그 예의 일부이다.

검사의 맨 위쪽에 은행원과 관찰 날짜를 적는다. 관찰된 거래 행동의 빈도를 헤아리는 공간이 있다. 이 정보의 해석은 나중에 할 필요가 있다. 관찰하는 동안에 은행원이 보여 준 긍정적, 부정적 행동의 전체 수를 기록하는 공간도 있다.

관찰하려고 하는 행동에 대한 설명은 번호와 함께 제시되어 있다. 체크리스트와 비슷하게 평가자가 두 가지를 응답할 수 있는 칸이 있다. 유일한 차이는 이 예의 경우 몇 개의 다른 상호작용 동안 많은 행동을 헤아려 표시할 수 있는 공간이 주어져 있다는 점이다.

도구를 사용하여 어떻게 점수화할 것인지를 정하는 데 있어서, 긍정적 행동의 수(186)와 부정적 행동의 수가 합산된다(19). 이 모의 데이터의 요약을 검토해 보면, 은행원은 대

부분의 경우에 정중하게 행동했음을 알 수 있다. 이 정보는 은행원이 관찰되고 있는 지를 은행원이 알고 있었느냐 그렇지 않은가에 따라 두 가지 방식으로 해석될 수 있다. 은행원이 관찰되고 있는지를 모르는 상태에서 이런 방식으로 행동하는 것을 선택했다면, 평가자는 은행원이 정말 정중하고 친절한 서비스를 제공하면서 긍정적인 태도를 보여 주었다고 추론할 수 있다. 반대로 은행원이 관찰되고 있는 것을 알고 있었다면, 평가자는 은행원이 고객들과의 상호작용 동안 어떻게 정중하게 행동할 것인지 계산하고 그 상황에서 그렇게 하기로 선택했다고 추론할 수 있다.

사례 연구: 집단 리더십 훈련

이제까지 사례 연구를 통해 목표를 규명하고, 목표 분석, 하위 기능 분석, 학습자와 상황 분석, 그리고 수행 목표 작성을 완료했다. 운동 기능과 태도를 위한 평가 도구를 개발하기 위한 절차는 앞의 사례에서 보았기 때문에, 다음의 사례 연구에서는 언어적 정보와 지적 기능 목표를 위한 검사 문항 개발에 대해 보려고 한다. 그리고 설계 과정을 멈추고 지금까지의 설계 작업 결과를 평가한다.

언어적 정보와 지적 기능의 검사 문항

표 6.7(교수 목표는 "문제 해결을 목적으로 하는 집단 토론 이끌기"이고, 단계 6은 "협력적 집단 상호작용 관리하기")의 수행 목표의 예시는 표 7.5의 첫째 단에 제시되어 있다. 각 목표별로 평가 문항들이 제시되어 있다.

수행 목표(performance objectives) 검사 문항의 적합성을 검토할 때, 그 검사 문항이 수행 목표의 조건, 행동, 준거와 관련하여 일관성을 갖고 있는지를 먼저 주목해야 한다. 예를 들어, 수행 목표 6.5.1과 표의 오른쪽에 있는 학습자를 위한 지시사항 간의 일관성을 검토해 보아야 한다. 목표의 조건은 학습자가 리더의 역할을 할 가상 회의이다. 학습자에게 제시할 지시사항은 회의를 어떻게 이끌어야 할지를 설명한다. 목표가 제시하는 수행 행동은 구성원들의 협력 활동을 활발하게 유도하는 것이다. 오른쪽에 제시한 수행 지시사항들은 회의 중 구성원들의 협력을 유도하는 리더의 역할을 기술하고 있다. 목표에 제시된 준거는 회의를 진행하는 동안 리더의 행동들을 관찰하기 위한 설계자의 루브릭에 제시해야지, 지시사항에 제시하는 것이 아니다.

표 7.5 ┃ 표 6.2에 있는 교수 목표 '문제 해결을 목적으로 하는 집단 토론 이끌기'를 위한 언어적 정보와 지적 기능 수행 목표와 상응하는 검사 문항

하위 기능을 위한 수행 목표	검사 문항
6.1.1 협조적인 상호작용을 촉진하는 집단 구성원의 행동을 열거하여 쓰라고 요구 받았을때(CN), 그러한 행동을 진술하기(B). 최소한 6개의 행동을 진술하기(CR)	1. 위원회 구성원들이 문제 해결 회의 동안에 협조적인 집단 상호작용을 촉진하기 위해 가져야 하는 긍정적인 행동을 열거하기 (9개의 응답을 위해서 응답 선을 긋기)
6.1.2 집단 구성원이 협조 집단의 상호작용을 보강할 수 있도록 도움을 줄 수 있는 긍정적인 반응을 서면으로 진술하도록(B) 요청받았을 때(CN), 학습자는 적어도 세 개의 가능한 반응을 서면으로 진술하기(CR)	1. 회의 동안 새로운 생각을 소개하였고 그 생각에 대한 가치에 대해 한 명 혹은 더 많은 위원회 구성원들의 질문을 받았다고 가정하기. 협조적인 집단 상호작용을 촉진하기 위해서 어떠한 긍정적인 반응을 해야 하는가? (4개의 응답을 위해서 응답 선을 긋기)
6.2.1 회의 동안에 서면으로 된 집단 구성원의 촉진하는 행동의 설명서를 받고(CN), 그 행동들이 협조적인지 지적하기(B). 학습자는 행동의 최소 80%를 정확하게 분류하기(CR)	1. 회의 스크립트를 읽는다. 집단의 구성원과 리더가 협조적인 행동을 할 때마다 스크립트의 선 옆에 체크하기
6.2.2 구성원의 행동을 나타내는 단계화된 NCW 회의의 비디오가 주어졌을 때(CN), 행동이 협조적인지 지적하기(B). 학습자는 행동의 최소 80%를 정확히 분류하기(CR)	(이 비디오와 응답용지는 둘 다 웹 기반 훈련 사이트에서 연습 평가 부분에 있음.) **지시사항** **기능:** 협조적인 리더와 구성원 행동을 분류하기. 화면의 왼쪽에 있는 비디오 버튼을 클릭하고 나타나는 비디오 내용 메뉴 표에서 비디오 1을 선택하기. 그러고 나서: (a) 비디오 1을 위해서 리더 응답 형식을 부각시키고 프린트하기 (b) 응답 표기에 대한 지시사항을 읽으면서 응답 형식을 공부하기 (c) 스크린의 비디오 1 지점을 확인하고 평가를 완성할 준비가 되었을 때 화면의 비디오 1 제목 버튼을 클릭하기 (d) 끝났을 때(평가를 완성하는 과정에서 비디오를 두 번 볼지도 모른다), 비디오 메뉴에서 피드백-비디오 1을 클릭하기 (e) 피드백 비디오 1에서 제공된 것과 당신의 평가를 비교하고 일치하지 않은 점에 주목하기 (f) 응답 형식과 불일치한 것에 대해 적어둔 메모지를 보관하고 그것들을 다음 회기에 가져오기
6.3.1 집단의 토론과 협조를 장려하거나 막는 리더 행동을 열거하여 쓰도록 요구받을 때(CN), 그러한 행동을 열거하기(B). 학습자는 최소 10개의 장려하는 행동과 그에 상응되는 저해하는 행동을 열거하기(CR)	12개의 긍정적인 행동과 그것에 부합되는 저해하는 행동을 나열하기. 그러한 행동들은 리더로서 회의 동안 구성원 상호작용에 영향을 끼칠 수 있다. (긍정적인 행동과 저해하는 행동이라고 제목을 쓰고 12개의 응답을 위한 두 칸의 응답 선을 긋기)

표 7.5 ┃ 표 6.2에 있는 교수 목표 '문제 해결을 목적으로 하는 집단 토론 이끌기'를 위한 언어적 정보와 지적 기능 수행 목표와 상응하는 검사 문항 (계속)

하위 기능을 위한 수행 목표	검사 문항
6.4.1 회의 동안에 집단 리더의 행동이 적힌 설명서가 주어졌을 때(CN), 행동이 협조적인 집단 상호작용을 장려하는지 저해하는지 지적하기(B). 학습자는 명시된 행동의 최소 80%를 정확하게 분류하기(CR)	1. 설명된 회의의 스크립트를 읽기. 집단의 리더나 구성원은 구성원 협조를 장려할 것 같은 행동을 보이면 부합하는 스크립트 선의 왼쪽에 V 표기하기. 반대로 리더가 구성원 협조를 저해할 것 같은 행동을 보여줄 때마다 그 스크립트의 오른쪽에 V 표기하기
6.4.2 리더 행동을 보여주는 단계화된 회의의 비디오를 보고(CN) 리더의 행동이 구성원의 협조를 장려하는지 저해하는지 지적하기(B). 학습자는 장려하거나 저해하는 행동의 최소 80%를 정확히 분류하기(CR)	(이 비디오와 응답용지는 웹 기반 훈련 사이트의 연습 검사 부분에 있음.) **지시사항** **기능:** 구성원의 협조를 장려하거나 저해할 것 같은 리더 행동을 분류하기 (a) 리더 응답 양식 2에 주목하고 프린트하기 (b) 응답에 표기하면서 지시사항을 읽으면서 양식을 공부하기 (c) 평가를 완성할 준비가 되었을 때, 화면의 비디오 메뉴에서 비디오 2를 확인하고 비디오 2를 클릭하기 (d) 끝마쳤을 때(평가를 완성하는 과정에서 두 번 비디오를 볼지도 모른다), 비디오 메뉴에서 피드백 비디오 2를 클릭하기 (e) 웹 사이트에 제공된 것과 리더 행동에 대한 평가를 비교하고 불일치성에 주목하기 (f) 불일치성에 대한 응답 양식 2와 주석을 보관하고 그것들을 센터의 다음 교수 회기에 가져오기
6.5.1 집단 리더로서 행동하는 학습자와의 문제 해결 회의에서(CN), 구성원들 사이에 협조적인 행동을 발생시키는 행동을 시작하기(B). 집단 구성원들은 토론 중 서로간에 그리고 리더와 협조하기(CR)	**지시사항** **기능:** 구성원들 사이에 협조적인 행동이 일어나게 하기 오늘 회의 30분 동안 리더로서 봉사하기. 회의 동안에 구성원은 집단에서 미리 토론되지 않은 문제를 소개하기. 문제가 토론되는 동안 집단 토론을 인도하고, 구성원들의 상호 협조적인 참가를 일으킬 것이라고 개인적으로 믿는 그러한 행동을 구성원들에게 보여 주면서 집단 토론을 이끌기. 자신의 행동이나 다른 사람들의 행동에 대해서 질문이 있어도 30분이 지날 때까지 직원이나 집단의 구성원들과 그것을 부각시키지 않기
주요 단계에 대한 수행 목표	**빈도 계산 관찰 검사를 위한 규정(시뮬레이션과 실제 회의 동안에 평가자에 의해 사용)**
6. 새로운 리더 훈련생들이 모였고 구청 정보 훈련시설에서 열린 모의 회의에서 협조적인 집단 상호작용을 하기. 토론 구성원들은 자유롭게 참가, 아이디어 제공, 리더 및 구성원들과 협조하기	다음의 범주는 주요한 단계 6과 관련하여 사용: 학습과 수행 상황 모두에서 협조적인 집단 상호작용을 하기 A. 감정을 유발하는 행동　　　　　　　빈도 1. _____ _____ 2. _____ _____ (등등)

표 7.5 ┃ 표 6.2에 있는 교수 목표 '문제 해결을 목적으로 하는 집단 토론 이끌기'를 위한 언어적 정보와 지적 기능 수행 목표와 상응하는 검사 문항 (계속)

주요 단계에 대한 수행 목표	빈도 계산 관찰 검사를 위한 규정(시뮬레이션과 실제 회의 동안에 평가자에 의해 사용)	
지정된 장소에서 열린 실제적인 NCW 회의 동안(예, 구성원 집, 이웃의 사회적/모임 시설), 지역에서 최근에 발생한 범죄 문제를 해결하는 것을 목표로 하는 집단 토론 이끌기	B. 진정시키는 행동 1. _____ 2. _____ (등등)	빈도 _____ _____
	C. 스트레스를 경감시키는 1. _____ 2. _____ (등등)	빈도 _____ _____
	D. 협조적인 집단 상호작용의 전체적인 질의 평가(하나에 동그라미 그리기) 보통(Mild)　1　2　3　4　5　우수함(Excellent)	

학습자 특성과의 일관성 둘째로, 리더십 석사과정 학생들을 위해 검사 문항이 적절한지를 검토해 보자. 분석을 위해 설계자는 평가 문항(표 7.5)과 학습자 특성 분석 결과(표 5.4)를 준비해야 한다. 검사 문항에서 사용된 언어의 복잡성과 과제의 복잡성에 대해 판단해 보자. 언어와 과제의 복잡성은 대학 캠퍼스나 지역 리더가 되려고 준비하는 학생들의 수준에 적합해야 한다.

수행 환경과 학습 환경 검사 문항(표 7.5)이 학습 환경과 수행 환경(표 5.5, 표 5.6)에 적합한지를 검토해 보자. 표 7.5의 마지막 단에는 목표의 6단계를 위한 학습 환경과 수행 환경의 평가가 있어서 이 준거에 대한 평가를 해 볼 수 있게 해 준다. 사후검사를 할 때, 학습자들이 집단 토론을 이끄는 것을 학습 상황에서 관찰해서 리더가 보일 수 있는 행동들을 포착하여 그 빈도를 관찰지에 기록한다.

명료성 마지막으로 표 7.5에 있는 검사 문항들의 명료성에 대해 검토해 보자. 이 평가를 위해서는 루브릭을 사용할 수 있다. 학습자들의 주의를 끌기 위해 검사 문항의 주요 용어들을 강조한 점에 주목해 보자. 학습자들이 응답하기 전에, 문항에 응답하기 위해 필요한 모든 정보가 제시되어 있어서 이 문항들은 명료한 것으로 보인다. 문법, 구두법, 철자가 정확해서 문항들은 전문적으로 작성된 것으로 보인다.

　일단 검사 문항, 지시사항들이 작성되고, 평가되고, 다듬어졌다면, 설계 평가표를 만들어서 지금까지 개발된 설계 산출물들을 검토할 시점이 되었다. 설계자는 산출물들을 구조화하고 적절한 검토자들을 찾아서, 검토 과정을 용이하게 하고, 그 자료들을 설명하고 검토자의 질문에 응답하고 기록해야 한다. 여기에서 검토자는 제공된 문서들을 검토하고 요청한 문제에 대해 적절한 판단을 해 주어야 한다.

설계 평가

지금까지 해 온 설계 작업의 질을 가늠하는 데 사용되어야 할 주된 준거는 목표, 학습자, 상황, 평가이다. 여러 설계 요소들 간에 일관성을 얼마나 확보하고 있는지를 평가하기 위한 단계는 다음과 같다.

1. 설계 작업의 산출물을 조직화해서 제시한다.
2. 설계 산출물과 교수 목표 간의 일관성을 판단해 본다.
3. 대상 학습자들을 위해 설계 산출물과의 적절성을 판단해 본다.
4. 수행 목표, 검사 문항, 수행 상황, 학습 상황 간의 일관성을 판단해 본다.
5. 산출물의 명료성을 판단해 본다.

조직화 표 7.6은 집단 토론을 이끌기에 대한 교수 목표를 위한 설계 평가표의 일부분이다. 첫째 단은 "협력하는 집단 상호작용 관리하기"라는 단계 6의 하위 기능 중의 일부이다. 둘째 단은 이 하위 기능들의 수행 목표이고, 셋째 단은 각 목표에 대한 검사 문항이다. 여기에서는 몇 가지의 기능, 목표, 검사 문항만으로 평가 과정을 보여 주었지만 실제 분석을 위해서는 모든 기능, 목표, 개발한 검사 문항들을 포함해야 한다. 이 표를 포함해서, 목표 분석표(그림 4.8), 학습자 특성 분석표(표 5.4), 수행 상황 분석표(표 5.5), 학습 상황 분석표(표 5.6) 등도 검토자에게 제시해야 한다. 이 장의 마지막에 나와 있는 루브릭에 포함된 평가 준거를 이용하면 간편하게 평가해 볼 수 있다. 설계 산출물과 목표 간의 일관성을 판단하기 위한 그 다음 단계를 시작할 수 있다.

일관성 이 분석을 위해서, 검토자에게 목표 분석(그림 4.8)과 표 7.6의 하위 기능 분석표가 제시된다. 하위 기능들은 하위 기능 6.4에 '저해하는(stifling)'이라는 용어가 추가된 것만 제외하고는 목표 분석의 기능과 똑같이 표현되어 있음을 눈여겨보자. 검토자와 설계자는 이렇게 수정한 것이 적절하고 옳은 것인지에 대해 논의할 필요가 있다.

　　표 7.6을 보고 검토자는 하위 기능과 수행 목표를 비교해 보아야 한다. 6.4의 기능에서 행동 동사로 '분류한다(classify)'가 목표에서는 '표시한다(indicate)'로 되어 있는 것을 제외하

면 서로 똑같다. 이 예에서 두 가지 표현은 그렇게 심각한 차이가 없다.

마지막으로 검토자는 중앙의 수행 목표와 오른쪽의 검사 문항 간의 일관성을 비교해야 한다. 문항의 조건, 행동, 준거 하나하나가 목표와 일관성이 있는지를 따져 보아야 한다. 검토자는 앞에서 보았던 절차를 그대로 따라서 문항과 목표의 조건, 행동, 준거가 일관성이 있는지를 판단한다.

상황 셋째 단계는 설계 평가표의 목표(goal), 성취 목표(objectives), 검사 문항들과 수행 상황, 학습 상황과의 일관성을 판단하는 것이다. 왜냐하면 검토자는 목표, 하위 기능, 성취 목표 간의 일관성을 판단해서 일관성이 있는 것으로 결정했기 때문에, 여기서는 성취 목표(표 7.6)와 수행 상황과 학습 상황 분석 결과(표 5.5와 5.6)만 살펴보면 된다. 이런 검토를 했다면, 학생들은 설계서에 포함되어 있는 기능들을 배우고 나서 대학 캠퍼스 혹은 지역사회

표 7.6 ❘ 교수 목표를 위한 설계 평가 차트의 선정: 문제 해결을 목적으로 하는 집단 토론 이 끌기, 단계 6 '협조적 집단 상호작용 관리하기'

기능	수행 목표	검사 문항
6.3 협조를 장려하는 행동 진술하기	6.3.1 토론 구성원의 협조를 장려하고 저해하는 행동을 나열하도록 요청받을 때 이러한 행동을 진술하기. 학습자는 최소한 10가지 방식으로 진술하기	1. 회의 동안에 협조적인 토론을 장려하거나 저해하기 위해 당신이 리더로서 사용할 수 있는 몇 가지 전략이 있다. 구성원 참가나 협조를 장려하기 위해서 리더로서 어떠한 직접적인 행동을 취할 수 있는가? (10가지 응답을 위해서 응답 선을 긋기)
6.4 협조를 장려하고 저해하는 전략 분류하기	6.4.1 회의 동안에 집단 리더 행동의 설명을 듣고, 그러한 행동들이 협조적인 집단 상호작용을 격려할지 저해할지 표시하기. 학습자는 명시된 행동의 80%를 정확하게 분류하기	장려할 것 같은 집단 리더 행동 앞에 (+)를 하고 협조적인 집단 상호작용을 저해할 것 같은 행동 앞에 (−)를 하기 _____ 1. 회의에 참석한 구성원 소개하기 _____ 2. 구성원들 간의 차이 강조하기 _____ 3. 집단을 환영하며 둘러보기 _____ 4. 토론을 시작하기 위해 특별한 집단 구성원 지적하기 _____ 5. 각 사람이 말한 후에 긍정적으로 언급하기 (등등)
6.5 협조적 구성원 행동 유도하기	6.5.1 집단 리더 역할을 하는 학습자와 모의 문제 해결 회의에서 구성원들 사이에 협조적인 행동을 유도하기 위해 행동을 시작하기. 집단 구성원들은 토론 동안 서로 간에, 그리고 리더와 협조하기	회의를 관찰하고 주관할 때, 그/그녀는 집단 행동을 유도하고 장려하기 위해 어떤 행동을 취했는가? 협조를 유도하기 위한 행동　　　　　빈도 1. _____　　　_____ 2. _____　　　_____ (등등)

에서 열린 회의에서 그 배운 역량들을 전이시킬 수 있게 될 것으로 확신하게 될 것이다. 이때 그 회의는 캠퍼스 혹은 지역사회 시설에서 열리게 될 것이다. 회의는 학습자들의 일이거나 자원봉사자들의 도움을 통해 진행될 것이기 때문에 별도의 추가적인 자원(예, 예산, 자료, 시간, 인력, 시설)이 필요하지 않을 것이다.

학습자 목표, 기능, 성취 목표(objective), 검사 문항 간의 일관성은 이미 확보했으니까, 학습자들(표 5.4)에게 지금까지 설계한 내용들(그림 4.8과 표 7.6)의 실현 가능성을 타진해 볼 차례이다. 대상 학습자들을 잘 알고 있는 검토자들은 "문제 해결을 목적으로 하는 집단 토론을 이끌 수 있다"는 교수 목표를 달성하면, 리더십 석사과정에게 실현 가능하다고 결론을 내릴 수 있게 될 것이다. 그리고 교수 프로그램을 통해 학습을 하게 되면, 학습자들은 협력적으로 회의를 성공적으로 관리할 수 있게 될 것으로 확신하게 될 것이다. 검토자들은 성취 목표와 검사 문항들이 적정하고, 이 기능들을 학습하면, 학생들은 캠퍼스뿐만 아니라 미래의 직무 현장에서 사용할 수 있는 역량을 개발하는 데 도움이 될 것으로 판단했다. 또한 성적, 문화적, 인종적 편견에 저촉되는 내용이 없는 것으로도 판단했다.

자료의 명료성 마지막으로 검토자들은 설계 산출물의 명료성을 검토했다. 이를 위해 목표 분석(그림 4.8)과 설계 평가표(표 7.6)가 필요하다. 그들은 회의를 진행하는 데 있어서 일어나야 할 활동들의 순서 6단계를 기술한 목표 분석의 구조를 논리적인 것으로 파악했다. 언어적 정보(예, 표 4.1)는 하위 기능들과 관련된 의미를 보여 주기 위해서 필요한 것으로 판단했다. 학습자와 교육 운영자(instructor)들은 이 표의 내용을 삭제해 버리면 이들이 무엇을 해야 할지를 모르게 할 수 있기 때문에 그 필요성이 있다고 본 것이다. 검토자들은 다루려고 하는 내용의 범위가 학습자들에게 적합하며, 학습자들이 개발한 프로그램에서 성공적으로 학습을 하면 그 과제들을 잘 수행해 낼 수 있게 될 것으로 생각했다. 또한 검토자들은 성취 목표와 검사 문항의 내용이 무엇을 말하고 있는지를 알 수 있어서 그 내용이 명료하다고 생각했다. 또한 검사 문항들은 루브릭에 있는 평가 준거와 일관성을 가지고 있다고 판단했다.

학교 교육과정 사례에 관심이 있는 독자들은 부록 E에 있는 작문 사례 연구를 위한 하위 기능, 성취 목표, 평가에 관한 내용을 검토할 수 있다.

요약

준거 지향 검사를 개발하기 위해서 교수 분석에 의거한 성취 목표들의 목록이 필요할 것이다. 각 목표에 포함되어 있는 조건, 행동, 준거는 가장 효율적인 검사 도구를 개발하는 데 도움이 될 것이다.

객관식 검사 유형은 언어적 정보와 지적 기능 목표를 위해서 최선이다. 그러나 어떠한 객관식의 문항 형식이 기술된 상태들과 행동들에 가장 잘 조화를 이루는지를 결정해야만 한다. 객관식 항목들은 정답을 추측하는 것의 가능성을 최소화하기 위해서 기술되어야 한다. 그리고 그것들은 목표에 기술된 자극과 단서들이 항목이나 지시사항에 나타나도록 하기 위해서 분명하게 기술해야 한다. 또한 몇 개의 항목이 각각의 목표에 대한 학생의 성취를 측정하기 위해서 필요할지를 결정해야 한다. 문항의 수를 결정하기 위해서, 몇 번이나 정보나 기능들이 평가되어야 하는지를 고려할 필요가 있다. 사전검사와 사후검사의 구축을 위한 충분한 문항들을 개발해야 한다. 가능할 때마다, 학습자들은 목표에 따라 매번 다른 항목들로 평가받아야 한다.

어떤 지적 기능은 객관식 검사 문항으로 측정될 수 없다. 그 예로는 단락 쓰기, 설득적인 연설, 경제적인 동향을 예측하기 위한 서로 다른 두 가지 방법의 특징을 분석하고 대조하기를 포함한다. 산출물과 수행, 운동 기능과 태도와 관련된 행동들의 결과로 나타나는 지적 기능은 학습자들에게 어떻게 그것을 수행해야 하는지에 대한 지시사항을 주고 평가자들을 위한 관찰 도구를 주고 측정해야 한다. 이러한 도구를 만들 때에는 산출물, 수행 또는 행동의 관찰 가능한 요소를 설명하고 정리해야 한다. 또한 평가자를 위한 적절한 판단 형식을 선택하고 어떻게 도구가 채점될 것인지를 결정할 필요가 있다.

준거 지향 검사의 평가를 위한 루브릭

다음 루브릭은 준거 지향 검사를 개발하고 평가하는 데 사용하기 위한 준거들이다. 첫 번째 부분은 검사 유형과 무관하게 사용할 수 있는 준거들이고, 두 번째 부분은 산출물 개발, 활동으로 나타나야 하는 수행 행동, 태도 등을 평가하기 위한 준거이다.

※ 다음 요소 중에 진행하고 있는 프로젝트와 관계없다면, '아니오' 칸에 '해당 없음'이라고 표시하세요.

아니오	약간	예	가. 모든 검사 유형 (목표와 대안)
			1. 목표 지향적 준거 모든 검사 항목, 지시사항, 루브릭이 다음의 최종 목표와 성취 목표의 구성요소들과 일관성을 가지고 있는가?
___	___	___	1) 조건
___	___	___	2) 행동
___	___	___	3) 내용
___	___	___	4) 준거

2. 학습자 중심 준거 모든 검사 항목과 지시사항들이 다음의 대상 학습자 특성과 일관성을 갖고 있는가?

_____ _____ _____ 1) 단어, 언어적 수준

_____ _____ _____ 2) 발달 수준(예, 복합성, 추상성, 지도)

_____ _____ _____ 3) 배경, 경험, 환경

_____ _____ _____ 4) 검사 유형과 장비에 대한 경험

_____ _____ _____ 5) 동기와 흥미

_____ _____ _____ 6) 문화적, 인종적, 성차별적 요소

3. 평가를 위한 상황 중심의 준거

_____ _____ _____ 1) 그 상황에서 검사 항목과 지시사항들이 실제적인가?

_____ _____ _____ 2) 그 상황에서 이 평가 항목과 지시사항들이 실현 가능한가?

_____ _____ _____ 3) 필요한 장비/도구들을 이용할 수 있는가?

_____ _____ _____ 4) 관리, 채점, 분석을 위해 적정한 시간이 이용되는가?

_____ _____ _____ 5) 관리를 위해 적절한 인력이 있는가?

4. 평가 중심의 준거

_____ _____ _____ 1) 응답하는 데 필요한 정보가 제공되고 있는가?

_____ _____ _____ 2) 언어는 명백하고 간결한가?

_____ _____ _____ 3) 문법, 철자, 구두법은 정확한가?

_____ _____ _____ 4) 검사 문항 배열 규칙을 따르고 있는가? (평가에 관한 저서 참고)

_____ _____ _____ 5) 검사 유형이 주어진 자원(시간, 인력, 비용)으로 실현 가능한가?

_____ _____ _____ 6) 전문적인가?

나. 산출물, 활동으로 나타나야 하는 수행 행동, 태도 평가

1. 지시사항 지시사항이 분명하게 무엇을 해야 하는지를 표현하고 있는가?

_____ _____ _____ 1) 무엇을 해야 하는가?

_____ _____ _____ 2) 어떻게 해야 하는가?

_____ _____ _____ 3) 어떤 자원, 시설, 장비들을 이용할 수 있는가?

_____ _____ _____ 4) 시간, 형식 등의 제약조건?

_____ _____ _____ 5) 과제와 학습자의 요구를 적절하게 안내하고 있는가?

2. 평가될 요소 혹은 특성 그 요소들은:

_____ _____ _____ 1) 중요한가?

_____ _____ _____ 2) 관찰 가능한가?

_____ _____ _____ 3) 설명되어 있는가?

——— ——— ———   4) 발생 순서대로 배열되었는가?

——— ——— ———   5) 일관된 평정의 지시사항을 위해 중립적이거나 긍정적으로 제시되었는가?

3. 평정 혹은 품질의 판단 평가 분류들은:

——— ——— ———   1) 방향이 일관적인가(예는 긍정적이고, 아니오는 부정적인가)?

——— ——— ———   2) 숫자와 언어적 설명을 사용하여 명명되어 있는가?

——— ——— ———   3) 평정 수준의 개수가 너무 적은가(3~4개를 넘었는가)?

——— ——— ———   4) 해당 사항이 없을 때 0점을 주는 것이 공평한가?

——— ——— ———   5) 신뢰할 만한 평정을 할 수 있을 것 같은가? (평가자 간, 시간 간의 일관성)

교수 목표 진술과 교수 분석을 제대로 해야 수행 목표의 질을 확보할 수 있고, 또 수행 목표를 제대로 작성해야 그 다음의 검사 문항이나 도구의 질을 확보할 수 있다. 각 목표에 대한 검사 문항을 검토했으면 설계 과정을 잠시 멈추고, 지금까지 설계한 것을 총체적으로 검토해 보아야 한다. 전체적인 설계의 질이나 일관성을 필요하다면 수정하고 다음 단계로 가야 한다. 이런 전반적인 설계 과정을 평가해 보고 자신이 생긴다면 이 다음의 교수 전략 개발에 착수할 수 있다.

연습

다음의 준거 지향 검사에 대한 설명이 옳은지를 판단해 보자. 옳으면 빈칸에 O표를 하고, 그렇지 않으면 왜 옳지 않은지 그 이유를 간단히 적어 보세요. 정답은 피드백 부분을 참고하세요.

_____1. 준거 지향 검사는 행동을 측정하는 문항들로 이루어져 있다.

_____2. 준거 지향 검사는 목표 지향 검사와 같다.

_____3. 준거 지향 검사에 포함된 검사 문항은 성취 목표에 기술된 행동의 유형만을 측정할 필요가 없다.

_____4. 준거 지향 검사의 검사 문항은 교수 목표 분석표에 있는 기능을 가지고 바로 개발할 수 있다.

_____5. 사전검사의 내용은 출발점 기능 검사

문항들로 구성하는 것이다.

_____6. 출발점 기능 검사 문항은 학습하기 전에 학습자들이 반드시 갖고 있어야만 할 기능들을 측정하기 위해 개발한다.

_____7. 사전검사는 학습하기 전에 가르쳐야 할 학습자들의 사전 지식뿐만 아니라 선수 출발점 기능에 대한 지식을 알아보기 위해 실시하는 검사이다.

_____8. 준거 지향 검사 문항은 성취 목표를 이용하여 개발해야 한다.

다음의 교수 프로그램 분석표를 사용하여, 다음 검사 중에 어떤 기능들을 포함해야 하는지를 그 기능의 번호를 각 검사 앞에 표시해 보세요.

_____ 9. 출발점 기능 검사

_____ 10. 사전검사

_____ 11. 사후검사

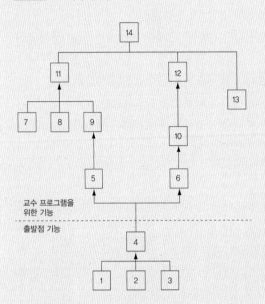

수행 목표별 검사 문항을 작성해 보자. 별도의 종이를 준비하여, 작문에 대한 수행 목표에 그 조건, 행동, 내용들과 일관된 검사 문항 혹은 다른 검사를 작성해 보자. 다음과 같은 상황이라고 가정을 하자.

- 대상 학습자 집단은 평균 혹은 그 이상의 중학생이라고 하자.
- 수행 상황과 학습 상황은 글쓰기가 필요한 곳인 교실이거나 학교 혹은 지역사회라고 하자. 부록 D를 보면, 학생들은 교수 프로그램과 필요한 평가를 위해서 선생님들을 만날 수도 있고, 랩탑 컴퓨터에 내장된 'Blackboard' 프로그램도 이용할 수 있다.

루브릭을 이용하여 문항 개발을 할 수도 있고, 자신이 개발한 것을 평가할 수도 있다.

12. '문장의 목적, 분위기, 문장 복합성에 따라서 다양한 문장의 유형과 구두점을 사용해서 문장을 작성한다. 문단에 포함된 문장의 다양성, 문장의 목적에 따른 문항 유형, 구두점, 문항 유형의 형식 등에 따라서 문장을 평가할 것이다.

13. 부록 D의 다음 내용들의 수행 목표를 작성해 보자.

5.6 평서문과 목적이라는 용어가 주어졌을 때, 평서문의 목적을 진술해 보세요. 그 목적은 정보를 전달하고 말하는 것이라는 점을 포함해야 한다.

5.7 정확하게 혹은 틀리게, 마침표를 사용한 평서문, 의문문, 감탄문 등의 완성된 간단한 문장들을 주면, 이 중에서 모든 평서문을 찾아낼 수 있다.

5.11 선정된 주제를 주거나 학생들이 원하는 주제를 정해서 평서문을 작성할 수 있다. 그 문장들은 완성된 문장으로 마침표로 마쳐져야 한다.

14. 골프공 퍼팅하기의 운동 기능을 평가하기 위해 학습자에게 요구할 지시시항과 검사 문항이 포함된 검사를 개발해 보자. 이 내용은 그림 4.6에서 가져온 것이다. 검사에는 퍼팅 자세와 퍼팅의 정확성을 측정하기 위한 두 부분이 들어 있어야 한다. 우리가 개발한 지시사항들과 피드백에 제시된 내용과 비교해 보자.

목표: 퍼딩 그린 위에서 일반적인 공과 퍼트를 사용하여,

5.1 퍼팅을 하는 중에 좋은 자세를 취해야 한다. 몸에서 힘을 뺀 상태에서 몸은 공, 컵과 일직선을 유지하고, 퍼터를 적절한 길이만큼 편하게 잡아야 한다. 적절한 높이, 속도, 방향을 유지하면서 부드럽게 스트로킹을 해야 한다. 스트로킹을 하는 중에 퍼트의 면은 정사각형을 유지해야 한다.

6.1 퍼트의 거리에서 평평하지 않은 그린 위

에서 업힐, 다운힐, 평평하게 퍼팅을 하는 조건이다. 홀 컵에서 공이 3피트 이상 떨어지지 않게 붙을 수 있도록 정확하게 퍼팅을 해 보자.

15. 기능, 목표, 검사가 포함된 표를 만들어서 설계 평가 계획을 세워 보자. 기능을 평가하기 위해서는 어떤 설계 문서가 필요할까? 목표의 일관성과 질을 평가하기 위해서는 어떤 정보가 필요할까? 검사의 일관성과 질을 평가하기 위해서는 어떤 정보가 필요할까? 평가가 이루어지는 동안, 설계 요소들은 어떻게 관련되는가?

피드백

1. O
2. O
3. 그들은 목표의 행동을 측정해야 한다.
4. 그들은 목표로부터 도출되어야 한다.
5. 검사에 포함될 출발점 기능은 없다.
6. O
7. O
8. O
9~11. 일반적으로 말할 때, 평가 항목들을 위해 포함되어야 하는 성취 목표들은
출발점 기능: 1~4의 기능
사전검사: 5~14의 기능
사후검사: 5~14의 기능
12~13. 부록 E에 있는 검사 문항과 개발한 문항을 비교해 보자. 이뿐만 아니라 부록에 있는 문장 작성에 대한 내용들을 설계 평가표를 통해 검토해 보자.
14. 다음은 퍼딩 검사를 위한 지시사항이다. 그림 7.4에 있는 내용도 설계 평가표를 이용하여 비교해 보자.

검사를 위한 지시사항
퍼팅 자세와 퍼팅의 정확성을 알아보기 위한 내용으로 구성되어 있다. 27번 퍼팅을 해 볼 수 있다.

퍼팅의 자세는 첨부된 평정지의 윗부분을 이용해서 평정될 것이다. 퍼팅 자세는 A, B로 표시되어 있다. (1) OK라고 표시된 것에 동그라미를 받은 것이 획득한 점수이다. 각각 잘못된 자세를 취하지 않았다면 퍼팅 자세로 10점 만점을 받을 수 있다. 이 예에서 학생은 총 7점을 얻었다. 지속적으로 범할 수 있는 실수는 로우백스윙, 팔로우 스로우 스윙, 느린 스윙 속도와 같은 스윙과 관련이 있다.

퍼팅 정확도를 측정하기 위해서 27번의 퍼팅을 할 수 있는 기회가 주어진다. 퍼팅의 아홉 번은 업힐로, 아홉 번은 다운힐로, 아홉 번은 힐 너머 컵으로 퍼팅을 한다. 각 지점에서 10피트 거리에서 세 번 퍼팅, 15피트로부터 세 번 퍼팅, 25피트로부터 세 번 퍼팅을 한다. 정확도 점수는 공과 컵까지의 거리로 결정된다. 컵으로부터 1피트 간격으로 세 개의 원이 그려져 있다. 다음은 점수를 계산하는 방법이다.

컵에 들어가면 = 4점
컵에서 1피트 이내이면 = 3점
컵에서 2피트 이내이면 = 2점
컵에서 3피트 이내이면 = 1점
3피드를 벗어났으면 = 0

원 위에 공이 떨어졌으면 유리한 쪽으로 점수를 준다. 예를 들어, 만약 공이 피트 원 위에 떨어졌으면 3점을 준다.

이름	_Mary Jones_		날짜	_3/26_	
A	B	(1)	오류의 유형		
1. 신체	편안함	(OK)	TNS		
	균형이 유지됨	(OK)	AT	LFT	
2. 그립	힘	(OK)	TNS		
	높이	(OK)	HI	LOW	
3. 백스윙	높이	OK	HI	(LOW)	
	방향	(OK)	RT	LFT	
4. 팔로우 스루	높이	OK	HI	(LOW)	
	방향	(OK)	RT	LFT	
5. 속도		OK	FST	(SLW)	JKY
6. 클럽 페이스		(OK)	OPN	CLS	
	합계	**7**			
		(10)			

퍼딩 정확도 점수

위치	업힐					다운힐					어크로 힐					합계
점수	4	3	2	1	0	4	3	2	1	0	4	3	2	1	0	합계
100야드	//	/					/	/	/		/		/	/		**27**
150야드		//	/				/	/	/			/		/	/	**18**
250야드	/		/		/		/	/	/			/		//		**11**
합계			**25**					**18**					**13**			**56**

그림 7.4 ┃ 퍼딩의 자세와 정확도를 평가하기 위한 체크리스트와 수 헤아리기

27번 퍼팅을 할 때마다 각각의 점수가 평정지에 기록된다. 다음은 가상의 평정 예이다. 10피트부터 업힐로 퍼팅을 세 번 했는데, 둘은 컵에 들어갔고, 하나는 1피트 거리에 보냈다고 하자. 10피트로부터 업힐로 퍼팅한 것은 11점(4+4+3)을 얻는다. 15피트 떨어져서 어크로스 힐에서 퍼팅을 했다고 하자. 하나는 1피트에 있고, 하나는 3피트 내에, 하나는 3피트 바깥에 갔다고 하자. 여기서는 4점(3+1+0)을 얻게 된다.

각 거리 지점에서의 점수를 얻을 수 있다. 이 예에서 학생은 10피트의 거리에 27점을, 업힐에서는 25점을 얻었다. 그래서 학생의 총점은 56점이다. 다음 점수 기준은 퍼팅 전체를 평가하기 위한 것이다.

최소한의 점수 = 27 또는 27 × 1
좋은 점수 = 41 또는 27 × 1.5
훌륭한 점수 = 54 또는 27 × 2
완벽한 점수 = 108 또는 27 × 4

검사를 시작하기 전에, 적어도 15분 동안 30번 정도 퍼팅을 해 볼 수 있도록 해서 긴장을 풀 시간을 주어야 한다. 그린 위에서 평가를 하기 전에 연습 그린에서 연습을 하게 해 준다.
15. 그림 7.5와 설명 내용을 참고하세요.

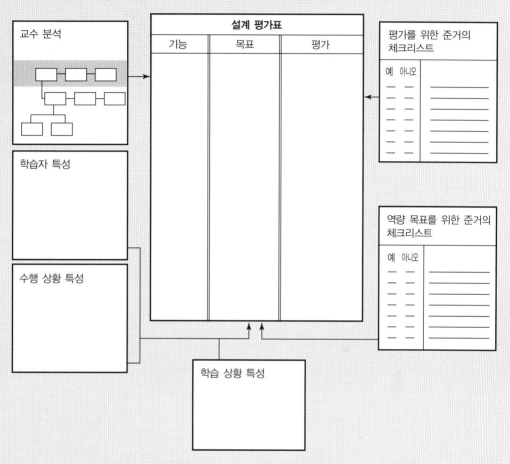

그림 7.5 │ 설계 평가를 수행하기 위해 수집해야 할 설계 요소

참고문헌

Arter, J. A., & Chappius, J. (2006). *Creating and recognizing quality rubrics.* Upper Saddle River, NJ: Pearson.

Arter, J. A., & McTighe, J. (2001). *Scoring rubric in the classroom: Using performance criteria for assessing and improving student performance.* Thousand Oaks, CA: Crowin Press. 학습자의 역량 증진을 위해 교수 프로그램과 평가와 통합 문제를 다루고 있다.

Carey, L. M. (2001). *Measuring and evaluating school learning* (3rd ed.). Boston: Allyn and Bacon. 검사 문항, 산출물, 수행, 태도 지시사항, 루브릭, 포트폴리오 평가 개발 방법을 다루고 있다.

Chappius, J., Stiggins, R. J., Chappius, S., & Arter, J. A. (2011). *Classroom assessment for student learning: Doing it right–Using it well* (2nd ed.). Upper Saddle River, NJ: Pearson. 학생의 성적 순위를 매기는 평가에서 학습의 성공을 도와주는 평가로의 전환의 문제를 다루고 있다.

Fishman, J. A. (2003). *Introduction to test construction in the social and behavioral sciences: A practical guide.* Lanham, MD: Rowman & Littlefield. 도구 설계의 첫째 고려 사항은 최종 목표에 기초하여 검사 도구를 개발하는 것이라는 문제를 제시하고 있다.

Gagné, R. M., Wager, W. W., Golas, K. C., & Keller, J. M. (2004). *Principles of instructional design* (5th ed.). Belmont, CA: Wadsworth/ Thomson Learning. 목표 지향 평가뿐만 아니라 '숙달' 개념과 규준 참조 검사 개발에 관한 학습 평가 내용을 다루고 있다.

Kubiszyn, T., & Borich, G. D. (2007). *Educational testing and measurement: Classroom application and practice* (8th ed.). New York: Wiley. 문항 작성 준거에 대한 내용을 포함하여 다른 평가 방법과, 포트폴리오 평가를 개발하는 문제와 함께 준거 지향 평가에 대해 다루고 있다.

Mayer, R. E. (2011). *Applying the science of learning.* Upper Saddle River, NJ: Pearson. 교수, 학습, 평가 간의 관련성을 강조하고 있다.

McMillan, J. H. (2013). *Classroom assessment: Principles and practice for effective standards-based instruction* (6th ed.). Boston: Allyn &Bacon. 학습 성과의 증진을 위한 형성 평가를 강조하고 있다.

Miller, M. D., Linn, R. L., & Gronlund, N. E. (2009). *Measurement and assessment in teaching* (10th ed.). Upper Saddle River, NJ: Merrill. 설계로부터 평가에 이르는 문제를 종합적으로 다루고 있다.

Nitko, A. J., & Brookhart, S. M. (2010). *Educational assessment of students* (6th ed.). Upper Saddle River. NJ: Merrill/Prentice Hall. 고차적 사고, 문제 해결, 비판적 사고에 대한 평가를 다루고 있다.

Phillips, P. P. (2010). *Measurement and evaluating training.* Alexandria, VA: ASTD Press.

Popham, W. J. (2013). *Classroom assessment: What teachers need to know* (7th ed). Upper Saddle River, NJ: Prentice Hall. 초기 설계로부터 성과 보고에 이르는 프로그램 평가를 강조하고 있다.

Shrock, S. A., & Coscarelli, W. C. (2007). *Criterion-referenced test development: Technical and legal guidelines for corporate training* (3rd ed.). San Francisco: Pfeiffer. 준거 지향 검사 개발과, 기능과 평가 과제와의 관련성을 강조하고 있다.

Stiggins, R., & Chappius, J. (2011). *Introduction to student involved assessment for learning* (6th ed.). Upper Saddle River, NJ: Merrill/Prentice Hall. 검사와 검사 목적과의 일관성을 갖고 검사를 설계하는 것의 중요성을 포함하여 질 높은 평가 문제를 다루고 있다.

제 8 장

교수 전략 기획: 이론적 측면

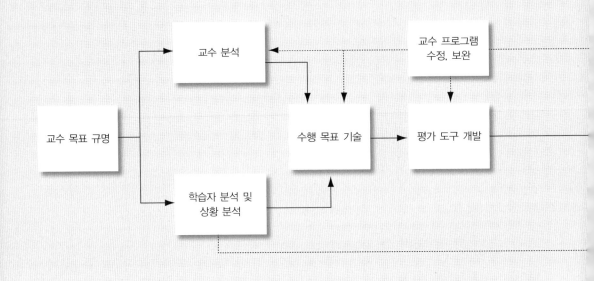

학습 목표

➤ 교수 전략의 다섯 가지 구성요소를 명명하고, 각 요소에서 중요하게 고려해야 할 사항을 열거한다.

➤ 특정 학습자 집단을 대상으로 일련의 목표를 가르치기 위해 사전 교수 활동, 내용 제시, 학습 안내, 학습자 참여, 평가, 후속활동을 포함하는 교수 전략을 기획한다.

➤ 학습자들의 성숙도, 능력 수준에 부합하는 학습 요소를 규명한다.

➤ 학습 목표 유형에 부합하는 학습 요소를 설계한다.

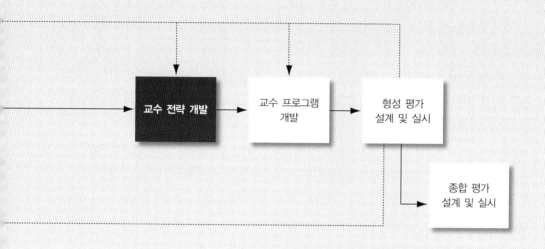

배경

이 장에서는 교수 설계자가 어떻게 학습자로 하여금 교수 프로그램에 적극적으로 참여하도록 할 것인지의 방법을 알아보고자 한다. **교수 전략**이라는 용어는 집단 토론, 개별적 학습, 사례 연구, 강의, 컴퓨터 시뮬레이션, 워크시트, 협동적인 공동 프로젝트 등과 같은 매우 다양한 교수-학습 활동을 지칭한다. 이러한 전략들은 본질적으로 학습내용에 대한 학습자의 동기 유발에서부터 학습 목표를 숙달하도록 할 수 있는 종합적인 *거시적 전략들*의 한 부분에 해당하는 *미시적 전략*이다. 거시적 전략과 미시적 전략의 차이를 알기 위해서 전형적인 교과서의 형식을 한번 생각해 보자.

주변에 책이 있으면, 한번 훑어보자. 그 책은 독자들의 학습을 촉진하기 위해 어떤 방식으로 구조화되어 있는가? 일반 교과서 중, 특히 성인을 위한 교재라면 도입, 본문, 참고 문헌과 색인이 있다. 가끔 복습을 위한 질문이 각 장의 마지막에 나오거나 평가 항목들이 교수자용 안내서에 포함되어 있기도 하다. 본질적으로, 교재는 학습해야 할 내용의 한 자료(source)의 역할만 하는 미시적 전략으로서, 교수 프로그램의 미완성품이라 할 수 있다. *거시적 교수 전략(완성된 교수 프로그램)*은 목표 설정하기, 학습 계획과 검사 작성하기, 동기 유발하기, 내용 제시하기, 학습 과정에서 학습자의 능동적인 참여 유도하기, 평가 실시 및 채점하기 등의 학습이 일어날 수 있도록 모든 것을 준비해야 하는 것이다.

잘 설계된 일련의 교수 프로그램이라면 훌륭한 교사가 학습자들에게 전형적으로 이용할 수 있는 전략들이나 절차들을 포함하고 있어야 한다. 교수 설계를 할 때는 학습 과정을 촉진할 수 있는 지식을 최대한 사용하여 교수 전략을 개발할 필요가 있다.

교육 심리학자들은 지난 1920년대부터 인간이 어떻게 학습하는가에 관해서 많은 연구를 해 왔다. 만약 이 연구들 중 어느 하나를 읽었다면, 이는 난해하고 일반적인 문제만을 다루고 있어서 실제 학습 상황과는 거리가 있다고 느꼈을 수 있다. 그러나 심리학자들은 언제나 학습을 촉진시키는 학습 과정에서의 몇 가지 주요한 요소들을 규명하는 데 성공했다. 이들 중 세 가지 요소는 동기 유발, 선수 기능과 하위 기능, 연습과 피드백이다.

30~40년 전, 교수 설계의 태동을 가능하게 한 접근 방법에 영향을 준 심리학자들의 다수는 행동주의자들이었다. 어떤 행동주의자들의 관점은 이후에 학습에 대한 인지주의 입장으로 자신들의 관점을 수정했고, 그런 변화는 교수 설계 과정의 변화에 그대로 반영되었다. 최근에 구성주의자들은 고등정신 기능의 학습을 위해서는 교수 설계 방법들이 한계가 있다고 비판을 하면서 새로운 방법들을 제안했다. 그런 입장 중 몇 가지는 이 장의 마지막 부분에서 제시했다. 이 책에서 제시하고 있는 모형은 경험이 많은 교수 설계자들이 다양한 심리학적 관점들을 수용해서 개발한 포괄적인 과정으로 볼 수 있다.

교수 전략이 요소들이 이 장과 9장에서 다루어질 것이다. 이 장에서는 다양한 학습 목표 유형을 위한 이론 기반 교수 전략을 설계하는 데 사용할 수 있는 절차에 대해 다룰 것이다. 다음 장에서는 필요한 지원 자원들과 전략의 관리적 부분을 계획함으로써 교수 전략들을 어떻게 구체화할 것인지의 문제를 다룰 것이다.

개념

지금까지의 장에서 주로 무엇을 가르칠 것인가의 문제를 다루어 왔다면 이 장에서는 어떻게 가르칠 것인가의 문제로 돌아가려고 한다.

교수 전략 중에서 학습에 관한 구성요소

*교수 전략*은 학생으로 하여금 학습 목표를 숙달할 수 있게 하기 위한 교수 프로그램에서 사용된 절차와 일련의 교수 프로그램의 일반적인 구성요소를 말한다. 교수 전략은 학습자

에게 제시할 내용의 단순한 아웃라인 이상인 점에 주목할 필요가 있다. 예를 들어, 두 자리 수 덧셈을 가르치기 위해, 한 자리 수를 먼저 가르치고 나서 두 자리 수의 덧셈에 대한 주된 개념을 제시해야 한다고 말하는 것은 불충분하다. 이것은 확실히 교수 전략의 한 부분으로 계열화(sequencing)와 내용 묶기(clustering)의 문제이지만, 예에서는 내용을 제시하기 전에 무엇을 해야 할 것이며, 그 내용으로 학습자들이 무엇을 할 수 있을 것이고, 혹은 검사는 어떻게 할 것이며, 배운 내용을 수행 상황에 어떻게 전이를 해야 하는지 등에 대해서는 아무 것도 말하고 있지 않기 때문이다.

교수 전략이라는 개념은 Gagné의 『Conditions of Learning』(1985)이라는 책의 '교수 활동(events of instruction)'이라는 개념에서부터 유래한다. 여기에서 Gagné는 학습의 내적 정신적 처리를 지원하기 위한 외적 교수 활동을 9가지 활동으로 규명하려고 했다.

1. 주의집중하기
2. 학습자에게 목표 알려 주기
3. 선수 학습을 회상하도록 자극하기
4. 학습 내용 제시하기
5. 학습 안내 제공하기
6. 실제로 수행해 보기
7. 수행의 정확성에 관해 피드백 제공하기
8. 수행한 것을 평가하기
9. 파지와 전이 증대하기

Gagné의 다섯 번째 교수 활동인 학습 안내 제공은 학습 목표에 따라서 각기 다른 교수적 처방을 내린다는 그의 이론체제에서는 특별한 의미를 갖지만, 일반적인 의미에서는 모든 교수 활동을 학습 안내의 형태로도 생각할 수 있다. 학습은 학습자의 마음속에서 일어나는 내적인 일이라서, 교수 전략 개발의 목적은 심리학자들이 학습을 촉진하기 위해 연구해 왔던 정신적 상태와 활동을 이용하여 학습자들의 내적 지적 정보 처리를 어떻게 도와줄 것인지를 계획하고자 하는 것이다. Gagné의 교수(instruction)에 대한 인지적 관점은 다분히 목적 지향적, 처방적이고, 학생 중심적이기보다는 교사 중심적인 특징이 있다. Dick과 Carey의 모형은 이러한 인지주의 관점을 기반으로 하고 있고, 다음과 같은 이유 때문에 Gagné의 논리를 따르고 있다.

● 이 모형은 학습 이론에 기초한다.

- 이 모형은 일반적으로 공공교육(표준 기반의 책무성), 고등교육기관(성과 중심 평가), 기업/산업/군대 훈련(수행 기반)에서의 교육에 대한 역할이 어떠해야 하는지에 대한 관점을 따르고 있다.
- 이 모형은 교육 분야 전공 학생을 위한 교수 설계의 필요한 근간 체제이면서, 학습을 위한 가장 직관적인 체제이다.

이 장의 마지막에, 인지적 입장에서의 교수 설계 문제를 다루고 나서, 구성주의적 학습 환경과 통합된 관점에서 처방적 전략을 제시할 것이다.

교수 설계 과정을 촉진하기 위해서, Gagné의 교수 활동을 전체 교수 전략의 부분인 다섯 가지 주요 학습 내용 요소로 구성했다.

1. 사전 교수 활동
2. 내용 제시
3. 학습자 참여
4. 평가
5. 후속활동

이 내용들을 여기서 간단하게 살펴본 후, 각 학습 영역에서 목표별로 전략 개발 방법을 자세한 예시를 통해 제시할 것이다.

사전 교수 활동 본 학습을 시작하기 전에, 제시해야 할 학습자에게 동기 유발하기, 무엇을 학습할지에 대해 알려 주기, 이 프로그램에서 학습하기 전에 학습자들이 이미 알고 있어야 만 하는 관련 지식과 기능의 회상을 자극하기 등의 세 요소를 말한다.

학습자들에게 동기 유발하기. 수많은 교수 프로그램에 대한 전형적인 비판 중의 하나 는 학습자에게 흥미와 호소력을 주기에 부족하다는 점이다. 이 문제를 체계적으로 다루려 고 한 학자는 John Keller(1987)인데, 그는 동기 유발에 관한 심리학 연구에 기초하여 ARCS 모형을 개발했다. 그의 모형은 주의집중(Attention), 관련성(Relevance), 자신감(Confidence), 만족감(Satisfaction)으로 이루어져 있다(표 8.1). 학습자들로 하여금 교수 프로그램으로 학습 하는 활동에 동기 유발되도록 이 네 가지 속성이 교수 전략의 설계에 고려되어야 한다.

동기 유발을 위한 첫째의 측면은 학습자들의 *주의*를 *끌어내서*, 학습의 전 과정에 그 상 태를 유지시켜야 하는 것이다. 학습자들이 과제를 잘 수행할 수 있도록 학습하려면 학습하

표 8.1 ┃ Keller의 ARCS 모형

동기 유발의 유형	목적	기법
주의집중	주의를 끌고 유지하기	• 정서적이거나 개인적인 내용 제시하기 • 질문하기 • 도전감 불러일으키기 • 인간적 사례 사용하기
관련성	학습 내용이 학습자 개인적 이익과 관련성이 있음을 보여 주기	• 학습해야 할 내용들이 학습자의 개인적인 목표(예, 개인적인 흥미, 계획하고 있는 역량의 증진, 취업, 성공)와 어떻게 연관되는지를 보여 주기
자신감	배워야 할 기능들을 학습자가 충분히 성공적으로 학습할 수 있는 능력을 갖고 있음을 보여 주기	• 성공적으로 학습할 수 있는 배경과 능력에 대해 자신감이 부족한 학습자들에게 자신감을 심어 주기 • 자신에 차있는 학습자는 더 많이 학습할 수 있음을 보여 주기 • 어떤 기능을 숙달한 학습자는 보다 높은 수준의 내용에 대한 학습으로 나아가게 하기
만족감	학습한 것으로부터 만족감 이끌어 내기	• 쉬는 시간, 좋은 학점, 승진, 표창과 같은 성공에 대한 외적 보상 사용하기 • 개인적 성취, 자신의 역량 쌓기, 높아진 자존감의 경험과 같은 내적 보상에 초점 두기

는 과제에 집중해야 한다. 학습을 시작하면서 학습자들의 주의를 끌기 위해서는 정서적이거나 개인적인 내용을 이용하거나, 질문을 하고, 도전감을 불러일으키는 방법 등이 있으나 아마도 가장 최선의 방법은 인간적 사례일지 모른다.

Keller에 따르면, 동기 유발의 둘째 측면은 *관련성(relevance)*이다. 아주 짧은 시간 동안 학습자의 주의를 집중시킬 수는 있지만, 교수 프로그램이 자신들과 별 관련이 없다고 느낄 때는 학습자들의 주의집중을 유지하기가 어렵다. 교수 프로그램이 자신과 별 관계가 없다고 여기면, 학습자들은 "우리가 이걸 왜 배워야만 하지?"라고 할 것이고, 직원들이라면 훈련 프로그램과 자신들의 업무와 무슨 관계가 있는지를 물으려고 할 것이다. 학습자 분석과 상황 분석(5장)에서 파악한 내용들을 잘 활용하여 배울 기능에 대한 관련성을 학습자에게 이해를 시키면, 학습자들의 동기를 유지시킬 수 있겠지만, 그렇지 않았다면 학습자의 동기는 사라지게 될 것이다. 바꾸어 말하면, 교수 프로그램은 학습자 삶에서 중요한 목표와 관련성을 확보하고 있어야 한다는 의미이다.

ARCS 모형에서 셋째 주요한 내용 요소는 *자신감(confidence)*이다. 학습자들의 동기가 높아지기 위해서는, 그들이 교수 목표를 달성할 수 있다는 자신감을 가지고 있어야 한다. 만약 그들이 자신감을 갖지 못한다면, 동기는 낮아질 것이다. 그렇다고 해서 자신감이 넘쳐도 문제가 될 수 있다. 이럴 경우에는 이미 가르치려고 하는 모든 내용을 알고 있기 때문에 그 프로그램에 전혀 주의를 집중할 필요가 없다고 생각할 것이다. 자신감이 부족하거나 지나친 학습자들에게 동기를 유발하는 방법은 학습의 성공 가능성에 대한 적정 수준의 기대를 갖도록 하는 것이다. 자신감이 부족한 학습자들에게는 가르치려고 하는 기능과 지식을 성공적으로 학습할 수 있음을 확신시켜 주고, 자신감이 넘치는 학습자들에게는 학습해야 할 중요한 세부적인 내용이 있음을 알도록 해 주어야 한다. 반면에 학습자들이 이미 그 학습 내용을 숙달하고 있다면, 그들에게는 ARCS 모형의 네 가지 요소를 충족하고 있는 보다 높은 수준의 학습 프로그램을 학습하게 해야 한다.

Keller 모형의 마지막 요소는 *만족감(satisfaction)*이다. 동기가 높아지는 것은 학습함으로부터 학습자들이 만족감(강화)을 갖게 되는가에 달려 있다. 성공적인 수행을 할 수 있게 됨에 대한 대가로 휴식 시간의 제공, 높은 점수, 직장에서의 승진 혹은 어떤 다른 형태의 표창과 같은 외적 보상의 활용을 통해 만족감을 유지시킬 수도 있지만, 새로운 기능을 숙달해서 그것을 성공적으로 활용할 수 있게 됨으로써 얻을 수 있는 내적인 만족이 동기 유발의 보다 중요한 요소이다. 따라서 의미 있는 학습 경험을 통해 자존감이 크게 높아질 수 있다.

Keller 모형의 네 가지 요소 중 어느 하나만으로는 학습 상황에서 과제에 학습자를 붙들어 두기에 불충분할 수 있다. 그러나 네 가지 요소(주의집중, 관련성, 자신감, 만족감) 모두를 통합한 교수 전략을 개발하면, 학습자의 흥미를 유지할 가능성은 크게 높아질 것이다.

교수 전략의 다섯 가지 주요 학습 활동 요소와 Keller의 ARCS 모형의 동기 유발을 위한 네 가지 개념 간에 직접적인 관계가 있다(그림 8.1). 교수 프로그램의 각 내용을 접하면서, 학습자들은 세 가지 질문을 할 것이다. 첫째 물음은 제시된 내용 혹은 해 본 활동의 관련성에 관한 것이다. 만약 학습한 내용을 자신들의 요구나 흥미에 관련된 것으로 인식했다면, 학습자들의 주의집중이 유지될 것이다. 둘째 물음은 학습자들이 성공적일 수 있다는 것에 얼마나 확신을 가지고 있느냐에 관한 것이다. 만약 그들이 학습 내용을 이해하고 학습에 성공할 수 있을 것이라는 자신감을 가진다면, 동기가 지속될 수 있다. 셋째 물음은 학습자들에게 제시된 내용과 활동이 그들의 요구를 충족시키는 데 얼마나 만족스러웠느냐에 관한 것이다. 만약 학습자들이 각 요소에 만족했다면, 동기는 계속 유지될 것이다.

교수 전략을 설계할 때, 학습자들이 이 세 가지 물음에 긍정적인 대답을 할 수 있도록 각 요소들을 제시해 줄 방법을 찾아내야 한다. 이렇게 하기 위해서 학습자 분석 결과를 참고할 수 있다. 학습자들이 어떻게 학습 내용과 활동을 인식하는지를 정확하게 추론하기 위해서는 그들의 요구, 흥미, 수행 수준을 충분히 파악해야 한다. 각 목표별 교수 전략에 대한 학습 요소를 설계할 때에 "이 학습의 내용 요소들이 학습자들의 요구, 흥미, 자신감, 만족감을 잘 반영하고 있는가?"라는 문제를 설계자 자신에게 자문해 보아야 한다.

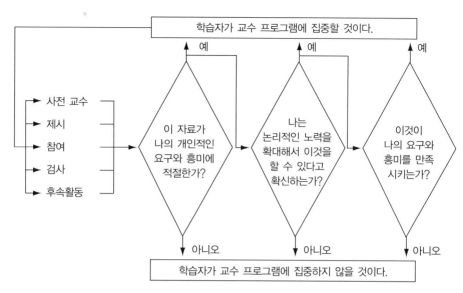

그림 8.1 | 교수 프로그램과 ARCS의 각 주요 내용 요소 간의 관계

학습자들이 관련성이 있다고 느낄 수 있음을 유지하는 가장 중요한 방법은 교수 프로그램에 담겨 있는 내용들이 그들의 기대를 만족시키는 것이다. 예를 들면, 초기에 학습 프로그램에 대해 동기를 유발한 것은 학습자들의 요구와 흥미의 인식과 일치해야 한다. 교수 프로그램의 어떤 측면이 학습자들의 초기 기대를 가장 효과적으로 만족시켜 주어서 학습자들의 관심을 교수 프로그램을 통한 학습에 연결시켜 줄 수 있는가? 프로그램의 어떤 구성요소가 학습자들의 기대와 일치하지 않은 부분이 있다고 판단되면, 학습자가 그 프로그램의 관련성을 알 수 있도록 수정해야 한다. 학습자들의 초기의 기대, 제시된 내용, 예시, 제공된 연습 활동, 실시된 검사 문항들 간의 관계를 학습자들이 알지 못한다면 많은 문제가 발생한다.

교수 전략의 다음 단계를 개발하는 중에, 설계자는 동기 문제에 계속 관심을 두어야 할 것이다. Bandura(1993)의 자기 효능성(self-efficacy) 이론에 따르면, 하나의 학습 목표를 성취할 능력을 갖고 있다고 믿는 학생들이 그렇지 않은 학생들보다 학습 목표를 성취할 가능성이 높다고 한다. 예를 들어, 학습자들이 교수 목표에 질리지 않고 그것을 성취할 수 있는 것으로 인식할 수 있도록 목표를 제시하자. 30~40개의 기술적인 용어로 작성된 목표 목록은 학습자의 자신감을 무너뜨리게 하겠지만, 학습자의 언어로 표현된 3~4개의 포괄적인 목표로 재구성하여 제시한다면 학습자에게 자신감을 줄 수 있을 것이다. 모든 필요한 선수 지식이나 기능들을 숙달하고 있다고 자신하는 학습자들은 그렇지 않은 학습자들보다 더 많은 자신감을 가지게 될 것이다.

학습자들은 초기에 제시된 학습 내용의 양에 즉각적인 반응을 나타낸다. 학습자들은 우리가 선택해 준 학습 프로그램의 양을 보고 편안하고 자신감에 넘칠까 아니면 당황해할까? 학습자들은 제시된 연습 활동을 하면서 성공의 경험을 하게 되고, 따라서 자신감을 가지게 될까? 학습자들이 성공할 수 있도록 연습에 앞서 충분히 학습 기회가 주어졌는가? 또한 사전검사 실시의 타당성을 결정해야 할 때, 학습자들이 어떻게 사전검사를 인식하는지를 고려해야 한다. 사전검사가 학습할 기능에서의 수준을 파악하게 하는가, 아니면 오히려 의심과 불안을 가져오는가를 따져봐야 한다.

학습자에게 만족감을 주는 문제는 그 다음으로 고려해야 할 영역이다. 어떤 하나의 기능을 학습하는 것 자체가 학습자에게 보상이 될 수 있는가? 설계자가 생각하고 있는 보상을 학습자들이 투자한 노력의 양에 대한 보상으로 받아들일까? 가능한 보상이 필요할 때에는 추가적인 학습 내용을 제공해야 할 것인가? 학습자들이 연습 활동을 성공적으로 수행하고, 그 대가로 내생적(intrinsic) 만족감과 성취감을 얻게 될 것 같은가? 학습자들은 우리가 설계한 피드백을 자신의 학습이 성공적이었는지를 확인하는 방법으로 받아들일 것인가 아니면 비난으로 받아들일 것인가? 사후검사를 하고 나서, 자신들의 학습 성과에 대해 만족해할 것 같은가? 학습한 성과가 학습자들이 들여야 했던 노력을 정당화할 수 있다고 생각하는가? 그들은 교수 전 활동에서 제시한 약속들이 지켜졌다고 믿는가? 학습자들은 더 잘할 수 있었다고 느끼는가? 만약 학습자들이 보상이 곧 주어질 것이라고 믿는다 하더라도, 보상이 구체적으로 실현되지 못하고 있다면 후속활동에서 동기 유발이 더욱 어려워질 것이다. 가장 강력하고 지속성이 높은 보상은 학습자의 내적 가치관과 연관된 내생적 성취감임을 잊지 않아야 한다.

학습자들에게 목표 알려 주기. 사전 교수 활동의 둘째 요소는 학습자들에게 학습 목표를 알려 주기이다. 어떤 책으로 공부를 하면서 어떤 핵심 개념을 반드시 학습해야 하는지에 대해 의구심을 가져 본 적이 있는가? 만약 목표를 알려 주었다면, 무엇은 외우고, 해결하고, 해석해야 할지를 쉽게 알아챘을 것이다.

학습 목표를 제시함으로써, 학습 목표에 맞는 학습자들의 학습 전략에 초점을 맞추도록 할 수 있다. 학습자들은 '모든 것을 학습해야 할 책임을 느끼게 하기'보다는 어떤 구체적인 것을 할 수 있어야 할 책임을 느끼게 해야 한다. 이를 위해 목표 제시는 학습자로 하여금 보다 효율적인 학습 전략을 사용하도록 해 줄 뿐 아니라, 교수 프로그램의 내용이 자신의 기대와 관련된다는 점을 느끼게 해 주어야 한다.

선수 기능 회상하도록 자극하기. 사전 교수 활동의 셋째 요소는 학습자들에게 교수 프

로그램으로 학습하기에 앞서 요구되는 선수 기능들(prerequisite skills)을 알려 주는 것이다. 학습자들이 새롭게 배울 내용과 이미 자신들이 알고 있는 내용의 관련성을 훑어봄으로써 자신의 현재 상태를 간단하고 점검해 보게 하기 위한 것이다. 이 단계는 학습자들에게 간단하게 출발점 기능들에 관한 검사를 실시하여 본 학습 전에 그들이 숙달하고 있음을 보여 주는 방법이 있고, 아니면 그들에게 필요한 출발점 기능을 간략하게 설명하고, 이 기능들을 학습자들이 수행할 수 있을 경우에만, 설계한 프로그램을 이용하여 학습을 진행할 수 있음을 말해 주는 방법이 있다. 학습자들에게 선수 기능들을 알려 주면, 그들로 하여금 다음에 이어질 교수 프로그램에서의 학습을 준비하게 해 줄 것이다. 출발점 검사를 실시하는 방법을 사용했다면 학습자들의 출발점 기능에 대한 능력이 어느 정도 다양한지를 알게 해 줌으로써, 교육 운영자로 하여금 보충 학습 계획을 어떻게 세워야 할지를 알게 해 줄 수 있고, 새로운 교수 프로그램의 학습 성과를 해석하는 데 도움이 될 것이다.

이 활동의 보다 중요한 목적은, 학습자로 하여금 새롭게 배울 내용과 관련된 정신적 맥락을 능동적으로 이끌어 내어서 새롭게 학습할 내용과 연결시키는 것이다. 실제로 세 가지 사전 교수 활동은 학습자들이 학습해야 할 내용과 이미 알고 있는 것을 연결시켜 주고자 하는 정신적 처리(mental processing)를 활성화시키기 위한 중요한 첫 단계로 볼 수 있다. 새롭게 배울 내용과 이미 알고 있는 것의 연결은 초기의 학습을 보다 쉽게 해 주고, 이후에 배운 것의 기억을 더 잘 하게 한다.

내용 제시와 학습 안내 이 단계는 학습자에게 어떤 정보, 개념, 법칙, 원리를 제시할 것인지를 결정하는 것이다. 즉, 이 단계는 교수 프로그램의 전부에 대한 기본적인 설명이다. 내용 제시는 대개 연역적 방법과 귀납적 방법 중 하나의 방식을 따른다. 연역적 방법은 교재, 교사, 매체 기반 학습 프로그램이 학습자에게 새롭게 학습할 내용의 부분들을 어떻게 변별하고, 그 부분들이 하나의 통합된 전체로 종합할 수 있는지의 구조적 관계를 보여 주기 위한 것이다. 귀납적 방법은 발견적 학습과 유사한 것으로, 학습자들이 새로운 학습 내용을 이삭을 줍듯이 모아서 하나의 통합된 전체로 구조적 관계를 구축하려는 경험을 스스로 시도해 보도록 한다. 주변에서 좋은 평판을 가진 교사를 보면, 이들은 대부분 연역적 방법과 귀납적 방법을 혼합하여 사용하고 있음을 볼 수 있다.

내용 제시 활동은 새로운 학습 내용의 이해를 도와주고, 언젠가 필요할 때 잘 생각날 수 있는 방법으로 내용을 조직하려는 '학습 안내(learning guidance)' 활동과 항상 서로 엮여 있다. 우리가 흔히 보는 교재에서도 아주 간단한 학습 안내의 예를 찾아볼 수 있는데, 내용을 절 제목, 단락 제목, 글머리 기호 등으로 제시하고 있는 것이 그 예이다. 이렇게 내용을 표시나지 않게 개요로 제시하면 내용의 구조가 어떻게 이루어져 있는지를 알게 해 주는 단서가 될 뿐만 아니라 그 내용을 학습하고, 기억하기 쉽게 해 준다. 이러한 구조적 개요는 새로운 내용을 소개할 때뿐 아니라, 다른 내용과의 상호 관계를 파악할 때 중요하다. 내용을 어떤 구조와의 관계성을 알 수 있도록 표현해서 학습 내용을 더 오래 기억하게 하는 방법에는 개요(교재의 사례), 도표, 모델링(2차원적 표현, 3차원적 실제 객체), 움직이거나 움직이지 않는 그래픽, 강조, 흐름도, 추상의 수준을 점진적으로 높여 가는 설명, 크기, 중요성, 복잡성의 순위에 의한 표현 등의 방법이 있다.

학습 안내의 또 다른 일반적인 방법은 예(examples)의 활용이다. 새로운 내용을 제시하기 위해서 어떤 유형의 예를 얼마나 사용할 것인지를 정해야 한다. 새로운 지식과 기능을 학습하기 위해 정적 예와 *부적 예(non examples)*의 사용 방법의 효과를 알아본 많은 연구가 있다. 부적 예는 특정 예가 왜 잘못된 것인지를 지적하기 위해 사용하는 설계자의 신중한 시도이다. 학습은 정적 예와 부적 예에 의해 촉진되기 때문에 중요한 교수 전략으로 포함해야 한다. 다음 절에서는 목표별 내용 제시와 학습자 참여에 어떤 학습 안내가 포함되어야 하는지를 보다 자세하게 살펴볼 것이다. 이 장과 다음 장에서 *내용 제시(content presentation)*라는 용어는 학습할 내용의 전부를 의미하는 용어로서, 예와 부적 예, 그림, 도표, 시범, 시나리오, 사례 연구, 시범 수행 등과 같은 형태로 제시되는 학습 안내와 같이 사용된다. 이 단계에서의 흔히 볼 수 있는 큰 잘못은 너무 많은 정보를 제공하는 것으로, 특히 그것이 목표와 관련이 없을 때 더욱 잘못된 것을 명심해야 한다. 너무 많은 정보나 지적 기능이 학습자의 활성 기억에 들어오려면 엄청난 정신적 처리 부담이 발생할 수 있음을 Sweller(1994)는 경고하고 있다. 그는 새로운 정보와 개념을 활성 기억에서 처리하는 동안에 가지고 있으면서, 그 지식을 장기 기억에 보관하기 위해 그 크기를 조정할 수 있는 학습자의 역량을 **인지 부하(cognitive load)**라고 표현하고 있다. Sweller의 연구는 설계자가 학습 프로그램을 설계하는 과정에서 이 인지 부하를 관리할 수 있는 방법들을 제시하고 있다.

학습자 참여(learner participation) 피드백이 있는 연습은 학습 과정에서 가장 강력한 요소 중의 하나이다. 학습자에게 목표와 관련 있는 활동을 하도록 하고, 학습자가 할 수 있게 되기를 원하는 것을 연습할 기회를 제공함으로써 학습 성과를 얻을 수 있다. 한 가지 방법은 연습 검사(practice test)(7장 참고)를 활용하는 것이다. 보다 일반적인 방법은 학습하고 있을 때 배운 것을 바로 자유롭게 시도해 볼 수 있는 기회를 주는 것이다. 학습자들은 연습을 할 수 있어야 할 뿐만 아니라 그 연습 수행에 대한 피드백이나 정보를 주어야만 한다.

피드백은 흔히 *학습 성과에 대한 정보(knowledge of results)*로 설명되기도 한다. 단순한 과제를 학습할 경우라면, 학생의 답이 옳거나 아니면 그렇지 못한지를 말해 주거나, 자신들의 응답이 옳은지를 유추할 수 있는 옳은 응답이나 예를 보여 줄 수 있다. 그러나 보다 복잡한 과제를 학습할 경우에는, 학습자들에게 연습 결과가 왜 옳은지 아니면 잘못된 것인지를 말해 줄 수도 있고, 자신의 연습 결과를 이해하거나 학습하고 수정할 수 있도록 도와주기 위한 안내를 줄 수도 있다. 피드백과 관련하여 해야 할 것과 해서는 안 될 것에 대한 가이드라인과 함께, 피드백을 제공해야 할 시기, 학습자의 특성에 따라 효과적인 피드백 등을 다루고 있는 Shute(2008)의 형성적 피드백에 대한 연구는 읽어볼 만하다.

피드백은 강화의 형태로 제시되기도 한다. 성인 학습자의 경우, 피드백은 하나의 과제를 정확하게 완성해 냈음을 알게 해 주는 최고의 강화 기제이기 때문에, "좋아요, 맞아요."와 같은 긍정적인 표현을 같이 주기도 한다. 아이들은 종종 교실 수업에서 교사가 만족스러워하는 모습, 멀티미디어 수업에서 튀어나오는 애니메이션과 오디오 연주, 동료들 앞에서의 인정, 어떤 다른 활동을 할 수 있는 특권이나 기회와 같은 강화에 반응하기를 더 좋아한다. 소집단 학습 활동에서의 동료들로부터의 수용 혹은 인정은 강화 효과가 대단히 좋아서, 학습자들끼리 개념을 이해하고 문제 해결을 할 수 있게 됨에 따라 아주 효과적인 연습과 피드백의 기회를 제공해 줄 수 있다.

학습의 요소들이 선택되면, 교수 분석에서 규명되었던 목표별로 학습 내용, 사례, 연습, 피드백을 제공하는 것이 전형적이다. 때로는 보다 통합된 내용, 예, 피드백이 있는 연습을 제공하기 위해 몇 가지 목표를 하나로 묶는 것이 보다 효율적이며 적절할 수도 있다. 목표를 묶는 것은 학습자와 내용에 따라서 결정되기는 하지만 다분히 설계자의 주관적 판단에 따라 이루어지는데, 그 결정이 부적절했을 때는, 그 잘못된 결정이 형성 평가 과정에서 분명하게 드러나게 된다.

각 목표를 가르치기 위해 선택한 학습 요소에는 최종 목표에 대한 요소들도 포함되어야 한다. 각 목표를 가르치기 때문에, 학습자들이 최종 목표를 수행할 수 있는 모든 기능과 정보를 통합할 수 있을 것이라는 가정은 잘못된 것이다. 따라서 최종 내용 요소와 학습자 참여는 모든 교수 프로그램에서 요약되어야 하며, 그것은 다른 목표들처럼 구조화되어야 한다. 즉, 제시된 내용 요약과 최종 목표를 어떻게 수행해야 하는지에 대한 예도 있어야 한다. 그러면 학습사는 최종 목표가 포함된 시범 활동과 그 활동에 대한 피드백을 받을 수 있다. 이런 과정이 이루어지고 나면, 다음에서 살펴볼 평가의 단계로 넘어가게 된다.

평가 7장에서 네 가지 기본적인 준거 지향 검사(출발점 기능 검사, 사전검사, 연습 검사, 사후검사)에 대해 알아보았다. 각 검사의 목적과 개발 방법에 대해 알아보았는데, 여기에서는 학습자가 학습한 것을 어떻게 측정할 것인지에 대해 정확하게 결정해야 한다. 이 방법은 나중에 개발할 교수 프로그램을 활용할 교사가 사용할 평가 전략과는 상당한 거리가 있을 수 있다.

첫째, 교수 프로그램의 구성요소의 하나로 '학습자 참여'의 한 부분으로 다소간 형식적인 종류일 수 있는 연습 검사를 사용할 수 있음을 이해할 필요가 있다. 그렇다면 다음을 결정해야 한다.

- 출발점 기능을 검사할 것인가? 검사는 언제 실시할 것인가?
- 학습할 기능에 대해 사전검사를 할 것인가? 언제 실시할 것인가? 정확하게 어떤 기능을 측정할 것인가?
- 사후검사를 언제 어떻게 실시할 것인가?
- 프로그램의 마지막 부분에 학습자의 태도를 물어야만 하는가?

형성 평가를 위한 초안에 해당하는 교수 프로그램과, 형성 평가를 통해 수정 보완이 이루어진 다음의 최종 프로그램은 명백하게 구별해야만 한다. 이 단계에서 교수 프로그램 초안은 많은 검사가 실시되어야 하는 수준일 수밖에 없다. 누락된 출발점 기능을 찾아내고, 교수 프로그램에서 비효과적인 내용 조직(sequences)을 찾아내기 위해 학생의 수행 과정을 조심스럽게 추적해야 하기 때문이다.

이미 설명한 공식적인 검사와 함께, 설계자는 학습자들이 처음 대하게 된 프로그램에 대한 학습자들의 의견을 알아보기 위한 태도 질문지를 포함할 수도 있다. 예를 들어, 삽화의 질에 관한 질문을 교수 프로그램의 마지막 단원까지 기다렸다가 할 것이 아니라, 교수 프로그램을 진행하는 중에 금방 본 삽화에 대해 물어보는 것이다. 이런 태도나 의견에 관한 질문은 학습 프로그램 단원의 안내에 직접 포함시킬 수 있다. 마지막으로 형성 평가의 실시와 내용을 수정한 다음에 태도 관련 질문은 삭제하기 때문에 전반적인 검사의 '비중이 작아'질 것이다.

가장 도움이 되는 태도 문항의 형태는 가능한 한 구체적인 질문이어서 형성 평가를 할 시점에 이르러서 설계자에게 가장 많은 정보를 제공할 수 있는 태도 검사 문항이다. 따라서 특정한 예나 삽화의 명료성, 연습 문제의 충분함, 혹은 내용의 전반적인 흥미 수준 등과 같은 교수 프로그램의 전반적인 부분에 관한 질문이어야 한다.

때로는 설계자가 내용이나 교육적인 관점에서 특별한 절차나 접근 방법을 교수 프로그램에 사용한 부분도 있을 것이다. 이런 점 때문에 설계자는 그런 부분에 대한 학습자의 반응을 알아보기 위한 질문을 포함할 수도 있다. 이 방법은, 학습자들에게 혼란을 줄 것 같지는 않지만, 교수 프로그램의 끝에 실시할 태도 질문지로 묻기보다는 그 부분에 대한 학습자의 즉각적인 반응을 받을 수 있다. 프로그램의 마지막 부분에 묻는 태도 질문은 교수 프로그램에 대한 전반적인 반응을 얻을 수 있지만, 중간에 삽입된 태도 질문은 보다 정확하면서도 특정 부분에 대한 학습자의 반응을 얻을 수 있다.

후속활동 교수 전략에서 마지막 요소는 후속활동(follow-through)으로, 학습자가 기억해야 할 것을 기억하고 있는지, 전이 활동이 필요한지를 결정하기 위한 전략들을 전체적으로 재검토해 보는 것이다. 학습자가 교수 목표를 어떤 조건에서 수행해야만 하는지를 말해 주고 있는 수행 상황 분석 결과를 검토해 보면 이 문제에 대한 답을 얻을 수 있을 것이다.

기억 기능(memory skills). 학습자들이 교수 목표를 수행할 때, 학습자가 자신의 메모리로부터 회상해야 하는 것이 무엇일까를 생각해 보자. 절대적으로 학습자의 메모리에서 찾아내야만 하는 어떤 것이 있는가? 그 과정은 프롬터나 참고 자료의 도움 없이 신속하게 이루어져야만 하는가? 만약 그렇다면, 이 장의 후반부에 제시된 언어적 정보를 가르치기 위한 많은 기법들을 교수 전략으로 포함해야 한다.

흔히 학습자가 기억해야 하는 문제에서 기능을 성공적으로 수행할 수만 있다면, 기억 그 자체가 그렇게 중요하지는 않다는 것이다. 학습 목표가 이 경우라면, 하나의 과제를 수행하는 데 메모리의 부담을 덜어 주기 위한 장치인 **직무수행 보조물**의 활용을 고려해 볼 수 있다. 예를 들어, 학습자들은 과제를 수행하는 동안 체크리스트를 활용할 수 있는가? 만약 그렇다면, 이 방법은 엄청난 정보를 기억해야 할 필요를 크게 경감시켜 줄 수 있고, 교수 프로그램의 양도 줄여 줄 수 있다.

학습의 전이. 교수 목표에 대한 둘째 문제는 "반드시 일어나야 하는 학습 전이의 특성은 무엇인가" 하는 문제이다. 즉, "학습 상황과 수행 상황은 어떻게 다른가" 하는 것이다. 다소 극단적인 두 사례를 살펴보자.

교수 목표가 새로운 컴퓨터 응용 프로그램을 사용할 줄 아는 것이고, 작업장의 컴퓨터와 동일한 컴퓨터로 연수 센터에서 가르친다고 가정해 보자. 훈련을 하는 중에, 학습자들은 응용 프로그램을 사용하기 위해 학습하는 동안 자신들의 부서에서 사용할 것 같은 방식으로 일한다고 하자. 이렇게 훈련을 한다면, 연수를 마치고 업무로 돌아갔을 때, 새롭게 배운 응용 프로그램을 사용할 것이라고 기대하는 것은 어렵지 않다.

이 사례에서 알 수 있듯이, 훈련 프로그램을 잘 설계한다면 배운 역량의 현장 전이가 완벽하게 일어날 수밖에 없다. 컴퓨터 시스템과 그 응용 프로그램이 양쪽에서 동일하고, 일의 방식과 훈련의 방식이 같기 때문에 배운 기능의 실제 전이가 잘 일어나는 것이다. 이 예의 현업에서 전이가 잘 일어날 수 있는 요인은 학습자의 컴퓨터에 그 프로그램을 설치할 수 있느냐의 문제와 학습자가 새롭게 배워 온 프로그램을 잘 사용하면 그 학습자의 관리자가 얼마나 지원적인 환경을 만들어 주느냐에 달려 있다.

다음에는 인적 자질 개선 팀에서 효과적인 참여자가 되는 것이 교수 목표인 상황을 보자. 연수를 받으러 온 직원들은 모두 다른 부서에서 왔고, 전문성, 교육 수준, 회사에 대한 충성심, 감독관에 대한 태도가 다양할 뿐만 아니라, 소속 부서에서 다양한 문제에 부딪히고 있다.

이와 같은 상황에서는 연수에서 학습한 기능의 전이에 대해 신중한 고려가 필요하다. 먼저 효과적으로 팀에 참여할 수 있도록 할 수 있는 단계를 설계자가 결정할 수 있다고 가정하자. 내용과 사례들은 회사의 다양한 부서로부터 다양한 상황에서 이끌어 내야 한다. 학습자들에게는 문제가 되는 상황에 대한 새로운 해결책을 찾아보기 위한 팀 연습을 할 수 있는 충분한 기회 주어져야 한다. 불행하게도 설계자는 실무의 조건과 정확하게 일치하는 연습 상황을 만들어 낼 수 없다. 왜냐하면, 문제의 특성도 다양한데 이 팀에 참여하고 있는 사람들의 전문성도 다양하기 때문이다. 학습자들은 새로운 기능을 할 줄 알면 칭찬을 받게 될 것인가? 누군가가 그들이 습득한 새로운 기능을 알아볼 수 있을 것인가? 팀의 효과가 높아지면 그들은 바라던 어떤 성과를 받을 수 있는가?

연구 결과에 따르면, 학습자들은 일반적으로 배운 것의 어떤 부분만을 새로운 상황에 전이하려고 한다고 한다(Schunk, 2004). 학습은 상황 의존적(situation-specific)이다. 따라서 설계자는 어떤 부분을 전이하려고 하지 않고 학습하려는 경향성을 알고 있어야 하며, 이런 경향성에 대처하기 위한 가능한 모든 수단을 이용해야만 한다. Broad, Newstorm(2001)은 전이에 관한 연구들을 종합하면서, 연수자, 관리자, 학습자가 전이 가능성을 높이기 위한 방법들을 제시했다.

훈련과 수행 상황을 가능한 한 유사하게 하는 것뿐 아니라, 학습자들이 새롭게 배운 기능들을 실제 직무 수행 상황에 어떻게 구체적으로 사용할 것인지에 대한 계획을 세워 보도록 요구하는 것 또한 대단히 유용하다. 그 계획에는 학습자가 부딪힐 수 있는 문제들과 그 문제들을 해결할 수 있는 해결안들이 포함되어야 한다. 계획을 적극적으로 실행하려는 학습자의 의욕과 함께 일정한 주기를 갖고 그 계획을 자주 살펴보면, 학습한 기능들과 그 기능들의 사용 방법이 다시 생각날 것이다.

교실로부터 직무 수행의 현장으로의 전이는 교육자와 훈련가의 가장 중요한 관심사 중의 하나로 부상하고 있다. 학습이 끝난 후에 실시하는 사후검사의 성과가 더 이상 교수 프로그램의 효과를 판단하는 주된 준거가 아니다. 학습자들이 자아실현의 여정에 한 발 자국을 내디딜 수 있고, 배운 내용을 보다 수준이 높은 내용을 학습하는 데에 활용할 수 있거나, 배운 기능을 조직의 효과에 기여할 수 있는 일에 수행할 수 있게 되었을 때, 그 교수 프로그램은 효과가 있다고 할 수 있다. 이런 준거를 충족할 수 없다면, 설계하고자 하는 교수 프로그램의 필요에 대해 심각하게 고민해야 한다. 즉, 뭔가 잘못된 교수 프로그램인가, 효율적으로 가르쳐지지 않았는가, 학습자들에게 동기 유발을 제대로 하지 못했는가, 아니면 단순히 수행의 현장으로 전이가 되지 않은 것인가? 뭔가 제대로 작동되지 않은 교수 프로그램의 문제를 찾을 때, 요구 분석에서부터 학습의 전이를 촉진하기 위한 전략에 이르기까지 전체 교수 설계 과정에서 발생할 수 있는 문제점을 다각도로 찾아보아야 한다.

학습 내용 요소의 요약 교수 전략 개발을 완성했다면 그 결과가 흔히 다음과 같은 순서로 요약될 수 있다.

- A. 사전 교수 활동
    - 1. 주의집중과 학습자의 동기 유발
    - 2. 목표 제시
    - 3. 선수 기능의 제시와 회상 촉진
- B. 내용 제시
    - 1. 학습 내용
    - 2. 학습 안내
- C. 학습자 참여
    - 1. 연습
    - 2. 피드백
- D. 평가
    - 1. 출발점 기능 검사
    - 2. 사전검사
    - 3. 사후검사
- E. 후속활동
    - 1. 파지를 노와주기 위한 메모리 시원 장치
    - 2. 전이

요소 B와 C는 각 교수 목표 혹은 목표 묶음마다 각각 반복적으로 제시되어야 한다는 점에 유의해야 한다. 또한 요소 B와 C는 최종 목표에 대해 요약의 형태로 반복된다. 요소 A와 D는 내용, 레슨의 길이, 교수 프로그램의 흐름, 학습자의 필요에 따라 목표별로 서별적으로로 반복된다.

학습자의 성숙도와 능력 수준에 따른 학습 요소

다양한 학습 목표에 따른 교수 전략에 대한 논의에 앞서, 교수 전략에 대한 다양한 학습자 요구를 잠시 생각해 보자. 먼저, 교수 전략에서의 학습 요소는 학습을 촉진하는 정신적인 상태와 활동을 통해 학습자의 지적 처리를 지원하고자 하는 것임을 다시 생각해 보자. 이상적으로, 모든 학습자들은 자신의 지적 처리를 관리할 수 있는 능력을 갖고 있어야 한다. 즉, 이런 학습자들은 혼자의 힘으로 학습할 수 있는 학습자이어서 "학습하는 방법을 학습하고 있는 학습자들"을 말한다. 실제로 이런 역량은 모든 초, 중등, 대학 교육기관의 교육 목적(mission statement)에서 찾아볼 수 있는 학교 교육의 중요한 성과이다.

이러한 이상은 정도의 차이일 뿐 우리 모두가 가지고 있다. 일반적으로, 나이가 어리거나 다소 능력이 떨어지는 학생들은 나이들었거나 능력 있는 학습자만큼 그런 지적 처리 능력을 갖고 있지 못하다. 그래서 어린 학생이나 능력이 부족한 학생들을 위해서는 교수 전략에서 그런 학습 요소를 제공할 필요가 많은 반면, 나이들었거나 능력 있는 학생들은 스스로 상당 부분의 학습 요소를 해결할 수 있는 가능성이 높다. 따라서 교수 전략의 학습 요소는 모든 교수 환경에서 모든 학습자들을 위해 일괄적으로 제공되기보다는 선택적으로 계획되어야 한다. 초등학교 1학년을 위해 분수의 개념을 가르치는 교수 프로그램은 모든 학습 내용 요소를 포함해야 하지만, 전기 기술자를 대상으로 한 회로판의 최근 소재에 대한 하루 일정의 연수 세미나에서는 사례, 연습, 묻고 답하는 토론 형태로 피드백이 포함된 단순한 내용 제시만으로도 충분하다. 이런 상황에서, 회사의 내부 전산망의 그룹웨어를 이용하여 작업팀의 문제 토론 세미나를 한 다음에 전이 활동이 이루어질 것이다. 학습 요소와 대상 학습자들이 필요로 하는 안내의 양이 잘 부합하도록 교수 전략을 계획해야 한다.

이런 점은 원격 학습을 하는 학생을 위한 교수 설계에도 마찬가지로 중요하다. Moore와 Kearsley(2012)의 상호작용 원격 거리 이론(theory of transactional distance)은 대상 학생 집단의 요구를 충족시켜 줄 수 있는 원격 코스를 개발하기 위한 안내로 사용될 수 있는 "교육학적" 이론이다. 그 이론의 시사점은 표 8.1과 같다. 즉, 자율성이 높은 원격 학습자들은 자신의 상호작용 원격 거리를 보다 효율적으로 관리할 수 있기 때문에, 코스를 통해 학습하는 데 있어서 그렇게 많지 않은 코스 구조나 코스 대화(상호작용)만 있어도 문제가 없지만, 자율성이 떨어지는 학습자들은 보다 구체적인 코스 구조나 코스에서의 상호작용을 필요로 한다. 자기 주도적 능력이 낮은 학생들을 위해서는 낮은 코스 구조, 낮은 대화 코스로 이루어진 코스를 제공하지 않아야 한다.

반면에, 독립적인 학생들에게는 어떤 구조나 대화도 무관하다. 구조는 학습 내용 습득의 접근, 관리, 예상을 보다 쉽게 해 줄 수 있는 반면, 대화는 학습을 개별화하고 학습 참여

표 8.2 | Moore, Kearsley의 상호작용 거리 이론의 구조와 대화 차원

코스 구조 수준	코스 대화 수준	상호작용 거리	학습자의 자율성 수준별 적합성
저: 학생이 코스관리 통제의 여지가 높은 유연한 코스	저: 강사와 상호작용 기회가 적다.	보다 멀다	자율성이 높은 학습자
↕	↕	↕	↕
상: 자세하게 구조화되어 있는 구조를 학생이 따라야 하는 융통성이 낮은 코스	상: 강사(혹은 튜터, 동료, 코스 프로그램, 컴퓨터)로부터 상호작용과 안내가 많다.	보다 가깝다	학습 방법을 잘 모르는 자율성이 떨어지는 학습자 혹은 최고의 독립성을 갖고 있는 학습자까지를 포함한 모든 학습자

를 촉진시킨다. 이런 논리가 이 책에서 다루고 있는 학습 요소와 똑같지는 않지만, 코스 구조와 대화가 교수 전략의 학습 요소를 전달하는 중요한 수단임은 분명하다. 코스의 구조와 학습자의 상호작용은 원격 코스에서 어떤 점들이 원격 학습자들에게 도움이 된다고 인식하느냐를 알아보는 연구에서 그 가치가 입증되고 있다(Moore & Kearsley, 2012).

목표 유형별 학습 요소

교수 전략의 기본적인 학습 요소는 지적 기능, 언어적 정보, 운동 기능 혹은 태도를 위한 교수 설계별로 다르지 않아서, 설계를 위한 구조를 조직할 때 똑같이 사용해도 무방하다. 그러나 학습 목표의 유형에 따라 각 학습의 요소들이 다르게 구성되어야 하는 점에 대해 여기에서 보려고 한다. 동기 유발을 위한 교수 전략의 개발은 앞서 제시했기 때문에 여기에서는 생략한다.

지적 기능 지적 기능의 교수 설계를 위한 다섯 가지 학습 요소는 다음과 같다.

사전 교수 활동. 동기 유발, 학습 목표 알려 주기, 선수 기능의 회상 촉진과 함께, 설계자는 학습자들이 자신들이 알고 있는 출발점 지식들을 구조화하고 있는 방법과 새로운 내용을 학습하기 위한 학습자 능력에 어떤 한계점이 있는지를 알아야 한다. 여기에서 적절한 방법은 학습자들이 새롭게 배울 학습 내용과 그들이 이미 가지고 있는 선수 지식을 연결시킬 수 있는 방법을 주어야 한다. 학습자들이 어떻게 연결시켜야 할지를 분명하게 알고 있

지 못할 경우에는 학습자가 가지고 있는 기존 지식과 새로운 지식 간의 관계와 연결에 대해 직접적으로 설명해 주어야 한다.

내용 제시 및 학습 안내. 지적 기능의 내용을 제시할 때, 그 제시 순서를 정하는 데 있어서 지적 기능의 위계적 특성을 회상하도록 하는 것이 중요하다. 하위 기능들이 항상 먼저 제시되어야 한다. 법칙(rules)을 구성하는 개념들과 그 개념들의 물리적 특징이나 역할과 관계 특징을 포함하여 그 개념들의 특징을 변별해 낼 수 있도록 하는 것 또한 중요하다. 학습자들이 개념들을 변별하거나 법칙을 적용할 때 범하는 보편적인 오류뿐만 아니라, 제시된 개념들이나 법칙과 무관한 특성에도 주의하도록 하는 것도 중요하다. 그러나 이러한 프롬프트는 잘 정의되지 않는 문제 해결(ill-defined problem solving)을 위한 학습에서는 제시하지 않아야 한다. 왜냐하면 해결할 문제의 다양한 요소들의 관련성과 상호연결성에 대해 학습자 스스로 결정할 수 있도록 해야 하는 것이 이 영역의 학습의 특징이기 때문이다.

어떤 개념의 정적 예와 부적 예를 선정할 때, 설계자는 총체적 분류와 미세한 분류를 시도해 볼 수 있도록 하기 위해 명약관화한 예와 부적 예는 물론, 아주 애매한 예들을 선택해야 한다. 그 예시가 왜 그 개념의 속성(정의)에 부합하거나, 그렇지 않은지에 대한 직접적인 정보를 제시할 필요도 있다. 교수 설계자는 또한 선정된 예와 설명이 학습자들에게 친숙한 것인지도 확인해야 한다. 학습자들에게 친숙하지 않은 예를 사용해서 그들이 잘 몰랐던 지식을 가르치면, 불필요하게 학습자들에게 그 기능이 더 복잡하게 보일 수 있기 때문에 학습자들이 경험한 적이 있을 법한 보기와 예들을 선택해야 한다. 전이를 높이기 위해서는, 친숙한 예에서부터 덜 친숙한 예로, 그 다음에 생소한 예로 진전하는 것이 좋다. 잘 정의되지 않는 문제 해결 학습을 위해서는 사례 연구(case studies), 문제 시나리오(problem scenarios), 학습자가 선택한 예(student selected examples)의 형태를 갖춘 생소한 예들을 이용하여 연습과 피드백 활동을 해 보도록 한다.

이런 방식의 교수 전략은 학습자들에게 새로운 기능을 스스로 조직할 수 있는 방법을 제공해 주기 때문에 새로운 기능과 학습자가 이미 가지고 있는 관련 선수 지식과 연결시켜 저장해서 쉽게 도로 꺼낼 수가 있다. 학습자들이 이런 잘 정의되지 않는 문제 해결을 학습하기 위해서는 새로운 해결 전략(solution strategies)을 개발하기 위해 알고 있는 지식과 새롭게 배운 것을 다 끌어와서 종합해야 하기 때문에 이런 점은 특히 중요하다.

종종, 제시 활동을 다하고 나면, 설계자들은 다음과 같이 말하고 싶을 것이다. "나는 모든 하위 기능들은 물론 최종 목표의 단계들을 모두 가르쳤다. 더 가르쳐야 할 무엇이 남았지?" 그렇다. 학습자들은 각 단계를 학습했다. 하지만 각 단계들을 한 번에 하나로 통합하지는 못했다. 따라서 최종 목표에 대한 내용 제시는 그를 옳고 완벽하게 수행하는 데 필요한 전체 단계를 최소한 한꺼번에 다시 해 보는 것이다.

학습자 참여. 지적 기능을 위한 연습 활동을 설계할 때, 몇 가지 중요한 고려사항들이 있다. 하나는 목표에 있는 조건과 행동에 부합하는 연습을 설계하는 것이다. 이 준거는 적절한 연습과 헛수고인 불필요한 연습을 구별하게 해 준다. 또한 선수 지식과 새로운 기능 간의 연결, 덜 어려운 문제에서부터 보다 복잡한 문제로의 진행도 고려해야 한다. 그리고 기능을 연습할 수 있는 익숙한 상황을 제공해야 한다. 잘 알지 못하는 기능에 대한 교수 목표 분석을 연습해야 한다거나 전혀 모르는 주제에 관한 글을 한 단락 써야 한다고 하자. 교수 목표를 수행하는 데 필요한 기능을 갖추었고, 그 단락의 주제에 익숙할 때는 단락의 구조와 메시지의 설계에 집중할 수 있다. 새로운 내용과 예를 설계할 때에, 익숙하지 않은 상황을 이용하여 연습 활동을 설계하면 학습자에게는 그 기능 연습의 복잡성만 가중시킬 뿐이다.

연습의 복잡성에서 세 가지 경고사항을 고려할 필요가 있다. 첫째, 교수 프로그램의 마지막 연습은 최적의 전이를 위해 실제 수행 상황의 조건들을 그대로 이용해야 한다. 만약 실제 수행 상황 정도의 연습이 학습자에게 익숙하지 않다면, 실제 수행 상황의 연습이 가능할 때까지 보다 덜 친숙한, 실제 상황과는 다소 거리가 있는 상황에서의 추가적인 연습이 필요하다. 둘째, 잘 정의되지 않는 문제 해결 학습을 위한 연습은 반드시 학습자들에게 친숙하지 않은 상황에서 이루어져야 한다. 왜냐하면 학습자들이 학습한 문제 해결 전략들을 교실 밖의 실세계에서 전이할 수 있도록 시도해 보게 할 수 있는 유일한 방법이기 때문이다. 셋째, 학습자는 사후검사 이전에 최종 목표를 연습하고, 교정적 피드백을 받을 수 있는 기회가 주어져야 한다.

학습자에게 피드백의 특성을 잘 반영하여 제시하는 것은 중요하다. 연습의 성공과 실패 양쪽에 초점을 맞추어야 한다. 드문 경우이기는 하지만 오류에만 주목을 하면, 자신들이 한 것에 대해 칭찬받을 일이 하나도 없다고 느끼게 할 수도 있다. 오류를 범하면, 학습자들에게 그 반응이 왜 부적합한지에 대한 정보를 주어야 한다. 학습자들은 피드백을 이용하여 자신의 수행 행동을 개선할 수 있을 때, 교정적 피드백을 비난이 아니라 정보로 인식하려고 한다. 학습자들이 낮은 단계에서 높은 단계의 지적 기능 수준으로 올라감에 따라, 자신들의 연습 반응에 대해 옳고 틀림을 지적해 주는 피드백에서, 학습자의 반응과 그 반응에 이르기 위해 사용한 과정에 대한 안내를 해 주는 방식으로 피드백의 특성이 바뀌어야 한다.

평가(assessment). 지적 기능에 대한 학습자의 수행 결과를 평가하기 위한 전략은 언제 어떻게 기능을 검사할 것인지를 정하는 것이다. 이 결정을 하기 위해서, 설계자는 설계자와 학습자가 그 검사 결과를 어떻게 사용할 것인지를 고려해야 한다. *미숙한 검사* (premature testing) 혹은 학습자가 준비되지 않은 상태에서 실시하는 검사는 해로울 수도 있다. 왜냐하면 그런 평가는 학습자의 용기를 꺾고, 학습할 프로그램의 적절성에 대해 정확하지도 않은 정보를 줄 수 있기 때문이다. 복잡한 지적 기능의 검사를 설계할 때에는, 학습자에게 최종 목표를 수행하도록 요구하기에 앞서, 개념들과 그 관계를 숙달했는지, 그리고 하나의 절차를 수행하기 위한 정확한 단계들을 기술할 수 있는지를 검사하는 것이 바람직하다. 예를 들어, 학생들에게 문단을 써 보도록 하기 전에, 학생들이 좋은 문단의 특징과 문단의 질을 판단하기 위한 준거를 기술할 수 있는지를 검사하는 것이 바람직하다. 문장구성에 대한 정확한 내용을 연습하지 않고서는 학생들의 작문 실력이 향상되지 않을 것이다. 하위 기능을 완전히 숙달하기 이전에 학생들의 작문 기능을 검사하는 것은 교사가 수많은 피드백을 제공해야 하고, 학생에게는 좌절감을 안겨다 줄 뿐이다.

미숙한 검사가 해로운 것처럼, 지적 기능의 학습 성과와 수행의 질을 판단할 때에도 미숙한 검사를 실시하는 것은 부적절한 기준을 적용하는 것이다. 대상 학습자 집단에게 '충분히 출중한, 받아들일 수 있는, 받아들일 수 없는' 성과물이 어떤 것인지를 알 수 있는 수행 수준을 신중하게 고려해야 한다. 이 기준을 만드는 것은 설계자의 주관적 판단이 다소 작용할 수는 있지만, 주어진 상황에서 특정한 나이나 능력을 갖고 있는 대상 학습자 집단에게 실현 가능한 수준을 반드시 고려하여 결정되어야 한다. 잘 정의되지 않는 문제 해결은 그 특성상 하나 이상의 옳은 해결책이 있을 수 있기 때문에 이 경우에 학습자의 해결책의 질을 판단하기 위한 기준으로 하나의 옳은 해결책만이 될 수 없음을 유념해야 한다. 해결책은 대부분 학습자의 해결 과정이 문제의 구성요소들을 어떻게 잘 찾아서 처리했는지뿐만 아니라 그 답이 문제에 대한 적합한 해결책의 특성에 얼마나 가깝게 구체화하고 있는지를 평정할 수 있는 루브릭을 사용하여 판단해야 한다.

후속활동(follow-through). 위계적으로 연결되어 있는 기능들, 특히 하나의 교수 프로그램에서 학습한 기능들이 다음 프로그램에서 학습할 기능들의 선수 기능일 때의 파지와 전이에 필요한 조건들을 고려하는 것은 대단히 중요하다. 사후검사에 대한 교정적 피드백이 충분했는지, 아니면 연습과 피드백이 포함된 부가적인 학습 활동이 필요한지에 대한 고려가 필요하다. 또한 사후검사 결과를 사용하여 어떤 곳에서 추가 학습 활동이 필요한지를 찾아내야 한다.

지적 기능에 대한 기억과 전이를 위한 전략의 검토는 매우 중요하다. 궁극적으로 그 기능이 어디에 사용될 것이며, 전이가 일어날 수 있는 준비가 충분히 되어 있는가? 학습자들에게 실제적인(authentic) 과제들을 수행해 보도록 했으며, 직무 현장에서 직면할 수 있는 과제와 유사한 다양한 과제가 주어졌는가? 만약 어떤 기능을 기억하고 있다가 실무 현장에서 사용해야 한다면, 연습할 때 충분한 단서가 제시되었는가? 예를 들어, 새로운 컴퓨터 인터페이스의 툴바(tool-bar)에 있는 각각의 아이콘에 대한 애니메이션 팝업 설명이거나 아니면 품질관리 장치의 눈금을 맞추기 위해 단계들이 필요할 때 이 단계들을 참고할 수 있는 카드와 같은 '직무수행 보조물(job aids)'을 만들 필요가 있는가? 배운 기능들을 사용할 환경은 어떠한가? 교수 프로그램에 그런 환경이 물리적, 인간 관계적 측면에서 재연되어 있는가? 마지막으로 실제 직무 현장에서는 학습자들이 배운 기능을 활용하는 것을 지원할 수 있도록 준비되어 있는가? 직무 현장에서 관리자 혹은 감독관은 학습자들이 무엇을 배우고 어떻게 그 기능들을 사용하고자 하는지 알고 있는가? 교사 혹은 교육 운영자들은 직무 수행 상황을 잘 알고 있는가? 그리고 새롭게 가르치려는 기능들을 실제 작업 현장에 어떻게 연결, 통합시켜서 활용할 수 있을지에 대해 교수 프로그램에서 다루고 있는가? 학습자들이 배운 새로운 기능을 그들의 기관에서 잘 활용하면 얼마나 보상해 주고 격려해 주는 분위기인가는 교수 전략의 전반적인 측면에서 대단히 중요한 부분이다. 이런 측면에 대한 준비를 하지 못했다면, 교수 프로그램을 시범적으로 운영하려고 할 때 이런 측면을 신중하게 고려해야 한다.

　문제 해결과 같은 고차적인 지적 기능의 전이가 일어나기 위해 필요한 결정적인 조건들은 문제 해결 전략의 학습뿐만 아니라, 성찰하고 평가할 수 있는 능력과 함께, 그런 전략을 이끌어 내어서 관리하는 방법을 증진시킬 수 있는 능력의 학습이 필요하다. 자신의 인지 처리 과정을 모니터링하여 이끌어 갈 수 있는 능력이 '학습하는 방법 학습'의 핵심이기 때문에, 다섯 가지의 교수 전략 요소 전반에서 이런 점에 유의할 필요가 있다. 간단하게 말하면, 다섯 가지 학습 요소 전반에서 사용하려는 전략은 '학습 경험 구조화[1]'의 책임감을 가르치는 교사 혹은 교수-학습 프로그램으로부터 학습자에게로 넘겨 보려는 것이다. 이것이 궁극적인 전이의 목표이다(예, Jonassen, 2011). 모든 학습자가 건전한 시민이 되기를 바라는 것은, 그들이 자신의 학습을 스스로 관리할 줄 알게 되고, 자신들의 경험으로부터 학습하는 것이다. 후속 연구를 하고자 한다면, 자기 규제적 학습(self-regulated learning)을 통해 문제 해결 학습을 위한 설계 전략은 Merrill(2013), Mayer(2008), Jonassen(1997, 2004, 2011) 연구를 참고할 수 있다. Kolb(1984)의 경험적 학습 이론에서는 자기 규제 학습 과정에서 관찰과 성찰의 역할을 강조하고 있다. 지적 기능의 학습 구성요소와 설계 원리는 표 8.3과 같다.

---

[1] 역주: 'structuring the learning experience'라는 의미는 학습자가 학습 내용을 이해하여 그 내용을 내재화하자면 자신의 인지 구조에 적합하게 구조화할 필요가 있음을 뜻한다.

표 8.3 | 지적 기능의 학습 구성요소와 설계 원리

학습 구성요소	설계 원리
사전 교수 활동	• 동기 유발하기(주의집중, 관련성, 자신감, 만족감(ARCS)) • 학습 목표 알려 주기 • 선수 기능 회상 촉진하기 • 학습자가 알고 있는 지식/기능과 새롭게 가르칠 기능 연결하기
내용 제시와 학습 안내	• 기능들 간의 위계에 기초하여 계열화하기 • 개념들의 변별적인 특성(물리적, 목적, 질 등) 밝히기 • 개념을 분류하는 데 흔히 범하기 쉬운 오류 지적하기 • 내용 조직화 방법(요약, 소제목, 그래픽, 직무수행 보조물 등) 활용하기 • 예와 비예 활용하기 • 학습자가 알고 있는 기능과 새롭게 학습할 기능을 조직할 수 있는 방법 제공하기
학습자 참여	• 수행 목표에 포함되어 있는 조건과 성취 행동과 일치하는 연습 활동 제공하기 • 난이도 순으로 해 보기 • 실제 수행 상황과 유사한 조건 제공하기 • 수행의 질, 오류와 균형을 맞춘 피드백 제공하기
평가	• 학습자의 검사 준비도 확인하기 • 기능의 위계적 특성을 반영한 평가하기 • 학습자의 연령, 능력에 부합한 준거 적용하기
후속활동	• 전이 촉진하기(수행 상황에 근접하는 실제적 과제) • 메모리의 요구 조건 고려하기 • 직무수행 보조물의 조건 고려하기 • 실무 환경 고려하기 • 학습 경험과 배운 것을 앞으로 적용할 것 성찰하기

언어적 정보 다음에서는 언어적 정보 목표와 그 하위 기능에 대한 학습 요소를 살펴볼 것이다.

사전 교수 활동. 교수 전 활동을 설계하는 것은 언어적 정보의 학습 성과를 내기 위해서 중요하다. 언어적 정보 학습은 새로운 개념이나 문제 해결을 학습하는 것처럼 지적 호기심을 자극할 수 없기 때문에 주의집중과 동기 유발의 설계가 더욱 중요하다. 언어적 정보의 학습은 다른 기능들을 숙달하기 위해 그 영역 지식의 한 부분으로 학습해야 하는 경우가 대부분이다. 학습자들에게 그 정보를 학습해야 할 필요성을 느끼도록 해 주기 위해서는, 어떤 사실의 많은 정보를 담아서 가르치거나 독립된 사실들을 가르치기보다는 다른 기능들과 함께, 그 사실의 내용들을 작은 단위로 나누어서 가르쳐야만 한다. 그리고 이 언어적 정보가 어떻게 사용되고, 그것을 알고 있으면 무슨 가치가 있는지를 명확하게 주지시켜 주어야 한다. 이 시점에서 학습 목표를 자연스럽게 제시하고 되고, 관련된 선수 학습 기능

들의 회상을 요구하는 질문을 하게 된다.

정확하게 말하면, 언어적 정보 학습을 위한 선수 기능은 없다. 하지만 실제적으로 말하면, 대부분의 언어적 정보는 학습자의 메모리에 저장되어 있는 대규모의 연결되어 있는 지식의 부분이다. 또한 위계적으로 조직되어 있는 지적 기능 수행을 가능하게도 해 준다. 태도, 지적 기능, 운동 기능 중에 언어적 정보의 자리에 "V" 표시를 했던 것을 기억할 것이다. 언어적 정보를 활용하는 맥락은 사전 교수 활동에서 반드시 알려 주고 지나가야 한다.

제시 활동. 언어적 정보를 제시함에 있어서, 그 언어적 정보가 필요할 때 그 정보를 저장하고 찾아내는 데 필요한 맥락을 제공하는 것은 대단히 중요하다. *정교화(elaboration)*라고 하는 학습자의 메모리에 현재 저장되어 있는 지식과 새로운 지식을 연결시키는 전략은 학습의 효과를 증진시켜 줄 수 있다. 정교화 혹은 연결 절차를 구체화할수록, 학습자들은 새로운 정보를 메모리의 보다 정확한 위치에 저장해서 나중에 그 정보를 찾아낼 수 있는 가능성이 높아진다. 정교화 전략은 새로운 언어적 정보의 저장과 회상을 촉진하기 위해 학습자가 지금까지 경험한 적이 있는 상상적인 이미지나 예를 사용할 수 있도록 유추할 수 있는 것을 제공하거나 학습자에게 질문을 하기도 한다. 이런 맥락적 링크들은 학습자가 새로운 정보를 회상해 내는 데 사용할 수 있는 단서가 된다.

언어적 정보를 제시하기 위해 추천할 만한 또 다른 전략은 학습 내용 정보를 하위 세트들로 묶어서 그 하위 세트 안의 항목들 간과 항목 세트들 간의 관계에 대해 직접적으로 정보를 설명해 주는 방법으로, 이를 *조직화(organization)*라고 한다. 학습자들이 새로운 정보를 조직할 수 있도록 도와주기 위해 학습자들에게 관련된 하위 세트로 정보를 요약할 수 있는 개요(outline)나 표를 제공하는 방법이 있다.

가르치려는 언어적 정보가 학습자에게 너무 생소해서 이전에 배운 것과 전혀 관계가 없을 때는, 학습자에게 그 정보의 회상을 도와줄 수 있는 어떤 기억 장치나 *기억요령(mnemonic)*을 제공해 주어야 한다. 그러나 기억요령을 찾을 때는, 회상해 내야 하는 내용과 논리적으로 연결되는 요령을 찾아야 한다. 기억해야 하는 학습 내용과 논리적으로 연결되는 익숙한 단어이거나 쉽게 생각이 나는 약자로 된 글자로 실마리를 주는 것은 비교적 효과적일 수 있다. 하지만 비논리적 기억요령은 기억을 도와주기 위한 역할을 제대로 하기 어려울 수 있다.

학습자 참여. 언어적 정보를 '연습'한다는 것은 무슨 의미일까? 관련 없는 사실들의 기계적 암기는 시간이 지난 후에 학습자가 그 정보를 생각해 내도록 해 주는 데 그렇게 효과가 있는 방법이 아니다. 정교화와 단서를 강화하고 학습자로 하여금 어떤 조직적인 구조를 만들게 해 주는 연습 활동을 설계하는 것이 보다 유용한 방법이다. 새로운 예를 생성하고, 그 정보를 생각나게 해 주는 단서가 될 수 있는 심적 이미지를 형성하고, 그 정보의 조직적인 구조를 다듬게 해 주는 연습이 도움이 될 수 있다. 이런 맥락적인 링크들은 학습자가 학습한 언어적 정보들을 나중에 생각해 내는 데 단서로 이용할 수 있다.

지적 기능과 마찬가지로, 학습자들이 응답한 언어적 정보의 정확성에 대한 피드백도 제공해야만 한다. 가능하다면 언제나 피드백은 옳은 응답과 함께 그 응답이 왜 옳지 않은지에 대한 정보도 주어야 한다.

평가. 언어적 정보를 평가할 때, 학습자들에게 그 정보를 생각나게 해 주는 단서를 제공해 줄 필요가 있다. 또한 그 정보를 생각해 내는 데 도움을 줄 수 있는 관련 맥락의 역할을 할 수 있는 관련된 지적 기능, 운동 기능, 태도를 묻고자 하는 언어적 정보 문항과 같이 제공할 필요도 있다. 앞서 지적한 바와 같이, 정의나 사실과 관련된 모든 검사 문항을 검사의 처음이나 끝에 별개의 위치에 두지 말라는 검사 문항의 순서 전략을 유의해야 한다.

후속활동. 언어적 정보의 기억을 도와주기가 어려울 경우에는 부가적인 정교화와 조직 전략을 강구할 수 있다. 그러나 그런 전략과 함께 보다 효과적인 동기 유발 전략이 필요할지 모른다. 학습자들에게 정보를 이용하여 무엇인가를 '해 보는 활동을 하게' 해서, 그 정보의 학습으로 이끄는 어떤 활동을 만들 필요가 있다. 학습자들을 팀을 만들어서 십자 낱말 맞추기 퍼즐 대회를 하게 해서 학습자에게 흥미를 줄 뿐만 아니라 나중에 그 정보를 생각해 내는 데 그런 활동이 도움이 될 수도 있다. 이런 팀 방법을 이용하면 동료들끼리 서로 코치를 해 주기 때문에 자신들의 힘으로 정보를 생각해 내는 연습을 해 보게 해 준다. 이런 활동은 학습자들을 재미있게 해 줄 뿐만 아니라, 동료들이 제공해 준 부가적인 단서들은 그들의 이전 학습에서 나온 것이라서 그들에게 의미 있어서 정교화를 도와줄 것이다.

이 활동은 언어적 정보 목표에 관한 것이기 때문에 학습자들이 왜 언어적 정보를 학습해야 하는지에 대한 고려가 있어야 한다는 가정이 깔려 있다. 이런 목표의 학습을 위해 학습자에게 수행을 도와주기 위한 직무수행 보조물(job aid)이나 참고 자료를 사용하게 하지 않는다. 그러므로 학습자의 동기 유발과 정확하게 연습해 볼 수 있는 것은 아주 중요하다. 가르칠 언어적 정보가 이용될 맥락을 면밀하게 검토해야 한다. 학습 중에 사용될 맥락이 그 정보를 응용할 맥락에 적합하게 설계되어 있는가? 언어적 정보의 학습 구성요소와 설계 원리는 표 8.4와 같다.

표 8.4 ▎ 언어적 정보의 학습 구성요소와 설계 원리

학습 구성요소	설계 원리
사전 교수 활동	• 동기 유발(주의집중, 관련성, 자신감, 만족감(ARCS)) • 학습 목표 알려 주기
내용 제시와 학습 안내	• 이미 알고 있는 지식/기능과 새롭게 가르칠 정보 연결하기 • 가르칠 정보를 이해하는 데 도움이 되는 기능에 관한 내용을 최대한 가까운 위치에 제시하기 • 하위 세트 그룹, 위치, 순서 등의 조직적 구조 활용하기 • 특징(물리적 외형, 용도, 질 등)으로 구별해 지적하기 • 논리적으로 잘 연결되는 기억술 소개하기 • 아웃라인이나 표 등의 기억 보조 장치 제공하기
학습자 참여	• 참신한 예들을 만들어 내서 연습하기 • 정교화와 단서 강화하기 • 의미 있는 맥락과 관련성이 높은 단서 활용하기 • 응답의 정확성에 대한 피드백 제공하기
평가	• 실제 수행 상황과 관련성이 높은 평가하기 • 관련성이 높은 기능을 측정하는 문항과 근접하는 위치에 두기
후속활동	• 추가적인 정교화의 조직 전략 제공하기 • 생각해 내기 퍼즐이나 대회 해 보기

운동 기능 우리가 흔히 운동 기능에 대해서 생각을 한다면, 거의 자동적으로 무슨 야구, 테니스 혹은 미식축구와 같은 스포츠를 생각하기 쉽지만, 거래, 생산, 수많은 기술 혹은 전문적 직업 영역에서의 운동 기능들은 복잡할 뿐만 아니라 대단히 많이 필요한 역량이면서도 경우에 따라서는 위험성을 수반하기도 한다. CPR을 배우거나, 기계를 다루는 가게에서 장비 작동 방법을 배우거나, 개인 비행기를 착륙하는 것을 배운다고 생각해 보자. 이런 예들을 생각해 보면, 마음과 몸이 혼연일체가 되어 움직여야 될 것임을 쉽게 짐작할 수 있다.

처음 운동 기능을 학습한다면 대부분 어떻게 동작을 취해야 하는지(실행 루틴: executive routine)'에 대한 능력을 개발해야 하는데, 이것은 학습자들이 따라야 하는 "지시사항(directions)"이다. 이 루틴에서 각 단계의 정신적 내용(mental statement)은 그 단계를 실행하기 위해서 따라야 할 것들이다. 반복된 연습과 적절한 피드백으로, 루틴의 단계는 매끄럽게 실행되기 시작하고, 각 단계들 간을 실행하는 데 망설임이 덜해지며, 실행 루틴을 수행하기 전에 마음속으로 리허설을 해 보아야 하는 필요성이 줄어들게 되고, 그 운동 기능은 최종적인 형태를 갖추게 된다. 전문가들이 실행하는 것을 보면 실행 루틴에 거의 의존하지 않고, 기능을 자동적으로 실행하는 것을 볼 수 있다. 운동 기능 학습의 이런 과정을 통해 미루어 짐작하건대, 전형적인 운동 기능의 학습을 위해 내용, 사례, 연습, 피드백의 제시를 어떻게 해야 할 것 같은가? 여기에서 아주 분명한 사실은 운동 기능은 시각적으로 제시해야

하겠다는 점이다. 움직임을 분명히 포착하기 위해 동영상을 사용할 수 있지만, 적어도 운동 기능의 초기 학습 단계에서는 움직이지 않는 일련의 사진이나 드로잉을 흔히 사용한다. 내용과 예들은 그림 다음에 그 운동 기능에 대한 언어적 설명 형태로 제시하는 것이 일반적이다.

사전 교수 활동. 운동 기능 학습을 위해 학습자의 이목을 집중시키고 동기를 유발하는 것은 다른 영역의 학습보다 상대적으로 쉬운 편이다. 운동 기능은 그 내용이 구체적이고 어떻게 해야 하는지를 보여 줄 수 있기 때문에, 학습자에게 무엇을 학습하게 될 것인지를 말해 줄 필요가 없다. 학습자들은 학습해야 할 내용을 바로 볼 수 있기 때문이다. 무엇을 학습하게 될지를 학습자들이 관찰할 수 있기 때문에 학습자들에게 동기 유발을 쉽게 할 수 있다. 또한 학습자들은 그들이 존경하는 전문가가 멋지게 운동 기능을 실행하고, 찬사 내지는 부러운 보상을 받는 모습을 볼 수 있다. 우리도 열심히 노력하면, 찬사는 물론 메달, 리본 등을 받을 수 있게 될 것을 간접적으로 느끼게 할 수 있다. 이러한 특징이 있는 것이 운동 기능의 학습임에도 불구하고 한 가지 유의해야 할 것은, 공적인 공간에서 공개적으로 운동 기능을 수행하는 것을 남에게 보여 주기 싫은, 어쩌면 아직 좀 덜 숙련된 학습자들을 어떻게 동기 유발할 것인가 하는 문제이다.

제시 활동. 운동 기능에 관한 내용을 어떻게 효과적으로 묶을 것인지를 정하는 것은 중요하다. 완전히 숙달되고 나면 하나의 완전한 기능으로 통합되겠지만, 운동 기능을 연습할 때에는 그 운동 기능을 의미 있는 몇 부분으로 나누는 것이 일반적이다. 골프공 퍼팅하기 학습의 예에서 보았듯이, 컵과 공을 일직선상에 놓기, 백스윙하기, 공치기, 팔로우 스루하기 등으로 그 운동 기능을 나누고 있다. 운동 기능을 전체적으로 또는 부분적으로 제시할지를 결정하는 것은 학습자의 기능 수준, 기능의 복잡한 정도, 그 기능을 숙달하기 위해 학습자에게 가용한 시간에 따라 달라질 수 있다.

참여. 연습과 피드백은 운동 기능의 핵심이다. 연구 결과에 따르면, 학습자들이 실제로 동작을 취하기 전에 마음속으로 동작을 어떻게 실행할지를 그려 보는 것이 효과가 있다고 한다. 한 기능의 실제 연습은 수없이 반복되어야 한다. 그 기능의 올바른 실행에 대한 즉각적인 피드백은 대단히 중요하다. 왜냐하면 정확하지 못한 리허설은 운동 기능 숙달에 도움이 되지 않기 때문이다.

장비를 사용해야 하는 운동 기능을 학습할 때는 언제 학습자로 하여금 장비를 사용하도록 할 것인지를 신중하게 결정해야 한다. 극단적 방법은 학습자가 실제의 장비로 연습하기 전에 실행 루틴에 대해 사전에 학습하도록 하는 것이다. 논리적으로 이 방법이 가장 손쉬운 방법이기는 하지만, 학생들이 연습 전에 배운 모든 실행 루틴에 대한 모든 내용을 기억하고 있어야 한다는 점에서 그렇게 효과적인 방법은 아니다. 이 방법과 다른 극단적인 방법으로는, 설명을 듣고 하나의 단계를 장비를 사용해서 연습하는 방법이 있다. 이 방법은 이상적이기는 하지만, 모든 학습자에게 하나의 장비를 제공해 주어야 한다.

이러한 문제를 풀 수 있는 해결책 중의 하나는, 나중에 수행상의 문제가 될 수도 있겠지만, 학습자에게 직무수행 보조물(job aid)을 제공하는 것이다. 예를 들어, 학습자가 장비를 작동하기 위해서는 어떤 암호를 입력해야 한다고 하자. 학습자들이 모든 가능한 암호를 외울 이유가 없다면, 장비에 암호를 적어 두거나 학습자들이 쉽게 찾아볼 수 있는 카드에 적어 줄 수도 있다. 직무수행 보조물에는 이런 정보뿐만 아니라 실행할 단계의 목록이나 성과물이나 수행 행동을 평가할 때 사용할 준거들도 제공할 수 있다. 설계자가 직무수행 보조물을 훈련에 사용하려고 했다면, 학습자들에게 그 사용법을 가르쳐 주어야 한다.

평가. 어떤 운동 기능을 검사하든지 간에 "학습자가 가르친 기능을 실행할 수 있는가?"이다. 이 물음에 대한 답을 얻으려면, 학습자들은 그 기능을 배울 때 사용한 장비와 환경에서 그 기능을 시연해 보일 수 있어야 한다. 학습자들이 남이 보는 앞에서 운동 기능을 수행해야 하고, 평가가 아주 짧은 순간에 이루어져야 한다면, 학습자들은 대단히 이기적으로 행동하기 십상이다. 배운 운동 기능의 실행에 대한 평가가 이루어질 때, 다른 학습자들의 참관이 허용된다면, 침착하게 자신의 기능을 시연하는 데 도움이 될 수도 있지만 기능을 실행하는 것은 물론 시연을 하려는 동기 유발에 부정적인 영향을 줄 수도 있다.

후속활동. 학습 전이는 운동 기능에서도 일어나야 한다. 가르친 운동 기능이 실행되어야 하는 조건은 무엇인가? 가능하면, 학습할 때, 그 기능을 연습했던 대로 수행 상황에서의 조건들이 제시되어야 하고, 또한 사후검사에서도 그 조건대로 검사가 이루어져야 한다. 또한 학습이 끝난 이후에도 배운 운동 기능을 혼자서 리허설(rehearsal)을 계속하도록 해야 한다. 예를 들어, 음악가나 운동선수들이 스스로 리허설을 계속하고 싶지 않다면, 음악이나 운동의 전문가가 될 수 있는 경우는 거의 없을 것이다.

운동 기능의 숙달은 학습자들이 *자동화* 수준에 이르렀을 때 가능하다. 즉, 그 운동 기능을 실행하기 위해 따라야 할 단계가 무엇이었던가를 전혀 생각하지 않고도 아주 자연스럽고 효율적으로 그 기능을 실행할 수 있는 수준이 되어야 한다. 예를 들어, 어떤 이가 눈길을 운전할 때, 자동적으로 차가 미끄러지는 방향으로 운전대를 틀어서 미끄러지지 않을 때 비로소 안전 운전의 기법을 체득하게 되었다고 말할 수 있는 것이다. 안전이 중요한 운동 기

표 8.5 ▌ 운동 기능의 학습 구성요소와 설계 원리

학습 구성요소	설계 원리
사전 교수 활동	• 동기 유발(주의집중, 관련성, 자신감, 만족감(ARCS)) • 학습해야 할 기능 알려 주고, 선수 기능 생각해 보기(학습 계획의 구두 표현)
내용 제시와 학습 안내	• 내용 제시를 위한 기능의 구조 계획하기 • 무엇을 어떻게 해야 하는지에 대해 말해 주거나 표현하기 • 성공적인 운동 기능 수행의 신체적 특성과 질 표현하기 • 집단의 연령, 능력별 숙련된 수행 행동 보여 주기
학습자 참여	• 반복적인 리허설 계획하기 • 필요한 장비와 환경적 고려사항 포함시키기 • 기능 수행이 나아진 부분과 강점을 알려 주는 즉각적인 피드백 제공하기 • 기능 수행의 증진을 위해 목표로 하고 있는 내용 제공하기
평가	• 계획했던 장비와 환경에서 기능 시연해 보기
후속활동	• 학습할 때나 러허설 때의 조건과 나중의 수행 조건 일치시키기 • 교수 학습 활동 후에도 부가적 리허설 강조하기

능은, 훈련 중이거나 혹은 수행 상황에서 감독을 받으면서 연습을 하는 후속활동에서 자동화 수준에 도달해야 한다. 대부분의 운동 기능의 자동화 수준은 실제 상황에서 연습을 통한 훈련으로 달성될 수 있는 것이라서, 감독자와의 협조와 실무 작업에서의 유인 수단 등을 이용하여 수행 상황으로 전이가 일어나도록 하는 조치가 필요하다. 운동 기능의 학습 구성요소와 설계 원리는 표 8.5와 같다.

태도 태도는 느낌(feelings), 행동, 인지적 이해로 구성되어 있다고 연구자들이 주장하고 있다. 이 경우에, 느낌은 어떤 상황에 접근하거나 회피하려는 경향으로 표현되는 즐거움과 슬픔으로 나타날 수 있다. 이런 경향은 비슷한 상황에서 자신이 직접 경험했거나 아니면 다른 사람이 얼마나 성공 혹은 실패했는지에 달려 있다고 생각된다. 이것은 태도를 가르치기 위한 교수 전략의 열쇠이다.

　사전 교수 활동. 사전 교수 활동의 설계는 태도 학습에서도 중요하다. 운동 기능 학습처럼, 학습자에 의한 직접적인 관찰, 혹은 시뮬레이션에 능동적인 참여, 역할 해 보기, 동영상이나 멀티미디어 삽화 등을 통해 태도 학습을 위해 가장 효과적으로 동기 유발할 수 있다. 그러나 관찰을 통해서 관찰 대상이 된 캐릭터에 감정이입을 함으로써 그와 동일시의 감정을 이끌어 낼 수 있기 때문에 학습자들은 시험적으로 그 캐릭터의 감정을 느낄 수 있게 된다. 학습자에게 학습 목표를 알려 줌으로써, 목표가 그런 동기 유발을 위한 활동을 통

해 전달될 수가 있다. 다른 경우로, 학습자들을 동기 유발하기 위한 활동 전후에 학습 목표를 직접적으로 알려 주는 것도 좋은 방법이다. 마찬가지로, 앞으로 학습할 내용과 학습자의 현재 감정, 기능을 연결시켜 주기 위해서 조심스럽게 잘 선택된 동기 유발 활동에 학습자들을 직접적으로 참여시키는 것이다. 한편 동영상을 보고, 자신들이 비슷한 상황에서 어떻게 처신할 것인지에 대해 성찰해 보고, 다른 사람들은 그런 상황에서 어떻게 행동했는지에 대해 토론해 보는 것도 많은 도움이 될 수 있다.

제시 활동. 태도를 가르치기 위한 전략의 내용과 예는 학습자들이 존경하는 어떤 인물을 통해 전달될 수 있다. 이 *인물 모델*은 가르치려는 태도에 포함된 행동들을 보여 주고, 이 태도가 왜 적합한지에 대한 이유를 분명하게 알려 주어야 한다. 가능하다면, 인물 모델이 태도 행동을 보여 줌으로써 모종의 보상을 받거나 개인적으로 무척 만족하고 있음을 학습자들이 분명하게 알 수 있어야 한다.

태도 교수 프로그램의 실체는 학습자가 보여 주어야 할 행동과, 예를 들어, 개인의 청결 같은 태도 행동뿐만 아니라 청결을 유지하는 것이 왜 중요한지를 알려 주는 정보를 가르치는 것이다. 그 행동은 수행 목표에 기술되어 있는 조건에서 실제로 나타나야만 한다.

우리가 학습자의 새로운 태도를 개발할 것인지 아니면 이미 학습자가 가지고 있는 어떤 태도를 바꿀 것인지에 따라 다른 전략이 고려되어야 한다. 학습자가 어떤 욕구좌절 상황에서 생길 수 있는 어떤 감정이나 분노를 공공장소에서 절제하지 못하는 것과 같은 부정적인 행동(과 태도)을 가지고 있다면, 그런 상황에서 행동할 수 있는 다양한 방법이나 자기 인식(self awareness)을 가르쳐야 한다. 부정적인 행동을 생기게 하는 감정을 유발하는 모의상황(simulation)을 만들어 볼 필요가 있다. 똑같은 감정에 대한 반응으로 긍정적인 행동을 학습자에게서 이끌어 내는 것은 쉽지 않을 수 있다. 학습자들이 어떤 상황에 반응하는 것을 녹화하여 그것을 같이 보면서, 어떻게 느끼고 반응했는지를 같이 분석하고 평가해 보는 전략을 고려해 볼 수도 있다. 학습자들은 다른 사람들이 특정 상황에서 어떻게 자신들의 반응을 판단하는지를 들어 보게 하거나, 똑같은 상황에서 학습자들이 존경하는 누군가가 긍정적으로 반응하여, 토론의 결론이 예상했던 결과를 이끌어 가는 것을 관찰해 보게 할 수도 있다.

틀림없이, 태도를 가르치기 위한 교수 프로그램에서 동원한 전략은 복합적인 요소들이 맞물려 돌아가게 되어 있다. 새로운 태도의 개발이나 태도 교정을 위해 몇 가지 고려해야 할 점이 있다. 학습자들이 자신의 태도를 개발하거나 교정할 필요가 있음을 인식하고 자발적으로 이 교수 프로그램에 참여하게 되었는가? 아니면, 학습자들은 스스로에게 만족하고 있는데도 불구하고, 장학관이나 학교 관리자, 기관장이 판단해서 강제로 그 프로그램에 참여하게 된 것인가? 학습자들이 그렇게 중요하다고 생각하지 않는 태도나 행동을 가르치려고 하는가 아니면 학습자들이 강한 확신과 민감하게 느끼는 태도와 행동을 가르치려고 하는가? 얼마만큼 자유롭게 교수 프로그램을 운영하고, 모의상황을 만들고, 피드백을 제공할 수 있는가? 집단을 대상으로 하는 교수 활동으로도 충분할까, 아니면 개별화 교수 프로그램이 필요한가? 이런 모든 물음에 대한 응답은 학습자 분석과 상황 분석 결과를 참고로 해서 태도를 위한 교수 전략을 설계해야 한다는 것이다.

학습자 참여. 학습자들이 어떻게 태도를 연습할 수 있을까? 첫째, 태도를 구성하는 부분인 정보, 지적 기능, 운동 기능에 대한 연습과 피드백을 제공해야 한다. 부적절하거나 비효과적인 태도 행동에 대한 학습자의 선택에 대한 비효과적이거나 심지어 긍정적인 피드백도 학습자들이 보다 나은 선택을 하는 데 도움이 되지 않는다. 따라서 연습에서는 선택할 수 있는 기회를 주고 그 선택에 대한 일관된 피드백(보상/결과/그 행동을 선택한 근거)을 제공함으로써, 피드백과 행동이 연합될 수 있도록 해야 한다. 역할 해 보기(role playing)는, 태도를 실제로 연습해 볼 수 있는 학습 상황을 만들기가 어렵기 때문에, 자주 사용하고 있다. 학습자가 가르칠 태도 행동에 대한 서약서를 써 두면 역할 해 보기의 학습 효과를 높일 수 있다. 피드백은 무엇을 옳게 했고 틀리게 했는지에 대한 정보여야 하고, 학습자가 부적절한 반응(행동)을 했을 경우, 보다 적합한 반응을 하려면 어떻게 해야 하는지를 알려 주어야 한다.

태도는 간접적으로 학습될 수 있기 때문에 정신적인 리허설이 태도를 연습하는 데 도움이 될 수 있어서 다양한 태도 행동을 선택할 수 있는 상황에서 존경받는 모델이 어떻게 그 행동들 중에서 선택하는지를 제시하는 극적인 장면을 사용할 수도 있다. 모델을 통해 다양하게 선택할 수 있는 행동을 제시한 다음에, 학습자는 긍정적인 방식으로 반응하는 모델을 관찰하고, 그 모델이 학습자가 학습해야 하는 긍정적이고 적합한 반응을 했을 때 외적인 보상을 받거나 스스로 만족해하는 것을 학습자가 지켜보게 될 것이다. 한편 다른 모델이 부정적인 선택 반응을 하고, 부정적인 결과를 받는 것도 지켜보게 할 수 있다. 이러한 이야기가 있는 모의 상황은 특히 유용한데, 왜냐하면 모델의 부정적인 태도와 행동에 의해 영향을 받은 등장인물을 학습자가 지켜볼 수 있기 때문이다. 존경받는 등장인물이 "나쁜" 모델로 인해서 해를 입거나, 모욕을 당하거나, 화가 나게 되면, 학습자들은 이런 반응에 동정을 보내게 된다. 이런 감정이입을 통해 저런 태도와 행동은 불쾌한 결과를 초래함을 알게 될 것이다. 존경받는 등장인물의 이러한 반응은 학습자에게 피드백의 역할을 할 것이다. 그들은 부정적인 모델의 행동을 토론할 수 있고, 모델이 취했어야 하는 다른 대안적 행동을 설명함으로써 그것이 학습자들에게 정보 피드백이 될 수 있다.

평가. 앞서 설명한 바와 같이, 태도 검사를 설계할 때 학습자들이 관찰되고 있음을 알게 해 줄 것인지 여부는 반드시 고려해야 하는 중요한 사항이다. 또 다른 고려사항으로는 가르치려고 하는 행동에 대한 언어적 정보와 어떤 방식으로 행동을 하면 받을 수 있는 보상이나 결과에 대한 내용을 검사에 포함할 것인지에 대한 것이다. 또한 가르치고자 하는 태도 행동을 하는 데 요구되는 지적 기능이나 운동 기능도 포함해 평가해야 한다. 예를 들면, 자동차를 운전할 줄 모르고, 주행 규칙을 말할 수도 없고, 운전 중 겪을 수밖에 없는 안전 문제를 해결할 수 없는 사람이 안전 운전에 대한 긍정적인 태도 행동을 보여 주기를 기대하기는 어렵다. 이것은 다소 극단적인 예이기는 하지만, 주요한 핵심을 잘 설명해 주고 있다.

가상의 상황에서 학습자들이 어떻게 반응해야 하는지를 묻는 질문지를 설계할 수 있다. 그러나 연구 결과에 따르면, 가상의 상황에서 어떻게 행동해야 할 것인지를 대답한 것과 실제 세계의 비슷한 상황에서 보여 주는 행동은 밀접한 관계가 적다는 사실을 유념할 필요가 있다. 따라서 가능하면, 학습자가 가지고 있는 태도가 그들의 행동 선택에 직접적인 영향을 줄 수 있는 모의 상황을 만들어 내야 한다.

후속활동. 아마도 태도를 가르치기 위한 교수 전략으로 가장 중요한 고려사항은 전이가 일어나도록 내용을 적절하게 설계해야 한다는 점이다. 태도와 관련된 기능들을 숙달하고 있음을 보여 주는 것도 아니고, 교사 앞에서 어떤 태도 행동을 보여 주는 것에 우리가 관심을 둘 이유도 없다. 교사가 보고 있지 않을 때에도 학습자들이 바람직한 행동을 선택할 수 있게 되기를 우리는 기대하고 있을 것이다. 따라서 우리가 보고 싶은 태도 행동의 선택이 있을 수 있는 연습 상황을 제공하는 것이 대단히 중요하다. 또한 학습자에게는 연습 활동의 일부분으로 이런 태도에 타당한 피드백도 제공해야 한다. 학습 중에 연습과 피드백을 위해 활용했던 교정적 안내(corrective guidance), 행동적 모델링(behavioral modeling), 인센티브, 보상과 같은 것을 실제 수행 상황에서 그 태도 행동을 지원하기 위해 제공해야 한다. 분명한 것은, 기관의 모든 일원들은 가졌으면 하는 태도를 정착시키기 위한 활동에 동참해야만 한다. 태도의 학습 구성요소는 표 8.6과 같다.

구성주의적 전략을 위한 학습 내용 요소

개요 비교적 덜 계획적인 학습자 중심의 교육 접근 방법과 구성주의 설계 이론은 교수 설계와 관리에 중요한 역할을 할 수 있다. 객관적 현실이 존재하지 않으므로 지식이 각 개별 학습자에 의해 내적으로 구성되는 것이라서 그 결과를 예측할 수 없다는 극단적 구성주의

표 8.6 ┃ 태도의 학습 구성요소와 설계 원리

학습 구성요소	설계 원리
사전 교수 활동	• 동기 유발(주의집중, 관련성, 자신감, 만족감(ARCS)) • 학습 목표 알려 주기 • 가르치려는 태도를 보였을 때 얻을 수 있는 점과 문제점(그 결과)을 삽화로 보여 주기 • 그 삽화에 포함된 등장인물에게 감정이입적 느낌 갖도록 하기 • 자신들의 일상에서 비슷한 상황이나 사람들의 문제에 대해 성찰해 보거나 토론해 보기
내용 제시와 학습 안내	• 가르치려고 하는 행동을 묘사하고, 그 행동들이 왜 중요한지를 기술하거나 보여 주기 위해 학습자들이 존경할 수 있는 인간 모델 제공하기 • 어떤 방식으로 행동을 하면 모델이 보상을 받을 수 있는지 보여 주기 • 덜 바람직하게 다른 방식으로 행동을 하면 모델이 어떤 바람직한 결과를 만나게 되는지 보여 주기
학습자 참여	• 관련된 정보나 기능을 이용할 수 있는 상황에서 적합한 행동을 선택할 수 있는 기회 제공하기 • 실제와 유사한 상황에서 학습자가 선택해야만 하는 역할 해 보기 • 보상, 행동의 결과, 그렇게 행동해야 하는 이유 등에 대해 일관된 피드백 제공하기 • 어떤 행동을 하면 어떤 보상이나 결과를 얻게 되는지에 대한 학습자의 언어적 증명서(verbal testimonial) 만들게 하기
평가	• 학습자가 자신의 행동 선택을 말할 수 있는 시나리오 만들기 • 행동하기의 바람직한 방법, 그렇게 했을 때 받게 될 보상이나 결과에 대한 학습자의 지식 검사하기 • 바람직한 방식으로 행동하기를 선택할 수 있는 상황 만들기 • 학습자들 자신을 지켜보고 있음을 알지 못할 때, 그들의 선택과 행동 관찰하기
후속활동	• 실제 그 태도가 나타나야만 하는 상황과 유사한 연습 상황 제공하기

관점을 보고 나면, 교수 설계자들은 아마도 "우리가 학생들이 원하는 것을 어떻게 결정해서 학습 활동을 처방하고 그 학습 결과를 평가할 수 있을 것인가?"라는 물음에 봉착하게 될 수 있다. 이 물음에 대한 답을 위해 지금까지 해 오던 방식으로 설계자들의 설계 작업을 수행할 수도 있겠지만 다른 방식이 있을 수 있음을 생각해 보아야 한다.

1장에서 논의된 바와 같이 Dick과 Carey의 모형은 우리가 *인지 모형(cognitive model)*이라고 부르기도 하는 인지심리학에 기원을 두고 있다. 구성주의도 인지심리학에 뿌리를 두고 있는데, 구성주의는 인지적 구성주의와 사회적 구성주의로 나누어진다. *사회적 구성주의(social constructivism)*는 20세기 초반 소련의 심리학자 Vygotsky의 연구로부터 개발되었다. 그의 입장은 Piaget의 발달 이론과 여러 측면에서 유사성이 있지만, 문화적, 지적 역량의 사회적 맥락과 사회적 전승에 강조점이 주어져 있다. 이 이론의 기원에 관심이 있다면 그의 원문을 편집해서 번역한 책을 읽어볼 만하다(Vygotsky, 1978).

　여기에서는 사회적 구성주의를 지칭하기 위해 **구성주의(constructivism)**로 표현하는 관례를 따르기로 한다. 구성주의적 사고는 교수 설계, 설계 연구 및 학습과학의 최근 서적에서 주요 논거로 부각되고 있다. 최근 인지심리학자들 간에는 학습을 위한 구성주의적 설계의 효율성에 대한 의문이 제기되고 있다. 인지심리학자들의 주장에 따르면, 학생들이 효율적이고 효과적인 학습을 하기 위해서는 충분하게 어떻게 해야 하는지를 안내해 주는 교수 활동이 필요하다고 한다. Mayer(2004), Kirschner, Sweller, Clark(2006), Clark(2012) 등이 이런 입장에 동조하고 있다. 그러나 구성주의자들은 학습 중, 최소한의 안내만 해 주어야 한다고 주장하고 있고, Hmelo-Silver, Duncan, Chinn(2007), Schmidt 등(2007), Hannafin(2012) 등이 이런 입장에 동의하고 있는 학자들이다. Clark(2012), Hannafin(2012)은 『Trends and Issues in Instructional Design and Technology』(Reiser & Dempsy, 2012)라는 책의 38장에서 이렇게 대립되는 두 주장에 대한 토론 양식을 제시하고 있는데, 교수 설계자들은 이것을 참고할 만하다. Tobias와 Duffy(2009)도 양 진영의 이슈를 토론할 수 있는 다소 수정된 토론 양식을 사용하고 있다. 논점의 요지를 교수/학습 과정에 안내(guidance)의 최대화, 최소화로 규정하는 것은 보다 복잡한 논쟁을 과잉 단순화하고 있는 것임을 우리 교수 설계자들은 알 필요가 있다. 구성주의적 설계 문제는 연구에 초점을 둔 교수 설계 저서에서 대종을 차지하고 있는 데 반해 훈련, 개발, 수행공학(HPT) 분야 저서에서는 소수에 불과하고, 구성주의에 대한 대중적 논쟁이나 관심이 거의 없다는 점이 또한 흥미롭다.

　인지적 설계 이론과 구성주의적 설계 이론의 연속선상에서 양 극단에 서려는 설계자들은 자신의 입장과 정면으로 대치되는 이론에 기초한 교수 설계 모형을 거부하려고 한다. 그러나 양쪽 이론을 절충하는 것이 보다 효과적인 교수 학습을 위한 생산적인 경로로 보인다. 수백 명의 대학생들에게 교수 설계 과제를 수행할 수 있도록 가르쳐 온 교수, 대학의 교과목을 가르치기 위한 교과목의 교수 설계 및 개발자, 공립학교, 대학, 회사, 군, 정부의 교수 설계 프로젝트 설계자, 평가자로서 이제까지 경험한 바에 따르면, 몇 가지 구성주의적 기법들은 인지적 교수 설계 모형을 이용한 학습의 구성요소를 대체할 수 있다고 생각한다. 잘 정의되지 않는 문제 해결(ill-defined problem)을 가르치는 데는 구성주의적 설계 기법이 특히 효과적이었기 때문에 이 영역의 학습을 설계할 때는 구성주의적 기법들을 활용할 만한 충분한 가치가 있다고 본다.

　Carey(2005)와 Ertmer, Newby(1993)는 학습자의 특성과 학습 내용에 따라서 구성주의적 인지적 접근 방법을 어떻게 절충할 수 있을지에 대해 몇 가지 분석 결과를 제시하고 있다. 또한 Dede(2008)의 주장에 따르면, 대다수의 상황에서 하향식 접근(인지적)과 상향식 접근(구성주의적)을 통합하는 방법이 선택할 만한 교수 설계 전략이 될 수 있다고 한다. 유능한 교사의 수업을 지켜본 적이 있다면 이 두 가지 접근 방법을 구별하지 않고 교실에서 유용하게 활용하는 것을 보았을 것이다. 여기에서 구성주의에 대한 논의를 이어가고 있는 우리의 의도를 명확하게 알 필요가 있다. 그것은 인지 모형을 포기하고, 구성주의적 교수 설계에 대해 집중적으로 논의하려는 것이 아니다. 이런 점은 Johnson(1999) 등의 글에 잘 나와 있다. 따라서 혼합하면 효과적일 것으로 생각되는 구성주의적 기법들을 인지적 교수 설계 모형에 통합해 보고자 한다. 여기에서는 일반적인 인지적 교수 설계 절차와 **구성주의적 학습 환경(Constructivist Learning Environment: CLE)** 설계의 계획 기법과 실제를 비교해 보고자 한다. 그러고 난 후에, CLE를 Dick과 Carey의 설계 모형과 혼합하는 문제와 반드시 지켜져야만 할 필요가 있는 구성주의 이론의 중요한 측면에 대해 살펴보고자 한다. CLE의 설계와 관리에 대해서는 이 장의 마지막에서 간단하게 살펴볼 것이다. *구성주의적 학습 환경(CLE)*을 간명하게 정의하면 '협력 집단에 속한 학습자들이 문제 해결을 위해서 필요한 자원에 대해 동료와 교사들에게 자문을 구할 수 있는 학습 방법'이라고 할 수 있다. 발견학습, 탐구학습, 문제 중심 학습은 CLE와 어느 정도 비슷한 교수 전략이다.

CLE를 교수 전략으로 사용하려면, 다양한 성숙 수준과 능력 수준을 고려하기 위한 학습의 구성요소를 다루었던 앞 절을 다시 읽어 보아야 한다. 최소한의 학습 안내를 제공하는 교수 프로그램에 승선할 학습자들은 일정 수준의 동기와 성숙도가 필요하다. 성숙되지 않고 학습 동기도 낮은 학습자들이라면, 구성주의적 학습에 필요한 인지 부하를 관리할 수 없기 때문에 엄청난 혼란을 경험하게 될 것이다. *인지 부하(cognitive load)*를 다루고 있는 *'Educational Psychologist'*(2003)의 특별 호에 실린 논문들에서, *적정 학습 안내(optimal guidance)*에 대한 Hannafin(2012)의 지적에서 볼 수 있는 것처럼, 구성주의적 설계에서의 이런 딜레마에 대한 유용한 관점들을 제시하고 있다.

인지적 교수 설계 모형과 구성주의적 기획의 실제 표 8.7에서는 인지적 교수 설계 모형과 구성주의적 계획 실제를 비교하고 있다. 표를 잘 검토해 보면, 두 가지 입장을 명확하게 알 수 있다. 첫째, 구성주의는 인지적 교수 설계에서 필요한 계획 절차와 동떨어진 간단한 방법이 아니라는 점이다. 설계자들이 관련 이론으로부터 예측할 수 있는 구성주의적 학습 성과를 위해 CLE를 교수 전략으로 선택했더라도, 목표, 학습 내용, 학습자 분석, 상황 분석 등의 계획은 여전히 필요한 활동이다. 학습자 중심 학습(learner-centered instruction)이라고 해서 설계 기획과 학습자 활동(participation)에서 교사의 역할을 완전히 배제하는 것이 아니다. 그 역할이 달라질 뿐이지 없어지는 것은 아니다.

둘째, 7장까지의 Dick과 Carey의 평가 설계 모형에 따라 설계를 했다면 CLE 설계에 유용한 계획을 한 셈이다. 구성주의적 설계에서 교수 프로그램의 전체 목표, 학습 내용, 수행 목표, 평가를 어떻게 계획할 것인지에 대한 몇 가지 이론적 이슈가 있어서, 이 문제를 간단히 살펴보기로 하자. 여기서의 핵심은 분석과 설계 작업이 완료되어서 그대로 활용할 수 있기 때문에 바로 여기에서부터 Dick과 Carey의 모형에 구성주의를 효과적으로 결합할 수 있다는 점이다. 그러면 CLE를 하나의 인지적 모형에 어떻게 혼합할 것인지에 대한 이론적 이슈를 알아보기로 하자.

이론적 측면 인지적, 구성주의적 관점에서 극명한 이론적 입장 차이의 기원은 학습 내용과 학습자의 역할이다. 학습 내용이 교수 설계 체제를 이끌어 간다고 보는 것이 인지 이론의 가정이라면, 구성주의에서는 학습자를 추진 요인으로 본다. 인지적 관점에서는 즉각적인 학습 결과와 성과에 중점을 두는 반면, 구성주의적 관점에서는 과정에 초점을 둔다. 이런 가정들은 교수 프로그램의 최종 목표, 학습 내용과 수행 목표, 평가를 보는 양쪽의 관점의 차이를 가져왔는데, CLE를 인지적 교수 설계와 통합하려고 한다면, 이런 차이에 대해 신중하게 고려할 필요가 있다.

CLE 계획서에는 탐구할 학습 내용 영역에 대한 학습 목표를 포함해야 하고, 인지 모형에서와 마찬가지로, 그 목표는 기관의 요구와 학습의 우선순위를 반영해야만 한다. 그러나 CLE는 내용 영역보다는 탐구 절차로부터 나올 수 있는 학습 목표를 포함해야 하는 하나의 교수 전략이다. 이 목표가 설계 계획서에 "목표(goals)"라고 표현되지 않았다고 하더라도, 구성주의 이론과 CLE 전략은 떼어놓고 생각할 수 없다. Discoll(2005)은 교수 설계를 할 때 고려할 만한 다섯 가지 측면을 제시하고 있다. 적응적 학습 안내(adaptive learning guidance)를 제공할 때, 학습자 중심 탐구 방법(learner-centered inquiry)을 통해 얻을 수 있는 바람직한 성과(목표)로는 (1) 추리력, 비판적 사고, 문제 해결, (2) 파지, 이해력, 활용, (3) 인지적 유연성, (4) 자기 규제(self-regulation) (5) 세심한 성찰, 인식적 유연성 등이 있다. (3), (4), (5)를 종합적으로 메타인지라고 부를 수 있는데, 이것을 Gagné는 *인지적 전략(cognitive strategies)*이라고 했다. 설계하려는 프로그램의 인지적 모형에 CLE를 통합하기로 결정한 설계자는 이와 같은 구성주의 학습의 목표(성과)를 충분히 이해하고, 이런 점을 교수 설계 프로젝트 보고서에 명시하고, CLE의 설계와 평가에 반영해야 한다. CLE를 선택해야 하는 가장 큰 이유는 학습 목표가 잘 정의하기 어려운 문제(ill-defined problem) 해결이나 인지적 전략을 개발하는 것이기 때문이다. 그러나 독창적인 설계자들은 다른 영역의 학습을 위한 동기 유발을 위한 수단으로 CLE를 활용하는 여러 사례들을 볼 수 있다.

내용 분석은 인지적 교수 설계 과정에서 시행하는 하위 기능 분석을 통해 이루어지고, 학습 목표를 숙달하기 위해서 학습해야 하는 것과 그 목표를 학습하기 위해 필요한 순서가 있는지를 설계자가 결정할 수 있도록 내용 구조를 찾아내도록 한다. 이 분석을 한 후에, 분석한 내용의 구조를 반영하여 목표를 작성해야 한다. 인지적 교수 설계에 CLE를 통합

표 8.7 | 인지적 교수 설계 모형과 구성주의적 설계

인지적 설계 단계	Dick, Carey 설계 절차	구성주의적 설계
분석	요구	• 기관의 임무와 요구 조건에 학습을 통합함
	목표	• 학습자의 학습 참여 전의 준비 단계나 학습 중의 과정에도 목표에 대한 관심을 유지함 • 인지적 전략에 포함되지 않을 수도 있는 과정적 측면도 목표에 포함
	내용	• 학습 환경에 학생이 필요로 할 수 있지만 위계적 하위 기능 분석에 좀체 포함시키지 않았던 영역 지식 자료들을 수집하고 참고함
	학습자	• 학습자를 사회적, 문화적, 지적인 측면에서 ZPD(Zone of Proximal Development)에 맞춤으로써 학습 환경과 학습자를 일치시킴
	학습 상황 수행 상황	• CLE에 상황 학습(현실감 있는 사회적, 문화적, 물리적 속성)을 강조함
설계	목표	• 목표를 작성해야 하지만 인지적 프레임에서보다 적은 수의 목표를 작성하고 목표의 세 가지 구성요소를 지킬 필요는 없다. CLE에서 학습자들 간의 협력, 학습 과제 관리와 같은 역량도 필요하기 때문에 학습 목표와 과정 목표로 분리함
	평가	• 학습 진척정도, 학습 결과, 과정의 평가 과정에 교사, 학습자, 동료 학습자의 참여를 의무화함 • 하나의 유일한 옳은 해결책을 요구하지 않아야 하기 때문에 준거에는 적합한 해결책의 속성들을 기술함
	교수 전략 • 내용 묶기와 계열화 • 학습의 구성요소 • 학습자 팀 만들기 • 전달 시스템/ 매체	• CLE는 교수 전략이다. 협력 학습 팀에 속해 있는 학습자들은 문제 해결을 위해 동료, 교사와 함께 필요한 자료들을 의논한다. 팀 회의는 면대면 혹은 컴퓨터 매개 통신을 통해 동기적 혹은 비동기적으로 혹은 가상 공간에서 이루어질 수 있다. 언제든지 이용할 수 있고, 꼭 필요하며, 충분한 자료가 준비되어 있어야 한다. 실세계에서 볼 수 있는 복합적이고, 생생한 문제들을 제공해야 한다. 학습자들은 능동적으로 참여하고 성찰적 활동에 적극적이어야 한다. 교사는 학습자들에게 동기 유발을 하고, 학습자 집단의 협력 과정을 관리하고, 스캐폴딩, 코칭(튜터링, 피드백, 직접적인 강의), 모델링, 멘토링과 같은 적응적 학습 안내를 제공함
개발	교수 프로그램	• 처방적 인쇄매체 혹은 컴퓨터 기반의 학습 프로그램보다는 탐구적 활동, 직접 해 보기, 자원 기반의 학습 활동에 중점을 둠 • 학습 목표, 문제 시나리오, 집단의 활동 과정, 주요 활동, 학습 자원 등에 대해 조심스럽게 설명해야 함
	평가	• 협력적 평가를 위해 평가 과정에 대한 안내와 함께 루브릭과 포트폴리오를 이용한 평가가 되어야 함
	과정 관리	• 학습 상황, 대상 학습자, 학습 목표, 내용 영역과 문제 시나리오, 필요한 도구/자원/스캐폴딩과 평가 도구 및 절차 등의 내용을 담고 있는 교육 운영자(교사) 지침서를 제공함

한다고 할 때, 현실 세계를 보는 이런 객관적인 관점은 어떤 이론적 문제가 있을 수 있다. Hannafin 등(1997, p. 109)은 다음과 같이 인지적, 구성주의적 관점의 차이를 분명하게 밝히고 있다.

> 구성주의자들의 입장에서 보면 객체(objects)와 사건(events)은 절대적인 의미를 갖고 있지 않아서 각 개인이 그 객체와 사건을 자신의 경험을 통해 해석하고 그 의미를 구조화하고 그 객체와 사건에 대한 자신의 믿음을 발전시킨다. 따라서 그 의미를 협상하고, 이해하는 방법을 찾아서 발전시킬 수 있는 풍부한 맥락(상황)을 제공해 주어야 하는 것이 설계자가 해야 할 일 중의 하나가 될 것이다. 구성주의를 선호하는 설계자들은 그 맥락들을 지식, 기능과 같은 학습 환경 구성요소의 부분들로 분류하는 일을 삼가고, 그 맥락의 복합성(복잡성)을 본래 상태 그대로 두려고 한다.

교수 전략으로 CLE를 선택한 인지적 관점을 가지고 있는 설계자라고 하더라도 이제까지 완성한 내용 분석 결과를 수정할 필요는 없다. 그 대신에, 사용한 내용 분석 방법을 바꾸어야 한다. CLE를 위해서는 내용을 강제적으로 구조화하려고 하지 말고, 학습자들에게 안내적 탐구 과정의 한 부분으로서, 내용의 구조를 스스로 찾아갈 수 있도록 CLE를 구조화해야 한다. 그러나 설계자는 강력한 문제 시나리오를 선택하고, 문제 해결을 위해서 풍부한 내용 자원을 접할 수 있는 기회를 제공하기 위한 하나의 자원으로서 내용 분석을 사용할 수 있다. 하위 기능 분석의 또 다른 용도는, 잘 정의하기가 어려운 문제 해결(ill-defined problem solving) 학습에서 학습자들이 개념, 법칙, 절차들 간의 관련성을 파악할 수 있도록 안내해 줄 필요가 있을 때 사용할 튜터링이나 스캐폴딩을 위해서이다. Jonassen(1997)의 잘 정의하기 어려운 문제 해결 학습을 위한 인지 전략의 원리에 따라, 내용 분석 결과는 CLE에서 학생들에게 제공할 참고 자료로서의 튜토리얼의 설계를 위해서도 사용할 수 있다. 인지적 관점에서 설계를 할 경우 수행 목표들은 목표 분석과 하위 기능 분석으로 나오기 때문에, 앞서 제시한 Hannafin 지적에서 생길 수 있는 이론적 문제가 있을 수 있다. 예컨대, 하위 목표들은 CLE에서 학습자들에게 줄 자료로서 튜토리얼이나 직무수행 보조물(job aids)을 개발하는 데 사용될 수 있지만 학습자들에게 자신의 진도나 학습 과정에 참고할 수 있도록 나누어 주지는 않는다.

앞서 언급했듯이, 인지적 교수 설계는 학습 내용 중심적이어서, 기능, 목표, 평가 문항 간의 일관성을 유지해야 한다. 이런 세 가지들 간의 관련성은 CLE에는 존재하지 않는 교수 학습 프로그램의 구조를 결정해 주면서 어떤 성격의 평가가 이루어져야 할지를 규명해 준다. 인지적 설계 방법으로 개발된 평가 도구를 구성주의적 학습의 평가 결과를 알려 주기 위해서 사용할 수 있지만 CLE의 학습 성과를 평가하는 데는 사용할 수 없다. 잘 구조화되어 있는 않은 문제(ill-structured problems)에는 여러 가지의 옳은 해결책(solutions)이 있을 수 있기 때문에 인지적 설계 방법에 CLE를 통합하기로 한 설계자는 옳은 해결책이 무엇인지를 기술하는 것보다는 옳은 해결책의 특징들을 기술해야만 한다. 설계자들은 또한 구성주의 이론에서 볼 수 있는 탐구적 학습 목표의 성과를 평가할 수 있는 전략들을 만들어 내야 한다. 이를 위해서 어떤 형태의 산출물(예, 문제 해결, 논문이나 기사, 극적인 내용을 담은 동영상, 컴퓨터 프로그램), 혹은 어떤 기능이나 절차의 수행(예, 소프트웨어 솔루션 개발, 작업 팀의 작업과정 관리, 질병 진단, 뉴스레터 제작 등을 하는 데 요구되는 일련의 단계들의 실연)이 그 성과로 나올 수 있는 '참 평가(authentic assessment)'가 필요하다.

참 평가의 또 다른 특징은 결과물이나 학습의 과정에 대한 평가를 학습자와 교사가 서로 의논하면서 같이 한다는 점이다. 이 평가 과정에 그 분야의 전문가나 팀 동료들을 포함시킬 수도 있다. 상호작용적 평가를 위한 토론에서는 전형적으로 산출물이나 수행의 잘된 부분을 조명하는 것에서부터 시작하여, 전향적 관점에서 보완했으면 하는 부분에 대해 서로 의견을 나눈다.

마지막으로 이러한 유형 평가에서는 학습자 수행의 질을 평가하기 위해 사용할 준거도 학습자와 교사가 공동으로 결정해야 한다. 교육 목표 중의 하나는 학습자들이 (1) 객체나 성과의 질에 대한 정보(예, 형태, 기능, 보기가 좋음, 경제성)를 얻게 하고, (2) 이 준거를 사용하여 동료들의 성과를 판단하기도 하고, (3) 자신이 학습하는 중에도 이 준거를 활용해 보고, (4) 이 준거를 사용하여 자신의 학습 성과를 평가하는 것이다. 자기 평가(self assessment) 관점은 학습를 검사하는 것에서부터 학습의 성과를 평가하는 것으로 그 관점을 바꾸어 놓은 것이다. 자기 평가야말로 인지적 유연성(cognitive flexibility), 자기 조절(self-regulation), 성찰의 열쇠이다. 이제 CLE 설계 및 관리에 대해 구체적으로 살펴보자.

구성주의적 학습 환경(CLE) 설계　CLE에 대한 이론적 기반의 다섯 가지 목표에 대해 앞 절에서 살펴보았다. 이 다섯 가지 목표는 CLE 설계를 위한 최소한의 요구 조건 내지는 특성으로 볼 수 있다. Driscoll(2005)의 구성주의적 학습 조건에 대한 논의에서 잘 설명하고 있는데, Chieu(2007)가 사용한 내용의 제시 방식에 따라 논의하고 있다.

추론(reasoning), 즉 비판적 사고(critical thinking)와 문제 해결에 대한 학습 목표는 복합적이고 현실적인 CLE의 설계를 통해 가장 효과적으로 달성 가능하다. 복합성(complexity)은 학생들이 배운 것을 실제 자신의 세계에 전이하도록 하려면 CLE에 사용할 문제 시나리오에 반드시 필요하다. 그러나 문제의 복합 정도는 다양한 능력 수준을 갖고 있는 학생들에게 도전감을 불러일으킬 수 있어야 하지만 불필요한 좌절감을 유발하지 않는 수준이어야 한다. CLE는 학생들에게 자신들의 관심 영역과 관련된 생생한 문제 시나리오를 제공해야 한다. **상황 학습(situated learning)**은 학생들이 학습을 하면 재미있을 것 같고, 배운 것을 전이할 수 있겠구나 하는 생각이 들 수 있는 맥락을 제공해야 한다. 이 맥락에는 학생들이 조작할 수 있는 물리적, 사회적, 문화적 세계의 생생한 요소들이 포함되어 있어야 하지만 반드시 실제 세계일 필요는 없다. 학습은 구연동화, 모의재판, 컴퓨터 시뮬레이션, 컴퓨터 기반 마이크로월드와 같은 맥락에서 효과적으로 구현될 수 있다. 문제 시나리오는 두 가지 관련성을 가지고 있고 있어야 한다. 첫째, 학생들이 탐구 과정을 통해 문제의 유형과 구조를 파악할 수 있도록 문제 시나리오가 계획되어야 한다. 그렇지 않으면, 그 문제는 추론과 비판적 사고의 학습에 관련성을 가질 수 없게 된다. 둘째, 학습한 문제 해결 절차와 전략을 다른 문제 상황에 일반화할 수 있게 계획해야 한다. 기이하고 특이한 문제들은 어떤 면에서는 흥미롭기 때문에 가르칠 수는 있지만, 이제까지 경험한 적이 없는 문제 장면에서 문제 해결 전략을 연습하고 적용해 보는 전이를 위한 노력에는 도움이 되지 않는다.

학습 내용의 파지(retention), 이해, 활용은 학습자, 동료, 교사들 간의 상호작용을 통해 가장 잘 달성될 수 있다. 상호작용은 탐구 과정에서 이루어져야 하는데, 이는 학생들이 자신의 힘으로 새롭게 알게 된 지식을 입증하고, 재고해 보고, 방어하고, 수정하고, 재개념화할 수 있는 상황을 만들어 주어야 가능해진다. 사회적 상호작용은 파지와 이해를 증진시키기 위한 연습과 피드백을 위한 기회가 된다. 사회적 상호작용은 면대면, 채팅방, 블로그, 위키, 토론방, 전자메일 목록 혹은 사회적 미디어 등을 통해 이루어지는데, 어떤 환경에서든지 사회적 상호작용과 과제 지향적 상호작용 간의 절묘한 균형을 유지하도록 관리해야 한다.

인지적 유연성(cognitive flexibility)은 새롭고 예측할 수없는 문제를 해결하기 위해 자신이 알고 있는 지식의 구조와 해결 전략의 정신적 관리 방법을 받아들이고 바꿀 수 있는 능력을 말한다. 학생에게 내용 영역을 다중 표현(multiple representation)으로 제시하고, 하나의 문제를 해결하기 위해 자신이 가지고 있는 해결 전략을 검토, 평가해 볼 도전 기회가 주어졌을 때, 인지적 유연성은 생기게 된다. CLE는 똑같지 않은 다양한 문제들을 해결하기 위해 자신이 알고 있는 지식을 재구조화해 보고, 다양한 해결책들의 적합성을 탐구해 볼 수 있는 기회를 제공해야 한다. 자기 평가와 협력적 평가는 인지적 유연성을 개발할 수 있는 중요한 방법이 되는데, 문제 해결의 형성적 시도를 해 볼 수 있는 서로 다른 관점과 기회를 그렇게 위험하지 않게 제공할 수 있기 때문이다.

자기 조절(self-regulation)이라는 것은 학습자들이 관심이 있고 필요하다고 생각하는 것을 학습하기로 결정하고, 그 학습 성과를 추구하도록 선택하는 것이라서, 학습자가 자신들의 교수 목표를 선택하고 추구할 수 있는 환경에서 이런 목표를 가장 잘 달성할 수 있다. 좀 어린 학습자들은 학습 목표가 실제적이고, 충분히 달성 가능하고, 잘 하면 개인적인 보상을 받을 수 있다는 것을 경험을 통해 학습될 때까지 일정 정도의 도움이 필요하다. 프로젝트 기반 학습(project-based learning)을 활용한 CLE는 학생들에게 동일한 내용 영역의 지식을 이용하여 다양한 문제 시나리오들을 선택할 수 있게 해 줄 수 있다.

  신중한 성찰과 인식적 유연성은 학습자 자신의 지식을 구성하고 학습하는 방식을 선택하는 자신의 과정을 인식하게 해 줄 수 있다. 이와 같은 내용의 학습 목표를 학습하도록 도와주는 방법은 인지적 유연성을 지원하는 방법과 유사하지만, 다양한 관점을 제공하는 것을 뛰어넘어서, 다양한 관점들이 갖는 장단점에 대해 심사숙고, 비교, 결정해 보는 활동을 해 보도록 해야 한다. 어떤 내용에 대한 의미를 재구성하기 위해 다른 사람들과 그 의미에 대한 토론이 필요하다면, 이때 신중한 성찰과 인식적 유연성은 그 의미, 즉 '어떤 것이 진리인지를 어떻게 판단하지?' '그 진리를 아는 다른 더 나은 방법이 무엇이지?' 등에 대해 자신과 정신적 토론을 하는 것으로 생각할 수 있다. 인지적 유연성과 마찬가지로, 자기 평가와 협력적 평가는 이런 학습 목표를 달성하기 위한 중요한 방법 중의 하나이다. 그러면, 설계와 개발을 위한 템플릿을 보면서 CLE를 계획하고 관리하는 문제에 대해 보기로 하자.

구성주의적 학습 환경(CLE) 계획 인지적 또는 구성주의적, 아니면 이 둘의 혼합 교수 전략을 수립하든 어떤 교수 전략을 선택하더라도 이 교수 전략이 어떻게 기관의 요구를 충족할 수 있는지를 포함한 몇 가지 요인들을 고려해야 한다. 설계자는 기관이 승인한 교수 목표를 학습자들이 달성할 수 있는 최적의 경로를 선택해야 한다. 학습자의 능력, 성숙도, 경험, 가르치려는 영역 내용에 대한 지식 등의 학습자 특성은 중요한 고려 요인이다. 구성주의적 전략 혹은 인지주의와 구성주의를 혼합해서 사용하든 간에 교사, 훈련담당자, 교육관리자의 기능 수준도 중요한 고려 요인이다. CLE를 관리하는 것과 CLE에 학습자들이 참여하는 것은 이제까지 대부분의 교사들에게 익숙한 교육 방식과는 대단히 다르기 때문이다. 나아가, 학습 자원의 측면에서, 특히 수행과 학습 상황의 특성들은 학습을 위한 최상의 전략 선택에 영향을 미친다.

  CLE를 계획하고 있다면, 표 8.7의 "분석", "설계" 단계에 잘 요약되어 있으며, 효과적인 CLE를 위해서는 신중한 준비가 필요하다는 점을 고려한다. 표 8.7은 CLE 계획을 위한 템플릿으로 활용할 수 있지만, 표 8.8은 구성주의적 전략을 계획하는 문제에 초점을 두고 있다. 표 8.8은 7장까지에서 다루었던 분석과 설계 단계를 완성한 단계이며, 설계자는 이 장에서 다루었던 인지적 전략 대신에 CLE를 사용하기로 했다고 가정한 것이다. 이전 전제에서, CLE를 계획한다는 것은 지금까지 해둔 설계 작업 결과를 수정 통합함으로써, 구성주의적 가정과 CLE 특유의 기법들을 추가하는 것으로 보면 되겠다. 표에는 학습 환경, 학습자의 참여(engagement), 학습 안내(learning guidance), 평가 영역에서의 설계, 계획 활동을 따로

표 8.8 ┃ CLE의 계획

계획 요구	계획 활동
학습 환경 계획	*CLE를 착수하는 데 필요한 설계와 자료를 여기에 적어 보자.* • 목표(goal) • 학습 목표 • 구성적 초점 • 교육 모형(문제 기반 학습, 프로젝트 기반 학습, 사례 기반 학습 등) • 시나리오(문제, 프로젝트, 사례의 개요 등) • 학습 자원 자료 • 학습자 팀 구성방법 • 전달체제, 매체, 참여 인원
학습 참여 계획	*학습자의 특성, 교수 목표, 교육 모형이 결정되었다면 학습 참여 중 기대되는 과정과 활동을 여기에 적어 보자.* • 참여(Engage)(처음으로 문제와 자료 만나기, 주의집중, 호기심 유발, 학습자의 마음에 있는 개인적인 관심사 정하기) • 탐구(Explore)(집중하기, 질문하기, 가정하기, 정보 탐색하기, 상호작용하기, 공유하기) • 설명(Explain)(현상 설명하기, 용어 활용하기, 아이디어 공유하기, 다른 설명 제안하기, 해결책 검증하기, 결과 해석 방어하기) • 다듬어 보기(Elaborate)(지식의 전이와 확장하기, 새로운 맥락에 적용하기, 관련성 찾기, 유형 알아내기, 연결지어 보기, 새로운 맥락에서 검증하기, 생활 속의 경험과 관련짓기) • 평가(Evaluate)(산출물 평가를 협력하고 협상하기, 준거 정의하기, 진단과 처방하기, 차츰 학습 성과가 나타나는 부분을 요약하기, 산출물과 수행 결과 평가를 위한 루브릭 제공하기, 성찰하기, 다듬기)
학습 안내 계획	*CLE에 학습자들이 참여하는 중에 적응적 학습 안내(adaptive learning guidance)를 위해 기대되는 학습 자료와 활동을 여기에 적어 보자.* • 스캐폴딩 　• 모형 　• 그래픽 조직자 　• 해결 예(worked examples) 　• 직무수행 보조물(job aids) 　• 개념도 　• 질문하기 　• 안내적 피드백(guided feedback) • 코칭 • 모델링 • 튜터링, 동료 튜터링 • 매개적 튜토리얼 • 직접 강의
참 평가 계획	*학습 목표, 학습자, CLE 활동별 참 평가를 위해 필요한 자료, 활동을 작성해 보자.* • 루브릭이나 다른 검사 도구 • 준거의 범주 　• 양식 　• 기능 　• 외양 　• 법적 문제 • 성찰과 자기 평가를 위한 프롬프트 • 모범적 해결책

제시했지만, 대부분의 계획 활동은 새로운 학습 환경을 도입하고, 학습자 참여 활동이 시작되기 전에 완성해야 한다.

참 평가와 학습 안내는 물론 학습자 활동의 한 부분이기는 하지만, 이 두 활동은 CLE를 이용한 학습자의 학습 성과에 결정적으로 중요한 부분이기 때문에 표 8.8에서는 이를 별도로 제시했다. 생물교육과정연구(BSCS) 팀에 의해 개발된 그 유명한 "5E 모형"을 학습자 참여를 계획하기 위해 표에 제시했지만, 설계자는 내용에 따라서 자신들이 알고 있는 효과적인 어떤 모형들을 활용할 수 있다. 표 8.8에 제시하고 있는 학습 안내를 계획하는 데 있어서, 모든 것을 스캐폴딩으로 볼 수 있다. 즉, 학생들이 필요로 하는 한 그들을 도와주기 위해서 제시를 해 주지만 학습자가 학습을 함에 따라 기능 수준이 차츰 발달되면 서서히 제거해야 하기 때문이다. 따라서 설계자는 학습 안내의 개념에 적합한 방식으로 어떤 다른 방식으로 구조화해도 좋다. 9장의 마지막에 나와 있는 예와 사례 연구, 부록을 참고하여 표 8.8을 채워 보자.

구성주의적 교수 설계 문제에 대한 논의를 이 정도로 마무리하면서, Dick, Carey 모형에 따라 설계를 하려는 이들에게 마지막으로 한 가지 유의할 문제를 덧붙이려고 한다. 만약 설계자가 CLE와 같은 구성주의적 교수 전략을 사용하고 이론적으로 통합하려고 결정했다면, Dick, Carey 모형의 몇 가지 가정은 타협될 여지가 있음을 알아야 한다. 학습 목표별 평가, 학습 프로그램의 형성 평가, 수정 보완, 책무성, 재사용성 등에 영향을 줄 수 있다. 예를 들면, 구성주의적 교수 설계의 관점대로 한다면, 학생들의 학습 성과를 평가하여, 그 학습 정도(성취도)를 목표별로 해석하기가 어렵게 되고, 프로그램에 대한 형성 평가를 통해 수정 보완하기도 어렵고, 프로젝트 발주 기관에 대한 설계 작업 결과의 책무성에도 손상을 줄 수 있으며, 그 프로그램을 사용했을 때 얻을 수 있는 성과를 예상하면서 그 프로그램의 재사용을 고려하기도 어려울 수 있다. 부록 H에 나와 있는 학교 교육을 위한 사례 연구에 있는 교수 전략은 인지적 교수 설계 가정을 고려하지 않고, Dick, Carey 모형에 CLE를 통합한 사례이다. 문장 작성을 위해 다양한 문장을 활용하려는 강의식 수업에서 중학생들의 참여를 위한 동기 유발을 하기 위해 문제 기반의 기조에서 학생 신문 제작 활동을 사용했기 때문에 그런 사례로 볼 수 있다. 다양한 문장의 활용을 뛰어넘어, 중학교 교육과정 전반에 걸쳐 CLE는 다른 다양한 수업 활동과 고차적 사고 기능을 개발하기 위해 그 용도 범위가 넓다. 이러한 설계는 인지주의와 구성주의 모형의 이점을 잘 살려 혼합한 좋은 사례이다. 9장의 마지막에 제시한 집단 리더십 사례도 CLE와 Dick, Carey의 모형을 혼합한 사례이지만, 인지적 설계의 가정이 큰 비중을 차지하고 있는 경우이다. 인지적 설계 원리에 따라 설계된 웹 기반 학습이기는 하지만, 참여한 학습자들이 자신의 학습 계획을 세우고, 우선순위를 결정할 수 있는 집단 중심 문제 해결 학습 장면(session)에서는 집단마다 다른 학습 내용을 학습할 수 있으며, 집단 내의 숙달 수준도 개인마다 다르게 될 것이다. 따라서 학습 성과를 예측하기도 어렵고, 수행 수준의 다양함 때문에 형성 평가를 통한 프로그램 수정 보완은 물론 배워야 할 것을 모두 잘 학습했음을 증빙해 주는 데도 문제가 생길 수 있다. 그렇지만 우리는 다음의 두 가지 이유 때문에 CLE에 대해 다루었다. 첫째, 선수 기능 (prerequisite skills)은 웹 기반 학습에서도 요구되는 것이고, 둘째, 강의보다는 집단 중심, 문제 해결 세션은 보다 실제적인 수행 결과를 위해 직접적인 강의보다는 능동적인 학습자 참여를 더 잘 이끌어 낼 수 있기 때문이다. 결론적으로 교수 설계에서 대부분의 결정처럼, 교수 전략의 선택은 교수 목표의 세심한 분석, 학습자와 발주 기관의 요구에 대한 완벽한 이해를 통해 이루어져야 한다.

예시

여기에서는 학습 이론이 어떻게 구체적인 교수 목표와 연관되는지를 보고자 한다. 언어적 정보, 지적 기능, 운동 기능, 태도에 대한 예이다. 이 예에서 사용된 구체적인 교수 목표의 프레임워크는 골프공 퍼딩하기를 제시한 그림 4.6에 있다. 이 목표를 선택한 이유는 이 목표가 지적 기능과 운동 기능을 포함하고 있는데, 그것들은 또한 태도와 언어적 정보의 하위 기능들을 가지고 있기 때문이다. 이런 목적 때문에, 관련된 언어적 정보, 태도를 포함시키기 위해 그 프레임워크를 확장했다. 그림 8.2는 그렇게 수정된 것이다. 지적 기능에 연결된 언어적 정보가 지적 기능을 지원하는 것을 표시하기 위해 "V" 표시를, 태도 목표에 연결된 것은 "A" 표시를 했다. 본래에 있었던 여러 기능들은 다른 기능이나 정보를 제시하기 위해 생략했다. 본래의 기능들이 모두 있다고 생각하면서 그림 8.2를 보자.

그림의 오른쪽 맨 위의 '신체적 활동, 경쟁, 골프 선택하기'라고 하는 태도 목표를 보자. 이 태도 복표는 어기 퍼딩에만 해당하는 것이 아니라 전체 교수 프로그램에 대한 것이다. '공을 컵에 넣기 위해 요구되는 스트로크 계획하기'라는 하위 기능 I.1은 지적 기능이지만, '계획한 대로 연습 스트로크하기'라는 기능 I.4와 '계획한 대로 스트로크하기'와 같은 기능 I.5는 운동 기능이다. 지적 기능 I.1.a, I.1.b, I.1.d, I.1.e의 지적 기능을 지원하기 위한 네 개의 언어적 정보 과제가 추가되었다. 최종 목표 '퍼딩'의 1단계를 지원하기 위해 '퍼딩의 규칙과 퍼딩의 에티켓을 따르기'를 지원하는 언어적 정보도 추가되었다. 여기에 제시한 기능과 언어적 정보는 주된 하위 기능이 교수 프로그램의 학습 구성요소들과 각 목표별로 어떻게 연관되는지를 보여 주기 위해 사용될 것이다.

교수 전략 계획의 첫 단계는 대상 학습자의 특성, 학습 활동에 보이는 학습자들의 기본

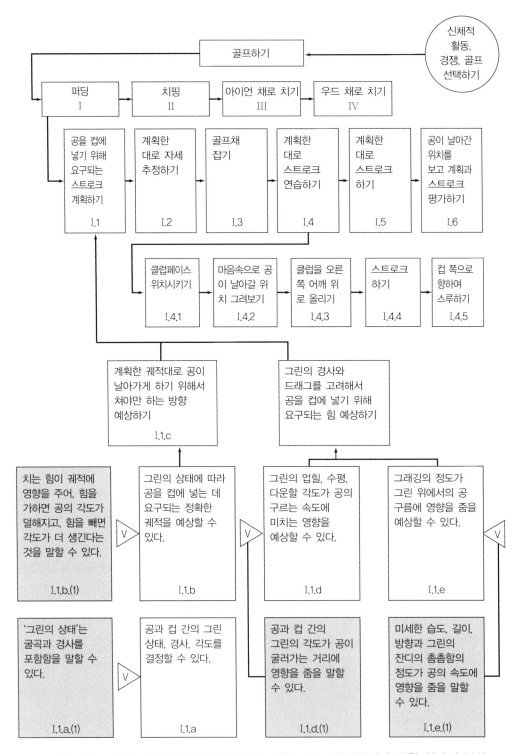

그림 8.2 ┃ 그림 4.6에 언어적 정보를 추가하여 골프공 퍼딩하기에 대한 위계적 분석

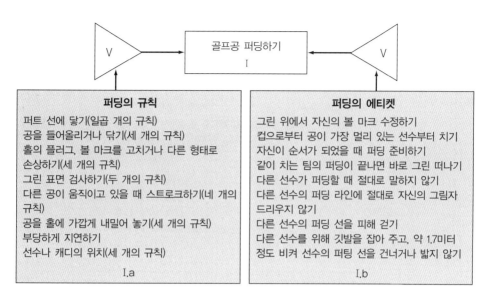

그림 8.2 | 그림 4.6에 언어적 정보를 추가하여 골프공 퍼딩하기에 대한 위계적 분석 (계속)

적인 동기 유발 수준, 학습 내용과 학습자들 간의 상호작용적 거리(transactional distance) 등을 고려하는 것이다. 예를 들어, 학습자들의 인지적 능력은 서로 다르지만 골프 능력이 초보라는 점에서는 같다고 생각해 보자.

이들은 각 레슨에 자발적으로 참여했고, 참여한 대가를 지급했다. 이런 몇 가지 사실로 미루어 보아서, 학습자들은 골프공 퍼딩을 배우고 싶어하는 것으로 짐작할 수 있다. 상호작용적 거리와 관련하여, 학습자들은 지역 골프장에서 프로 선수가 진행하는 소집단 학습 과정에 등록했다. 이 내용을 보면, 학습자들이 골프 강사와 직접 만나서, 그들에게 수업과 연습할 기회는 물론 학습자들의 학습 정도에 따른 피드백이 제공될 것을 알 수 있다. 여기에 참여하게 될 학습자들의 동기 유발 수준은 고등학생들을 위한 'First Tee' 프로그램에 등록한 학생들과는 상당히 다르며, 전형적인 고등학교 체육시간에 골프 수업을 듣는 학생들과는 더더욱 다를 것이다. 먼저 태도 목표와 이론에서 제시하고 있는 태도 형성을 위한 교수 전략을 연관시켜 보자. 그 다음에 언어적 정보, 지적 기능, 운동 기능과 관련된 하위 기능들을 각각에 해당되어야 할 교수 전략에 연결해 보자.

태도에 관한 교수 목표

표 8.9는 골프 학습과 관련된 태도 목표를 위한 교수 전략들이다. 왼쪽에는 학습의 구성요소, 가운데는 각 요소별로 학습 유형별 고려사항이, 오른쪽에는 교수 전략들이다. 교수 전

표 8.9 ▎ 골프 학습 목표에서 태도로 분류된 부분의 교수 전략의 예

학습의 구성요소	각 구성요소별 고려사항	'신체적 활동, 경쟁, 골프 선택하기'의 태도 목표에 대한 교수 전략
사전 교수 활동	동기 유발 학습 목표 알려 주기 이 태도 행동을 보였을 때의 이점과 문제점	등록 신청 중 락커룸에서 동영상을 보여 주면서 광고를 한다. 동영상에서 프로 골프 선수가 이 내용을 배우면 좋은 점(예, 게임 실력 향상, 실력 인정, 주요 경기 출전, 유연성 확보, 신체적 웰빙)을 말해 준다.
	삽화의 등장인물에게 공감적 이해 유도하기	이 내용을 학습한 선배들이 개인적으로 알게 된 이점에 대해 증언 청취, 우정, 재미, 챔피언십을 보여 주기 위해 Augusta에서 열렸던 마스터스 게임에 참가했던 지역 선수들의 동영상 상영
	비슷한 환경에서 살고 있는 사람들의 성찰이나 토론 제공하기	긍정적 이점에 대해 클럽 동료들의 증언을 듣는다. 이 프로그램의 개인적 이점에 대해 프로 선수와 개별적으로 토론할 기회
제시 활동	가르치려고 하는 행동을 보여 주거나 그 행동이 왜 중요한지를 설명하거나 보여 줄 수 있는 학습자들로부터 존경받는 인물 모델 제공하기	동료들이 골프를 잘 쳐서, 조금씩 향상되었다고 동료들로부터 칭찬을 듣는 동영상 보여 주기
	어떻게 행동하면 모델이 보상받는지 보여 주기 어떻게 행동하면 모델이 만족감을 갖게 되는지 보여 주기	프로 선수가 이전 골프 클래스에서의 학습자들의 점수 향상도, 인정받은 것, 성적 등을 설명해 주기
	덜 바람직한 방법으로 모델이 행동하면 어떤 바람직하지 못한 결과를 초래하는지 보여 주기	골프를 잘 치지 못하고, 좋지 못한 자세로 경기를 해서 나쁜 점수를 받고 짜증을 내는 속이려는 선수(클럽 동료들이 모르는)의 동영상 보여 주기
학습자 참여	관련 정보나 기능을 활용하여 적합한 행동을 선택해 볼 수 있는 기회 제공하기 적절한 상황이나 환경에서 학습자가 어떤 선택을 해 볼 수 있는 역할 기회 제공하기	최근에 배운 것(퍼딩, 치핑, 아이언 샷, 페이웨이에서 우드로 치기, 드라이브 샷) 연습해 볼 수 있도록 티타임 갖기
	보상, 결과, 그 이유 간의 일관된 피드백 주기	주요 세션(퍼딩, 치핑, 아이언 샷, 페이웨이에서 우드로 치기, 드라이브 샷)마다 시합하고 상 받기(리본, 표창장 등)
	보상이나 결과과 관련하여 그 행동에 대한 학습자들의 언어적 증언해 보기	학습 프로그램을 성공적으로 마친 학습자들을 위한 '졸업' 골프 시합 운영하기

표 8.9 ┃ 골프 학습 목표에서 태도로 분류된 부분의 교수 전략의 예 (계속)

학습의 구성요소	각 구성요소별 고려사항	'신체적 활동, 경쟁, 골프 선택하기'의 태도 목표에 대한 교수 전략
평가	학습자가 자신의 선택과 행동에 대해 말해 볼 수 있는 시나리오 만들기 바람직한 방법으로 행동하기, 그때의 보상과 그렇게 행동했을 때의 결과에 대해 알고 있는지 검사하기	계획된 학습 세션에 참석할 것과, 팀을 위해 세션 후의 부가적인 연습과 다양한 시합에 참석하기로 결정한 학습자 관찰하기
	학습자가 바람직한 방식으로 행동할 것을 선택할 수 있는 상황을 만들어서, 학습자들이 자신들이 관찰되고 있는지를 모를 때도 어떻게 선택하고 행동하는지 관찰하기	골프를 치는 중에 배운 기능과 자세에 집중하려고 하는지 관찰하기
후속활동	배운 태도 행동을 보여야만 하는 상황과 가장 유사한 연습 상황 제공하기	부가적인 골프 라운드에서 골프를 치기로 결정하고 이 골프 코스가 제공하는 다양한 시합에 등록하기로 한 학습자 관찰하기

참고: 태도 목표를 위한 이 교수 전략들은 퍼딩만을 위한 세션과 이 세션에 표집된 하위 기능들만을 위한 것이 아니라 골프 치기 학습에 대한 하계 레크리에이션 프로그램 전반을 다루고 있다.

략에 제시된 내용은 퍼딩 기능을 개발하는 것과 직접 관계가 없지만 오히려 배워 보고 싶은 마음을 불러일으키기 위한 것이다. 즉, 참여할 수 있는 다양한 기회를 위한 방법으로서의 등록, 격려, 자신감 기르기, 우정 등에 관한 것이다. 그리고 또한 퍼딩의 첫 단계보다는 오히려 전반적인 골프 학습에 관한 것이다.

언어적 정보에 관한 하위 기능

표 8.10은 그림 8.2(I.1.a(1), I.1.b(1), I.1.d(1), I.1.e(1))의 언어적 정보 하위 기능들을 위한 교수 전략이다. 제시 방식은 표 8.9와 같다. 태도 목표의 예와는 다르게, 여기에서 교수 전략은 언어적 정보가 지원하는 지적 기능의 수행에 요구되는 언어적 정보의 학습을 위한 것이다. 언어적 정보를 위한 학습의 구성요소를 제시하기 위한 표 8.10에서 교수 전략을 별도로 제시했다. 그러나 퍼딩 학습 프로그램에서, 이 언어적 정보는 표 8.11의 지적 기능과 같이 통합될 것이다.

지적 기능

그림 8.2에 있었던 지적 기능 I.1을 위한 교수 전략이 표 8.11에 있다.

표 8.10 ┃ 골프 학습 목표에서 언어적 정보의 하위 기능에 대한 교수 전략의 예

학습의 구성요소	각 구성요소별 고려사항	표 8.2의 언어적 정보 목표 I.1.a, I.2.a, I.3.a에 대한 교수 전략
사전 교수 활동	동기 유발: 자신감	워밍업을 하는 중에 학습자들이 퍼딩한 것을 프로 골프 선수가 칭찬해 주고 학습자들이 퍼딩의 기초를 쉽게 숙달할 수 있을 것임을 알려 주기
	관련성(퍼딩을 왜, 어떻게 해야 하는지)	퍼딩의 기초를 잘 지키면, 시합 중 타수를 많이 줄일 수 있다.
	학습 목표 알려 주기	그린의 경사도와 조건들이 관련된 퍼팅의 정확도에 영향을 주는 요소 학습하기
	새로운 정보와 이미 알고 있는 지식/기능과 연결하기(정교화, 유추, 상상)	자전거를 탈 때 오르는 경사와 내려가는 경사에서 페달 밟기와 연관지어 보기: 내려갈 때는 힘을 덜 주고, 올라갈 때는 힘을 더 주기
제시 활동	지원해 주는 지적 기능과 가장 가까운 위치에서 기능 제시하기	I.1과 I.1.a, I.2와 I.2.a, I.3.a와 I.3을 지적 지원해 주는 언어적 정보를 같이 제시하기
	분류, 위치, 순서 등을 이용하여 내용의 구조 보여 주기	경사 대 저항(그린의 길이와 습도, 그린의 잔디의 성장 방향)
	구별하기 쉬운 특징 지적하기	없음
	논리적으로 관련된 기억 방법 소개하기	없음
	요약이나 표를 이용하여 기억하기 쉽게 도와주기	유명 프로 선수가 그린의 경사가 골프공의 궤적과 속도에 어떻게 영향을 주는지를 말로 설명하고 동작 시연하기
		참고: 여기에서는 언어적 정보의 학습과 정의된 개념, 구체적 개념, 법칙의 학습과 통합해야 한다. 이런 지적 기능들과 언어적 정보는 분리될 수 없다.
학습자 참여	새로운 예를 만들어서 연습하기 정교화와 단서 강화하기 의미 있는 맥락과 연관성 있는 단서 활용하기	다양한 공의 위치, 경사, 컵의 카드를 사용하여 학습자들이 공을 컵에 넣기 위해 어디에서 퍼딩해야 할지 보여 주기(실제로 퍼딩을 하지 않고)
평가	실제 수행 상황과 관련성 확보하기 관계가 가까운 기능들끼리 계열화하기	지적 기능 I.1, I.2, I.3을 평가할 때까지 유보하기
후속활동	정교화, 조직화 전략을 추가로 제시하기 기억하기 퍼즐이나 시합해 보기	퍼딩의 궤적과 거리에 영향을 줄 수 있는 그 밖의 요인 토론하기

표 8.11 ┃ 골프 학습 목표에서 지적 기능에 대한 교수 전략의 예

학습의 구성요소	각 구성요소별 고려사항	'그린의 다양한 경사, 저항 조건에서 퍼딩을 할 때, 컵에 공을 넣기 위해서 요구되는 스트로크를 계획할 수 있다.'는 목표 I의 교수 전략
사전 교수 활동	동기 유발	클래스가 시작되기 전 기다릴 때, 프로 선수가 퍼딩을 하기 클래스가 시작되기 전, 모두 몇 개의 공으로 퍼딩을 워밍업해 보기
	관련성	선수들은 가끔 퍼딩 실수로 경기를 놓치기도 한다.
	자신감	퍼딩 횟수를 줄이기 위해 조심스럽게 스트로크 계획하기
	학습 목표 알려 주기	공을 컵에 퍼딩하기 위해 요구되는 스트로크 계획하기(하위 기능 I)
	선수 기능 상기하기	퍼딩의 정확도에 영향을 주는 물리적 요인들에 대해 지난 세션에서 다룬 정보를 회상해 보도록 요구하기(지적 기능 I.1부터 I.7까지를 지원해 주는 언어적 정보) 다음을 열거해 보도록 요구하기: 골프공의 속도에 영향을 주고 저항을 불러일으키는 그린의 네 가지 특성(잔디, 습도, 경사, 잔디 잎 성장의 방향) 골프공의 궤적에 영향을 주는 그린의 두 가지 특성(속도와 경사)
	새로운 내용을 이미 알고 있는 지식/기능과 연결하기	공의 궤적과 속도에 영향을 주는 이런 특징들을 설명하도록 요구하기 퍼딩에 영향을 주는 다섯 가지 물리적 특징들을 퍼딩 계획에 통합하기
제시 활동과 학습 안내	기능들 간의 위계성에 기초하여 계열화하기	I.1부터 I까지를 위계적 순서로 계열화하기
	개념들의 구별할 수 있는 특징 밝히기	잔디의 유형, 잔디 길이, 잔디의 습도, 잔디 잎의 성장 방향
	분류하기에서 흔한 오류 지적하기	경사와 궤적을 고려하지 않고 컵을 직접 표적으로 삼기, 속도와 거리 무시하기
	정적, 부적 예 제공하기	학습자들에게 퍼딩 계획을 말하면서 옳은 계획과 잘못된 계획을 보여 줌으로써, 학습자들이 그 계획의 결과를 보면서 전략을 학습하게 하기
	새로운 지식을 이미 알고 있는 기능과 조직하는 방법 만들기	프로 선수들이 자신의 스트로크를 계획하면서 경기를 하는 동영상 보여 주기(실제 스트로크를 보여 주는 것이 아니라 계획 행동만 보여 줌)

표 8.11 │ 골프 학습 목표에서 지적 기능에 대한 교수 전략의 예 (계속)

학습의 구성요소	각 구성요소별 고려사항	'그린의 다양한 경사, 저항 조건에서 퍼딩을 할 때, 컵에 공을 넣기 위해서 요구되는 스트로크를 계획할 수 있다.'는 목표 I의 교수 전략
학습자 참여	연습과 조건, 행동의 일관성 확보하기	다양한 공의 위치, 경사, 컵의 카드를 사용하여 학습자들은 공을 컵에 넣기 위해 어디서 퍼딩해야 할지 보여 주기(실제로 퍼딩을 하지 않고)
	난이도를 고려하여 점차 나아가기 리허설을 위해 친숙한 상황 활용하기	컵 방향으로 완만한 상하 경사, 급한 경사, 완만한 경사 옆으로 위치한 컵, 급한 경사 옆으로 위치한 컵
	실제 경기 상황과 유사한 조건 제공하기	공을 예상되는 방향으로 손으로 굴리기
	수행의 질과 오류에 어울리는 피드백 제공하기	틀린 예측에 대해, 성공하려면 어디를 표적으로 삼아야 하는지 보여 주기
평가	학습자가 검사할 수 있는 준비가 되어 있는지 확인하기 기능의 위계적 속성에 적응시키기 학습자의 연령, 능력에 맞는 준거 적용하기	경사, 방향, 그린 표면 조건이 다양한 위치에 공 놓아보기 소집단을 만들어서 자신들이 공을 컵에 퍼딩할 때 사용할 계획에 대해 토론한 다음, 그 계획을 말해 보거나 실제로 시연해 보기(퍼터 없이 그 계획을 말로 해 보거나, 그대로 시연해 보기) 계획한 대로 공이 굴러가는지를 검사하기 위해 손으로 공 굴려 보기 프로 선수와 동료들이 금방 해 본 동료의 계획과 결과에 대한 자신들의 생각 토론하기
후속활동	전이의 촉진(수행 상황과 가장 근접하는 실제과제)	프로 선수가 퍼딩을 계획하고 실행하는 동영상을 보고 나서 그들이 퍼딩 거리와 방향의 오류를 내는 것을 설명하기
	기억해야 하는 것에 대한 고려 수행 행동의 보조물에 대한 고려	퍼딩에 영향을 줄 수 있는 물리적 조건 이외의 다른 요인에 대해 토론하기
	수행 환경을 받아들이도록 하기 학습 경험과 미래의 활용에 대한 성찰하기	각 학생은 자신이 계획한 퍼딩의 질 평가하기

이 기능을 학습하자면 그림 8.2에 있는 지적 기능 I.1.a부터 I.1.f과 이 기능을 보조하는 언어적 정보의 통합이 필요하다. 학습자는 공의 퍼딩을 하고 있지 않는 예임에 주시할 필요가 있다. 여기에서의 전략은 퍼딩의 정확도에 영향을 주는 요인을 실제로 이해해서 퍼딩 계획을 세울 수 있도록 하기 위한 것이다. 프로 선수는 퍼터를 가지고 시행착오의 경험을 해 보기 위해서 퍼트 계획하기 학습을 원하지 않는다. 왜냐하면 그렇게 해서 완전하게 아는 데는 시간이 너무 많이 걸리기 때문이다.

운동 기능

마지막으로 표 8.12는 그림 8.2에 있는 운동 기능 I.4, I.5의 교수 학습 활동, 각 활동과 학습 유형별 고려사항, 교수 전략 등에 관한 것이다. 운동 기능을 학습하는 데는 학습자들이 잘 하는 것을 본 적이 있어서, 적절한 피드백과 함께 충분한 연습 기회가 있다면 자신도 얼마든지 그 기능을 수행할 수 있게 될 것이라는 자신감을 가지는 것이 무엇보다 중요한 성공 요인이다. 골프공의 퍼딩 장면에서, 공이 얼마나 컵에 근접하게 갔는지가 가장 직접적인 피드백이다. 이런 실제 퍼딩 결과를 보고, 학습자는 자신이 퍼딩의 질을 개선하기 위한 계획을 수정할 수 있다.

표 8.12 ▌ 골프 학습 목표에서 운동 기능에 대한 교수 전략의 예

학습의 구성요소	각 구성요소별 고려사항	'그린의 다양한 경사, 저항 조건이 있는 그린에서 퍼딩을 할 때, 계획한 대로 퍼딩 스트로크를 연습할 수 있다.'는 목표 4와 '그린의 다양한 경사, 저항 조건이 있는 그린에서 퍼딩을 할 때, 계획한 대로 퍼딩 스트로크를 할 수 있다.'(그림 8.2)는 목표 5의 교수 전략
사전 교수 활동	동기 유발	대단한 골프 선수가 계획 단계에서 질 높은 계획을 세워서 싱글 성적을 낼 수 있을 만큼 좋은 계획을 세운 학습자들 칭찬하기(대리적 만족)
	수행해야 할 기능을 보여 주고, 선수 기능 회상하기(계획에 대한 구두 설명)	그린 위에서 골프공을 사용하여, 프로 선수가 퍼딩 계획을 말해 주고, 예상되는 스트로크를 연습하고, 계획된 스트로크를 하기
	계획의 이점 알려 주기	결과에 무관하게, 계획을 사용하지 않는 것보다 계획을 사용하면 공은 컵에 근접한다.
제시 활동	제시할 때 어떻게 조직할 것인지 계획하기	(1 〉 2 〉 3) 〉 4 〉 5
	무엇을 어떻게 해야 할지 말해 주기 성공적인 수행의 물리적 특성 설명하기	그린 위에서 다양한 위치에 공을 두고(경사, 거리, 잔디 표면의 조건), 퍼딩 계획을 말해 보고, 계획된 스트로크를 연습한 후에 스트로크하기
	학습자들의 연령, 능력을 고려하여 목표로 하는 수행 행동 보여 주기	계획에 따라서 어떤 결과가 나왔는지(컵에 들어갔거나 들어가지 못한 공)에 대해 토론하고 공이 들어가지 않았다면 새로운 계획을 세워서 실행해 보기
학습자 참여	리허설 계획하기 필요한 장비와 환경적 고려사항 정하기 수행 상황과 가장 근접한 연습하기 실력 향상을 위한 강점과 부분 보여 주기 즉각적인 피드백 제공하기	학습자는 공과 자신이 사용하는 퍼트를 가지고 그린에 가서 퍼딩 연습을 하기; 1번 홀에서 시작하여 마지막 홀까지, 퍼딩을 계획하고, 리허설을 하고 나서 실제 퍼딩하기. 모든 홀들은 학습 프로그램에서 포함해야 할 모든 그린의 조건들을 가지고 있어야 한다. 프로 선수가 학습자들 사이를 왔다 갔다 하면서 그립, 자세, 계획 연습, 실행에 대한 내용을 말해 주기

표 8.12 ┃ 골프 학습 목표에서 운동 기능에 대한 교수 전략의 예 (계속)

학습의 구성요소	각 구성요소별 고려사항	'그린의 다양한 경사, 저항 조건이 있는 그린에서 퍼딩을 할 때, 계획한 대로 퍼딩 스트로크를 연습할 수 있다.'는 목표 4와 '그린의 다양한 경사, 저항 조건이 있는 그린에서 퍼딩을 할 때, 계획한 대로 퍼딩 스트로크를 할 수 있다.'(그림 8.2)는 목표 5의 교수 전략
평가	사용하려고 했던 장비와 환경에서 기능 시연하기	각 학습자들은 다양한 그린 조건에서 최소한 세 개의 공을 개별적으로 퍼딩해 보고 자신들의 계획, 그립, 자세, 연습 스트로크, 실행에 대한 개인적인 피드백을 받기
후속활동	수행 조건들이 학습 프로그램과 리허설 때와 근접할 수 있도록 하기	학습자들과 퍼딩 시합하기. 연습 그린에서, 3~4개의 홀에서 모든 학습자들로 하여금 퍼딩하게 하고, 스트로크한 횟수 헤아리기. 전체 점수는 각 홀에서 퍼딩한 횟수이다.
	학습을 종료한 이후에 이어서 리허설을 추가적으로 계속하도록 하기	학습자들로 하여금 그린 위에서 계획하고 퍼딩하는 것을 리허설해 보기 위해 오래 남아 있도록 하기. 학습자들에게 개인적인 연습을 할 수 있도록 퍼딩 그린은 항상 공개되어 있다고 말해 주기

사례 연구: 집단 리더십 훈련

이 장에서는 설계자들이 이론이 뒷받침된 교수 전략에 주목하게 하고자 한다. 여기에서의 교수 전략에는 교수 활동, 활동별로 다섯 가지 학습 구성요소, 교수 설계자들의 학습 목표별 고려사항, 하위 기능들을 학습의 구성요소와 고려사항에 연결시키는 교수 전략 등이 포함되어야 한다. 이론적 기초를 강조하기 위해, 하나의 언어적 정보 하위 기능을 사용하여 사례 연구를 제시하려고 한다. 보다 자세하고 완성도가 높은 교수 전략은 인지적, 구성주의적 모형을 같이 사용하여 개발한 집단 리더십 훈련에 대한 9장의 사례 연구에 제시되어 있다.

언어적 정보의 하위 기능

표 8.13은 표 7.5의 성취 목표 6.4.1을 위한 교수 전략이다. '회의 중에 집단 리더가 해야 할 행동의 목록을 주면, 집단의 협조적인 상호작용을 촉진할 수 있는 행동인지 아닌지를 가려낼 수 있다.'가 목표이다. 학습자는 최소한 80%의 행동을 옳게 분류할 수 있어야 한다. 표의 제시 방식은 앞의 표와 동일하다. 9장에서 설계자는 교수 전략에서 학습 이론을 위한 이런 고려사항들과 장비와 시설, 내용 묶기, 학습자 집단 구성, 매체 선정 등과 같은 다른 교수 설계의 계획 요구와 통합해야만 한다. 이런 부가적인 고려사항을 참고하여, 내용의 제

시 방법, 학습자 집단 구성, 내용의 제시 순서를 정해야 할 것이다. 그러나 이론이 발전함에 따라 교수 전략도 계속 발전할 수밖에 없다.

표 8.13 ┃ 집단 토론 이끌기에 대한 학습 프로그램에서 하위 기능 6.4.1을 위한 학습 구성요소의 예

학습의 구성요소	각 구성요소별 고려사항	'회의 중에 집단 리더가 해야 할 행동의 목록을 주면, 집단의 협조적인 상호작용을 촉진할 수 있는 행동인지 아닌지를 가려낼 수 있다.'는 하위 기능 6.4.1을 위한 교수 전략
사전 교수 활동	동기 유발	학생들로부터 존경을 받는 유명한 연사가 세션을 소개하면서 환영하기
	관련성	연사는 우리가 배우려는 집단 토론을 이끄는 기능들이 성공적인 리더가 되는 데 중요함을 지적하고, 집단 토론을 잘 이끌면 개인적인 성공을 달성하고, 어렵지 않게 회의를 관리해서 집단의 리더들과 상급자로부터 찬사를 받게 됨으로써 영상 속의 리더(학생들이 좋아하는)로부터 기관에 대한 개인의 존재감, 가치감을 높일 수 있음을 말해 준다.
	자신감	지금까지의 성적에 대해 집단별로 알려 주고 칭찬하기
	학습자에게 목표 알려 주기	최종 목표의 6단계인 협조적인 집단 상호작용 관리에 대해 제시한 부분의 범위만 다루기로 하고 이를 벗어나는 집단이 없도록 하기
	선수 기능 회상하기	리더가 토론을 관리하는 것을 설명하기 위해 회의에 대한 동영상 상영 잠시 멈추기
	이미 알고 있는 지식/기능에 새롭게 배울 내용 연결하기	집단 토론 관리라고 하는 기능 6이 주 기능 15를 이미 숙달한 전반적인 집단 리더십 기능에 어떻게 부합하는지 설명하기
제시 활동/ 학습자 안내	기능들 간의 위계에 기초하여 계열화하기	6.1.1.부터 6.5.1까지를 하고 난 후에 주 단계 6으로 계열화하기
	알고 있는 기능에 새로운 기능을 조직하는 방법 만들기	문제 해결 회의 중(3.3.1부터), 참여자들의 협조를 장려하거나 저해하는 12가지 행동 목록을 주고 검토하기
	개념의 구분되는 특징 밝히기 가장 흔한 분류 오류 지적하기 정적 예와 부적 예 제공하기	리더가 협조를 장려하는 행동과 저해하는 행동을 시연해 주는 회의 시나리오를 스크립트로 제공하기; 학습자를 위해 시나리오에 12가지 행동을 강조해 보여 주기
학습자 참여	조건과 행동의 연습의 일관성 확보하기	회의 중에 리더가 취할 수 있는 장려하고 저해하는 12가지 행동 목록을 제공하기 검토하기
	난이도 순으로 나아가기 리허설은 익숙한 맥락 사용하기	회의 중 장려하고 저해하는 행동을 시연할 인물과 리더를 활용하여 다른 회의 스크립트 만들기

표 8.13 ┃ 집단 토론을 이끌기에 대한 학습 프로그램에서 하위 기능 6.4.1을 위한 학습 구성
요소의 예 (계속)

학습의 구성요소	각 구성요소별 고려사항	'회의 중에 집단 리더가 해야 할 행동의 목록을 주면, 집단의 협조적인 상호작용을 촉진할 수 있는 행동인지 아닌지를 가려낼 수 있다.'는 하위 기능 6.4.1을 위한 교수 전략
학습자 참여	실제 수행과 유사한 조건 제공하기	학습자로 하여금 스크립트에 있는 리더의 말과 행동을 평가하고, 번호로 행동을 분류하고, 어떤 행동이 참석자의 협조를 장려할지, 저해할지를 "+" 혹은 "-"로 표시하기. 예를 들어, '행동 8'이 협조적인 행동이라면 "8+"로 표시한다.
	수행의 질과 오류와 피드백 간의 균형 맞추기	모든 행동들을 장려하는 행동과 저해하는 행동으로 평가할 수 있는 평정 척도 제공하기 학습자 자신들의 평정 결과와 판단이 일관적이지 않은 경우 표시해 준 모델 피드백과 비교하기
평가	학습자의 검사 준비도 확인하기 학습자의 연령, 능력을 고려한 준거 적용하기	실제 기능은 코스의 마지막의 사후검사에서 평가하기
후속활동	전이 촉진하기(수행 상황과 유사한 과제 활용) 기억을 도와주기를 고려하기 수행을 도와주는 장치 고려하기 실무 환경 고려하기 학습한 것과 미래의 응용에 성찰하기	평가한 것 중에 파트너와 일치하는 것과 일치하지 않는 것에 대해 토론하기. 시나리오에서 보았던 인물들의 행동과 직장, 캠퍼스, 지역에서(익명으로)의 회의에서 보았던 리더의 행동들과 연결지어서 생각해 보기. 아마도 "나보고 악마의 광고를 해 보라고요. 혹은 내가 … 에 근무할 때 … 와 소리를 리더가 하는 것을 들어본 적이 있어요?"와 같이 물어볼 수도 있다.

요약

교수 전략을 개발하기 위해 필요한 중간 결과들로는 교수 목표, 학습자 분석 결과, 상황 분석 결과, 교수 분석 결과, 수행 목표 작성한 것, 평가 문항 등이 있다. 우리가 교수 전략을 개발할 때 여러 차례 이 결과들을 필요로 한다.

교수 전략은 교수 프로그램을 개발하거나 선택하는 데 사용될 하나의 처방전이다. 교수 전략의 각 구성요소를 만들 때, 학습자들의 요구, 관심 영역, 이제까지의 경험 등을 포함한 대상 학습자들의 특성들뿐만 아니라, 교수 프로그램의 다섯 가지 주요 구성요소에 학습자들의 주의를 어떻게 집중시키고 유지할 것인가에 대한 내용도 고려해야 한다. Keller(2010)의 ARCS 모형은 학습자들이 학습하고 싶은 마음이 들도록 학습 프로그램을 설계하는 방법에 대한 효과적인 구조를 제시해 주고 있다.

교육 심리학자들은 학습을 촉진하는 정신적 상태(mental states)와 활동을 통해서 학습자

의 지적 처리를 이끌어 줄 수 있는 네 가지 학습 구성요소를 주된 교수 전략으로 보고 있다. 그 요소로는 사전 교수 활동, 내용 제시, 학습자 참여와 피드백, 후속활동이 있다. 교수 학습의 관리 전략으로 포함시킨 것이 평가 요소이다. 평가를 통해서 학습자의 요구에 교수 프로그램을 맞출 수 있고, 교수 프로그램의 질을 평가하고, 학습자의 학습 정도의 변화 과정도 평가할 수 있다. 전략으로서 평가의 주된 기능은 관리에 있지만, 학습자의 수행 행동에 대한 교정적 피드백이 학습자에게 제공되었을 때에는 학습에도 기여할 수 있다. 어떤 교수 목표인가는 전략을 개발하는 데 중요한 고려사항이 된다. 지적 기능, 언어적 정보, 운동 기능 혹은 태도인가에 따라 학습의 다섯 가지 구성요소를 결정하는 데도 중요한 고려사항임에 틀림없다. 그러나 각 목표 유형마다 각 학습 구성요소에 유일한 교수 활동이 필요하다는 점을 명심해야 한다.

교수 전략 평가를 위한 루브릭

교수 프로그램을 교수 전략대로 개발하기에 앞서, 내용 전문가는 물론 한 사람 이상의 대상 학습자들로부터 그 전략에 대한 평가를 받아 보아야만 한다. 다음은 본인이 자신의 교수 전략을 평가하거나 내용 전문가 혹은 학습자가 평가할 때 사용할 수 있는 루브릭이다.

※ 다음 요소 중에 진행하고 있는 프로젝트와 관계없다면, '아니오' 칸에 '해당 없음'이라고 표시하세요.

아니오	약간	예	가. 사전 교수 활동
___	___	___	1. 학습자의 특성에 적합한가?
___	___	___	2. 학습자들을 동기 유발(주의집중, 관련성)할 수 있는가?
___	___	___	3. 학습자에게 프로그램 목적과 목표를 알려 주고 있는가?
___	___	___	4. 선수 기능과 지식을 적절하게 회상시키고 있는가?
___	___	___	5. 과제를 완성하는 데 필요한 것들을 알려 주고 있는가?
			나. 내용 제시
___	___	___	1. 학습 목표 유형에 적합한 내용을 포함하고 있는가?
___	___	___	2. 학습자들이 경험한 적이 있는 분명한 정적, 부적 예들을 포함하고 있는가?
___	___	___	3. 설명, 예시, 다이어그램, 시연, 모범적인 해결책, 시범 수행 등을 위해 적절한 내용을 포함하고 있는가?
___	___	___	4. 내용 제시를 통해 학습자를 안내하고 있는가?
___	___	___	5. 선수 기능과 새로운 내용, 기능의 연결을 돕고 있는가?
___	___	___	6. 익숙한 내용에서 덜 익숙한 내용으로 구성되어 있는가?
___	___	___	7. 조직화는?

다. 학습자 참여

_____ _____ _____ 1. 학습 유형에 적합한가?

_____ _____ _____ 2. 학습 목표와 어울릴 것 같은가?

_____ _____ _____ 3. 학습자 특성과 일관성이 있는가?

_____ _____ _____ 4. 교수 프로그램과 일관성이 있는가?

_____ _____ _____ 5. 학습자들에게 동기 유발(학습자에게 자신감을 불러일으키는)할 수 있는가?

_____ _____ _____ 6. 학습자 참여의 시기가 적합한가?(너무 빠른, 종종, 기회가 부족한)

라. 피드백

_____ _____ _____ 1. 학습 유형에 적합한가?

_____ _____ _____ 2. 학습 목표와 일관성이 있는가?

_____ _____ _____ 3. 학습자의 특성과 일관성이 있는가?

_____ _____ _____ 4. 내용이 있고, 지원적이고 교정적인가?

_____ _____ _____ 5. 학습자에게 자신감과 만족감을 줄 수 있는가?

마. 평가

_____ _____ _____ 1. 평가 전략은 검사 준비도/사전검사에 적합한가?

_____ _____ _____ 2. 평가 전략은 사후검사에 적합한가?

_____ _____ _____ 3. 평가 전략은 학습 유형에 적합한가?

_____ _____ _____ 4. 평가 전략은 학습자 특성(나이, 주의력, 능력)에 적합한가?

_____ _____ _____ 5. 학습자의 학습 정도와 태도에 관한 타당하고 신뢰로운 정보를 제공해 줄 수 있는가?

바. 후속활동

_____ _____ _____ 1. 새롭게 배운 정보와 기능의 파지를 지원해 줄 계획이 있는가?

_____ _____ _____ 2. 학습한 기능의 수행 환경으로의 전이를 지원하고 있는가? (예, 관리자들과의 작업, 지원팀 만들기)

연습

부록 C에 있는 작문 교수 목표 작성에 대한 교수 분석 결과를 보자. 최종 교수 목표의 주요 단계의 하위 기능의 번호는 그 단계의 번호부터 시작한다. 예를 들면, 5.4는 5.5의 하위 기능이며, 5.32는 주요 단계 5의 하위 기능이다. 대상 학생이 초등학교 6학년이고, 그들의 작문 시험

성적이 중상 이상이라고 하자. 그들을 잘 모른
다면 이 시점에서는 현명한 육감을 따를 수밖
에 없다

1. 사전교수 활동: 동기 유발. 가르치려는 목표
   에 대해 학생들을 그 학습 프로그램에 연결
   시키기 위한 전반적인 동기 유발 방법을 계획
   하고 있다고 하자. 다음 중에서 가장 효과적
   인 방법은 어느 것인가? 해당하는 것을 모
   두 골라보세요.
   1) 이 내용을 가르치기 위해 주어진 시간 때
      문에 이 단계는 불필요하다.
   2) 평서문으로 작성된 이야기나 신문 기사
      와 목적과 분위기에 따라 다양한 문장 형
      태로 재작성된 것을 비교하기
   3) 6학년들이 좋아하는 내용의 이야기나 신
      문 기사를 제시하기
   4) 학생들이 높기 평가하는 주장을 한 사람
      의 입장에서 내용을 제시하기
   5) 교사나 동료들로부터 잘 작성했다는 평
      을 받을 기사를 보여 주기

2. 사전교수 내용 설계: 학습 목표 알려 주기.
   '작문에 있어서, 문장의 목적, 분위기, 구조
   에 따라 다양한 문장의 유형과 구두점을 활
   용할 수 있다.'는 목표를 가장 효과적으로 알
   려 줄 수 있는 문장을 모두 선택해 보세요.
   1) 가르칠 시간이 30분으로 짧기 때문에 하
      나의 레슨만을 위해서 목표를 제공할 필
      요가 없다.
   2) 문장의 목적과 분위기에 맞는 문장을 작
      성해 보자.
   3) 평서문, 의문문, 명령문, 감탄문을 작성해
      보자.
   4) 재미있는 신문기사를 작성하라는 과제를
      주면, 90%의 정확하게 그 문장의 목적과

분위기에 적합한 평서문, 의문문, 명령문,
감탄문을 작성할 수 있다.

3. 사전교수 내용 설계: 선수기능을 알려 주기.
   평서문을 작성하기에 대한 학습을 위한 최
   선의 계획은 어느 것인가?
   1) 이 학습에서는 출발점 기능이 없어서 포
      함할 내용이 없다.
   2) 사전교수 활동내용에 전체 프로그램을
      위해 필요한 모든 출발점 기능을 포함해
      야 한다.
   3) 5.1부터 5.5까지의 기능을 회상시켜 준다.
   4) 하위 기능 5.11, 5.17, 5.24, 5.31의 선수 기
      능들을 설명해 주어야 한다.

4. 내용제시와 예의 계획. 부록 C에서 '평서문
   을 찾아내기'라는 하위 기능을 보자. 몇 개의
   예를 포함해야 할까?
   1) 1: 이것은 언어적 정보가 아니라 하나의
      지적 기능이다.
   2) 2: 이것은 하나의 복합적인 기능이라서
      한번 이상 그 기능을 보여 줄 수 있어야
      한다.
   3) 4 개 이상: 최소한 두 정적 예문과 부적
      예문을 제시해야 한다.
   4) 12개: 각 유형의 문장에 대해 많은 정적
      예와 부적 예들을 보여 줄 수 있는 기회
      를 주어야 한다.

5. 학습자 참여의 계획. 다음의 전략 중에서 이
   하위 기능(올바른 구두점을 사용하여 평서
   문을 작성하기)의 연습과 피드백을 가장 효
   과적인(실천 가능성 혹은 주어진 시간/자원
   을 고려할 때)것은 어느 것인가?
   1) 객관식 과제: 다지 선택형
   2) 객관식 과제: 단답형
   3) 대안적 평가: 실제 과제 수행을 교사가

관찰하기

4) 대안적 평가: 산출물 만들기와 루브릭을 이용한 채점

5) 객관식 과제와 대안적 평가의 통합

6. 평가에 대한 계획. 부록 C에 있는 주요 단계 5를 위해 가장 유용한 평가 계획은 어느 것인가?

1) 학습자가 네 가지 유형의 문장들을 분류할 수 있는지를 알기 위해 객관식 준비도 검사를 실시하기

2) 출발점 기능, 모든 하위 기능들, 최종 목표 중의 단계 5를 평가하기 위해 하나의 객관식 준비도/ 사전검사를 실시하기

3) 5.11 기능부터 최종 목표 중의 단계 5까지를 검사하기 위해 객관식 사후검사를 실시하기

4) 최종 목표 중의 단계 5에 대한 산출물을

평가하기 위한 검사를 실시하기. 검사의 실시 안내문과 학생들의 평서문을 평가 채점하기 위한 루브릭이 포함되어 있어야 한다.

7. 전이를 위한 계획. 새롭게 배운 작문하기 기능을 실제 생활에 전이가 잘 되도록 하기 위해 가장 효과적인 리허설, 사후검사 전략은 어느 것인가?

1) 객관식 사후검사를 잘 응답해서 좋은 점수 받기

2) 산출물 만들어 내기를 잘해서 좋은 점수 받기

3) 학교 뉴스레터에 기사를 작성해서 다른 학생들도 읽을 수 있도록 웹에 기사를 올리기

4) 학교 뉴스레터의 편집위원장이나 위원으로 참여하기

피드백

1. 2), 3), 4), 5)

2. 2), 3)

3. 3)

4. 3)

5. 2)

6. 2), 3)

7. 3), 4)

참고문헌

Atkinson, R. K., Derry, S. J., Renkel, A., & Wortham, D.(2000). Learning From examples: Instructional principles from the worked examples research. *Review of Educational Research, 70*(20), 181-214. 지적 기능을 가르치기 위한 교수적 안내에 대한 관련 연구결과와 원리를 잘 종합하여 제시하고 있다.

Bandura, A. (1993). perceived self-efficacy in cognitive development and functioning. *Educational Psychologist, 28*(2), 117-148.

Broad, M. L., & Newstorm, J. W. (2001). *Transfer of training.* New Your: Da Capo Press. 가르치기 이전, 중, 이후에 고려해야만 할 전이에 영향을 미치는 요인들을 잘 설명하고 있다.

Brown, L. A. (1996). *Designing and developing electronic performance support systems.* Newton, MA: Digital Press.

Carey, J. O. (2005). Applying principles of instructional design for quality assurance in e-learning: Issues and dilemmas in higher education. In *Quality assurance of e–learning in higher education*. Report of the National Institute of Multimedia Education International Symposium, November 9–10, 2005 (pp.69–80). Chiba, Japan: NIME.

Chieu, V. M. (2005). Constructivist learning: An operational approach for designing adaptive learning environments supporting cognitive flexibility. *Educational Technology and Society, 10*(3), 32–46.

Clark, R. E.(1983). Reconsidering research on learning from media. *Review of Educational Research, 53*(4), 445.

Clark, R. E.(2012). Debates about the benefits of different levels of instructional guidance in R. A. Reiser & J. V. Dempsey(Eds.), *Trends and issues in instructional technology*(3rd ed.). Upper Saddle River, NJ: Pearson; pp/367–382.

Dede, C. (2008). How Web 2.0 *tools are transforming learning and knowledge*. Paper presented at the annual Florida Educational Technology Conference, Orlando, FL.

Dillon, A., & Gabbard, R. (1998). Hypermedia as an educational technology: A review of the quantitative research literature on learner comprehension, control and style. *Review of the Educational Research, 68*(3), 322–349. 하이퍼미디어의 활용으로부터의 학습 성과는 제한적이라고 결론을 내리고 있다.

Driscoll, M. P. (2005). *Psychology of the learning for instruction* (3rd ed.). Boston: Allyn & Bacon.

Educational Psychologist 38(1), (2003). 학습 중의 인지부하 관리 문제에 대한 이슈를 집중적으로 다루고 있는 특별 호이다.

Educational Technology Magazine 47(3), (2007). 모바일 컴퓨팅(mobile computing)에 관한 특별호: 사회적 상호작용과 정보 접근을 위한 개인 휴대 도구인 PDA, 휴대폰, 태블릿 컴퓨터, UMPC, 게임 시스템, iPODs, mote 등에 관한 내용을 다루고 있다.

Educational Technology Research and Development, 56(1), (2008). 하이퍼미디어에서 스캐폴드를 이용한 학습에 대한 특별 호이다.

Ertmer, P., & Newby, T. (1993). Behaviorism, cognitivism, constructivism: Comparing critical features from an instructional design perspective. *Performance Improvement Quarterly, 6*(40), 50–72. 교수 설계자들에게 시사점을 주기 위해 교수 설계의 실제에 영향을 주는 이론들을 종합적으로 검토하고 있다.

Gagné, R. M. (1985). *Conditions of learning* (4th ed.). New York: Holt, Rinehart and Winston. Gagné는 각 학습 영역의 학습이 효과적으로 일어나기 위해 제시되어야 할 요소에 대해 자세하게 다루고 있다.

Gagné, R. M., & Medsker, K. L. (1996). *The conditions of learning: Training applications*. Fort Worth, TX: Harcourt Brace College Publishers. Gagné의 'Conditions of learning'에서 제시하고 있는 연구 결과를 기업 교육에 적용하려는 시도를 다루고 있다.

Gagné, R. M., Wager, W. W., Golas, K. C., & Keller, J. M. (2004). *Principles of instructional design* (5th ed.). Belmont, CA: Wadsworth/ Thomson Learning. 9~12장에서 교수 전략을 개발하는 데 필요한 가이드라인을 제공하고 있다.

Gery, G(1991). *Electronic performance support systems*. Tolland, MA: Gery Performance Press. 이 책은 EPSS라는 용어를 처음 만든 Gloria Gery의 책이다.

Hannafin, M.J.(2012). Debates about the benefits of different levels of instructional guidance in R. A. Reiser & J. V. Dempsey(Eds.), *Trends and issues in instructional technology*(3rd ed.). Upper Saddle River, NJ: Pearson; pp/367–382.

Hannafin, M. J., Hannafin, K. M., Land, S. M., & Oliver, K. (1997). Grounded practice and the design of constructivist learning environment. *Educational Technology Research and Development, 45*(3), pp. 101–117.

Hannum, W. H. (2007). When computers teach: A review of the instructional effectiveness of computers. *Educational Technology, 47*(2), 5–13.

Hmelo–Silver, C. E. (2006). Design principles for scaffolding technology–based inquiry. In A. M. O'Donnell, C. E. Hmelo–Silver, & G. Erkens (Eds.), *Collaborative reasoning, learning and technology*. Mahwah, NJ: Lawrence Erlbaum Associates.

Hmelo–Silver, C. E., Ravit, G. D., & Clark, A. C. (2007). Scaffolding and achievement in problem–based and inquiry learning: A response to Kirschner, Sweller, and Clark. *Educational Psychologist, 42*(2), 99–107.

Jonassen, D. H. (1997). Instructional design models for well–structured and ill–structures problem–solving learning outcomes. *Educational Technology Research and Development, 45*(1), 65–94. 잘 구조화된 문제 해결과 잘 구조화되어 있지 않은 문제 해결 학습을 위한 교수 프로그램의 설계와 개발에 관한 예와 절차를 제시하고 있다.

Jonassen, D. H. (1999). Designing constructivist learning environments. In C. M. Reigeluth (Ed.), *Instructional design theories and models* (Vol. Ⅱ). Mahwah, NJ: Lawrence Erlbaum Associates.

Jonassen, D. H. (2004). *Learning to solve problems: An instructional design guide*. San Francisco: Pfeiffer.

Jonassen, D. H. (2006). On the role of concepts in learning and instructional design. *Educational Technology*

Research and Development, 54(2), 177-196.

Jonnassen, D. H. (2011). *Learning to solve problems: A handbook for designing problem-solving learning environment.* New York, NY: Routledge.

Keirns, J. L. (1999). *Designs for self-instruction: Principles, processes and issues in developing self-directed learning.* Boston: Ally & Bacon. 개별화 교수 프로그램을 위한 교수 전략에 대해 다루고 있다.

Keller, J., & Burkman, E. (1993). Motivation principles. In M. Fleming & W. H. Levie (Eds.), *Instructional message design.* Englewood Cliffs, NJ: Educational Technology Publications. 교수 설계자에게 중요한 학습자와 내용 특성에 관한 종합적인 검토를 하고 있다.

Keller, J. M.(2010). *Motivational design for learning and performance: The ARCS model approach.* New York, NY: Springer.

Kirschner, P. A., Sweller, J., & Clark, R. (2006). Why minimal guidance during instruction does not work: a analysis of the failure of constructivist, discovery, problem-based, experiential, and inquiry based teaching. *Educational Psychologist, 41*(2), 75-86.

Klauer, K. J., & Phye, G. D. (2008). Inductive reasoning: A training approach. *Review of Educational Research, 78*(1), 85-123. 귀납적 추론, 문제 해결, 전이에의 훈련에서 긍정적으로 영향을 주는 변수에 대한 메타 분석 결과를 제시하고 있다.

Kolb, D. (1984). *Experiential learning.* Englewood Cliffs, NJ: Prentice Hall.

Kruse, K., & Keil, K. (2000) *Technology-based training: The art and science of design, development, and delivery.* San Francisco, CA: Jossey-Bass Pfeiffer.

Lee, W. W., & Owens, D.L. (2004). *Multimedia-based instructional design: Computer-based training; web-based training; distance broadcast training; performance-based solutions* (2nd ed.). San Francisco: Jossey-Bass Pfeiffer. 똑같은 교수 설계 모형이 모든 매체에 사용될 수 있다는 것을 설명하고 있다.

London, M. (2003). *Job feedback: Giving, seeking, and using feedback for performance improvement* (2nd ed.). Mahwah, NJ: Lawrence Erlbaum Associates. 업무 환경과 평가 센터, 지속 학습 환경을 촉진하기 위한 피드백의 활용을 다루고 있다.

Mayer, R. E. (2004). Should there be a three strikes rule against pure discovery learning? The case for guided methods of instruction. *American Psychologist, 59*(1), 14-19.

Mayer, R. E. (2008). *Learning and instruction* (2nd ed.). Upper Saddle River, NJ: Pearson.

Mayer, R. E., & Wittrock, R. C. (2006). Problem solving.

In P. A. Alexander, & P. H. Winnie (Eds.), *Handbook of educational psychology*(2nd ed.). Mahwah, NJ: Erlbaum. pp.187-304.

McManus, P., & Rossett, A. (2006). Performance support tools. *Performance Improvement, 45*(2), 8-17.

Merrill, M. D. (2013). *First principles of instruction: identifying and classifying effective, efficient, and engaging instruction.* San Francisco, CA: Pfeiffer.

Moore, M. G., & Kearsley, G. (2012). *Distance education: A systems view* (3rd ed.). Belmont, CA: Wadsworth. 205-220. 원격 교육에 대한 연구 결과를 요약해서 제시하고 있다.

O'Donnell, A. M., Hmelo-Silver, C. E., & Erkens, G. (Eds.). (2006). *Collaborative reasoning, learning and technology.* Mahwah, NJ: Lawrence Erlbaum Associates. 147-170.

Reiser, B. J. (2004). Scaffolding complex learning: The mechanism of structuring and problematizing student work. *Journal of the Learning Sciences, 13,* 273-304.

Reiser, R. A., & Dempsey, J. V. (Eds.)(2012). *Trends and issues in instructional design and technology* (3rd ed.). Upper Saddle River, NJ: Pearson.

Romiszowski, A. J. (1993). Psychomotor principles. In M. Fleming & W. H. Levie (Eds.), *Instructional message design.* Englewood Cliffs, NJ: Educational Technology Publications. 운동 기능 학습을 위한 교수 설계의 원리에 대해 설명해 주고 있는 저서의 하나로 기본 원리를 잘 요약하고 있다.

Rossett, A., & Schafer, L. (2006). *Job aids and performance support: Moving from knowledge in the classroom to knowledge everywhere.* San Francisco,CA: Pfeiffer.

Russell, T. L. (2001). *The no significant difference phenomenon: A comparative research annotated bibliography on technology for distance education* (5th ed.). Montgomery, AL: IDECC.

Russell, T. L. (2008). The no significant difference web site. Retrieved October 12, 2007, from http://nosignificantdifference.wcet.info/ about.asp. NSD 웹사이트는 2007년의 연구 보고까지 갱신되어 있다.

Schmidt, H. G., Loyens, S. M. M., van Gog, T., & Paas, T. (2007). Problem-based learning is compatible with human cognitive architecture: Cemmentary on Kirschner, Sweller, and Clark. *Educational Psychologist, 42*(2), 91-97.

Schunk, D. (2004). *Learning theories: An educational perspective* (4th ed.). Upper Saddle River, NJ: Merrill/Prentice Hall.

Shute, V. J. (2008). Focus on formative feedback. *Review of Educational Research, 78*(1), 153-189.

Sims, R. S. (1998). *Reinventing training and development.* Westport, CT: Quorum Books. Kolb의 경험적 학습 모형과 전이를 향상시키기 위한 de-briefing 사용 방법에 대해 종합적인 검토를 하고 있다.

Smith, P. L., & Ragan, T. J. (2005). *Instructional design* (3rd ed.). New York: Wiley. 학습 목표별로 필요한 다양한 교수 전략에 대해 심층적으로 다루고 있다.

Schwartz, P., Mennin, S., and Webb, G. (2001). *Problem-based learning: Case studies, experience, and practice.* London: Kogan Page.

Sweller, (1994). Cognitive load theory, learning difficulty and instructional design. *Learning and Instruction. 4,* 295-312.

Tobias, S., & Duffy, T. M. (eds.) (2009). *Constructivist instruction: Success or failure?* New York, NY: Routledge.

Vygotsky, L. (1978). *Mind in Society: The development of higher psychological processes.* Cambridge, MA: Harvard University Press.

Windschitl, M. (2002). Framing constructivism in practice as negotiation of dilemmas: An analysis of the conceptual, pedagogical, cultural, and political challenges facing teacher. *Review of Educational Research, 72*(2), 131-175. 학교 환경에서 구성주의적 모형을 실행하는 데 교사들이 부딪히는 어려움에 대해 다루고 있다.

Woo, Y., Herrington, J., Agostinho, S., & Reeves, T. (2007). Implementing authentic tasks in web-based learning environments. *Educause Quarterly. 30*(3), 36-43.

제 9 장

교수 전략 실행을 위한
시설 장비와 관리 계획

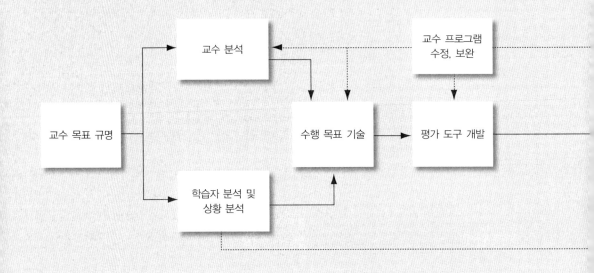

학습 목표

➤ 교수 전달 시스템을 선택할 때 고려해야 할 사항을 설명할 수 있다.

➤ 레슨 수준에서 계열화하고 내용을 조직할 수 있다.

➤ 교수 전략에 적합한 학습자 집단 구성과 매체를 선택할 수 있다.

➤ 교수 목표를 각 레슨에 배정할 수 있다.

➤ 매체 선정을 통합적으로 고려하여 하나의 전달 시스템을 확정 혹은 선택할 수 있다.

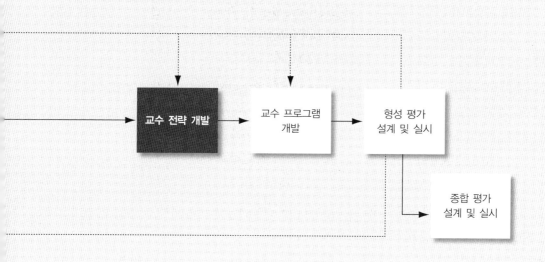

배경

2장부터 7장까지 다룬 교수 설계의 단계들은 기본적으로 무엇을 가르칠 것이며, 누구에게 가르칠 것이고 어떤 상황에서 가르치고 배운 것을 활용하게 될 것인가에 대한 문제를 다루었다. 지금까지 설계해 온 것을 기반으로 해서 8장에서는 교수 전달 시스템을 선택하고, 가르칠 내용을 어떻게 계열화하고 묶을 것이며, 레슨의 구조를 결정하고, 가르칠 내용을 전달할 매체를 선정하는 등의 어떻게 가르칠 것인가의 문제에 초점을 두었다. 8장에서는 교수 전략의 계획에 대해 다루었고, 이 장에서는 교수 전략 실행을 위한 시설 징비(logistics)와 관리 계획에 대해 다루고자 한다.

1980년대에 이루어진 연구 결과에 따르면, 교수 프로그램의 전달 매체의 선택이 학습자가 얼마나 학습을 하거나 학습한 내용에 대한 태도에 그렇게 영향을 주지 않는 반면, 교수 전략은 큰 차이를 가져오게 한다고 한다. 이런 소식은 교수 설계자에게 반가운 증거일 수 있으나, 연구자들은 학습자는 물론이고 교육 경영자들이나 예산을 지원해 준 사람들을 위해 교수 전략의 최적화를 위해 시설, 설비, 매체와 교수 학습 관리(management of instruction)를 어떻게 하는 것이 가장 효과적인가에 대한 연구를 계속하고 있다. 지난 몇 년 동안의 기술 발달은 학습 내용의 전달을 어떻게 관리하는 것이 최선일까에 대한 우리의 생각을 바꾸어 놓을 수 있으며, 앞으로도 이 문제에 대한 연구가 지속되어야 할 이유가 여기에 있다.

개념

그림 9.1은 교수 전략을 계획하고, 그 전략을 실행하기 위한 시설, 장비와 관리에 대한 계획을 수립하는 순서를 보여 준다. 8장에서 설명한 교수 전략 계획하기는 그림에서 음영으로 표시되어 있다. 초보 교수 설계자라면, 목표, 학습자, 내용, 매체에 대한 실제적이고 구체적인 고려사항에만 주목하고, 교수 전략과 학습자, 내용을 연관시켜서 봐야 하는 다소 추상적인 부분을 간과하면 될 것 같다. 즉, 바로 시설, 장비, 관리 문제를 다루면 된다는 뜻이다. 교수 설계자는 먼저 어떤 특정 전달 시스템이 정해져 있는지 아니면 새롭게 정할 수 있는

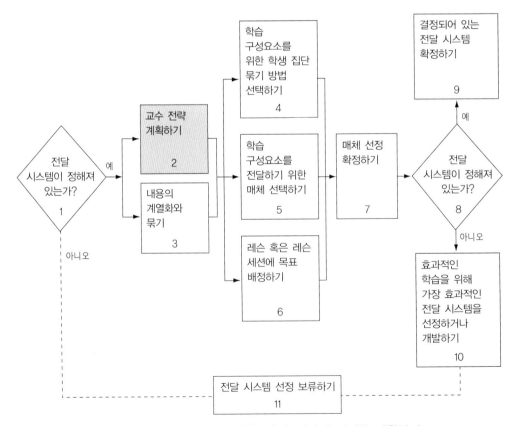

그림 9.1 ▌ 교수 전략을 위한 시설, 장비와 관리를 계획하기

지를 알아보아야 한다. 정해져 있지 않은 경우라면, 여기에서의 계획 활동이 끝날 때까지 전달 시스템에 대한 결정은 유보해야 한다. 특정 시스템이 이미 결정되어 있는 상태라면, 계획 과정의 모든 이후 단계에서 그 시스템을 활용했을 때의 강점과 제약점을 고려해 보아야 한다.

전달 시스템의 선정

어떤 정규 교육기관에서도 **수업(instruction)**이라고 부르는 교수 학습 활동을 관리하고 전달하기 위한 **전달 시스템(delivery system)**이라고 하는 일반적 방법이 있다. 전달 시스템과 교수 전략은 같은 개념이 아니다. 하나의 전달 시스템은 전반적인 교수 전략의 한 부분에 불과하기 때문에, 초보 교수 설계자들은 반짝 유행하는 기술에 넘어가서, 교수 프로그램에 포함되어야 할 교수-학습 활동을 조심스럽게 계획해서 그 교수 프로그램을 어떻게 포장해서 전달해야 할지에 모든 책임을 전가하려는 일을 경계해야 한다. 전달 시스템은 교수 설계자가 교수 전략을 개발하는 데 고려해야 할 가정이거나 혹은 하나의 교수 전략을 개발하는 한 부분으로서의 적극적인 결정이다. 어떤 경우이거나, 하나의 전달 시스템을 선택하는 것은 레슨 수준, 코스 수준 혹은 교육과정 수준에서의 관리적 결정(management decision)이다.

전달 시스템을 보다 정확하게 정의하는 최선의 방법은 예들을 보여 주는 것이다. 다음은 가장 일반적인 전달 시스템(어떤 교수 방법들이 혼합되어 있는)의 예들이다.

1. 전통적인 모형은 강의실, 훈련 센터 혹은 랩에서 학생들과 한 사람의 교사가 같이 하는 방식
2. 대단위 집단에게 강의를 하고 난 후, 소집단의 질문과 응답 활동으로 이어지는 방식
3. 방송, 웹을 이용한 방송(webcast), 쌍방향 동영상 회의(teleconference), 혹은 웹 기반 학습(web-based instruction)을 이용한 원격 코스(telecourse)
4. CBI(computer-based instruction)
   - 개별 공부부터 강사의 도움을 받을 수 있는 것까지
   - 문자 중심의 반복 연습형부터 완전하게 상호작용 가능한 멀티미디어까지
   - 시뮬레이션, 학습 게임, ITS(Intelligent Tutoring System), 가상 현실(virtual reality)
5. 인터넷 혹은 인트라넷 기반의 WBI
   - 개별 공부부터 강사의 도움을 받을 수 있는 것까지
   - 문자 중심의 반복 연습형부터 완전하게 상호작용 가능한 멀티미디어까지
   - 단순한 온라인 실라버스부터 학습 내용, 수업, 상호작용, 평가 활동이 포함되어 있

는 학습 포탈로 조직되어 있는 종합적인 솔루션까지

- 학점을 받을 수 있는 개별화 학습 코스부터 소셜 미디어에서 참여할 수 있는 집단 이벤트까지
- 소규모의 특정 참여자를 대상으로 하는 웨비나(webinar)부터 전 세계의 대중을 상대로 하는 MOOC까지

6. 강사 혹은 튜터와 인쇄 혹은 멀티미디어 학습 콘텐츠가 다양한 형태로 혼합되어 자신이 진도를 조절할 수 있는 프로그램(출발점이나 학습 완료 시점이 정해져 있지 않은)

7. 인턴십, 멘토링, 코칭

8. 단순하게 검색 가능한 직무 직무수행 보조물(job aids)에서부터 상황적 민감형 스마트 시스템을 포함한 EPSS(Electronic Performance Support System)

9. 고객 시스템

이상적인 교수 설계 과정으로는, 교수 목표, 학습자 특성 분석 결과, 학습 및 수행 상황 분석 결과, 수행 목표, 평가 방법 등을 먼저 고려한 후에, 최선의 전달 시스템을 선택하기 위해 그림 9.1의 과정을 거치는 것이 좋다.

그림에서 각 단계는 하나의 전달 시스템을 선정하는 이상적인 경로이다. 왜냐하면, 하나의 해결책을 정하기 전에 요구와 여러 가지 요구사항에 대한 면밀한 고려에 기반하여 결정을 하기 때문이다. 이런 관점에서 보면, 전달 시스템의 선정(그림 9.1에서 단계 10)은 교수/학습 활동의 요구사항에 대한 면밀한 고려과정의 결과이다. 전달 매체 선정 과정을 뒤집어 놓았다는 말은 효과적인 교수 프로그램을 전달하는 데 필요한 요구사항을 충분히 파악하기 전에 해결책을 강제적으로 정하는 것이 된다.

전달 시스템을 선택하기 위한 이런 이상적인 경로에 대해 주목해야 할 세 가지 고려 사항이 있다. 첫째, 이 방법은 거의 활용되지 않는다는 점이다. 그 이유 중의 하나로, 교사(HRD 운영자)와 교수 설계자들은 선호하는 코스 전달 방식을 가지고 있어서, 그들의 마음 속에는 교수 설계 과정을 시작하기도 전에 어떤 전달 시스템이 이미 선택되어 있기 때문이다. 둘째, 전달 시스템은 그 기관이 교수 프로그램을 전달하려는 학습 맥락을 그대로 재현할 수 있다고 보기 때문이다. 설계자들은 이미 있는 코스나 워크숍을 약간만 수정하기를 바라는 조건으로 작업을 진행하기를 바라는 상황에서 일하는 것이 전형적이다. 교수 설계자가 공립학교 상황에서 프로젝트를 하고 있다면, 전통적인 교실 상황에서 교사가 강의하는 것을 선택해야 할 전달 시스템으로 가정하게 될 것이다. 이런 가정은 기업 훈련에서도 예외가 아니어서, 웹 기반의 전달 시스템이 기업 교육에서 증가하고 있음에도 불구하고,

강사 중심 강의가 대다수의 전달 시스템으로 받아들여지고 있다. 셋째, 이 러닝 포탈과 같은 새로운 전달 시스템의 구매, 설치가 증가되고 있고, 이런 새로운 시스템이 앞으로 활용될 것이라고 설계자에게 통보되고 있는 상황이 증가하고 있지만 그런 시스템을 이용하겠다는 것이 아니라 그 시스템 구매를 정당화하려는 시도에 그치고 있다. 인터넷에 어디서든지 접속할 수 있게 되고, 웹 기술이 급속하게 발전되고 있는 현재, 교수 프로그램의 가정이나 데스크 탑 컴퓨터로의 보급이 시공간을 초월해서 원하고 있는데도 전달 시스템은 미리 정해지는 것이 흔한 일이다. 이런 방식이 만연해 있는 상황에서, 우리 설계자는 효율적인 전달 가능성이 있는 시스템에 융통성 있게 대처할 수 있어야만 하겠다. 그런데 가르칠 기능과 잘 어울리지 않는 전달 시스템을 선정해야 하는 경우가 있다면, 설계자는 그 시스템이 그 내용을 효과적으로 가르칠 수 있도록 수용을 하든지 아니면, 실제 사례를 제시하면서 다른 시스템을 활용하자고 제안을 해 보아야만 한다. 그림 9.1은 설계 과정의 시작에 앞서서 미리 전달 시스템을 결정하는 방식과 설계 과정의 논리적 결론으로 하나의 전달 시스템을 선정하는 방식을 구별하는 교수 전략 개발 과정을 보여 주고 있다.

앞서 말한 바와 같이, 전달 시스템 선정의 이상적인 방법에 대한 그림 9.1에서 주목할 필요가 있는 고려사항은 그림의 번호체제가 선형적, 단계별 순서라는 점으로, 그림에서 단계 2, 3, 4, 5, 6이 거의 동시에 이루어진다는 점이다. 예를 들어, 학생들에게 숙달을 시키려면(단계 3), 연습, 피드백의 순이어야 한다고 결정할 수 있다. 그 활동을 구체화할 때, 3~5명으로 이루어진 소집단 학습자들과의 연습, 피드백 활동(단계 4)과 동영상으로 녹화된 세 가지 시나리오(단계 5)를 함께 하는 것이 효과적일까를 결정할 수 있다. 이 단계들이 동시적으로 진행되어야 함이 그림에 표현되어 있다. 교수 전략의 이런 부분을 함께 생각해야 하는 문제는 이 장의 마지막에서 다시 논의될 것이다.

마지막으로, 체제적 설계 모형을 사용하고 있는 우리는 전달 시스템의 선택이 설계 작업이 시작되기 전이나 이후에 결정될 수도 있고, 이 모형을 따르는 일반적인 교수 설계 단계는 강사 중심 동영상 회의 식(instructor-led videoconference) 전달 시스템을 위한 것과 디지털, 상호작용적 멀티미디어식 전달 시스템에 똑같이 적용된다는 점이다. 여기서 이런 논의를 하는 이유는 실제 설계 상황에서 이런 일이 비일비재하기 때문이다. 이런 문제도 이 장의 마지막에서 다시 다룰 것이다.

단계 2(그림 9.1)는 교수 전략의 계획이다. 그 절차는 8장에서 살펴보았지만, 내용의 계열화(sequencing)과 묶기(clustering)에 대한 결정을 할 때, 교수 전략이 주된 근거가 되어야 함을 명심해야 한다.

내용의 계열화와 묶기

내용의 계열화 교수 전략 개발의 셋째 단계(그림 9.1)는 내용을 계열화하고 관리하기 쉽게 묶는 것이다. 학습자에게 내용을 제시할 때 어떤 순서(계열: sequence)를 따라야 할까? 이 물음에 대한 답을 찾는 데 있어서 가장 유용한 도구는 교수 분석 결과이다. 출발점 기능 선위에 있는 가르쳐야 할 기능 중에서 가장 아래쪽 기능부터 시작해서 위계의 위쪽으로 나아가야 한다. 관련된 하위 기능을 제시하기 전에 어떤 특정 위계적 기능을 자세하게 제시해야 곳은 없다. 그러나 상위 수준의 기능을 하나의 선행 조직자(advanced organizer)로 먼저 제시하거나 혹은 전체–부분–전체 계열화를 위해 상위 수준의 기능을 먼저 제시하는 것도 가끔 유용할 수 있다.

물론, 교수 분석표에서 왼쪽부터 시작해서 오른쪽으로 진행하는 것이 논리적인 계열화 방법이다. 최종 목표의 주요 단계에 어떤 하위 기능들이 있다면, 다음 단계로 가기 전에 반드시 먼저 그것을 가르쳐야만 한다.

목표 분석(goal analysis) 결과는 그 목표를 숙달했다면 반드시 수행되어야만 하는 주요 단계들을 보여 주는 것이고, 하위 기능 분석 결과는 이 목표의 주요 단계들을 학습하기 전에 습득해야만 하는 기능들을 보여 주는 것이기 때문에, 아래에서 위로, 왼쪽에서 오른쪽으로 계열화될 수밖에 없다. 즉, 단계 1의 하위 기능들을 먼저 가르치고 나서 단계 1을, 단계 2의 하위 기능들을 가르친 다음에 단계 2를 가르치게 된다는 의미이다. 모든 단계들을 다 가르칠 때까지 이 순서가 계속될 것이다. 마지막으로 교수 목표에 포함된 모든 단계들을 같이 연습하는 부분이 따라야 한다. 이렇게 진행되는 예는 그림 4.10에서 볼 수 있다. 상자 안에 붙여진 번호는 가르쳐야 할 순서를 나타내는 것으로서, 표의 하단에서부터 시작하여 각 단계의 상단으로 진행되어야 한다.

계열화에 대한 이런 일반적 접근 방법에는 세 가지의 예외가 있다. 하나의 교수 목표에 있는 둘 이상의 단계가 같거나 혹은 둘 이상의 단계가 같은 하위 기능들을 가지고 있을 경우이다. 이런 경우 이 기능들을 이중으로 가르칠 필요가 없다. 학습자들에게 앞서 배운 기능들을 이 시점에 다시 사용해야 할 것이라는 사실만 알려 주면 된다.

그 다음 예외인 경우는, 여러 장비나 한 장비의 부분들을 사용해야 할 때이다. 예를 들어, 그 교수 분석표에 따르면, 학습자들은 학습 중에 여러 차례에 걸쳐 장비의 여러 부분이나 부속을 찾아낼 수 있어야 한다. 이렇게 장비의 부분을 찾기 위해 왔다 갔다 해야만 할 필요가 없도록, 이 내용을 학습을 시작할 때 모두 제시하는 것이 가능할 뿐만 아니라 바람직한 방법이다. 그리고 모든 낮은 수준에 속하는 언어적 정보 목표, 예를 들어 정의에 관한 것을 이렇게 학습과 함께 한꺼번에 제시하고 싶을 때도 있을 것이다. 이렇게 하려고 할 때는 다음과 같은 점을 유의하면서 활용할 수 있다. 그렇게 언어적 정보에 해당하는 내용을 한꺼번에 제시하면, 그 정의를 의미 있게 해 주는 데 필요한 맥락들을 생략할 수가 있기 때문이다. 그렇게 하면, 학습자가 그 정보를 기억해서 나중에 맥락적인 단서를 이용해서 도로 인출하는 것이 어려울 수도 있다. 그리고 이 경우, 학습자들은 맥락이 생략된 채 언어적 정보를 학습하는 것이 정말 지겹다고 생각할 것이다.

예상할 수 있듯이, 지겹게 단계별로 계열화해서 학생들이 짜증을 낼 것 같을 때에도 예외가 적용되어야 한다. 이렇게 학습자들이 지루해할 것 같으면, 이상적인 계열화의 효율성의 어떤 부분을 포기하고, 단계별로 계열화하지 말고 나누어서 학습자들의 흥미와 동기를 유지하도록 하는 것이 보다 나은 방법이다.

학습 내용의 묶기(clustering instruction) 교수 전략의 다음 문제는 우리의 교수 프로그램에 제시할 내용의 묶음 크기에 관한 것이다. 하나의 극단적인 경우는 모든 내용을 하나의 대단히 작은 내용 단위로 나누어 제시하고 학습자가 하나씩 응답을 하도록 요구하는 선형적 PI(programmed instruction) 방식이다. 이 방법과 대조되는 다른 극단적인 방법은 학습 내용을 하나의 챕터로 묶는 전통적인 교과서 방식이다. 목표별로 내용을 제시할 것인지 아니면 학습자의 활동 전에 몇 개의 목표에 대한 내용을 제시할 것인지를 결정해야 한다.

제시할 내용의 양(묶음의 크기)을 결정할 때 고려해야 할 요인들은 다음과 같다.

1. 학습자의 연령 수준과 학습 성숙도
2. 내용의 복합성
3. 학습 목표의 유형
4. 학습 활동이 다양해서 학습자들이 여러 과제에 주의를 집중해야 하는가?
5. 내용의 각 묶음을 위한 교수 전략으로서 모든 학습 구성요소를 포함하는 데 요구되는 시간량

예를 들어, 학습자들에게 선수 기능을 알려 주고, 내용을 제시하고, 연습을 시키는 데 얼마나 시간이 필요할까? 어린 학습자들을 위해서는 학습 묶음(cluster)의 크기를 항상 상대적으로 작게 해야 한다. 그러나 보다 성숙한 학습자들을 위해서는 내용 묶음의 크기를 약간 크게 조정할 수 있다. 학습자들의 나이와 무관하게, 수행과 피드백의 활동에 따라서 내용이 달라지면, 학습자들은 그 활동 때문에 그렇게 빨리 지겨워하지 않을 것 같다.

설계자들은 2~3일의 워크숍이나 한 학기 동안 진행될 코스를 위하여 학습 내용을 묶어야 할 경우가 많다. 한나절이나 하루 동안에 얼마나 많은 내용을 배정해야 할까? 어떤 전달 시스템을 사용할 것인가에 따라 많이 달라질 수 있다. 컴퓨터 기반 학습이나 이 러닝과

같은 개별 학습 형식이라면 그렇게 시간에 구애받지 않아도 된다. 이 시스템을 사용하면 학습자들이 시간을 조정할 수 있기 때문이다. 그러나 예를 들어, 교사 중심 강의, 집단 활동, 텔레비전 혹은 웹캐스트를 사용하면 정확하게 시간을 예측해야 하는데 안타깝게도 시간 예측을 할 수 있는 마술적인 공식은 없다. 전형적인 학습 내용의 크기로 묶어서 프로그램을 개발해서, 전체 코스나 워크숍을 진행하는 데 걸리는 시간을 예측하기 위하여 시험적으로 시행해 보는 수밖에 없다. 시간 결정이 중요한 문제라면, 전체 프로그램이 다 개발될 때까지 기다리지 말고 그 프로그램을 전달하는 데 필요한 시간을 예측해 보기 위한 일을 먼저 해 보아야 한다.

학생팀 구성하기

그림 9.1의 단계 4는 학생들의 팀 구성 계획에 관한 것이다. 교수 전략을 계획할 때는 학생들의 팀 구성과 매체 선정도 같이 염두에 두어야 한다. 이 세 가지를 동시에 고려해야 하지만, 그림 9.1에서 보듯이 교수 전략 계획을 팀 구성과 매체 선정보다 먼저 진행하는데, 후자의 두 가지가 주된 계획 단위에 포함되어 있고, 학습 효과에 큰 영향을 주기 때문이다. 교수 전략과 조율을 하면서 학습자 팀의 구성과 매체 선정을 계획하는 문제는 항상 강조되어야 한다. 원격 학습이나 개별화 학습을 요하는 전달 시스템이 사전에 결정되어 있다면, 학생들의 팀을 묶는 데는 몇 가지 제한점이 있을 수 있다. 대부분의 경우에, 이런 결정은 교수 설계자의 손에 달려 있는데, 현재의 웹 2.0이나 소셜 미디어는 혼자 공부해야 하는 학생들을 집단으로 묶기가 아주 쉬워졌다.

　학생들을 집단으로 묶기에 대한 결정을 할 때 물어봐야 할 주된 물음은 학습 목표, 계획하고 있는 학습의 구성요소, 혹은 가르치는 과정에 대한 설계자의 기본적인 생각 등으로부터 실무 수행 혹은 학습 상황에서 학습자들 간의 상호작용이 얼마나 필요한가 하는 문제이다. 학생의 집단 형태(예, 개인, 짝, 소집단, 대집단)는 어떤 형태의 구체적인 상호작용이 필요한가에 달린 문제이기 때문에 하나의 레슨에서 학습 전략에 따라서 집단 구성 형태는 몇 가지가 서로 혼합하여 활용될 수 있다. 동기 유발은 교수 전략의 핵심적인 요소이고, 학생들 간의 사회적 상호작용과 집단 유형의 변화는 실무 수행 상황이나 학습 상황이 구체적으로 정해져 있지 않을 경우에도 학습자들에게 다양성을 제공하면서 흥미를 불러일으키는 데 충분한 가치가 있음을 명심할 필요가 있다. 다른 하나의 예를 들면, 능동적 학습 방법이나 문제 중심 학습(PBL)과 같은 방법에서는 교수 전략을 관리하기 위해 다양한 집단 유형을 활용하고 있다. 학생 집단 유형을 결정할 때 고려해야 할 것은 회의를 면대면이냐 아니면 원격으로 할 것이냐와 마찬가지이다.

매체와 전달 시스템의 선정

매체와 전달 시스템 선정은 그림 9.1에서 단계 5이다. 이 두 가지 문제는 서로 공통점이 많기 때문에 여기서 같이 다루고자 한다. 매체 선정에 대한 문제부터 다루기 시작했기 때문에, 우리가 학교 다닐 때의 경험으로 돌아가 보는 것이 좋겠다. 금요일 오후에 지난번 수업 시간을 녹화한 동영상을 보여 주었던 어떤 선생님이 있었던 것을 기억하는가? 수업 시작―불 끄기―동영상 상영 시작―동영상 상영 종료―수업 종료 종이 울림―안녕! 와! 같은 수업이 생각나는가? 좋은 수업일까? 대개는 아니다. 아니라면 왜 그럴까? 이 장에서 앞서 살펴본 교수 전략의 구성요소에 대해서 생각해 보자. 앞서 제시한 금요일 오후의 동영상을 이용한 수업이 하나의 완성된 전략일까, 아니면 단위 프로그램의 전체 중의 한 부분에 불과할까? 이 동영상이 아마도 사전 교수 활동과 내용 제시의 일부일 수는 있지만 완성된 전략의 다른 학습 구성요소는 어떻게 할 것인가? 교수 전략의 다른 구성요소는 금요일 오후의 동영상 수업에서는 찾아볼 수 없다. 이 예는 매체가 교수 전략의 다양한 학습 구성요소의 몇 부분이나 전체를 효과적으로 전달하는 데 얼마나 유용한지를 보여 주고 있다.

이 장에서, 전달 시스템의 선택에 대한 논의에서 우리는 대부분 교수 설계 과정의 초기에 그 선택이 이루어진다고 했다. 미리 전달 시스템이 정해져 있는 제약이 많은 상황에서 설계를 할 경우에, 그 시스템 안에서 가능한 여러 가지 유형들 중에서 매체를 선택할 수 있다. 매체 선정에 이런 제약이 있을 경우에도, 우리가 생각하는 것만큼 큰 문제가 없는 데는 두 가지 이유가 있다. 첫째, 1940년대 군대의 훈련용 영화부터 라디오, TV, 슬라이드 테이프, 컴퓨터 기반 멀티미디어, 시뮬레이션, 웹 기반 원격 학습 등의 매체의 학습 효과에 대한 연구 결과로부터 나온 결론에 따르면, 매체 그 자체는 학습에 크게 영향을 미치지 않는다는 것이다. Clark(1983)의 주장에 따르면, 학습 효과에 영향을 미치는 것은 학습 내용을 전달하기 위해 사용된 매체보다는 교수 설계에 달려 있다고 한다. 18년 후에 Russell(2001)은 원격 학습 효과를 중심으로 연구 결과를 종합한 결과, Clark의 연구와 비슷한 결론을 내리고 있다. Russell의 웹 사이트(http://nosignificantdifference.wcet.info/about.asp)를 통해 원격 학습이 학습 효과를 높인다는 다수의 연구 결과를 보고하고 있기는 하지만, 매체 그 자체가 학습 효과를 가져왔다고 보기는 어렵다. 왜냐하면 이 연구에서 통제하지 않은 원격 학습 처치를 위한 교수 전략이 달라졌을 수 있기 때문이다. 미국 교육부(2010)에서 고등교육 기관에서의 원격 학습 효과를 메타분석한 결과에 따르면, 온라인 러닝과 면대면 학습보다 블렌디드 러닝이 높은 학업 성취 결과를 보였다. 그러나 상대적으로 높은 학습 결과는 온라인 매체 그 자체보다는 학습 시간과 교육과정의 차이에 기인한다고 보고하고 있다. 이런 실증적 증거들은 단지 상식적인 사실을 증명하고 있을 뿐이다. 가르치는 목적이 학습을 위한 바람직한 내적인 정신적 처리를 촉발하는 데 있다면, 그 처리 과정을 촉발할 수 있는 어

떤 매체든지 효과적이다. 거의 어떤 매체든지 대부분의 교수-학습에서 요구하는 역할을
해 줄 수 있음을 시사하고 있다.

둘째, 전달 시스템이 결정되어 있는 상황에서의 교수 설계는 가용한 매체 유형, 즉 문
자, 그래픽, 음성, 하이퍼미디어, 동영상, 시뮬레이션, 실물, 실제 환경 등 중에서 어느 특정
매체 유형을 한정하지 않는다. 강의실에서 교사의 강의나 시청각 매체 등의 저급 기술을
이용하는 전달 시스템이나 컴퓨터나 웹을 통한 첨단 기술에서 위의 매체들로 표현할 수 있
다. 어떤 기술에 의존하는 전달 시스템을 사용하는 것과는 무관하게, 교수 전략은 여전히
학습 성공의 핵심적인 요소이기 때문에 교사, 어떤 매체, 동료, 가족, 친구 혹은 학습자 자
신에 의해 제공될 수 있다.

교수 설계 과정에서 이런 이상적인 시점에서, 내용 계열화 묶기에 대한 결정이 이루지
고, 교수 전략이 계획되었다면, 매체 선정과 전달 시스템에 대한 적절한 결정을 할 수 있다.
그럼 어떻게 결정해야 할 것인가? 틀림없이 자원이나 인력이 어느 정도 가용한지와 같은
현실적인 고려사항이 먼저 생각나겠지만, 교수 전략과 학습 목표 유형과 가르칠 목표에 포
함되어 있는 어떤 과제의 요구사항을 구현할 수 있는 적합한 매체 선정에 대한 결정이 먼
저 이루어져야 한다.

학습 목표별 매체 선정 최근의 매체 선정의 논리는 학습이 외적 처치(actions)에 의해 촉발
될 수 있는 내적, 정신적 처리 과정이라는 인지적 가정에 바탕을 두고 있다. 심리학자들은
우리의 마음이 어떻게 작동하는지에 대한 이론에 기초를 두고 이런 외적 처치를 설명하고
있다. 표 9.1에서 네 사람의 심리학자들이 구체화하고 있는 내용을 제시하고 있다. 외적 처
치에 대한 심리학자들의 주장들 간의 관계를 보여 주기 위해 같은 칸에 나란히 배치했지만
어떤 경우 그 배치는 내용이 근접할 뿐 완전히 같은 차원이라고 보기 어려울 수도 있다.

8장에서 Gagné(1985)의 아홉 단계의 교수 활동(events of instruction)을 다섯 개의 교수 전
략의 학습 구성요소로 재구조화한 것을 보았다. 표 9.1도 이 다섯 가지 구성요소를 중심으
로 제시했다.

그렇다면 여기에서 매체 선정을 위한 요점은 무엇인가? 표 9.1에서 제시한 교수 이론가
들은 매체 선정에 대한 다음의 세 단계에 대해서 대체로 일치된 견해를 가지고 있다.

- 첫째, 이론에 기초하여 교수 전략을 개발해야 한다. 즉, 가르치는 중에 구체적인 활동
  들은 효과적이고 효율적인 학습을 보장할 수 있어야 한다는 점이다.
- 둘째, 교수 전략을 실행으로 옮기는 데 필수적인 매체 속성들을 찾아야 한다.
- 셋째, 이런 속성들을 가지고 있는 매체를 선정해야 한다.

표 9.1 ┃ 심리학자들의 이론에 기초한 핵심적인 학습 활동

Gagné(1985)의 교수 활동	Merrill(2002)의 첫째 원리들 (First Principles)	Clark(2010)의 안내적 실험학습	van Merrienboer(1997)의 4C/ID
주의집중		학습의 이유	
목표		목표	
선수 기능	활성화	개요	선수 기능 정보
제시		개념적 지식	
안내	시연	시연	지원적 정보
연습	적용, 과제 중심	부분과 전체, 과제 연습	부분 과제 연습, 전체 과제 연습
피드백 평가 파지/전이	통합	교정적 피드백 검사	

교육공학 역사를 잘 아는 사람들은 이제까지 '최신의 가장 강력한 기술 혁신'을 도입해야 된다고 주장하고, 실제로 해 보고, 학습자들에게나 기관을 위해 그런 장밋빛 성과를 확인하는 데 실패한 헤아릴 수 없는 일들을 기억할 것이다. 확실히, '최신의 가장 강력한 기술'이라는 기준은 아직도 각종 교육 훈련 기관에서 유효하게 살아 있어서, 학습자나 관련 기관의 요구에 부합하지 않는 해결책들을 계속 양산하고 있다. 이런 약점을 극복하려면, 어떤 준거에 의해 매체 선정을 해야 할까? 요구, 내용, 학습자, 상황에 대한 체제적인 분석과, 표 9.1에서 보는 바와 같이, 교수 이론의 적용을 통해서 나온 매체 선정 준거여야 한다고 생각한다.

학습 목표 영역별 매체 선정 Gagné 등(2004)은 목표 영역, 교수 활동, 전달 방법과 전략, 매체 유형을 동시에 고려하면서 가장 효과적인 교수 매체와 전달 방법을 선정하기 위한 모형(matrix)을 개발했다. 모형은 학습 목표에 따라 제외되거나 선택되어야 하는 매체의 특징에 대한 결정표로 되어 있다. 관심이 있는 사람들은 그의 매체 선정 원리와 결정표에 대한 자세한 내용을 찾아보기 바란다. 그 모형에서의 중요한 결정사항은 세 가지 물음으로 나누어 볼 수 있다.

1. 지능적이고 적응적인 피드백이 학습을 위해 요구되는가?
2. 동시적인 상호작용과 피드백이 요구되는가 아니면 비동시적인 상호작용이 요구되는가?
3. 학습을 위해 신체적인 연습이 요구되는가?

이 물음에 대한 답은 다음에서 제시하고 있는 목표별 설명에서 찾을 수 있다.

지적 기능. 지적 기능을 가르치기 위해 사용한 매체 분석 결과를 보자. 연구 결과에 따르면, 학습 과정 중 학습자의 응답에 대한 정확한 교정적 피드백을 제공해야만 한다고 한다. 물론 한 가지 이상의 "옳은 응답"이 있기도 하다. 학습자의 연습에 반응적 피드백을 제공하기 위해서는 교사, 동료 튜터, 컴퓨터 기반 시뮬레이션이나 스마트 시스템과 같은 상호작용할 수 있는 매체를 선정해야 할 것이다. 그런데 만약 대규모 강의이거나 웹 페이지와 같은 일방향 매체가 선정되었다면, 반응을 요구하고 피드백을 제공해 주는 보조적인 학습 내용이나 자료를 개발하거나, 아니면 스터디 그룹을 조직해야 한다. 여기에서 핵심은 학습자의 연습 반응에 따라서 학습자에 대한 피드백과 안내가 달라져야 하기 때문에 선택할 수 있는 매체가 지능적이고 적응적이어야 한다는 점이다.

언어적 정보. 만약 교수 목표가 언어적 정보라면, 학습자에게 응답을 이끌어 내야 할 필요가 있을 수 있지만, 지능적이고 적응적인 피드백의 필요는 덜하다. 학생들은 쉽게 자신의 응답과 옳은 응답을 비교할 수 있어서, 언어적 정보 목표에는 상호작용 매체가 덜 필요하다.

운동 기능. 운동 기능의 학습이 하나의 실행 루틴(executive routine: 학습자가 무엇을 어떻게 다양한 상황에서 할 수 있는가에 대한 설명)으로 시작한다면, 이 첫 단계는 지적 기능의 학습으로 취급될 수 있다. 그러나 학습자가 이 루틴을 점차 숙달하게 되면, 교수 목표에 기술되어 있는 실제 장비와 물체를 사용하는 실제의 물리적 상황이나 아니면 시뮬레이터를 사용하는 연습과 피드백이 필요하다. 시뮬레이터가 피드백을 제공하기 위해 설계할 수 있지만, 교사가 시뮬레이션 세션 후에 피드백을 포함한 디프리핑(debriefing)을 제공하기도 한다. 하지만 숙련된 학습자는 연습 보조물이나 녹화된 동영상을 보고 자신의 수행 행동을 분석할 수 있다.

태도. 태도 학습 방법에 관한 연구에 따르면, 가장 영향력 있는 방법 중의 하나는 우리가 높이 평가하는 누군가가 행한 행동에 대해 보상을 받거나 인정받는 것을 관찰하는 것이라고 한다. 그런 뒤에 우리가 비슷한 상황을 만나면, 그때 관찰했던 행동을 선택하게 될 가능성이 높아지게 될 것이다. 따라서 태도를 가르치기 위해 TV나 디지털 비디오 같은 시각적인 매체를 자주 선택하게 된다. 태도 학습을 위해 효과가 있는 것으로 알려져 있는 역할해 보기(role-playing)도 게임이나 가상 회의 공간(virtual meeting space)에서 면대면, 온라인,

혹은 모의 상호작용을 필요로 한다.

　여기에서 태도 학습에 관한 연구들을 검토해 보는 것은, 비록 태도를 가르치는 데 매체가 다른 요인들보다 덜 중요하기는 하지만, 사용된 매체에 따라 학습 효과에 차이가 생길 수 있음을 암시하기 위해서이다. 그러나 하나의 프로그램에서 다루게 될 학습 목표들이 모두 같은 영역의 목표일 수는 없다. 가르치려는 모든 목표가 언어적 정보 아니면 지적 기능으로 이루어진 작은 레슨에서의 매체 선정의 문제는 간단하다. 하지만 40시간으로 이루어진 코스처럼 프로그램의 크기가 커지게 되면, 각기 다른 영역의 목표들이 섞이게 될 것이라서, 비슷한 유형의 목표끼리 묶어서 그 군집을 위한 매체를 선정하거나 아니면 다양한 목표들에 적합한 매체들을 혼합하여 선택할 필요가 있다.

특정 학습자의 특성을 고려한 매체 선정　매체를 선정할 때 학습자 특성을 중요하게 고려해야 할 두 경우가 있다. 첫째, 감각적, 인지적 혹은 학습 장애(disabilities)를 가지고 있는 학습자를 위한 매체는, 장애와 보조적 수단은 장애인들의 편의를 도모할 수 있도록 보조해 줄 수 있는 매체를 선택해야 함을 규정하고 있는 미국 장애인 법(American Disabilities Act)을 준수해서 선택해야 한다. 그래서 가끔 장애인도 편하게 사용할 수 있게 하기 위해 매체를 새롭게 설계하는 것이다. 예를 들어, 시각 장애인은 화면 읽기 소프트웨어(screen reader software)나 말을 인식하는 브라우징(browsing), 또는 점자 디스플레이(braille display)와 같은 기능을 갖춘 시스템에 접근할 수 있어야 한다. 이러한 접근을 가능하게 해 줄 수 있는 핵심은 *AWP(Accessible Web Pages)*라고 하는 이미 발표되어 있는 설계 표준을 따르는 것이다. 둘째 경우는, 읽지 못하는 사람들을 대상으로 할 경우로, 음성이나 그림으로 된 매체가 명백하게 도움이 될 것이다.

교수 목표에 포함된 특정 과제의 요구사항을 고려한 매체 선정　학습 목표 영역과 학습자의 특성을 고려하여 매체를 선정해야 하는 것과 함께, 그 목표에 포함되어 있는 과제도 매체 선택시 고려해야 할 요소이다(그림 9.1의 단계 6). 첫째, 설계자는 목표를 숙달하는 데 감각적 변별(시각적, 청각적, 촉각적 등)이 필요한지를 스스로에게 물어보아야 한다. 만약 그렇다면, 내용 제시, 학습자 참여, 평가에서 그런 감각적 변별을 할 수 있는 매체를 선정해야 할 것이다. 설계자가 물어봐야 할 둘째 물음은 이 목표를 학습하기 위해서 모종의 사회적 상호작용이 필요한지에 대한 것이다. 만일 그렇다면, 학습자 참여와 평가 활동에서 상호작용을 할 수 있는 매체이어야 한다. 앞서 언급했듯이, 사회적 상호작용이 필요하다고 해서 반드시 면대면이어야 할 필요는 없으므로 소셜 미디어 혹은 가상 현실에서 모의 상호작용을 통해 온라인으로 이루어져도 좋다.

결정적인 매체의 속성을 위한 매체 선정 8장에서 계획한 교수 전략 중에서 학습의 구성요소를 위한 매체 선정을 고려할 때, 고려해야 할 매체 중에서 제외해야 할 결정적인 매체 속성이 있는지에 대해 물어보는 것은 중요하다. 그런 결정적인 속성들은 다음과 같다.

- 연습과 지능적, 적응적 피드백
- 동시적 피드백
- 실제 혹은 모의 물체를 이용한 신체적 연습
- 감각적 변별(시각, 청각, 후각, 촉각, 근육운동)
- 학습자의 감각적 혹은 인지적 도전을 위한 편의
- 문맹의 문제를 가지고 있는 학습자를 위한 편의
- 사회적 상호작용

이런 속성들이 학습의 구성요소에 요구되는 상황이라면, 이런 속성들을 제공할 수 없는 매체들은 그 학습 구성요소를 위한 고려에서 제외되어야 한다. 학습 구성요소에 어떤 결정적인 매체 속성이 없다면, 실제적인 고려사항만을 염두에 두고 모든 매체들 중에서 선정할 수 있다.

매체와 전달 시스템 선정에서의 실제적인 고려사항 전달 시스템 선정에서 중요한 요소는 나중에 프로그램을 다 개발하고 나서 실제로 활용할 때 다양한 매체들이 가용한가 하는 문제이다. 만약 교수 프로그램이 공립 초중등학교, 대학의 매체 센터에서 사용될 것이라면, 학습자와 교사는 다양한 매체 설비를 활용할 수 있다. 그러나 그 프로그램이 장비가 한정적일 수밖에 없는 가정 학습이나 직장 활용 목적으로 설계되었다면, 설계자는 필요한 장비의 가용성을 높이기 위한 수단을 강구하거나, 아니면 합리적으로 그 가용성을 기대할 수 있는 범위 내로 매체 선정을 제한해야 한다. 최근에는 컴퓨터와 온라인 접속이 언제 어디서나 가능해지는 추세라서 '이용 가능성에 대한 합리적인 기대'에 대한 생각을 바꾸어 놓고 있다. 만약 인터넷이 가능한 컴퓨터가 집에 없다면, 직장, 학교에서 일반적으로 접속이 가능하기 때문에 다양한 소프트웨어를 포함하여 웹으로 전달될 수 있는 다양한 매체를 선정할 수 있다. 전화 기능이 되는 태블릿 컴퓨터나 스마트 폰도 위치와 시간의 제한을 받지 않고 인터넷 접속이 가능해졌다.

컴퓨터, 웹, 브로드밴드(broadband) 접속을 통해 텍스트, 그래픽, 음성, 동영상, 상호작용 등을 하나의 단일 매체 혹은 단일 접속점(access point)에서 분리할 수 있는 항목을 이용하여 전달할 수 있다. 이렇게 객체들을 하나의 전달 시스템으로 통합한 덕분에 매체의 선정과 교수 프로그램의 배분이 단순해졌다. 음성, 동영상, 상호작용이 점차 직관적이고 무결점화, 또한 플랫폼의 영향을 받지 않는 쪽으로 가고 있어서, 컴퓨터, 웹 인터페이스, 소프트웨어에 대한 교사, 학생들의 능력에 대한 우려가 점차 사라지고 있다. 이 러닝 포탈(e-learning portal)과 이 독자(e-readers), 웹북, 태블릿, 스마트 폰에서의 웹 콘텐츠의 탑재, 블로그, RSS, 뉴스피드(newsfeeds), 웹방송(webcasts), 팟캐스트(podcasts) 등의 간편한 접근과 다운로드, 뿐만 아니라 사진, 동영상, 음성의 공유에서 이러한 경향은 뚜렷해지고 있다.

매체 선정에서 고려해야 할 또 하나의 요소는 어떤 매체로 특정 프로그램을 개발할 수 있는 설계자의 능력 아니면 그런 전문가를 구할 수 있느냐의 문제이다. 예를 들어, 가르치려는 학습 목표를 위한 이상적인 매체가 상호작용적인 웹 기반 학습이지만, 만일 설계자가 웹 기반 학습 프로그램을 개발할 능력 혹은 저작 시스템을 공부할 시간이 없거나, 그 일을 할 전문가를 활용할 수 없다면, 개발할 수 있는 다른 매체를 선택할 수밖에 없다.

매체가 정해졌을 경우에 그 매체에 담을 학습 내용의 유연성, 지속성, 편리성도 선택 시 고려할 또 다른 요소이다. 만약 학습 센터에서만 볼 수 있는 장비를 사용하도록 학습 콘텐츠가 설계되었다면, 그러한 학습 센터가 있는가? 그러한 학습 센터가 학생들이 자율 학습을 할 수 있는 시간에 개방되는가? 학습 프로그램을 운영하는 데 필요한 설비나 프로그램이 학생들이 고장 내지 않고 혼자서 다룰 수 있는 형태로 되어 있는가? 개발된 프로그램을 어디에나 가지고 다닐 수 있는가?

고려할 마지막 요소는 다른 매체와 비교했을 때 선택한 매체가 갖는 비용 효과성(cost effectiveness)이다. 어떤 교수 프로그램을 상대적으로 비용이 싼 매체로 개발할 수는 있지만, 강사, 평가자, 피드백을 제공해야 하는 사람들을 포함해서 경비를 따져 보면 두 매체의 비용이 같아질 수 있다. 대규모의 학습자 집단을 위해서 강의를 녹화한 동영상을 만들어 필요할 때 반복해서 볼 수 있게 해 주면 비용이 대폭 줄 수 있고, 소집단의 학생들을 강사나 전문가들이 도와줄 수 있을 뿐만 아니라, 개개 학생의 문제를 해결하는 데 도움을 줄 수 있는 여력이 생기게 할 수도 있다.

여기서 논의된 모든 요소들은 반드시 충족되어야 하는 이론적이거나 실용적인 준거들이다. 이러한 준거는 교수 개발 과정에서 매체 선정이 얼마나 중요한지를 보여 주고 있다. 이론적으로는 교수 전략의 구성요소로서 매체가 선정될 때까지 전달 시스템의 선정을 미루는 것이 이상적이지만, 대다수의 프로젝트에서는 먼저 전달 시스템을 정해 놓고 추진하는 것이 현실이다. 어떠한 경우에도 모든 전달 시스템에서는 다양한 매체들 중에서 선택할 수 있다. 철저한 요구 분석과 학습 상황 분석에 맞추어 설계자는 하나의 코스나 워크숍으로 다양한 매체 방식을 고려해서 교수 프로그램의 효과성을 극대화할 수 있다.

교수 프로그램에 대한 요구를 대체할 수 있는 매체 선정 가능성 교수 설계를 해 나가는 이 시점에서 교수 설계자들에게 상기시켜 줄 만한 것으로, 교육이나 훈련은 비용이 많이 드는 일이라서, 어떤 기능을 숙달시키고, 역량을 증진시키기 위한 대안적인 방법들을 고려할 만한 가치가 있다는 점이다. 그 대안으로 고려할 만한 방법으로 직무수행 보조물(job aids), *수행 지원 도구(performance support tools: PST)*, EPSS(electronic performance support system) 등이 있는데, 이런 방법을 통해서 교수 프로그램의 일부 혹은 전체를 대체할 수 있음을 심각하게 고려해 볼 만하다. 우리는 이 장의 앞부분에서 이 방법에 대해 간단하게 언급했으나 이들은 매체의 한 형태이기 때문에 여기에서는 보다 구체적으로 살펴보기로 한다. '직무수행 보조물'은 하나의 과제나 기능의 수행을 도와주기 위한 도구를 말한다. 예를 보면, 도서관에서 학생들에게 정보 자료들을 안내하기 위한 정보 안내(informative signage), 화학 실험실에서 학생들이 참고할 수 있도록 전면 벽에 붙여 둔 주기율표, 정부 공무원들을 위해 각 기관에 대한 약자를 모아 둔 표, 자동차 수리 기술자가 수리하는 절차를 참고할 수 있도록 만든 결정 지도(decision map), 제품 생산 관리자를 위해 질 관리 알고리즘을 가동해 볼 수 있게 개발한 계산기 등이 있다. PST나 EPSS는 고도의 기술이 포함된 컴퓨터 기반의 '직무수행 보조물'이라고 할 수 있다. PST와 EPSS 간에 다른 점이 있다면, PST가 스탠드 어론에 가깝고, 실무 수행 상황에 통합되지 않는 편이지만, 최근에는 그 구분이 점차 사라지고 있다. PST는 기본적으로 세 가지 기능을 한다. 즉, 하나의 과제에 필요한 정보를 제공하고 절차를 효율화해서 자동화하거나, 의사 결정을 하는 데 필요한 논리를 제공한다. 이 세 가지 역할은 데이터베이스, 하이퍼미디어, 튜토리얼, 전문가 시스템, 마법사, 업무 추적(task tracking), 과정 모델링, 시각화 등과 같은 기능적인 도구를 통해 지원한다. PST의 예로는 Turbo Tax의 인터뷰 순서(sequence), Adobe Macromedia Dreamweaver 소프트웨어의 템플릿, Adobe Photoshop의 튜토리얼, 트레이더(trader)가 1일 시장 추적과 시간별 주식 거래를 추적하는 데 사용하는 소프트웨어, 경찰 근무배치 담당자가 응급 연락에 경관들을 파견하기 위해 사용하는 GPS 시스템과 결합된 사건 추적 소프트웨어 등이 있다.

　　교수 프로그램에 대한 대안으로 '직무수행 보조물'이나 'PST'를 활용하는 것은 컴퓨터 워크스테이션에서 어떤 작업을 할 때 아니면 복잡한 소프트웨어 시스템으로 무슨 콘텐츠를 저작하는 데 참여할 때, 간단하게 사용방법 카드를 만들어서 가르칠 내용을 단순화시키는 것과 유사하다고 볼 수 있다. 대부분의 경우에 '직무수행 보조물'이나 'PST'를 활용한다고 해서 가르치는 기능을 완전히 배제하는 것은 아니지만, 최대한 학습 시간을 단축하면서 직수 수행의 정확도를 높이고자 한다. '직무수행 보조물'이나 'PST'에 대해 더 알고 싶다면, Gery(1999)의 EPSS에 대한 책이나 'EPSS' 개발에 대한 Brown(1996)의 책, Dickelman(2003)의 논문, Rossett과 Schafer(2006)의 책, 업무 수행 과정에 EPSS의 활용에 대한 Gottfredson,

Mosher(2011)의 책을 참고할 수 있다. Hung과 Kalota(2013)는 매체 선정과 'EPSS'에 대한 논문을 작성했다. 이들은 매체 선정을 위한 'EPSS'의 타당성을 살펴보았다.

매체 선정의 통합과 전달 시스템의 확인 혹은 선정

교수 전략 계획의 마지막 단계는 매체 선정 결과를 통합하기 위해 교수 전략을 검토하고, 전달 시스템과의 호환성을 확인하는 것이다. 교수 전략을 계획할 때, 각 목표가 어떤 영역의 목표인지를 확인하고, 그 목표에 포함된 조건, 성취 행동, 내용을 검토함으로써 교수 프로그램을 어떻게 전달할 것인지를 고려해야 한다. 동시에 어떤 매체가 학습 상황과 수행 상황에서 그 조건을 가장 효과적으로 구현할 수 있는지를 봐야 한다. 학습 목표 영역과 목표의 구성요소를 고려해서 이상적인 매체를 선정하는 일을 시작해야 하지만, 예산, 인력, 설비, 전달 시스템, 학습 사이트의 제약조건들을 고려해서 최선의 매체를 어느 정도 절충해서 선택해야 한다. 각 목표 혹은 목표군별 최선의 매체를 선정한 다음에는, 매체 선정의 전체 세트 혹은 목표별 공통적인 매체 선택 결과를 종합적으로 검토할 만하다.

예시

교수 전략에 포함해야 할 내용이 생각났다고 해서, 교수 전략과 그 교수 전략을 실행하는 데 필요한 시설이나 설비, 관리에 대한 계획을 하지 않은 채로, 수행 목표 작성에서 바로 교수 프로그램 작성을 시작하는 것은 부적합함을 알아야 한다. 설계의 이 시점에서, 설계자는 학습 기반 교수 전략과 그 전략을 개발하고 실행하는 데 요구되는 시설, 설비, 관리 방법을 통합해야 한다.

우리가 지금까지 설계한 내용들은 교수 전략을 개발하고, 그 진략을 실행하는 데 요구되는 시설, 설비, 관리 방법을 계획하는 데 필요하다. 즉, (1) 수행 목표, (2) 선수 지식(교수 분석 결과표에서 하위 기능들의 아래에 있는 기능들), (3) 학습 내용 제시 순서(설계 평가표와 분석표), (4) 가르칠 내용(교수 분석을 위해 필요한 지식과 기능), (5) 각 목표별 평가 문항, (6) 각 목표별로 어떤 학습 목표 영역인지를 고려한 학습의 구성요소 등이다. 이 내용들이 이 단계에서의 교수 전략 개발을 위한 투입 정보로 활용된다.

교수 전략 개발 과정

8장에서 제시한 순서대로(사전 교수 활동, 내용 제시, 학습자 참여, 평가, 후속활동) 교수 전략의 학습 구성요소가 진행되어야 한다고 추천했지만, 교수 전략과 관리 계획을 개발하기 위해서는 이 순서대로 진행하기를 추천하지 않는다. 개발의 순서와 학습자가 학습의 구성요소를 학습 중에 만나게 되는 순서와는 다르기 때문이다.

이제 교수 전략에 무엇이 포함되는지 알게 되었으므로, 먼저 교수 전략을 계획하거나 문서화하지 않고 바로 수행 목표의 목록에서 교수 프로그램 작성으로 넘어가는 것이 부적절하다는 사실을 알게 되었다. 교수 전략은 다음 중 어느 하나로 사용될 수 있는 결과물이다.

교수 전략을 개발하기 위한 최선의 순서는 다음과 같다.

1. 가르칠 목표들의 순서를 정하고, 그 목표들을 어떻게 묶을 것인지를 결정한다. 이것을 하기 위해 교수 목표 분석표에서 하위 기능들과 최종 교수 목표의 순서를 먼저 살펴보자. 학생들이 선택한 내용에 충분히 주의집중을 할 수 있는, 그리고 각 레슨에 할당된 시간 등을 고려하여 적정한 수준의 목표 군집의 순서와 크기를 정한다. 최종적인 목표의 계열화(순서)와 군집을 정할 때, 나중에 학습 내용을 복습하거나 종합해 보는 활동이 포함될 수 있음을 명심해야 한다. 순서와 군집에 대해 우리가 내릴 수 있는 결정의 결과는 표 9.2와 같은 방식일 수 있다. 표 9.2에 포함된 최종 목표의 주요 단계와 하위 기능들은 그림 8.2의 골프공 퍼딩에 대한 것이다.

이 목표는 언어적 정보가 지원하는 지적 기능의 하위 기능들을 가지고 있는 운동 기능이다. 대상 학습자들은 지역 골프 클럽의 골프 클리닉에 등록한 초보 골퍼들이고, 40분짜리 수업시간으로 짜여 있어서, 설계자는 동기 유발, 내용 제시, 그린에서 퍼딩하기에 대한 학습자 참여 활동이 지정된 장비, 피드백, 후속활동으로 이루어지도록 설계해야 한다. 설계자는 퍼딩 계획하기에 대한 모든 기능들을 군집 1에 배당하기로 결정했다. 군집 2는 퍼터를 다루는 방법과 지원적인 언어적 정보(그림 8.2에는 없음)에 대한 단계 2, 3을 포함하고 있다. 군집 3에는 단계 1, 스트로크 계획하기; 단계 4, 스트로크 연습하기; 단계 5, 스트로크하기; 단계 6, 스트로크한 행동을 평가하기가 포함된다. 군집 4에는 퍼딩 규칙(I.7)과 퍼딩 에티켓(I.8)에 대한 언어적 정보와 퍼딩의 단계(I)를 포함한다. 퍼터로 그린 위에서 시도를 해 보기 전, 군집 1에서 이 모든 퍼딩의 규칙과 에티켓 점수에 대해 가르친다면 학습자들에게 동기 유발이 잘 될지를 상상해 보자. 교수 전략에 대한 다른 계획으로 진행해 보면, 목표를 묶어서 군집을 배정한 것을 수정해야 될 필요가 있는 것이다. 그러나 현재는 그렇게 계획되어 있다. 나중에 이렇게 수정하기로 했으니까 레슨에 목표를 배정할 때 그 수정을 반영

표 9.2 ▌ 그림 8.2의 퍼딩에 대한 수행 목표의 계열화와 묶기

교수 목표: 골프하기	목표 군집			
주요 단계	군집 1 40분	군집 2 40분	군집 3 40분	군집 4 40분
단계 I 퍼딩	I.1.a(1) I.1.a I.1.b(1) I.1.b I.1.c I.1.d(1) I.1.d I.1.e(1) I.1.e I	I.2.1 I.2.2 I.2.3 I.2. I.3.1 I.3.2 I.3.3 I.3	I.1 I.4 I.4.1 I.4.2 I.4.3 I.4.4 I.4.5 I.5 I.6	I I.a I.b
단계 II 치핑(웨치)				
단계 III 치기(아이언)				
단계 IV 치기(우드)				

하면 될 것이다.

2. 사전 교수 활동, 평가, 후속활동과 같은 학습 구성요소에 대해 알아보자. 관련된 중요한 사항은 그림 8.3에 열거되어 있다. 관련 내용은 표 9.3에서 각 요소별 설명을 살펴보면 잘 알 수 있다.

교수 전략을 계획하는 중에 학생 집단 구성과 매체 선정에 대한 결정을 해서 기록해 두어야 한다. 또한 사전 교수 활동, 평가, 후속활동 등의 구성요소도 모든 목표에 적용된다. 이런 요소가 학습자나 가르칠 내용에 의미 있다면 전체 프로그램 단위에 계획되어야 한다. 다음에는 각 목표 혹은 목표 군집에 대해 알아보고자 한다.

3. 각 목표 혹은 목표 군집에 대한 학습 내용 제시와 학습자 참여에 대한 구성요소도 표 9.4에서 보는 것과 같은 양식을 사용할 수 있다. 이 양식의 맨 위에 수행 목표의 번호만 표시하고, 두 가지 주된 내용인 "내용 제시"와 "학습자 참여"를 기술하면 된다. 내용 제시 부분에는 필요한 내용과 학습 안내를 설명해야 한다. 학습 안내를 위한 예를 고를 때, 학습자들에게 가장 친숙하고 흥미 있을 것 같은 예를 선택해야 한다. 학습자 참여 부분에는 가르쳐 준 모범적인 연습 내용과 피드백을 제시해야 한다. 표 9.4는 레슨별로 목표를 배당하고, 학습 내용을 개발하고 선택하는 데 필요한 내용을 계획할 목적으로 사용할 수 있다. 프로그램의 마지막 부분에서 최종 목표를 가르치기 위한 전략을 포함하는 것을 잊지 말아야 하고, 학생 집단 구성과 매체 선정에 대한 관리 계획도 포함해야 한다.

표 9.3 ▎ 학생 집단 구성, 매체 선정 계획을 포함한 사전 교수 활동, 평가 문항, 후속활동의
학습 구성요소의 작성 형식

사전 교수 활동

동기 유발: 어떻게 학습자를 주의집중시키고, 학습이 끝날 때까지 주의집중된 상태를 유지할 것인지를 설명

목표: 학습을 마쳤을 때, 학습자들이 무엇을 할 수 있게 될 것인지를 어떻게 알려줄 것인지와 이 목표가 왜 학습자에게 중요한지를 설명

출발점 기능: 학습을 시작하기 전에 학습자들이 각자 이미 알고 있어야 하는 기능들을 어떻게 학습자에게 알려 주고, 새롭게 가르칠 기능과 연결시킬 학습자가 알고 있는 관련 지식이나 기능을 어떻게 활성화할 것인지를 설명

학생 집단 구성과 매체 선정: 학생 집단(예, 개인별, 소집단, 전체 집단)을 어떻게 묶을 것인지, 매체 선정(예, 실제 강의, 동영상, 인쇄매체, 웹 기반)은 어떤 방법으로 할 것인지를 기술

평가

사전검사: 출발점 기능 검사를 할 것인지, 학습자가 출발점 기능을 갖추고 있지 못하다면 어떻게 할 것인지를 설명해야 하고, 또한 가르칠 기능들을 검사할 것인지도 설명

연습 검사: 연습 검사와 연습(rehearsal) 활동을 어떻게 활용하고, 학습 중 어느 시기에 실시할 것인지를 설명

사후검사: 사후검사를 언제, 어떻게 실시할 것인지를 설명

학생 집단 구성과 매체 선정: 평가를 위해 어떻게 학생 집단을 만들 것인지를 설명(예, 개인별, 소집단, 전체 집단). 매체 선정을 설명(예, 지필, 산출물 개발, 실제 수행 혹은 동영상, 컴퓨터)

후속활동

메모리 촉진: 학습한 정보와 기능의 파지를 촉진하기 위해 개발할 메모리 촉진(memory aids) 장치를 설명

전이: 수행 전이를 촉진하기 위해 사용할 어떤 특별한 요인을 설명

학생 집단 구성과 매체 선정: 평가를 위해 어떻게 학생 집단을 만들 것인지를 설명(예, 개인별, 소집단, 전체 집단). 매체 선정을 설명(예, 강의, 동영상, 인쇄매체, 웹 기반)

표 9.4 ▎ 내용 제시와 학습자 참여를 위한 학습 구성요소의 작성을 위한 양식

목표 번호

내용 제시

내용:

예:

학습자 집단과 매체 선정:

학습자 참여

연습 항목과 연습 활동:

피드백:

학습자 집단과 매체 선정:

4. 목표의 계열화 및 군집화한 내용, 사전 교수 활동, 평가, 내용 제시, 학생 참여 전략, 학생 집단 구성, 매체 선정한 결과를 검토해 보자. 그 검토 결과뿐만 아니라 각 레슨별로 사용할 수 있는 시간, 학습자들의 예상할 수 있는 주의집중 가능 시간(attention span)을 종합적으로 고려하여 목표를 레슨별로 배당해야 한다. 첫 시간에는 사전 교수 활동이 주가 되어야 할 것이고, 마지막 시간은 사후검사나 사후검사에 대한 피드백 제공 활동이 주요 활동이 되어야 한다. 이 양자의 중간에는 필요한 복습, 내용 제시, 학습자 참여의 시간이 있게 될 것이다.

5. 전체 전략과 매체 선택을 다시 통합하기 위한 관리에 대한 결정을 재검토하고, (1) 그 결정이 이미 정해져 있는 전달 시스템에 부합하는지를 확인하고, 그렇지 않으면 (2) 학습 상황과 수행 상황에 적합한 전달 시스템을 선정한다.

교수 전략 개발에 관해 몇 가지 주의해야 할 점을 간략하게 제시하면 다음과 같다. 첫째, 어떤 학습 구성요소는 반드시 교수 프로그램의 전체적인 계열에 의해 고려해야 한다. 즉, 사전 교수 활동, 평가, 후속활동은 모든 레슨에 적용된다. 둘째, 내용 제시, 연습, 피드백 부분은 최종 목표, 각 목표나 목표의 군집에 모두 포함되어야 한다. 마지막으로, 목표별, 목표 군집별, 혹은 각 세션별 관리 및 시설 설비에 대한 최종 결정을 해야 한다. 이 관리에 대한 결정은 교수 전략에 처방된 학습을 지원하는 것이어야 한다. 전체 레슨에 대한 전략을 모두 작성하라는 뜻이 아니다. 그렇게 한다면, 너무나도 많은 것을 작성해야 하기 때문이다. 전략을 문서화하는 목적은 우리가 하나의 프로그램을 개발하거나 선정하기에 앞서, 전체 레슨에 대해 생각해 보도록 하기 위한 것이다.

교수 전략 평가

교수 전략 개발이 완성되었다면, 교수 설계 과정에서 또 다른 중요한 점검 시점이 된 것이다. 지금이 내용 전문가와 학습자들에게 많은 검토를 받을 수 있는 좋은 시기이다. 그들의 반응은 이후의 불필요한 작성과 수정의 부담을 줄이는 데 큰 역할을 할 수 있다. 여기에 걸리는 시간은 피드백의 가치에 비하면 적은 것이다.

내용 전문가와 요구, 흥미, 학습자의 주의 지속 시간에 대해 잘 아는 학습자들에게 우리가 설계한 교수 전략 계획표를 주고 이 세 가지에 대해 검토하고, 예상할 수 있는 문제점을 지적해 달라고 요구한다. 이 사람들의 잠깐 동안의 검토로 이후의 교수 개발 과정 단계 동안 엄청난 시간을 절약할 수 있다. 검토자들에게 교수 목표에 대한 설명, 목표 목록, 대상 학습자의 특성 등, 부가적인 정보를 제공할 필요가 있다. 이러한 정보는 검토자들이 교수 전략에 포함된 내용의 질을 판단하는 데 도움이 된다.

또한 지금이 한두 명의 학습자들을 대상으로 계획한 교수 전략과 평가 문항의 적합성을 시험해 볼 만한 시기이다. 절차는 우리가 개발하고 있는 교수 프로그램에 대해 학습자들에게 설명해 주고, 우리가 가르치려고 하는 내용의 적절한 윤곽을 가지고 있는지를 설명해 주는 것이다. 우리가 작성한 교수 전략들을 학습자들에게 간단히 설명해 주면 된다. 학습자들에게 몇 가지 예를 보여 주고, 연습 삼아 해 보라고 요구할 수도 있다. 그들이 이해하고 참여할 수 있는가? 검사 문항의 일부나 전부를 주고, 그들이 어떻게 하는지를 관찰해 보자. 이것은 비공식적인 과정이지만, 이것이야말로 교수 프로그램이나 운영자 안내서를 작성하고, 스토리보드를 만들거나 혹은 컴퓨터 기반 교수 프로그램을 준비하기 전에 전략을 수정하는 데 사용할 수 있는 가치 있는 정보를 줄 수 있다.

사례 연구: 집단 리더십 훈련

여기 사례 연구에서는 두 가지 형태의 교수 전략에 대해 알아보려고 한다. 첫째는 Dick과 Carey 모형에 따른 인지적 교수 전략의 다섯 단계를 활용한 것이다. 둘째는 같은 학습 목표를 가지고 구성주의적 학습 환경을 활용한 것이다. 추가적으로 인지적, 구성주의적 교수 전략의 사례는 부록 F, G, H에 제시된 학교 기반의 예이다.

인지적 교수 전략

하나의 교수 프로그램 설계를 위한 인지적 교수 전략의 계획은 다음의 다섯 영역으로 이루어져 있다.

1. 목표의 순서화와 군집화
2. 사전 교수 활동, 평가, 후속활동을 학습자의 집단 구성과 매체 선정에 대한 설명과 함께 계획하기
3. 각 목표와 목표의 군집을 위한 내용 제시와 학생 참여 부분을 학습자의 집단 구성과 매체 선정에 대한 설명과 함께 계획하기
4. 레슨별로 다룰 목표를 배당하고 각 레슨별 예상 학습시간을 추정하기
5. 매체 선정을 확정하기 위해 전략을 재검토하고, 전달 시스템을 확인하고, 선정하기

여러 장에 걸쳐 제시하고 있는 집단 리더십 사례 연구의 예를 가지고 각 단계를 차례대로 살펴보자.

목표의 계열화(순서화)와 군집화 교수 전략 계획의 첫 단계는 수행 목표의 순서를 정하고, 군집화하는 것이다. 그림 4.8의 하위 기능과 교수 목표인 '문제 해결을 목적으로 한 집단 토론을 이끌 수 있다'를 표 9.5에 제시했다. 14개의 목표 군집을 정했고, 각 군집별로 각 두 시간의 학습 시간이 필요한 것으로 계획을 했다. 이 표에는 표시하지 않았지만, 1부터 4단계는 하나의 군집으로 배당했다. 단계 5 "의견 방향(thought line) 관리하기" 목표는 네 개의 군집으로 분리했다. 주요 기능 6의 "협조적 집단 상호작용 관리하기" 목표는 군집 9~12로 분리했다. 각 군집에 속한 목표의 내용과 특성은 각 목표들이 해당 군집을 논리적으로 잘 대표하고 있는지를 확인하기 위한 분석을 했다. 군집 9는 협조적 행동을 찾아내고 유도하는 것에 대한 목표들이고, 군집 10은 집단 구성원들을 저해하는 행동을 찾아내서 막기 위한

표 9.5 ┃ 표 6.7의 계열과 군집으로부터 가져온 단계 6에 대한 수행 목표

군집*	교수 목표의 주요 단계			
1	주요 단계 1: 토론 준비하기			
2	주요 단계 2: 안건 정하기			
3	주요 단계 3: 회의 소집하기			
4	주요 단계 4: 과제 소개하기			
5~8	주요 단계 5: 의견 방향 관리하기			
	군집 5	군집 6	군집 7	군집 8
9~12	주요 단계 6: 협조적 집단 상호작용 관리하기			
	군집 9 목표:	군집 10 목표:	군집 11 목표:	군집 12 목표:
	6.1.1 6.3.1 6.1.2 6.4.1 6.2.1 6.4.2 6.2.2 6.5.1	6.6.1 6.7.1 6.6.2 6.7.2 6.6.3 6.8.1 6.6.4 6.9.1 6.6.5 6.9.2 6.6.6 6.10.1 6.6.7	6.11.1 6.12.1 6.12.2 6.13.1 6.14.1 6.14.2 6.15.1	6.1: 단계 6
13	주요 단계 7: 토론을 요약하고 결론짓기			
14	최종 목표			

* 모든 군집은 두 시간 정도의 학습이 필요하도록 설계되어 있음.

목표들이다. 군집 11은 집단 스트레스에 해당하는 행동을 찾아내고 완화시키는 방법에 대한 목표이다. 군집 12는 주요 단계 6과 이 단계의 하위 목표들을 다룬다. 군집 13은 "토론을 요약하고 결론짓기"에 대한 단계 7의 하위 목표들을 다룬다. 군집 14는 모든 7개의 주요 단계의 최종 목표와 그 하위 기능들을 포함한다. 이 군집에서 리더십 전체 과정을 성찰해 보기 위한 것이다.

계획한 하위 기능 군집과 배당한 시간은 전략을 계속해서 개발해 감에 따라 수정될 수 있다. 그러나 이렇게 처음에 개발한 전략은 개별 목표보다 레슨에 중점을 두도록 해 준다.

사전 교수 활동, 평가, 후속활동의 계획 교수 전략에 대한 이 학습 구성요소는 전체 레슨에 대한 것이지, 레슨에 포함된 개별 목표에 대한 것이 아니다. 첫째, 사전 교수 활동을 어떻게 설계해야 할까? 이 문제를 동기 유발, 목표, 출발점 기능으로 나누어 생각해 보자. 표 9.6은 이 세 가지 구성요소의 교수 전략을 어떻게 계획할 것인지를 보여 주고 있다. 레슨에 포함할 학습 내용이 표에 포함되지 않았고, 목표도 기술되어 있지 않고, 출발점 기능도 열거되어 있지 않다.

대신에 교수 프로그램 개발 중에 해야 할 일과 학생 집단 구성과 매체 선정에 대한 유의사항에 대해 간략하게 설명한다.

표 9.6 ▎ 집단 구성과 매체 선정과 함께 집단 토론 이끌기에 대한 학습 프로그램(unit)을 위한 사전 교수 활동의 학습 구성요소

사전 교수 활동
동기 유발: "토론 준비하기"에 대한 첫 단계의 제시에 앞서, 학생들로부터 존경받을 수 있는 분(예, 학과장, 학장, 외부 유명인사, 학생 간부)이 새로운 학생 리더를 환영하고, 교내, 기업, 지역사회를 위한 리더십 훈련에 참여한 것을 칭찬해 주고, 캠퍼스와 지역사회에서 삶의 질을 증진시키고 유지하는 데 리더의 역할이 중요함을 설명한다. 이 분들이 참석자들도 환영하고, 캠퍼스에서의 현안 문제들도 토론하고, 대학 내는 물론 주에 있는 다른 캠퍼스들 간의 현안 문제와 동향에 대한 통계치도 제시하며, 그런 문제들에 대한 재정적, 감정적 경비를 토론하면서, 이런 문제를 경감하기 위한 캠퍼스 내의 리더들의 효과성에 대한 실제 통계치를 제시한다. 학생 리더 효과성에 대한 실제 지역 사례를 강조할 것이다.
목표: 문제 해결 집단에 속한 토론 리더 역할의 중요성을 설명할 것이다. 회의 전과 중에, 리더들이 수행해야 할 과제에 대한 요약이 제시될 것이다. 집단의 실제 토론 동영상과 각 단계별로 리더의 역할이 제시될 것이다.
출발점 기능: 학습자들은 문제 해결을 위한 집단 토론 방법에 대한 학습을 모두 해야만 할 것이다. 이들은 연령, 전공, 실무 경험, 문제 해결 경험이 다양하기 때문에 그들의 집단 토론 기능 수준이 서로 다를 것이다.
학생 집단과 매체 선정: 강사 중심, 대집단 토론, 동영상 활용

표 9.7 | 집단 토론 이끌기에 대한 학습 프로그램(unit)의 검사 및 후속활동 학습 구성요소

평가

사전검사: 집단 리더들의 이질적인 특성과 참여자들의 집단 활동 경험이 각자 너무 다르기 때문에, 각 세션을 시작할 때마다 사전검사를 실시한다. 사전검사는 학습 활동의 한 부분으로 상당히 비형식적으로 실시한다. 세션 1부터 3까지의 사전검사는 지필검사이고, 4부터 14는 리더가 보는 단계적 집단 회의(동영상)로 구성된다. 이 동영상을 보는 동안에, 그들은 관찰지를 사용해서 회의 중의 리더 행동별 빈도를 적어볼 수 있다. 학습 내용이 개발되고, 형성 평가가 이루어진 후에, 훈련담당자는 평가 목적을 위해서는 사전검사를 실시하지 않을 수도 있다. 그러나 학습자의 주의를 집중시키기 위한 사전 교수 활동의 학습 수단으로 이 사전검사를 활용할 수도 있다.

학생 집단 구성과 매체 선정: 개별화, 웹 기반, 동영상 스트리밍, 내려받을 수 있는 관찰지

사후검사: 각 세션을 마칠 때 소집단 사이트의 사후검사를 실시한다. 군집 8과 12는 리더가 토론의 의견 방향을 관리하고, 협조적인 집단 상호작용을 관리하도록 요구하는 실제 수행 사후검사들로 이루어져 있다.

최종적인 사후검사는 마지막 수업 중에 실시되고, 해 보기(product), 과정(process), 분석/피드백의 섹션으로 이루어져 있다.

최종 사후검사의 해 보기 부분에서는 실제 회의를 이끌기 위한 준비로서 세 단계(1. 토론 준비하기, 2. 안건 설정하기, 3. 회의 소집하기)를 학습자가 완성하도록 요구한다. 리더는 혼자의 힘으로 13~14세 션 간에 이 준비를 하고, 자신의 계획안과 자료를 마지막 세션에 제출해야 한다. 학습자들은 검토를 위해 자신들의 계획을 제출한다.

사후검사에서 과정을 평가하기 위한 부분으로, 리더들은 네 사람씩으로 소집단을 만든다. 소집단에서 각자는 회의를 위해서 준비해 온 "문제" 주제에 대해 15분 정도 토론을 이끈다. 각 집단별로 그들의 리더십 수행 행동을 동영상으로 녹화한다.

사후검사의 마지막 부분에서, 학습자들은 각 집단에서 동료들의 리더십 수행 행동에 대해 토론할 것이다. 토론에서, 구성원들은 회의의 과제를 소개하고, 생각의 흐름을 관리하고, 참여자들의 협조적인 행동을 촉진하고, 바람직하지 못한 행동을 막으며, 집단의 스트레스를 완화시키는 행동에 대한 리더들의 강점을 집중적으로 논의한다. 이런 토론을 통해, 참여자들은 자신의 수행 행동의 긍정적인 측면에 대한 피드백을 받게 될 것이다. 또한 이들은 자신이 회의를 진행하는 동영상을 볼 수도 있다.

전체적인 교수 프로그램의 효과는 학습자들이 제출한 계획서, 녹화한 동영상, 학습자들이 서로의 수행 행동에 대한 상호작용적 토론 등을 통해 평가될 것이다.

학생 집단 구성과 매체 선정: 소집단, 개별, 인쇄매체, 동영상

후속활동

기억 촉진: 계획한 기억 촉진 방법은 참가자들이 회의에 대한 스크립트나 동영상을 보면서 자신들의 주의를 집중하기 위해 사용할 수 있는 참여자 행동에 대한 체크리스트를 사용하는 것이다. 그들은 다른 영역에 대한 회의를 계획할 때 참고하기 위해 이 체크리스트를 사용할 수 있다.

전이: 담당 교수는 새로운 리더들과 후속 세션을 계획한다. 이 회의를 통해, 집단 토론 이끌기 활동에서 경험했던 성공적인 일, 이슈, 문제점들을 서로 공유할 것이다. 참여한 학생들의 동의를 받아서, 리더들은 모든 참여자들에게 자신의 이름과 이 메일 주소를 공유한다. 이렇게 새롭게 리더가 된 사람들은 서로 도와줄 수 있는 네트워크를 만들어서, 아이디어와 계획을 공유하게 되기를 바란다.

학생 집단 구성과 매체 선정: 개별화, 대집단 혹은 소집단 토론, 인쇄된 '직무수행 보조물'

이제 교수 목표별 교수 전략 중에 평가와 후속활동에 초점을 맞추어서, 어떻게 집단 리더들을 위한 이 활동들을 계획할 것인가? 표 9.7은 사전검사, 사후검사, 후속활동을 위한 계획이다. 각 세션별로 포함된 목표를 중심으로 한 사전검사는 군집 8, 9, 12를 제외한 모든 세션을 시작하면서 실시된다. 어떤 사전검사도 이 군집을 다루는 세션에서는 실시되지 않는데, 그 이유는 주요 단계 5, 6과 최종 목표에 대한 사전검사 데이터가 바로 앞 세션에서 수집되기 때문이다. 마찬가지로, 목표 군집에 대한 사후검사는 각 세션의 마지막 부분에서, 최종 목표의 사후검사는 마지막 세션에서 실시될 것이다. 실시하려는 평가들은 학습자들로 하여금 학습한 기능에 집중하여 연습하도록 도와주고, 개발한 프로그램의 강점과 약점을 관계자들에게 알려 주기 위함인 것을 학습자들에게 명백하게 알려 주어야만 한다.

표 9.7의 아래 부분은 교내에서나 지역사회에서의 회의를 기획하고 시행하는 과정에서 기억을 좀 잘할 수 있는 장치(memory aids)와 전이를 지원해 줄 수 있는 계획을 포함한 후속활동에 대한 설계자를 위한 처방을 담고 있다. 학생 집단 구성과 매체 선정도 이 표에서 다루고 있다.

내용 제시와 학생 참여 계획 내용 제시와 학습자 참여 부분은 각 레슨의 상호작용 부분으로 이루어진다. 이 두 활동은 주로 상호작용적인 교환의 장면이다. 제시 활동은 내용 제시와 학습 안내의 두 부분으로 이루어진다. 학습자 참여 부분도 예시적 연습 문항과 그 활동과 피드백 전략 두 가지 활동으로 구성된다.

표 9.8은 단계 6인 "협조적 상호작용 관리하기"에 대한 수행 목표에 관한 것으로, 이 양식을 사용해서 그 교수 전략의 윤곽을 어떻게 그려 볼 수 있는지를 보여 주기 위한 것이다. 목표를 제시하고 나서, 새롭게 학습할 내용을 제시하고, 그 내용의 예가 주어진다. 동영상으로 내용을 제시할 경우에는 그 활동에 대한 설명이 제공된다. 목표 6.5.1에 대한 모든 교수 활동과 연습은 웹 기반이다. 이 목표에 대한 새로운 학습 내용은 없다. 왜냐하면 이 기능과 관련된 내용은 앞의 목표를 다룰 때 온라인으로 제시되었기 때문이다. 그 대신에, 상호작용적으로 회의를 진행하기 위한 매체, 자료, 일반적인 강의형 설명을 결정했다. 이 경우, 내용 제시와 학습자 참여 활동은 그 경계가 없이 서로 섞인 형태로 제시된다. 이 예들은 위계적 기능들이 서로 어떻게 이루어져 있고, 이 표 양식을 이용해서 어떻게 각 목표에 대한 교수 전략을 작성하는지를 보여 주기 위한 것이다.

표 9.8 ┃ 군집 9의 수행 목표(단계 6, 협조적 집단 상호작용 관리하기)의 내용 제시와 학습자 참여 학습 구성요소와 학습자 집단 구성과 매체 선정

단계 6의 하위 기능의 수행 목표

학생 집단 구성과 매체 선정: 목표 6.1.1부터 6.4.2까지의 모든 목표는 개별화, 웹 기반, 필요할 때는 동영상 스트리밍, 온라인으로 연습과 피드백

6.1.1 협조적 상호작용을 촉진할 수 있는 집단에서의 참여자 행동을 열거할 것을 요구하면, 그 행동들을 최소한 여섯 가지 이상 열거할 수 있다.

내용 제시

내용: 집단 토론을 하면서 협조적인 상호작용은 집단의 참여자들이 자신의 아이디어를 소개하고, 다른 사람이 소개한 아이디어에 반응할 때, 그 참여자들이 보여 줄 수 있는 자발적인 긍정적 행동들이다. 집단에서 협조적인 상호작용을 촉진하는 긍정적 행동을 회의에서 보여 주는 사람들의 회의 장면을 담은 주석이 붙어 있는 회의록을 제공할 것이다. 그 주석은 참석자들이 사용한 특정 행동들을 지적해 주는 것이다. 대화 양식은 흥미롭고, 맥락적 연관성을 위해 사용될 것이다.

예

개인적 행동	토론에서 타인에 대한 반응
1. 토론 준비하기	1. 공평하게 회의에 앞서 모든 참석자들의 아이디어 고려하기
2. 자발적으로 아이디어 제시하기	2. 다른 이의 대화 내용과 의견을 주의집중해서 듣기
3. 다른 이를 참여하도록 초대하기	3. 다른 이들의 아이디어에 대해 일정한 점수(credit) 주기
4. 호의 보여 주기	4. 타인의 동기에 대해 신뢰 보여 주기
5. 열린 마음 보여 주기	5. 다른 이의 의견을 따라야 하는 압력에 저항하기
6. 다른 이의 충실함과 요구 존중하기	

학생 참여

연습 항목과 그 활동

1. 문제 해결 토론을 하는 중에 협조적인 상호작용을 촉진하기 위해 참여자들이 취해야 할 긍정적인 개별 행동을 열거한다.

2. 문제 해결 토론을 하는 중에 협조적인 상호작용을 촉진하기 위해 참여자들이 보여야 할 다른 사람들에 대한 긍정적인 반응을 열거한다.

3. 지금까지 자신이 했던 상호작용적 토론에 대해 다시 생각해 본다. 자신과 대화를 했던 이들이 우리에게, 나의 의견이나 토론했던 문제에 관심을 보였다고 느끼는 행동과 반응을 열거한다.

피드백: 토론 참석자들이 보일 수 있는 긍정적인 행동과 반응의 목록을 반복한다.

6.1.2 토론 참석자들이 자신의 의견에 대해 다른 사람들이 질문을 제기할 때, 어떻게 해야 하는지를 찾아서 적으라고 하면, 협조적인 집단 토론을 촉진할 수 있는 최소한 세 가지 이상의 긍정적인 반응을 진술할 수 있다.

내용 제시

내용: 문제 해결 집단 토론은 잘 구조화되지 않은 아이디어를 포함해서 많은 브레인스토밍 아이디어를 자연스럽게 주고받기를 요구한다. 브레인스토밍을 하는 중에, 참여자들의 아이디어에 대해 무수한 이유를 들어 질문을 제기할 수도 있다. 참여자들이 이런 질문에 반응하는 방식은 자신의 선의와 열린 마음으로 표현해야 하고, 협조적인 상호작용에 도움이 되어야 한다.

예

1. 참석자들의 질문(방해하지 말고)을 경청한다.
2. 자신이 제시한 아이디어와 방향을 다른 이들이 충분히 이해할 수 있도록 설명한다.
3. 다른 이들이 질문을 한다고 해서 자신의 아이디어를 너무 빨리 철회하는 것을 막는다.

표 9.8 ▎ 군집 9의 수행 목표(단계 6, 협조적 집단 상호작용 관리하기)의 내용 제시와 학습자 참여 학습 구성요소와 학습자 집단 구성과 매체 선정 (계속)

4. 집단에 보다 수용될 수 있도록 자신의 최초의 아이디어를 수정할 수 있다.
5. 자신의 아이디어나 판단의 오류는 기꺼이 수용한다.

학생 참여

연습 항목과 활동

1. 자신의 제안이나 아이디어에 대해 다른 참석자가 질문을 제기했을 때 한 참석자가 취할 수 있는 긍정적 반응을 열거한다.

2. 지금까지 자신이 했던 상호작용적 토론에 대해 다시 생각해 본다. 자신의 아이디어에 대해 다른 참석자가 질문을 제기하거나 자신의 주장이 받아들여지지 않았을 때, 다른 사람의 질문이나 토론에 대해 자신이 보일 수 있는 긍정적인 반응을 진술한다.

피드백: 다른 사람들의 질문에 대한 긍정적인 반응을 재진술한다.

6.2.1 회의를 할 때 참석자들의 촉진적 행동에 대한 설명을 주면, 그 행동이 협조적 상호작용을 촉진할 수 있을 것 같은지를 지적한다. 학습자는 최소한 80% 이상 정확하게 분류해야만 한다.

내용 제시

내용: 실제 인물의 대화 내용이 포함된 회의 시나리오를 제시한다. 대화 내용에는 회의 참석자의 긍정적인 개인적 행동과 반응이 포함되어야 한다.

예 (6.1.1 참고)

학생 참여

연습 항목과 활동

긍정적인 개인의 행동과 반응에 대한 체크리스트를 사용해서, 시나리오에서 누가 긍정적인 행동이나 반응을 했는지를 찾아낸다.

피드백: 각 행동과 반응에 그 행동과 반응을 한 사람의 이름을 체크리스트에 써 넣는다.

6.2.2 참석자의 행동을 촉진하는 것을 묘사하고 있는 단계별 회의 모습의 동영상을 주면, 그 행동이 협조적 상호작용을 촉진할 수 있을 것 같은지를 지적한다. 학습자는 최소한 80% 이상 정확하게 분류해야만 한다.

내용 제시

내용: 모의 토론 집단이 회의를 하는 중에 긍정적인 개인적 행동과 반응을 보인 참석자들을 단계별로 녹화할 것이다. 학습자들은 아이디어를 제시하고 토론을 하면서 토론 참석자들이 토론하고 있는 것을 볼 수 있다.

예 (6.1.1)

학생 참여

연습 항목과 활동

긍정적인 개인의 행동과 반응에 대한 체크리스트를 사용해서, 모의 회의 동영상에서 누가 긍정적인 행동이나 반응을 했는지를 찾아낸다.

피드백: 각 행동과 반응에 그 행동과 반응을 한 사람의 이름을 체크리스트에 써 넣는다.

6.3.1 참석자의 토론이나 협조적 행동을 촉진하거나 저해하는 리더의 행동을 적어 보라고 요구하면, 그 행동을 진술할 수 있다. 최소한 10개 이상의 행동을 각각 찾아야만 한다.

표 9.8 ┃ 군집 9의 수행 목표(단계 6, 협조적 집단 상호작용 관리하기)의 내용 제시와 학습자 참여 학습 구성요소와 학습자 집단 구성과 매체 선정 (계속)

내용 제시

내용: 집단 토론 리더로서, 협조적인 집단 상호작용을 촉진할 수 있는 우리가 취할 수 있는 여러 가지 행동들이 있다. 이 각각의 행동에 대해, 협조적인 토론을 가로막는 행동들이 그만큼 있을 수 있다.

예

협조를 촉진하는 행동	협조를 저해하는 행동
1. 토론의 요지를 제시한다.	1. 집단이 고려해야 할 질문을 토론의 주제로 제시한다.
2. 권위적 말투를 사용한다.	2. 탐구적, 수사를 하는 듯한 말투를 사용한다.
3. '해야만 한다'와 같은 열린 표현을 사용한다.	3. '아마도'와 같은 처방적 표현을 사용한다.
4. 다른 사람들의 발언 중에는 망설이거나 말을 하지 않는다.	4. 개인적으로 생각하는 견해나 해결책을 발언하여 정적을 메운다.
5. 자신의 발언을 방해하는 참석자가 있으면 순서를 기꺼이 넘긴다.	5. 발언을 방해하기 위해 발언을 계속한다.
6. 전체 집단에 시선을 분산하면서 모든 참여자가 자유롭게 참여하도록 초대한다.	6. 특정 몇 사람만을 뚫어지게 주시한다.
7. 비언어적으로(시선이나 제스처로) 발언자가 전체에게 말을 붙이도록 격려한다.	7. 발언자로부터 주의를 받는다.
8. 전체가 집중을 하고 있는 토론을 이끌어 가는 문제에 대해 의견을 개진한다.	8. 다른 참석자의 의견을 평가해서 토론의 리더로 하여금 그 문제로 토론을 이끌어 가도록 한다.
9. 자발적인 분위기를 격려한다. (예, 어느 분이 이런 경험이 있나요?)	9. 발언자와 발언 순서를 정해 준다.(예, 베트, 이 문제를 어떻게 생각하시나요?)
10. '우리들' 등 전체를 지칭하는 식으로 발언한다.	10. '저', '당신' 등 특정 개인을 지칭하는 식으로 발언한다.
11. 전체의 성과를 인정한다.	11. 특정 개인의 성과를 인정한다.
12. 집단 전체의 노력과 성과를 칭찬한다.	12. 특정 개인을 지적해서 칭찬한다.

학생 참여

연습 항목과 활동

1. 집단 토론 리더로서 협조적인 집단 상호작용을 촉진하기 위해 사용할 수 있는 전략을 열거한다.

2. 이제까지 경험한 상호작용적 토론을 다시 생각해 본다. 참석자들 간의 협조적인 상호작용을 촉진할 수 있는 것으로 믿어지는 토론 리더의 행동과 반응을 진술한다.

피드백: 참석자들의 협조적인 상호작용을 촉진할 수 있는 리더의 긍정적인 행동과 반응의 목록을 반복해 준다.

6.4.1 회의 중, 집단 리더의 행동에 대한 설명을 주면, 협조적인 상호작용을 촉진하거나 저해할 것 같은 리더의 행동을 찾을 수 있다. 최소한 80% 이상 정확하게 분류해야 한다.

내용 제시

내용: 실제 인물의 대화록이 포함된 회의 시나리오를 제시한다. 이 대화 내용은 긍정적인 참석자의 상호작용과 참여를 촉진하도록 설계된 리더의 행동과 반응에 특히 중점을 두고 있다.

예 (6.3.1 참고)

학생 참여

연습 항목과 활동

참석자들의 긍정적인 상호작용을 촉진하거나 저해할 수 있는 리더의 행동에 대한 체크리스트를 사용하여, 시나리오에서 리더가 보일 수 있는 특정 행동을 찾아낸다.

표 9.8 | 군집 9의 수행 목표(단계 6, 협조적 집단 상호작용 관리하기)의 내용 제시와 학습자 참여 학습 구성요소와 학습자 집단 구성과 매체 선정 (계속)

피드백: 리더의 행동을 찾아 체크리스트 작성을 완성한다.

6.4.2 단계별 리더의 행동을 기술하고 있는 단계화된 회의의 동영상을 보여 주면, 참석자의 협력을 촉진하거나 저해할 것 같은 리더의 행동을 최소한 80% 이상 정확하게 분류한다.

내용 제시

내용: 모의 토론 집단은 동영상으로 단계별로 녹화될 것이다. 리더는 회의 중 참석자들 간의 상호작용을 촉진하거나 저해할 수 있도록 설계된 행동을 보일 것이다. 학습자들은 리더가 집단을 관리하고 있는 것을 지켜볼 것이다.

예 (6.3.1 참고)

학생 참여

연습 항목과 활동
참석자들의 긍정적인 상호작용을 촉진하거나 저해할 수 있는 리더의 행동에 대한 체크리스트를 사용하여, 동영상에서 리더가 보일 수 있는 특정 행동을 찾아낸다.

피드백: 리더의 행동을 찾아 체크리스트 작성을 완성한다.

6.5.1 학습자가 리더로 활동하는 문제 해결 모의 회의에서, 참석자들 간의 협조적인 행동을 이끌어 낼 수 있는 행동을 할 수 있다. 참석자들은 토의 중에 참석자들 간은 물론 리더와도 서로 협조한다.

내용 제시

내용: 학습자들은 네 명으로 구성된 소집단으로 나누어지고, 각 집단은 특정 대학이나 지역사회의 배경 정보에 대한 자료와 주어질 문제에 대한 토론을 위한 회의 안건을 받게 될 것이다. 이 자료들을 읽고 나서, 한 참석자가 집단의 토론 리더가 되고, 다른 세 사람은 그 집단의 참석자의 역할을 할 것이다.(각 집단마다 다른 문제 시나리오가 주어져서 집단 상호작용 리더십을 연습해 보게 할 것이다.)

학생 집단 구성과 매체 선정: 소집단 역할 해 보기. 인쇄매체로 제공되는 시나리오

학생 참여

연습 항목과 활동: 리더는 문제를 소개하고, 협조적인 상호작용이 될 수 있는 분위기를 조성하고, 10분 정도 모의 집단 토론을 이끌어 본다.

피드백: 토론을 한 다음에, 참석자들은 리더의 수행 행동 중에 긍정적인 측면을 토론하는데, 이 토론은 소집단으로 이루어진다.

학생 집단 구성과 매체 선정: 소집단 토론

이제 (1) 목표의 순서를 정하고 군집을 정하기, (2) 사전 교수, 평가, 후속활동 계획하기, (3) 내용 제시와 학습자 참여 활동 정하기 등의 교수 전략 설계 방법에 대한 예를 완성했다. 학생 집단 구성과 매체 선정도 학습 구성요소 단계마다 이루어져야 함을 보았다.

레슨별 목표 배당하기 목표 배당을 했으면, 그 적합성을 재검토하고 각 레슨별로 어떤 활동들을 할 것인지를 배당해야 한다. 이러한 레슨별 처방은 표 9.8에 제시했다. 표 9.9의 각

표 9.9 | 교수 전략에 바탕을 둔 레슨 배당

세션(차시)	활동
1	도입과 동기 유발을 위한 내용 1. 존경받는 대학 지도자의 환영 인사, 학생 리더에 대한 칭찬, 코스(목표)의 소개 2. 존경받는 대학 행정담당자(처장, 학장 등)의 환영인사, 대학 내의 문제(신입생 유치, 오리엔테이션, 운동경기, 안전 등)와, 이런 문제에 대한 대학에서의 리더가 교내와 지역사회에 미치는 영향에 대한 발표 3. 리더십 절차의 주요 단계를 지적하기 위한 집단 토론 피드백을 함께 제시하는 사전검사
2	"토론 준비" 단계 1에 속한 목표들에 대한 사전검사, 소개, 교수 활동, 연습
3	활동과 사후검사
4	"안건 설정" 단계 2에 속한 목표에 대한 사전검사, 소개, 교수 활동, 연습
5	활동과 사후검사
6~9	"회의 소집" 단계 3에 속한 목표에 대한 사전검사, 소개, 교수 활동, 연습 활동과 사후검사 "과제 소개" 단계 4에 속한 목표에 대한 사전검사, 소개, 교수 활동, 연습 활동과 사후검사 각 세션에는 "생각의 흐름 관리" 단계 5에 속한 목표에 대한 사전검사, 소개, 교수 활동, 연습 활동과 사후검사가 포함된다.
	세션 6 2시간 / 세션 7 2시간 / 세션 8 2시간 / 세션 9 2시간
10~13	이 세 세션에서는 "협조적인 집단 토론 관리하기" 단계 6에 속한 목표에 대한 사전검사, 소개, 교수 활동, 연습 활동과 사후검사가 포함될 것이다. 세션 13은 소개와 상호작용적 집단에 대한 내용을 담고 있어서 리더는 집단 상호작용을 관리해 볼 수 있다. 사전, 사후검사는 실시하지 않는다. 디브리핑과 토론 세션은 집단 리허설 뒤에 실시한다.

	세션 10 목표:		세션 11 목표:		세션 12 목표:	세션 13 목표:
	6.1.1	6.3.1	6.6.1	6.7.1	6.11.1	6.1: 단계 6
	6.1.2	6.4.1	6.6.2	6.7.2	6.12.1	
	6.2.1	6.4.2	6.6.3	6.8.1	6.12.2	
	6.2.2	6.5.1	6.6.4	6.9.1	6.13.1	
			6.6.5	6.9.2	6.14.1	
			6.6.6	6.10.1	6.14.2	
			6.6.7		6.15.1	

세션(차시)	활동
14	"토론 결과를 요약하고 결론짓기" 단계 7에 속한 목표에 대한 사전검사, 소개, 교수 활동, 연습 활동과 사후검사
15	환영 인사, 세션에 대한 교수 활동, 최종 목표에 대한 세 부분의 사후검사와 디브리핑

세션별 전략과 표 9.2에 있는 최초의 목표 순서화와 군집들을 비교해 보자. 표 9.2에는 총 14개의 두 시간짜리 세션의 군집을 예상했지만, 표 9.9에는 두 시간짜리 15째의 세션을 추가했다. 첫 차시 세션에서 사전 교수 활동, 동기 유발, 사전검사 활동을 위해 필요했기 때문

이다. 그 외의 세션에서도 사전검사와 사후검사 활동이 추가되었다. 다시 강조하건대, 교수 프로그램을 개발해서 학습자들에게 이 프로그램의 적합성을 검증해 보기까지 이 시간 계획은 잠정적임을 명심해야 한다.

매체 선정의 확정과 전달 시스템의 확정 혹은 선정 표 9.10은 단계 6, "문제 해결을 목적으로 하는 토론 이끌기" 교수 목표의 교수 전략의 한 부분인 매체 선정 결과를 요약한 것이다. 첫째 열은 클래스 세션(차시)을 나타내고, 둘째 열은 각 세션별로 포함된 목표들이다. 셋째 열은 목표 유형, 목표, 내용 개발에 가용한 자원, 현재 개발 기관이 보유하고 있는 시설, 장비에 기초한 매체 선정 결과이다. 넷째 열은 매체 선정 결과와 전달 시스템에 대한 최종 판단을 기록한 것이다.

표 9.10의 셋째 열에서 전체적으로 결정한 결과를 보면, 어떤 일정한 유형을 발견할 수 있을 것이다. 즉, 실제적(live) 집단 시뮬레이션, 동영상, 웹 기반의 개별화 학습이 일정 주기로 반복되고 있다. 실무 현장에서, 새롭게 훈련받은 리더들은 하나의 집단에서 상호작용적으로 일하게 될 것인데, 따라서 학습할 때 실제적인 집단 시뮬레이션을 사용하는 것은 리더가 일해야만 하는 상황과 대단히 비슷한 상황을 만들어 주게 되는 것이다. 집단 구성원들이 상호작용을 통해 개념적 이해에 필요한 도움을 받고 있는 TV로 중계되는 집단을 관

표 9.10 ┃ 단계 6, 세션 10~13을 위한 매체와 전달 시스템의 선정 결과

세션	목표	최초의 집단 구성과 매체 선정	매체와 전달 시스템의 최종적인 선정 결과
10	6.1.1과 6.1.2	개별화, 웹 기반, 원격	개별화, 웹 기반, 원격, 동영상 스트리밍
	6.2.1과 6.2.2	개별화, 웹 기반, 원격 개별화, 웹 기반, 원격, 동영상 스트리밍	
	6.3.1	개별화, 웹 기반, 원격	
	6.4.1과 6.4.2	개별화, 웹 기반, 원격 개별화, 웹 기반, 원격, 동영상 스트리밍	
11	6.6~6.9		개별화, 웹 기반, 원격, 동영상 스트리밍
12	6.11~6.14		개별화, 웹 기반, 원격, 동영상 스트리밍
13	6 6.5 6.10 6.15	동기 유발과 방향 설명을 위한 대집단 강의 소집단, 시뮬레이션, 상호작용 소집단 세션의 동영상	동기 유발과 방향 설명을 위한 대집단 강의 소집단, 시뮬레이션, 상호작용 소집단 세션의 동영상과 소집단 토론 동영상 내용에 대한 소집단 토론

찰하면서 그들의 상호작용에서 무슨 일이 있어나고 있는지도 추론할 수 있어야만 한다. 설교하는 듯한 회의의 설명보다는 인쇄된 회의 기록을 제공하는 것이 신빙성을 높여 줄 것이다. 왜냐하면 회의의 대화 내용과 구성원들의 행동을 해석하는 것이 학습자들의 실제 회의에서 핵심이 되기 때문이다.

맨 처음 고려했던 전달 시스템은 비용과 편의만을 생각해서 웹 기반 개별화 학습이 가능한 원격 교육 방법이었다. 그러나 신뢰성과 전이를 확보하기 위해서는 연습, 피드백, 사후검사 활동을 포함하는 실제로 생생한 시뮬레이션을 선택할 수밖에 없다. 이렇게 결정된 매체와 전달 시스템은 표 9. 10의 넷째 열에 요약되어 있다.

웹 기반의 개별화 학습 방법을 선택한 것은 몇 가지 이유가 있다. 대학원생을 위한 리더십 코스에 등록하고, 원격 학습의 가치와 편의성에 익숙한 성숙하고 동기 유발되어 있는 학습자들이기 때문이다. 대부분의 학습자들은 가정은 물론, 학과 컴퓨터실에서 인터넷이 가능한 컴퓨터를 이용할 수 있다. 실제적으로, 원격 학습 방식은 언어적 정보와 변별 기능을 경제적으로 가르칠 수 있고, 교수 프로그램을 표준화할 수 있어서 보다 단순화된 결과를 확보할 수 있고, 학습자들의 교통비도 절약할 수 있다. 마지막으로 웹 개발, 형성 평가, 프로그램 수정 보완을 위한 학과 예산이 충분히 확보되어 있는 것이 또 다른 이유이다.

매체와 전달 시스템의 선정을 확정한 후, "레슨별로 활동 배당하기"의 앞 단계를 재고할 필요가 있고 그 계획의 어떤 부분을 수정해야 할지도 모른다. 전달 시스템의 선정이 이 단계까지 연기했다면 더욱 그렇다. 대부분의 교수 설계 상황에서, 전달 시스템은 설계를 착수할 때 이미 결정되어 있는 경우가 비일비재하기 때문에, 설계자는 매체 선정을 위해 전달 시스템이 그런 잠재적 능력이 있는지를 단지 확인만 하고 만다. 표 9.10을 보면, 기능 6.5, 6.10, 6.15가 단계 6과 함께 모두 세션 13으로 이동되었음을 알 수 있다. 이 기능들은 웹을 통해 전달하기가 불가능해서 학습자들이 학과로 직접 출석해야 하기 때문이다. 교수 전략과 전달 시스템 선정을 위해 그림 9.1을 다시 살펴보자. 단계 6 "협조적인 집단 상호작용 관리하기"를 위한 교수 전략이 이제 완성되었으니, 내용 개발을 시작하기 위한 방법을 고민해야 한다.

구성주의적 교수 전략

구성주의적 교수 전략은 이제까지 알아본 전략과는 판이하게 다르기 때문에, 구성주의 모형이 시사하고 있는 융통성에 따라서 다양한 방법의 교수 전략이 만들어질 수 있다. 표 9.11은 그림 4.8의 목표 분석에서 단계 6을 위한 구성주의적 교수 전략이다. 왼쪽은 요구의 계획이고, 오른쪽은 계획해야 할 활동들이다. 예시적 전략을 보면, 학습 환경을 만들어서 관리해야 하는 책임이 강사/코치에게서 학습자에게로 옮겨진 것을 알 수 있다. 표 9.11을 잘 이해하기 위해, 구성주의적 학습 환경(CLE) 계획에 대한 표 8.7과 8.8을 참고하기 바란다.

표 9.11 | '협조적인 집단 상호작용 관리하기' 단계 6을 위한 구성주의적 학습 환경의 계획

요구 계획	활동 계획

학습 환경 계획	**CLE를 실행하기 위한 설계와 자료**
	● 목표: 문제 해결을 목적으로 하는 집단 토론 이끌기
	● 학습 목표: 세션 중에 주요 단계의 수준을 설명하고, 하위 기능들은 '직무수행 보조물'로 제시되는 경우나 학습자들의 요청이 있을 경우를 제외하고는 포함시키지 않고, 2시간짜리 14세션은 가능하고(예산으로 충당), 7 주요 단계 수준으로 할당하고, 주요 각 단계를 몇 개의 세션에서 다룰 것인가는 학습자와 코치들과 협의해서 결정한다.
	● "협조적인 집단 상호작용 관리하기" 단계 6의 학습 목표: 학습자들은 문제 해결 회의에서 팀 리더로 역할을 하면서, 참석자의 저해하는 행동을 퍼뜨리는, 협조적인 행동을 촉진하는, 참석자들의 스트레스를 완화하는 조치들을 보여 줄 수 있다.
	● 근거: 문제 해결 토론 관리 기능을 통해 리더는 대학과 지역사회의 구성원들이 캠퍼스 생활의 질을 향상시킬 목적으로 모인 협조적인 회의에 적극 참여하도록 그들을 격려할 수 있다.
	● 구성주의적 강조점: 비평적 사고, 문제 해결, 인지적 유연성
	● 교육 모형: 문제 기반 학습(PBL)
	● 시나리오: 대학원생 리더 집단이 캠퍼스 생활(예, 입학, 오리엔테이션, 등록, 졸업, 안전, 운동)에 관련된 문제를 제기하는데, 캠퍼스 생활의 질을 증진하기 위한 아이디어를 찾아내서, 세션 중에 문제 시나리오를 이끌어 가는 핵심적인 물음은 "캠퍼스와 지역사회의 일원들로 하여금 효과적이고 지속적인 참여를 이끌어 내기 위해 어떻게 내가 이 회의를 관리할 것인가?"라는 문제이다.
	● 학습 자원 자료
	  ● "협조적인 집단 상호작용 관리하기" 단계 6의 하위 기능을 알 수 있는 교수 목표 분석표
	  ● 6단계의 모든 하위 기능들은 필요하다면 개인이나 집단의 후속 과제로 사용하기 위해 웹 기반 학습이나 퀴즈를 활용
	  ● 세션 2(회의 안건)와 세션 4(회의 과제 설명)에서 학습자들 간의 상호작용 후에 학습자가 개별적으로, 전체적으로 만들어 낸 자료들
	● '직무수행 보조물'
	  ● 협조적인 집단 행동(6.5의 하위 기능)을 촉진할 수 있는 리더의 행동
	  ● 참석자의 저해하는 행동들을 찾아내서 알려 주기(6.10의 하위 기능 분석 결과)
	  ● 집단 스트레스를 완화하기 위해 취할 수 있는 리더의 행동(6.15의 하위 기능 분석 결과)
	  ● 모의 회의 중의 리더 행동을 평가하기 위한 루브릭 시안
	● 학습자 집단 구성: 각 참석자들이 문제 해결 회의 중에 최소한 15~20분간 리더의 역할을 해 볼 수 있기 위해 각 클래스별로 20명의 학습자들을 4명씩 배정하여 5개 팀으로 구성한다.
	● 전달 시스템, 매체, 인력
	  ● 세션 중이나 사이에 학습자들이 연구를 해 볼 수 있게 인터넷 접속을 하게 한다.
	  ● 세션 사이에 집단 내의 상호작용을 위한 블로깅 공간

표 9.11 ┃ '협조적인 집단 상호작용 관리하기' 단계 6을 위한 구성주의적 학습 환경의 계획 (계속)

요구 계획	활동 계획
학습 환경 계획	• 캠퍼스 웹 기반 학습 포탈 • 회의의 상호작용을 녹화하기 위한 동영상 녹화 장비 • 각 회의를 위한 훈련된 퍼실리테이터/코치(교육조교) • 팀별로 동영상 녹화나 상영을 돕기 위한 기술자 • 웹 기반 학습 포탈을 개발할 수 있는 교수 설계자

학습자 참여 계획	**학습자들의 참여 중에 예상되는 절차**
	• 참여(Engage)
	  • 문제 해결 회의 중에 캠퍼스 리더들의 실망스런 상호작용을 보고 실망하는 모습을 표현하는 리더의 동영상을 본다. 참석자들의 스트레스나 저해 행동을 통제하지 못했거나, 참여자들이 자신들의 의견이 받아들여지고 있다고 느끼지 못하게 만드는 비효과적인 리더 행동의 이유를 모두 말해 본다. 동영상을 본 다음에, 참석자들은 비슷한 상황에서 자신들이 경험한 것과, 회의에서 대학과 지역사회 일원들의 참여를 끌어내서 유지하는 데 있어 리더 역할의 중요성을 토론한다.
	• 탐색(Explore)
	  • 전체 참석자와 코치는 상호작용적 회의, 디브리핑, 성찰, 검토가 이루어질 수 있도록 세션 조직을 계획한다(예, 집단 크기, 회의와 휴식 시간 길이).
	  • 전체 참석자와 코치는 동영상 면담을 보고 학습 성과와 모의 회의 중에 리더와 참석자들이 사용할 수 있는 세 가지의 회의 관리 '직무수행 보조물'에 대해 토론한다.
	  • 전체 참석자와 코치는 '직무수행 보조물'을 비평하고, 자신의 경험에 비추어 보아서 리더의 행동들 중에 옳은 것은 받아들이고 아닌 것은 삭제한다.
	  • 학습자들은 돌아가면서 집단 리더 역할을 하면서, 학습자들이 캠퍼스와 지역사회의 문제를 토론하고, 가능한 해결책과 전략을 찾아보는 중에 위원회 일원들의 저해 행동들이 어떤 행동인지 확산시켜 주고, 협조적인 행동들을 촉진하고, 참석자들의 스트레스를 완화해 주기 위해 취해야 할 행동들을 찾아보게 한다.
	• 설명(Explain): 각자의 리더 순서를 따라서, 참석자들과 대화하고, 자신의 행동과 그 결과(행동/느낌)에 대해 코치해 준다.
	• 정교화(Elaborate): 참석자들이나 리더가 보다 나은 문제 해결 상호작용을 위해 사용할 수 있는 대안적 전략에 대한 자신들의 생각을 공유하고, 대학이나 지역사회에서의 다른 곳이나 회의에서 자신들이 관찰한 리더의 다른 효과적인 전략에 대해 토론한다.
	• 평가: 이 표에서 "참 평가 계획" 부분을 참조할 것

학습 안내 계획	**적응적 학습 안내를 위해 예상할 수 있는 자료나 활동**
	• 스캐폴딩(Scaffolding)
	  • 회의 중에 참석자들이 행동을 하지 안으면, 참석자들의 저해 행동과 스트레스 행동을 보여 준다.
	  • 리더/참석자 행동의 중요한 측면에 강조를 두면서 참석자들을 돕는다.
	  • 필요할 때는 '직무수행 보조물'을 참고한다.
	  • 모형
	    • 리더가 준비되어 있지 않으면 확산적 행동
	    • 리더가 준비되어 있지 않으면 스트레스를 완화해 주는 행동

표 9.11 | '협조적인 집단 상호작용 관리하기' 단계 6을 위한 구성주의적 학습 환경의 계획 (계속)

요구 계획	활동 계획

참 평가 계획	**'참(authentic)' 평가를 위해 예상되는 자료와 절차**
	• 동영상을 보기 전에 성찰, 참석자를 위한 프롬프트
	• 회의 중에 특정 행동이나 반응의 결과에 대한 성찰
	• 회의 중에 보이는 리더와 참석자 행동들의 효과에 대한 성찰
	  • 자신의 리더십에 대한 견해에 비추어 봐서 효과적이거나 비효과적이라고 믿는 행동에 대한 논리적 근거를 토론한다.
	  • 효과적이거나 비효과적이라고 판단한 특정 행동에 대해 자신들이 추론한 내용을 설명한다.
	  • 제공된 루브릭으로 평가해서, 자신의 리더십에 대해 비판받아야 할 것으로 믿는 행동을 추가하거나 삭제한다.
	• 회의한 것을 녹화한 동영상을 보면서(멈출 수도 있다), 필요할 때는 참석자들에게 프롬프트를 줄 수 있다.
	  • 회의 중에 관찰한 특정 행동 혹은 반응에 대한 성찰
	  • 대단히 효과적으로 혹은 비효과적으로 보이는 행동에 대한 성찰
	  • 회의 관리에서의 기능을 다듬는 데 필요할 수 있는 정보의 유형에 대한 고려
	• 성찰 후에 학습자들의 토론을 위한 프롬프트를 제공할 수 있다.
	  • 자신이 리더로 역할을 할 수 있는 다른 회의를 계획하고 싶은지를 말하게 하고, 그렇다면, 다음 회의를 어떻게 진행하고 싶은지를 말하게 한다.
	  • 다음 회의에서 강조하고 싶은 것(예, 생각의 흐름 관리에 대한 단계 5, 참석자들의 상호작용 관리에 대한 단계 6)
	  • 회의를 위해서 필요하다고 믿는 정보(예, 캠퍼스와 지역사회에 관한 실제 통계 자료)
	• 학습자들에게 집단의 블로그를 알려 주고, 그들을 초대해서 이번 모의 회의 중 어떤 부분을 성찰해 보게 한다. 그들은 수집했거나 만든 정보나 '직무수행 보조물'을 올리고 싶어할 수 있다.

요약

교수 전략을 개발하기 위해 필요한 내용에는 교수 목표, 학습자와 상황 분석, 교수 분석, 수행 목표, 평가 문항 등이 있다. 교수 전략을 설계하면서 이러한 내용을 여러 번 참고할 필요가 있다.

교수 전략은 교수 프로그램을 개발하거나 선정하기 위해서 사용하는 처방이다. 교수 전략을 계획하는 데 있어서 첫째로 고려해야 할 점은 전달 시스템이 미리 정해져 있는가 아닌가의 문제이다. 만일 그렇다면, 이후에 설계를 진행해 가면서 그 전달 시스템이 갖는 이점과 제한점을 명심하고 있어야 한다. 그렇지 않다면, 교수 전략의 대부분을 완성한 다음에 전달 시스템을 계획해야 한다. 그 다음 계획 활동은 가르칠 내용의 순서를 정하고, 교수 분석한 결과를 이용하여 그 표에 있는 기능들을 논리적으로 묶는 것이다.

목표의 순서화와 군집화를 완성한 다음에는, 교수 프로그램의 학습 구성요소를 계획할 준비가 된 것이다. 교수 프로그램에서 내용들은 학습자들에게 전략에서의 구성요소의 순서로 제시되지만, 그 전략은 이 순서로 설계하는 것이 아니다. 학습 구성요소를 설계할 때, 처음에는 사전 교수 활동, 평가 문항, 후속활동 구성요소를 계획하고 나서, 내용 제시와 학습자 참여 구성요소를 설계해야 한다.

이런 구성요소를 계획하고 있을 때, 설계자는 학생 집단 구성을 결정하고, 각각의 구성요소를 전달하기 위해 사용할 하나 혹은 그 이상의 매체를 선정한다. 이런 결정 시 학습자의 특성, 학습의 특성, 학습 구성요소가 요구하는 결정적인 매체 속성, 학습자와 학습을 위한 매체의 효능성 등이 일차적인 고려사항이고, 그 다음으로 시간, 시설, 예산과 같은 시설, 관리적인 측면이 고려되어야 한다.

그 다음에 할 일은 각 레슨에 목표들을 배정하는 것이다. 이 일을 효율적으로 해내기 위해서는 지금까지 해 온 모든 단계의 중간 결과들을 잘 고려해야 한다. 실제로 교수 프로그램을 개발하고, 이 계획들을 실천으로 옮기는 데 필요한 시간들을 파악하면, 상당 부분 수정이 필요할 수도 있다. 마지막 단계는 교수 전략들을 재검토해 보고 나서 매체 선정을 확정하여 하나의 전달 시스템을 선택하는 것이다. 교수 전략을 계획하고 평가했다면, 그 계획에 따라 교수 프로그램 개발을 시작할 준비가 된 셈이다.

교수 전략 평가를 위한 루브릭

교수 전략에 기초하여 교수 프로그램을 개발하기 전, 교수 설계자는 내용 전문가와 한 명 이상의 대상 학습자로부터 평가를 받아야 한다. 다음은 우리가 교수 전략을 개발할 때에 사용할 수 있는 루브릭으로, 검토자들도 그 평가를 위해 활용할 수 있다. 8장에서 제시한 학습 구성요소를 평가하기 위한 준거가 여기에서 다시 사용되었고, 시설 설비 관리 결정을 평가하기 위한 준거가 포함되었다.

※ 다음 요소 중에 진행하고 있는 프로젝트와 관계없다면, '아니오' 칸에 '해당 없음'이라고 표시하세요.

아니오	약간	예	
_____	_____	_____	**가. 내용 계열화** 계획은 있는가?
_____	_____	_____	1. 학습 유형에 적합한가?
_____	_____	_____	2. 논리적인 순서가 있는가? (예, 연대별, 단순에서 복잡, 개념에서 법칙과 원리)
_____	_____	_____	3. 주요 단계 순인가?
_____	_____	_____	4. 다음 단계로 넘어가기 전 해당 단계의 모든 기능과 정보를 다루었는가?
			나. 내용의 군집화 계획이 적합한가?
_____	_____	_____	1. 기능 구성의 적정성
_____	_____	_____	2. 학습자 연령과 능력

_____ _____ _____ 3. 학습 유형

_____ _____ _____ 4. 내용의 호환성

_____ _____ _____ 5. 가능한 시간(시간, 일별, 주별, 학기 단위)

_____ _____ _____ 6. 전달 시스템 형태(개별 학습, 강사 주도, 텔레비전 학습, 웹 기반, 혼합형 학습)

_____ _____ _____ 7. 군집별로 요구되는 교수 활동 시간

다. 사전 교수 활동 계획은 있는가?

_____ _____ _____ 1. 학습자 특성에 적합한가?

_____ _____ _____ 2. 학습자의 동기 유발(주의집중, 관련성)

_____ _____ _____ 3. 교수 목표와 학습 목적 알려 주기

_____ _____ _____ 4. 선수 지식과 기능 회상하기

_____ _____ _____ 5. 과제를 완성하는 데 요구되는 투입 요소 알려 주기

라. 내용 제시 계획에 다음을 포함하고 있는가?

_____ _____ _____ 1. 학습 유형에 적합한 내용

_____ _____ _____ 2. 학습자 경험을 고려한 분명한 정적 예와 부적 예

_____ _____ _____ 3. 설명, 그림, 도표, 시범, 모델 해결책, 모범적 수행과 같은 것이 적합한 내용을 담고 있는가?

_____ _____ _____ 4. 제시한 내용에 대한 학습자 안내

_____ _____ _____ 5. 선수 기능과 새로운 내용, 기능의 연결을 돕고 있는가?

_____ _____ _____ 6. 친숙한 내용에서부터 친숙하지 않은 내용으로 나아가고 있는가?

_____ _____ _____ 7. 조직화

마. 학습자 참여 계획이 이러한가?

_____ _____ _____ 1. 학습 유형에 적합한가?

_____ _____ _____ 2. 교수 목표에 부합한가?

_____ _____ _____ 3. 학습자 특성에 부합한가?

_____ _____ _____ 4. 교수 프로그램에 부합한가?

_____ _____ _____ 5. 동기를 유발할 수 있는가?(학습자에게 자신감을 갖게 하는가?)

_____ _____ _____ 6. 교수 프로그램에 적합하게 배정하고 있는가?(너무 한참 지난 후에, 자주, 빈번하지 않게)

바. 피드백 계획이 이러한가?

_____ _____ _____ 1. 학습 유형에 적합한가?

_____ _____ _____ 2. 교수 목표에 부합한가?

_____ _____ _____ 3. 학습자 특성에 부합한가?

_____ _____ _____ 4. 정보적, 지원적, 교정적인가?

_____ _____ _____ 5. 자신감과 개인적 만족을 줄 수 있는가?

사. 평가 계획이 적합한가?

_____ _____ _____ 1. 준비도/사전검사

_____ _____ _____ 2. 사후검사

_____ _____ _____ 3. 학습 유형(객관적, 대안적)

_____ _____ _____ 4. 학습자 특성(연령, 주의집중 시간, 능력)

_____ _____ _____ 5. 학습자 수준과 태도에 관련된 타당하고 신뢰로운 정보를 얻
　　　　　　　　　　　을 수 있는가?

아. 후속활동 계획이 적합한가?

_____ _____ _____ 1. 새로운 정보와 기능의 파지를 지원

_____ _____ _____ 2. 학습부터 수행 환경까지 기능의 전이를 지원(예, 상급자와 함
　　　　　　　　　　　께 일하기, 지원팀 형성)

자. 학습자 집단 구성 집단 구성은 적합한가?

_____ _____ _____ 1. 학습 요구(예, 학습 유형, 상호작용, 목표 군집)

_____ _____ _____ 2. 학습 상황(예, 직원, 시설, 도구, 매체, 전달 시스템)

차. 매체와 전달 시스템 계획이 적합한가?

_____ _____ _____ 1. 교수 전략

_____ _____ _____ 2. 평가

_____ _____ _____ 3. 실제에서의 제약 조건(예, 상황, 인력, 학습자, 자원, 자료)

_____ _____ _____ 4. 매체와 전달 시스템의 가용성

_____ _____ _____ 5. 내용의 고려사항(내구성, 이동성, 편리성)

교수 전략이 완성되면, 그 전략에 근거한 처방에 따라 교수 프로그램의 개발을 시작한다. 이 책대로 교수 설계 프로젝트를 하고 있다면, 10장에서 제시하는 개별화 교수 프로그램을 계획하고 있는 초보 설계자를 위한 충고를 세심하게 읽기 바란다.

연습

1. 하위 기능들을 계열화(순서화)해야 한다고 하자. 작문 목표 작성에 대한 부록 C의 교수 분석 결과를 보자. 최종 목표의 각 단계의 하위 기능들은 각 단계의 번호와 같은 번호

로 시작하고 있음(예, 5.4라는 번호는 기능 5.5의 하위 기능이고, 5.32는 단계 5에 대한 하나의 하위 기능임)을 주목해야 한다. 하위 기능들이 각각 이런 번호 순서로 학습자들에게 제시될 것임을 생각해 두자. 이런 내용을 참고하여, 기능의 번호가 암시하는 교수 프로그램의 계열을 평가해 보자. 다음의 순서가 옳은가? 그렇지 않다면, 그 기능들의 학습을 위해 보다 나은 순서를 반영하기 위해 그 번호가 재조정되어야 할까?

1) 하위 기능들의 순서가 적합하다.
2) 모든 언어적 정보 기능은 맨 먼저 제시되어야 한다(예, 5.1, 5.2, 5.4, 5.6).
3) 변별 기능들(예 5.3, 5.5, 5.7)부터 시작해야 한다.
4) 그 순서는 그렇게 중요하지 않다. 왜냐하면 단계 5보다 먼저 이 기능들을 학습하는 한 이 기능들은 어떤 순서로도 계열화될 수 있기 때문이다.

2. 하위 기능들을 묶어 보자. 사전 교수 활동 세션이 끝나서 단계 1부터 4까지를 가르치기 위한 교수 프로그램을 설계도 했으니까, 단계 5의 50분짜리 세션을 계획해야 한다고 하자. 6학년 학생들은 작문 성취도 검사에서 평균이거나 평균 이상의 점수를 받은 학생들이다(설계자가 6학년 학생들에 대해 잘 모른다면, 이 시점에서 설계자는 상식적 예감에 의존할 수밖에 없다). 다음 목표 군집 중에서 단계 5를 가르치기 위한 첫 40분짜리 세션을 위한 최선의 목표 군집은 어느 것일까?

1) 단계 5와 5.1부터 5.32까지의 모든 하위 기능들
2) 기능 5.32와 하위 기능 5.11, 5.17, 5.24, 5.31

3) 하위 기능 5.7, 5.9, 5.10, 5.11, 5.32(선언적 문장과 관련된 것)
4) 5.1부터 5.32까지의 모든 하위 기능들

3. 과제의 요구조건을 고려한 매체 선정. 올바른 구두점이 사용된 평서문을 찾을 수 있다는 부록 C의 기능을 보자. 실천 가능성이나 경제성보다 가르치려는 기능의 특성을 고려한다면, 다음 중 어떤 전달 장치가 가장 효과적이라고 보는가?

1) 교사에 의한 강의식 수업
2) 내년에 학생들이 재활용할 수 있는 가장 싸고, 실용적인 인쇄매체로 된 모듈
3) 교사의 도움이나 촉진을 이용할 수 있는 'Blackboard'와 같은 웹 기반 관리 프로그램
4) 'Blackboard'와 같은 웹 기반 관리 프로그램

4. 다음 목표에 대한 사전 교수 활동을 개발해 보자.
작문에 있어서
- 문장의 목적과 맥락에 따라서 적절한 문장 유형과 구두점을 사용할 수 있다.
- 문장 구조의 특성(복합성)에 기초해 적절한 문장 유형과 구두점을 사용할 수 있다.

5. 다음의 목표에 대한 구성주의적 관점에서의 사전 교수 활동을 개발해 보자.
작문에 있어서
- 문장의 목적과 맥락에 따라서 적절한 문장 유형과 구두점을 사용할 수 있다.
- 문장 구조의 특성(복합성)에 따라서 적절한 문장 유형과 구두점을 사용할 수 있다.

이 목표에 알맞은 상호작용적 학습자/교사 학습 환경을 촉진하기 위해 어떤 교육적 모형과 절차적 모형을 사용하려는가? 이를 위해 표 8.8과 같은 설계 템플릿을 활용할 수 있다.

피드백

1. 1)
2. 3)
3. 1), 2), 3), 4)
4. 인지적 관점에서의 사전 교수 활동의 계획을 위해 우리가 설계한 사전 교수 활동과 부록 F에 제시한 내용을 비교해 보세요. 전제

교수 전략을 보기 위해서는 부록 F와 G의 다른 부분을 보세요.

5. 구성주의적 관점에서 학습 환경을 계획하기 위해서는 우리가 계획한 것과 부록 H의 예를 비교해 보고 1과 2부를 검토해 보세요.

참고문헌

Brown, L. A. (1996). *Designing and developing electronic performance support systems.* Newton, MA: Digital Press.

Clark, R. E. (1983). Reconsidering research on learning from media. *Review of Educational Research, 53*(4), 445.

Clark, R. E., Yates, K., Early, S., & Moulton, K. (2010). An analysis of the failure of electronic media and discovery-based learning: Evidence for the performance benefits of guided training methods. In, J. H. Silber, & R. Foshay (Eds.), *Handbook of training and improving workplace performance, Vol. 1: Instructional design and training delivery,* SF, CA: Pfeiffer.

Dickelman, G. J. (Ed.). (2003). *EPSS revisited: A lifecycle for developing performance-centered systems.* Silver Springs, MD: ISPI.

Dillon, A., & Gabbard, R. (1998). Hypermedia as an educational technology: A review of the quantitative research literature on learner comprehension, control and style. *Review of the Educational Research, 68*(3), 322–349. 하이퍼미디어의 활용으로부터 얻을 수 있는 학습 효과는 제한적임을 관련 연구들을 종합하여 결론을 내리고 있다.

Educational Technology Magazine 47(3), (2007). 모바일 컴퓨팅(mobile computing)에 관한 특별호: PDA, 휴대폰, 태블릿 컴퓨터, UMPC, 게임 시스템, iPODs, mote 등과 같은 사회적 상호작용과 정보 접속을 위한 개인 휴대도구들을 다루고 있다.

Educational Technology Research and Development, 56(1), (2008). 하이퍼미디어를 이용한 스캐폴드 학습을 다루고 있는 특별호로서, 구성주의적 학습 환경에서 하이퍼링크 매체에 초점을 두고 있다.

Gagné, R. M. (1985). *Conditions of learning* (4th ed.). New York: Holt, Rinehart and Winston. Gagné는 학습 영역별로 학습을 촉진하기 위해서 제시해야 할 요

소에 대해 상세하게 설명하고 있다.

Gagné, R. M., Wager, W. W., Golas, K. C., & Keller, J. M. (2004). *Principles of instructional design* (5th ed.). Belmont, CA: Wadsworth/ Thomson Learning. 이 책의 9~12장은 교수 전략을 개발하는 데 필요한 배경을 제시하고 있다.

Gery, G(1991). *Electronic performance support systems.* Tolland, MA: Gery Performance Press. EPSS라는 용어를 처음 만든 Gloria Gery의 책이다.

Gottfredson, C., & Mosher, B. (2001). *Innovative performance support: Strategies and practices for learning in the workplace.* NY, NY: McGraw-Hill.

Hannum, W. H. (2007). When computers teach: A review of the instructional effectiveness of computers. *Educational Technology, 47*(2), 5–13.

Hirumi, A., Bradford, G., & Rutherford, L. (2011). Selecting delivery systems and media to facilitate blended learning: A Systematic process based skill level, content stability, cost, and instructional strategy. MERLOT *J. of Online Learning and Teaching. 7*(4), 489–501. Retrieved September 21, 2012, from jolt.merlot.org/vol7no4/hirumi_1211.pdf. 군에서의 매체 선정에 대한 조직적인 방법을 제시하고 있다.

Holden, J. T., & Westfall, P. J. L. (2010). An instructional media selection guide for distance learning: Implications for blended learning featuring an introduction to virtual worlds (2nd ed.). Boston, MA: United States Distance Learning Assocation. Retrieved December 14, 2012. from www. uslda.org/assests/pdf_files/AIMSGDL%20 2nd%20Ed._styled_010311.pdf. 이러닝을 위한 전달 시스템의 선정을 위한 설명과 예가 포함된 표를 제시하고 있다.

Hung, W. C., & Kalota, F. (2013). Design and validation

of maps for educators: A performance support system to guide media selection for lesson design. *Performance Improvement Quarterly, 26*(1), 81-99.

Kruse, K., & Keil, K. (2000) *Technology-based training: The art and science of design, development, and delivery.* San Francisco, CA: Jossey-Bass Pfeiffer.

Lee, W. W., & Owens, D.L. (2004). *Multimedia-based instructional design: Computer-based training; web-based training; distance broadcast training; performance-based solutions* (2nd ed.). San Fracisco: Jossey-Bass Pfeiffer. 모든 매체에 사용될 수 있는 교수 설계 모형을 보여주고 있다.

McManus, P., & Rossett, A. (2006). Performance support tools. *Performance Improvement, 45*(2), 8-17.

Merrill, M. D. (2002). First principles of instruction. *ETR & D. 50*(3), 42-591.

Nguyen, F., & Klein, J. D. (2008). The effect of performance support and training as performance interventions. *Performance Improvement Quarterly, 22*(1), 95-114. 세금 내기 과제에 대한 EPSS의 효율성과 효과성에 대한 연구이다.

Richy, R. C., Klein, J. D., & Tracey, M. W. (2011). *The instructional design knowledge base: Theory, research, and practice.* NY, NY: Routledge. 6장에서 매체 이론, 선정, 활용에 대한 문제를 다룬다.

Rossett, A., & Schafer, L. (2007). *Job aids and performance support: Moving from knowledge in the classroom to knowledge everywhere.* San Francisco: Pfeiffer.

Russell, T. L. (2001). *The no significant difference phenomenon: A comparative research annotated bibliography on technology for distance education* (5th ed.). Montgomery, AL: IDECC.

Russell, T. L. (2010). The no significant difference web site. Retrieved May, 1, 2013, from http://nosignificantdifference.org. NSD 웹사이트는 2013년의 연구 보고까지 업데이트되었다.

Sugrue, B., & Clark, R. E. (2000). Media selection for training. In S. Tobias, & D. Fletcher (Eds.), Training and retraining: *A handbook for business, industry, government, and the military.* New York, NY: Macmillan. 매체 속성이 학습을 위한 자극으로서의 요구 조건의 비교에 기초한 매체 선정을 설명하고 있다.

vanMerrienboer, J. J. G. (1997). *Training complex cognitive skills: A four component instructional design model for technical training.* Englewood Cliffs, NJ: ETP.

Woo, Y., Herrington, J., Agostinho, S., & Reeves, T. (2007). Implementing authentic tasks in web-based learning environments. *Educause Quarterly, 30*(3). 36-43.

제 10 장

교수 프로그램 개발

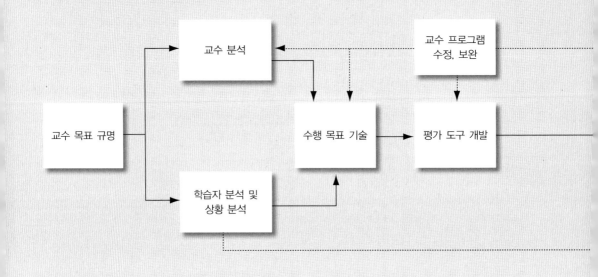

학습 목표

➤ 교수 프로그램 개발과 교수적 전달에 있어서 설계자의 역할을 설명한다.

➤ 하나의 교수 프로그램을 위한 매체 선정과 전달 시스템의 수정에 영향을 주는 요인을 설명한다.

➤ 교수 프로그램 패키지의 구성요소들을 명명하고 설명할 수 있다.

➤ 기존 교수 프로그램들의 적합성을 평가하기 위한 네 가지 준거를 열거한다.

➤ 다양한 매체에 적절한 초안 교수 프로그램을 명명한다.

➤ 교수 전략이 주어지면, 그 전략을 활용해 교수 프로그램을 개발하기 위한 절차를 설명한다.

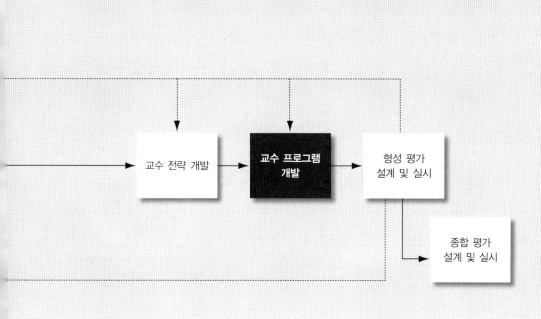

배경

전형적인 교실에서 교사는 교수 전략의 구성요소인 기능적인 활동을 계획하고 수행한다. 교사[1]는 종종 동기 유발자, 내용 제시자, 연습 활동을 이끄는 사람, 평가자이기도 하다. 교사는 개별 학생뿐만 아니라 전체 집단에 영향을 줄 수 있는 결정을 내려야 하는 사람이기도 하다. 교사는 대다수의 학생들이 가르치려고 하는 지식과 기능을 충분히 학습했다고 믿을 수 있을 때까지, 전체 학급이 하나의 교수 프로그램의 계열을 따라가게 하거나 어떤 특정 시점에 머물게 할 것인지에 관한 교수 전략을 사용해야 한다.

개별화 교수 프로그램의 특성은 전형적으로 교사가 학생들에게 수행하는 수많은 교수 활동들이 매체와 교수 프로그램을 통해서 개별 학생들에게 제시된다는 점이다. 9장에서 다루었듯이, 이것은 교육 실제에서 교사가 반드시 제외되어야 한다는 의미는 절대 아니다.

---

1) 역주: 'Instructor'를 여기에서는 '교사'로 번역했지만, 우리나라의 교육기관에서 그 호칭은 '강사, 교수, 교육 운영자, 교관, 훈련 관리자, HR(Human Resource) 관리자' 등으로 다양하다. 따라서 여기에서와 같이 '교사'로 번역을 했지만, 교육 상황이나 기관에 따라 그 적합한 직종의 이름으로 바꾸어 읽어도 전혀 문제가 없다. 그러나 상황에 따라서 가급적이면 유사한 호칭을 사용하려고 한다.

이때 교사의 역할이 달라져서, 획일적 집단 수업 과정보다는 훨씬 더 중요한 역할을 감당해야 하는 것이다. 교사는 여전히 상담자, 평가자, 의사 결정자, 동기 유발자의 역할을 해야 하며, 개별 학생의 목표 숙달에 대한 책임을 느끼는 것이 일반적이다.

교수 설계를 처음 해 보는 사람이라면 개별 학습 프로그램(self-instructional materials)을 개발하는 것을 권하고 싶다. 여기서 말하는 개별학습 프로그램이란 교사나 동료 학습자들로부터 어떠한 도움도 받지 않고 혼자의 힘으로 새로운 정보와 기능을 학습할 수 있어야 한다는 의미이다. 일단 이와 같이 단순한 형태의 프로그램 설계를 경험하고 나면, 교사 주도의 프로그램 혹은 다양한 매체를 활용하는 프로그램의 개발을 위한 설계의 영역으로 옮겨 갈 수 있다. 그러나 교수 설계를 처음 시도해 볼 경우에도, 동기 유발, 내용, 연습, 피드백과 같은 학습 구성요소들을 교수 프로그램에 포함시켜야 한다. 만약 교수 과정에 교사가 관여하는 방식의 프로그램을 개발하면, 교사가 교수 프로그램을 전달하는 중요한 매개체로 사용하기가 쉬워진다. 설계자로서 교수 프로그램을 처음 개발하는 경우에는, 교수 과정에 교사가 적극적으로 개입하지 않고도 얼마든지 많은 교수 활동이 이루어질 수 있음을 깨닫는 계기가 될 것이다. 이렇게 해 봄으로써 자신의 설계 능력을 평가하고, 교수 전략의 학습 구성요소에 통찰력을 더해 줄 뿐만 아니라, 11장의 형성 평가를 해 볼 수 있는 수차례 활용할 수 있는 교수 프로그램을 개발해 보게 된다. 물론, 이 책에서 제시하고 있는 설계 절차에 따라 하나의 설계 프로젝트를 진행할 수 있다. 전적으로 개별 학습에서는 제공되지 않는 학습 구성요소를 이미 계획하고 있을 수도 있다. 하지만 학습 구성요소가 가르치는 중에 이루어지고 있는지를 확인할 필요가 있음을 알고 있어야 한다.

이 장에서는 교수 프로그램들을 개발하는 데 필요한 개념, 지침, 기준에 대해 알아보려고 한다. 여기에서는 매체 개발 기법에 강조를 두려고 하지 않는다. 왜냐하면 그런 기법은 책, 튜토리얼, 상호작용을 할 수 있는 사용자 모임을 통해 방대한 정보를 얼마든지 얻을 수 있기 때문이다. 이 장에서는 교수 프로그램 개발의 개요를 살펴보고 나서, 개발 과정 중에 고려해야 할 사항에 대한 논의를 거쳐, 개발 과정을 단계별로 살펴보고자 한다.

개념

교수 전략을 개발했다면, 설계자는 이제 교수 프로그램을 개발할 준비가 된 것이다. 분석과 설계 활동은 최초의 목표를 정하게 했던 요구에 부합하는 교수 프로그램을 개발함으로써 그 목적을 다하는 것이다. 초고 형태로 개발이 완성되었다면, 7장부터 11장에 걸쳐서 제시한 과정을 제대로 따라서 이루어졌는지를 평가하여 필요한 만큼 수정해야 한다. 프로그램 개발에 대한 논의에 앞서, 프로그램의 개발과 전달 시 설계자의 다양한 역할에 대해 먼저 살펴보기로 하자.

교수 프로그램 개발 및 교수 전달에 있어서 설계자의 역할

설계자가 프로그램 개발자와 교사의 역할을 해야 하는 경우 교수 프로그램을 설계하는 사람이 또한 교수 프로그램을 개발하고, 학생을 가르쳐야 하는 교육 실제가 많이 있다. 예를 들면, 소규모 회사에서 인력 자원 개발자는 모든 신입 직원을 위한 오리엔테이션, 복지 교육, "대인관계 기능" 훈련 등의 설계, 개발은 물론 실시도 해야 한다. 중등 교사와 대학 교수도 자신이 맡은 수업 계획, 한 학기의 수업 계획서, 교육 자료를 개발하여 수업을 해야 한다. 많은 분야에 있는 전문가들은 일상적으로 자신의 워크숍과 현직 연수를 설계, 개발, 운영한다.

설계자가 개발자와 교사의 두 가지 역할을 해야 할 때, 어떤 교수 전략으로 처방된 교수 프로그램의 유형이냐에 따라서 가르쳐야 하는 책임이 달라진다. 교사가 개별화 교수 프로그램, 또는 교사와는 독립적으로 전달될 수 있는 교수 프로그램을 설계하고 개발했을 때 그의 교수 전달 역할은 수동적이 되겠지만, 촉진자로서의 그의 역할은 매우 적극적이 되어야 한다. 이 경우, 교수 프로그램이 진행되는 동안 그가 해야 할 일은 학습의 진행을 모니터해서 필요한 안내를 제공하는 것이다. 학생들은 도움이 필요하면 교사의 피드백을 받고, 어떻게 해야 할지 난감한 상태에 처한 학생에게는 추가적인 도움을 주면서 학습자들은 자신의 속도에 맞추어서 학습할 수 있다. 사전 및 사후검사를 제외한 모든 학습 구성요소는 교수 프로그램에 포함되어 있어서 교사가 관여할 일은 없다. 어떤 교수 프로그램에는 이 검사들도 포함되어 있어서 학습자가 그 검사를 다하면 교사에게 제출하게 되어 있고, 혹은 채점조차도 자동화되어 있어서 채점된 성적이 교사의 성적기록부에 기록될 수도 있다. 이런 방식은 'Blackboard'나 'Moodle'과 같은 코스 관리 시스템으로 이 러닝을 활용하는 아주 일반적인 교수 모형이다.

반면에, 교사가 자신의 교수 전략에 맞게 교수 프로그램을 선택하여 채택했을 경우, 교수 프로그램 전달(delivering instruction)을 하는 데 교사의 역할은 커질 것이다. 어떤 교수 프로그램은 교사가 개입할 필요가 없을 수 있지만, 그렇지 않은 경우 교사는 교수 프로그램에는 포함되어 있지 않지만 교수 전략으로 계획되어 있는 학습 구성요소들을 모두 제공해야 한다. 교사의 개입을 최소화하는 자원 기반 학습(resource-based learning)과 교사의 직접적인 수업이 혼합된 형태가 아마도 가장 보편적인 교사 중심(instructor managed) 교수-학습일 것이다. 교사가 다양한 교수 자원을 이용할 때, 그 자원 관리 하는 데 더 큰 역할을 맡아야 한다. 이때 교사는 이 자료나 자원에 대한 학습자 안내를 제공함으로써, 교수 프로그램으로서의 그 자원의 독립적 활용 가능성을 높일 수 있고, 학생들에게 추가적인 안내와 상담의 필요를 최소화해 줄 수 있다.

셋째 모형으로는 교사가 이미 개발된 교수 전략에 따라, 모든 교수 프로그램을 혼자 전달해야 하는 경우이다. 프로그램 개발을 위한 적은 예산만이 가용하고, 가르쳐야 할 학생 수도 적고, 가르쳐야 할 내용이 너무 빨리 변할 가능성이 높고, 가르칠 내용을 담고 있는 첨단적 교수 프로그램이 없을 때, 이런 방식을 채택하는 것이 일반적이다. 교사는 강의 노트의 개요와 집단의 연습, 활동의 안내 내용을 작성하는 데 하나의 가이드로 교수 전략을 활용할 것이다. 전문적/기술적 훈련 상황에서, 설계자는 강의, 토의, 참여 활동을 위한 안내와 같은 상세한 레슨 계획을 제공하는 공식적인 훈련자용 안내서(formal instructor's guide)를 개발하기도 한다. 교육적 상황에서 일일 수업 계획이나 강의 계획서가 이 목적으로 이용되기도 한다.

이 유형의 교수 프로그램 모형은 장, 단점을 모두 가지고 있다. 주요 이점은 내용에 변화가 생길 때마다, 교사가 교수 프로그램을 계속 갱신할 수 있다는 점이다. 그러나 교사는 대부분의 시간을 학습 집단에게 정보를 강의하고 전달하는 데 보내야 하기 때문에, 문제가 있는 학습자를 도와줄 수 있는 시간이 없고, 교사가 한 학습자의 질문에 답하기 위해 멈추게 되면 전체 집단의 진도가 나가지 못하므로 수업 진행이 어렵게 된다는 단점이 있다.

교수 전달 방식은 계획된 교수 전략에 기초하여 교수 프로그램을 개발할 때 매우 중요한 고려사항이다. 만약 교사가 직접 전달할 필요 없이 설계된 교수 프로그램이라면, 교수 프로그램에는 교수 전략이 포함된 모든 학습 구성요소들이 포함되어 있어야 한다. 교사에게 교수 전달에 있어서 어떤 역할도 기대되지 않는다.

교사가 활용 가능한 교수 프로그램들을 결합할 계획을 가지고 있다면, 교수 프로그램과 교사의 설명이 결합된 교수 전달 형태가 될 것이다. 이 유형에서 교사는 어떤 새로운 교수 학습 자료를 개발할 필요가 없지만, 어떤 필요한 교수 프로그램은 전달해야 할 필요가 있다. 이 유형의 교수 모형에서 새롭게 개발해야 하는 학습 내용(교수 프로그램)의 양은 가용한 시간, 예산, 인력에 따라 달라질 수 있다.

교사가 강의 노트, 멀티미디어 프로젝터, 칠판과 같은 자료가 포함된 모든 교수 프로그램을 전달할 계획이라면, 강의 개요, 전자 기기를 이용한 발표 자료, 연습을 위한 워크시트 혹은 연습 활동과 검사 문항 외에는 개발할 필요가 없다.

교수 설계자로서 우리는 교수 전략 계획에 있어서 어떤 전달 시스템과 매체 유형을 선택할 것인가에 대한 결정을 했다. 이제 우리가 교수 프로그램 개발자이자 교사의 역할을 다하기로 했으니, 지금까지의 결정을 수정하여 사용해 오고 있는 기존의 교수 프로그램,

개발 비용에 대한 현실감, 그리고 교사의 역할에 대한 생각의 변화에 달라진 결정을 반영할 필요가 있다. 이런 달라진 사고로부터 이루어진 결정은 프로그램 개발 활동은 물론 필요한 예산과 인력에 영향을 미친다.

설계자가 개발자와 교사 역할까지 해야 할 경우, 프로그램 개발의 전체 과정은 오히려 비공식적이다. 즉, 설계자와 프로그램 개발자 간에 공식적으로 상세하게 계획을 세우거나 의사소통을 해야 하는 많은 부분들이 마음속 또는 비공식적 계획서로 이루어진다. 설계자는 설계자의 기조는 잠시 접어 두고 교사로서, "나는 필요할 때는 언제든지 즉시 조정하면서 수업을 운영할 수 있다."는 입장에 설 가능성이 높다. 이런 사고의 흐름에서는 교수 프로그램의 개발과 실행에 온갖 것을 상세화해야 하는 문제에 관심을 덜 두게 될 것이다.

일반적인 또 다른 실제는 교사에게 설계에 대한 책임을 주지만 프로그램 개발의 책임을 혼자에게만 맡기지 않는 것이다. 공립학교에서는 드문 일이지만, 대학, 기업, 정부, 군에서는 비디오, 인터넷, 멀티미디어와 같은 매체 개발을 원하면 기술적 지원을 받을 수 있는 경우도 있다. 이 경우, 설계자는 어떻게 만들어 달라는 주문서를 넘기기보다는 내부 매체 개발 전문가와 같이 프로그램을 개발하는 것이 일반적이다.

설계자가 교사가 아닌 경우 상당한 규모의 훈련과 개발 기능이 있는 대기업에 근무하는 교수 설계자는 설계, 개발, 훈련 등을 담당하는 팀과 함께 작업을 한다. 이런 팀은 교수 설계 컨설팅 회사, 인력 훈련 및 개발 회사, 대학에서 볼 수 있는데, 이 팀은 팀장, 교수 설계자, 내용 전문가, 프로그램 개발자(또는 조정자), 평가자 등으로 구성된다.

소규모 교수 설계 환경에서는 한 사람의 교수 설계자가 여러 역할을 맡아야 하지만, 규모가 큰 조직에서는 여러 사람이 하나의 역할만 감당하면 된다. 또한 팀은 정기적으로 내부, 외부 고객, 때로는 교사나 교수 프로그램 관리자와 상호작용을 해야 한다. 교수 설계 팀장은 선임 교수 설계자가 되는 것이 보통이고, 교수 설계자는 프로그램 개발자가 되어야 할 때도 있어서 교수 설계지는 다양한 매체 개발에 대한 최소한의 지식을 가지고 있어야 한다. 가능한 한 빨리 훈련 프로그램을 직원 훈련을 위해 동시적으로(just-in-time) 전달해야 하는 압력 때문에, 특히 컴퓨터 기반, 인터넷 기반의 프로그램 개발을 위해서는 교수 설계 역량과 프로그램 개발 기능을 둘 다 가지고 있을 필요가 있다. Michael Greer(1992)는 팀 기반의 교수 설계 및 교수 설계 프로젝트 운영에 대한 자료를 제시해 주고 있고, Brill, Bishop, Walker(2006)는 델파이(Delphi) 기법으로 프로젝트 관리 역량을 타당화한 내용을 제시하고 있다.

앞서 언급했듯이, 설계자가 프로그램 개발자와 교사의 역할을 둘 다 감당해야 하는 경우에, 프로그램 설계와 개발 과정은 상당히 비공식적이다. 그러나 설계자가 개발자나 교사의 역할을 맡지 않고, 각자의 역할을 하는 팀으로 구성되어서 프로젝트를 수행할 경우에는 설계 내용을 명확하게 규정해야 할 뿐만 아니라 의사소통이나 협력 역량을 갖춘 팀 작업이 훨씬 더 중요해진다. 설계자와 프로그램 개발자 간의 의사소통을 위한 "표준화된 절차"는 없다. 팀의 일원들이 가지고 있는 설계와 개발 능력과 일의 책임 분배 시 상황에 따라 결정되는 협력의 양상이 항상 똑같을 수는 없다.

예를 들어, 유능한 텔레비전 프로그램 제작 기술과 시간적 여유가 있는 창의적 교수 설계자는 프로그램 개발자에게 스토리보드와 함께 완벽한 제작 스크립트를 넘겨 주어서 제작의 부담을 덜어 줄 것이다. 이 예와 대조되는 경우로, 프로그램 개발 경험이 전혀 없고 시간 여유도 없는 설계자는 프로그램 개발자를 만나서 학습자 분석, 상황 분석, 교수 전략을 같이 검토하고, 개발자에게 제작 아이디어를 부탁하고, 개발자가 만든 스토리보드와 스트립트 초안을 이후에 개발자와 설계자가 만나서 검토한다. 프로그램 개발자는 자신들이 일상적으로 매체 개발 과정에서 사용하는 프로그램 개발 계획이나 개발 도구를 갖고 있기 때문에, 설계자가 매체를 어떻게 제작할 것인지에 대해 의사소통을 하는 최선의 방법은 개발자를 자주 만나서 배우는 것이다. 교수 설계자는 특정 개발 환경에서 개발자가 편하게 느끼는 계획 도구를 채택해야 한다.

교수 설계팀의 의사소통 문제를 다루는 또 다른 이유는 설계자와 학습자 간의 관계, 특히 양자 간의 소통의 부재 때문에, 교수 설계 과정에서 흔하게 발생하는 문제를 지적해 주기 위해서이다. 설계자가 대상 학습자들의 교사일 때, 그 설계자는 학습자의 관심, 동기 유발, 선호, 기대, 학습자들의 내용 영역 일반적, 특수적 지식 수준을 잘 이해하고 있다. 그러나 설계자가 교사가 아니라서, 대상 학습자들을 잘 알지 못하면서도 이 학습자들과 거의 접촉을 하지 않는 사례가 종종 있다. 그럴 경우, 설계자는 학습자 분석과 상황 분석을 면밀하게 해야 하는데도 불구하고, 정확한 정보를 무시하고, 그 학생들은 어떨 것이라는 극히 개인적인 고정 관념에 의존하는 우를 범하기도 한다. 이런 잘못된 전제를 가지고 설계를 하면 학습자에 대한 정보가 전혀 없을 때보다도 더 많은 문제가 생길 수 있다.

가능하면 설계자는 교수 프로그램을 학습할 대상 학습자의 특성을 알기 위해 반드시 현장에 가서 학습자와 상황을 분석해야 한다. 초등학생, 군에 입대한 신병, 성인 자원 학습자, 연수를 받으러 온 중간 관리자 등 대상 학습자가 누구든지 반드시 그들의 특성의 분석은 똑같이 중요하다. 만약 설계자가 학습자 분석과 상황 분석을 하지 않았다면 최소한 비공식적인 조사라고 하더라도 그들의 일상이라도 관찰해 보아야 한다. 이런 관찰과 분석 결과를 이용하여 내용 묶음의 크기, 그래픽 사용자 인터페이스의 특성, 또는 태도를 가르치기 위한 역할 모델 유형 등의 다양한 결정을 해야 한다. 새로운 교수 프로그램을 설계하는 데 중요한 대상 학습자 집단의 특성을 모두 분석하는 것은 불가능하지만, 교수 설계자는

표 10.1 ┃ 교수 프로그램 개발

과제	결과
전달 시스템을 재고해서 매체 선정하기	현재 사용하고 있는 교수 프로그램의 활용 가능성, 예산의 제약, 교사의 역할 등을 고려하여 전달 시스템과 매체 선정을 확정
교수 프로그램의 구성요소 결정하기	어떤 내용이 포함되어야 하고, 그 모습이 어떻게 보일지를 확정
기존 교수 프로그램 검토하기	기존 프로그램을 사용할 것인지에 대한 결정
새로운 교수 프로그램 개발하기	프로그램의 초고를 마련하고, 형성 평가를 위해 필요한 관리 정보

대상 집단에 대해 가능한 한 많이 알고 있어야 한다.

　개발 과정에서 교수 설계자의 역할이 무엇인지를 정확하게 파악한 다음에, 교수 프로그램 개발 과정에 대한 표 10.1의 네 가지 과제에 집중해야 한다. 그 과제는 전달 시스템을 재고해서 매체 선정하기, 교수 프로그램의 구성요소 결정하기, 기존 교수 프로그램 검토하기와 새로운 교수 프로그램 개발하기 등이다.

전달 시스템과 매체 선정

교수 설계 과정의 이 단계에 와서, 학습 내용의 묶기와 계열화, 학습 구성요소, 학습자 집단 구성, 잠정적 매체 선정을 포함하여 전달 시스템도 가시화되었고, 교수 전략도 개발되었다. 전달 시스템이 잠정적으로 결정되어 있다면, 설계자의 선택 범위는 제한적일 뿐만 아니라 이미 결정된 매체가 그대로 선정될 것이다. 그러나 만약 매체 형식이나 이상적 전달 시스템의 선정에 특별한 제한이 없다면, 교수 프로그램을 개발하는 동안 구체적인 내용이 바뀔 가능성이 높다. 이론적으로 최선의 방법을 선택했다고 하더라도 교수 프로그램 개발 과정에서 자연스럽게 현실적인 제약을 검토해야 한다는 것이 여기에서의 요점이다. 즉, 다소의 갈등이 있을 수 있지만, 학습 환경에 맞는 실행 가능한 프로그램으로 다협할 수밖에 없다. (1) 기존 교수 프로그램의 이용 가능성, (2) 프로그램의 개발과 실행에 대한 제약, (3) 교수 프로그램의 실행 중에 필요한 교사 개입의 정도 등이 매체와 전달 시스템의 선정에 영향을 미칠 수 있는 세 가지 요소이다.

기존 교수 프로그램의 이용 가능성　때때로 기존의 교수 프로그램이 개발 및 보급 과정에서 매력이 있는 대안으로 나올 수 있다. 이미 나와 있는 교수 프로그램이 하나의 레슨에서 단순한 동기 유발적 요소로 또는 전체 코스나 교육과정으로 대체될 수도 있다. 리더십 훈련 프로그램에 대한 설계의 예를 다시 보자. 9장에서 웹 기반 전달 시스템으로 결정했지만,

이 내용을 가르치는 프로그램들을 검토해 보았더니, 전문대 컨소시엄이 개발한 집단 리더십 기능에 대한 교육용 텔레비전 시리즈가 현재 이 설계팀이 설계한 내용에 잘 맞아떨어진다고 하자. 복사해서 배포하는 것이 금지되어 있지 않을 경우라면, 필요한 사용 허가를 받은 다음, 적합한 동영상 부분을 발췌하여 웹 기반으로 디지털화할 수 있을 것이다.

프로그램의 개발과 실행에 대한 제약 비싸 보이는 매체 형태와 전달 시스템은 실제로도 돈이 많이 든다. 비용을 아끼기 위해 프로그램 중에 돈이 많이 들 수 있는 부분을 생략하더라도 학습 성과에는 큰 영향을 주지 않지만, 학습자들의 동기 유발을 위한 부분이나 프로그램의 권위에는 영향을 미칠 수 있다. 복잡한 매체 개발 경험이 없는 초보 설계자들은 시중에 판매되고 있는 프로그램 개발 비용을 상당히 과소평가하는 경우가 종종 있는데, 이들은 자체 개발을 위한 역량, 필요 설비, 시간도 마찬가지로 과소평가한다. 가끔 프로그램 개발이 종료된 이후에, 프로그램의 복사, 배부, 유지를 위한 비용이 예상하지 못한 개발 비용과 마찬가지로 감당하기 어려운 처지에 놓일 수 있다. 학습 상황을 분석하는 동안 꾸준한 노력을 통해 이와 같은 제약사항을 예상하여, 교수 프로그램 개발 단계로 들어설 때 개방적이고 유연한 관점을 유지하는 것은 필수적이다. 이런 곤경에 처했을 때, 최선의 전략은 복잡한 매체를 고집하여 조잡한 프로그램을 만드는 것보다는 오히려 단순한 형태의 매체를 선택해서 잘 만들어 내는 것이다. 리더십 훈련 사례를 다시 사용해 보면, 양질의 인터넷 기반의 동영상 이용이 확실히 불가능하다면, 아마추어 수준의 동영상보다는 인터넷 전달용의 파워포인트 프레젠테이션으로 수준을 낮추는 것이 차라리 낫다.

교사 개입의 양 앞서 교수 프로그램의 전달에 있어서 설계자의 역할을 알아볼 때, 설계자가 교사의 역할을 해야 할 경우 그가 수업에서 개입해야 하는 수준이 다양할 수 있음을 지적한 바 있다. 교사 개입의 다양한 수준에 대한 논의는 이 러닝 설계와 개발에서도 적용될 수 있다. 새로운 기술의 채택 문제에 있어서 일차적으로 우리는 편안하게 느끼는 이제까지 익숙해진 기술의 특성들을 보통 반복하려고 한다. 그래서 교육용 TV, 웹, 학습 관리 시스템(LMS)을 이용하여 원거리에 학습 내용을 전달하려고 한다. 그러면서 우리가 아주 익숙한 교실에서 강의하던 방식을 그대로 옮겨 놓으려고 한다. 교사의 개입(instructor's facilitation)은 면대면이거나 원격으로 만나는 것과 무관하게 교사나 학생들이 똑같이 선호하는 교실 수업에서 특별한 속성이다. 나중에 교사의 개입이 면대면 교수 프로그램의 개발에 어떻게 영향을 주는지를 논의하겠지만, 여기에서는 원격 학습 전달 시스템에 어떤 영향을 주는지 살펴보자. 교육의 질과 생산성 간의 교육 철학과 팽팽한 긴장에 따라서 원격 학습의 실제에서 교사의 개입 수준은 달라진다.

표 10.2는 원격 학습 전달 시스템을 위한 프로그램 개발을 할 때 직면하는 몇 가지 문제를 보여 주고 있다. 8장에서 다루었던 Moore와 Kearsley의 *상호작용적 거리(transactional distance)* 이론(교육 상황에서 교사와 학습자 간의 인지적 공간에 대한 이론)을 다시 생각해 보자. 이 이론에 따르면, 이 강의실(e-classroom)에서 상호작용(대화)의 수준이 높아지면 학습자의 경험과 집단 소속감에 대한 학습자의 인식감을 촉진할 수 있다고 한다.

이 대화의 대부분은 동시적, 비동시적 온라인 토론과 피드백을 제공하는 연습 활동에

표 10.2 ┃ 원격 학습 모형에서 교사 개입의 수준

	이 강의실 모형 (e-Classroom Model)	이 강의 모형 (e-Lecture Model)	이 완성 모형 (e-Complete Model)
전달 시스템	웹, 쌍방향 상호작용 TV, 동영상 컨퍼런싱	웹, 방송 TV	웹, 컴퓨터 기반 훈련
목적	교실 수업을 모사한다.	대형 강연을 모사한다.	교실 강의를 대체한다.
교사의 개입	교사 중심. 교사의 적극적인 참여에 의해 학습이 촉진된다.	교사 중심일 수도 있고, 학습 프로그램 중심일 수도 있다. 다양한 인력(사감, 학습센터 직원, 조교, 강사, 튜터)들에 의해 학습이 촉진된다.	학습 프로그램과 소프트웨어 중심. 소프트웨어의 도움을 받는 개별 학습
학습자	모두가 독립적인 학습자에게 적합	어느 정도 독립적인 학습자에게 적합	대단히 독립적인 학습자에게 적합
책무성	학생의 학습 성과 코스에 대한 학생들의 태도 교사에 대한 학생들의 강의 평가	학생의 학습 성과 코스에 대한 학생들의 태도 교사와 다양한 인력에 대한 학생들의 평정	학생의 학습 성과 코스에 대한 학생들의 태도 학생들의 직무 수행에 대한 감독자의 평정
클래스 규모의 축소 가능성 (scalability), 학생당 경	축소하기가 제한됨. 높은 학생당 경비, 학생 수가 늘어나면 그만큼 교사를 채용해야 한다.	다소 축소 가능성이 있고, 중, 상 정도의 학생당 경비가 든다.	축소 가능성이 있고, 개발경비를 상환하기 위해 대상 학습자 수를 조정하면 학생당 경비가 조정될 수 있다.
개발과 실행	기술적인 시설 인프라가 준비되어 있으면 낮은 초기 비용으로 가능하다. 교사들의 도움 없이도 개발하여 운영할 수 있다.	매체와 프로그램의 특성에 따라 초기 경비가 증감된다. 개발팀이 필요할 수 있고, 퍼실리테이터 망이 필요할 수 있다.	프로그램 개발과 평가를 위해 높은 초기 비용이 필요하다. 개발 팀이 필요하지만 프로그램 실행이 되고 나면, 주된 관리 업무는 유지보수와 책무성에 대한 것이다.
전형적 사용자	모든 교육, 훈련 기관	영국 개방대학(Open Univ.)이 모범 사례이고, MOOCs로 공부할 수 있는 이 대학(e-univ.)이 학위(e-certificate) 과정	주로 기업, 군, 정부 훈련 기관, 공립학교와 대학에서는 제한적으로 활용

서의 교사 참여로서, 이런 방식의 대화에서 교사와 그 코스는 학생들에게 긍정적인 평가를 받고 있다. 이 강의실 모형(e-classroom model)은 원격 학습에서 재현하려는 강의실 수업의 한 특징이다. 토론과 피드백을 교사가 제공하게 하면, 초기 프로그램 개발 비용은 낮지만, 개별 학생당 경비는 높아지고, 교사에게 부담을 주지 않거나 다른 강사, 수업 조교, 혹은 지원 인력을 고용하지 않고서는 코스당 인원수를 줄일 수가 없다. 이 강의 홀 모형(e-lecture-hall model)은 교사의 비용을 줄이기 위해 교수 프로그램의 실행에 다양한 인력이 참여하는 것을 특징으로 하지만, 대규모의 학생 집단의 요구를 수용하기 위해 개별화된 코스를 유지하고 있다. 그러나 학생당 비용은 인사 및 관리 비용 때문에 여전히 높을 수 있다. 이 모형에 속하는 가장 주목할 만한 곳은 피닉스 대학(University of Phoenix)인데, 이제 이 대학은 미국에서 가장 대규모의 대학이라고 주장한다.

이 강의실(e-classroom)과 이 강의 홀(e-lecture-hall) 모형을 운영하는 사람들은 교사-학생 간 의사소통 방식에서 학생-학생 간 의사소통 방식으로 전환하면서 교수 프로그램 운영자들의 부담을 받지 않고 개설하고 있는 코스에서 높은 상호작용 수준을 유지하기 위한 혁신적인 전략을 추진하고 있다. 이런 방식은 동료들 간의 연습과 피드백 활동이나, 실제 직무 상황으로의 전이에 초점을 둔 소집단 토론을 위해서는 대단히 효과적이다. 또한 이 공간(e-space)이 소집단 프로젝트와 문제 해결 상호작용을 위해서도 효과적이다. 최근에는 소셜 미디어와 모바일 장치를 사용하기 쉬워져서 장소와 시간에 구애를 받지 않고 이 러닝을 통한 도움이나 의사소통을 할 수 있게 되었다.

원격 학습을 위한 이 완성 모형(e-complete model)은 교사가 아니라 모든 교수 프로그램과 전달 시스템에 학습 활동 구성요소를 감당하게 함으로써 초기 개발 비용은 높지만, 학생당 경비를 줄이기 위해 수많은 학생들에게 학습 프로그램을 유통하게 해 준다. 이 모형에서는, 설계자가 교사의 개입을 다양화하여 원격 학습 프로그램 개발과 전달 비용을 선택할 수 있으면, 초기 전달 시스템과 매체 유형의 선택을 타협하는 경우가 많다.

교수적 전달에 있어서의 교사의 역할은 교수 프로그램을 선택하거나 개발하기 전에 결정되어야 한다.

이 강의실(e-classroom)과 이 강의 홀(e-lecture-hall) 모형은 최근 수적 성장을 하면서, 기대 이상으로 성공하고 있지만, 훈련과 개발 세계에서 이러닝의 성공에 대한 평가가 혼재되어 있다. 몇몇 훈련 전문가, 수행 컨설턴트들의 주장에 따르면, 면대면 수업 상황에서 교사들이 감당해 오던 학습 구성요소에 대한 심각한 고려 없이 교사 중심의 훈련(instructor-led training) 내용을 웹 기반 프로그램으로 전환했을 때 온라인 학습의 문제가 발생한다. 학습자 동기 유발하기, 선수 기능의 활성화 촉진하기, 교정적 피드백을 제공하는 연습 활동, 전이 촉진하기 등과 같은 구성요소는 이러닝에서는 배제될 수 있다. 이런 형편에 대처할 수 있는 방법은 온라인 환경에 교사들을 출현시키는 것이며, 또 다른 방법은 자기 주도적 온라인 학습과 면대면 수업 혹은 집단 활동을 복합하는 **블렌디드 학습(blended Learning)**'이다. 블렌디드 학습은 그렇지 않으면 완전하게 온라인으로 될 수밖에 없는 '이 강의실'과 '이 강의 홀 모형 학습'의 성공적인 대안이 될 수 있지만, 연구 결과에 따르면, 성공은 학생들의 학습 성과의 증진보다는 코스의 구조와 협력에 대한 보다 긍정적인 지각에 있다고 한다(Lim & Yoon, 2008). 매체 혹은 전달 시스템과는 별도로, 교수 프로그램을 개발하는 데 설계자가 가지고 있어야 하는 기초는 교수 전략 개발을 통해 구체화해 둔 학습 구성요소여야만 한다.

교수 프로그램 패키지(Instructional Package)[2]의 구성요소

전달 시스템과 매체 선정을 심사숙고해서 결정했다면, 마침내 이미 개발되어 있는 교수 프로그램 중에서 선택을 하거나 설계자가 새로운 프로그램을 개발하거나 어떻게 개발해 달라고 다른 사람에게 의뢰하기 위한 명세서를 작성할 것인지를 결정해야 할 순간이 되었다. 이런 결정을 실행하기 전에, 여기서 *패키지*라는 말은 모든 형태의 교수 프로그램을 포함하는 것이라는 점에 주목하면서, 교수 프로그램 패키지는 다음에서 제시하고 있는 여러 가지 구성요소들로 이루어짐을 알고 있어야 한다.

교수 프로그램(instructional materials) 교수 프로그램은 인쇄매체, 웹 기반, 혹은 교사의 개입이 중심이든 그 형태와는 무관하게 학생들이 학습 목표를 성취하기 위해 사용할 내용을 포함하고 있어야 한다. 뿐만 아니라 주요 목표와 최종 목표를 위한 내용과 함께, 파지와 실제 수행 상황으로의 전이를 위한 내용까지 포함해야 한다. **교수 프로그램**은 확정한 교수 목표의 학습을 위해 사용할 수 있으며 이미 개발되어 있어서 교수 프로그램에 포함할 자료는 물론, 새롭게 개발할 내용을 말한다. 또한 학습자가 그 프로그램을 사용하여 혼자 학습하는 데 필요한 정보도 포함한다. 이와 같은 학생 안내를 만들 수 있는 템플릿은 현재 Blackboard와 같은 상업용 웹 기반 온라인 코스 운영 포탈 사이트를 활용할 수 있다. 학생 워크북, 활동 지침서, 문제 시나리오, 컴퓨터 시뮬레이션, 사례 연구, 자원 목록, 그리고 그

---

2) 역주: 이 책에서 학습자에게 제공될 교수 학습 프로그램을 지칭하는 용어가 다양하게 사용되고 있다. 즉, 'instruction', 'instructional materials', 'instructional package', 'the materials', 'the program' 등으로 사용되고 있다. 여기에서는 'instructional materials', 평가 도구, '코스 관리 정보'까지를 포함한 것을 'instructional package'로 표현하고 있다. 다소 혼동할 수 있지만 마땅한 표현을 찾기가 어려워서 '교수 프로그램 패키지', '교수 프로그램'으로 통일하여 사용한다.

밖의 자료들도 교수 프로그램의 부분이 될 수 있다.

평가 모든 교수 프로그램에는 객관적 검사나 성과물 평기, 실행 평가는 물론, 사전검사 및 사후검사 모두가 포함되어야 한다. 연습 검사(embedded tests)는 프로그램에 포함시킬 수는 있지만, 사전, 사후검사를 학생들에게 미리 공개하고 싶지 않아서 교사 혹은 교육 운영자의 지침서에 포함시키기를 선호한다면, 교수 프로그램의 별개의 구성요소로 사전, 사후검사를 포함시키지 않을 수도 있다. 그러나 최소한 교수 프로그램 패키지를 사용하기 위해 필요한 사후검사를 비롯하여 다른 평가 자료를 포함시키지 않는다면 완전한 패키지라고 할 수 없다.

코스 운영 정보(course management information) 교수 프로그램의 개요와 학생들이 그 개요를 전체 학습의 과정에 어떻게 이용할 수 있을지를 보여 주는 전체 패키지에 대해 일반적인 정보를 제공해 주는 **교사 혹은 교육 운영자용 안내서(instructor's manual)**가 있다. 또한 안내서에는 코스를 운영하는 데 중요하다고 생각되는 다른 정보와 검사들을 포함시켜야 한다. 상용 인터넷 기반의 교수 운영 시스템에서 제공하는 학생 안내 템플릿과 함께, 자동화 출석부, 학생 트래킹, 온라인 평가, 프로젝트 모니터링, 성적부 등 다양한 의사소통 및 메시지를 주고받을 수 있는 도구를 포함하고 있는 교사 혹은 교육 운영자용 코스 운영 지원 장치가 있다. 학습자 혼자서 학습할 수 있는 프로그램에는 그 코스를 위한 교사가 없기 때문에 교사용 안내서가 학생과 특정 시스템 운영을 위한 코스 운영 안내가 된다. 코스 운영 정보를 교사나 코스 운영자가 쉽게 이용할 수 있도록 관심을 갖고 개발해야 하고, 검사 도구나 교수 프로그램과 마찬가지로 형성 평가를 해야 한다.

구성주의적 학습 환경(CLE) 요소가 포함된 프로그램의 코스 운영 정보에는 훈련 대상 기관의 요구, 학습 목표와 학습자의 능력과 동기 유발의 측면에서 이 환경의 적합성, 실무 수행과 학습 상황, 이 환경을 지원하기 위해 필요한 자원(예, 하이퍼텍스트, 지식 데이터베이스, 숙련된 튜터, 시간, 인력, 시설, 도구, 예산) 등을 포함시켜야 한다. 이 학습 환경은 상황에 따라서 상당히 변경 가능하며, 미리 계획하기보다는 학습이 진행되는 중에도 진화될 수 있기 때문에 그 정보들을 활용할 때는 주의가 필요하다.

기존 교수 프로그램 선정

다음 단계는 우리가 정한 목표를 학습할 수 있는 이미 개발되어 있는 프로그램이 있는지를 알아보는 것이다. 어떤 내용 영역에는 우리가 염두에 두고 있는 대상 학습자 집단을 위해 개발된 것은 아니지만 얼핏 보거나 자세하게 검토해 보아도 이용할 수 있는 수많은 프로그램이 있을 수 있다. 전체는 아니지만 적어도 부분적으로 우리의 요구를 만족시켜 줄 수 있는 프로그램을 종종 찾을 수 있다. 동영상이나 멀티미디어가 포함된 프로그램의 개발 비용을 생각해 보면, 우리의 요구를 충족시켜 줄 수 있는 프로그램을 찾는 데 몇 시간의 투자는 충분히 그럴 만한 가치가 있다.

기존 프로그램들 중에서 필요한 프로그램의 선정을 도와주기 위해 최근에 개발된 것이 '**SCORM(Shareable Content Object Reference Model)**'인데, 이것은 학습 객체의 재사용을 위한 이러닝 표준이다. 학습 객체(*learning object*)는 전통적인 표현을 빌린다면, 하나의 교수 전략을 위해 학습 구성요소로 표현된 학습 내용을 포함하고 있는 일종의 레슨 혹은 모듈이라고 할 수 있다. 학습 객체라는 개념은 'Java, C++, Visual Basic'과 같은 객체지향 컴퓨터 프로그래밍 언어에서 가져온 것으로, 여기에서 하나의 작은 스크롤바 혹은 드롭다운 바와 같은 객체를 디지털 라이브러리에서 가져와서 프로그램에 그것을 플러그 인시키는 데 사용하던 개념이다. '*Educational Technology Magazine*'(2006)에서 학습 객체에 대한 문제를 특별호로 다룬 적이 있는데, Churchill(2007)은 학습 객체의 클래스에 대한 문제를 다루었다. 'SCORM' 방식대로 학습 객체를 개발했다면, 그 객체는 'SCORM' 방식의 학습 프로그램 코스 'shell'에 '넣을(dropped)' 수가 있으며, 이 'shell'은 그 학습 객체를 본래 프로그램의 한 부분처럼 표현(display)할 수 있어서 그 객체를 이용해서 학습자를 추적하거나 관리할 수 있게 된다. 'SCORM' 이론은 같은 학습 목표를 가르치려는 각 훈련 기관의 교수 프로그램에 학습 객체를 보급함으로써 비용 절감을 실현하려고 한다. 예를 들어, 여러 회사에게 신입 사원들에게 401(k) 퇴직 계획에 대해 가르치고, 대부분의 대학교에서 학생들이 연구 논문을 작성하기 위해서 웹 페이지를 평가하고, 인용하는 방법을 가르치며, 모든 군대에서는 헌병들에게 일반적인 전술 절차를 가르친다. 'SCORM' 표준의 매력적인 점은 조지아 공대의 물리학부 컴퓨터에 있는 코스 셸의 학습 객체가 영국 캠브리지 대학의 어느 단과대 컴퓨터 안에 있을 수 있어서 가상으로 교환이 가능하다는 것이다. 'SCORM'의 개념은 상당히 신뢰할 만하지만, 현재 학습 객체의 공유는 실제로 이론을 따라가지 못하고 있다(Bush, Walker, & Sorensen, 2011). 그러나 이미 개발되어 있는 프로그램의 선정과 활용의 한 방법으로서 학습 객체의 인기가 점차 높아지고 있다. 상호작용적인 학습 객체의 예와 그 예의 활용 방법에 대한 정보는 Churchill의 학습 객체 사이트에서 얻을 수 있다(www.learnactivity.com/lo). Churchill은 휴대용 컴퓨터 장비에서 학습 객체를 이용하는 방법도 제시하고 있다.

7장에서 소개한 목적 중심, 학습자 중심, 상황 중심 준거를 이용하여 이미 나와 있는 교육 프로그램의 평가 계획을 세울 수 있다. 여기에서는 학습 중심 및 기술적 준거를 추가해서 살펴보려고 한다.

기존 교수 프로그램 평가를 위한 목표 중심 준거 목표 중심 준거는 교수 프로그램의 내용에 주목하려는 것으로, 우리가 설계한 교수 목표 분석표를 이용하여 이미 나와 있는 교수 프로그램들 중에서 어느 것을 수용할 것인지를 결정하려는 것이다. 여기에서의 구체적인 준거는 (1) 나와 있는 프로그램의 내용과 우리가 정한 최종 목표와 수행 목표 간의 일관성, (2) 내용 범위의 적합성과 무결점, (3) 권위, (4) 정확성, (5) 최신성, (6) 객관성 등이다.

기존 교수 프로그램 평가를 위한 학습자 중심 준거 학습자 분석 결과가 이미 나와 있는 교수 프로그램이 대상 집단에게 적합한지를 고려하는 데 필요한 정보가 된다. 구체적 **학습자 중심 준거**는 교수 프로그램이 가지고 있는 (1) 어휘 및 언어 수준, (2) 학습자들의 발달, 동기 유발, 흥미 수준, (3) 학습자들의 배경과 경험, (4) 특별한 언어와 기타 요구 등이 적합한지를 살펴보아야 한다. 학습자 중심의 다른 중요한 준거는 교수 프로그램에서 사용하고 있는 교수 방법의 다양성과 성, 문화, 연령, 인종 및 다른 형태의 편견 여부이다. 이용 가능한 교수 프로그램인지 판단하기 위해 이 준거를 사용하면 우리가 정한 대상 학습자 집단에 적합한지를 결정하는 데 도움이 될 것이다.

기존 교수 프로그램 평가를 위한 학습 중심 준거 우리가 계획해 둔 교수 전략을 이용하여 기존의 교수 프로그램이 현재 상태로 적절한지 또는 사용하기 전에 변경하거나 개선해야 하는지를 결정할 수 있다. 교수 프로그램을 결정할 때는 다음을 평가해야 한다. (1) 수행 목표, 동기 유발을 위한 내용/활동, 선수 기능 등과 같은 사전 교수 활동이 포함되어 있는가, (2) 학습자의 능력에 맞출 수 있고, 흠이 없는 최신 내용들이 올바른 순서(sequencing)로 제시되어 있는가, (3) 학습자 활동과 일관된 연습 활동이 포함되어 있는가, (4) 적절한 피드백이 있는가, (5) 적절한 평가가 가능한가, (6) 기억과 전이를 증진시키기 위한 적절한 후속 활동 안내가 있는가, (7) 학습자들이 하나의 활동을 하다가 다음 활동으로 옮겨 갈 수 있는 적절한 학습 안내가 있는가에 관한 내용을 평가해야 한다. 각 부분에 대한 평가는 설계한 교수 전략을 사용하여 평가해야 한다. 이미 나와 있는 프로그램의 여러 부분들을 재조합하여 하나의 새로운 프로그램을 완성하는 것도 가능하다. 기존 프로그램에 동기 유발이나 선수 학습 기능과 같은 필요한 학습 구성요소가 빠져 있다면 누락된 부분을 보충해서 사용할 수 있는 프로그램으로 각색하는 것이 경제적이다. 평가 문항과 교육 운영자를 위한 지침서를 다시 작성해서 이미 있는 교수 프로그램을 '완성'하는 것 또한 일리가 있다.

기존 교수 프로그램 평가를 위한 상황 중심 준거 우리가 해 둔 학습 상황과 수행 상황 분석 결과를 이용하여 이미 나와 있는 프로그램이 우리가 계획하고 있는 학습 상황과 수행 상황에 적합한지를 판단할 수 있다. **상황 중심 준거**는 우리가 계획하고 있는 학습자와 상황에 이미 나와 있는 프로그램이 실재성을 가지고 있는가와 우리의 예산과 환경을 고려해볼 때 그 프로그램의 실행 가능성을 얼마나 갖고 있는가를 타진해 보는 데 이용할 수 있다.

기존 교수 프로그램 평가를 위한 기술적 준거 (1) 학습 목표와 학습 환경에 적합한 전달 시스템과 매체 유형, (2) 포장, (3) 그래픽 디자인과 인쇄 상태, (4) 내구성, (5) 가독성(legibility), (6) 음성과 동영상의 질, (7) 인터페이스 디자인, 내비게이션, 기능성 등과 관련된 준거에 따라서 프로그램의 적합성을 판단해야 한다.

　적합한 프로그램을 찾았다면, 전달 시스템, 매체, 교수 프로그램 패키지의 구성요소 등에 대해 우리가 이미 내린 결정을 변경할 수 있다. 우리가 계획한 교수 전략에 알맞은 교수 프로그램을 찾지 못했을 경우에는 교수 프로그램을 개발할 수밖에 없다. 설계자와 매체 개발 전문가는 계획한 교수 전략을 나중에 형성 평가를 통해 수정해 나갈 교수 프로그램으로 어떻게 구현할 것인지에 대한 상세한 계획을 세워야 한다.

교수 프로그램과 형성 평가

교수 프로그램의 초안 우리는 논문의 초안을 작성하여 상당한 수정을 거친 후에야 최종 형태로 완성해 보았기 때문에 초안(rough draft)의 의미를 잘 알 것이다. 초안은 교수 프로그램에 적용될 때 같은 의미이기는 하지만, 보다 간단하고 저렴하며 대체할 수 있는 매체 형태로 개발한다는 의미를 추가할 수 있다.

　교수 프로그램의 초안을 만드는 목적은 최종 프로그램의 개발에 지침이 될 수 있는 것을 만들어서, 내용 전문가, 학습자들에게 형성 평가를 위해서 시험 적용해 볼 수 있는 프로그램을 가장 단시간에 적은 비용으로 만들어 보는 데 있다. 이는 교수 프로그램에 있을 수 있는 어떤 문제점을 파악했을 때 바로 수정하면 막대한 시간과 비용을 들이지 않을 것이라는 생각에서 나왔다. 이 책 전반에서 제시하고 있는 설계 모형에는 '교수 프로그램의 수정'이라는 피드백 선이 있는데, 이제 교수 프로그램의 초안이 그 수정 과정을 거칠 단계에 오게 되었다.

　이 시점에서 고민거리는 "우리가 세운 계획이나 교수 프로그램을 초안을 가지고 효과적인지를 어떻게 잘 판단할 수 있는가"라는 문제이다. 다양한 매체 형태를 활용한 학습에 대한 연구 결과에 의하면, 지식과 기능 숙달에 있어서 초안과 완성본 간에 별 차이가 없다고 한다. 예를 들어, 학생은 동영상을 보고 학습한 것만큼을 스토리보드 카드를 보면서 읽어 주는 것을 들으면서 학습한다. 예상할 수 있듯이, 초안으로 학습할 때의 태도 내지는 동

표 10.3 | 초안 방식의 예

최종 매체가 다음 중 하나라면	가능한 초안의 예
일러스트레이션 텍스트	워드 프로세스 문서, 수작업 혹은 클립아트 일러스트레이션이 포함된 초안 노트
열처리된 책	8½ × 11인치 카드
활동 센터와 학습 센터	최종판은 마멸을 견딜 수 있어야 하는 다소 허술한 프로그램의 버전
파워포인트와 같은 프레젠테이션 그래픽 프로그램	이 프로그램은 친사용자용이라서 그리기 도구를 사용하거나 클립아트를 사용하여 프레젠테이션 프로그램에서 직접 초안 프로그램을 만들기가 가장 쉽다.
동영상	SLR 디지털 동영상이나 컴퓨터 동영상 편집 프로그램을 이용해서 형성 평가를 위한 시험 적용용의 값싼 초안 프로그램을 녹화하고 AVI 혹은 QuickTime 포맷으로 편집을 할 수 있지만, 스크립트 노트가 있는 수작업 스토리보드를 이용할 수 있다.
웹 기반 멀티미디어 학습	위와 동일(모든 프로그램들은 웹 접근을 위해 가져올 수 있다.)

기적 효과는 다르겠지만, 초안에 대한 시험 적용은 복잡하고 비싼 매체의 형성 평가에 사용될 것이다. 개발자는 어린이들이 나중에 영화나 동영상으로 개발될 등장인물들을 좋아하고 알아차릴 수 있는지를 판단하기 위해 삽화가 만들었던 작품이나 컴퓨터로 만든 제작품을 심지어 사용해 보기도 한다. 표 10.3은 몇 개의 매체 형태에 대한 초안의 예이다. 제시된 초안 형태를 살펴볼 때는, 초안의 목적이 형성 평가를 염두에 두고 신속하고 저렴하게 개발되었음을 명심해야 한다.

심지어 멀티미디어 개발 능력이 출중한 전문가도 최종적으로 다 만들면 어떤 작품이 만들어질 것인지를 생각하면서 나중에 수정할 것을 염두에 두고(형성 평가) 초안 수준의 프로그램을 만드는 데 상당한 시간을 보낸다. 상당한 수준의 워드 프로세스 능력을 가지고 있는 사람들도 짧은 시간 안에 글자로만 된 초안을 만들고 나서, 사진이나 그래픽을 그려서 나중에 그것을 삽입한다. 그리고 우리의 대다수는 'PowerPoint' 혹은 다른 간단한 프레젠테이션 소프트웨어를 배웠을 텐데, 여기에서도 다양한 내용과 학습자들을 위한 텍스트 설계와 매체 형태의 예를 경험했을 것이다. 우리가 'PowerPoint'로 프로그램 개발을 시작했다면, 멀티미디어 저작 프로그램에서 'PowerPoint'로 만든 내용을 불러올 수 있고, 최종 프로그램에 포함시킬 속성이나 기능을 추가해서, 이렇게 만든 내용을 HTML로 저장할 것이다. Broderbund의 'Print Shop Professional'과 마이크로소프트의 'Publisher'와 같은 사용자에게 편리한 출판 애플리케이션의 템플릿을 이용해서 보기 좋은 텍스트를 쉽게 만들 수 있다.

대단한 중재형 멀티미디어 개발보다는 단순한 매체나 일러스트레이션 텍스트로도 학습자의 주의를 학습 내용 전체에 집중시킬 수 있다. 다시 말하면, 얼마든지 효과적인 교수 프로그램의 설계, 개발, 타당화가 간단한 노력으로 가능하다는 의미이다. 이 장에서 프로그램 개발의 목적은 대상 학습자들에게 형성 평가를 위한 시험 적용을 할 수 있는 정도의 초안만을 개발하는 것이다. 일러스트레이션 텍스트나 단순한 매체로 프로그램을 개발하는 것은 형성 평가를 해 보기에 쉬운 것을 만들어서 사용하고자 하는 것이라서, 여기에서는 개발의 변수보다는 오히려 학습의 성과에 주목하고자 하는 것이다.

래피드 프로토타이핑 멀티미디어 제작에 경험이 있는 사람은 누구나 복잡한 컴퓨터 기반 교수 프로그램을 개발하고 검사하는 데 얼마나 시간과 노력을 필요로 하는지를 안다. 형성 평가를 위해 프로그램 개발을 "여러 번 해야 한다"고 생각하면 절망적으로 느껴질 수 있지만, **래피드 프로토타이핑(rapid prototyping)**이라는 이 과정은 교수 프로그램 개발 과정에서 정확하게 이루어져야 한다. 이 개념은 설계 계획(design specifications)이 그대로 실현되는지를 알아보기 위해 나무나 플라스틱을 이용해서 물리적 프로토타입을 만들던 것을 'CAD(Computer-Aided Design)' 기술을 이용하여 3D 컴퓨터 모형으로 재현해 보는 기술에서 가져온 것이다. 많은 학습 환경에서 기술과 훈련에 대한 요구 조건이 매우 빨리 변화하기 때문에 교수 설계자는 교수 설계에 대한 전통적 방식의 몇 가지는 재고할 필요가 있다. 래피드 프로토타이핑의 첫째 전략은 교수 설계 모형의 초기 분석 단계들을 가볍게 시작한 다음에 바로 교수 프로그램 프로토타입을 개발하고, 교수 프로그램의 최종판을 완성하기 위해 형성 평가와 수정의 순환적 주기를 빨리 시작하는 것이다. 래피드 프로토타이핑은 정보에 근거한(informed) 연속적인 근접화(approximations) 방식으로 생각할 수 있다. 이 개발 방법은 최종 산출물의 성공을 보장하기 위해 시험 적용 중에 수집된 정보에 절대적으로 의존하는 방식이다.

래피드 프로토타이핑의 둘째 전략은 설계와 개발의 동시 진행이다. 이는 교수 프로그램 초안이 개발되는 동안에도 많은 초기 분석 작업이 진행된다는 의미이다. 마치 본말이 전도된 것처럼 보이겠지만, 래피드 프로토타이핑이 주로 고도의 기술을 이용하는 환경이나 빨리 변하는 학습 환경에서 사용된다는 점을 생각해 보면 극히 당연한 것이다. 첨단기술적인 상품의 설계 기법을 훈련시키는 사람은 자신들이 그 기술을 이용하여 상품 개발을 해 보지 않고서는 중요한 설계 문제에 대한 답을 모를 것이라는 생각에 바탕을 두고 있다. 1장의 그림 1.2는 설계와 개발의 동시 진행을 보여 주고 있다. 팀이 함께 교수 설계 작업을 하는 상황에서, 만약 설계와 개발이 동시에 이루어질 수 있는 유리한 작업 방식이 실현될 수 있다면, 설계하는 사람과 교수 프로그램을 개발하는 사람들 간에 정확하고 지속적인 의사소통은 또 다른 프리미엄이다. Jones와 Richey(2000)는 래피드 프로토타이핑 방법론을 자세하게 다룬 흥미로운 사례 연구를 보고했다.

시험 적용을 위해 초안 수준의 교수 프로그램을 사용하는 개념이 사용자 인터페이스의 기능성, 프로그램 활동들의 흐름, 학습 프로그램에서의 학습자 내비게이션, 학습자의 학업 성취정도 등을 최대한 일찍 근접할 수 있는 기능에 강조를 둔다면 첨단기술 분야의 프로토타이핑 방법과 비슷한 설계 방법을 활용하고 있다고 할 수 있다. 이런 설계의 순환적 과정을 거친 다음에, 교수 프로그램이 최종 형태에 가까워지면, 최상의 동영상, 그래픽을 추가한다.

래피드 프로토타이핑은 상호작용적 컴퓨터, 인터넷 기반의 멀티미디어를 포함하는 대규모의 교수 개발 프로젝트에서는 매우 복잡해진다. 이렇게 하려면, 교수 설계의 여러 단계들과 프로그램 개발, 형성 평가가 동시에 이루어져야 한다. 예를 들면, 컴퓨터 기반 교수 프로그램을 개발해야 한다면, 어떤 부분을 설계하고 있는 중에 다른 부분이 이미 개발에 들어가 있는가 하면, 또 다른 내용은 겨우 프로토타입 검사 중일 수 있다. 교수 설계를 엄격한 선형적 과정으로 생각하기 쉽지만 그것은 잘못된 생각이다. 설계 및 개발 활동을 추적해 보면, 프로그램 설계와 개발 과정이 반복적인 순환 패턴의 과정을 보여 주기 때문이다.

교수 프로그램 개발 도구 및 자원 교수 프로그램을 개발할 때에는 단순한 워드프로세싱에서부터 학습 내용을 웹 기반으로 전환할 수 있는 다양한 미적, 기술적인 일련의 능력을 필요로 한다. 전형적인 교수 프로그램 계획 및 개발 도구를 알아보고, 그 능력을 개발하려면, 이 장의 마지막에 제시한 참고문헌을 보기 바란다. Smaldino, Lowther, Russell(2012)은 교수 프로그램 계획, 설계, 개발에 대한 안내와 팁과 함께 최근의 교수 매체 유형을 잘 요약하고 있다. 이 장의 끝에 있는 몇 개의 참고문헌에는 디지털 오디오, 동영상, 컴퓨터 혹은 인터넷 기반의 멀티미디어에 대해 다루고 있다. 기술의 발전이 너무 빨라서 제시한 내용들이 곧 구식이 될 수도 있다. 그러나 이런 형태의 유용한 정보를 얻을 수 있는 두 곳이 있다. 컴퓨터 가게, 서점, 인터넷 서점에서 구입할 수 있는 책에서 새롭게 출시된 애플리케이션 프로그램 프로그래밍, 저작 도구를 금방 배울 수 있는 매뉴얼이 그 하나의 소스이다. 다른 소스는 웹 자체이다. 컴퓨터 응용 프로그램이나 저작 도구에 대한 가장 최근의 정보를 찾으려면 다양한 방법으로 검색을 해 보면 될 것이다. 아니면 유즈넷 뉴스 그룹과 사용자 메일링 목록, 블로그, 회의, 웨비나(웹을 통한 세미나)에서 저자나 다른 사용자가 운영하는 인터넷 사이트를 찾을 수 있다.

예시

이 예제에서는 설계 작업을 잘하기 위해 교수 전략대로 교수 프로그램을 개발하는 단계들을 종합적으로 다루고 있다. 아웃라인을 따라서, 프로그램의 첫 초안을 개발하기 위한 하나의 안내로 교수 전략이 어떻게 사용되는지를 사례 연구를 통해 제시하려고 한다. 그 전략들은 학습자에게 동기 유발을 하고, 목표를 알려 주고, 각 목표별로 내용과 안내 (guidance)를 제시하고, 연습과 피드백을 제시하고, 검사와 기억 및 전이 전략을 실행하기 위해 우리의 프로그램을 작성해 가는 과정에서 항상 그 근거가 되어야 한다.

교수 프로그램 개발 단계

1. 각각의 레슨에 배정된 각 목표에 대한 교수 전략을 검토해 보자.
2. 학습 환경의 분석 결과와 프로그램 개발 중에 이용할 수 있는 자원에 대한 우리의 전제를 검토해 보자. 학습 내용을 제시하고, 연습과 피드백을 모니터하고, 평가를 하고, 학습자의 기억과 전이를 향상시키기 위해 선택한 전달 시스템과 매체를 재검토해 보자.
3. 교수 프로그램 패키지의 구성요소를 정하자.
4. 관련 참고문헌을 조사하고, 어떤 교수 프로그램이 이미 나와 있는지를 내용 전문가에게 문의하자.
5. 이미 나와 있는 교수 프로그램을 채택해서 수정할 것인지를 고려하자.
6. 새롭게 교수 프로그램을 개발해야 하는지를 결정한다. 새로운 프로그램을 개발해야 한다면 단계 7로 넘어가고, 아니면 교수 전략을 기초로 하여 이미 나와 있는 교수 프로그램을 재조직하고 수정을 시작하자.
7. 학습자 분석 결과를 검토한다. 각 레슨마다 교사의 역할을 고려하여 개별화(self-paced), 집단별, 아니면 두 가지를 혼합한 형태로 갈 것인지를 결정하자.
8. 교수 전략에 기초하여 초안 형태의 교수 프로그램을 계획하고 작성하자. 첫 시도에서 간단한 선 그림이나 스케치가 학습 내용에 생명을 불어넣는 것을 보고 놀랄 것이다. 이 초안 형태의 인쇄물, 시각 혹은 청각적 교수 프로그램을 가지고 내용의 계열, 내용의 흐름, 내용 표현의 정확성, 완전성, 속도 등을 검토해야 한다. 프로그램의 초안을 최대한 완성하는 것은 각각의 교수 활동을 위해 필요한 일이다.
9. 완성된 레슨의 내용이 명확하고 흐름이 자연스러운지를 검토하자.
10. 하나의 완성된 프로그램을 참고로 하여, 필요한 활동을 통해 학습자들을 가르치기

위한 다른 프로그램들을 작성하자.

11. 저렴하게 초안으로 개발된 교수 프로그램을 평가해 보자. 11장에서는 교수 프로그램의 평가와 수정 절차에 대해 다룰 것이다.

12. 교수 프로그램을 실행하고 학습 내용 제시와 활동을 수정하면서 필요한 내용을 기록해 두었다가 나중에 교육 운영용 안내서를 작성하는 데 참고할 수 있다.

초안 교수 프로그램 개발의 예를 제시하는 최선의 방법은 사례 연구를 검토하면서, 8, 9장에서 다루었던 교수 전략 계획이 어떻게 교수 프로그램으로 전환되었는지를 보는 것이다.

사례 연구: 집단 리더십 훈련

집단 리더십 단원(unit)의 몇몇 교수 전략을 사용하여 프로그램을 개발한 예이다. 수행 목표들 중에서 목표 6.3.1 "구성원들의 협조를 장려하고 저해하는 전략 분류하기"와 목표 6.4.1 "구성원들의 협조를 장려하고 저해하는 전략 진술하기"를 선택했다. 세션 10에 포함된 목표의 전체 목록은 표 9.8에 나와 있다.

예시로 제시한 모든 프로그램 내용은 인터넷 기반의 원격 교육용으로 학습자 혼자서 학습할 수 있다. 학습자들은 "모의 문제 해결 회의에서 집단 구성원들과 협조적 행동을 촉진하는 집단의 리더로 활동하기" 목표 6.5.1과 관련된 상호작용적 회의 참석이나 상호작용적 리더십이 필요한 경우에만 다른 학습자들과 만나야 한다.

초안 교수 프로그램 개발에 해당되는 이 사례에서의 전제는, 교수 설계자가 개발 전문가와 공동으로 개발해야 할 책임을 공유한다는 점이다. 교수 설계자는 교수 전략대로 웹 기반 교수 프로그램의 내용을 상세화하고, 웹 페이지에 올릴 내용 원고를 작성한다. 개발 전문가는 사례에서의 어떤 목표에 대한 원고의 내용을 가지고, 만화 주인공과 말풍선을 이용하여 만화책과 같은 웹 페이지를 만들어 보려고 한다. 다음 사례에서는 교수 전략의 각 구성요소를 제시할 때마다 어떤 형태의 중재(이해를 돕기 위한 끼어들기) 코멘트가 포함될 것이다. 이 사례에서 웹 기반 프로그램으로 표현된 학습 내용은 방송용 텔레비전과 DVD에 담긴 연습책과 일러스트레이션 텍스트, 전통적인 교실 수업과 역할 해 보기 혹은 다른 전달 시스템을 이용한 것과 동일한 학습 효과가 있다고 하는 점에 주목할 필요가 있다. 그러나 집단 리더십 역량에 대한 전체 프로그램을 위해 선택한 전달 시스템은 학습자들이 관찰할 수 있고, 적응적 피드백을 받으면서 소집단 상호작용에 참여할 수 있는 기회를 보장해 주어야 한다.

사전 교수 활동

사전 교수 활동의 제시 이 세션에서의 웹 기반 교수 프로그램 처방들은 웹 기반 교수 프로그램에 담을 웹 프레젠테이션 원고(scripts)와 함께 비교적 저렴한 그래픽과 다양한 색상을 활용한 자료들이다. 이 내용은 학습자들의 동기와 흥미 유발을 자극하기 위한 것이다.

동기 유발 내용과 세션의 교수 목표 표 10.4는 교수 설계자가 작성한 동기 유발과 세션 목표의 예이다(이 내용에 대한 교수 전략은 표 9.6에 있다). 표에서 왼쪽 열은 교수 전략에서의 구체적인 학습 구성요소이고, 오른쪽 열은 교수 내용인데, 이는 내용과 교수 전략 간의 관계를 쉽게 이해하도록 하기 위한 것이다.(왼쪽 열의 세션 내용은 나중의 실제 교수 프로그램에는 생략될 것이다.)

그림 10.1은 그래픽과 만화책 방식으로 제시된 등장인물이 사전 교수 활동에 대한 원고 내용을 웹 기반 교수 프로그램으로 바꾸는 데 어떻게 이용될 수 있는지에 대한 예이다. 프로그램 개발자가 어떻게 웹 기반 프로그램으로 개발하는지를 보여 주는 이 사례는 우리의 상상력에 불을 붙이고, 이 원고가 어떻게 개성과 흥미의 가치를 더해 줄 수 있는지를 보여 주기 위한 것이다. 이 사례를 잘 살펴본 후, 그 내용의 특성과 교수 전략의 구성요소와의 관계에 초점을 두면서 나머지 내용들을 어떻게 웹 기반 교수 프로그램으로 전환할 수 있을지 상상해 보자.

미국 전역에서, 우리 대학 캠퍼스를 안전하게 만들기 위해 공동으로 노력하려는 의지를 가지고 있다. 행방불명이 된 학생을 찾기 위한 모임을 결성하거나 저녁 늦게 자신의 자동차 혹은 기숙사로 돌아가는 학생들과 동행해 주는 등, 위험에 처한 학생들을 위해 우리는 뭉치려고 한다. 이런 위험의 문제가 해결될 때까지 우리는 항상 최선을 다해 보려고 한다.

그림 10.1 ┃ 사전 교수 활동에 대한 텍스트 내용을 그래픽을 사용해서 웹 기반으로 어떻게 전환할 수 있는지를 보여 주는 그래픽 예

표 10.4 ▎ 집단 리더십 목표에 대한 사전 교수 활동

학습 구성요소	학습 내용
도입/ 동기 유발	미국 전역에서, 우리 대학 캠퍼스를 안전하게 만들기 위해 공동으로 노력하려는 의지를 가지고 있다. 행방불명이 된 학생을 찾기 위한 모임을 결성하거나 저녁 늦게 자신의 자동차 혹은 기숙사로 돌아가는 학생들과 동행해 주는 등, 위험에 처한 학생들을 위해 우리는 뭉치려고 한다. 이런 위험의 문제가 해결될 때까지 우리는 항상 최선을 다해 보려고 한다. 　　그러나 당장 위험한 일이 없을 때도, 캠퍼스 안전을 증진시키고 유지하기 위한 체계적인 노력을 하기 위해 응집력이 있는 모임을 만들기가 그렇게 쉽지 않음을 종종 본다. 우리들은 우리의 캠퍼스에서 효과적인 리더십을 통하여 긍정적인 결과를 내고, 우리의 여러 캠퍼스 모임이 주 내의 다른 캠퍼스에 영향을 준 사례를 많이 보아 왔을 것이다. 　　효과적인 모임을 만들고 유지하는 가장 핵심적인 요소는 리더십이다. 우리의 캠퍼스에서 바로 여러분들이 효과적인 프로그램은 물론, 모든 학생들, 교직원, 방문객의 안전을 증진시킬 수 있는 핵심적인 요소이다.
선수 능력 (기능)과의 연결	바로 이전 세션에서, 회의의 기획 및 준비 기능과 관련된 집단 리더십 기능을 연습했다. 우리는 또한 집단 생각의 흐름을 관리하는 기법을 알아보았고, 문제 해결 회의를 하는 중에 사고의 흐름(thought line) 관리 기법을 사용했을 때 어떤 차이가 있는지도 경험했다. 토론 집단에게 우리가 한 것은 회의 자료를 준비하기, 참여자를 초대하기, 사고 흐름의 기법을 사용하여 회의 주제를 벗어나지 않도록 하기 등 다소 지시적임도 경험했다. 이런 문제에 대하여 우리가 했던 지시는 회의에 참석한 이들로 하여금 안전 문제의 여러 가지 측면들을 검토하고, 안전 프로그램을 계획하도록 도와주는 데 중요한 역할을 한다.
세션 목표	효과적인 집단 리더십에서 회의 중에 협조적인 집단 상호작용 관리하기와 같은 다른 중요한 요소가 있다. 회의의 주제, 회의 준비의 수준, 회의 결과에 대한 조치와 무관하게, 참석자들은 회의에서의 상호작용을 하는 것이 편안하고, 협조적일 때, 자신들의 시간을 할애하는 것이나 노력이 그만큼 가치가 있는 것으로 볼 가능성이 가장 높다. 협조적인 상호작용을 관리하기 위한 리더의 행동들은 이 문제에 대해 앞에서 지시적으로 제시했던 것보다는 학습자들의 참여를 이끌어 내기 위해 보다 민주적인 방식으로 이루어진다. 리더의 행동은 사고의 흐름을 관리하기 위해 사용하려는 리더의 참여와 참여자들의 토론이 혼재하게 된다. 그러나 이 세션에서 사고의 흐름을 관리하기 위한 행동은 다소 유보하고, 참여자들의 협조적인 상호작용을 촉진하는 행동에 중점을 둔다. 　　회의 중에 리더가 협조적인 상호작용을 관리할 때 사용해야 할 세 가지 주요 전략은 다음과 같다. 　1. 참여자들의 협조적인 행동을 촉진하기 　2. 참여자들의 저해하는 행동이 생기면 바로 알아차려서 진정시키기 　3. 참여자들에게 스트레스가 생기면 바로 알아차려서 완화시키기 　　다음 세션에서 이 세 가지 영역에 대한 리더십 기능들을 연습하고 다듬어 가도록 할 것이다. 이 세션에서는 협조적인 행동을 유도하는 기능에 중점을 두고, 다음의 세 가지 기능을 학습할 것이다. 　1. 협조적인 행동을 알아차리기 　2. 회의 중에 협조적인 행동을 촉진하거나 저해하는 리더의 행동을 알아차리기 　3. 회의 중에 참여자들의 협조를 촉진하기 위해 참석자들이 리더의 행동을 사용해 보기 　　우리들의 대부분은 문제 해결 토론 회의에 참석해 본 적이 있겠지만, 극소수만이 그 회의를 주재해 보았을 것이다. 처음으로, 리더가 집단 토론 회의를 주재하는 것을 관찰해 보고, 리더의 행동을 우리가 얼마나 알아차릴 수 있는지를 시도해 보자.

사전검사 세션 10의 사전검사는 목표 6.4.2 "문제 해결 회의에 대한 동영상을 주면, 참석자들의 협조를 장려하거나 억제하는 리더의 행동을 분류할 수 있다.'만을 다룬다. 목표 6.3.1과 6.4.1은 모두 6.4.2의 하위 기능이기 때문에 6.4.2의 사전검사 연습에 포함되어 있다. 이 군집에서 가장 상위 수준의 기능인 목표 6.5.1은 학습자가 실제 상호작용하는 회의를 이끌어 가는 것을 요구하기 때문에 사전검사에는 포함되지 않는다. 이 기능을 배우기도 전에 공개적으로 기능을 시연해 보라고 요구하는 것은 성인 집단에게는 적절해 보이지 않는다.

사전검사의 제시 목표와 교수 전략 계획에서 정했듯이, 사전검사는 학습자를 위한 지시사항, 학습자의 응답 양식, 내려받을 수 있는 모의 회의 동영상으로 구성된다. 학습자들이 동영상을 보고 사용할 응답 양식을 웹 사이트로부터 인쇄할 수 있다. 사전검사를 위해 그들은 동영상을 두 번만 볼 수 있고, 시청하면서 응답 양식에 응답을 표시할 수 있다. 동영상을 두 번 본 다음에, 웹 사이트에 있는 상호작용적 사전검사에 접속해서, 회의에서 관찰한 리더와 참석자들의 행동의 유형과 빈도에 대한 질문에 응답한다. 표 10.5는 학습자들의 응답 양식과 지시사항을 보여 준다.

내용 제시와 학습 안내
내용 제시 세션 10의 목표에 대한 학습 내용이 길기 때문에 여기에서는 일부분만을 제시

그림 10.2 ┃ 표 10.4의 내용을 웹 기반으로 전환한 예

표 10.5 | 집단 리더십 교수 목표를 위한 사전검사 예(세션 10, 표 9.7과 9.8에 있는 목표 6.4.2)

학습 구성요소	사전검사 지시사항
사전검사	회의 중 집단의 협조를 장려하거나 저해하는 리더의 행동을 찾아보세요. **지시사항:** 양식 6.1을 인쇄하고, 협조적인 학습을 장려하고 저해하는 *리더의 행동*이라는 동영상 6.1을 본다. 동영상에서 하나의 회의가 진행 중인데, 참석자들은 기숙사, 강의실, 캠퍼스에서의 안전 문제를 토론하고 있다. 참석자들은 범죄가 발생할 수 있는 기회를 없앨 수 있는 행동과 앞으로 범죄를 줄일 수 있는 행동을 검토하고 있다. 　　인쇄한 양식에는 회의 중 참석자들의 협조를 장려하거나 저해하는 12개의 구체적인 리더의 행동들이 있을 것이다. 이 항목들을 조심스럽게 살펴보고, 회의에서 리더가 사용할 수 있는 행동들을 선택해 볼 수 있을까요? 동영상을 보면서. 1. Eloise McLaughlin이라는 리더가 동료의 참여와 협조를 구하기 위해 회의 중에 직접적으로 어떤 행동을 하는지를 조사해 보자. 이 사람은 한 번 이상 이 부류에 속하는 행동을 보여 주지만 다른 행동들은 전혀 하지 않는다. 이 사람이 장려하는 행동을 보일 때마다 "Do"라고 표시된 곳에 표시를 하세요. 2. 협조를 저해해는 행동을 할 경우에는 "Don't"라고 표시된 칸에 표시를 하세요. 예를 들어, Eloise가 토론의 주제를 제안하는 방식으로 다섯 번 정도 질문을 사용한다면, 이 기능을 보여 준 것으로 보고 체크리스트 "Do" 칸에 표시를 한다. 그러나 참석자들에게 토론하기를 원하는 것을 두 번 정도 직접 말을 했다면, 토론할 내용을 직접적으로 말을 했기 때문에 "Don't"에 표시를 한다. 다음의 예에서 리더의 행동이 응답 양식에 어떻게 기록되는지 주목해 보자.

빈도	리더의 협조를 장려하는 행동	리더의 협조를 저해하는 행동	빈도
✓ ✓ ✓ ✓ ✓	질문으로 토론 주제를 제안	고려했으면 하는 주제를 결정	✓ ✓

회의는 8분 동안 진행된다. 동영상 속의 회의 장면을 보고, 다시 본다. 회의가 진행되는 것을 보면서 응답 양식을 사용하여 Eloise가 회의 중에 보여 주는 집단 관리 기능에 대한 자신의 판단을 기록한다. 체크리스트에 표시를 다 했으면, 웹의 사전검사 6.1로 이동한다. 사전검사를 완성하기 위해 작성한 양식을 사용하고, 다 했으면 "사전검사 결과 전송"을 클릭한다.

1. 질문으로 토론의 핵심을 제안하기	1. 고려했으면 하는 주제를 참석자들에게 정해 주기
2. 탐구적인 호기심이 있는 목소리를 사용하기	2. 권위적인 목소리를 사용하기
3. '아마도' 혹은 '그럴 수도 있다' 등의 수용적인 어휘를 사용하기	3. '해야 한다'와 같은 단정적인 어휘 사용하기
4. 발표자들 간의 발언에 끼어들지 않기	4. 자신의 개인적인 견해 혹은 해결책을 제시하면서 침묵의 간극을 메우기
5. 방해를 하는 참석자들을 제지하는 것을 회의 전체에 맡기려고 하기	5. 방해를 하는 회원을 계속 설득하기
6. 모든 참석자들의 참여를 유도하기 위해 시선을 전체 참석자에게 분산하기	6. 특정 참석자와만 시선을 맞추기
7. 시선이나 몸짓으로 참석자들의 발언을 유도하기	7. 발언하는 사람에게만 주목하기
8. 모든 참석자들에게 관심을 받을 수 있는 토론으로 몰고 갈 수 있는 발언하기	8. 참석자들의 발언을 사회자가 평가해서 토론을 막기
9. 자발적인 참여를 유도하기(예, 이런 경험하신 분안 계세요?)	9. 발언할 사람이나 순서를 정해 주기(예, Beth씨, 이 문제를 어떻게 생각하세요?)
10. '우리'와 같은 표현 사용하기	10. '저', '나의'와 같은 표현 사용하기
11. 전체의 성과를 인정해 주기	11. 자신 혹은 특정인의 성과만을 인정해 주기
12. 전체 참석자들의 노력과 성과를 칭찬하기	12. 특정 개인들만을 칭찬하기

한다. 목표 6.1.1부터 목표 6.2.2는 이미 완성되어 있고, 목표 6.3.1과 6.4.1만을 위한 교수 프로그램을 개발하고 있다고 가정하자. 교수 프로그램은 웹 기반이며 학습자들은 집이나 인터넷 접속이 가능한 곳이면 어디서나 접속할 수 있다. 이 두 개의 목표를 위한 웹 기반의 교수 프로그램은 목표 6.4.1을 위해 그림 10.2와 같이 웹 기반 프로그램에서 회의가 어떻게 진행되는지를 볼 수 있는 만화책 형식의 교사와 대화 형태로 만들어졌다. 이 사례에서 리더인 Jackson이 참석자 전원에게 도입 발언을 한다. 협조를 촉진하는 행동은 말풍선 상자와 화살표로 강조해서 표현되어 있다.

학습 내용 표 10.6은 참석자들 간의 협조적 상호작용을 장려하거나 저해하는 리더의 행동을 말하고 인식할 수 있는 것을 학습하는 목표 6.3.1과 6.4.1에 대한 세션 10의 내용과 학습 안내이다. 목표 6.4.1에 대한 회의의 실제 내용이다. 회의 중에 각 참석자의 발언 옆의 번호는 리더의 발언과 목표 6.3.1에 제시된 리더의 행동을 연관지어 볼 수 있는 표시이다. 연습은 회의 동안에 언어적 정보로 제시한 행동과 회의 중 상호작용 행동을 연결시키기 위한 것이다.

학습자 참여

학습자 참여와 피드백 학습자 참여 구성요소도 학습자가 혼자서 학습할 수 있도록 웹 기반 프로그램으로 설계했다. 학습자는 스크립트를 포함한 페이지를 인쇄하여, 인쇄한 페이지에 직접 해당하는 행동의 예를 찾아서 표시할 수 있다. 연습을 마친 후에 피드백 부분으로 옮겨 가서 회의 원고에서 '장려하는', '저해하는'으로 표시가 된 행동을 반복 연습해 볼 수 있다. 학습자는 설계자의 분류와 자신의 분류를 비교하여 어떤 차이가 있는지를 찾아볼 수 있다. 세션 10에 있는 온라인 토론 게시판에서 그 차이에 대해 토론을 할 수도 있고, 리더가 다음 회의에 왔을 때 개인적으로 논의할 수도 있다.

학습자 참여 스크립트 웹 기반으로 제시될 학습자 참여 스크립트는 표 10.7에 있다. 이 표에는 협조적인 회의를 촉진하고 저해하는 행동 12가지에 대한 것의 일부분만 제시되어 있다. 학습자들의 참여 행동이 잘 정착되면 마지막까지 가지 않고도 중지할 수 있다.

피드백 표 10.8은 표 10.7의 연습을 마치면 학습자들이 찾아볼 수 있는 참여 연습의 한 부분에 대한 피드백이다. 표 10.8에서, 왼쪽에 있는 +, − 표시는 그 행동이 촉진하는 행동(+)인지 저해하는 행동(−)인지를 설계자가 분류한 것이다.

표 10.6 ┃ 리더십 교수 목표에 대한 내용 제시와 학습 안내

> **세션 10, 협조적인 구성원 행동 유도하기: '참석자들의 토론과 협조를 장려하거나 저해하는 리더의 행동들을 진술하라고 요구했을 때, 그 행동을 진술할 수 있다'는 목표 6.3.1의 내용과 예**

토론의 사회자로서, 회의 참석자들의 협조를 촉진하는 많은 행동들이 있을 수 있다. 모든 이런 행동들은 회의 참석자들의 아이디어와 제안을 이끌어 내고, 이들의 참여의 중요성을 보여 주기 위해서 계획된 것이다. 토론 중에 사회자(리더)는 참석자들을 전경에, 자신을 배경에 두려고 해야 한다. 회의 중 리더가 가지고 있는 아이디어, 해결 방안, 결론은 잠시 접어 두고, 참석한 사람들이 문제를 검토하고, 아이디어와 제안들을 제시하고, 제기된 아이디어의 강약점을 저울질해 보고, 지역사회의 문제점들을 완화하거나 최소화할 수 있는 최선의 해결책을 찾는 데 적극적으로 참여하도록 하는 것이 리더(사회자)가 해야 할 일이다. 회의를 통해서 나온 좋은 해결 방안들은 참석자들이 그 해결 방안을 찾는 데 적극적으로 참여하고, 개인적으로 기여를 했다고 할 경우에 실현될 가능성이 가장 높아진다.

 토론 중에 많은 행동들이 협조적인 행동을 장려하거나 저해할 수는 있지만, 협조를 이끌어 낼 수 있는 핵심적인 12개의 행동에 주목해 보자. 이 행동들은 저해하는 행동과 대조되는 행동들이다. 12개의 행동을 3개씩 묶으면 네 가지 범주로 다음과 같이 나눌 수 있다.

협조적인 상호작용을 촉진하거나 저해하는 리더의 행동

I. 어떤 주제를 소개하거나 다른 주제로 바꾸거나, 참석한 사람들이 취할 수 있는 어떤 방법을 제안할 때, 수용적 태도로, 참석자들에게 지시적이기보다는 긍정적으로 의견을 개진하도록 촉진하기. 이렇게 되도록 하기 위한 구체적인 행동들은 다음과 같다.
   1. 참석자들이 고려했으면 하는 주제를 정해 주기보다는 질문을 이용하여 토론의 주제를 제안하기
   2. 권위적인 목소리가 아니라 탐구적이고, 용기를 주는 목소리를 사용하기
   3. '해야 한다'는 표현보다는 '아마도, 그럴 수 있다'는 등의 가능성을 열어 놓은 표현을 사용하기

II. 사회자(리더)는 무엇을 발표해야 하는 듯이 참석자를 대하지 말고, 참석자들로 하여금 자신의 의견을 개진해 주기를 진정성 있게 바라는 모습을 보여 주기
   4. 자신의 견해나 해결 방안을 제시함으로써 침묵의 순간을 메우려고 하지 말고, 발언하는 사람들 간의 침묵의 순간을 참고 기다리기
   5. 방해가 되는 참석자의 발언에 대해 그 사람에게 이야기를 계속하지 말고, 전 참석자들에게 발언을 하도록 유도하기
   6. 잘 아는 소수의 참석자에게 발언을 유도하기 위해 그 사람에게 시선을 주지 말고, 모두 자유롭게 발언하기를 청하는 표시로 모든 참석자들에게 시선을 분산하기

III. 리더로 자신을 부각하지 말고, 참석자들로 하여금 그들에게, 그들의 요구와 아이디어에 주목하도록 하기
   7. 자신이 아니라, 발언자들을 주목하도록 하기 위해 참석자들을 비언어적으로(시선, 제스처) 격려하기
   8. 토론의 내용이 자신에게 오도록 하지 말고, 토론이 참석자들 모두에게 집중되도록 하기 위한 발언을 하기(예, "Beth, 그것에 대해 나에게 말을 좀 해 주시겠어요?"라고 하지 말고, "그 문제에 대해 추가하시고 싶은 다른 문제가 없습니까?"로 표현하기)
   9. 발언할 사람이나 그 순서를 정하지 말고, 자발적으로 발언하도록 하기(예, "Beth는 ~에 대해 어떻게 생각하세요?"라고 하지 말고, "이런 경험을 하신 분이 계시나요?"라고 말하기)

IV. 한 개인의 생각이라는 느낌보다는 전체 참석자들의 생각임을 강조하기. 그 방법은 다음과 같다.
   10. '나, 나의 것, 당신의'라는 표현보다는 '우리, 우리의'라고 표현하기
   11. 특정 개인이나 자신의 성과보다는 전체의 성과로 인정해 주기
   12. 특정 개인의 성과를 찾아내서 칭찬하지 말고, 전체 참석자들의 노력과 성과를 칭찬해 주기

토론을 이끌면서 여기서 제시한 12가지 행동들을 일관되게 보여 준다면, 협조를 저해하는 행동을 했을 때보다는 참석자들이 보다 생산적인 토론을 해서 보다 나은 결론에 이르게 할 것이다.

표 10.6 | 리더십 교수 목표에 대한 내용 제시와 학습 안내 (계속)

> **세션 10. 협조적인 구성원 행동 유도하기: 회의 중, 사회자(리더)의 행동에 대해 서면으로 설명된 것을 주면, 그 행동이 협조적인 상호작용을 촉진할지 아니면 저해할 것 같은지를 구별할 수 있다.**

토론을 이끄는 중에, 사회자가 이 12가지 협조적인 상호작용을 이끌어 내는 행동을 사용하게 해 줄 수 있다. 다음 회의록에서 학생 사회자인 Jackson은 이 행동들을 보여 줄 것이다. 오른쪽은 회의록의 내용이고, 왼쪽은 그 내용이 어떤 행동에 해당하는지에 대한 것이다. 그 행동들은 위에서 제시한 12가지 행동 목록의 번호이다.

사회자의 행동	회의록
6. 시선 분산하기 10. 우리, 우리의 표현 11. 전체의 성과를 칭찬하기 12. 개인을 칭찬하지 않기	**Jackson:** (웃는 얼굴로 전체 참석자들을 보면서) 오늘 저녁 많은 분들이 참석하셔서 기쁘게 생각합니다. 지난 *우리의* 회의에서, *우리는 우리의* 캠퍼스의 범죄 문제를 토론했고, *우리가* 보아온 범죄적 행동의 양을 줄이기 위한 방법들을 계획했습니다. *우리가* 생각하고 있는 세 가지 프로그램은 놀랄 만한 효과가 있을 것으로 보입니다. 범죄율이 상당히 줄게 될 것이라서, *우리* 학교에서 범죄가 발생하는 일이 줄게 될 것입니다.
	Sam: (*Jackson*을 직시하면서) 학생 회관 옆에 있는 보도와 주자창 조명을 높이면 도움이 될 것이라고 생각합니다. 조명이 밝았을 때는 강도나 자동차 분실 사건이 줄어든 적이 있습니다.
4. 망설이고 발언을 기다리기	(*Jackson은 발언을 하지 않고, 다른 참석자의 발언을 기다린다.*) **Beth:** 캠퍼스에서 강도 문제는 대단히 중요하지만, 다른 대학 캠퍼스에서 발생했던 총격 같은 더 심각한 문제에 관심을 가져야 할 것 같다고 생각합니다. 우리가 해야 할 일은.....
	Frank: (*Beth의 발언을 방해하면서*) 제가 보기에는 우리 위원회에서 미친 사람이 기숙사나 강의실에 들어가면서 학생들에게 발사하는 일을 저지할 방법이 없다고 봅니다.
	Beth: 그럴 수도 있지만, 늦은 시간에 기숙사 문을 잠그는 등의 방법들이 있을 것 같기도 합니다. 총격이 일어난 적이 있는 대학 캠퍼스에서 어떤 형태의 안전 대책을 세웠는지를 조사해 봐야 할 것 같습니다.
6. 모두에게 시선 맞추기 10. 우리와 같은 표현하기 1. 질문으로 주제를 제시하기 9. 발언할 사람을 지정하지 않기	**Jackson:** (참석자들을 보면서) 지난 회의에서 *우리는* 경찰인 Talbot 경사를 초대해서 기숙사 절도 문제로부터 *우리를* 보호하기 위한 방법에 대해 이야기를 하기로 했는데, 오늘 저녁에 이 문제에 대해 여전히 그렇게 하기를 원하십니까? (*Jackson은 다시 전체를 보면서 특정인을 부르지 않고 기다린다.*)
	Abigail: (*Jackson*을 보면서) 나는 강도로부터 *우리를* 보호할 방법에 대해 이야기를 하고 싶어요. 지난번에 이야기했듯이, 주말에 피츠버그를 다녀오는 동안 방에서 도난을 당했어요.
7. 전체 참석자들을 향하여 발언을 하라고 몸짓하기	(*Jackson은 Abigail에게 전체 참석자들을 향하여 발언을 하라고 눈짓과 몸짓을 한다.*)
	Abigail: (전체를 향하여) 우리는 우리 이웃과 기숙사 경비에게 이야기를 하고, 우리 방문과 창문을 잠그는 등 우리가 할 필요가 있는 모든 조치를 다 취했다고 생각해요. 그러나 분명한 것은 그것으로는 충분하지 않다는 점이에요.
4. 망설이고 기다리기	(*Jackson은 다른 참석자들이 Abigail에게 반응할 때까지 기다린다.*) **Sam:** (*Jackson*을 보면서) 우리 기숙사 강도의 특징에 대한 몇 가지 정보를 가지고 있어요.
8. 대답과 평가를 하지 않기	(*Jackson은 대답을 하는 대신 Talbot 경사를 정보를 말해 주기 바라는 눈초리로 쳐다본다.*)

표 10.6 ┃ 리더십 교수 목표에 대한 내용 제시와 학습 안내 (계속)

	Talbot: 지난해, 우리 캠퍼스에서 125건의 도난 사건이 발생했고, 그 사건의 90% 이상은 여러분이 수업 중인 오전 10시부터 오후 3시 사이에 일어났습니다. 대다수의 도난 사건이 기회의 범죄였습니다. 우리 기숙사는 쉽게 들어올 수 있도록 방문이 만들어져 있습니다. 도둑들은 열려 있는 방문과 창문으로 침입했습니다.
	Abigail: (Talbot의 발언을 방해하면서) 우리 기숙사 방문, 창문이 잘 닫혀 있는데도 도둑은 들어와요. 그들은 빌딩 뒤 화장실 창문을 부수고 싱크대 위로 기어 들어와요.
	Talbot: Abigail씨, 그럴 수도 있어요. 도둑은 Abigail 집에 방 뒤로 들어오는 걸 편하게 느낄 것 같아요. 그들은 언제나 현금 혹은 보석, 전자제품, 총과 같이 바로 현금으로 바꿀 수 있는 것이나 가지고 가기에 용이한 물건들을 훔치려고 합니다. 우리 캠퍼스에서의 대표적인 도둑들은 이 지역에 거주하는 10대 소년들과 학생들입니다. 이들 중 15%는 전문적인 강도들로 단독범이었습니다.
	Sam: 감사합니다.
2. 탐구하는 목소리를 사용하기 3. *아마, 그럴지도 모릅니다*와 같이 표현하기	**Jackson:** (*탐구하는 목소리를 사용하면서*) 말씀하신 범죄의 대부분은 (범죄자들에게 범죄를 할 수 있는) 기회를 주고 있는 것과 관련이 있어 보입니다. *아마* 우리는 이런 문제를 타개할 방법을 고려할 수 있을 것 같습니다.
	Sam: (*Jackson의 발언을 막으면서*) 바로 그렇습니다. 우리가 어떻게 그 범죄의 기회를 없앨 수 있을까요?
5. 전체 참석자에게 발언 기회를 주기	**Frank:** 범죄 가능성이 다소 있는 곳에 학생들이 문제를 찾게 도와주는 기숙사 안전 조사지를 두면 좋겠습니다.
	Talbot: 저도 본 적이 있어요. 어떤 내용이 좋을까요?
	Frank: 네. 창문, 방문, 테라스, 실내등과 외등을 점검하는 내용이면 될 것 같습니다. 체크리스트 형식으로 만들면, 모든 학생들이 사용하고 공유하기도 쉬울 것 같습니다.
12. 개인을 칭찬하지 않기 2. 탐구하는 목소리와 반응을 사용하기	**Jackson:** (*Frank의 아이디어는 전체의 차후 토론을 위한 하나의 촉매제를 제공해 주었기 때문에 좋은 생각이라고 믿기는 하지만 Frank를 칭찬하지는 않는다.*) 참석자들에게 그 조사지를 좀 나누어 주시겠습니까? 지적 재산권이 있는 조사지입니까?
	Talbot: 이 조사지는 일반 시민들에게 공공 목적으로 복사해서 사용하기를 권장하고 있는 것입니다.
	Frank: 네. 캠퍼스 경찰서에서 복사해서 나누어 드릴 수 있습니다. 더 필요하다면 여기에 여분이 있습니다. 오늘 회의에서 좋은 아이디어가 나온 것 같습니다. 그래서 모든 분에게 필요한 부수만큼 드렸습니다. (*그는 모든 참석자들에게 조사지를 나누어 주었다.*)
	Talbot: 사무실에 연락을 해서 필요한 여분이 있는지를 확인하겠습니다. 몇 부정도가 더 필요합니까?
3. *아마도*의 표현을 사용하기 12. 개인을 칭찬하지 않기 10. 조사지에 대한 아이디어를 낸 사람은 Frank가 아니라 모두임을 강조하기	**Jackson:** 우리는 *아마도* 우리 캠퍼스의 모든 기숙사에서 필요한 부수만큼의 조사지를 가지게 될 것입니다.

표 10.6 ▍ 리더십 교수 목표에 대한 내용 제시와 학습 안내 (계속)

Jackson이 주도해 회의를 하는 동안, 그는 12가지의 긍정적인 행동을 각각 한 번 이상 보여 주었음에 주목할 필요가 있다. 회의를 촉진하는 각각의 행동들은 미묘한 측면이 있어서 참석자들이 눈치를 채지 못할 때도 종종 있다. 그러나 전체를 종합적으로 파악해 보면, Jackson이 참석자들의 의견이 가치롭고, 참석자들이 기여하기를 원하고, 발언을 하려는 사람의 말을 막으려고 하지 않는다고 믿는 참석자들에게 그 행동들은 분명하게 전달되었다. Jackson은 참석자들을 자신과 몇몇 캠퍼스 친구들을 위한 청중이나 배경으로 인식하지 않음을 그의 행동들을 통해 보여 주었다.

표 10.7 ▍ 리더십 목표에 대한 학습자 참여

세션 10. 협조적인 구성원 행동 유도하기: 목표 6.4.1의 학습자 참여

지시사항: 다음의 회의록에서 12가지 핵심적인 상호작용 리더십 행동들을 찾을 수 있겠습니까? 새로운 사회자(리더)인 Darcy는 최근에 학교 기숙사로 이사를 온 법대 학생입니다. 그는 대학의 여러 모임에서 리더의 역할을 해 왔지만, 캠퍼스 범죄와 학생들의 안전 문제에 대한 일에 참여하기는 이번이 처음입니다. 그는 회의를 주재하면서, 젊고 어리기 때문에 실수 내지는 협조적인 회의를 저해하는 행동을 할 수도 있습니다. 하지만, 의사소통 수업을 들은 다음에 대학에서의 문제 해결 회의에 참여하면, 틀림없이 협조를 이끌어 낼 수 있는 행동들을 잘 하게 될 것입니다. Darcy가 촉진하는 행동을 할 때마다, 왼쪽에 그 행동의 번호와 함께 + 표시를 하고, 그렇지 않을 경우에는 – 표시를 하기 바랍니다. 예를 들어, 질문으로 토론의 요지를 제안하면 그 줄에 +1을 표시하고, 토론해야 할 주제에 대해 발언을 하면, –1로 표시합니다. 사전검사에서 사용했던 것과 동일하게 번호가 표시된 행동 목록을 사용할 것입니다.

리더의 행동 표시하기	회의록
	Darcy: 오늘 아침 회의에 참석하신 모든 분들에게 감사드립니다. 지난 회의에 나오셨던 분이나 오늘 처음 오신 모든 분들을 뵙게 되어서 반갑습니다. 시작하기에 앞서 자신을 간단하게 소개하는 것이 어떨까요? 어떤 분들은 이 회의에 참여하게 된 이유를 소개해 주셔도 좋겠습니다. 여기 왼쪽부터 시작해 볼까요? *(14명의 대학원생들과 직원들이 자신을 소개한다.)* **Darcy:** 지난 회의의 결론 부분에서, 많은 분들이 이 캠퍼스로 이사를 옴에 따라 우리가 보다 안전한 캠퍼스를 유지하기 위한 방법을 토론했습니다. 이 문제와 관련하여, 저가 Sharon Wright 선생님을 초대해서, 캠퍼스의 'Victims' Advocacy Center'를 찾아온 학생들에게 사용하고 있는 그 센터의 전략에 대해 들어 보려고 합니다. **Darcy:** *(Sharon을 보면서)* 선생님, 오늘 아침 회의에 참석해 주셔서 감사합니다. 몇 분들은 이 분에 대해 잘 알고 계실 것입니다. 선생님을 모시게 되어서 다행입니다. 이 분은 범죄학 박사학위를 받으시고, 상담과 희생자 치료(victim advocacy) 석사학위를 받으셨습니다. **Sharon:** Darcy씨 감사합니다. 초대해 주셔서 감사합니다. **Darcy:** *(미소를 지으면서 전체 참석자들을 본다.)* 주거지에서의 개인적인 안전에 대한 내용을 다루고 있는 Mann과 Blakeman이 쓴 'Safe Homes, Safe Neighborhood'에서 제시한 주제 목록도 제가 준비했습니다. 이 책에 있는 많은 내용들이 가정과 캠퍼스의 안전을 위해 적합하다고 생각합니다. **Darcy:** *(발언을 계속)* 오늘 아침 회의에서 우리의 가장 기본적인 계획은 우리가 기숙사 편지함에 넣어주고, Sharon 선생님께서 그 센터를 통해서 배부할 개인 안전 팀 브로셔의 내용을 만들어 내는 것입니다. 우리는 도난과 같은 문제를 가지고 있기 때문에 기숙사에서의 안전 문제부터 시작해야 할 것으로 생각합니다.

표 10.7 ┃ 리더십 목표에 대한 학습자 참여 (계속)

Ben: 길거리 안전도 더 문제라고 생각해서.....
Darcy: (*Ben의 발언을 막으면서*) 그것도 좋은 생각인데, Ben, 우리가 거리 안전 문제도 다루어야 하겠습니다.
(*Darcy는 다른 분들이 뭔가를 제안해 주었으면 하는 표정으로 전체를 둘러보면서 침묵한다.*)
Sharon: 아마도 주차장에서의 안전 문제도 토론해야 할 것 같습니다. 그 곳에서의 안전을 증대하기 위해 우리가 사용할 수 있는 여러 가지 전략들이 있습니다.
Darcy: Sharon 선생님, 그게 좋겠군요. 기숙사 안전, 길거리 안전, 주차장 안전 세 가지 문제가 있습니다. 이 문제들부터 시작해 봅시다. Bob은 아직 아무 말을 안 하신 것 같습니다. 어디부터 시작하고 싶어요?
Bob: Ben이 말했듯이, 길거리에서 볼 수 있는 강도, 소매치기 등의 범죄가 우리 캠퍼스에서 많이 있는 것으로 알고 있어요. 우리는 저녁 강의를 마치고 밤에 캠퍼스를 가로질러 걸어 가야 하기 때문에 이 지역을 좀 생각해 보았으면 합니다. 우리 캠퍼스는 시내에서 가장 위험한 보도와 비슷한 곳이 몇 군데 있습니다.

이 회의록에서는 12가지 모든 협조적인 행동과 이에 상응하는 저해 행동을 다루고 있다. 하지만 학생들의 연습에서 모두 숙달했다고 보이면 중지해도 좋다.

학습자들은 자신이 분류한 것과 교사의 분류를 비교해 볼 수 있다. 표 10.7에서 오른쪽 열은 반복적이어서 학습자들이 참여 내용과 피드백 내용을 왔다 갔다 할 필요는 없다. 피드백을 보면서 자신의 응답과 일치하지 않는 것을 모두 비교해 보아야 한다.

목표 6.4.1에 대한 피드백 부분을 학습한 다음에, 참석자들은 "상호작용적인 회의 중의 사회자(리더) 행동을 분류하기" 목표 6.4.2에 대한 학습을 시작한다. 학습자들이 진행 중에 세 차례의 회의를 관찰할 수 있는 내려받을 수 있는 동영상을 사용한다. 내용 제시와 예의 부분에서 촉진하는 행동과 저해하는 행동을 보여 주고, 사회자가 저해하는 행동들을 촉진하는 행동들로 어떻게 바꾸어 가는지를 보여 줄 것이다.

참여 활동의 일환으로, 학습자들은 다시 회의 중에 사회자가 취한 모든 촉진하는 행동들을 분류해 본다. 뿐만 아니라, 저해하는 행동에 대해서도, 사회자(리더)가 그 행동들 대신에 했으면 하는 행동을 찾아보게 한다. 이 목표에 대한 피드백도 동영상을 통해 제공되며, 사회자의 특정 행동을 다시 볼 수 있는 경로 안내도 제공된다. 피드백 경로를 보는 중에, 저해하는 행동들을 다시 볼 때, 사회자는 그 대신 보충적, 촉진하는 행동을 사용하여 학습자가 보는 앞에서 행동을 바꾼다. 목표 6.4.2의 학습을 마친 다음에, 학습자는 목표 6.5.1에 대한 세션을 마치면서, 학습자들끼리 대면하는 세션 중에 소집단 토론을 이끌어 본다.

학교 교육과정의 운영을 위한 교수 프로그램 개발 예시는 부록 I, J, K에 나와 있다.

표 10.8 ▮ 리더십 목표에 대한 피드백

세션 10, 협조적인 참석자 행동 유도하기: 목표 6.4.1의 학습자 참여	

지시사항: Darcy의 협조를 이끌어 내는 행동과 저해하는 행동을 분석했으면, 다음 표를 보고 자신의 표시와 비교해 보세요. 이 회의록과 우리가 연습한 회의록에서 파악한 행동과 이 표에 표시한 행동이 다른 곳을 찾아 표시를 해둡시다. 표시한 곳을 주목하면서 회의록을 여러 차례 읽어 보고 수정했으면 하는 곳을 생각해 보세요. 그런 곳이 없으면 다음으로 넘어가세요.

리더의 행동 표시하기	회의록
+1 +3, +10 +1	**Darcy:** 오늘 아침 회의에 참석하신 모든 분들에게 감사드립니다. 지난 회의에 나오셨던 분이나 오늘 처음 오신 모든 분들을 뵙게 되어서 반갑습니다. 시작하기에 앞서 자신을 간단하게 소개하는 것이 어떨까요? 어떤 분들은 이 회의에 참여하게 된 이유를 소개해 주셔도 좋겠습니다. 여기 왼쪽부터 시작해 볼까요? *(14명의 대학원생들과 직원들이 자신을 소개한다.)*
+11, +10 -10	**Darcy:** 지난 회의의 결론 부분에서, 많은 분들이 이 캠퍼스로 이사를 옴에 따라 우리가 보다 안전한 캠퍼스를 유지하기 위한 방법을 토론했습니다. 이 문제와 관련하여, 저가 Sharon Wright 선생님을 초대해서, 캠퍼스의 'Victims' Advocacy Center'를 찾아온 학생들에게 사용하고 있는 그 센터의 전략에 대해 들어 보려고 합니다.
-11, -12	**Darcy:** *(Sharon을 보면서)* 선생님, 오늘 아침 회의에 참석해 주셔서 감사합니다. 몇 분들은 이 분에 대해 잘 알고 계실 것입니다. 선생님을 모시게 되어서 다행입니다. 이 분은 범죄학 박사학위를 받으시고, 상담과 희생자 치료(victim advocacy) 석사학위를 받으셨습니다. **Sharon:** Darcy씨 감사합니다. 초대해 주셔서 감사합니다.
+6 -10	**Darcy:** *(미소를 지으면서 전체 참석자들을 본다)* 주거지에서의 개인적인 안전에 대한 내용을 다루고 있는 Mann과 Blakeman이 쓴 'Safe Homes, Safe Neighborhood'에서 제시한 주제 목록도 제가 준비했습니다. 이 책에 있는 많은 내용들이 가정과 캠퍼스의 안전을 위해 적합하다고 생각합니다.
-1, +10 -10, +10 -3, +10	**Darcy:** *(발언을 계속)* 오늘 아침 회의에서 우리의 가장 기본적인 계획은 우리가 기숙사 편지함에 넣어두고, Sharon 선생님께서 그 센터를 통해서 배부할 개인 안전 팀 브로셔의 내용을 만들어 내는 것입니다. 우리는 도난과 같은 문제를 가지고 있기 때문에 기숙사에서의 안전 문제부터 시작해야 할 것으로 생각합니다. **Ben:** 길거리 안전도 더 문제라고 생각해서……
-5, -8 +10, -3 +4	**Darcy:** *(Ben의 발언을 막으면서)* 그것도 좋은 생각인데, Ben, 우리가 거리 안전 문제도 다루어야 하겠습니다. *(Darcy는 다른 분들이 뭔가를 제안해 주었으면 하는 표정으로 전체를 둘러보면서 침묵한다.)*
	Sharon: 아마도 주차장에서의 안전 문제도 토론해야 할 것 같습니다. 그 곳에서의 안전을 증대하기 위해 우리가 사용할 수 있는 여러 가지 전략들이 있습니다.
-8 -1	**Darcy:** Sharon 선생님, 그게 좋겠군요. 기숙사 안전, 길거리 안전, 주차장 안전 세 가지 문제가 있습니다. 이 문제들부터 시작해 봅시다. Bob은 아직 아무 말을 안 하신 것 같습니다. 어디부터 시작하고 싶어요? **Bob:** Ben이 말했듯이, 길거리에서 볼 수 있는 강도, 소매치기 등의 범죄가 우리 캠퍼스에서 많이 있는 것으로 알고 있어요. 우리는 저녁 강의를 마치고 밤에 캠퍼스를 가로질러 걸어 가야 하기 때문에 이 지역을 좀 생각해 보았으면 합니다. 우리 캠퍼스는 시내에서 가장 위험한 보도와 비슷한 곳이 몇 군데 있습니다.

요약

교수 프로그램 개발을 위해서는 다음과 같은 설계 중간 산출물을 참고해야 한다.

- 교수 목표
- 교수 분석 결과
- 수행 목표
- 검사 문항
- 대상 학습자의 특성
- 학습 환경 분석 결과와 수행 환경 분석 결과
- 다음을 위한 교수 전략
  - 목표의 군집화와 계열화
  - 교수 전 활동
  - 사용할 평가
  - 내용 제시와 학습 안내
  - 학습자 참여(연습 및 피드백)
  - 기억과 기능 전이를 위한 전략
  - 레슨별 활동
  - 학생 집단 묶기와 매체 선택
  - 전달 시스템

이런 설계 자료들은 프로그램을 작성하는 중에 언제든지 참고할 수 있어야만 한다. 설계 평가표에 있는 수행 목표(표 7.5, 7.6)는 개발된 교수 프로그램과 목표의 일관성을 확인하는 데 도움이 될 것이다. 다른 중요한 자료로는 학습자 분석, 상황 분석, 교수 전략에 대해 설계한 내용이 있다. 교수 프로그램 개발 작업을 하는 동안 이 참고 자료는 우리로 하여금 개발 작업에 집중하게 해 주며, 재미는 있지만 쓸데없는 내용을 피하게 해 준다. 목표에 제시한 조건뿐만 아니라 학습자의 특수한 요구와 특성에 세심하게 주의를 기울여야 한다.

교수 설계의 이 단계를 마치면, 교수 프로그램, 평가 문항과 교육 운영자용 안내서의 초안을 갖게 될 것이다. 우리가 처음 개발한 이 프로그램이 계속 그대로 있을 수 있다는 생각은 버려야 한다. 우리가 개발한 이 모든 내용들은 하나의 초안일 뿐이라서 학습자, 교육 운영자(교사 등), 내용 전문가들로부터 받은 피드백을 기초로 하여 검토한 후 수정, 보완될 것임을 아는 것은 대단히 중요하다. 그래서 처음보다 무결점의 값비싼 제작 과정이 필요한 방법을 선택하지 말고, 완성도가 높은 미적인 부분 대신 다소 거친 그림이나 클립아트, 스튜디오에서 전문적으로 제작한 동영상이 아니라 스토리보드나 개인용 컴퓨터에서 편집한 동영상, 복잡한 멀티미디어보다는 파워포인트로 초안을 만들면 충분하다. 적어도 한 번의 수정 작업이 이루어지기 전에는 값비싼 어떤 부분의 제작도 연기해야 한다.

이 시점에서 아무리 교수 프로그램이 보잘 것없더라도 최종 완결판에 대해 올바른 결정을 내리는 데 필요한 자료를 수집하기 위해 관련된 비용을 최소화해야 한다. 다음 장에서 이 문제에 대해 다룰 것이다.

교수 프로그램 평가를 위한 루브릭

교수 프로그램 평가를 위한 기준들은 다음 지침들에 포함되어 있다. 이 체크리스트는 이 과정 동안 개발하여 완성된 자료들을 평가하는 데 유용하다. 자료들이 원안 단계에 있음에도 불구하고 기술적인 기준들의 마지막 부분은 기존 교수 프로그램들을 선택하는 데 유용하다.

※ 다음 요소 중에 진행하고 있는 프로젝트와 관계없다면, '아니오' 칸에 '해당 없음'이라고 표시하세요.

아니오	약간	예	
———	———	———	**가. 목표 중심적 기준** 교수 프로그램들은:
———	———	———	1. 최종 목표, 수행 목표가 일치하는가?
———	———	———	2. 내용 범위와 완성도가 적당한가?
———	———	———	3. 신뢰할 만한가?
———	———	———	4. 정확한가?
———	———	———	5. 최근 내용인가?
———	———	———	6. 내용의 객관성(내용의 편견)?

나. 학습자 중심적 교수 프로그램들은 학습자들에게 적절한가:

아니오	약간	예	
———	———	———	1. 어휘
———	———	———	2. 발달 수준(복잡성)
———	———	———	3. 배경, 경험, 환경
———	———	———	4. 검사 유형과 장비 사용 경험
———	———	———	5. 동기와 흥미
———	———	———	6. 문화, 인종, 성별의 요구(편견 유무)

다. 학습 중심적 기준 다음의 기준은 어떤가?

아니오	약간	예	
———	———	———	1. 사전교수 활동의 내용?
———	———	———	2. 적절한 내용의 계열화?
———	———	———	3. 완전하고, 최신이며, 학습자의 필요에 적응적인 제시 내용인가?
———	———	———	4. 목표와 일치하는 연습?
———	———	———	5. 적합하고 보충적인 피드백인가?
———	———	———	6. 평가가 적절한가?
———	———	———	7. 순서와 내용 단위의 크기가 적절한가?

라. 맥락 중심적 기준 교수 프로그램들은:

아니오	약간	예	
———	———	———	1. 학습 상황과 수행 현장이 유사한가?
———	———	———	2. 학습 상황과 수행 현장은 실행 가능한가?
———	———	———	3. 추가적인 장비나 도구가 필요한가?
———	———	———	4. 계획한 장소(장비/전달 시스템)를 위한 기술적 특성들과 일치하는가?
———	———	———	5. 적합한 자원(시간, 예산, 인적 자원의 활용 가능성과 역량)을 가지고 있는가?

마. 기술적 기준 교수 프로그램들은 다음에 적합한가:

____ ____ ____ 1. 목표의 특성에 부합하는 전달 시스템과 매체

____ ____ ____ 2. 패키징

____ ____ ____ 3. 그래픽 디자인과 지역

____ ____ ____ 4. 내구성

____ ____ ____ 5. 가독성

____ ____ ____ 6. 음성과 동영상의 품질

____ ____ ____ 7. 인터페이스 설계

____ ____ ____ 8. 내비게이션

____ ____ ____ 9. 기능성

____ ____ ____ 10. 기타

연습

1. 교수 프로그램 패키지의 세 가지 주요 요소는 무엇인가?

2. 어떤 유형의 학습 구성요소를 교수 프로그램에 우선적으로 포함시켜야 하는가?

3. 코스 관리 정보 중 교육 운영자용 안내서 부분에 무엇을 포함하고 싶은가?

4. 다음 중에서 어떤 순서로 개발하는 것이 좋을지, 그 순서를 번호로 표시해 보세요. ( ) 교수 프로그램, ( ) 평가 문항, ( ) 교육 운영자용 안내서(이 질문에 정해진 답은 없다. 그러나 개발 계획이 있을 때 개발 절차를 고려하게 될 것이다. 이는 어떤 정보가 필요할 것인지를 정해 줄 것이다.)

설계자들은 이미 개발되어 있는 교수 프로그램들을 평가하는 다음의 다섯 가지 준거를 사용해야 한다. 다음의 준거들에 해당하는 내용을 찾아보자.

a. 목표 중심적 기준

b. 학습자 중심적 기준

c. 학습 중심적 기준

d. 내용 중심적 기준

e. 기술적 기준

____ 5. 화면 설계의 질

____ 6. 어휘의 복잡성

____ 7. 하위 기능들과의 일관성

____ 8. 학습 환경의 실행 가능성

____ 9. 학습 수행의 사실성

____ 10. 내용 전문가의 권위

____ 11. 간편한 내비게이션

____ 12. 학습자들을 위한 피드백의 적절성

____ 13. 음성과 동영상의 품질

____ 14. 내용의 최신성

15. 자신의 프로젝트로 원하는 교수 프로그램을 만들었을 것이지만, 문장 쓰기를 가지고 그 프로그램의 몇몇 구성요소만을 개발해 보면 도움이 될 것이다. 부록 F에 있는 교수 전략대로 사전 교수 활동만을 개발해 보자. 그 전략의 학습 환경은 9장에 나와 있다. 연습

목적으로, 다음의 조건을 고려하면서 쓰기 기능을 가르치기 위한 프로그램의 부분만을 개발해 보자.

- 6학년을 대상으로 한 교수 프로그램을 개발하고 있다고 하자.
- 프로그램은 인터넷 기반 전달 시스템을 활용할 것이라고 하자.
- 학생들은 개인용 컴퓨터를 이용하여 프로그램에 접속할 것이라고 하자.

동기 유발: 다양한 형식의 문장들을 쓰기: 도입으로 신문 기사를 사용할 것이다. 이 기사에는 6학년들에게 관심이 있는 내용이 들어 있을 것이고, 네 가지 유형의 문장들로 표현되어 있기 때문에, 기사에서 사용하고 있는 다양한 문제 유형을 통해 그들의 관심을 높여 주고, 다양한 문장이 있음을 알게 될 것이다.

목표: 신문 기사의 네 가지 문장 유형 하나하나를 찾아서 프로그램에서 다루게 될 것이다. 다양한 문장 유형이 포함된 이야기 작성 학습이 이 프로그램의 목적으로 제시될 것이다.

출발점 기능: 교수 분석에서 몇 가지 출발점 기능이 있는 것으로 확인되었기 때문에 학생들이 요구되는 선수 기능들을 가지고 있는지를 알기 위한 검사를 개발해서 실시할 것이다.

앞서 우리의 교수 프로그램을 개발하기 위해 사용했던 원고 형식을 사용하면 되겠다. 종이를 세 부분으로 나누고 우리가 작업할 각 구성요소의 명칭과 목표를 써 보자. 이대로 하면 좀 편할 것이다. 물론 현장 평가를 할 때는 이 방법을 사용하지 않고 첫 두 칸을 생략할 수 있을 것이다.

피드백

1. 교수 프로그램, 평가 문항, 코스 관리 정보
2. 교수 프로그램은 다음을 포함한다:
   - 목표와 관련내용 확인뿐만 아니라 동기 유발을 위한 내용과 활동을 포함한 교수 전 활동
   - 학습해야 할 정보, 개념 혹은 기능에 대한 정적 예와 부적 예를 포함하여 학습 목표를 달성하도록 하기 위해 학습자들에게 제시해야 할 내용
   - 학습자들이 연습을 하거나 배운 개념이나 기능을 시도해 볼 수 있는 참여 활동, 학습자들 자신의 이해를 재고해 보게 하거나 학습한 기능을 교정해 볼 수 있도록 하기 위한 학습자들의 수행에 대한 피드백
   - 배운 새로운 정보나 기능의 숙달정도에 대한 평가 문항
   - 기억이나 전이를 증진시키기 위한 활동
3. 교육 운영자용 안내서는 다음을 포함해야 한다:
   - 교수 프로그램을 활용할 대상 집단에 대한 내용
   - 연령, 학습 수준이 다른 학습자들에게 어떻게 적응적으로 활용할 것인지를 제시
   - 내용의 소개
   - 교수 프로그램의 학습 목표
   - 프로그램을 어떤 맥락이나 계열로 활용할 수 있는지에 대한 제안
   - 적절한 때(목표, 학습자, 상황, 자원)에 구성주의적 학습 환경을 위한 제안

- 개별화된 학습, 소규모 학습, 학습 센터 활동 혹은 강의 활동을 위한 교수 프로그램 관리를 위한 제안
- 파지 및 전이 활동
- 최종 목표 수행을 평가에 사용하기 위한 검사
- 대상 집단에 활용했을 때 교수 프로그램의 효과성에 대한 증거
- 학생의 작품 평가나 학습의 변화를 보고하는 방법
- 적절하게 교수 프로그램을 사용하는 데 필요한 시간
- 교수 프로그램에 필요한 장비 및 추가 시설

4. 다음 순서대로 교수 전략, 교수 프로그램, 혹은 전체 과정(한정된 시간, 프로그램, 자원의 제한을 받아야 할 경우)이 적합한 순서의 예일 수는 있지만 엄격하게 지켜야 할 양식은 없다:

- 이전의 설계 과정에서 완성했으나 최종적인 구성이 필요한 평가 도구
- 교수 프로그램
- 교육 운영자용 안내서, 원격 학습과 독자적인 학습 프로그램을 운영하는 데 필요한 다른 정보를 포함한 코스 운영 정보

5. e
6. b
7. a
8. d
9. d
10. a
11. e
12. c
13. e
14. a

15. 부록 I의 사전 교수 활동 내용을 참고해 보자. 내용을 제시하고, 그 내용을 통해 학생들을 안내하기 위한 동료 교사의 활용에 대해 살펴보자. 여기에 보면 학생들의 성비와 문화적 배경의 균형을 맞추려고 하는 것을 볼 수 있을 것이다. 이 사전 교수 활동과 함께, 부록 K와 L에 있는 다른 교수 프로그램의 내용도 참고할 수 있다. 부록 F, G, H에 있는 교수 전략과 함께 부록 I, J, K의 자료들을 비교해 볼 수 있다. 이 내용을 웹 사이트에 올려 두면 어떤 이점이 있을지를 상상해 보자. 웹에서는 추가적인 공간, 색깔, 강조, 내비게이션을 할 수 있어 교수 프로그램의 매력과 명확성을 상당히 높일 수 있을 것이다.

참고문헌

Aldrich, C (2005). *Learning by doing: A comprehensive guide to simulations, caputer games, and pedagogy in e-learning and other educational experiences*. San Francisco: Jossey-Bass. 내용, 시뮬레이션, 게임, 교육의 문제를 다루고 있다.

Barron, A., Ivers, K., Lilavois, N., & Wells, J. (2006). *Technologies for education: A practical guide* (5th ed). Englewood, CO: Libraries Unlimited. 다양한 기술을 교육에 효과적으로 활용하기 위한 안내서이다.

Berg, G. A. (2003). *Knowledge medium: Designing effective computer-based learning environments*. Hershey, PA: IGI Publishing. 이론과 실제, 매체 이론과 필름 활용에 대한 비판적 시각을 제시한다.

Brill, J. M., Bishop, M. J., & Walker, A. E. (2006). The competencies and characteristics required of an effective project manager: A web-based Delphi study. *Educational Technology Research and Development 48*(2), 115-140.

Bush, M. D., Walker, C. T., & Sorensen, A. N. (2011). E-learning standards: SCORM and the future of interoperability. *Educational Technology, 51*(5), 20–28. SCORM 기준과 참고 모형에 대한 권고사항을 제시하고 있다.

Churchill, D. (2007). Toward a useful classification of learning objects. *ETR & D, 55*(5), 479–497.

Clark, R. C., & mayer, R. E. (2011). *E-learning and the science of instruction: Proven guidelines for consumers and designers of multimedia learning* (3rd ed.). San Francisco: Pfeiffer. 훈련과 개발 환경에서에서 이러닝에 대한 종합적인 검토를 제시하고 있다.

Coombs, N. (2010). *Making online teaching accessible: Inclusive course design for students with disabilities.* San Francisco, CA: Jossey Bass. ADA 기준을 준수하면서 학습장애아들을 위한 학습 내용과 전달 시스템에 접속하는 방법을 제시하고 있다.

Costello, V., Youngblood, E., & Youngblood, S. (2012). *Multimedia foundations: Core concepts for digital design.* Waltham, MA: Focal press. 멀티미디어 제작과 디지털 스토리텔링에 대한 개념과 필요 역량을 설명하고 있다.

Driscoll, M. (2005). *Advanced web-based training strategies: Unlocking instructionally sound online learning.* SF, CA: John Wiley & Sons.

Educational Technology Magazine, 46(1). (2006). 학습 객체 특별호이다.

Educational Technology Magazine, 47(1). (2007). 학습 안내를 제공하기 위한 교육 agent의 역할을 다룬 특별호. 교육 agent는 화면에서 살아있는 듯 사람처럼 보이는 인터페이스 애니메이션으로 ITS에서 사용자와 상호작용을 하는 친구들처럼 학습 내용, 제안, 안내를 제공하기도 하고 역할 해 보기 게임에서 상호작용적 아바타 같은 역할을 하기도 한다.

Fenrich, P. (2005). *Creating instructional multimedia solutions: Practical guidelines for the real world.* Hershey, PA: Information Science Publishing. 설계 팀, 저작 도구, 디지털 미디어 개발에 대한 내용을 다루고 있다.

Fleming, M., & Levie, W. H. (Eds.) (1993). *Instructional message design.* Englewood Cliffs, NJ: Educational Technology Publications. 개념 학습, 문제 해결 학습, 운동 기능, 태도 변화, 동기 유발을 다루고 있는 아주 좋은 고전이다.

Fuller, R. G., Kuhne, G. W., Frey, B. A.(2010). *Distinctive distance education design: Model for differentiated instruction.* Hershey, PA: Information Science Reference. 온라인 교사를 위한 교수 학습 모형을 설명하고 있다.

Greer, M. (1992). *ID project management. Tools and techniques for instructional designers and developers.* Englewood Cliffs, NJ: Educational Technology Publications. 교수 프로그램 초안 개발과 검사 방법과 함께, ID 팀 조직의 관리 문제를 다루고 있다.

Gustafson, K. L., & Brance, R. M. (1997). Revisiong models of instructional development. *Educational Technology Research and Development, 45*(3), 73–89. EPSS와 래피드 프로토타이핑 방법을 설명하고 있다.

Hall, J. (2012). *Rapid video development for trainers: How to create learning videos fast and affordably.* Alexandria, VA: ASTD press. 큰 돈을 들이지 않고 학습용 동영상을 개발하는 방법을 설명하고 있다.

Hannafin, M. J., & Peck, K. L. (1988). *The design, development, and evaluation of instructional software.* New York, NY: Macmillan. 계획한 교수 전략으로부터 컴퓨터 기반 프로그램을 개발하기 위한 과정을 설명하고 있다. 좀 오래된 책이기는 하지만, 아직도 좋은 자료이다.

Heiphetz, A., & Woodill, G. (2010). *Training and collaboration with virtual worlds: How to create cost-saving, efficient and engaging programs.* Columbus, OH: McGraw-Hill. y research and Development, 55(3), 223–252. 훈련에 사용할 수 있는 기술 소개와 함께 가상의 도구와 우리의 요구를 일치시키는 방법을 보여 주고 있다.

Horton, W. (2011). *e-Learning by design*(2nd Ed.), SF, CA: Pfeiffer. 레슨, 검사, 게임, 시뮬레이션의 개발 방법과 함께, 개별화 학습 프로그램 적용 방법을 설명하고 있다.

Islam, K. A. (2007). *Podcasting 101 for training and development: Challenges, opportunities, and solutions.* San Francisco: Pfeiffer.

Ivers, K. S., & Barron, A. E. (2010). *Multimedia projects in education: Designing, producing, and assessing.* Westport, CT: Libraries Unlimited. 유아교육을 위한 교사, 학생의 멀티미디어 개발 방법을 다루고 있다.

Jonassen, D. H., Peck, K. L., & Wilson, B. G. (1999). *Learning with technology: A constructivist perspective.* Upper Saddle River, NJ; Merrill. 교수 내용을 학생들에게 전달하기 위한 기술의 사용보다는 유의미한 학습이 가능한 기술 활용에 초점을 두고 있다.

Jones, T. S., & Richey, R. C. (2000). Rapid prototyping methodology inactoin. *Educational Technology Research and Development 48*(2), 63–80.

Lee, W. W., & Owens, D. L (2004). *Multimedia-based training:distance broadcast training: performance-based solutions* (2nd ed.). San Francisco: Pfeiffer.

Lim, D. O. O. H., & Yoon, S. W. (2008). Team learning and collaboration between online and blended learner groups. *Performance Improvement quarterly, 21*(3), 59–72. 학습자의 온라인과 블렌디드 러닝 경험을 증진시키기 위한 방법을 다루고 있다.

Mayer, R. E. (2005). *The Cambridge Handbook of multimedia learning*. New York, NY: Cambridge Univ. Press. 문자와 그림을 포함해 컴퓨터 기반 멀티미디어 학습에 대한 이론과 연구 결과를 다루고 있다.

Mayer, R. E. (2009). *Multimedia learning*. New York, NY: Cambridge Univ. Press. 인쇄매체와 화면 설계의 원리를 제시하고 있다.

Morrison, G. R., & Lowther, D. L. (2002). *Integrating computer technology into the classroom* (2nd ed.). Upper Saddle River, NJ: Merrill/Prentice Hall.

Newby, T. J., Stepich, D. A., Lehman, J. D., & Russell, J. D. (2005). *Instructional technology for teaching and learning* (3rd ed.). Englewood Cliffs, NJ: Merrill/Prentice Hall. 프로그램의 계획과 개발, 학습자의 집단 만들기, 원격 학습을 포함한 전달 유형 선택하기, 교수 프로그램의 운영과 평가를 포함하여 교실 수업과 기술의 통합을 다루고 있다.

Pitman, B. (2011). *Designing effective e-learning: A step-by-step guide*. Suwanee, GA: e-Proficiency. 이 러닝 코스를 저작하는 방법에 대한 가이드라인을 제시하고 있다.

Richey, R. C., Kline, J. D., & Tracey, M. W. (2010). *The instructional design knowledge base: Theory, research, and practice*. New York, NY: Taylor & Francis. 교수 설계의 실제를 위한 프레임워크로서의 고전과 최근 이론을 다루고 있다.

Rothwell, W. J., & Kazanas, H. C. (2004). *Mastering the instructional design process: A systematic approach*. San Francisco: Jossy-Bass. 교수 설계 프로젝트 운영 문제를 다루고 있다.

Santos, S. A. (2006). Relationships between learning styles and online learning: Myth or reality? *Performance Improvement Quarterly, 19*(3), 73–88. 온라인 학습에서 학생들이 선호하는 학습 방법이 학습의 성공과는 관계없기 때문에, 온라인 학습에 적응력을 개발하거나, 온라인 코스를 수강하기 위해 학습 스타일 검사 도구를 사용하는 것을 권하고 싶지 않다고 한다.

Simpson, O. (2003) *Student retention in online, open, and distance learning*. London: Kogan Page.

Slatkin, E. (1991). *How to write a manual*. Berkeley, CA: Ten Speed Press. 좀 오래된 책이기는 하지만 학습 내용의 작성과 구조화에 대한 좋은 제안을 해 준다.

Spannaus, T. (2012). *Creating video for teachers and trainers: Producing professional video with amateur equipment*. SF, CA: Pfeiffer. 전통적인 매체와 디지털 매체에서 사용할 동영상 설계와 개발에 대한 안내서이다.

Smaldino, S. E., Lowther, D. L., & Russell, J. D. (2012). *Instructional technology and media for learning* (10th ed.). Upper Saddle River, NJ: Merrill/Prentice Hall. 모든 최신 교수 설계와 매체와 교육공학에서의 기준 등을 제시하고 있다.

Smith, P. J. (2007). Workplace learning and flexible delivery. *Review of Educational Research, 73*(1), 53–88. 일터 학습에 대한 인지적 개념화를 하고 있으며, 유연한 학습 프로그램의 실행에 대한 도전 문제를 다루고 있다.

Tomei, L. A. (Ed.). (2007). *Online and distance learning: Concepts, methodologies, tools, and applications* (Vol. 1–6). Hershey, PA: IGI Publishing. 웹 기반 학습에 대한 논문, 조사 보고서, 사례 연구들을 종합하고 있다.

Vaughan, T. (2011). *Multimedia: Making it work*(8th ed.). Columbus, OH: McGraw-Hill. 웹, CD-ROM, DVD로 멀티미디어를 만드는 방법을 다루고 있다.

Zettle, H. (2011). *Television production handbook* (11th ed.). Belmont, CA: Wadsworth. TV 제작을 위한 최신 아날로그와 디지털 기술들을 다루고 있다.

제11장

형성 평가의 설계 및 실시

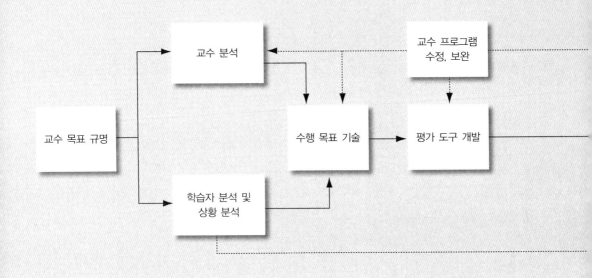

학습 목표

➤ 교육 운영자(instructor)가 개발한 교수 프로그램, 교육 운영자가 선정한 교수 프로그램, 교육 운영자가 운영할 교수 프로그램에 대한 형성 평가의 목적과 다양한 단계를 기술할 수 있다.

➤ 형성 평가에서 사용할 도구를 설명할 수 있다.

➤ 적절한 형성 평가 계획을 수립하고 교수 프로그램을 평가할 도구를 개발한다.

➤ 일련의 교수 프로그램에 대한 형성 평가 계획에 따라 데이터를 수집할 수 있다.

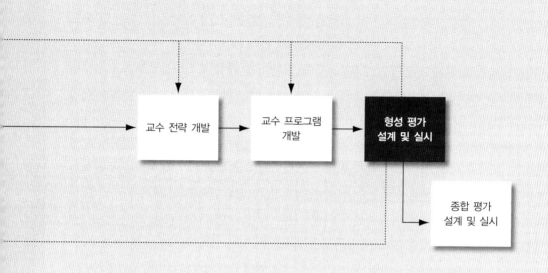

교수 전략 개발 → 교수 프로그램 개발 → 형성 평가 설계 및 실시 → 종합 평가 설계 및 실시

배경

만약 40년 전에 교수 프로그램을 개발했다면, 그 초안이나 수정된 초안을 최종 교수 프로그램으로 보고, 대상 학습자에게 바로 배포했을 것이다. 처음 개발된 교수 프로그램이 가질 수밖에 없는 미흡한 효과 때문에 발생될 확실한 문제점을 외면한 채, 그 프로그램이 제대로 학습 효과를 가져오지 못하면 잘못 가르치고, 잘못 학습을 했다고 비난을 하지만, 문제의 본질은 그것이 아니다. 교사들은 가르치는 데 서툴고, 학생들은 제대로 배우지 못했다고 비난하지만, 사실은 교수 프로그램이 교사와 학생들의 노력을 충분히 뒷받침해 주지 못한 것이다.

시험적 적용을 거치지 않은 교수 프로그램으로부터 발생할 수밖에 없는 문제는 1960년대에 있었던 대규모 교육과정 프로젝트에서 크게 부각되었다. 그 당시, 평가(evaluation)라는 개념을 기존 프로그램과 새롭게 개발하려는 프로그램의 효과 비교로 규명하려는 경향이 있었다. 그 교육과정 프로젝트를 진행하면서 연구자들은 새롭게 개발한 교육과정으로 수업을 하면 상대적으로 학생들의 성취 수준이 낮은 것을 종종 발견했다. 이런 상황을 검토하면서, Cronbach(1975), Scriven, Tyler, Gagné(1967)는 교수 프로그램의 개발 과정에서 교수 프로그램의 효과를 증진하기 위해 데이터와 정보를 수집하는 과정을 **형성 평가**(**formative evaluation**)라고 하는 방향으로 평가의 개념을 확장해야겠다고 결론지었다.

조사보고에 따르면, 매년 미국에서 판매되는 수천 개의 교수 프로그램들은 학습자로부터의 평가를 거쳐 수정, 보완도 되지 않은 것이라고 한다. 어떤 연구에 따르면 학습 프로그램을 단 한 명의 학습자에게라도 시험 적용을 해서 그 결과에 기초하여 수정, 보완만 해도 그 프로그램의 효과는 의미 있는 차이를 보여 준다고 한다.

따라서 교수 설계 모형의 이 구성요소, 즉 형성 평가는 대상 학습자들로부터 프로그램의 활용과 효과에 대한 데이터를 수집하여, 보다 효과적인 프로그램으로 수정, 보완하기 위해 그 데이터의 활용의 필요성을 강조했다.

교수 설계 과정의 모든 설계와 개발의 단계는 이론, 연구 결과, 상식에 기초를 두고 있는 것이다. 이 시점에서 설계자는 자신의 교수 프로그램의 효과에 관한 데이터를 수집하는 평가자가 되어야 한다. 설계자는 교수 설계 모형대로 설계를 함으로써, 처음에는 최종 목표를 스스로 수행할 수 없는 학습자들이 의미 있는 성취를 할수 있게 하는 교수 프로그램을 만들려고 할 것이다. 이제 우리는 그 가정을 검증할 시점에 와 있다.

최근 형성 평가의 개념은 다양한 용도로 사용되고 있어서, 학습자의 성취도를 평가하여 교수 프로그램이나 교육과정의 효과를 증진하기 위해 이 데이터를 활용하는 것이 핵심이 되고 있다(Heritage, 2010). 이런 발상은 상당히 고무적인 것으로 받아들여지면서, 실시 방법도 실시되는 상황들만큼 다양해지고 있다. 여기에서는 처음 개발된 교수 프로그램의 개발 과정에 적용되는 형성 평가에 주목하려고 한다. 우리의 프로그램을 수정, 보완하기 위해 실제로 형성 평가를 활용한 다음에, 형성 평가의 다양한 방법이 교육, 훈련 분야에 적용되는 것을 다루는 관련 연구를 접하면서 새로운 방법을 익힐 수도 있을 것이다.

형성 평가는 본래 교수 프로그램의 1차 초안을 개발한 다음에 그 교수 프로그램을 개선하기 위한 하나의 과정으로 사용해 왔다. 그러나 경험이 많은 설계자들은 설계의 앞 단계들을 시험 적용하면 많은 문제점들을 미리 피할 수 있고, 그렇지 않으면 프로그램의 초안이 완성될 때까지 그 문제가 발견되기를 기다려야 함을 알 것이다.

상황 분석 과정에서 대상 집단의 몇몇 학습자들에게 우리가 가르치고자 하는 것이 무엇인지를 설명하기 위해 우리의 교수 분석 결과를 활용해야 한다고 5장에서 언급했을 것이다. 또한 교수 전략을 완성할 때에도 유사한 방법을 제안했을 것이다. 즉, 어떠한 교수 전략을 교수 개발의 지침으로 사용하기에 앞서, 그 전략을 사용하여 몇몇 학습자들을 '가르쳐' 봄으로써 문제점을 찾아내는 것이다. 이 두 방법 모두 설계 과정을 진행하기 전에 설계 내용을 수정하기 위해 학습자로부터 정보를 수집한다는 점에서 형성 평가라고 말할 수 있다. 이제는 우리가 개발한 교수 프로그램을 가지고 보다 체계적인 방법으로 그 작업을 하게 된다.

이 장과 다음 12장의 내용을 다소 임의적인 기준으로 구분했다. 일반적으로는 형성 평가와 교수 프로그램의 수정을 하나의 단계로 생각할 수 있다. 교수 프로그램을 수정할 때 전체 교수 설계 과정을 재검토해 보는 과정의 중요성을 강조하고, 구분을 명확하게 하기 위해 형성 평가의 설계와 실시를 교수 프로그램 수정 과정과 분리했다.

이 장에서는 새롭게 개발한 교수 프로그램, 이미 나와 있는 프로그램을 채택한 경우, 교사 중심 수업(instructor-led instruction), 이 세 가지 방식이 혼합된 경우에 형성 평가를 실시하는 방법에 대해 살펴보고자 한다. 또한 교수 프로그램뿐만 아니라 교수 과정에, 그 제시 방식과 상관없이, 그 프로그램들이 적합하게 실시되고 관리되고 있는지를 확인하기 위해 이 방법을 적용하는 방법에 대해서도 살펴볼 것이다.

개념

이 장의 핵심 개념은 **형성 평가(formative evaluation)**이다. 형성 평가는 설계자가 개발한 교수 프로그램을 보다 효율적이며 효과적으로 만들기 위해 그 프로그램을 수정하기 위한 데이터를 수집하는 과정이다. 형성 평가는 데이터의 수집과 분석, 교수 프로그램의 수정에 중점을 둔다. 교수 프로그램의 최종안이 만들어지면, 다른 평가자들이 최종안의 효과성을 판단하기 위해 데이터를 수집할 수 있다. 이러한 평가 형태를 흔히 **종합 평가(summative evaluation)**라고 한다. 이제는 최종 형태의 프로그램이 만들어졌기 때문에 같은 내용을 가르치려는 다른 형태의 프로그램과 비교할 수 있다는 점에서 총괄적이라고 할 수 있다.

형성 평가에는 세 가지 기본 단계가 있다. 첫째는 **일대일(one-to-one)** 혹은 **임상적 평가**로, 설계자가 교수 프로그램을 수정하기 위한 데이터를 얻기 위해 개별 학습자와 학습을 하는 방식이다. 형성 평가의 둘째 단계는 **소집단 평가(small-group evaluation)**로, 대상 학습자 집단을 대표할 수 있는 8~20명의 학습자들에게 개발한 교수 프로그램으로 학습하도록 하고, 필요한 데이터를 수집하기 위해 몇 가지 검사도 하게 된다. 형성 평가의 셋째 단계는 **현장 적용(field trial)**이다. 학습자의 수가 그렇게 문제가 되지는 않지만 30명 정도는 되어야 한다. 현장 적용 평가에서는 가능한 한 '현실 세계'와 가장 유사한 상황에서 교수 프로그램을 운영하는 데 요구되는 과정에 대한 평가가 강조된다. 형성 평가의 세 단계를 실시하기에 앞서, 교수 개발 계획에는 직접 참여하지 않았지만 관련 분야에 대한 전문성을 갖춘 전문가들로부터 프로그램에 대한 전반적인 검토를 받는 것이 일반적이다.

형성 평가 설계

형성 평가 설계를 위해 어떤 참조 체제를 활용할 수 있을까? 형성 평가의 목적이 교수 프로그램의 수정을 위해 특정 오류를 찾아내는 것임을 염두에 두면서, 평가 도구, 절차, 평가 인력을 포함한 평가 설계에는 문제가 어디에서 왜 발생했는지에 대한 정보를 제시할 수 있어야 한다. 교수 프로그램의 최종 목표와 수행 목표에만 평가 설계의 초점을 두면 너무 제한적일 수 있다. 학습자들의 목표 성취에 대한 데이터는 중요하기는 하지만 충분하지는 않다. 왜냐하면 이 데이터는 오류의 발생 원인보다는 어디에서 발생했는지에 대한 정보만을 말해 줄 뿐이기 때문이다. 마찬가지로, 무턱대고 데이터 수집을 하는 것도 적절하지 않다. 우리가 상상할 수 있는 모든 것에 대한 데이터 수집을 하려고 한다면 다양한 정보를 얻을 수 있을지는 몰라도 우리가 필요로 하지 않는 데이터를 만들 수 있기 때문이다.

형성 평가를 설계하기 위한 최선의 기착지는 교수 전략이다. 교수 프로그램이 교수 전략에 기반을 두고 만들어졌기 때문에, 교수 프로그램을 개발하면서 발생된 오류의 본질에 대한 해답은 교수 전략에 있다. 평가 도구와 절차를 개발하기 위한 참조 체제로서 교수 전략을 사용하면 범위가 너무 좁거나 넓은 형성 평가를 설계하는 것을 피할 수 있게 될 것이다.

형성 평가의 설계에 도움이 되도록 교수 전략을 사용하는 한 방법은 교수 전략의 요소들을 한쪽에 열거하고 그 교수 프로그램에 대한 주요 질문들을 다른 쪽에 열거하는 표를 만드는 것이다. 질문*요소 표의 각 칸에는 평가 과정에서 각 영역과 요소에 대한 질문을 만들어 넣는다. 이 질문을 사용하여, 이용할 적절한 도구와 절차를 계획하고, 정보를 제공해야 할 적절한 대상을 계획할 수 있다.

지금쯤이면 모두 교수 전략의 다른 구성요소들에 대해 매우 익숙해졌을 것이다. 교수 프로그램의 구성요소 각각에 대한 어떤 일반적인 질문을 해야 할까? 의심할 여지 없이, 개발한 교수 프로그램에 대한 특정 질문이 있을 수 있겠지만, 프로그램 개발 중에 우리가 내린 결정에 직접적으로 관련된 다섯 가지 질문은 모든 교수 프로그램에 대해서 제기해야 한다.

1. 교수 프로그램이 교수 목표 유형에 적절한가? 지적 기능, 운동 기능, 태도, 언어적 정보의 목표에 따른 각각의 다른 처방에 기초하여 교수 프로그램의 개발이 이루어져야 한다. 개발된 교수 프로그램이 각 목표 유형의 기능과 정말로 일관성을 유지하고 있는지에 관심을 가져야 한다. 이런 측면에서 교수 프로그램을 가장 잘 평가할 수 있는 사람은 당연히 그 목표 영역에 대한 전문가이다.
2. 교수 프로그램은 하위 기능들을 적절하게 가르치고 있는가, 그리고 이 기능들은 논

리적으로 묶여 있고, 순서화되어 있는가? 이런 내용을 가장 잘 평가할 수 있는 사람은 내용 전문가이다.

3. 교수 프로그램은 대상 학습자 집단의 대표적인 학습자들에게 분명하고 쉽게 이해될 수 있는가? 분명히 대상 학습자들이 이 문제에 가장 잘 답해 줄 수 있다. 대상 학습자들을 비교적 잘 아는 교사들이나 교육 운영자들도 예비적 정보는 제공해 줄 수 있지만, 궁극적으로 학습자들만이 교수 프로그램의 명확성을 판단할 수 있다.

4. 교수 프로그램은 동기 유발을 제대로 시키고 있는가? 학습자들은 교수 프로그램이 자신들의 요구와 흥미를 반영하고 있다고 생각하는가? 교수 프로그램으로 학습을 하면서 자신감을 느끼는가? 학습자들은 배운 것에 만족하는가? 교수 프로그램의 이러한 측면을 판단할 수 있는 적격자는 역시 대상 학습자 집단을 대표할 수 있는 학습자들이다.

5. 교수 프로그램의 전달 방식이 효율적으로 운영될 수 있는가? 대상 학습자와 교사 혹은 교육 운영자들이 이 문제에 적절하게 대답할 수 있다.

표 11.1은 형성 평가 설계를 위한 기본적인 계획의 예이다. 이 틀을 사용하면 프로그램의 여러 구성요소에 관련된 질문들과, 필요한 대상 집단과 개인들을 포함시키는 데 도움이 된다.

표 맨 아래 두 줄을 보자. 첫 줄은 교수 프로그램의 각 측면을 평가하기에 가장 적절한 개인이나 집단이다. 둘째 줄은 평가자로부터 필요한 유형의 정보 수집 방법들이다. 우리는 전문가들로부터 원하는 정보를 수집하기 위한 체크리스트나 질문지를 만들 수 있다. 또한 교수 프로그램의 특정 부분이 왜 부적절하다고 생각하는지를 알아내고, 어떻게 개선하면 좋을지에 대한 제안을 듣기 위한 인터뷰를 하고 싶을 수도 있다.

학습자로부터 정보를 수집하는 도구를 개발할 때는 단계(일대일 평가, 소집단 평가, 현장 평가), 상황(학습 상황 혹은 수행 상황), 수집하려는 정보의 특성에 대해 신중해야 한다. 일대일 평가에서는 교수 프로그램 그 자체가 하나의 도구 역할을 한다. 그래서 학습자에게 교수 프로그램의 단어 혹은 문장에 원하는 표시를 하게 하거나 어떤 내용에 대한 자신들의 제안을 직접 쓰게 한다. 표의 각 칸의 질문들은 면담이나 질문지에 포함될 관찰하거나 질문을 위한 체크리스트와 같은 도구들을 개발하는 데 이용할 수 있다. 여기에 교수 프로그램에 대해 물을 수 있는 질문들을 별도로 제시했지만, 그대로 평가 도구에 사용해야 한다는 의미는 아니다. 우리가 개발할 도구들은 대상자들로부터 정보를 수집하기가 용이해야 한다.

수집해야 할 정보의 유형에는 최소한 다음의 것들이 포함되어야 한다.

표 11.1 | 형성 평가 설계를 위한 기본 계획의 예

교수 프로그램의 주요 구성요소	프로그램에 대한 주요 질문 영역				
	학습 유형	내용	명확성	동기 유발	관리
사전 교수 활동 동기 유발 목표 출발점 기능					
제시 계열화 단위 내용의 크기 내용 예					
참여 연습 피드백					
평가 사전검사 사후검사					
추후활동 파지 전이 수행 상황					
평가자	학습 전문가	내용 전문가	대상 학습자	대상 학습자	대상 학습자/교사
데이터 수집 방법	체크리스트, 면접	체크리스트, 면접	관찰, 면접, 프로그램 검사	관찰, 면접, 조사지	관찰, 면접

- 내용 전문가의 반응, 즉 내용의 정확성과 최신성을 확인하는 것은 내용 전문가의 책임이다.
- 수행 상황에서 학습한 기능을 사용하는 학습자를 관찰해 온 감독자나 관리자의 반응
- 출발점 기능 검사, 사전검사, 사후검사, 수행 상황에서 수집된 검사 결과
- 학습자들이 교수 프로그램으로 학습을 하면서 어떤 부분에서 그들이 겪은 어려움에 대해 설계자에게 직접 말해 주거나 교수 프로그램에 표시한 조언
- 학습자들의 프로그램 전반에 대한 자신들의 반응과 프로그램의 부분이나 학습 과정에서 자신들이 경험한 어려움에 대한 그들의 반응을 태도 질문지 혹은 프로그램에

표시한 조언을 종합한 것으로부터 수집한 조사 결과
- 교수 프로그램의 모든 구성요소를 완수하는 데 필요한 시간

다음에서 형성 평가에서의 내용 전문가, 학습 전문가, 학습자를 잘 아는 현장 전문가의 역할에 대해 살펴볼 것이다. 그리고 형성 평가에서의 학습 중심의 세 단계에 대해 알아볼 것이다.

형성 평가에서 내용 전문가, 학습 전문가, 현장 전문가의 역할

비록 형성 평가의 과정이 학습자로부터 데이터 수집에 초점이 맞추어져 있지만, 관련 전문가들로부터의 검토를 받아 보는 것 또한 중요하다. 교수 설계자는 내용 영역에 대해 알고 있으며, 내용 전문가와 공동으로 프로젝트를 수행할 수 있으며, 대상 학습자에 대해서도 잘 알고 있다고 본다. 그렇지만 외부 전문가들의 검토를 받아 보아야 할 이유가 있다.

교수 프로그램의 초안을 처음 만들어 보았을 때, 설계자들은 "나무만 보고 숲을 보지 못하는" 문제에 봉착할 수 있다. 그들은 너무나 많은 것을 보아야 하기 때문에 아무것도 볼수가 없을 수 있다. 그래서 개발한 것을 다른 사람들로부터 검토를 받는 것은 설계자에게 대단히 가치 있는 일이다. 프로젝트에 참여하지 않은, 다루고 있는 내용 영역에 높은 수준의 전문성을 가지고 있는 *내용 전문가(SME: subject matter expert)*로부터 내용의 정확성과 최신성에 대한 검토를 받아야 한다. 이때 수정·보완에 대한 여러 가지 제안들을 받겠지만, 설계자가 개발해 둔 교수 전략에 반하는 방향은 어떠한 수정을 하기 전에 신중히 고려해보아야 한다. 그 다음에는 학습 목표 등에 전문성을 가지고 있는 교수 설계 전문가들에게서 자문을 받는다. 이 문제에 정통한 전문가라면, 어떤 영역의 목표를 가르치기에 가장 효과적인 교수 전략들을 세우고 있는지에 대한 검토를 해 줄 것이다.

교수 설계의 초안에 대해 대상 학습자들을 잘 아는 사람도 대상 학습자들의 관점에서 교수 프로그램을 바라보고 반응해 줄 수 있는 사람과 의견을 나누는 것이 도움이 된다. 이 전문가는 교수 프로그램을 학습하고 나서 배운 것을 실무에 잘 활용하는 데 도움이 될 수 있는 프로그램인가에 대한 통찰적인 아이디어를 줄 수 있다.

설계자가 이 전문가들의 제안을 반드시 그대로 수용해야 하는 것은 아니다. 학습자로부터 데이터를 수집하고 종합한 다음에 그 데이터는 설계자가 고려할 수도 있는 몇 가지 추천사항일 뿐이다. 그러나 형성 평가 과정을 통해 학습자들에게 어떤 정보를 얻기 전에도 잠정적인 문제점에 대해 감지하고 있어야 한다.

학습자들과의 일대일 평가

교수 프로그램에 대한 형성 평가의 세 단계 중 이 단계를 할 준비가 되었다고 하는 것은 우리 교수 설계자가 하나의 교수 프로그램을 새롭게 개발했음을 의미한다. 다음 절에서는 기존의 교수 프로그램을 사용할 때 혹은 교사 주도 수업(instructor-led instruction)을 설계했을 때의 절차의 차이점에 대해 살펴볼 것이다.

형성 평가의 첫 단계인 **일대일 평가**는 교수 프로그램의 너무나 명백한 오류를 찾아내서 제거하고, 학습자들로부터 프로그램 내용에 대한 최초의 학습 성취의 증거와 반응을 얻어내는 데에 그 목적이 있다. 교수 설계자와 개별 학습자 간의 직접적인 상호작용을 하는 가운데 교수 설계자는 대상 학습자 집단을 대표할 수 있는 세 명 이상의 학습자들과 개별적으로 같이 학습을 해 보는 것이다.

준거 교수 전략과 교수 프로그램 개발 중, 교수 설계자와 개발자들은 학습 내용, 학습자, 프로그램 유형, 학습 환경을 연결시키기 위한 수많은 판단을 해야 한다. 일대일 평가는 설계자에게 학습자의 관점에서 이런 연결과 판단이 얼마나 효과적으로 이루어졌는지를 처음으로 어렴풋하게나마 볼 수 있게 해 준다. 평가 중에 설계자가 해야 할 결정과 주요 준거는 다음과 같다.

1. **명확성:** 대상 학습자들에게 학습 내용의 메시지 혹은 제시 내용이 명확한가?
2. **효과:** 교수 프로그램은 우리가 규명한 프로그램의 최종 목표와 수행 목표의 성취와 학습자의 태도에 어떤 영향을 주는가?
3. **실행 가능성:** 이용할 수 있는 자원(시간/상황)이 주어진다면 교수는 얼마나 실행 가능한가?

일대일 평가는 교수 설계자와 개발자의 직감이 옳았는지 혹은 대상 학습자의 특성을 잘못 반영하지는 않았는지를 검증해 보고자 하는 것이다.

학습자 선정 형성 평가에서 교수 설계자가 해야 할 가장 중요한 결정 중의 하나는 이 평가를 위한 학습자들을 잘 선정하는 것이다. 이 평가는 실험이 아니기 때문에 많은 수의 학습자들 중에서 무선 표집할 필요가 없다. 실제로, 사전 학습이나 능력이 새로운 기능이나 정보의 학습을 결정해 주는 능력이기 때문에, 설계자는 대상 학습자 집단에서 다양한 능력의 범위를 대표할 수 있는 소수의 학습자들을 선정해야 한다. 따라서 교수 설계자는 대상 학습자로부터 능력이 평균 이상인 (반드시 최상위 학습자일 필요는 없다) 학습자, 평균 학습자, 평균에 못 미치는 학습자를 최소한 한 명씩 선정한다. 그 다음, 교수 설계자는 각각의 학습자와 개별적으로 형성 평가를 한다. 세 학습자와의 최초 평가를 한 다음에 보통은 세 명으로 충분하지만, 교수 설계자는 일대일 방식으로 평가할 몇 명의 학습자를 더 선정할 수도 있다.

교수 설계자는 학습자들의 목표 성취와 밀접하게 관련된 능력보다는 학습자 특성에도 관심을 가져야 한다. 그래서 형성 평가 과정에서 학습자들의 대표적인 특성들이 체제적으로 반영될 수 있어야 한다. 5장에서 보았듯이, 태도와 사전 경험은 매우 중요하기 때문에, 이 변수들이 형성 평가 과정에서 신중하게 고려되어야 한다. 형성 평가의 일대일 평가를 위해, 교수 설계자는 학습 내용에 대해 매우 긍정적인 태도를 가진 학습자 1명, 중립적인 학습자 1명, 부정적인 학습자 1명씩을 선정하고 싶어할 수도 있다.

마찬가지로, 직업에 대한 경험이 중요한 요인이라면, 직장생활을 10년 혹은 그 이상 한 경험이 있는 사람, 2년에서 5년 정도 경험이 있는 사람, 1년 미만인 사람을 선정할 수도 있다. 요점은 형성 평가를 위해 학습자를 선정하는 데 있어서 능력만이 결정적으로 중요한 요소가 아니라는 점이다. 교수 설계자는 교수 설계 상황에 따라서 이 결정을 해야 한다.

데이터 수집 일대일 평가 중에 내린 결정과 세 가지 주요 준거는 평가자로 하여금 어떤 정보에 주목해야 할지를 말해 준다. 표 11.2는 명확성, 효과, 실행 가능성 준거를 가지고 비교해 보아야 하는 정보들을 제시하고 있다. 각 준거에 대한 항목들은 모든 항목을 망라한 것이 아니라 몇 가지 예로 보아야 한다. 이 내용들은 학습자의 성숙도, 학습 내용, 전달 방법에 따라 달라질 수 있기 때문이다.

내용의 명확성에는 학습 내용을 제시하기 위한 메시지, 관련성(links), 절차의 세 범주가 포함된다. 첫 범주인 메시지는 학습자들에게 기본적인 메시지가 얼마나 분명하게 전달되느냐의 문제로, 그것은 사용한 어휘, 문장의 복잡성, 내용의 구조에 의해 결정되는 것이다. 학습자가 그 메시지를 읽고, 듣고, 보는 등의 방법과 무관하게, 학습자들은 그 메시지를 따라 따라갈 수 있어야만 한다. 관련성이라는 다음 범주는 기본적 메시지는 물론, 사용한 상황, 예, 비유, 삽화, 시연 등이 학습자에게 얼마나 잘 맞추어져 있느냐의 문제이다.

이 관련성을 위해 사용한 방법들이 학습자들에게 익숙하지 않을 때, 기본 메시지는 틀림없이 더 복잡해질 것이다. 절차는 제시 속에 구현한 내용 제시의 순서(계열), 내용 분절의 크기, 분절 간의 전환, 속도, 다양성 등의 교수 프로그램의 특성을 말한다. 교수 프로그램의 명확성의 요소 중에 어느 하나라도 적합하지 않으면 바로 수정해야 한다. 교수 프로그램에서 너무 느리고 반복적으로 가르치면 학습자들의 흥미를 잃게 할 것이고, 반대로 너무 빨리 진행하면 이해하기가 어려울 수 있다.

표 11.2 ┃ 일대일 평가를 위한 형성 평가 준거와 각 준거별 평가해야 할 내용의 유형

준거			
	메시지	**관련성**	**절차**
교수 프로그램의 명확성	• 어휘 수준 • 문장의 복잡성 • 메시지의 복잡성 • 도입 • 정교화 • 결론 • 전환	• 상황 • 예 • 비유 • 삽화 • 시연 • 복습 • 요약	• 계열 • 분절 내용(segment)의 크기 • 전환 • 속도 • 다양성(variation)
	태도	**목표의 성취도**	
학습 효과	• 정보와 기능의 유용성(관련성) • 학습 내용을 학습하기가 얼마나 어렵거나/쉬운가(자신감) • 학습 내용의 만족감	• 사후검사의 안내와 문항의 명백성 • 사후검사 점수	
	학습자	**자원**	
실행 가능성	• 성숙도 • 독립심 • 동기 수준	• 시간 • 장비 • 환경	

양적인 데이터보다는 기술적인 정보가 아마도 교수 프로그램 수정을 필요로 하는 명확성에 대한 최선의 정보를 제공해 줄 것이다. 만약 교수 프로그램이 컴퓨터의 모니터 또는 인쇄물로 전달된다면, 학습자는 익숙하지 않은 모든 단어, 명확하지 않은 예, 삽화, 단락에 밑줄을 그어 두거나 형광펜으로 표시하고, 혼동이 되는 그림이나 도표의 지시문에 표시해 두라고 요구한다. 또한 학습자는 동영상이나 슬라이드를 사용할 때에는 분명하지 않은 용어나 혼동되는 내용을 적어 두게 하거나, 혼동스런 용어나 문장에 대해 평가자와 함께 알아보기 위해 언제나 사용 중인 장비를 멈추게 요구할 수도 있다. 일대일 평가를 하는 중, 전달 시스템의 형태가 무엇이든지, 학습자에게 분절의 크기, 속도와 같은 절차상의 문제에 대한 질문을 할 수 있다. 절차상의 문제에 관한 정보는 학습자가 강사의 수업을 듣고, 교수 프로그램을 읽고, 화면을 보는 것을 관찰해서 얻을 수도 있다. 이렇게 관찰을 해 보면 학습자들이 불안해하는지 지루해하고 피곤해하는지를 알 수 있고, 학습 과정에서 이 세 가지 문제가 학습의 어떤 시점에서 분명하게 나타나는지를 알게 될 것이다.

표 10.2의 둘째 준거인 학습자에 대한 영향(효과)은 교수 프로그램에 대한 태도와 목표의 성취 정도에 대한 것이다. 평가자는 교수 프로그램이 (1) 개인적으로 도움이 되는가(관련성), (2) 어느 정도 노력하면 성공적으로 학습할 수 있는가, (3) 학습 경험이 그들에게 만족감을 줄 수 있는가에 대해 학습자들이 어떻게 인식하고 있는지를 알아내야 한다. 성취

와 관련하여, 사후검사는 개인이 정보를 획득하게 되었고, 어떤 과제를 수행할 수 있게 되었는지를 알 수 있게 해 준다. 이 성취도 측정치의 유형은 전달 매체에 따라 다르다. 수행을 요구하는 질문 혹은 안내문을 교사(교육 운영자)가 구두로 제시할 수 있다. 학습자로 하여금 (1) 종이와 연필, 키보드로 응답하게 하거나, (2) 교사의 질문에 구두로 응답하거나, (3) 실제로 어떤 것을 개발하거나 수행해 보라고 요구할 수 있을 것이다.

표 11.2의 셋째 준거인 실행 가능성(feasibility)은 일대일 평가에서 학습자의 역량, 학습 매체, 교수 환경 등을 포함하여 이런 요소들이 실제로 실행 가능한지에 대한 운영에 대한 내용들이다. 흥미를 가질 만한 질문의 예는 다음과 같다.

1. 학습자의 성숙도, 독립심, 동기 수준이 학습을 성공적으로 완료하는 데 필요한 시간 량에 어떤 영향을 주는가?
2. 학습자들이 필요한 장비를 조작할 수 있거나 조작하는 것을 쉽게 배울 수 있는가?
3. 학습자가 우리가 설계한 학습 환경을 편안하게 느끼는가?
4. 제시된 시간 내에 교수 프로그램을 전달하는 데 드는 비용은 합리적인가?

절차 일대일 평가를 위한 전형적인 절차는 학습자에게 우리가 설계한 새로운 교수 프로그램에 대한 학습자들의 반응을 들어 보고 싶다고 설명하는 것이다. 여기에 있을 수 있는 어떤 잘못도 학습자들의 탓이 아니라 전적으로 프로그램의 결함 때문이라고 반드시 말해 주어야 한다. 학습자들에게 편안하게 긴장을 풀게 하고, 프로그램에 대해 자유롭게 이야기하도록 해야 한다. 학습자로 하여금 그 교수 프로그램으로 학습을 하고 포함되어 있는 검사도 해 보도록 해야 한다. 그리고 학습하는 데 걸린 시간도 기록해야 한다.

교수 설계자들은 교수 프로그램을 준비하면서 이러한 과정이 대단히 가치 있음을 알게 된다. 학습자들이 이렇게 학습을 하면서, 인쇄상의 오류, 내용과 페이지 누락, 잘못 붙여진 그림, 웹 페이지에서의 부적합한 링크, 불가피하게 발생할 수밖에 없는 다른 기술적인 어려움들도 찾아낸다. 학습자들은 종종 가르치려는 개념이나 학습 내용의 순서에 대해 어떤 어려움을 겪게 되었다고 말해 줄 수도 있다. 그들은 가르치려고 했던 내용을 검사하고 있는지에 대해 생각한 바를 말해 줌으로써 검사에 대한 평가도 해 줄 수 있다. 이런 모든 정보는 교수 프로그램과 검사의 전반적인 문제뿐만 아니라 작은 오류를 수정하는 데 이용할 수 있다.

설계자의 분석적인 역량을 강조했던 교수 설계의 초기 단계와는 대조적으로, 일대일 형성 평가에서 가장 중요한 부분은 학습자와 친밀감(rapport)을 형성하여 효과적으로 그들과 상호작용을 할 수 있는 능력이 절대적으로 필요하다는 점이다. 학습자는 지금까지 자신들이 받은 수업에 대해 비판할 기회가 전혀 없었기 때문에, 학습이 성공적이지 않았다면 그 것은 온전히 자신들의 실수에 기인한다는 전제를 가지고 있는 것이 일반적이다. 그러나 여 기에서는 그들에게 제공한 교수 프로그램에 대해 얼마든지 비판하는 것이 정당함을 확신 시켜 주어야 한다. 이 젊은이들이 권위가 있어 보이는 사람을 비판하는 것은 특히 힘든 일 이다. 따라서 교수 설계자는 학습자가 부정적인 말을 얼마든지 할 수 있는 수용적인 분위 기를 조성해야 한다.

일대일 평가에서 둘째로 중요한 것은 상호작용적 과정이다. 설계자가 학습자에게 교수 프로그램을 건네주고 "이것을 읽고 문제가 있으면 말해 주세요."라고 한다면 상호작용적 과정의 위력이 크게 훼손된다. 설계자는 학습자와는 대각선 방향으로 앉아서, 학습자와 함 께 마음속으로 읽고, 설계자가 미리 정해 놓은 시점에서 교수 프로그램의 내용에 대해 학 습자와 토론을 해야 한다. 이 토론에서 연습 문제의 답에 초점을 둘 수도 있고, 내용 제시에 대한 의견들을 나눌 수도 있다. 일대일 평가를 실시하기 전에 항상, 교수 설계자는 어떤 방 법으로 상호작용을 할 것인지, 학습자가 평가자와 언제 이야기하는 것이 적절할지를 어떻 게 알려줄 것인지에 대한 전략을 가지고 있어야 한다.

일대일 평가는 한 번에 한 사람씩 해야 한다. 여러 명의 학습자들과 함께 일대일 평가를 하는 것은 불가능하다. 교수 설계자가 평가를 진행하면서, 학습자가 제시해 주는 조언이나 제안들뿐만 아니라, 설계자가 생각하기에 보다 효과적일 수 있는 방법들을 기록하는 것은 필요하다. 이런 내용들은 평가 중에 사용한 교수 프로그램이나 녹음기에 기록할 수도 있는 데, 우리가 지금까지 경험한 바에 따르면, 학생들은 이런 과정에 잘 적응했던 것 같다.

평가와 질문지 일대일 평가에서 학생들은 학습을 마친 다음에, 같은 방식으로 사후검사와 태도 질문지도 검토해 보도록 해야 한다. 평가 문항에 응답하게 하고, 왜 그렇게 응답했는 지를 물어봐야 한다. 이렇게 하면, 실수 그 자체뿐 아니라 실수의 원인을 찾는 데 도움이 될 것이고, 이런 정보는 수정, 보완을 하는 데도 많은 도움이 될 것이다. 또한 검사 문항 개발 자에게는 완벽하게 분명해 보였던 어떤 검사 문항이 학습자에게는 완전히 잘못 해석되는 경우를 발견할 수도 있다. 만약 이러한 잘못된 문항이 소집단 평가에서의 검사에서도 여전 히 문제가 된다면, 이 평가 문항 혹은 교수 프로그램에 결함이 있는지를 결정해야 할 문제 일 수 있다. 교수 프로그램에 대한 평가를 할 때와 마찬가지로 평가 도구를 평가하는 데 있 어서도 최대한의 관심을 가져야 한다.

수행 평가와 산출물 평가를 위한 안내문이나 평가 기준(rubric)도 실제 평가에 사용되기 전에 형성 평가가 이루어져야 한다. 지필 검사와 마찬가지로, 안내문이 학습자들에게 분명 하게 전달되는지, 실제 수행이나 산출물을 만들어 내라고 요구하는 안내문을 학습자들이 따라 할 수 있도록 되어 있는지를 확인해야만 한다.

또한 평가 도구의 활용성도 특히 다음과 같은 요소에 대해 평가해야만 한다. (1) 판단해야 할 각 요소들의 관찰 가능성 (2) 구체적으로 풀어서 설명하는 방식의 명확성 (3) 내용 제시 순서의 효과성. 평가자의 응답 양식에 대해서, 판단의 수와 유형과 관찰하고, 판단하고, 판단 결과를 표시할 수 있는 시간에 의하여, 응답의 범주와 준거가 합리적인지도 검토해야 한다. 만약 평가하는 사람이 학습자의 수행을 따라갈 수 없다면, 판단의 정확성이 줄어들 수밖에 없다.

판단에 대한 신뢰도는 동일한 수행과 산출물을 시간 간격을 두고 두 번 혹은 그 이상 평가해서 얻을 수 있다. 아니면 두 사람 혹은 그 이상의 평가자가 같은 평가 도구로 동일한 수행이나 산출물을 평가하도록 하여 신뢰도를 얻을 수도 있다. 혹은 한 사람의 평가자가 하나의 산출물에 대해 두 번 이상의 평정을 하도록 하거나 다수의 평가자가 하나의 산출물에 대해 평정을 하게 해서 그 평정 결과가 통계적으로 의미 있을 정도로 다르게 나온다면, 그 평가 도구는 평가 요소의 수, 평정 수준의 수, 각 수준에 대한 준거의 명확성 등의 측면에서 수정해야 한다. 평정하기 위해서 관찰해야 할 요소의 수와 판단 영역의 수는 평정의 일관성을 확보할 수 있을 때까지 줄여야 한다. 평가 도구를 반복적으로 이용해서 평가 결과를 검토하는 것은 그 도구를 이용했을 때의 유용성과 일관성을 증명하기 위해 필요한 과정임을 의미한다.

마지막으로, 점수 채점 방법을 평가해야 한다. 평가 도구에 대한 형성 평가 과정에서 수집한 자료를 이용하여, 계획한 대로 요소 수준의 점수를 종합해서 요약해 보자. 이 종합한 점수를 목표별 수준과 전체 수행 정도에 따라서 검토해 보자. 이 점수가 논리적이고 해석 가능한가? 이 점수를 학습 프로그램과 학습 결과로 나온 수행 수준의 어떤 부분들을 평가하는 데 사용할 수 있는가? 그렇지 않다면, 유용한 데이터를 얻을 때까지 평정 혹은 채점 절차를 수정해야 한다.

학습 시간 일대일 평가에서 교수 설계자의 관심사항 중 하나는 학습자들이 이 프로그램으로 학습하는 데 필요한 시간의 양을 정하는 것이다. 이 평가 과정에 학습자와 설계자 간의 상호작용이 포함되기 때문에 그 시간은 대략적인 추정일 수밖에 없다. 전체 시간으로부터 상호작용에 걸린 시간을 빼면 될 수 있겠지만, 우리가 경험한 바에 따르면, 이때의 추정치는 상당히 정확하지 못했다.

일대일 평가에 대한 대단히 중요한 하나의 조언을 해두고 싶다. 학습자들을 보통 상처 받기 쉬운 상황에 처하게 하거나, 자신의 무지가 드러나도록 요구해서는 안 된다. 성인들도 자기가 아주 일반적인 단어의 뜻을 모르는 것을 쉽게 인정하고 싶어할까?(그들은 항상 사전을 찾아보고 잊어버렸다고 생각하고 싶어할 것이다.) 일대일 평가 단계에서 교수 설계자는 통제할 수 있는 위치에 있기 때문에, 학습자들에게 편안한 느낌을 갖는 학습 환경을 제공해 줄 책임이 있다. 학습자들은 일반적으로 자신들의 현재 지식 수준에서의 부족함을 드러내기를 주저할 수 있기 때문에, 프로그램의 목표와 학습자들에 대한 지원을 위해 가능한 모든 노력을 다해야 한다. 학습자가 없이는 형성 평가도 없기 때문이다.

데이터 해석 교수 프로그램의 명확성, 학습자의 학습 효과, 교수 프로그램의 적용 가능성에 대한 정보들을 요약하고 주목해야 한다. 교수 프로그램 중에서 특히 약하다고 판단된 부분은 형성 평가 대상이 아닌 이후의 대상 학습자에게 그 효과를 높이기 위한 수정을 계획하기 위해 재고되어야 한다. 일대일 평가 결과의 해석에서 중요한 주의사항이 하나 있다. 한 명의 학습자로부터 얻은 데이터를 과대 일반화하지 말아야 한다. 비록 이 평가에 참여한 학습자가 대상 학습자들을 대표할 수 있는 학습자이기에 이 학습자의 응답이 대상 집단의 전형적인 응답일 것이라고 확인했지만, 다른 학습자도 똑같은 방식으로 응답하리라고 보장할 수는 없다. 대상 학습자들의 다양한 능력, 기대, 성격의 차이로 다양한 형성 평가의 결과(데이터)가 나올 수 있기 때문이다. 일대일 평가로 얻은 정보는 일반화될 수도 있고 그렇지 않을 수도 있는 "선보여 주기(first glimpse)" 데이터로 보아야 한다. 이 평가 과정에서 분명한 교수 프로그램의 큰 오류들이 명백하게 드러나면, 당연히 즉시 정확하게 수정해야 할 것이다. 수정해야 할지가 의문스러운 부분들은 다른 학습자들과의 일대일 평가나 소집단 평가가 이루어지고 난 후까지 그 수정을 보류해야 한다.

결과 일대일 평가의 결과는 (1) 학습자들에게 적절한 어휘, 문장 구조, 예, 삽화를 담고 있으며, (2) 학습자의 긍정적인 태도와 목표 성취를 이루어낼 수 있었는지, 그렇지 못하다면 다음 평가에서 학습자의 태도와 목표 성취를 개선해야 할 목표에 대한 학습 활동을 수정하고, (3) 참여할 수 있는 학습자, 이용 가능한 도구, 환경으로 활용할 수 있는 교수 프로그램을 확보하는 것이다. 이 교수 프로그램은 차후의 소집단 평가를 통해 보다 나은 모습으로 수정될 수 있다.

다음에서는 일대일 평가 결과를 요약하는 방법과 수정 내용을 결정하는 방법에 대해 살펴볼 것이다. 여기에서는 일대일 평가에 의한 수정이 끝난 후에 이루어져야 할 단계를 살펴보게 된다.

소집단 평가

소집단 평가의 목적은 기본적으로 두 가지이다. 첫째, 일대일 평가 결과로 수정한 효과가 있는지, 학습자가 학습하는 데 아직도 어떤 문제가 남아 있는지를 찾아내는 것이다. 둘째, 학습자가 교사(교육 운영자, 설계자)와의 상호작용이 없어도 이 프로그램을 활용하여 학습을 할 수 있는지를 판단하는 것이다. (지금 이 순간에도, 교수 설계자는 자기 주도적 형태의 교수 프로그램을 설계하고 있다고 가정한다.)

준거와 데이터 교수 프로그램의 효과를 평가하기 위해 사용하는 대표적인 측정치는 사전검사와 사후검사에 대한 학습자의 성취 점수이다. 사전검사는 출발점 기능뿐만 아니라 가르친 모든 목표에 대한 문항을 포함하고 있고, 사후검사는 프로그램의 최종 목표와 하위목표에 대한 학습자의 성취 정도를 측정한다. 이 성취 수준 이외에도, 태도 검사 설문지를 이용하여 학습자들의 프로그램에 대한 태도를 알아보고, 간혹 인터뷰를 병행하기도 한다. 교수 프로그램의 실행 가능성에 대한 다음과 같은 내용을 알아본다. (1) 학습과 검사를 실시하는 데 걸리는 시간, (2) 계획한 교수 프로그램의 유형과 환경의 전달 가능성과 경비, (3) 교수 프로그램을 실행하거나 관리해야 하는 사람들의 태도.

학습자 선정 소집단 평가를 위해, 대략 8명에서 20명 정도의 학습자들을 선정해야 한다. 학습자 수가 8명 미만이면, 수집한 데이터는 아마도 대상 학습자들을 대표하기가 어려울 수 있다. 반면에 20명보다 많은 학습자들로부터 데이터를 수집할 경우, 필요로 하는 것보다 더 많은 정보를 수집한다고 해서 추가적인 정보를 얻는 것이 아니다.

소집단 평가에서 학습자의 선정은 중요하다. 교수 프로그램의 평가를 위한 학습자들은 가능한 한 최대한 대상 학습자 집단을 대표할 수 있어야 한다. 이상적으로는 학습자들을 무선적으로 표집해야 소집단 평가 결과를 전체 대상 학습자들에게 일반화할 수 있을 것이다. 하지만 보통의 공립학교, 기업체, 성인교육 기관에서 완전한 무선 표집은 불가능하고, 경우에 따라서는 그것이 그다지 바람직하지도 않다.

무선적으로 학습자를 선정할 수 없거나 선정할 수 있는 학습자의 수가 상대적으로 적을 경우에는 그 대상 학습자들의 모집단에서 다음과 같은 특성들로 분류할 수 있는 하위집단에서 최소한 1명 정도의 대표적인 학습자들을 선정하도록 해야 한다.

- 성취 수준이 하, 중, 상인 학생
- 다양한 모국어를 사용하는 학습자들
- 특정한 방법(예, 웹 기반 교수 프로그램)에 익숙한 학습자와 익숙하지 않은 학습자

● 어린 학습자 혹은 경험이 적은 학습자뿐만 아니라 나이가 많고 성숙한 학습자

대상 집단이 동질적일 때, 이러한 하위 집단별 표집은 문제가 되지 않는다. 대상 집단이 다양한 능력과 배경을 가진 사람들로 구성되어 있을 때, 교수 설계자는 소집단에서 대표적인 학습자들을 표집해야 한다. 예를 들면, 성취 수준이 낮은 학습자가 수준이 높은 학습자들을 염두에 두고 개발한 교수 프로그램을 이용하여 잘 학습하게 되리라고 예상하는 것은 불가능한 일이다. 대상 학습자들을 잘 대표하는 학습자들을 선정했다면 우리가 개발한 프로그램에서 무엇을 수정해야 할지에 대한 보다 통찰력 있는 판단을 할 수 있을 것이다.

소집단 평가에 참여하게 된 학습자들 중에는 자발적으로 참여하겠다는 학습자들을 선정해야 할 경우도 있기 때문에 흔히 표집이 편향되기 일쑤이다. 교수 설계자는 이러한 문제점을 인식하고 있으면서, 소집단 평가에 참여할 학습자를 표집할 때 나타날 수 있는 모든 제약조건들을 고려하여, 가능한 한 대상 집단을 잘 대표할 수 있는 집단을 구성해야 한다. 이 단계를 소집단 평가(small-group evaluation)라고 하지만, 이 용어를 사용하는 것은 참여하는 학습자 수 때문이지, 프로그램을 실제 사용할 학습자들이 있는 상황을 지칭하는 것은 아니다. 예를 들면, 만약 교수 프로그램에서 고도의 기술적 장비를 사용해야 하고, 사용할 수 있는 장비가 하나뿐이라면, 개별적으로 교수 프로그램을 사용할 수 있는 8~20명의 학습자를 확보해야 한다. 모든 학습자를 소집단 평가를 위해 한 번에 한 장소에 소집할 필요는 없다.

절차 소집단 평가의 기본적인 절차는 일대일 평가에서 사용되는 것과는 사뭇 다르다. 교수 프로그램이 개발을 위한 형성 평가 단계에 있는데, 어떻게 하면 보다 낫게 만들 수 있을지에 대해 학습자들에게 피드백을 받을 필요가 있다는 평가자의 설명으로 시작된다. 이렇게 설명한 후, 최종 교수 프로그램이 사용될 때 계획한 방법대로 운영하면 된다. 만약 사전 검사를 실시하도록 되어 있다면, 먼저 실시해야 한다. 이 평가 과정에 교육 운영자나 교사의 개입은 가능한 한 최소화되어야 한다. 장비에 고장이 생겼거나, 학습자가 학습 과정 중 수렁에 빠져 더 이상 진행하지 못하는 경우에만 개입해야 한다. 각 학습자에게 보이는 어려움이나 떠오르는 해결책이 있으면 나중에 수정할 부분으로 기록해 두어야 한다.

평가와 질문지 소집단 평가에서 해야 할 또 다른 일은 태도 질문지로 검사하는 것이고, 가능하면, 학습자들 중에서 몇몇에게만 심층 면접을 할 수도 있다. 교수 프로그램에 대한 학습자들의 반응을 수집하는 주된 목적은 그들의 관점에서 교수 전략들을 구현했을 때 그 전략의 약점과 강점들을 찾는 것이다. 따라서 다음의 질문들을 이용해서 전략의 다양한 구성

요소들에 대해 성찰해 보아야 한다.

- 교수 프로그램은 흥미가 있었는가?
- 학습해야만 하는 내용이 이해되는가?
- 교수 프로그램의 내용과 학습 목표가 직접적으로 연관되는가?
- 연습은 충분했는가?
- 배운 내용을 연습하고 있는가?
- 학습 목표에 나와 있는 내용을 검사에서 물어보고 있는가?
- 연습에서 충분한 피드백을 주고 있는가?
- 검사에서 질문에 대한 응답을 할 때 자신감을 느꼈는가?

이 질문들은 태도 질문지에서 물을 수도 있고, 그런 다음 학습자와의 인터뷰에서 심층적으로 물어볼 수도 있다. 교수 전략의 구성요소에 이 질문들을 이용하여, 교수 프로그램의 특정 구성요소나 절차에 대한 학습자들의 반응을 알아볼 수도 있다. 교수 프로그램의 개발을 완성한 다음에 학습자와의 토론에서 교육 운영자(혹은 설계자나 교사)는 교수 프로그램의 속도, 흥미도, 난이도에 대해 물어볼 수도 있다.

데이터의 종합과 분석　소집단 평가에서 나온 양적인 정보와 기술적인 질적 정보를 종합하여 분석해야 한다. 양적인 데이터는 검사 점수, 학습에 필요한 시간, 경비 등이다. 기술적인 정보는 태도 질문지, 인터뷰에서 나온 조언, 평가자의 기록 등으로 구성된다.

산출물　소집단 평가와 교수 프로그램 수정의 목적은 계획한 환경에서 대상 학습자가 가장 효과적으로 학습할 수 있는 프로그램을 만드는 것이다. 교수 프로그램을 다듬는 것은 평가 문항의 예나 어휘를 수정하거나, 학습 시간을 늘리는 것처럼 간단할 수도 있다. 또는 교수 전략상의 주요한 변화(예, 동기 유발 전략, 목표별 제시의 순서, 전달 형태)나, 학습자에게 제시할 내용의 특성 등을 수정할 수도 한다. 일단 교수 프로그램을 적합하게 수정했다면, 현장 평가를 착수할 수 있다.

현장 평가

형성 평가의 마지막 단계에서 교육 운영자(교사)는 최종적으로 교수 프로그램을 사용하려고 했던 상황과 매우 유사한 학습 상황에서 그 프로그램을 사용하려고 한다. 형성 평가의 마지막 단계인 이 평가의 목적은 소집단 평가 단계의 평가 결과를 반영해서 수정한 효과가 있는지를 알아보는 데 있다. 또 다른 목적은 개발한 교수 프로그램이 계획한 상황에서 제대로 활용될 수 있는지를 알아보는 데 있다.

　　이러한 문제에 대한 답을 얻기 위해서, 검사, 교육 운영자용 지침서를 포함한 모든 교수 프로그램이 수정되고, 실제에 사용할 수 있는 준비가 되어 있어야 한다. 만약 강사 혹은 교사가 이 교수 프로그램의 실행에 포함되어야 한다면, 설계자가 그 역할을 담당해서는 안 된다.

평가 장소　현장 평가를 위한 장소를 정해야 할 때, 우리는 다음의 두 가지 중 하나의 상황을 만나게 될 것이다. 첫째, 교수 프로그램이 대단위 집단의 누구나 같은 진도로 공부하고 있는 강의실에서 운영되어야 하는 경우라면, 학습자별 개별 진도가 가능한 개별화 교수 프로그램(self-instructional materials)은 학습자들에게 대단히 생소한 경험이 될 것이다. 학습자들에게 이 교수 프로그램을 어떻게 사용하는지, 지금까지 해 오던 수업과는 어떻게 다른지를 설명해 줌으로써 한 번도 경험한 적이 없는 새로운 학습 과정에 대한 기반을 다지는 것이 중요하다. 단지 전통적인 수업 방식이 아니라는 이유만으로, 학습을 잘 할 것이라는 보장은 없지만 학습자들은 이런 새로운 방식에 흥미를 보일 것이다.

　　둘째, 만약 개별화 수업에서 사용될 경우, 학습자들의 수준이 천차만별할 수 있기 때문에, 그 교수 프로그램을 사용할 준비가 된 학습자들을 충분히 찾기가 매우 어려울 수 있다.

준거와 데이터　현장 평가는 교수 프로그램이 거의 마무리되고 교수 프로그램의 최종 형태와 최대한 가까운 방식으로 전달되기 때문에, 연극의 최종 리허설과 비슷하다. 또한 리허설과 마찬가지로, 현장 평가의 주목적은 교수 프로그램에 아직도 남아 있을지 모르는 문제점을 찾아내서 제거하는 것이다. 소집단 평가와 현장 평가에는 많은 유사점이 있다. 이 두 가지 평가는 이 프로그램을 통해 학습자들의 성취 수준이 기대한 만큼 달성되는가와 교수 프로그램이 적절하게 실행되는가에 대한 결정을 하기 위한 것이다. 소집단 평가와의 또 다른 유사성은 학습자의 성취 정도와 태도, 교사(교육 운영자)의 실행 과정과 태도, 시간, 비용, 장소, 장비와 같은 자원에 관한 정보를 수집한다는 점이다. 두 평가의 주요한 다른 점은 교수 프로그램, 학습자, 절차, 교사, 상황에 대한 실제와의 차이점이다.

학습자 선정　현장 평가에는 30명 정도의 학습자가 필요하다. 다시 말하지만, 이들은 나중에 개발한 프로그램을 사용할 대상 학습자 집단을 잘 대표할 수 있도록 선정해야 한다. 하나의 "전형적" 집단을 찾기가 어렵기 때문에, 설계자들은 종종 여러 집단에서 현장 평가에 참여할 학습자들을 선정하는데, 개방형 강의실, 전통적인 강의식 수업, 인터넷 기반 수업, 아니면 여러 가지 방법이 혼합된 형태 등 본래 계획한 조건에서 데이터가 수집될 수 있어야 한다.

평가 장소의 조건이 다르다면 여러 평가 장소를 이용할 필요가 있다. 설계자는 교수 프로그램이 진행되는 동안에 참석하지 않아야 한다. 그렇기 때문에 설계자는 교육 운영자에게 절차와 수집해야 할 데이터에 대해 설명해 주는 것이 중요하다.

현장 평가 절차 현장 평가 절차는 몇 가지 예외를 제외하고는 소집단 평가와 유사하다. 주된 차이는 교수 설계자의 역할인데, 설계자는 진행 과정을 관찰하기만 해야 한다. 교수 프로그램은 교육 운영자 혹은 교사에 의해 운영되고 전달되어야 한다. 이러한 경우, 교수 설계자는 그 교수 프로그램을 어떻게 사용해야 할지를 정확히 알 수 있도록 그들을 위한 특별한 훈련을 설계하고 전달해야 한다.

또 다른 차이점은 검사의 간소화일 것이다. 소집단 평가에서 모든 검사를 실시했으니, 사전검사와 사후검사는 가장 중요한 출발점 기능과 가르칠 기능들만을 평가할 수 있도록 수정하거나 줄여야 한다. 그 이유는 개발 과정 중 이 단계의 형성 평가에서는 프로그램을 예상하고 있는 학습 상황에서의 실행 가능성을 알아보는 데 그 주된 관심이 있기 때문이다.

교수 프로그램의 성공적 실행에서 중요하다고 보이는 환경적 요인에 초점을 맞추어 질문지도 수정해야 한다. 본질적으로, 질문지의 물음은 교수 프로그램을 성공적으로 실행하는 데 방해가 되는 내용에 중점을 두어야 한다. 교수 프로그램이 실행되고 있는 과정을 관찰하고, 참여한 학습자들과 교육 운영자(교사)들의 인터뷰가 대단히 중요하다.

데이터 종합과 해석 현장 평가의 데이터 종합이나 분석 방법은 소집단 평가와 모두 같다. 성취도 결과는 목표별로 종합해야 하고, 학습자와 교사의 태도 조사 결과도 가능하면 목표별로 정리해야 한다. 이렇게 평가 결과에서 나온 데이터를 종합하면 프로그램의 어떤 부분이 효과가 있고, 그렇지 않은지를 파악하는 데 도움이 된다. 현장 평가 결과를 이용하여, 교수 프로그램의 최종적인 수정을 할 수 있다.

산출물 현장 평가와 최종적인 수정의 목적은 학습자의 성취와 태도를 바람직한 수준으로 이끌어 낼 수 있는 효과적인 프로그램을 만들고, 계획한 학습 환경에서 이 프로그램이 계획된 대로 운영될 수 있도록 하는 데 있다. 현장 평가 중에 수집된 문제점에 대한 데이터를 활용하여 교수 프로그램에 대한 적절한 수정이 이루어져야 한다.

선정한 교수 프로그램의 형성 평가

교육 운영자(교사)가 이미 개발되어 있는 프로그램을 선정해서 대상 학습자 집단에 시험적으로 활용하려고 할 때는 지금까지 살펴본 형성 평가의 세 단계를 모두 그대로 적용하지 않는다. 일대일 평가와 소집단 평가의 결과, 편집이나 내용 수정과 같은 일은 이미 나와 있는 프로그램들 중에서 선정한 프로그램의 평가에서는 사용하지 않는다. 이런 평가 절차를 거치지 않는 것은 교수 프로그램을 개선하는 데 이런 일이 비생산적이어서가 아니라, 실제로는 기존 프로그램을 선택한 교육 운영자(교사)가 이런 단계를 실행할 시간이나 자원이 없기 때문이다. 나아가, 이미 나와 있는 프로그램이나 교육 자료들은 모두 지적재산권의 보호를 받고 있기 때문에, 적합한 허가를 받지 않는 한 어떠한 수정도 금지되어 있다. 기존 프로그램에 대한 형성 평가 후에 할 수 있는 흔한 일로는 실라버스, 학습 가이드, 학생 학습장(workbook), 기타 읽기자료 등과 같은 보충적 자료를 개발하는 것이 있다.

기존 교수 프로그램의 현장 평가에서는 전문가 검토와 현장 평가만 실시한다. 전문가 검토를 통해서, 현재 사용하고 있거나 다른 후보 프로그램이 대상 기관의 교육적 요구를 충족할 수 있는 가능성이 있는지를 알아보고자 하는 것이다. 표 11.1을 이용해서 기존 프로그램의 평가를 위한 전문가 검토 계획을 세울 수 있다. 표의 왼쪽 열은 평가해야 할 프로그램의 영역들이다. 표의 위 가로축을 이용하여, 프로그램이 학습 목표 영역별로 적합한지를 학습 이론적 측면에서 전문가가 검토할 수 있을 것이다. 내용의 최신성, 완전성, 정확성은 내용 전문가에 의해 판단될 수 있다. 전문가들의 평가 결과, 선정한 프로그램이 부적합한 것으로 판단되고, 보충 자료를 개발하더라도 그런 문제가 쉽게 해결될 것으로 판단되지 않는다면, 표 11.1의 다른 영역의 문제에 대한 평가는 불필요하다. 마찬가지로, 현장 평가도 해 볼 필요가 없다.

학습 전문가와 내용 전문가로부터 긍정적인 평가를 받았다고 하자. 이럴 경우, 바로 현장 평가를 실시해서, 그 프로그램이 대상 학습자들에게 계획한 학습 상황에서 효과적으로 사용될 수 있는지, 보다 프로그램의 효과를 증진하기 위해 프로그램에 추가하거나 삭제해야 내용이나 수정해야 할 학습 절차가 있는지에 대한 판단을 해야 한다.

기존 프로그램의 현장 평가는 그 프로그램이 처음 만들어져서 현장 평가를 실시했던 대로 준비해야 한다. 프로그램 개발에 대한 설계 자료, 계획한 대상 집단에서의 프로그램 효과, 현장 평가 중에 사용했던 절차에 대한 기록 등에 대한 분석이 있어야 한다. 그 프로그램이 어떻게 사용되어야 하는지에 대한 기록도 검토해야 하지만, 그 프로그램에 포함되어 있는 검사 도구가 수행 목표와 어떻게 관련되어 있는지에 대해서도 검토해야 하고, 다른 평가 도구 혹은 태도 질문지도 적합한지를 알아보아야 한다.

현장 평가에서, 교육 운영자(강사)는 그들이 가르치려는 기능들을 모르고 있고, 출발점 기능들을 갖추고 있는지를 알고 있지 않다면, 사전검사를 실시해야 한다. 사후검사와 태도 질문지도 학습자의 성취 수준과 프로그램에 대한 학습자들의 의견을 평가해 보기 위해 반 드시 실시해야 한다.

현장 평가를 실시하는 교육 운영자(강사)는 채택한 프로그램을 통해 학습하는 과정에서 학습자들이 어떻게 학습을 하고 있는지, 그들의 태도가 어떤지를 관찰할 수 있다. 여러 학습자들의 집단에서 그들의 성취 수준을 검토해 봄으로써, 프로그램의 어떤 부분을 수정해서 그 수정한 결과로 프로그램의 효과가 높아지는지를 판단해 볼 수도 있다. 그는 현장 평가 후에 시간을 갖고, 프로그램에 대한 학습자들의 반응들을 면밀하게 재검토(debriefing) 해 보아야 한다. 왜냐하면 이 과정을 통해 프로그램이나 실행 절차에 대한 면밀한 통찰을 얻을 수 있기 때문이다. 현장 평가를 한 다음에, 그 프로그램의 형성 평가가 이루어졌다면 수집할 수 있는 같은 유형의 데이터를 최대한 수집해 보아야 한다.

강사 주도 교수 프로그램[1]의 형성 평가

교육 운영자(강사 혹은 교사)가 강사용 지침서를 이용해서 학생들에게 교수 프로그램을 전달하려는 계획을 가지고 있다면, 형성 평가의 목적은 개별 교수 프로그램(independent instructional materials)의 형성 평가를 위한 목적, 즉 교수 프로그램의 효과성을 판단하고 개선하는 방법을 결정하기 위한 것과 거의 같다. 또한 교수 계획의 형성 평가는 교수 프로그램을 위한 현장 평가 단계의 형성 평가와 거의 유사하다. 그러나 대부분의 경우, 일대일 평가 혹은 소집단 평가를 위한 시간적 여유가 거의 없다.

강사 주도 교수 프로그램의 현장 평가를 준비하는 데 있어서, 강사는 출발점 기능, 사전 지식, 사후검사에서 학습자가 알게 된 지식, 학습자의 태도에 대해 관심을 가져야 한다. 뿐만 아니라 강사는 학습자들이 배운 기능들을 시연해 볼 수 있는 기회를 제공하는 교수 전략에 포함된 상호작용적인 연습과 피드백을 제공해 줄 수 있는 유일한 입장에 있다. 이러한 과정은 아직 습득하지 않은 기능이 무엇인지도 찾아줄 것이다. 이와 같은 형태의 동시적인(in-progress) 연습과 평가는 학습자들이 배운 기능을 수행하면서 기록할 때 학생들에게 구두로 제시하거나 아니면 학습 중에 인쇄매체로 준비한 연습과 피드백을 주기적으로

---

1) 역주: 'Instructor-Led Instruction'을 '강사 주도 교수 프로그램'으로 번역했다. 여기에서 '강사'는 직업의 종류를 말하는 것이 아니고, 공사립학교의 교사, 교수, 강사를 포함하여, 공공기관, 기업, 군 등에서 '교육' 내지는 '훈련', '인력자원개발(HRD)' 등의 가르치는 업무를 수행하거나 관리하는 사람을 말하며, 전통적인 강의식 수업, 워크숍, 세미나, 토론회, 현장탐방, 현장조사, 협력학습공동체 등의 방식으로 학습이 이루어지는 형태를 말한다. 여기에서 그 모든 실행, 관리, 운영을 앞에서 말한 '강사'가 주도하게 된다. 앞에서 맥락에 따라 '교사', '교육 운영자'라고 표현했을 때도 같은 역할을 하는 사람을 지칭한다.

나누어 주는 방법 중 하나로 이루어질 수 있다. 후자의 경우에는 학습자의 학습 정도에 대한 구체적인 증거를 제공해야 한다.

강사는 현장 평가에서 교수 절차에 대해서도 평가할 수 있다. 교수 과정을 관찰함으로써 다양한 교실 활동에서의 집단 유형, 시간 분배, 학습자 흥미의 지속 가능성을 파악해야 한다.

많은 교사와 강사들은 자신들의 수업에서 이런 형태의 형성 평가를 이미 사용하고 있다. 레슨 계획을 수정, 보완하기 위해 데이터를 수집하고 분석하는 기술이 얼마나 철저하고 체계적이냐가 그 요점이다. 레슨 계획의 단점을 찾아서 어떻게 수정해야 할지에 대한 단서를 제공하기 위해, 수업 중에 확보한 데이터와 사후검사, 태도 질문지, 학습자들의 반응 등을 수업 후의 검토 단계에서 비교해 보아야 한다.

많은 경우에, 이미 나와 있는 프로그램들 중에서 선정한 교수 프로그램의 현장 평가와 강사 주도 교수 프로그램의 현장 평가는 서로 얽혀 있다. 종종 선정한 교수 프로그램의 활용 과정에 강사의 상호작용적인 역할이 필요하듯이, 강사용 지침서 활용을 위해서도 몇 가지의 준비한 교수 프로그램들을 활용해야 한다. 두 경우에서도 동일한 유형의 현장 평가 절차가 사용되어야 하고 유사한 형태의 수정 작업이 이루어져야 한다.

선정한 교수 프로그램과 강사 주도 교수 프로그램을 위한 데이터 수집

최초의 교수 프로그램의 현장 평가에서 데이터를 수집할 때 얻은 대부분의 정보는 선정한 교수 프로그램과 그 실행 절차의 평가에서 사용하는 데이터 수집 절차에도 똑같이 적용된다. 예를 들면, 교수 프로그램 실시에서 사용된 장비가 좋은 상태에 있고, 현장 평가가 이루어질 환경이 학습에도 도움이 된다는 것은 매우 중요하다.

강사가 자기 주도적 학습 자료나 선정한 교수 프로그램 혹은 강사용 지침서를 평가할 때, 학습자와 공감적 분위기를 조성하면 그만큼 유리할 수 있다. 교수 학습 프로그램과 지침서의 평가 중에 학생들이 자신들의 적극적인 참여와 기여가 이 평가에서 핵심적임을 이해하는 것은 중요하다. 학생들을 잘 알고 있는 강사(교사)가 학습자의 출발점 기능이 어느 정도인지를 잘 알고 있어야 학생들의 사전검사의 결과를 보다 정확하게 예상할 수 있다. 그러나 강사(교사)는 전적으로 그런 예상에만 의존하지 않아야 한다. 만약 학습자의 성취 수준에 대한 어떤 의문점이 조금이라도 있다면, 특정 기능에 대한 학습의 필요성을 알기 위해 평가해 보아야 한다.

강사가 어떤 교수 전략을 실행하기 위한 교수 프로그램을 선정했을 때, 고려해야 할 여러 가지 사항이 있다. 관찰이나 질문지 조사를 통해 어떤 문제가 고려되어야 할지에 대한 정보를 수집할 수 있다. 주된 질문은 아마도 '교수 프로그램이 통일성을 가지고 있는가?'일 것이다. 이 물음에 답을 찾기 위해서 강사(교사)는 학습자가 다양한 자원을 활용하는 것을 안내하는 데 있어서 학습자 지침서가 정확한지를 평가해야 한다. 교수 프로그램에 중복이 있는지, 지침서와 프로그램 간에 불일치가 있는지를 찾아내야 한다. 반복과 복습이 충분하게 교수 전략에 반영되어 있는가? 강사가 교수 프로그램을 실행한다면, 같은 유형의 문제가 반영된 활동이 제시 활동에 표현되어 있어야 한다. 학습자가 제기한 물음의 유형을 보면 전략의 어떤 부분이 부적합했는지에 대한 단서가 될 것이다.

형성 평가에서의 고려사항

교수 설계 과정에서의 형성 평가라는 구성요소는 철학적, 이론적 접근에 따라 그 효과가 달라질 수 있다. 교수 프로그램만의 효과보다는 대상 학습자에게 그 프로그램이 얼마나 효과가 있느냐가 더 중요하다. 따라서 교수 프로그램의 효과가 잘 반영된 데이터를 수집하는 데 최선을 다해야 한다. 데이터 수집 절차를 계획하고 수행할 때 교수 설계자가 명심해야 할 몇 가지 고려사항이 있는데, 형성 평가의 상황과 평가에 참여하는 학습자에 관한 것이다.

상황에 관한 고려사항 교수 프로그램에 대해 적절한 평가를 하려면, 모든 기술적인 장비들이 제대로 작동하는지를 확인해야 한다. 새로운 교수 프로그램을 실행하면서 어떤 장비를 사용하는데, 장비가 제대로 작동하지 않은 경험을 한 교육 운영자(교사)들이 많이 있을 것이다. 그 결과, 타당한 데이터도 수집하지 못하고, 교수 프로그램을 시험 적용하기 위해서는 장비가 제대로 작동해야 함을 아는 데 그친 경험이 있을 것이다.

형성 평가의 초기 단계, 특히 일대일 평가 단계에서 학습자가 조용한 상황에서 주의를 집중하여 학습할 수 있도록 해 주는 것 또한 중요하다. 이때 우리는 가능한 최상의 조건에서 교수 프로그램이 어떻게 작동하는지에 관심을 갖게 된다. 소집단 평가, 현장 평가를 하게 되면서, 교수 프로그램이 전형적인 교육 상황에서 어떻게 작동하는지에 대한 관심으로 옮겨 가게 될 것이다. 만약 상당한 소음이 있는 장소가 실제로 나중에 활용될 전형적인 상황이라면, 교수 프로그램이 그러한 상황에서도 제대로 작동하는지를 알고 싶을 것이다. 그러나 이런 상황에서 형성 평가를 시작해서는 안 된다.

학습자에 관한 고려사항 형성 평가의 어떤 단계에서든 참여할 학습자를 선정할 때, 학습자의 출발점 지식의 평가를 교사(강사 혹은 담당 교육 운영자)에게 전적으로 의존하지 말아야 한다. 가능하면 항상, 선정한 학습자들이 나중에 그 프로그램을 사용할 대상 학습자인지를 확인하기 위해 출발점 기능 검사를 해야 한다. 어떤 이유가 되었든지, 우리는 교사가 형성 평가에 참여하도록 추천해 준 학생들로부터 정확한 출발점 기능에 대한 정보를 파악할 수 없었던 경험이 있다. 학습자의 출발점을 알아내기 위해 할 수 있는 일을 해야 한다.

학습자의 출발점 지식과 기능에 대한 정보를 얻고 나면, 가르치려고 했던 기능을 전부 혹은 일부를 이미 숙달하고 있는 학습자도 있고, 필요한 출발점 기능을 갖추지 못한 학습자도 있을 때 어떻게 해야 할지 난감한 경우를 만날 수 있다. 이런 학습자들을 형성 평가에서 제외해야 할까? 실제 대상 학습자 집단이 갖추고 있을 기능을 갖추고 있지 못한 학습자들도 포함시키는 것이 바람직하다. 내용의 일부를 이미 알고 있는 학습자들은 내용을 모르는 다른 학생들이 어떻게 응답할지를 예측할 수 있는 "내용을 이미 아는 학습자(subject-matter sophisticates)"로 활용할 수 있다. 또한 설계한 교수 프로그램으로 학습하면 학습자들이 100% 목표 달성까지 이룰 수 있는지를 판단할 수 있다. 만약 이 학습자들에게 효과가 없다면, 출발점 기능을 덜 갖춘 학습자들에게 효과적이기는 어려울 것이다.

출발점 기능을 가지고 있지 않은 학습자들도 형성 평가에 포함해야 한다. 출발점 기능을 잠정적으로 정했기 때문에 타당화해야 할 필요가 있다. 출발점 기능을 가진 학습자들이 성공적으로 학습하는 반면에, 출발점 기능을 갖고 있지 못한 학습자들은 실제로 이 프로그램을 통해 성공적으로 학습하지 못한다면, 우리가 대상 학습자들의 출발점 기능을 정확하게 찾았음을 의미한다. 반면에 출발점 기능을 갖고 있지 않았던 학습자들도 우리가 개발한 프로그램으로 성공적으로 학습을 한다면, 우리가 설정한 출발점 기능의 타당성을 심각하게 재고해야만 한다.

교수 설계자는 적어도 세 유형의 학습자, 즉 능력이 상, 중, 하인 학습자들을 일대일 평가에서 선정해야 함을 앞서 설명한 바 있다. 여기에서 *능력이 상인 학습자*는 가르칠 내용의 일부를 이미 알고 있는 학습자로, *평균 수준의 학습자*는 출발점 기능을 가지고 있지만 가르칠 기능들을 모르는 학습자로, *능력이 하인 학습자*는 출발점 기능의 일부나 전부를 갖고 있지 못한 학습자로 정의할 수 있다. 이 정의를 사용하면, 교수 설계자는 바람직한 능력의 범위를 더욱 확실히 알 수 있다. 연구 결과에 따르면, 이렇게 세 가지 유형의 학습자들로부터 다양하고 유용한 정보를 얻을 수 있기 때문에 모두 형성 평가에 포함해야 한다.

형성 평가 결과에 관한 고려사항 마지막 주의사항으로, 자신이 설계한 교수 프로그램을 그렇게 철저하게 교수 설계를 했음에도 불구하고, 생각만큼 효과적이지 않음을 보여 주는 정보를 얻을 수 있는 마음의 준비가 되어 있어야 한다. 어떤 프로젝트를 수행하든지 엄청난 시간과 노력의 투자가 필요한 것은 당연하다. 그런 노력의 결과가 만족스럽지 않음을 알면 누구나 실망스러운 것도 흔한 일이다.

그러나 형성 평가 과정에서 얻은 학생들의 긍정적인 피드백은 우리의 프로그램을 어떻게 수정해야 할지에 대해 아무런 정보를 주지 못한다는 사실에 주목해야 한다. 긍정적인 피드백은 그 교수 프로그램을 사용한 학습자들에게 효과가 있음만을 말해 줄 뿐이다. 그러면 그 교수 프로그램이 유사한 능력과 동기 수준을 가지고 있는 학습자에게도 효과가 있을 것이라는 제한된 추론밖에 할 수 없다.

형성 평가 과정을 진행해 갈수록, 다른 강사가 교수 프로그램을 개발했고, 우리는 단지 그 사람을 위해 형성 평가를 수행하고 있는 척하는 것이 오히려 도움이 될 것이다. 그렇다고 해서 학습자들을 오도하라는 말이 아니라, 오히려 학습자, 교사, 내용 전문가가 하는 말을 경청하기 위해 편협된 마음을 갖지 말라는 의미이다. 이러한 피드백은 프로그램이 우리가 설정한 목표를 어느 정도 달성하게 해 주며, 보다 효과적인 프로그램으로 수정, 보완하기 위한 객관적인 평가에 도움이 될 것이다.

형성 평가 수행에 관한 고려사항 이상적인 교수 설계 과정에서는 완성된 교수 프로그램을 실제에서 사용하려고 배급하기 전에 형성 평가의 세 가지 단계를 거쳐야 하지만, 그렇게 하기가 쉽지 않다. 형성 평가를 실시할 수 있는 시간이나 예산이 부족한 경우가 많다. 그런 경우 설계자는 무엇을 해야 할까?

첫째 고려사항으로, 교수 프로그램을 공식적으로 활용하기 전에, 어떤 형성 평가를 수행할 것인지를 정하는 것이다. 일대일 평가의 기법을 현장 평가와 결합할 수 있는 방법이 있는가? 교수 프로그램을 끝까지 살펴보고 이해가 가는지를 봐 줄 사람들을 구할 수 있는가? 교수 프로그램이 제대로 작동되는지를 확인하기 위해 역할 해 보기(role-play)를 해 볼 수 있는가? 대부분의 교수 설계자는 새롭게 설계한 교수 프로그램을 어떤 형태의 현장 적용도 해 보지 않고 사용하는 것은 대단히 모험을 감수해야 하는 일임을 인정하지만, 불가피할 경우가 있음도 인정할 것이다.

형성 평가를 하지 않은 채, 교수 프로그램을 대상 학습자들에게 사용하고 있다고 하더라도, 프로그램을 수정하는 데 이용할 수 있는 정보를 수집할 수 있는 여지는 아직 남아 있다. 이런 경우에는 현장 평가를 하는 것이 일반적이다. 어떤 내용을 수정해야 할지를 파악하기 위해 질문지 조사 결과, 사전·사후검사 결과와 학습자의 학습 장면 관찰 결과, 프로그램에 대해 학습자들과 토론한 결과를 종합적으로 이용할 수 있다.

교수 설계자가 갖고 있어야 할 기본 원칙은 항상 형성 평가를 해야 한다는 것이지만 문제는 언제, 어디에서, 어떻게 실시할 것이냐이다. 여기에서 설명한 것은 형성 평가의 세 단계를 시행할 수 있는 충분한 시간과 자원이 있을 경우를 상정한 것이다. 그렇게 세 단계를 실시할 수 있는 경우가 아니라고 하더라도, 프로그램을 수정할 수 있도록 프로그램에 대한 최대한의 정보를 수집할 수 있는 방법을 찾는 것은 교수 설계자의 책임이다.

교수 설계에서의 문제 해결

교수 설계 과정에서 설계자는 학습자로부터 얻은 데이터로 잘 답할 수 있는 질문들을 접하게 된다. 설계상의 논쟁거리에 대해서 "학습자들로부터 그 답을 찾아보자."라고 하면 그 답이 쉽게 나오는 흥미로운 경우가 자주 있다. 형성 평가의 전체적인 과정은 설계자가 교수 프로그램에 대해 답할 수 있는(할 수 없는) 문제에 대한 해결책을 찾기 위해 학습자에게서 데이터를 수집하는 것이다.

일대일 형성 평가를 통해서, 교수 프로그램에서 사용된 삽화에 문제가 있음이 밝혀졌다고 하자. 몇몇 학생들은 그것을 좋아해서 잘 사용한 반면에 몇몇 학생들은 쓸모없었다고 말했다. 교수 프로그램에 삽화를 사용하는 것은 비용이 많이 들기 때문에, "교수 프로그램에 삽화를 사용해야만 하는가?"라는 심각한 문제에 답하지 않을 수가 없다.

이 질문에 답하기 위해, 교수 설계자는 소집단 평가에서 사용해 보기 위한 두 가지 프로그램을 개발할 수 있다. 무선적으로 선정한 열 명의 학습자들에게는 삽화가 있는 교수 프로그램을, 다른 열 명에게는 삽화가 없는 교수 프로그램을 제공하고, 이 두 집단의 성취 점수와 태도를 비교해 볼 수 있다. 사후검사의 결과는 어떤가? 삽화로 제시한 내용에 대한 문항에 학습자들이 준 점수는 어떤가? 삽화를 사용한 학습자들과 그렇지 않은 학습자들이 태도 질문지에서 어떻게 반응을 했는가? 두 집단의 학습 시간은 차이가 있는가?

이것이 연구일까? 그렇지 않다. 위의 예에서 삽화의 효과를 비교하여 어느 것이 더 나은지를 비교하는 것이 아니라 교수 프로그램의 어떤 요소를 포함할 것인지 아니면 그만둘 것인지를 결정하는 것이 그 목적이다. 설계자는 교수 프로그램에 삽화를 계속 사용할 것인지에 대해 적어도 잠정적인 결정을 내리기 위해 형성 평가를 통해 충분한 데이터를 수집할 수 있다. 설계자들은 교수 설계 과정에서 불가피하게 나올 수밖에 없는 다양한 문제점에 대한 답을 찾기 위해 이와 같은 방법을 사용할 수 있다.

예시

다음은 일대일 평가, 소집단 평가, 현장 평가의 계획을 위해 사용할 수 있는 정보들이다. 다음 절차를 검토하면서 우리는 대상 학습자들이 필요한 출발점 기능을 갖고 있는지를 확신할 수 없는 대상 학습자 집단을 알고 있다고 하자. 이 사례는 형성 평가를 실시하는 활동들을 제시하기 위한 목적들이 아니라 우리가 프로젝트를 수행할 때 생각해야 할 제안들이다. 우리 프로젝트를 위한 다른 활동들도 있을 수 있다.

형성 평가 활동

일대일 평가

I. 내용 전문가의 참여

    A. 다음을 내용 전문가에게 제공해야 한다.

        1. 교수 분석 결과

        2. 수행 목표

        3. 교수 프로그램

        4. 검사와 다른 평가 도구

        일대일 평가를 통해 수정될 것도 있을 수 있기 때문에 이 내용들은 초안으로 보아야 한다. 교수 설계자는 교수 프로그램을 위에 나열된 순서에 따라 제시하고자 할 것이다.

    B. 다음을 확인해야 한다.

        1. 목표 진술문

        2. 교수 분석 결과

        3. 내용의 정확성과 최신성

        4. 어휘, 흥미 수준, 내용의 제시 순서, 분절의 크기, 학습자 참여 활동에서 교수 프로그램의 적절성

        5. 검사 문항과 평가 상황의 명료성과 적절성

        6. 사전 교수 활동과 이후 교수 활동에 관련된 교수 활동 배치

    C. 도움을 받기 위해 만나야 하는 내용 전문가의 인원수는 내용의 복잡성과 교수 프로그램에서 다루고 있는 기능에 따라 다를 수 있다. 어떤 내용을 위해서는 한 사람의 내용 전문가가 충분할 수 있지만 4명도 충분하지 않을 수 있다. 학습 과제의 특성에 따라 필요한 내용 전문가의 인원수와 유형이 정해진다.

II. 대상 학습자 집단에 속한 학습자들의 참여

    A. 대상 학습자의 모집단에 속하는 전형적인 학습자들을 선정한다. (대상 학습자 집단에 속하는 대표적인 학습자들을 포함시킨다.)

B. 참가할 학습자들을 선정한다.

C. 한 사람의 학습자들을 별도로 만나 일대일 평가의 과정을 의논한다.

D. 출발점 기능을 측정하기 위해 작성한 사전검사를 평가한다.

   1. 학습자가 안내문을 읽을 수 있는가?

   2. 학습자가 문제를 이해하는가?

   3. 학습자가 필요한 선수 기능을 가지고 있는가?

E. 학습자가 교수 프로그램을 학습하는 동안 같은 자리에 앉는다.

   1. 학습자에게 이해가 잘 안 되는 어려운 곳이나 토론했으면 하는 문제점에 대한 내용을 교수 프로그램에 어디든지 기록할 수 있다고 설명해 준다.

   2. 만약 학습자가 어떤 예를 이해하지 못하면, 다른 예를 말해 준다. 이렇게 하면 그 문제가 해결되는가? 교수 프로그램을 같이 보면서 수정해야 할 내용이나 어떻게 수정했으면 하는 아이디어를 기록해 둔다.

   3. 학습자가 어떤 설명을 이해하지 못하면, 그 내용에 추가 설명을 해 보거나 내용의 제시 순서를 바꾸어서 어떤지를 물어본다. 이렇게 하면 뭐가 달라지는가? 변화가 있다면 기록해 둔다.

   4. 만약 학습자가 학습을 하면서 지루해하거나 혼란스러워하면, 연습과 피드백을 주기 전에 학습 내용의 크기를 조금 늘리거나 줄여 볼 필요가 있다. 학습 내용을 재구조화한 것에 대한 생각을 기록해 둔다.

   5. 형성 평가 중에 설계자가 추가한 예, 삽화, 학습 내용과 바꾼 제시 순서를 적어 둔다. 적어 두지 않으면, 마음속으로 내린 결정이나 생각한 것을 잊기 쉽다. 학습자가 학습하는 데 방해되지 않도록 빨리, 간략하게 기록해야 한다.

F. 어떤 내용을 수정하기 전에 다른 학습자와도 일대일 평가를 해 보고 나서 그렇게 수정을 해야 할 필요가 있는지를 검증해야 한다. 만약 맨 처음 자문한 학습자로부터 찾아낸 오류가 명백하면, 다음 학습자와 평가하기 전에 수정할 수도 있다. 이렇게 하면 평가 시간을 줄일 수 있고, 다음 학습자와 프로그램에 있을 수 있는 다른 문제점에 집중할 수도 있다.

III. 일대일 형성 평가의 결과

   A. 일대일 평가에서 찾은 내용을 다시 본다.

      1. 잘못된 교수 분석 결과

      2. 대상 학습자 집단의 학습자들의 출발점 기능에 관한 판단을 잘못한 오류

      3. 명확하지 않거나 혹은 적절하지 않은 목표와 최종 목표

4. 틀린 내용 제시와 예

    a. 너무 추상적인 예, 도표, 삽화

    b. 한꺼번에 너무 많이 혹은 너무 적게 제시한 내용

    c. 잘못된 내용 제시 순서

    d. 불분명한 예

5. 불분명한 검사 문항, 검사 상황 혹은 검사 안내문

6. 잘못된 어휘, 혹은 문장

소집단 평가

I. 대상 학습자 집단에 속한 학습자의 참여

  A. 대상 학습자 집단에 속하는 학습자 집단을 찾는다.

  B. 참가할 집단을 선정한다.

    1. 교수 활동뿐만 아니라 검사를 위해 필요한 시간을 확보한다.

    2. 학습자들에게 참여하고 싶도록 동기 유발을 한다.

    3. 대상 학습자 집단을 잘 대표할 수 있는 유형의 학습자들을 선정한다. 대상 학습자 집단의 특성별로 다수의 학습자들을 포함한다.

  C. 사전검사, 교수 프로그램 활용, 사후검사 중에, 교수 프로그램을 사용할 강사(교사)로부터 받은 제안들을 기록해 둔다. 또한 교수 프로그램으로 학습하는 것을 관찰한 결과 프로그램이나 절차상 수정해야 할 사항을 기록해 둔다.

  D. 필요하면, 출발점 기능이 포함된 사전검사를 실시한다.

    1. 표현한 어휘 사용이 적합한지를 확인하기 위해 안내문, 응답 형태, 문제(질문)를 검토한다.

    2. 학습자에게 이해가 안 되는 단어에 동그라미 치도록 하고, 불분명한 안내문이나 문제를 표시할 수 있다고 설명해 준다.

    3. 학습자들이 검사를 하면서 완전히 헤매거나 멈추지 않는 한, 학습자와의 불분명한 문항에 대한 토론을 중단시키지 않는다.

    4. 학습자들이 출발점 기능 검사를 끝내는 데 필요한 시간을 기록한다.

  E. 학습할 내용에 대한 사전검사를 한다. 사전검사와 출발점 기능 검사를 하나의 사전검사로 통합하여 실시한다.

    1. 학습자에게 뜻이 명확하지 않은 단어에 동그라미를 치게 한다.

    2. 학습자에게 명확하지 않은 안내문, 질문, 응답 요구사항 옆에 표시하도록 한다.

    3. 학습자들이 원하면 검사 중에 어떤 조언도 쓰도록 한다.

　　4. 검사 중에 학습자들과 문제에 대해 토론하지 않는다.

F. 교수 프로그램을 실행한다. 필요한 모든 장비와 자료를 갖추어서 실제 교육상황과 가장 유사한 상황에서 교육이 이루어져야 한다. 평가 중에 어떠한 교육적 도움이 필요하면 제공되어야 한다.

　　1. 교수 프로그램을 평가하는 데 학습자들의 도움이 필요하다고 설명한다.

　　2. 학습자에게 이름을 적도록 해서 프로그램에서 학습한 내용에 대한 성취 정도와 그들의 출발점 기능 수준에 따른 성취 정도를 비교해 볼 수 있다.

　　3. 학습자에게 불분명한 단어에 동그라미를 치게 하고, 불분명한 삽화, 예 혹은 설명 옆에 표시하게 한다. 학습자들에게 토론을 한다고 중간에 멈추지 말고 끝까지 학습하도록 한다.

　　4. 교수 프로그램으로 학습하는 데 필요한 시간을 기록한다. 학습자들에게 익숙하지 않은 장비나 절차가 필요해서 시간이 예상보다 더 많이 걸릴 수 있다.

G. 사후검사를 한다.

　　1. 사전검사 점수, 질문지 조사 결과와 비교할 수 있도록 사후검사지에 이름을 적도록 한다.

　　2. 학습자에게 명확하지 않은 단어에 동그라미를 치게 하고, 안내문, 질문, 응답 요구사항 옆에 표시하도록 한다.

　　3. 학습자들이 답을 정확하게 알고 있거나 혹은 단지 추측을 하더라도, 가능한 한 많은 항목에 응답하도록 한다. 추측해서 틀리게 응답한 것도 어떤 부분의 교수 활동이 적절하지 못했는지를 알 수 있는 단서가 된다. 추측해서 응답을 한 것은 표시하게 할 수도 있다.

　　4. 사후검사에 걸린 시간을 기록한다.

H. 학습자에게 태도 질문지 조사를 한다.

　　1. 다음과 같은 질문을 할 수 있다.

　　　• 교수 프로그램은 학습자의 주의를 이끌어 냈는가?

　　　• 교수 프로그램이 너무 길거나 짧지는 않았는가?

　　　• 교수 프로그램이 너무 어렵거나 너무 쉬웠는가?

　　　• 교수 프로그램의 어느 부분이 문제가 있다고 보는가?

　　　• 만화 혹은 삽화가 적절했는가 아니면 산만했는가?

　　　• 사용한 색상이 보기에 좋았는가 아니면 산만했는가?

　　　• 무엇이 가장 마음에 들었는가?

　　　• 무엇이 가장 싫었는가?

- 가능하다면 교수 프로그램을 어떻게 수정하면 좋겠는가?
- 검사 문항은 배운 내용을 다루고 있는가?
- 다른 학습 매체를 선호하는가?

I. 모든 학습 활동을 끝낸 후, 설계자나 교사와 함께 사전검사, 교수 프로그램, 사후
   검사에 대해 토론할 학습자들을 선정한다.

   1. 설계자는 계획한 질문으로 토론을 시작한다.
   2. 설계자는 "X에 있는 연습 문제를 수정하고 싶습니까?" 혹은 "X에 있는 예를
      좋아합니까?"와 같은 질문을 할 수 있다.

현장 평가

I. 대상 학습자 집단에서 적절한 표집을 선정한다.

   A. 선정한 학습자들이 교수 프로그램을 학습해 볼 수 있도록 준비한다.

      1. 선정한 집단에 필요한 인원을 확보할 수 있는지를 확인한다. 현장 적용 평가
         에는 약 30명의 학습자들이 참여할 수 있어야 한다.
      2. 선정한 학습자들이 대상 학습자 집단에 있는 학습자들의 능력과 기능 수준을
         제대로 반영했는지를 확인한다.
      3. 현장 평가를 위한 인력, 시설, 장비 동원이 가능한지를 확인한다.

   B. 교수 프로그램, 강사(교육 운영자)용 지침서를 나누어 주고, 현장 평가를 실시할
      강사에게도 제공한다.

   C. 교수 프로그램이 요청되는 내용, 상황, 학습자들에게 맞지 않는다면 필요한 모든
      문제에 대해 토론한다.

   D. 현장 평가에서 개인적인 역할은 최소화한다.

   E. 다음과 같은 데이터를 수집한다.

      1. 사전검사에서 출발점 기능의 점수
      2. 가르친 내용에 대한 사전검사, 사후검사 점수
      3. 각 검사를 하는 데 필요한 시간
      4. 학습을 하는 데 필요한 시간
      5. 참여한 강사, 학습자들의 태도

선정한 교수 프로그램과 강사 주도 교수 프로그램에 대한 형성 평가

I. 선정한 교수 프로그램

   자기 주도적 교수 프로그램에 대한 형성 평가 내용과 함께, 다음의 내용들을 파악해

야 한다.

A. 교수 전략의 모든 부분은 선정한 교수 프로그램이나 강사의 설명에 반영되어야 한다.

B. 내용들 간의 전환이 자연스럽다.

C. 다양한 교수 활동에서 내용의 흐름은 일관성이 있고, 논리적이다.

D. 학습자 지침서나 강사용 지침서에 목표가 적합하게 제시되어 있다.

E. 각 내용에 대한 가르치는 부분을 찾을 수 있는 안내가 적절하다.

F. 강사가 제공해야 하는 교수 전략 부분이 적절하다.

G. 각 내용에서 사용하고 있는 어휘가 적절하다.

H. 삽화와 예가 대상 학습자들에게 적절하다.

II. 강사 주도 교수 프로그램

여기에서의 주요 요소는 얼마나 상호작용적인가 하는 문제이다. 앞서 제시한 내용과 함께, 다음과 같은 내용이 평가되어야 한다.

A. 강사는 확신을 가지고 있고, 열의에 차 있으며, 도움을 주고, 학습 내용을 잘 알고 있는가?

B. 가르칠 내용에 대한 수업과 토론은 물론, 일정을 지키기 위해 엉뚱한 곳으로 수업이 흘러가지 않는가?

C. 흥미 있고, 분명한 태도로 제시하는가?

D. 삽화와 예를 사용하여 이해에 도움이 되는 시각적 자료를 사용하는가?

E. 학습자의 질문에 좋은 피드백을 제공하는가?

F. 적절한 피드백으로 충분한 연습 활동을 제공하는가?

교수 프로그램의 효과를 파악할 수 있도록 수업 중에 있었던 활동들을 기록해야 한다.

사례 연구: 집단 리더십 훈련

다음 예는 8, 9, 10장에서 다루었던 단계 6, "협조적 집단 상호작용 관리하기"에 대한 교수 분석과 전략에 기초한 것이다. 다시 말하면, 대상 학습자는 다양한 수준의 지식과 기능을 가지고 있는 석사과정 대학원생 중에서 리더십 코스를 수강하고 있는 학생들이다. 이 예는 일대일 평가와 소집단 평가 결과를 보고, 연습과 피드백 활동만을 현장 평가한 예이다.

여러 가지 형태의 형성 평가 결과를 보면서, 그 평가의 목적, 가르치려고 하는 리더십 교수 프로그램의 특성, 학생 리더의 특성을 명심할 필요가 있다.

일대일 형성 평가 과정

일대일 평가를 위한 교수 프로그램 여기에서의 평가 대상 자료는 안내문, 교수 프로그램, 평가 도구의 초안이다. 비디오 영상은 이러한 시점에서 스토리보드로 제시된다. 삽화는 초안 스케치와 클립 아트여도 무방하다. 목표별 학습 내용과 필요한 리더의 반응은 한 페이지에 포함해야 하고, 피드백은 다음 페이지에 제공한다. 이렇게 해야 내용 순서별 평가와 목표별 묶기(군집화)가 용이해지고, 이것이 부적합할 경우 수정하기가 쉬워진다. 각 페이지들은 크게 두 부분으로 나누어서 시험 적용을 하는 중에 학습자와 설계자가 생각나는 제안이나 조언을 프로그램에 바로 적을 수 있는 공간을 제공해 주어야 한다. 이 초안은 여섯 부 정도를 만들어서, 학습자들에게 한 부씩, 설계자에게 한 부 나누어 주고, 마지막 한 부에는 수정하기 위한 의견들을 종합해서 적을 수 있게 한다.

참여자와 교수 프로그램 네 명의 학생들을 리더십 프로그램 코스를 수강하도록 해서 개인 스터디 과정으로 학습하게 하고, 학기 중에 그들이 해야 할 활동에 대해 설명해 준다. 이 네 명의 학생들은 담당 교수, 수업조교, 다른 학생들로 구성된 소집단 활동을 통해 개별적으로 학습을 하게 될 것에 동의하는 조건으로 참여하게 한다. 이 네 학생들은 한 학기 동안 진행될 일대일 평가에 참여한다. 이 학생들은 학부 전공과 관심 분야가 각기 다른 학생들이다. 한 학생은 운동 감독을 하려는 학생이고, 한 학생은 고등학교 교장이 되려는 학생이고, 한 학생은 대학에서 학사업무를 하려고 하고, 다른 학생은 지방 정부에 근무하는 것이 목표이다.

모두 직장이나 지역사회에서 회의를 주도해 본 경험이 있는 학생들이다. 전체 코스의 학습 자료(프로그램)는 이 일대일 평가를 통해 평가될 것이지만, 여기에서는 단계 6인 '협조적인 집단 상호작용 관리하기'에 대한 부분만 다룬다.

참석자들에게 참여해 주어서 감사하다는 인사말과 함께, 커피, 음료수, 간단한 다과들을 준비해서 엄정한 평가의 분위기보다는 다소간 사교적인 느낌이 들도록 한다. 모임의 목적을 설명해 주고, 참석자들이 오답할 수 있는 부분이 있는 것이 아니라 개발자들이 충분하게 완벽하게 개발하지 못한 부분이 있을 수 있음을 말해 준다. 세션을 시작하기 전에, 우리는 어휘, 읽기 수준, 진도뿐만 아니라 예, 연습, 피드백 등이 명확한지를 점검해 주기를 바란다고 이야기해 준다. 그리고 집단 토론 이끌기 활동을 하는 중에 생략되었으면 하는 부분이나, 추가 내용이나 예가 필요한 부분이 있는지에 대한 참석자들의 제안을 말해 달라고 요구한다.

사전 교수 활동 참여자들이 프로그램의 각 단계를 수행해 감에 따라, 그들의 검토를 도와주기 위해 설계자는 (1) 처음의 동기 유발 내용이 명확하고 흥미가 있었는지, (2) 목표가 명확하고 적절했는지, (3) 그 목표들 중에서 참여자들이 이미 알고 있었거나 가지고 있는 기능들이 있었는지에 대해 물어본다. 프로그램의 여백에 자신의 의견을 직접 기록하도록 했다. 설계자는 학습자들이 말한 내용이나 조언을 기록했다.

내용 제시 학생들은 불분명하고 혼란스러운 설명이나 관리 정보를 찾아 표시했으며, 동영상을 포함하여 읽기 자료에 있는 친숙하지 않은 단어에 표시를 했다. 설계자는 설명과 예가 분명한지, 자신이 경험한 일 중에서 다른 예들이 있는지에 대해 말해 달라고 했다. 그 내용들도 설계자는 여백에 기술했다. 또한 내용의 순서, 분절의 크기가 적합했는지에 대해 조언을 구했다. 평가 과정에서는 서로 이야기를 많이 나누어야 하기 때문에, 진도가 적합했는지를 판단하기는 불가능했다.

학습자 참여 학생들에게 모든 연습 문제와 활동들을 해 보라고 요청한 다음, 그 활동들이 재미있었는지, 그 기능을 학습하는 데 도움이 되었는지에 대해 조언을 부탁했다. 설계자는 학습자들이 오해를 했거나 학습하지 못한 부분에 대한 이유를 알기 위해서 그들이 놓친 문항에 대해 설명을 부탁했다. 이런 토론을 통해서 설계자는 내용과 예가 더 필요한 곳을 찾아낼 수 있었다. 또한 학습자들에게 제공한 피드백의 명확성과 유용성을 평가하게 하고, 피드백을 받았는데도 여전히 남아 있는 질문을 여백에 기록하게 했다.

평가 사전검사와 사후검사를 위해, 학습자들은 평가 안내문, 사용된 어휘, 요청한 과제나 질문이 명확했는지에 대해 말해 달라고 했다. 학습자들은 불분명하거나 혼동되는 어휘, 질문, 안내문을 표시했다. 참여자들이 응답할 때, 학습자들이 사후검사에서 옳게 응답하지 못한 문항이 있을 때 오류의 원인이 어디에 있는지를 찾아내기 위해 왜 그렇게 응답했는지를 학습자들에게 다시 물어보았다. 이에 대한 학습자들의 응답을 여백에 기록했다.

　일대일 평가를 마친 다음에, 학습자들에게 프로그램의 전체적인 유용성과 명확성을 되돌아보면서 의견이 어떤지 물어보았다. 이 인터뷰를 통해 학습자들이 자신의 일을 보다 더 잘 수행할 수 있도록 이 프로그램이 도움이 되었는지를 통찰해 보게 했다. 프로그램에서 수정하거나 삭제했으면 하는 곳이 있는지에 대한 의견도 말해 보도록 했다.

　개별 학생들과의 일대일 평가를 한 다음에, 학습자들의 의견을 검토하여 종합한 다음에 오류임이 분명한 곳을 수정했다. 수정된 프로그램을 다음 평가 단계에 사용했다. 일대일 평가가 완료되고 프로그램이 필요한 만큼 수정됨에 따라, 프로그램에 어떤 문제가 더 있는지, 계획된 대로 프로그램이 운영될 수 있는지를 알아보기 위한 소집단 평가가 이루어져야 한다.

소집단 형성 평가 과정

소집단 평가를 위한 프로그램 소집단 평가는 다음 학기 동안 이루어졌다. 학기가 시작되기 전에, 웹 기반 학습 프로그램, 강사 주도 세션, 시뮬레이션, 동영상, 평가 도구를 포함한 프로그램 개발이 완성되어서, 평가를 통해 학습상의 문제나 운영상의 문제가 있는지를 파악했다. 강사(교육 운영자) 지침서도 개발되어서, 다양한 교수들이 이 프로그램을 효과적으로 활용할 수 있는지를 검토했다. 교사 중심, 웹 기반, 동영상에 대한 학습자들의 평가를 촉진하기 위해, 목표별, 활동별 평가 양식을 나누어 주고, 학습자들이 프로그램의 각 부분을 학습한 다음에 바로 평가하도록 했다. 양식에는 각 활동에 대한 흥미, 명확성, 유용성을 평가할 수 있는 평정 척도와 어떻게 개선하면 좋을지를 기입하도록 되어 있다. 표 11.3이 그 양식이다.

참여자와 교수 프로그램 소집단 형성 평가를 위해 리더십 수업을 수강하는 20명의 학생들이 선정되었다. 이 학생들은 학부 전공 배경과 관심 분야가 다양한 석사과정 대학원생들이다. 어떤 학생은 직장이나 지역사회에서 집단 리더십 경험을 가지고 있다. 두 학생은 커뮤니케이션과 집단 토론 관리 수업을 들은 적이 있다.

표 11.3 | 인쇄매체가 아닌 부분의 형성 평가를 위해 사용할 수 있는 학습자 평가 양식

인쇄매체가 아닌 매체의 집단 리더십 훈련 프로그램 평가양식		
응답 평정 1 = 전혀 그렇지 않다 2 = 다소 그렇다 3 = 상당히 그렇다 4 = 매우 그렇다	여기에는 프로그램의 이 부분을 어떻게 수정하면 좋을지에 대한 학생의 생각을 적어 주세요.	
프로그램 요소	**해당하는 숫자에 표시를 하세요.**	**어떻게 수정하면 좋겠습니까?**
6.1.1 사전검사 웹 동영상 동영상 #6 6.2.2 웹사이트 회의 동영상 토론 집단	흥미로운가?　　1　2　3　4 분명한가?　　　1　2　3　4 유용한가?　　　1　2　3　4 흥미로운가?　　1　2　3　4 분명한가?　　　1　2　3　4 유용한가?　　　1　2　3　4	
(다른 목표나 활동을 추가할 수 있다.)		

이번 학기에 개설된 과목이 하나뿐이라서 한 번의 소집단 평가만이 가능했다. 이 결과를 보고, 프로그램과 강사 지침서를 수정하고 난 이후 다음 학기에 소집단 평가를 해 볼 수 있는 다른 과목을 설강할 필요가 있다. 수정한 몇 부분은 학습이나 프로그램 운영에 긍정적인 변화를 가져오겠지만 다른 부분들은 불확실하다.

사전 교수 활동 학습자들은 안내문을 따라 설명한 대로 참여했다. 웹 기반 사전 평가를 위해 사전 평가 문항 다음에 자유롭게 응답할 수 있는 공간을 제공했고, 학습자들에게 안내문의 분명하지 못한 내용에 대해 자신들의 의견을 입력하도록 요구했다. 학습자들에게 자신들의 능력을 다해서 모든 문항에 응답하도록 안내했다. 질문지를 끝내고, 학습자들에게 자유 기술 방식의 응답 양식을 주고, 불분명하거나 혼란스러운 질문들을 찾아서 의견을 말하도록 했다. 질문은 목표별로 구성했다. 각 질문에 대해 옳게 응답한 학습자의 비율과 옳게 응답한 문항 비율로 요약했다. 그 밖에, 불분명하다고 응답한 문항과 안내문 수와 단어 수를 계산했다. 동기 유발을 위한 부분이나 목표에 대해 재미없거나 분명하지 않으냐고 묻기 위해 학습자들에게 학습을 멈추도록 하지 않았다.

내용 제시와 연습 학습자들은 도중에 멈추거나 중간에 묻지 않았다. 그러나 시작하기 전에, 그들에게 불분명하다고 생각되는 설명, 예, 삽화, 어휘, 연습, 피드백을 인쇄된 프로그램에 표시하라고 했다. 동영상과 웹 기반 프로그램에 대해, 학습 중에 기록할 것이 있을 때 적을 수 있는 평가 양식을 제공했다. 학습자들에게 프로그램의 모든 참여 내용과 활동들을 다 해 보도록 했다.

평가 사후 평가는 사전 평가와 같은 방식으로 이루어진다. 마찬가지로, 문항들도 목표별로 구성했다. 각 문항별로 옳게 응답한 학습자의 비율과 목표별, 문항별 비율로 요약했다. 그 밖에 불분명하다고 표시한 문항, 익숙하지 않다고 표시한 어휘 수도 종합했다. 마지막으로, 사전 평가, 교수, 사후 평가를 하는데, 가장 빨리, 보통, 가장 늦게 완성한 집단의 시간을 기록했다. 최종 목표와 수행 목표별로 수집하고 종합한 데이터를 가지고, 문제와 해결책을 찾기 위한 일을 시작했다.

교수 프로그램에 대한 학습자의 태도를 평가하기 위한 도구

학습자의 집단 리더십 역량을 평가하기 위한 평가 도구는 앞 장에서 다루었다. 태도 설문지를 제시하지 않았지만, 좋은 형성 평가를 하기 위해서는 성취도 평가와 태도 평가 둘 다 실시해야 한다.

표 11.4는 "문제 해결을 목적으로 하는 집단 토론 이끌기"라는 교수 목표를 위한 태도 질문지이다. 세션 10, "협조적인 구성원 행동 유도하기"(목표 6.1.1부터 6.5.1까지)를 마친 후에 이 질문지를 실시하도록 설계했다. 이 질문지는 여섯 부분으로 구성되어 있다. 이 중에서 네 문항은 Keller의 ARCS 모형의 주요 요소인 주의집중, 관련성, 자신감, 만족감에 관한 것이다. 다른 문항은 프로그램의 명확함을 평정하는 내용이다. 마지막 부분에는 교수 프로그램의 장점과 단점에 대해 자유롭게 기술할 수 있다. 학습자들이 쉽게 응답할 수 있도록 하기 위해, 교수 프로그램의 모든 내용들을 왼쪽의 끝 칸에 열거했다. 마지막에 "기타"라고 표시해 둔 곳에는 열거하지 않은 내용에 대한 학습자들의 응답을 열거할 수 있게 했다.

프로그램에 대한 학습 성과에 대한 평가와 함께, 형성 평가 중에 그 프로그램이 얼마나 분명했으며, 유용했는지를 알아보기 위한 도구를 사용한다. 예를 들어, 몇몇 학습자가 태도 질문지의 몇 문항이나 안내문에 대해 질문을 했거나 질문에 응답하지 않고 공백으로 남겨 두었다면, 그 영역이 분명했는지를 검토해서 수정해야 한다. 또한 프로그램의 강점과 약점을 찾아낼 수 있는 쓸모 있는 데이터를 제공해 주지 못하는 도구의 부분이 있다면 그 부분도 수정하거나 삭제해야 한다.

형성 평가를 위한 부가적인 학습 지원과 학교 교육과정 사례는 부록 I의 1부터 7까지를 참고할 수 있다.

표 11.4 ┃ 단계 6(협조적 집단 상호작용 관리하기, 세션 10, 목표 6.1.1부터 목표 6.5.1)에 대한 태도 질문지

세션 10: 협조적인 구성원 행동 유도하기	날짜: _____

안내: 다음 질문지를 이용하여 오늘 세션(협조적 집단 상호작용 관리하기)의 효과에 대해 평가해 보세요. 오늘 다룬 내용별로 주어진 척도에 평정을 하면 됩니다. 맨 아래 부분에는 오늘 세션에서 좋았던 점 혹은 개선해야 할 점에 대해 자유롭게 적어주십시오. 감사합니다.

학습 내용	해당 번호에 표시하기

I. **주의집중:** 다음 활동들이 학생의 재미 혹은 주의집중에 어느 정도 기여했습니까?

  A. 다음 내용에 대한 별도의 회의록을 읽고 분석하기

    1. 협조적 상호작용을 도와주는 구성원의 행동   약간   1   2   3   4   5   매우 집중

    2. 참석자의 협조를 장려하도록 이끄는 리더의 전략   약간   1   2   3   4   5   매우 집중

  B. 회의 동영상 보고 분석하기

    3. 협조적인 상호작용을 촉진하는 긍정적인 구성원의 행동   약간   1   2   3   4   5   매우 집중

    4. 협조적인 행동을 유도하는 사회자   약간   1   2   3   4   5   매우 집중

  C. 리더로서 스스로 수행

    5. 집단에서 협조적인 행동을 유도   약간   1   2   3   4   5   매우 집중

표 11.4 ┃ 단계 6(협조적 집단 상호작용 관리하기, 세션 10, 목표 6.1.1부터 목표 6.5.1)에 대한 태도 질문지 (계속)

Ⅱ. **관련성:** 다음의 내용들은 학습자가 효과적인 문제 해결 리더십을 갖도록 해 주는 데 어느 정도 관련성이 있다고 생각합니까?

6. 회의 중 협조적인 구성원의 행동을 알아채기	약간	1	2	3	4	5	매우 관련
7. 회의 중 협조적인 구성원의 행동을 유도하기	약간	1	2	3	4	5	매우 관련

Ⅲ. **자신감:** 학습자가 효과적인 문제 해결 회의를 위해 다음과 같은 집단 상호작용 관리하기 기능을 얼마나 자신 있게 활용할 수 있을 것 같습니까?

8. 회의 중 협조적인 구성원의 행동을 알아채기	약간	1	2	3	4	5	매우 자신
9. 회의 중 협조적인 구성원의 행동을 유도하기	약간	1	2	3	4	5	매우 자신

Ⅳ. **명확성:** 프로그램에서의 다음 내용과 활동이 얼마나 명확했다고 생각합니까?

10. 도입	약간	1	2	3	4	5	매우 분명
11. 세션의 목표	약간	1	2	3	4	5	매우 분명
12. 회의록	약간	1	2	3	4	5	매우 분명
13. 회의 동영상	약간	1	2	3	4	5	매우 분명
14. 집단 리더가 우리라는 의식을 갖고 회의를 진행	약간	1	2	3	4	5	매우 분명
15. 집단 리더십 행동에 대한 설명	약간	1	2	3	4	5	매우 분명
16. 우리가 긍정적인 리더 행동을 찾기 위해 사용할 체크리스트	약간	1	2	3	4	5	매우 분명
17. 긍정적인 참여자와 리더의 행동 연습에 대한 피드백	약간	1	2	3	4	5	매우 분명

Ⅴ. **만족감:** 전체적으로 어느 정도 만족했습니까?

18. 시설	약간	1	2	3	4	5	매우 만족
19. 담당 교수	약간	1	2	3	4	5	매우 만족
20. 진도	약간	1	2	3	4	5	매우 만족
21. 강의	약간	1	2	3	4	5	매우 만족
22. 자기 자신, 연습한 새로운 기능	약간	1	2	3	4	5	매우 만족

Ⅵ. **조언:** 개인적으로 이번 세션의 장점과 문제점에 대해 조언해 주세요.

	장점	문제점
도입:		
목표:		
주석이 달린 대화:		
동영상:		
리더십에 대한 상호작용적 행동 세션:		
평가:		
기타:		
기타:		

요약

교수 프로그램의 형성 평가는 프로그램의 효과를 알아보고, 효과적이지 못한 부분을 수정하기 위한 것이다. 형성 평가는 교수 전략을 기반으로 하여 새롭게 개발된 교수 프로그램뿐만 아니라 선정한 기존의 교수 프로그램에도 실시해야 한다. 이 평가는 중재적 교수 프로그램과 교사 주도의 교수 프로그램 모두에 필요하다. 교수 프로그램이 잘못된 부분을 정확히 찾아내서, 그것을 어떻게 수정해야 할지를 알 수 있는 데이터를 수집할 수 있도록 설계해야 한다.

적어도 데이터 수집, 분석, 수정이 포함된 반복적인 형성 평가의 과정이 있어야 한다. 각각의 형성 평가 과정은 서로 다른 부분에 초점을 둔 평가이다. 첫째, 일대일 평가는 교수 프로그램에서의 총체적인 오류에 초점이 맞추어져 있다. 이 오류로는 대표적으로 사용된 어휘, 개념 예가 얼마나 분명한지와 교수 프로그램의 다섯 가지 구성요소들이 얼마나 동기 유발을 하고 있는지에 관한 것이다. 내용 전문가와 대상 학습자의 특성을 잘 알고 있는 현장 전문가들의 평가도 실시한다. 일대일 평가는 대상 학습자들을 대표할 수 있는 학습자들을 대상으로 실시해야 한다. 평가자가 프로그램 내용 중에 무엇이 잘못되었으며, 그 잘못의 원인이 무엇인지를 알 수 있기 위해 학습자와의 상호작용적 과정이 필요하다.

둘째, 소집단 평가는 교수 프로그램의 오류를 수정, 보완한 다음에 이루어진다. 대상 학습자 중 대표적인 학습자 8~20명을 대상으로 한다. 소집단 평가의 목적은 교수 프로그램과 관리 절차에서의 오류들을 찾는 것이다. 교수 전략의 구성요소가 평가 도구와 절차의 출발점이다. 이 평가에서 평가자는 학습자와의 상호작용 부분이 상당히 약화되고, 학습 결과와 태도의 데이터를 수집하고, 양적, 질적 데이터를 얻기 위해 심층적 데이터 재검토가 필요하다.

마지막으로 현장 평가는, 소집단 평가 결과에 따라 교수 프로그램을 수정한 후에 실시한다. 이 평가의 목적은 계획한 대로 설계한 상황에서 프로그램을 사용했을 때, 어떤 오류가 있는지를 찾아내기 위한 것이다. 앞의 두 평가 과정과 마찬가지로, 평가 도구와 절차의 출발점은 교수 전략의 다섯 가지 구성요소이다. 학습자의 학습 결과와 태도에 대한 데이터를 수집하기 위한 도구도 중요하다. 필요한 학습 시간과 관리 계획의 실행 가능성 같은 관리에 관한 데이터의 수집 또한 중요하다. 비록 교수 프로그램을 사용하는 동안 전 과정을 관찰하면 데이터를 해석하는 데 필요한 통찰을 얻을 수 있겠지만, 현장 평가 중에 평가자는 데이터를 수집한다고 학습자와 강사(교육 운영자, 교사)를 방해하지 않아야 한다.

형성 평가를 해서 프로그램을 수정하고 나면, 그 프로그램을 사용할 기관에서는 가르치려는 역량들이 현장 실무에서 활용될 것인지, 이 프로그램을 이용하면 어떤 효과가 있을 것인지를 알아내려는 평가를 실시하려고 한다. 프로그램의 활용 효과를 결정하는 평가를 종합 평가(summative evaluation)라고 하는데 마지막 장에서 이 문제를 다룰 것이다.

형성 평가 과정의 평가를 위한 루브릭

아래의 항목은 형성 평가 중 활용한 과정을 평가하기에 필요하다. 형성 평가 동안 실제 프로그램들을 평가하기 위한 항목들은 8장과 9장에 제시되어 있다.

※ 다음 요소 중에 진행하고 있는 프로젝트와 관계없다면, '아니오' 칸에 '해당 없음'이라고 표시하세요.

아니오	약간	예	가. 전반적으로 형성 평가 계획은
_____	_____	_____	1. 교수 전략에 기초를 두고 있는가?(사전 교수 활동, 제시, 참여, 평가, 전이)
_____	_____	_____	2. 다양한 데이터 수집 방법을 사용하는가?
_____	_____	_____	3. 장점과 문제점을 찾기 위한 검토자의 의견을 포함하고 있는가?
_____	_____	_____	4. 다음 평가 단계 전에 프로그램과 과정을 수정하여 다음 평가를 했는가?

나. 전문가 평가에 전문가의 검토를 포함하고 있는가?

아니오	약간	예	
_____	_____	_____	1. 학습 전문가에 의한 교수 목표 유형 검토
_____	_____	_____	2. 내용 전문가에 의한 정확성과 최신성 검토
_____	_____	_____	3. 학습자 전문가에 의한 적절한 복합성 검토
_____	_____	_____	4. 내용 전문가에 의한 가능성과 전이 검토
_____	_____	_____	5. 대상 학습자에 의한 명확성과 효과 검토

다. 대상 학습자 학습자들은

아니오	약간	예	
_____	_____	_____	1. 대상 집단을 대표하는가?
_____	_____	_____	2. 제공할 교수 프로그램을 쉽게 수용할 수 있도록 필요한 안내를 했는가?
_____	_____	_____	3. 필요한 모든 프로그램을 받았는가? (사전 교수 활동부터 전이까지)
_____	_____	_____	4. 사전검사를 하고 이 검사에 대해 조언을 할 수 있는가?(출발점 기능 포함)
_____	_____	_____	5. 불분명한 문장에 표시하고 익숙하지 않은 어휘에 밑줄을 했는가?
_____	_____	_____	6. 익숙하지 않은 예에 대해 질문을 하고 다른 예를 제안할 수 있는가?
_____	_____	_____	7. 자신들의 관심사에 대해 질문했는가?
_____	_____	_____	8. 연습과 활동의 리허설에 참여하고 피드백이 도움이 되었는

——— ——— ——— 지를 조언했는가?

——— ——— ——— 9. 사후검사를 하고 불분명한 문항에 의견을 제시했는가?

——— ——— ——— 10. 질문지에 응답을 하고, 문항이 분명했는지뿐만 아니라 자신
들의 의견을 제시했는가?

——— ——— ——— 11. 매체와 전달 시스템을 편안하게 느꼈는가?

라. 평가자들은

——— ——— ——— 1. 평가 중에 질문을 하거나 분명하게 하기 위해서나, 자세한 이
해를 위해 학습자들과 상호작용을 했는가?

——— ——— ——— 2. 학습자의 의견과 응답을 요약했는가?

——— ——— ——— 3. 장점과 문제점을 찾아냈는가?

——— ——— ——— 4. 일대일 평가 중에 분명하게 잘못된 오류를 수정했는가?

이 장에서는 형성 평가의 설계와 데이터 수집 절차에 초점을 맞추었다. 12장에서는 데이터 분석과
그 데이터에 근거한 교수 프로그램의 수정을 다룰 것이다.

연습

아래 연습은 부록 C, F, G의 주요 단계 5, '각 주
요 지점을 소개하고 개발하기 위한 최상의 문
장 유형 기술'에서 제시한 교수 분석과 전략에
기반을 두고 있다. 대상 학습자들은 6학년 학생
들이며 평균이나 평균 이상의 쓰기 기능을 갖
추고 있다. 현장 적용 형성 평가에 맞게 질문을
고려하고, 평가의 목적과 교수의 본질, 대상 학
습자에 기초하여 결정해 보자.

1. 설계자는 왜 작문을 위한 교수 프로그램의
현장 평가에 흥미를 가졌는가?

2. 설계자가 소집단 평가 기간 동안에는 수집
하지 못했지만 현장 평가 기간 동안 이 교수
를 통해 수집하려고 하는 정보는 무엇인가?

3. 적절한 표본 집단과 교수 프로그램 평가에
사용될 수 있는 교수 상황에 대해 설명해

보자.

4. 현장 평가의 대상은 무엇인가?

5. 만약 설계자가 수행한 현장 평가에 적용된
자료가 독창적인 자료가 아니라 선정되거나
변형된 것이라면, 설계자의 수행 과정은 어
떻게 달라질까?

6. 이미 개발되어 있는 교수 프로그램의 현장
평가와 교사 주도적 교수 프로그램의 현장
평기 간의 주요 절차는 어떻게 다른가?.

7. 학습자가 소집단 평가와 현장 평가를 수행
할 때 사용할 태도 질문지를 개발해 보자.
질문지는 작문을 위한 교수 프로그램의 형
성 평가에 참여한 6학년 학생들에게 적절한
수준이어야 한다.

피드백

1. 교수 프로그램은 대상 학습자들이 특별한 상황에서 사용될 때의 효과를 결정하기 위해 현장 평가를 실시한다. 현장 평가는 "이 교수 프로그램이 주어진 학습자들이 학습 상황을 계획할 때에 사용될 수 있으며, 개선할 점이 있는가?"라는 질문에 답한다. 그것은 교사의 도움이 없을 때 교수 프로그램의 효과를 결정하는 것을 돕는다. 또한 교수 프로그램이 실질적으로 사용될 준비가 되었는지를 결정할 수 있다. 학습자와 교사 모두를 위한 교수 프로그램, 평가, 교수는 현장 평가를 통해 검증되어야 한다. 교수 프로그램이 충분한 개정 과정을 거쳤는가, 혹은 더 많은 수정이 필요한가? 이 시점에서의 수정은 교수 프로그램 자체에 관한 것일 수도 있고 교수 프로그램의 사용에 대한 제안일 수도 있다.

2. 설계자는 아마도 소집단 평가 기간 동안 얻은 것과 같은 유형의 정보를 모으기를 원할 것이다. 다른 정보에는 다음에 관한 학습자의 태도가 포함될 것이다.

   - 교수 프로그램은 흥미로웠는가?
   - 교수 프로그램이 너무 쉽거나, 너무 어렵거나, 아니면 적절했는가?
   - 교수 프로그램이 너무 빠르거나, 너무 느리거나, 아니면 적절했는가?
   - 교수 프로그램이 사용하기에 쉬웠는가, 혹은 복잡했는가?

   설계자는 교수 프로그램에 대한 교사의 태도에 대한 정보도 함께 원할 것이다. 사용하기에 쉬웠는지, 복잡했는지, 아니면 적절했는지 그리고 이러한 의견을 갖는 이유가 무엇인지.

3. 작문 교수 프로그램의 현장 평가를 위한 적절한 대상자는 작문 성취도에서 다른 특성을 가진 한 반 혹은 그 이상의 6학년 학급이다(즉, 평균과 평균 이상의 학생들을 포함하는). 학급의 담당교사는 프로젝트에 흥미가 있으며, 인터넷 기반 교수 프로그램을 사용한 경험이 있다. 그들은 또한 개인 컴퓨터를 사용한 교수를 받은 적이 있는 학생들과 함께 경험하게 되는데, 이는 집단 경영의 새로운 도전으로 도입되기 때문이다.(즉, 학생들은 인터넷 서핑이나 친구들과 의사소통하기보다는 공부를 한다.)

4. 개발된 모든 교수 프로그램들은 현장 평가에 포함되어 평가되어야 한다. 이것에는 인쇄된 모든 교수 프로그램, 웹 기반 자료, 장비, 측정 도구, 교수자용 안내서 등이 포함된다.

5. 선정된 교수 프로그램을 사용한 현장 평가와 독창적인 교수 프로그램을 사용한 현장 평가 간의 주요 차이점은 교사가 교수 프로그램을 선정하는 것에 대한 평가 과정에 참여한다는 것이다. 이는 교사가 교수 프로그램을 사용하는 장면을 관찰할 수 있는 기회와 교수 전략의 여러 구성요소의 적절성을 판단할 수 있는 기회를 제공한다.

6. 교사 주도 교수에서는 교수 프로그램이 전달되는 동안 교사가 학습자와 상호작용한다. 교사는 교수 프로그램의 연습과 피드백의 구성요소를 통제한다. 그러나 교사는 선정된 교수 프로그램을 평가할 때 더 수동적이다.

7. 태도 질문지(부록 L, 단계 7 참조)는 소집단 평가나 현장 평가 동안 학습자가 완성하도록 제공할 수 있다. 그러나 일대일 평가에서

는 인터뷰 형식으로 질문지를 사용해야 한다. 학습자의 응답을 평가자가 양식에 기록한다. 일대일 평가는 질문이 명확한가를 판단하기 위해 태도 질문지를 형성적으로 평가하는 것이 도움이 될 것이다. 만약 '모르겠다'는 응답을 여러 번 받는다면, 학습자가 질문을 이해하고 의견을 표현할 수 있도록 다

른 방법으로 설명해 준다. 질문한 사항을 명확히 하는 데 필요한 질문지의 변화에 주목한다. 태도 질문지는 요약 보고를 하는 단계에서 인터뷰의 안내서로 사용할 수 있다. 이것은 교수 프로그램을 평가할 때 중요한 구성요소에 초점을 두는 데 도움이 될 것이다.

참고문헌

Ainsworth, L. B., & Viegut, D. J. (Eds.). (2006). *Common formative assessments: How to connect standards-based instruction and assessment*. Thousand Oaks, CA: Corwin Press. 개인 학습자들의 학습 요구를 찾아내기 위해 교사가 형성 평가를 위한 검사를 개발하는 방법을 다루고 있다.

Ayala, C. C., Shavelson, R. J., Ruiz-Primo, M. A., Yin, Y., Furtak, E. M.,Young, D. B., % Tomita, M. (2008). From formal embedded assessment to reflective studies. *Applied Measurement in Education, 21*(4), 315-334. 형성 평가가 교육과정, 학습자, 학습자 동기 유발에 미치는 영향을 다루고 있다.

Bernhardt, V. (2007). *Translating data into information to improve teaching and learning*. Larchmont, NY: Eye on Education Press. 학교에서의 의사결정을 내리기 위해 데이터를 종합하기 위한 절차를 설명하고 있다.

Bodzin, A. M., Price, B., & Heyden, R. (2001). A formative evaluation approach to guide the development of a webtext biology curriculum. Paper presented at the National Association of Biology Teachers Annual meeting, November 7-12, 2004, Montreal, Quebec, Canada. Retrieved Jan. 30, 2013, from www .lehigh. edu/~inexlife/papers/nabt2001.pdf. 온라인 생물 교육과정에 대한 대규모 현장 평가 방법을 보고하고 있다.

Brandon, P. R.,, Young, D. B., Shavelson, R. J., Jones, R., Ayla, C. C., Ruiz-Primo, M. A., Yen, Y., Tomito, M K., & Furtak, E. M. (2008). Lessons learned for the process of curruculum developers' and assessment developers' collaboration on the development of embedded formative assessments. *Applied Measurement in Education. 21*(4). 390-402. 교육과정과 학습 수준에서의 형성 평가에 대해 다루고 있다.

Cambre, M. (1981). Historical overview of formative evaluation of instructional media products. *Educational Communications and Technology Journal 29*(1), 1-25. 형성 평가에 대한 역사를 다루고 있는 오래된 글이지만 교수 설계의 역사에 관심이 있다면 유용한 글이다.

Carey, L. M. (2001). *Measuring and evaluating school learning*. Boston: Allyn & Bacon. Chapter 10, Evaluating group performance; Chapter 11, Analyzing items, tasks, and tests; and Chapter 12, Evaluating individual performance and instruction은 형성 평가의 데이터를 종합하고 해석하는 문제에 대해 소상하게 소개하고 있다.

Cronbach, L. J. (1975). Course improvement through evaluation. Reprinted in D. A. Payne & R. F. McMorris (Eds.), *Education and psychological measurement*. Morristown, NJ: General Learning Press, 243-256. 교육 프로그램의 형성 평가 필요성을 다루고 있다.

Dick, W., & Carey, L. M. (1991). Formative evaluation. In L. J. Briggs, K. L. Gustafson, & M. H. Tillman (Eds.), *Instructional design: Principles and applications*. Englewood Cliffs, NJ: Educational Technology Publications. 교수 설계자의 관점에서 형성 평가에 대해 설명하고 있다.

Drum, A. (1999). *The design of children's technology*. San Francisco: Morgan Kaufmann Publishers. CBI 프로그램의 형성 평가 방법과 수정 방법을 설명하고 있다.

Flogg, B. N. (1990). *Formative evaluation for educational technologies*. Hillsdale, NJ: LEA. 컴퓨터기술을 이용한 훈련 프로그램의 형성 평가 절차를 설명하고 있다.

Hattie, J., & Temperley, H. (2007). The power of feedback. *Review of Educational Research, 77*(1), 81-112.

Heritage, M. (2010). *Formative assessment: Making it happen in the classroom*. Thousand Oaks, CA: Corwin

Press. 교수 학습 프로그램을 개선하는 데 있어서 학습자 성취 데이터의 활용을 설명하고 있다.

Johnson, R. B., Dick, W. (2012). Evaluation in instructional design: A comparison of evaluation models. In R. A. Reiser, & J. V. Dempsey(Eds.), *Trends and issues in instructional design and technology*(3rd ed.). Boston, MA: Allyn & Bacon. 교수 설계자의 관점에서 형성 평가를 설명하고 있다.

Martin, F, & Dunsworth, Q. (2008). A methodical formative evaluation of computer literacy course: What and how to teach. *Journal of Information Technology Education, 6*, 123-134. 대학에서 형성 평가에 대한 사례 연구를 설명하고 있다.

Morrison, G. R., Ross, S. M., & Kemp, J. E. (2013). *Designing effective instruction* (7th ed.). Hoboken, NJ: Wiley. 13장에서 형성 평가와 종합 평가의 설계와 데이터 종합 및 해석 방법을 설명하고 있다.

Mory, E. H. (2004). Feedback research review. in D. Jonassen (Ed.), *Handbook of research on educational communications and technology*. Mahwah, NJ: LEA, pp. 745-783. 부적합한 피드백의 영향을 설명하고 있다.

Moseley, J. L., & Dessinger, J. C. (2010). *Handbook of improving performance in the workplace*. SF, CA. ISPI and Pfeiffer. 형성 평가의 이론, 실제를 제시하고 있다.

Nathenson, M. B., & Henderson, E. S. (1980). *Using student feedback to improve learning materials*. London: Croom Helm. 영국 개방대학 코스의 형성 평가 과정을 설명하고 있다.

Performance and Instruction Journal, 22(5). 1983. Special issue on formative evaluation. 일대일 평가, 소집단 평가, 형성 평가에 대한 임상적 접근, 형성 평가의 효과와 비용 등을 종합적으로 다루고 있다.

Reeves, T. C., & Hedberg, J. G. (2003). *Interactive learning systems evaluation*. Englewood Cliffs, NJ: Educational Technology Publications. 평가의 여섯 수준과 함께 이러닝의 실행 과정과 프로그램에 대한 형성 평가 기법을 설명하고 있다.

Rogers, E. M. (1995). Diffusion of innovations (4th ed.). New York: The Free Press.

Royse, D. D. (2001). *Program evaluation: An introduction*. Belmont, CA: Brooks/Cole-Wadsworth Thompson Learning. 형성 평가와 과정 평가를 다루고 있다.

Russell, J. D., & Blake, B. L. (1988). Formative and summative evaluation of instructional products and learners. *Educational Technology, 28*(9), 22-28. 프로그램의 형성 평가와 학습자의 형성 평가를 구별하여 설명하고 있다.

Scott, R. O., & Yelon, S. R. (1969). The student as a coauthor-The first step in formative evaluation. *Educational Technology*, October, 76-78. 학생들을 활용한 일대일 형성 평가 절차를 설명하고 있다.

Scriven, M., Tyler, R., & Gagné, R. (1967). *Perspectives of curriculum evaluation*. AERA Monograph Series on Curriculum Evaluation. Chicago: Rand McNally. 형성 평가와 종합 평가를 처음으로 구별하려는 첫 시도이다.

Smith, P. L., & Ragan, T. J. (2005). *Instructional design* (3rd ed.). New York: Wiley. 형성 평가와 종합 평가를 다루고 있으며, 프로그램 수정을 위한 데이터의 종합과 해석 문제를 다루고 있다.

Tessmer, M. (1994). Formative evaluation alternatives. *Performance Improvement Quarterly, 7*(1), 3-18.

Tessmer, M. (1996). Formative evaluation. In P. Kommers, S. Grabinger, & J. C. Dunlap (Eds.), *Hypermedia learning environments: Instructional design and integration*. Mahwah, NJ: Lawrence Erlbaum Associates. 디지털 기술을 이용한 교수 학습 상황에서의 형성 평가 절차를 설명하고 있다.

Tessmer, M. (2005). *Planning and conducting formative evaluation*. Oxen, UK: Routledge. 형성 평가의 주요 단계를 종합적으로 설명하고 있다.

Weston, C. B., LeMaistre, C., McAlpine, L., & Bordonaro, T. (1997). The influence of participants in formative evaluation on the improvement of learning from written instructional materials. *Instructional Science, 25*(5), 369-386. 인쇄매체를 활용하고 있는 프로그램에서 학습자의 피드백을 받아서 프로그램을 수정했을 때, 가장 학습 효과가 높았음을 보고하고 있다.

Weston, C. B., McAlpine, L., & Bordonaro, T. (1995). A model for understanding formative evaluation in instructional design. *Educational Technology Research and Development 43*(3), 29-49. 다양한 교수 설계 과정 간의 피드백을 하나의 모형으로 설명하고 있다.

Williams, D. D., South, J. B., Yanchar, S. C., Wilson, B. G., & Allen, S. (2011). How do instructional designers evaluate? a qualitative study of evaluation in practice. *ETR&D, 29*(6), 885-907. 형성 평가 과정에서의 데이터 종합, 분석, 해석을 위한 유용한 내용을 제시하고 있다.

제 12 장

교수 프로그램 수정

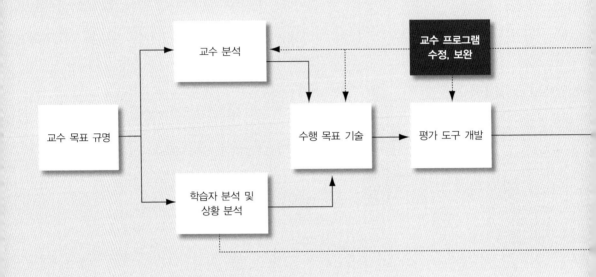

학습 목표

➤ 형성 평가 결과를 다양한 방법으로 기술할 수 있다.

➤ 형성 평가 결과를 요약할 수 있다.

➤ 요약한 형성 평가 데이터가 있으면, 교수 프로그램과 강사 주도 교수 프로그램의 약점을 찾아낼 수 있다.

➤ 교수 프로그램에 어떤 문제가 있음을 시사하는 형성 평가 데이터를 주면, 어떤 문제가 있는지를 찾아서 수정 방법을 제안할 수 있다.

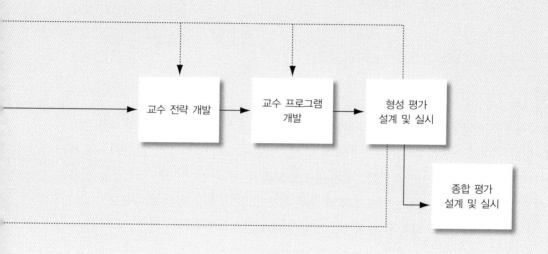

배경

어떤 교수 설계 모형을 보더라도 교수 프로그램의 문제점을 찾아서 수정하기 위해 데이터를 수집하는 형성 평가의 개념을 대단히 강조하는 것을 알 수 있다. 교수 프로그램의 수정 과정에서 교수 설계자는 자신의 프로젝트에 대해 체제적 접근 관점에서, 설계 과정의 어떠한 단계도 수정할 수 있는 가능성을 열어 두어야 한다. 위의 그림에서 보더라도 형성 평가의 결과가 모든 설계 단계로 피드백되고 있음을 볼 수 있다. 교수 설계 모형을 보면, 데이터를 수집하고 요약한 다음에 교수 프로그램을 "적합하게" 수정해야 함을 직시하고 있다. 비록 많은 연구에서 교수 프로그램을 수정하면 효과적이라고 주장하지만, 데이터 수집에 관한 이론은 거의 없다. 형성 평가에 대한 우리의 시각은, 교수 전략을 중심으로 데이터를 해석하여 그 데이터와 학습 과정을 우리가 이해한 것에 기초하여 교수 프로그램을 수정해야 한다고 본다.

교수 프로그램 수정에는 기본적으로 두 가지 유형이 있다. 첫째 유형은 교수 프로그램을 보다 정확하고 효과적인 학습 도구로 만들기 위해 교수 프로그램의 내용이나 취지를 수정하는 것이다. 둘째 유형은 교수 프로그램을 활용하는 절차의 수정이다.

이 장에서는 교수 프로그램의 어느 부분이 수정되어야 하는지를 밝히기 위해 다양한 형성 평가 결과를 어떻게 종합하고 활용할 것인지를 설명할 것이다. 교수 설계 과정의 이 단계에서는 복잡한 통계 방법을 걱정할 필요가 없다. 평가 결과를 단순하게 기술적 통계로 요약하는 것만으로도 충분하기 때문이다. 추리 통계 검증은 형성 평가 및 교수 프로그램의 수정 과정에서는 거의 사용하지 않는다.

개념

학습자가 학습하기 어려운 부분을 찾아서 수정할 방법을 찾기 위해 형성 평가 결과를 종합하는 방법은 여러 가지가 있다. 여기에서 설명하는 방법들은 단지 제안에 불과하다. 우리가 그 데이터를 분석해 가면서 보면, 여러 가지 통찰을 해 볼 수 있는 다른 방법들도 있음을 알게 될 것이다. 여기에서는 먼저 일대일 형성 평가, 소집단 평가, 현장 평가에서 수집한 데이터와 정보(형성 평가 결과)를 분석하는 방법에 대해 살펴보도록 한다.

일대일 형성 평가 결과 분석

일대일 형성 평가를 하고 나면, 교수 설계자가 얻을 수 있는 데이터는 매우 적다. 불과 3~5명의 학습자로부터 수집한 정보뿐이기 때문이다. 학습자들의 배경이나 능력이 다양하도록 선정했기 때문에, 이 학습자들로부터 수집한 정보는 대체적으로 집단의 평균과 같이 통합한 정보이기보다는 각각 고유한 특징이 있을 것이다. 다시 말하면, 교수 설계자는 학습자들의 응답에 어떤 유사점과 차이점이 있는지를 살펴본 다음, 최선의 수정 방법을 정해야 한다.

교수 설계자는 (1) 학습자 특성 및 출발점 기능, (2) 교수 프로그램에 대한 직접적인 반응, (3) 학습 시간, (4) 사후검사 점수, (5) 태도에 대한 설문조사 결과 등의 다섯 가지 정보를 얻을 수 있다.

첫 단계에서는 일대일 형성 평가에 참여한 학습자들의 특징을 기술하고, 출발점 기능을 그들이 제대로 할 수 있는지를 알아본다. 그 다음, 교수 설계자는 각 학습자들과 학습하면서 알게 된 프로그램에 대한 학습자들의 의견과 제안을 종합한다. 어떤 학습자들이 지적한 문제이거나 의견인지 알 수 있는 표시를 하면서 교수 프로그램에 바로 적어 두면 한눈에 알아보기 쉽다. 여기에는 내용 전문가의 의견과 일대일 형성 평가 중 학습자들에게 활용된 어떤 다른 교수 방법에 관한 내용도 포함될 수 있다.

다음 단계에서는 사후검사 결과의 문항별 성취 여부를 가지고 목표별 점수와 전체 점수를 구한다. 개별 학습자의 사전검사 점수, 사후검사 점수, 총 학습 시간을 나타내는 표를 만들어 보아도 좋다. 그리고 사후검사 결과도 목표별 점수와 그 검사에 대한 의견과 함께 정리해야 한다. 태도 설문지가 사용되었다면, 그 결과도 같은 양식을 사용해서 종합해야 한다.

이렇게 모든 결과가 종합되었다면, 교수 프로그램을 수정할 차례이다. 물론, 일대일 평가가 끝나기 전이라도 명백한 오류들은 수정을 해 왔다. 이제는 수정하기 어려운 부분도 수정을 해야 한다. 학습 성취 정도가 가장 미진했던 부분과 제안사항을 가장 많이 제시한 부분부터 수정을 시작해야 할 것이다.

학습 정도를 보고, 평가 루브릭(rublic)이나 검사 문항에 잘못이 없는지를 먼저 살펴본다. 오류가 있다면 학습 목표, 가르치고 있는 프로그램의 내용과 일관성을 갖고, 보다 분명하도록 수정해야 한다. 검사 문항에 문제가 없는데도 학습자의 학습이 잘 이루어지지 않았다면, 교수 프로그램을 수정해야 한다. 학습자들이 수정했으면 하고 제안한 곳, 학습자들이 제대로 학습을 하지 못하는 곳, 설계자가 보아도 잘못된 듯 느껴지는 곳이 수정해야 할 부분이다. 학습자들이 합리적인 수정을 제안할 경우도 간혹 있다. 또한 교수 설계자는 학습자들이 잘못 해석해서 수정했으면 하고 제안한 것이 없는지를 알기 위해 학습자들의 오류를 면밀하게 검토해 봐야 한다. 무엇을 수정하면 프로그램을 보다 효과적으로 만들 수 있을 것인지에 관한 교수 설계자 자신의 통찰을 절대 무시하지 않아야 한다. 우리 설계자는 체제적인 교수 설계 절차를 활용하여, 학습해야 할 내용과 예를 세심하게 작성했고, 각 기능을 연습할 수 있는 기회와 그에 대한 피드백을 제공했다. 모든 기본 요소는 바로 여기에 있다! 이 단계에서 해야 할 일반적인 수정이라면 내용을 명료하게 제시하고, 내용, 예, 연습 활동을 추가하거나 삭제하는 것이다. 앞에서 말한 대로 형성 평가의 세 가지 결과가 수정해야 할 곳을 알려 주는 가장 적합한 것이다.

교수 프로그램을 개선하기 위해 무엇을 수정할지가 분명하지 않은 경우도 많다. 이때는 교수 프로그램의 그 부분들을 수성하지 않고 그대로 두었다가 소집단 형성 평가에서 그 부분이 어떻게 작동하는지를 지켜보는 것이다. 아니면, 교수 설계자는 이런 문제들을 어떻게 해결해야 할지 여러 가지 접근 방법을 고안해 두었다고 소집단 평가를 할 때 그 방법들을 시도해 볼 수 있다.

소집단 평가와 현장 평가 결과 분석

소집단 평가 결과들은 서로 조금씩 다른 방식으로 종합해야 한다. 8~20명에게서 수집된 결과(데이터)는 개별 학습자보다는 전체 학습자들의 반응으로 볼 수 있다. 즉, 대상 학습자들을 대표할 수 있는 집단이 갖고 있는 문제점과 응답인 것이다. 우리가 수집하게 될 전형적인 데이터는 사전, 사후검사 결과, 태도 설문지 조사 결과, 학습하고 검사하는 데 걸린 시간, 프로그램에 대한 학습자들의 의견이나 제안들이다.

모든 검사에서 분석의 기본단위는 개별 검사 문항이다. 각 검사 문항에 대한 학습자의 학습 결과(performance)는 옳은 응답이나 틀린 응답으로만 채점해야 한다. 하나의 문항에 응답해야 하는 여러 부분으로 구성되어 있다면, 정보가 손실되지 않도록 각 부분을 별도로 채점해야 한다. 개별 문항에 대한 정보가 필요한 이유는 다음과 같다.

1. 검사 문항별 정보(학습자의 응답 결과)가 있어야 그 문항에 어떤 문제가 있는지, 혹은 그 문항에서 측정하려고 하는 내용이 목표와 일치하는지를 결정할 수 있기 때문이다.

2. 개별 검사 문항에 대한 정보가 있어야 학습자들이 교수 프로그램으로 학습을 하면서 어떤 어려움을 겪었는지를 알 수 있기 때문이다. 예를 들어, 학습자의 절반이 특정 검사 문항에 옳게 응답을 하지 못했음을 아는 것도 중요하지만, 그 문항을 놓친 학습자들이 선다형 문항에서 같은 선택지를 선택해서 옳게 응답을 하지 못했거나 문제 해결 문항에서도 동일한 유형의 추론 오류를 범했음을 아는 것 또한 중요하기 때문이다.

3. 개별 검사 문항별 데이터(검사 결과)는 목표 학습자의 성취 정도, 궁극적으로는 전체 검사에 대한 학습자의 성취 정도로 종합할 수 있다. 때때로 하나의 목표에 대한 준거 수준은 목표별 정답률로 표현한다. 검사 문항별 결과는 목표별 정답 문항 비율뿐만 아니라, 목표를 숙달한 학습자의 수와 비율을 나타낼 수 있다.

문항별 결과를 수집해서 문항별 목표별 표를 만들고 나서, 보다 종합적인 결과표를 만드는 것이 가능하다.

소집단의 문항별 목표별 성취 정도 표 12.1은 문항별 목표별 결과를 맨 먼저 종합한 것이다. 네 개의 목표를 10개의 문항으로 검사한 결과라고 생각하자. 20명의 학습자가 소집단 평가에 참여했다.

데이터 분석을 위한 어떤 컴퓨터 계산 프로그램을 사용해도 학생들의 학습 결과를 종합할 수 있지만, 엑셀(EXCEL)과 같은 스프레드시트 프로그램은 사용하기도 쉽고 구하기도 쉬워서 이런 프로그램을 사용하는 것이 좋다. 알기 쉽도록 검사별로 분석표를 작성하

표 12.1 ┃ 문항별 목표별 분석표

목표		1		2			3		4			문항별		목표별	
문항		1	2	3	4	5	6	7	8	9	10	빈도	비율	빈도	비율
학생	1	1	1	1	1	1	1	1	1	1	1	8	100	4	100
	2	1	1	1	1	1	1	1	1	1	1	8	100	4	100
	3		1	1	1	1	1	1	1	1	1	7	88	3	75
	4	1			1	1	1		1		1	4	50	0	0
	//														
	20	1	1			1	1	1	1			4	50	2	50
정답 학생 수		18	19	15	17	17	6	18	18	10	9				
정답 학생 비율		90	95	75	85	85	30	90	90	50	45				
숙달한 목표		90		75			85		45						

(이후 분석에서는 잘못된 문항인 6, 8의 결과를 제외한 후에 전체의 종합표를 만들 것이다)
참고: 편의상 20명 중에서 5명의 결과만 제시된 점에 유의해서 표를 살펴보아야 한다.

자. 표 12.1에서 보면 표의 맨 위에 목표를, 그 다음 줄에 검사 문항 번호를 표시했다. 학습자 이름은 왼쪽에 열거하고, 그들의 성취 여부는 목표와 문항 번호 아래에 표시한다. 검사 문항 아래에 '1'로 표시한 것은 옳게 응답한 것을, 오답은 빈칸으로 표시했다. 학습자의 옳은 응답을 '1'로 표시하면 정답의 합산이나, 필요한 다른 결과를 종합하기가 쉽다.

이렇게 결과를 종합해서 제시하면, 이 표를 사용하여 문항 분석과 학습 결과를 분석할 수 있다. 검사 문항의 적합성을 먼저 분석해야 하는데, 잘못된 문항으로 검사한 검사 결과는 분석에서 제외해야 하기 때문이다. 표에서 마지막 줄에 있는 비율을 이용해서 문항 분석을 한다. 첫째 줄은 20명 중 옳게 응답한 학생 수이다. 다음 줄은 문항별로 옳게 응답한 학습자의 비율이다. 이 값은 옳게 응답한 평가 대상 학생 수로 전체 학생 수를 나눈 것이다. 예를 들어, 검사 문항 1 경우, 정답 비율은 18/20 × 100 = 90%이다. 맨 아래 줄에는 각 목표를 숙달한 학생의 비율이다. 이 값은 전체 학생 수를 각 목표를 숙달한 수로 나눈 것이다. 여기서 목표별 문항에 모두 옳게 응답했을 때만 그 목표를 숙달한 것으로 본다.

문항별 목표별 분석의 목적은 문항 난이도, 목표별 학습(숙달) 정도, 하나의 목표에서 학습 결과를 측정하기 위한 문항들 간의 일관성 등을 판단하기 위한 것이다. **문항 난이도 (item difficulty index)**는 하나의 문항에 옳게 응답한 학습자의 비율이다. 문항 난이도가 80% 이상이면 그 집단에게 그 검사 문항이 상대적으로 쉬운 것임을 나타내는 반면, 그 비율이 이보다 낮다면 더 어려운 문항임을 가리킨다. 마찬가지로, 하나의 목표를 측정하기 위한 검사 문항의 난이도가 일관성 있게 이보다 높거나 낮으면 그 목표를 그만큼 어렵거나 쉬운 것으로 판단할 수 있다. 예를 들어, 표 12.1의 문항 1, 2의 난이도(90, 95)는 거의 모든 학습자들이 교수 목표 1의 검사 문항에서 측정하려는 목표를 숙달하고 있음을 말한다. 이 결과가 사후검사 결과라면, 교수 목표 1을 가르친 교수 프로그램의 부분은 효과적이었다고 추론할 수 있다. 반대로, 그 수치가 이보다 낮게 나왔다면 그 부분을 가르친 교수 프로그램 은 수정되어야 한다.

하나의 목표를 위한 검사 문항의 일관성은 흔히 그 문항의 질을 나타낸다. 같은 기능을 측정하는 문항들이고, 문항을 쓸데없이 어렵게 만들거나, 아니면 불필요한 단서를 주지 않 았다면, 그 문항들에 대한 학습자들의 성취(숙달) 정도는 일관성을 가질 수밖에 없다. 소집 단에서 10% 또는 20%의 차이는 그다지 큰 차이가 아니지만, 40% 이상의 차이가 있다면 문제가 있는 문항들로 보아야 한다. 표 12.1에서 목표 1과 2의 결과는 일관성이 있는 것으 로 판단해도 된다. 그러나, 목표 3과 4의 문항들은 일관성이 없다. 목표 3에서 두 문항들은 상당히 일관성이 있으나(85, 90), 문항 6의 난이도는 훨씬 낮다(30). 이렇게 일관성이 미흡 했다면, 문항 6은 쓸데없이 어려운 문항이거나 아니면 엉뚱한 다른 능력을 측정하는 문항 이었음을 보여 주는 것이다. 목표 4에서 두 문항은 일관성이 있으나(50, 45), 한 문항은 일 관성이 없다(90). 이 경우는 문항 8에 불필요한 힌트가 포함되어 있어서 문항이 쉬워졌거나 아니면 다른 쉬운 기능을 측정했기 때문임을 말해 준다. 하나의 목표에서 문항의 난이도가 일관성을 갖고 있지 못할 경우, 학습자의 숙달 정도를 측정하기 위해 이후에 사용하려면 그 문항들을 검토하여 수정해야 한다. 문항에 문제가 없다면, 교수 프로그램에 어떤 문제 가 있음을 시사하는 것이다.

학습자의 문항별 목표별 성취 정도 두 번째 분석은 개별 학습자별 목표 성취 정도에 관한 분석이다. 이 분석을 하기 전에, 문항 분석에서 오류 문항으로 판단된 문항에서 얻은 결과 는 제외해야 한다. 표에서 오른쪽 마지막 네 칸은 학습자 개개인의 성취 결과이다. 처음 두 칸에는 각 학습자가 옳게 응답한 문항의 수와 비율이 있다. 마지막 두 칸에는 각 학습자가 성취한 목표의 수와 비율이 있다. 하나의 목표에 포함된 문항에 전부 옳게 응답했을 때(숙 달 준거), 숙달했다고 판단한다.

표 12.1에서 학습자에 대한 가정적인 결과는 집단 내의 학습자들이 검사에서 숙달 정도 가 각각 다름을 알려 준다. 두 명의 학습자는 네 개의 교수 목표를 전부 다 숙달했지만, 나 머지 세 명의 학습자는 교수 목표를 하나도 성취하지 못한 이부터 75%까지 성취한 학습자 도 있다. 만약 이 결과가 출발점 기능 혹은 교수 프로그램에서 가르친 기능에 대한 것이라 면, 어떤 학습자들이 교수 프로그램으로 학습할 준비가 되어 있는지, 또는 대상 집단에 속

한 학습자들이 이 프로그램을 실제로 필요로 하는지에 대한 판단을 할 수 있을 것이다. 또는 이 결과가 사후검사의 결과라면, 교수 프로그램의 어느 부분을 수정해야 할지를 판단하게 해 줄 것이다. 목표별, 문항별 검사 결과는 서로 다른 정보를 제공해 주면서, 이런 학습자가 숙달한 목표에 대한 결과는 형성 평가를 하는 사람에게 원점수보다 더 많은 정보를 제공해 준다.

검사별 학습자의 성취 정도 문항별 목표별 결과의 표를 이용하여 검사별 학습자들의 성취 정도를 종합할 수 있는 표를 만들어 볼 수 있다.

표 12.2는 학습자별 목표별 숙달 정도를 실시한 검사별로 보여 주고 있다. 이 표는 사전검사와 사후검사의 결과이지만, 설계자가 연습 검사 결과를 얻을 수 있다면 그 결과도 이 표에 포함할 수 있다. 이 결과는 20명의 학생들에게 얻은 결과이지만 5명의 결과만 제시하고 다른 학생들의 결과는 생략했다. 첫째 줄은 목표, 둘째 줄은 검사, 그 다음 줄은 각 검사에서의 검사별 목표별 숙달 정도를 나타낸다. 표의 아래쪽에는 20명의 학습자들이 각 검사에서 얻은 각 목표의 숙달 비율과 목표별 사전검사와 사후검사의 증가율과 감소율이 있다. 이상적으로는, 각 목표를 성취한 학생의 사전검사 비율은 사후검사에서 당연히 증가해야 할 것이다. 표 12.2에서 목표별로 이런 양상을 볼 수 있다.

표 12.3과 같이 각 검사별로 숙달한 목표의 비율을 사용하여 학습자의 검사별 성취 정도를 종합해 볼 수도 있다. 표의 상단은 출발점 기능 검사, 사전검사, 사후검사별 목표이고,

표 12.2 ┃ 사전검사와 사후검사의 목표별 학습자의 성취 정도

목표		1		2		3		4	
검사		PR	PS	PR	PS	PR	PS	PR	PS
학생	1		1		1	1	1	1	1
	2		1		1		1		1
	3	1	1		1	1	1		
	4		1		1		1		1
	//								
	20		1		1	1	1		1
비율		20	100	10	100	50	100	40	60
숙달 정도의 차이		80		90		50		20	

PR = 사전검사, PS = 사후검사, 1 = 숙달됨.
참고: 편의상 20명 중에서 5명의 결과만 제시된 점에 유의해서 표를 살펴보아야 한다.

표 12.3 ┃ 목표별 출발점 기능, 사전검사, 사후검사 결과

학생	3 출발점 기능 목표	9 목표별 사전검사 결과	9 목표별 사후검사 결과
1	100	11	89
2	100	22	89
3	100	22	89
4	100	11	100
//			
20	67	0	67
평균	80	14	88

참고: 평균 점수는 20명 학생들의 평균이다(15명의 점수는 생략했음).

숫자는 각 검사별로 학습자들이 숙달하게 된 목표의 비율이다. 다음 줄은 각 검사별 학생별 숙달한 목표의 비율이다. 마지막 줄은 검사별 숙달한 목표의 평균비율이다. 이 결과를 통해 설계자는 (1) 선정한 집단이 평가에 적절했는지, (2) 학습자들이 모르는 기능을 프로그램에서 가르쳤는지, (3) 학습자의 역량을 향상시키는 데 프로그램이 효과가 있었는지를 판단할 수 있을 것이다.

학습자의 학습 성취 정도를 그래프로 그리기 검사 결과를 표현하기 위해 다양한 방법의 그래프를 사용할 수 있다. 형성 평가를 통해 얻은 각 목표별 사전, 사후검사 결과를 그래프로 표현할 수 있다. 학습하는 데 걸린 시간과 사전, 사후검사에 소요된 시간도 그래프에 포함하고 싶으면 포함해도 된다. 그림 12.1은 사전, 사후검사 결과만 포함한 그래프를 보여 준다.

   형성 평가 결과를 교수 분석 결과표에 표현하는 방법도 있다. 이렇게 하기 위해서는 교수 분석표에 각 목표의 사전, 사후검사의 평균을 구해 두어야 한다. 앞에서 이미 해둔 교수 분석표에서 기능에 대한 부분을 삭제하고 사용하면 된다(그림 12.2는 그 예이다). 각 목표의 사전, 사후검사 성취 비율을 네모 속에 기입하면 된다. 이 방법은 교수 프로그램에서 가르친 목표에 대한 학습자들의 성취 점수(비율)의 흥미로운 관계를 보여 준다. 학습자들의 학습 정도가 위계표의 위로 갈수록 낮아지는 것은 당연한 것이다. 또한 상위 기능을 학습하는 데 거의 아무런 영향을 미치지 않는 기능을 숙달한 소수의 학습자가 있음도 알 수 있을 것이다.

기타 결과(데이터) 목표별 학습자의 학습 결과 외에도 종합하고 분석해야 할 다른 결과들

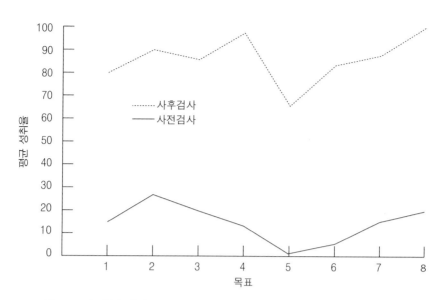

그림 12.1 ▎ 학습자의 성취 정도를 보여 주는 사전검사/사후검사 그래프

이 있다. 학습자 태도에 관한 설문조사 결과를 요약하는 좋은 방법은 학습자들이 각 설문지 문항에 응답한 비율을 아무 표시도 안한 설문지에 기록하는 것이다. 자유롭게 기록한 학습자들의 응답이나 학습자들이 제시한 응답이 있을 경우, 설문지에 문항별로 해당 응답을 종합할 수도 있다.

또 다른 중요한 결과는 형성 평가에 참여한 학습자들의 응답, 강사나 교육 운영자들의

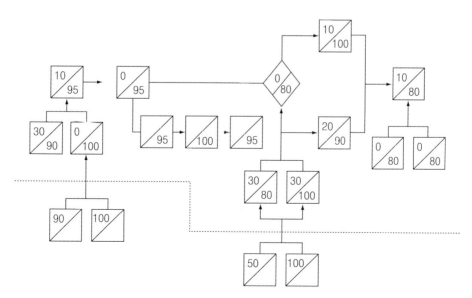

그림 12.2 ▎ 교수 분석표에 사전, 사후검사 결과를 종합한 결과

의견, 프로그램을 검토한 내용 전문가들의 의견이다. 이런 데이터들을 표나 그래프로 종합하는 것은 거의 불가능하기 때문에, 이런 내용들을 해당하는 교수 프로그램의 교수 목표나 내용과 관련시켜 보는 것이 더 낫다. 이런 내용들은 교수 프로그램에 바로 적는다. 마지막 결과는 소집단 평가나 현장 평가에서 사용하려고 시도했던 다양한 접근 방법에 관한 것이다. 이 데이터는 특정 검사 문항에 대한 학습 정도, 학습자 태도에 관한 설문지 응답, 혹은 총 학습 시간에 관한 것일 수 있다.

결과 검토의 절차

결과를 종합해 가면서, 우리는 교수 프로그램의 전반적인 효과와 함께 수정이 어느 정도 필요할지에 대한 큰 그림을 보기 시작할 것이다. 또한 설계 모형에 따라 설계한 모든 단계의 설계와 그 결과로 개발한 교수 프로그램에 대한 수정에 대해 열린 자세를 가져야 한다. 모든 결과를 검토한 다음, 다음 순서로 그 결과를 활용했으면 한다.

교수 분석 결과와 출발점 기능 첫째, 결함이 있는 검사 문항으로 얻은 결과는 삭제한 다음, 학습자의 출발점 기능에 대한 결과를 검토해야 한다. 형성 평가에 참여한 학습 대상자들이 예상한 대로 출발점 기능을 가지고 있었는가? 그렇다면, 학습자들은 교수 프로그램으로 학습하는 것이 성공적이었는가? 학습자들이 필요한 출발점 기능을 갖고 있지 못함에도 불구하고 성공적으로 학습할 수 있었다면, 우리가 반드시 필요한 출발점 기능을 설정했는가에 대해 스스로 물어보아야 할 것이다.

목표, 사전검사, 사후검사 둘째 단계는 교수 분석표에 있는 사전검사와 사후검사 결과를 검토하는 것이다. 여기에서 교수 프로그램의 계열화를 제대로 했고, 지적 기능의 목표들을 위계 관계가 있는 기능들로 적절하게 분석했다면, 학습자의 사전검사 점수는 위계의 상위 기능으로 올라갈수록 줄어야만 할 것이다. 다시 말하면, 하위 기능들보다 최종 목표의 학습 정도가 높을 수가 없다. 물론, 교수 프로그램이 제대로 작동할 때라면(학습을 제대로 시킬 수 있는 프로그램), 학습자들이 목표 분석표의 맨 위에 있는 최종 목표를 완전히 학습할 수 있기 때문에 학습 정도가 반드시 줄지 않을 수도 있다(그러나 형성 평가에서 그럴 경우는 거의 불가능하다). 이 표의 데이터들을 통해 어디에 문제가 있는지를 정확하게 파악하게 되며, 어떤 기능의 계열화를 수정해야 할지를 알게 될 것이다.

셋째, 사전검사 점수를 검토해 보면 개인 학습자나 전체 학습자 집단이 우리가 가르치려고 했던 기능들을 배우기도 전에 어느 정도를 이미 알고 있었는지 결정할 수 있다. 만약 학습자들이 대부분의 기능을 배우기도 전에 이미 알고 있거나 할 수 있다면, 우리가 설계한 프로그램이 얼마나 효과가 있는지, 그 프로그램을 어떻게 개선할 수 있을지에 대해 이렇다 할 정보를 얻을 것이 없다. 그런데 학습자들이 이 기능들을 알고 있지 않다면, 이후에 알아보려고 하는 분석에 자신감을 가져도 될 것이다.

목표별로 사전검사와 사후검사 점수를 비교해 보면, 각 목표별로 학습자가 어느 정도를 학습했는지 알 수 있고, 특정 목표를 가르치기 위한 프로그램의 어떤 부분을 수정해야 할지에 초점을 맞출 수 있을 것이다. 목표에 제시한 조건이나 준거를 수정할 필요가 있을 수도 있다. 학습 과제의 조건을 단순화할 수도 있고, 준거를 조절해서 대상 학습자들에게 관대하거나 혹독한 학습 과제로 만들 수도 있음을 다시 생각해 보자.

학습자들이 학습을 잘 하지 못하는 목표를 찾아내려고 할 때, 목표와 그 목표를 측정하기 위한 검사 문항의 어휘 선택이나 표현이 정확했는지, 그 문항에 학습자들이 정확하게 어떻게 응답을 했는지를 검토해야 한다. 교수 프로그램을 수정하기 전에, 검사 문항 분석표를 보고, 검사 문항에 대한 점수가 낮은 이유가 학습 프로그램 때문이 아니라 검사 문항에 무슨 잘못이 있어서인지를 검토해야 한다. 교수 프로그램의 대대적인 수정이 아니라 검사 문항의 수정만이 필요한 경우도 있다.

교수 전략과 프로그램의 학습 구성요소 다음 단계는 학습자가 학습하기 어려웠던 목표에 대한 교수 전략을 검토하는 것이다. 계획한 교수 전략을 교수 프로그램에 제대로 활용했는가? 사용할 수 있는 다른 전략이 있는가? 마지막 단계는 교수 프로그램 자체를 검토하면서 학습자, 강사, 내용 전문가가 제시한 문제에 대한 의견을 평가하는 것이다.

학습 시간 학습자들이 교수 프로그램으로 학습하는 데 걸리는 시간은 어떠한 형성 평가에서나 중요한 관심사이다. 주어진 시간 내에 교수 프로그램의 학습을 종료할 수 있도록, 프로그램을 수정할 필요가 있다. 대단히 어려운 작업이라서, 세심한 주의가 요망된다. 개별화 교수 프로그램의 경우, 느리게 학습하는 학습사의 학습 시간이 빠른 학습자보다 2~3배 이상 걸리는 것은 그렇게 이상한 것이 아니다. 학습에 지장을 초래하지 않고 교수 프로그램에서 어떤 부분을 삭제하거나 수정할 것인지를 결정하기는 매우 어렵다. 학습 대상자들을 대상으로 수차례의 시험 적용과 수정을 반복한 다음에야 그런 결정을 내릴 수 있다.

매체, 교수 프로그램, 교수 프로그램의 활용 절차 교수 프로그램의 실행에 대한 결과도 검토해야 한다. 매체 장비의 잘못된 작동으로 데이터를 수집할 수 있음을 앞서 설명한 바 있다. 강의실에서의 혼란, 점심시간 연장, 다양한 종류의 기대하지 않았던 활동 등은 교육 현장에서 흔하게 발생할 수 있다. 이런 혼란들은 실제로 통제 불가능하기 때문에 그런 일이 발생하면 잘 기록해 두었다가 나중에 설명해야 한다.

그러나 통제 가능한 절차적 문제도 있다. 교수 프로그램을 활용하는 데 필요한 일체의 장비, 매체, 시설의 방해가 있었는가? 한 단계에서 다른 단계로 어떻게 넘어가야 하는지를 묻는 질문이 있었는가? 검사 점수를 얻는 데 긴 지체가 있었는가? 이런 문제들은 질문지를 통해서나 토론을 하는 과정에서 밝혀져야 하는 실행 절차상의 문제들이다. 이런 문제에 대한 해결책을 찾아서, 교수 활동들이 원활하게 진행될 수 있도록 프로그램이나 강사용 지도서에 그 해결책을 반영해야 한다.

수정 과정

수정 과정에 들어갈 때 이 장에서 제시한 방법대로 데이터를 종합해야 한다. 표 12.4는 설계자가 다각적으로 수집한 정보를 조직하는 데 사용할 수 있는 템플릿인데, 이것을 사용하여 교수 전략을 그 준거 체제로 사용할 수 있다.

표에서 교수 전략 구성요소들은 왼쪽에 있으며, 오른쪽에는 (1) 각 구성요소에 대해 파악된 문제점, (2) 그 문제점들을 해결하기 위한 수정계획, (3) 그 문제에 대한 증거를 작성한다. 증거로는 교수 프로그램, 검사 문항, 검사 결과, 관찰 혹은 인터뷰 결과와 같은 문제의 원천이 어디인지를 작성한다. 이렇게 종합해 두면 설계자가 해야 할 일을 구체적으로 알게 되고, 설계팀이 모두 모여 프로젝트의 다음 단계에 대한 토론이나 협의를 할 때 도움이 된다.

표 12.4 ┃ 형성 평가 결과를 종합하기 위한 템플릿

교수 전략			
구성요소	파악된 문제점	교수 프로그램 수정계획	증거와 자료
출발점 기능 검사			
동기 유발을 위한 내용			
사전검사			
학습 내용 제시			
학습자 참여 활동			
사후검사			
태도 질문지			
수행 상황의 전이			

교수 설계자가 어떤 자료를 가지고 작업하느냐에 따라서 교수 설계자가 해야 할 일이 달라질 것이지만, 여기에서 제시하려는 방법은 거의 모든 형태의 교수 설계 과정에 적용해야 한다. 예를 들어, 운동 기능을 가르쳤다면, 사후검사 결과를 어떤 종류의 루브릭에 기록하고 교수 분석표에 종합했어야 할 것이다. 물론 하위 기능이나 지식을 지필 검사로 평가한 결과도 있을 것이다. 이 점수를 가지고 운동 기능과 관련하여 그 기능을 제대로 학습하는 데 도움이 되었는지를 검토할 수 있을 것이다. 어떤 다른 영역의 학습을 위한 프로그램에 대한 태도 조사 결과와 학습 시간도 같은 방법으로 검토해야 한다.

소집단 평가나 현장 평가의 모든 결과가 준비되었다면, 교수 설계자는 어떻게 수정할 것인지를 결정해야 한다. 어디에 문제가 있는지는 거의 항상 명백하지만, 무엇을 수정해야 할지는 항상 분명하지가 않다. 형성 평가에서 여러 가지 방법으로 비교해 보면, 어떠한 형태의 수정을 해야 하는지를 그 비교 결과로 알게 될 것이다. 그렇지 않다면, 일대일 평가 후에 프로그램 수정을 위해 적용했던 방법을 따르는 수밖에 없다. 즉, 수정의 원칙은 우리가 수집한 평가 결과, 우리의 전문가적 경험, 최선의 학습 원리를 이용하는 것이다. 여기서 한 가지 주의해야 할 점은, 그것이 어떤 목표에 대한 사전, 사후검사에서 얻어낸 학습 성취 결과, 학습자의 의견, 내용 전문가가 제시한 의견이나 관찰 내용, 어느 것이 되었든, 어떤 단편적인 평가 결과 자료에 너무 성급하게 반응하는 것을 피해야 한다는 점이다. 이 모든 정보가 가치 있기는 하지만, 하나의 평가 결과와 다른 평가 결과(데이터)를 심층적으로 대조해서 확증을 얻어야 한다. 학습 결과 데이터와 관찰 결과를 면밀하게 살펴보아야 학습 프로그램에 어떤 결함이 있는지를 찾아내는 데 도움을 받을 수 있다.

또 다른 제안으로는, 현장 평가 결과를 종합할 때, 정확하고 명확하게 그 결과를 세심하게 종합해야 한다. 이 평가 결과는 교수 설계자에게 흥미로운 데이터일 뿐만 아니라, 학습자들이 이 프로그램으로 학습을 하면 얼마나 효과가 있는지를 다른 사람들에게 보여 줄 수 있는 효과적인 증거가 될 수 있음을 알 수 있을 것이다. 따라서 학습자의 일반적이고 구체적인 학습 정도를 표와 도표로 제시할 수 있으며, 이 결과는 발주 기관, 교육 운영자, 훈련 관리자, 교사들에게 아주 설득력이 있는 보고서의 내용이 될 수 있다.

이미 개발된 교수 프로그램의 수정과 강사 주도 교수 프로그램의 수정

앞서 설명한 평가 결과의 종합과 수정 절차는 새롭게 교수 프로그램을 개발하든, 이미 개발되어 있는 다양한 프로그램들 중에서 하나를 선택하여 활용하든, 아니면 교사, 강사 지침서를 활용하든 간에, 모두 똑같이 적절하게 활용되어야 한다. 수집해야 할 평가 결과의 종류, 그 결과를 종합하는 방법, 수정 절차의 활용 방법은 모두 유사하다. 그러나 이미 있는 프로그램들 중에서 선정했을 경우, 상업적으로 개발되었고 저작권이 보호되는 교수 프로그램일 경우에는 특히 그 프로그램을 직접 수정할 수 있는 기회가 적다. 저작권이 있는 교수 프로그램을 활용하려고 할 때, 평가를 위해 다음의 세 가지를 고려해 볼 수 있다. 즉, (1) 교수 프로그램의 일부분을 삭제하기, (2) 필요한 다른 내용을 포함시키기, (3) 단순하게 보충 교수 프로그램 개발하기와 같은 방법이다. 교수 프로그램 활용 절차도 형성 평가 결과 관점에서 재고해야 한다.

교사, 강사용 지침서만을 활용할 교사나 강사도 프로그램의 수정에 대해서는 개발자와 같은 융통성을 가져야 한다. 학습자 태도 질문지와 사전검사, 사후검사를 통해 교수 프로그램을 철저하게 분석할 수 있는 평가 자료를 확보해야 한다. 각 교수 목표에 대한 학습 정도(성취)를 종합할 수 있는 표를 만들어야 한다. 검사별, 목표별 학습자의 성취 정도를 검토한 다음에 교수 분석표의 점수(정확하게는 성취율)를 보고 목표 분석의 적합함 등을 따져 보아야 한다.

강사용 지침서만을 활용하고 강의 방식의 전달 시스템을 이용한 강사, 교사들도 태도 질문지의 조사 결과와 사전, 사후검사의 점수 분포가 넓게 퍼져 있는 결과를 얻게 될 것 같다. 연구 결과에 따르면, 대단위 학생들을 대상으로 하는 상호작용적인 전형적인 수업에서는 그 특성상, 어떤 학습자들은 다른 학생들처럼 학습 내용을 그렇게 빨리 이해하지 못한다고 한다. 강의 중심의 수업에서는 그런 학생들을 위한 보충적 활동(remedial strategies)이 어렵기 때문에, 그런 학습자들은 연속되는 수업 시간 중에 누적적인 학습 결손이 생기게 되어 결국에는 낮은 점수를 받게 되고, 그렇기 때문에 수업에 대한 학습자들의 태도도 부정적일 가능성이 있다. 이와 같은 형태의 교사의 수업에서의 학습자들의 학습 결과는 정상 분포를 이루게 될 것이다(즉, 고·저득점자는 적고, 대부분이 평균에 분포하는 형태).

강의실 수업 방식을 진행한 강사나 교사는 제대로 따라오지 못하는 학습자들을 찾아내서, 그들을 위한 적절한 활동을 포함시키는 것이 수정 과정에서 해야 할 중요한 일이다. 작성된 교수 프로그램을 활용할 때와 달리, 교사는 수업 중에 학습 내용을 제시하거나 설명하는 방법을 수정하고 그 수정의 이유를 적어 둘 수 있다.

마지막으로 한 가지 염두에 두어야 할 내용이 있다. 하나의 교수 체제를 구축하기 위해서는 체제적 접근 방법을 활용할 것을 강조해 왔는데, 그 체제 중 하나의 구성요소를 바꾸면 전체 체제가 바뀌게 됨을 알 필요가 있다. 따라서 수정 과정에서 어떤 수정을 했다면, 수정하지 않은 부분이더라도 그 부분이 본래의 효과를 반드시 유지할 것이라고 보장할 수 없음을 알아야 한다. 수정을 하면 개선될 것이라고 믿고 싶겠지만 항상 그렇게 되지 않는 것을 알아야 한다.

예시

교수 프로그램들을 수정하는 데 요구되는 과정과 결과를 예시적으로 보여 주기 위해 필요한 수정의 정도에 따라, 이 장에서는 리더십 훈련에 대한 사례를 중심으로 보고자 한다.

사례 연구: 집단 리더십 훈련

토론 이끌기에 대한 교수 목표에 대한 형성 평가 결과를 이용하여 형성 평가에서 수집한 데이터를 종합하고 분석하는 방법을 보여 주려고 한다. 여기에서의 예들은 교수 프로그램과 그 활용 절차에 대한 소집단 평가나 현장 평가에 사용할 수 있는 절차이다. 물론, 교수 설계자가 실제로 사용할 도표, 그래프, 종합하는 절차는 자신의 교수 프로그램, 검사, 학습 상황과 학습자에 맞게 수정해서 사용해야 한다. 단지, 이 예들은 집단 리더십 세션 프로그램에 대한 형성 평가 결과를 수집하고 종합하는 방법을 보여 주기 위한 것이다.

실무 현장(학교 교장, 대학 행정부서의 직원, 기업에서의 훈련 책임자, 정부 직원)에서 리더와의 인터뷰 결과에 기초하여, 성인 학습자들을 어떻게 평가하는 것이 좋을지에 대해 그 방법을 결정했음을 염두에 두자. 학습자들은 검사에 민감하기 때문에, 언어적 정보나 리더십 수행 목표에 대한 사전검사는 실시하지 않는다. 사전검사는 회의 중에 다른 참석자들이 보여 줄 수 있는 리더십 역량이 어떻게 적합한지를 알아차릴 수 있는 능력을 가지고 있는지를 간단하게 평가해야 한다. 또한 사전검사나 연습용 검사지에 학습자의 신원을 밝힐 필요가 없다. 사후검사에서는 집단 리더십을 실제로 발휘해 보도록 구성했기 때문에 학습자의 신원을 알 수 있다. 사전검사에서는 학습자들의 신원을 밝히지 않았기 때문에, 사전검사와 사후검사 결과를 학습자별로 비교하는 것은 불가능하다. 반면, 전체 집단의 수행 정도를 측정했기 때문에 교수 프로그램 효과의 증거는 제시해 줄 수 있다.

이 예에서는 현장 평가를 위해 20명의 학습자들로부터 형성 평가 데이터를 수집했다. 목표 6.4.2와 6.5.1에서 집단 내의 협조를 촉진하거나 저해하는 12가지의 리더 행동들에 대한 평가 결과를 수집했다. 12가지 행동들이 목표 6.4.2와 6.5.1에 모두 포함되어 있다. 사전검사 중에, 학습자들은 모의 회의 동영상을 보면서, 협조를 장려하거나 저해하는 12가지 행동을 사회자(리더)가 할 때마다 관찰 평가지에 표시했다(목표 6.4.2). 목표 6.4.2에 대한 평가 결과는 학습 중에 학습자 참여 활동에서도 수집되었다. 사후검사 결과는 모의 회의 중에 학습자가 보여 준 집단 리더십 행동에 대한 데이터만 수집했다(목표 6.5.1). 태도에 관한 데이터는 설문지와 세션 10의 마지막 단계의 보고 시간을 통해 수집했다.

목표별 문항별 검사 결과 분석

표 12.5는 목표 6.4.2에 대한 사전검사에서 학습자들의 응답을 종합한 것이다. 이 목표에는 12가지 행동 유형이 있는데, 객관식 검사에서 하나의 목표에 속하는 문항들을 종합하는 방법과 유사하게 종합했다. 협조를 장려 혹은 저해하는 12가지 행동은 표의 상단에 열거했고, 20명의 학습자는 맨 왼쪽 열에 있다. 각 검사 결과를 종합하기 위한 첫 단계는 학습자의 응답을 어떻게 점수화할 것인지를 정하는 것이다. 객관식 검사라면, 학습자가 옳게 응답한 문항 수를 헤아리면 쉽게 점수를 구할 수 있지만, 실제로 해 보기에 대한 평가 결과를 점수화하려면 약간의 계획이 필요하다(표 10.5의 사전검사 참고).

사전검사 결과를 점수화하는 과정은 다음 절차를 따랐다. 모의 회의 중, 리더는 협력을 촉진하는 행동과 저해하는 행동을 각각 세 번씩 보여 주었다. 그 행동을 세 번 했다면 학습자는 점수를 받게 된다. 만약 2, 3, 4번을 했다면 그 행동을 한 것으로 보고 점수를 받게 되

표 12.5 ∣ 토론 행동별(X축), 학습자별 사전검사 결과

학습자	1 +	1 −	2 +	2 −	3 +	3 −	4 +	4 −	5 +	5 −	6 +	6 −	7 +	7 −	8 +	8 −	9 +	9 −	10 +	10 −	11 +	11 −	12 +	12 −	합계
1	1	1	1	1	1	1	1	1	1	1	1	1	1	1	1	1	1	1	1	1	1	1	1		11
2	1	1	1	1	1			1	1	1	1		1						1	1	1	1	1		7
3	1	1	1	1	1		1		1	1					1		1		1		1	1	1		8
4	1	1	1	1	1	1					1						1			1	1	1		1	6
5	1	1	1			1				1	1	1	1						1	1	1	1	1		5
6	1	1	1	1	1		1		1	1			1				1	1					1		5
7	1	1				1			1	1	1	1	1		1		1		1	1	1	1	1		6
8	1		1	1	1	1	1	1		1	1						1				1	1			4
9	1				1								1	1						1	1	1			2
10		1	1	1	1	1	1	1			1	1	1	1	1	1	1	1	1	1	1	1	1	1	9
11							1				1						1		1		1				0
12	1	1	1	1	1						1								1						2
13			1	1	1	1	1	1			1	1	1	1	1	1	1	1	1	1	1	1			9
14	1	1									1							1			1	1			2
15											1	1	1	1	1		1								2
16	1		1	1	1	1					1	1	1								1				3
17	1		1	1	1	1	1						1						1	1		1	1		3
18					1				1		1	1			1				1						0
19	1			1	1	1			1								1		1						1
20		1			1	1					1	1	1	1	1			1	1	1	1	1	1		5
*	70	50	70	60	85	55	40	30	30	50	50	50	80	60	50	35	45	25	70	50	80	60	55	15	
**	45		55		55		25		25		40		50		25		25		40		55		10		

* 촉진하는(+), 저해하는(−) 행동을 옳게 분류하여 점수를 받은 학습자의 비율
** 두 행동을 모두 옳게 분류하여 점수를 받은 학습자의 비율

어 그 행동을 학습한 것으로 보고 '1'이라고 표시한다. 협력을 촉진하거나 저해하는 행동 항목 각각에서 0점부터 12점까지의 점수를 받을 수 있다. 학습자는 12가지 행동 유형 중 어느 한 행동 유형에 대한 점수를 받기 위해서는 두 가지 모두를 옳게 분류할 수 있어야만 한다. 예를 들어, 행동 3의 촉진하는 행동은 옳게 분류했지만 저해 행동을 틀리게 분류했다면, 행위 3에 대한 점수를 받지 못한다. 표에서 진하게 표시된 부분은 그 학습자가 그 기능의 점수를 받았음을 보여 주는 것이다.

각 줄의 총점(학습자들의 총점이 맨 오른쪽 열에 있음)은 진하게 표시된 줄의 점수를 합산한 것이다. 표의 아래에 있는 각 줄의 총점의 첫째 줄은 촉진 행동과 저해 행동 각각을 정확하게 분류한 학습자의 비율이다. 표의 아래 마지막 줄은 12가지 행동을 정확히 분류한 집단의 비율이다.

이렇게 사전검사 결과를 종합했다면, 분석과 해석을 할 차례이다. 첫째, 각 학습자의 수행 정도를 검토한다(맨 오른쪽 열). 예상했던 대로, 집단 구성원들의 리더십 역량은 서로 이질적이었는가? 틀림없이 설계자는 사전검사에서 학습자의 수행 정도가 이질적이라고 결론을 내렸을 것이다. 가능한 최고 득점은 12점인데, 그들이 얻은 점수는 0점부터 11점으로 다양했다. 3명의 학습자가 9점(75%) 이상을 받았으며, 4명의 학습자는 6점에서 8점, 4명의 학습자는 4점에서 5점, 거의 과반수인 9명의 학습자는 3점(25%) 이하를 받았다.

다음 단계는 행동 유형에 대한 집단 전체의 수행 정도를 검토하는 것이다(맨 아랫줄 참조). 이 사전검사 결과로부터 "학습자들은 이 프로그램을 통해 학습을 필요로 하는가? 아니면 그들은 우리가 가르치려고 하는 능력을 이미 가지고 있는가?"라는 물음에 대한 답을 찾아야 할 것이다. 10~55%의 학습자들은 행동들을 정확하게 분류할 수 있었다. 이 결과를 통해 우리가 내릴 수 있는 결론은, 학습자 1은 제외해야 할 것 같지만 협조적인 상호작용을 촉진하는 방법을 학습할 수 있는 프로그램이 필요하다고 판단할 수 있다. 그리고 학습자들이 촉진하는 행동과 저해하는 행동을 분류할 수 있는 수행 정도가 대조적이다(끝에서 둘째 줄 참조). 학습자들은 저해하는 행동보다는 촉진하는 행동을 더 잘 분류했다. 사실, 저해하는 사람에게 말할 기회를 주기보다는 발언권을 전체 참석자에게 넘겨주려는 기능 5 이상에서만 저해하는 행동을 더 잘 분류할 수 있었다.

이 교수 프로그램에서 목표 6.4.2는 사후검사에 포함하지 않았다. 왜냐하면 집단 토론을 이끌고 있는 중에 12가지의 촉진하는 행동을 하고 저해하는 행동은 피하는 것으로 사후검사가 이루어져 있었기 때문이다. 설계자는 목표 6.4.2에 대한 학습자의 사전검사 수행 정도와 교수 프로그램의 한 부분으로 포함했던 연습 활동에서의 수행 정도를 비교했다. 이 방법은 흔히 사용하는 방법은 아니지만, 사전검사 결과와 비교하는 데 사용할 수 있는 다른 데이터가 없기 때문이다. 이렇게 약간은 정교하지 못한 비교이기는 해도, 목표 6.1.1과

6.4.2에 대한 교수 프로그램의 효과를 검토해 볼 수는 있다. 학습자가 배운 것을 그대로 해 보기 활동(참여 활동)에 대한 데이터는 잠정적인 것으로 봐야 한다. 그럼에도 불구하고, 이 결과는 사전검사 이후에 무엇을 알게 되었고, 어떤 변화가 생기게 되었는지를 가늠해 볼 수 있는 증거가 될 수 있다. 학습 참여 활동에 학습자가 사용한 관찰 검사지 결과도 사전검사 결과와 이렇게 채점해서 비교해 볼 수 있다.

검사별 결과 분석

그림 12.3은 목표 6.4.2와 6.5.1에 대한 학습자의 성취 정도를 나타내는 그래프를 보여 준다. 그래프 왼쪽은 20명의 학습자 중 12가지의 행위 유형을 숙달한 학습자 비율을 가리키는 백분율 수치를 나타낸다. 12가지 행동은 그래프 하단에 표시했다. 그림 12.3과 같이 결과를 종합해 보면, 교수 설계자는 협력을 촉진하는 행동에 대한 학습 결과를 통해 그것을 가르치려고 했던 프로그램의 효과를 가늠해 볼 수 있었다.

그래프의 맨 아랫줄은 목표 6.4.2에 대한 학습자의 사전검사 수행 정도를 나타낸 것으로, 이 데이터는 표 11.5의 맨 아랫줄에 표기된 수치를 그대로 옮긴 것이다. 그래프의 맨 윗줄은 교수 프로그램 내에 포함된 학습자 참여 활동에서 학습자의 분류 기능을 나타낸 것이다. 이 활동은 목표 6.1.1부터 6.4.2까지에 의거한 교수 프로그램에 수반된 것이다. 교수의

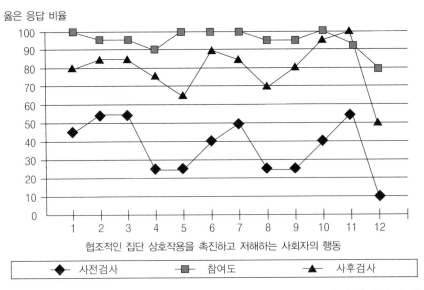

그림 12.3 ▎ 협조적인 집단 상호작용을 촉진하고 저해하는 12가지 사회자(리더)의 행동을 찾아내기(목표 6.4.2)에 대한 사전, 사후검사 결과와 집단 토론을 이끌기 위한 행동을 하기(목표 6.5.1)에 대한 사후검사 결과의 전체 비율

이 시점에서, 전체의 80% 이상이 리더 행동의 12가지 모두를 정확히 분류했다는 점에 주목하자. 12가지의 학습 기능에 대한 높은 수행 수준 및 사전검사와 연습 활동 간의 학습자의 성장은, 타인이 시연할 때 학습자가 이러한 촉진 행위와 저해 행위를 인지하도록 도움을 주는 데 교수 프로그램이 효과적이었음을 가리킨다.

그래프의 가운데 선은 세션 10의 마지막에 시행된 사후검사에서 학습자가 12가지의 행동 유형을 시연한 것을 나타낸 것이다. 80%의 학습자들이 각 기능(행동들을 올바르게 인지할 수 있음)을 성공적으로 찾아낼 수 있는 것을 프로그램의 학습 효과의 준거로 설정했기 때문에 이 프로그램은 12가지 행동들 중에서 8가지를 가르치는 데 효과가 있었다고 결론을 내릴 수 있었다. 그러나 학습자들이 다음에서 일관되게 행동할 수 있는 데는 효과적이지 못했다.

4. 개인적인 견해를 피력함으로써 잠깐 동안의 침묵을 깨기보다는 발언들 간에 발언을 멈추기(75%)
5. 참석자에게 계속해서 말하거나 말을 막기보다는 방해 발언을 하면 기꺼이 전체 참석자에 발언권을 넘겨 주기(65%)
8. 토론이 사회자(리더) 중심으로 흐르도록 하기(즉, 화자의 말에 대한 평가)보다는 전체 참석자들에게 집중되도록 장려하는 의견을 말하기(70%)
12. 특정 개인을 골라 칭찬하기보다는 전체 참석자들의 노력과 성과를 칭찬하기(50%)

학습자들은 회의 중에 일관성 있게 그 행동들을 자신이 직접 하는 것보다는 다른 사람들이 12가지의 촉진하거나 저해하는 행동을 찾아내는 것을 더 잘 했음을 이 결과에서 알 수 있다. 이런 차이는 교수 목표 분석에서 이 기능의 위계적 순서와 일치한다.

태도에 관한 결과 분석

세션 10의 마지막 부분에서 학습자들에게 표 11.4와 같은 태도 질문지에 응답하도록 했다. 그 질문지의 각 문항을 평정한 학습자들(20명)의 응답을 합산하여 그 총점을 20으로 나누어 각 문항에 대한 평균 점수를 산출했다. 그 다음 소수점은 반올림을 해서 정수로 만들었다. 응답은 각 문항에 빈도가 가장 높은 평점과 빈도가 가장 낮은 평점도 찾아냈다.

이 결과를 그림 12.4와 같이 종합했다. 각 문항에 대해 평균적으로 빈도가 가장 높은 평점은 동그라미로 표시했고, 범위는 각 질문사항에 대해 빈도가 가장 높은 등급과 빈도가 가장 낮은 등급 위에 각각 수직선으로 표시했다. 평균 평정 점수는 하나의 문항에 응답한

세션 10: 협조적인 구성원 행동 유도하기	날짜: _____

안내: 다음 질문지를 이용하여 오늘 세션(협조적 집단 상호작용 관리하기)의 효과에 대해 평가해 보세요. 오늘 다룬 내용별로 주어진 척도에 평정을 하면 됩니다. 맨 아래 부분에는 오늘 세션에서 좋았던 점 혹은 개선해야 할 점에 대해 자유롭게 적어 주세요. 감사합니다.

학습 내용	해당 번호에 표시하기
I. 주의집중: 다음 활동들은 학생의 재미 혹은 주의집중에 어느 정도 기여했습니까?	
A. 다음 내용에 대한 별도의 회의록 읽고 분석하기	
1. 협조적 상호작용을 도와주는 구성원의 행동	약간 1 2 3 ④ 5 매우 집중
2. 참석자의 협조를 장려하기 위해 사용한 리더의 전략	약간 1 2 3 ④ 5 매우 집중
B. 회의 동영상 보고 분석하기	
3. 협조적인 상호작용을 도와주는 긍정적인 구성원의 행동	약간 1 2 3 4 ⑤ 매우 집중
4. 협조적인 행동을 유도하는 사회자(리더)	약간 1 2 3 4 ⑤ 매우 집중
C. 리더로서 스스로 수행하기	
5. 집단에서 협조적인 행동을 유도	약간 1 2 3 4 ⑤ 매우 집중
II. 관련성: 다음의 내용들이 학습자가 효과적인 문제 해결 리더십을 갖도록 해 주는 데 어느 정도 관련성이 있다고 생각합니까?	
6. 회의 중 협조적인 구성원의 행동을 알아채기	약간 1 2 3 4 ⑤ 매우 관련
7. 회의 중 협조적인 구성원의 행동을 유도하기	약간 1 2 3 4 ⑤ 매우 관련
III. 자신감: 학습자가 효과적인 문제 해결 회의를 위해 집단 상호작용 관리하기 기능을 얼마나 자신 있게 활용할 수 있을 것 같습니까?	
8. 회의 중 협조적인 구성원의 행동을 알아채기	약간 1 2 3 ④ 5 매우 관련
*9. 회의 중 협조적인 구성원의 행동을 유도하기	약간 1 2 ③ 4 5 매우 관련
IV. 명확성: 프로그램에서 다음의 내용과 활동이 얼마나 명확했다고 생각합니까?	
10. 도입	약간 1 2 3 ④ 5 매우 분명
11. 세션의 목표	약간 1 2 3 4 ⑤ 매우 분명
12. 회의록	약간 1 2 3 ④ 5 매우 분명
*13. 회의 동영상	약간 1 ② 3 4 5 매우 분명

그림 12.4 ┃ 단계 6(협조적 집단 상호작용 관리하기, 세션 10, 목표 6.1.1부터 목표 6.5.1)에 대한 태도 질문지

14. 집단 리더로서 우리라는 의식을 갖고 회의를 진행	약간 1 2 3 4 ⑤ 매우 분명
15. 집단 리더십 행동에 대한 설명	약간 1 2 3 ④ 5 매우 분명
16. 우리가 긍정적인 리더 행동을 찾기 위해 사용할 체크리스트	약간 1 2 3 ④ 5 매우 분명
17. 긍정적인 구성원과 리더 행동 연습에 대한 피드백	약간 1 2 3 ④ 5 매우 분명

V. 만족감: 전체적으로 어느 정도 만족했습니까?

18. 시설	약간 1 2 3 4 ⑤ 매우 만족
19. 담당 교수	약간 1 2 3 ④ 5 매우 만족
*20. 진도	약간 1 2 ③ 4 5 매우 만족
21. 강의	약간 1 2 3 ④ 5 매우 만족
*22. 자기 자신, 연습한 새로운 기능	약간 1 2 ③ 4 5 매우 만족

VI. 조언: 개인적으로 이번 세션의 장점과 문제점에 대해 조언해 주세요.

장점	문제점
도입: 좋았고, 흥미롭다.	음식이 필요하다.
목표: 적당했고, 깔끔하고 좋았다. 요약 방식으로 제시해 주어서 따라 가기가 쉬웠다.	
주석이 달린 대화: 따라가기가 쉬웠다. 행동을 찾기가 쉬웠다. 관련성이 높은 주제들이었다.	
동영상: 관심이 있는 주제였고, 새로운 집단이 흥미있었다.	진행속도가 너무 빨랐다. 관찰지에 표시를 할 수 있게 동영상을 멈출 수 있었더라면 좋았겠다.
리더십에 대한 상호작용적 행동 세션: 다른 문제가 좋았고 회의 주제가 우리와 관련된 것이었다.	너무 서두르는 것 같아서 사회자 역할을 해볼 수 있는 충분한 시간이 없었다.
평가: 체크리스트가 좋았다. 검사 유형이 학습 내용 같아서 좋았다.	동영상이 너무 빨라서 몇 가지를 놓쳐서 짜증이 났다.
기타: 배운 내용을 일을 하면서 잘 이용할 수 있을 것 같다.	어떤 저해 행동은 좋은 매너와 운동이 된다(예, 사회자는 발언자의 발언을 잘 듣고, 이해했음을 보여 주기 위해 발언 내용에 대해 반응하는 발언(comment)을 해야만 한다.

그림 12.4 ┃ 단계 6(협조적 집단 상호작용 관리하기, 세션 10, 목표 6.1.1부터 목표 6.5.1)에 대한 태도 질문지 (계속)

모든 학습자들의 응답을 합하고, 그 문항에 응답한 학습자의 수로 나누어 계산했다. 이때 잠정적으로 문제가 있는 문항은 따로 표시했다. 이 경우, 평균 평정 점수가 3 이하인 문항들은 잠정적으로 문제가 있다고 보고, 문항의 평점 오른쪽에 별표를 했다.

학습 중에 학습자들의 주의집중에 대한 인식과 관련하여, 학습자들은 모든 활동 중에 주의집중을 했기 때문에 학습하고 있는 모든 목표들이 집단의 리더가 되려고 하는 자신들의 목표와 관련성이 높은 것(4 이상)으로 믿고 있다고 보인다. 자신감에 대한 질문에서는 응답의 범위나 가장 높은 점수와 가장 낮은 점수 간의 차이가 커졌고, 실제로 이 행동을 활용할 것인가에 대한 자신감에 대한 평점은 3으로 떨어졌다. 명료성에 관한 질문에서는 모의 회의 동영상을 제외하고는 모든 교수 프로그램에 만족한 것으로 평정했다. 전반적인 만족도의 측면에서는 진도와 자기 만족에 관한 부분에서 문제가 있었다.

불만족하다고 평정한 네 문항에 대한 검토를 했다. 교수 프로그램에 잠정적으로 문제가 있을 것으로 판단되는 부분은 다음과 같다.

9. 협조적인 집단 행동을 촉진할 수 있다는 자신감
13. 회의 동영상
20. 학습 진도
22. 새로운 역량(기능) 수준에 대한 자기 만족감

이 네 문항들은 서로 관련이 있을 가능성이 있었다. 예를 들어, 문항 9와 22에서 자신감과 자기 만족감은 관련이 있을 수 있었다. 이 문제는 또한 진도와 동영상의 문제와도 연관될 수 있었다.

학습자들의 의견은 이 문제에 대한 많은 정보를 제공해 주었다. 각 학습자의 의견을 분석해서, 비슷한 내용끼리 묶어 질문지에 종합했다. 동영상에 대해, 학습자들은 자세히 보기에는 그 동영상이 너무 빠르다고 생각했으며, 동영상을 보면서 동시에 관찰 평가지에 표시하기가 어려웠다. 그리고 상호작용적인 회의 중에 자신들의 리더십 기능을 연습할 수 있는 충분한 시간적 여유가 없었다고 토론했다. 마지막으로 몇몇 학습자들은 협조를 저해하는 행동들은 문제가 있다고 지적했는데, 그 행동들이 예의 바른 대화 관례와 직접적으로 상충된다고 믿었다. 이후의 면담에서, 학습자들은 다른 사람이 새로운 아이디어를 제안할 때, 그 의견에 대해 응답하는 발언(comments)을 한다는 것이 그 발언을 잘 듣고 이해했음을 발언자에게 보여 주는 공손한 행동이라고 믿고 있다는 사실을 설계자는 알게 되었다. 예의 바른 대화의 관례와 협조적인 상호작용을 저해하는 리더의 행동 간의 괴리로 인해 학습자들의 사후검사에서 4, 5, 8, 12의 행동의 학습 정도가 빈약했던 것이다. 대화 중에 너무 드러나게 공백을 두는 것(4), 다른 발언자가 중간에 끼어들도록 하는 것(5), 다른 발언자의 견해에 대한 의견을 말하지 않는 것(8), 특히 좋은 아이디어를 내거나 기여를 많이 한 참석자를 칭찬하지 않는 행동(12)은 일반적으로 예의 바른 사례들이 아니다. 설계자는 협조적인 행동을 촉진하는 것과 예의 바른 대화 관례의 차이를 프로그램에서 직접 다루기로 결론을 내렸다.

교수 프로그램 수정 계획

리더십 훈련을 위한 교수 프로그램의 형성 평가의 이 시점에서, 전체 교수 프로그램 중 한 부분을 수정하기 위해서 내용을 어떻게 수정할 것인지에 대한 최종 결정을 하는 것은 아직 성급하다. 실제로 수정을 하기 전에, 다른 레슨들에 대한 현장 평가를 하고 그 결과를 분석해야 한다. 프로그램의 한 단원의 종합적인 효과를 보고 수정을 해야 한다. 그러나 세션 10에서 수집한 데이터를 사용하여, 표 12.6과 같은 교수 프로그램 수정 분석표를 만들었다. 이 표는 네 부분으로 되어 있다. 평가 대상이 되는 구성요소는 왼쪽에 나와 있고, 그 다음 열에는 발견한 문제점과 잠정적인 수정계획을 열거하고, 맨 오른쪽 열에는 수정해야 하는 증거와 그 자료이다. 이 표를 완성하는 데 필요한 자료는 (1) 교수 프로그램을 활용한 학습자들의 검사 결과와 관찰 결과, (2) 학습자들이 교수 프로그램에 남긴 지적사항, (3) 태도조사 결과 등이다. 교수 프로그램 수정계획은 앞서 분석한 문항 분석표를 분석한 결과로부터 도출되어야 한다.

　　형성 평가 과정을 진행함에 따라 교수 프로그램을 수정하면 교수 설계자가 예상하지 못한 결과를 가져올 수도 있음에 주목해야 한다. 만약 학습자들을 위해 이미 선수 기능으로 확인된 내용을 프로그램에 포함시키거나 선택한 레슨에서 정규 코스워크나 리더십 연습에서 이 내용을 제외하는 것과 같은 대대적인 수정을 했다면, 이렇게 수정을 하면 예상한 바람직한 효과가 나타나는지를 알아보기 위한 또 다른 현장 평가를 해야 한다.

　　부록 L의 1~7에는 작문 학습에 대한 사례로서 형성 평가 결과를 종합하는 내용과 부록 M에는 그 수정 계획표가 제시되어 있다.

표 12.6 ┃ 교수 프로그램 수정 분석 양식

교수 전략	문제점	수정계획	증거와 자료
동기 유발과 도입 내용	없음	없음	프로그램의 주의집중 수준이 좋았고, 목적이 분명했고, 자신들의 목표와 관련성이 높았다고 했다(질문지 조사 결과와 토론 결과).
사전검사	회의 동영상이 너무 빨라서, 학습자들이 보면서 관찰지에 표시하기가 어려웠다.	관찰지에 표시할 때 동영상 정지 안내를 추가한다.	학생들의 태도 질문지 조사 결과, 강사 의견, 토론 의견
정보 제시	기능 4, 5, 8, 12에 관한 수행 수준이 적당하지 않다. 저해 행동과 예의 바른 대화 사이의 갈등이 보고되었다.	이 행동들의 설명과 예를 추가한다. 협조적인 행동을 촉진하는 리더십 행동과 예의 바른 대화 관례와의 차이를 직접 설명하면서 그 차이의 목적도 다룬다.	• 이 기능들에 대한 사후검사 결과 • 태도 질문지 결과 • 토론 결과 • 회의 중 관찰 결과
학습자 참여	(6.4.2) 회의 동영상이 너무 빨라서, 학습자들이 보면서 관찰지에 표시하기가 어려웠다.	관찰지에 표시를 할 때, 동영상 정지 안내를 추가	태도 질문지 조사 결과
사후검사	각 학습자들이 배운 것을 보여 줄 수 있는 시간 배정이 부적합했다.	개별 학습이 끝난 후에 학습자들을 집단으로 옮겼다. 그러나 전문가 수준이 학습자와 초보자들을 모두 같은 장소에 모으는 것이 적합한지를 관찰	태도 질문지 조사 결과
태도 질문지	없음	없음	태도 질문지는 약점을 찾아내고, 그 이유를 찾으려고 했다. 질문지 조사 결과와 사후검사 결과, 토론 결과, 강사들의 제안 등으로부터 수집한 결과들과 서로 대조했다.

요약

교수 프로그램이 갖고 있는 잠정적인 문제점을 찾아내기 위해서 형성 평가 결과를 종합하고 분석해야 한다. 종합해야 할 결과는 교수 프로그램에 대한 학습자들의 의견, 사전, 사후검사 결과, 태도 질문지 조사 결과, 토론 중에 제시한 학습자들의 의견, 실제 수행 현장에서 수집한 정보 등이다. 결과를 종합했으면, 다음의 분석을 해야 한다.

1. 출발점 기능에 대한 결과를 검토해 보고, 대상 집단 학습자들의 출발점 기능으로 적합했는지를 판단한다.
2. 사전, 사후검사 결과에서 전체 성취 수준과 목표별 성취 수준을 검토해 본다. 그 결과를 교수 분석표에 옮기고, 각 검사 문항별, 목표별 대상 학습자들의 전체 점수에 대해 검토한다. 출발점 기능 검사 결과, 사전, 사후 검사 결과를 비교한다.
3. 우리가 학습에 성공했다고 판단하려고 했던 기준을 충족하지 못하는 점수를 보여 준 목표, 검사 문항, 그 목표를 가르치려고 했던 교수 전략 등을 검토한다. 교수 프로그

램을 수정하기 전에 목표별로 목표, 검사 문항, 어휘, 제시 순서, 교수 전략 등을 면밀하게 분석한다.
4. 수정에 필요한 지침을 얻기 위해 교수 프로그램의 활용 절차, 시행 안내, 장비의 적합성도 검토한다.
5. 문제점, 수정계획, 수정이 필요한 증거, 교수 프로그램의 각 내용 요소에 대한 의견들을 포함한 교수 프로그램 수정 분석표를 작성한다.
6. 교수 프로그램 수정 분석표에 따라 교수 프로그램을 수정한다. 다른 레슨에 대한 현장 평가로부터 필요한 정보를 수집해 보아야 하는 부분의 수정은 보류한다.

이런 결과의 종합, 분석 활동은 일대일 평가, 소집단 평가, 현장 평가마다 각각 실시해야 한다. 현장 평가 결과에 따라 교수 프로그램의 주요 수정을 했다면, 그렇게 수정한 효과가 있는지를 검증하기 위해 별도의 현장 평가를 실시할 필요가 있다.

평가 결과의 종합과 해석을 위한 루브릭

다음은 평가 결과의 종합과 해석을 평가하기 위한 기준이다. 이것을 이용하여 프로젝트의 결과 분석 계획을 세우고, 분석 결과를 평가하거나, 혹은 교수 프로그램의 평가에 참여한 전문가들과 공유할 수 있다.

※ 다음 요소 중에 진행하고 있는 프로젝트와 관계없다면, '아니오' 칸에 '해당 없음'이라고 표시하세요.

아니오	약간	예	가. 전문가 누구로부터 나온 결과인가?
_____	_____	_____	1. 내용 전문가?
_____	_____	_____	2. 관리자(수행 환경)?

_____ _____ _____ 3. 학습자/교사, 강사 (학습 환경)?

나. 학습자 어디에서 나온 결과인가?

_____ _____ _____ 1. 교수 프로그램의 출발점 기능?

_____ _____ _____ 2. 사전, 사후검사에서의 학습 결과?

_____ _____ _____ 3. 태도?

_____ _____ _____ 4. 교수 프로그램에 대한 의견(명확성, 순서, 학습 내용의 크기,

　　기타)?

_____ _____ _____ 5. 각 세션의 전체 학습 시간?

다. 절차 무엇에 관한 조사 결과인가?

_____ _____ _____ 1. 매체와 장비?

_____ _____ _____ 2. 인력?

_____ _____ _____ 3. 설비?

_____ _____ _____ 4. 예산?

_____ _____ _____ 5. 일정?

_____ _____ _____ 6. 교수 프로그램을 통한 학습자의 관리?

라. 분석 무엇에 관한 문제점인가?

_____ _____ _____ 1. 참여(예, 전문가, 학습자)

_____ _____ _____ 2. 사전 교수 활동

_____ _____ _____ 3. 준비/사전검사

_____ _____ _____ 4. 내용 제시

_____ _____ _____ 5. 학습자 참여

_____ _____ _____ 6. 평가

_____ _____ _____ 7. 전이를 위한 후속활동

마. 수정 전략 수정계획이 체제적인 관점을 반영하고 있어서 분
석된 문제점은 다음 중에 어느 문제와 논리적으로 관계있는가?

_____ _____ _____ 1. 설계적 판단(예, 요구 분석, 해결책 분석, 학습자 분석, 상황

　　분석, 교수 전략)

_____ _____ _____ 2. 교수 프로그램

_____ _____ _____ 3. 학습(교수 프로그램의 실행) 절차

_____ _____ _____ 4. 매체와 전달 시스템

_____ _____ _____ 5. 자원(예산, 인력, 시간, 설비, 장비 등)

개발한 프로그램을 최종적으로 수정했으면 우리의 대상 학습자 집단을 위해 의도한 학습 효과가
나올 수 있어야 한다. 그렇다면, 프로그램을 배포할 수 있는 준비가 되었다고 할 수 있다.

연습

1. 대상 집단의 학습자들이 교수 분석에서 분석한 출발점 기능을 실제로 가지고 있는지, 우리가 분석한 이 기능들이 교수 프로그램을 학습하는 데 관계가 있는지를 알기 위해서는 어떤 데이터를 사용해야만 하는가?

2. 출발점 기능을 가르치기 위한 프로그램은 언제 개발해야 하는가?

3. 프로그램으로 학습자들이 학습하는 데 있어서 갖는 문제점의 특성을 정확하게 알기 위해서는 어떤 표를 작성해야 하는가?

4. 각 검사에 대한 문제점들을 표로 만들었다면 왜 그것을 해석해야 하는가?

5. 사전검사, 사후검사 결과를 목표별로 종합해야 하는 이유는 무엇인가?

6. 태도 질문지는 무엇을 평가하기 위한 것인가?

7. 교수 프로그램 수정 분석표에는 어떤 내용이 포함되어야 하는가?

8. 표 12.7은 학습자 다섯 명에 대한 문항별 목표별 분석표의 일부이다. 이를 이용하여 다음을 계산해 보세요.
   - 각 학습자의 원점수
   - 각 학습자의 옳게 응답한 문항의 비율
   - 각 학습자가 성공적으로 학습한 목표의 수
   - 문항별로 옳게 응답한 학습자의 수
   - 문항별로 옳게 응답한 학습자의 비율
   - 각 목표를 성공적으로 학습한 학습자의 비율

   엑셀과 같은 스프레드시트에 데이터를 옮겨서 계산해 보기 바란다.

표 12.7 ┃ 문항별 목표별 분석 결과

목표	1			2			3			4			원점수	옳게 응답한 비율	성공한 목표	성공한 목표 비율
문항	1	2	3	4	5	6	7	8	9	10	11	12				
학생 1	1	1	1		1	1				1	1					
학생 2	1	1	1	1	1	1	1	1	1	1	1					
학생 3				1	1	1				1	1					
학생 4	1			1	1	1	1	1	1	1	1					
학생 5	1	1	1		1	1	1	1	1	1	1	1				
정답 합계																
정답 비율																
성공한 목표 비율																

1=정답

틀린 응답은 공란으로 둔다.

하나의 목표에 대한 학습을 성공한 것으로 보기 위해서는 그 목표에 대한 모든 문항에 대해 옳게 응답해야 한다. 왜냐하면 각 문항은 그 목표의 각기 다른 부분을 검사하고 있기 때문이다.

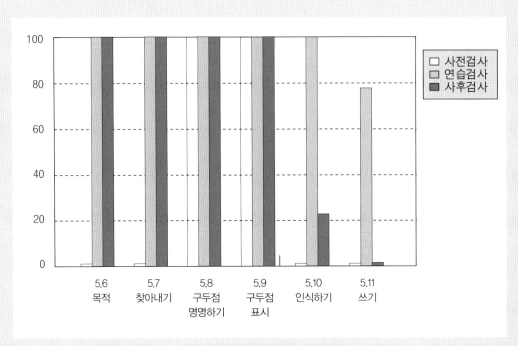

그림 12.5 ┃ 출발점 기능을 가지고 있지 못한 네 학생의 사전검사, 연습검사, 사후검사의 목표별 성취도

작문 교수 프로그램의 현장 평가에 참여한 네 학생들은 출발점 기능 검사에서 그 기능을 갖고 있지 못한 것으로 나타났다. 출발점 기능으로 정한 하위 기능이 옳게 분류되었는지를 알기 위해 이들을 현장 평가에 포함했다. 그림 12.5는 사전검사, 연습 검사에서 평서문 문장에 대한 기능과, 사후검사에서 평서문 부분을 숙달한 학생들의 비율이다. 도표의 데이터를 보고, 다음 물음에 답해 보세요.

9. 학생들은 여기에 제시된 모든 기능을 학습해야 할 필요가 있는가?

10. 사전검사와 사후검사 결과에 따르면, 학생들은 이 프로그램을 통해 어떤 기능을 성공적으로 학습했는가?

11. 학습을 하기 전에 이미 숙달하고 있었던 기능들이 아닌 기능들을 학습했는데도 불구하고 학습하지 못한 기능은 어느 것인가?

12. 이 프로그램의 학습 결과를 미루어볼 때, 이 학생들을 위해 다음 단계로 해야 할 일은 무엇인가?

피드백

1. 사전검사와 사후검사의 문항별, 목표별 분석 결과를 활용한다. 출발점 기능에 대한 사전검사 결과를 통해서 학생들이 출발점 기능을 갖추고 있는지를 알 수 있다. 교수 프로그램과 함께 사용된 검사 결과를 통해서 우리가 필요한 적절한 출발점 기능을 제대

로 찾아서 설계했는지를 알 수 있다. 학생들이 출발점 기능을 측정하는 문항의 성취도가 낮았는데도 불구하고 사후검사의 성취도가 높았다면 우리가 출발점 기능을 제대로 분석한 것인지를 재검토해야 한다.

2. 적어도 교수 프로그램의 일대일 평가를 하기 전에 선수 학습 기능을 가르치기 위한 프로그램을 개발할 필요는 없다. 사례 연구 부분에서와 같이, 현장 평가 결과를 통해서 그런 목표를 가르치기 위한 교수 프로그램이 필요한지, 왜 필요한지를 알 수 있다.

3. 문항별, 목표별 분석표를 작성해야 한다. 옳은 응답과 틀린 응답을 분석할 수 있도록 표를 만들어야 한다. 옳은 응답의 분석 결과는 우리의 프로그램이 효과가 있었는지를 알 수 있게 해 주고, 오답 분석 결과는 무엇을 수정해야 하고, 어떻게 수정해야 할 것인지에 집중하게 해 준다.

4. 각 검사 결과에 대한 결과가 왜 그렇게 나오게 되었는지를 정확하게 판단할 수 있을 때, 그 결과 해석을 해두는 것이 낫다. 이 정보는 프로그램 수정 계획표를 작성할 때 기초적 정보가 되기 때문이다. 이렇게 하지 않고, 여러 검사에서 얻은 수많은 원점수 표를 가지고 있다면, 어떤 문제가 있었는지를 정확하게 찾아내기가 어렵다.

5. 종합한 표는 성취 정도의 전반적인 추이를 파악하게 해 준다. 사전검사에서의 목표를 알고 있지 못했는데, 사후검사의 목표를 숙달했을 수가 있을까?

6. 태도 질문지에는 교수 프로그램의 모든 요소에 평가가 포함되어야 한다. 태도 질문지는 학습자들이 교수 프로그램을 이용할 때 동시에 실시해야 한다. 학습을 하면서 프로그램에 대한 태도에 대한 질문을 중간에 포함하고 있으면, 학습자들은 그 부분에 대한

표 12.8 ┃ 문항별 목표별 분석

목표	1			2			3			4			원점수	정답 비율	숙달한 목표	숙달한 목표 비율
문항	1	2	3	4	5	6	7	8	9	10	11	12				
학생 1	1	1	1		1	1				1	1		7	58	1	25
2	1	1	1	1	1	1	1	1	1	1	1		11	92	3	75
3				1	1	1				1	1		5	42	1	25
4	1			1	1	1	1	1	1	1	1		9	75	1	50
5	1	1	1	1	1	1	1	1	1	1	1		11	92	3	75
정답 합계	4	3	3	4	5	5	3	3	3	5	5	0				
정답 비율	80	60	60	80	100	100	60	60	60	100	100	0				
성공한 목표 비율			60			80			60			0				

1=정답
틀린 응답은 공란으로 둔다.
하나의 목표에 대한 학습을 성공한 것으로 보기 위해서는 그 목표에 대한 모든 문항에 대해 옳게 응답해야 한다.
왜냐하면 각 문항은 그 목표의 각기 다른 부분을 검사하고 있기 때문이다.

보다 정확한 반응을 할 수 있다. 그러나 이 방법을 이용할 때, 학습의 흐름을 방해하지 않도록 해야 한다.

7. 교수 프로그램 수정 계획표에는 (1) 학습 구성요소, (2) 구성요소에 대한 문제점, (3) 수정해야 할 내용, (4) 검사나 질문지 조사 결과, 교수 프로그램에 대한 의견, 교수 프로그램이 계획한 대로 실행되는지에 대한 관찰 결과, (5) 수정해야 하는 근거 등이 포함되어야 한다.

8. 표 12.8을 참고해 보자.

9. 도표의 사전검사, 사후검사 결과를 보면, 학생들은 하위 기능 5.8과 5.9에 대한 학습은 필요로 하지 않는 것같다.

10. 사전검사, 사후검사 결과를 보면, 하위 기능 5.6과 5.7을 제대로 학습했다.

11. 하위 기능 5.10과 5.11을 위한 교수 프로그램의 부분은 효과가 없었다.

12. 이 네 학생들은 완전한 문장 요소를 인식하기 학습을 위한 개별화 교수 프로그램으로 별도의 학습 기회를 주어야 하고, 서술문의 인식과 작문에 대한 추가적인 학습이 필요하다.

참고문헌

11장의 참고문헌은 이 장의 교수 프로그램의 수정에도 적용할 수 있다.

Ainsworth, L. B., & Viegut, D. J. (Eds.). (2006). *Common formative assessments: How to connect standards-based instruction and assessment*. Thousand Oaks, CA: Corwin Press. 개인 학습자들의 학습 요구를 찾아내기 위해 교사가 형성 평가를 위한 검사를 개발하는 방법을 다루고 있다.

Ayala, C. C., Shavelson, R. J., Ruiz-Primo, M. A., Yin, Y., Furtak, E. M.,Young, D. B., % Tomita, M. (2008). From formal embedded assessment to reflective studies. *Applied Measurement in Education, 21*(4), 315-334. 형성 평가가 교육과정, 학습자, 학습자 동기 유발에 미치는 영향을 다루고 있다.

Bernhardt, V. (2007). *Translating data into information to improve teaching and learning*. Larchmont, NY: Eye on Education Press. 학교에서의 의사결정을 내리기 위해 데이터를 종합하기 위한 절차를 설명하고 있다.

Black, P., & William, D. (2009). Developing a theory of formative assessment. *Educational Assessment, Evaluation, and Accountability, 21*, 5-31. 학교 교육과정과 교실 수업 수준에서의 형성 평가 방법을 다루고 있다.

Bodzin, A. M., Price, B., & Heyden, R. (2001). A formative evaluation approach to guide the development of a webtext biology curriculum. Paper presented at the National Association of Biology Teachers Annual meeting, November 7-12, 2004, Montreal, Quebec, Canada. Retrieved Jan. 30, 2013, from www .lehigh. edu/~inexlife/papers/nabt2001.pdf. 온라인 생물 교육과정에 대한 대규모 현장 평가 방법을 보고하고 있다.

Brandon, P. R.,, Young, D. B., Shavelson, R. J., Jones, R., Ayla, C. C., Ruiz-Primo, M. A., Yen, Y., Tomito, M K., & Furtak, E. M. (2008). Lessons learned for the process of curruculum developers' and assessment developers' collaboration on the development of embedded formative assessments. *Applied Measurement in Education. 21*(4). 390-402. 교육과정과 학습 수준에서의 형성 평가에 대해 다루고 있다.

Cambre, M. (1981). Historical overview of formative evaluation of instructional media products. *Educational Communications and Technology Journal 29*(1), 1-25. 형성 평가에 대한 역사를 다루고 있는 오래된 글이지만 교수 설계의 역사에 관심이 있다면 유용한 글이다.

Carey, L. M. (2001). *Measuring and evaluating school learning*. Boston: Allyn & Bacon. Chapter 10, Evaluating group performance; Chapter 11, Analyzing items, tasks, and tests; 12장 Evaluating individual performance and instruction은 형성 평가의 데이터를 종합하고 해석하는 문제에 대해 소상하게 소개하고 있다.

Cronbach, L. J. (1975). Course improvement through evaluation. Reprinted in D. A. Payne & R. F. McMorris (Eds.), *Education and psychological measurement*. Morristown, NJ: General Learning Press, 243-256. 교육 프로그램의 형성 평가 필요성을 다루고 있다.

Dick, W., & Carey, L. M. (1991). Formative evaluation. In L. J. Briggs, K. L. Gustafson, & M. H. Tillman (Eds.), *Instructional design: Principles and applications*. Englewood Cliffs, NJ: Educational Technology Publications. 교수 설계자의 관점에서 형성 평가에 대해 설명하고 있다.

Drum, A. (1999). *The design of children's technology*. San Francisco: Morgan Kaufmann Publishers. CBI 프로그램의 형성 평가 방법과 수정 방법을 설명하고 있다.

Flogg, B. N. (1990). *Formative evaluation for educational technologies*. Hillsdale, NJ: LEA. 컴퓨터 기술을 이용한 훈련 프로그램의 형성 평가 절차를 설명하고 있다.

Hattie, J., & Temperley, H. (2007). The power of feedback. *Review of Educational Research, 77*(1), 81-112.

Heritage, M. (2010). *Formative assessment: Making it happen in the classroom*. Thousand Oaks, CA: Corwin Press. 교수 학습 프로그램을 개선하는 데 있어서 학습자 성취 데이터의 활용을 설명하고 있다.

Johnson, R. B., Dick, W. (2012). Evaluation in instructional design: A comparison of evaluation models. In R. A. Reiser, & J. V. Dempsey(Eds.), *Trends and issues in instructional design and technology*(3rd ed.). Boston, MA: Allyn & Bacon. 교수 설계자의 관점에서 형성 평가를 설명하고 있다.

Martin, F, & Dunsworth, Q. (2008). A methodical formative evaluation of computer literacy course: What and how to teach. *Journal of Information Technology Education, 6*, 123-134. 대학에서 형성 평가에 대한 사례 연구를 설명하고 있다.

Morrison, G. R., Ross, S. M., & Kemp, J. E. (2013). *Designing effective instruction* (7th ed.). Hoboken, NJ: Wiley. 13장에서 형성 평가와 종합 평가의 설계와 데이터 종합 및 해석 방법을 설명하고 있다.

Mory, E. H. (2004). Feedback research review. in D. Jonassen (Ed.), *Handbook of research on educational communications and technology*. Mahwah, NJ: LEA, pp. 745-783. 부적합한 피드백의 영향을 설명하고 있다.

Moseley, J. L., & Dessinger, J. C. (2010). *Handbook of improving performance in the workplace*. SF, CA. ISPI and Pfeiffer. 형성 평가의 이론, 실제를 제시하고 있다.

Nathenson, M. B., & Henderson, E. S. (1980). *Using student feedback to improve learning materials*. London: Croom Helm. 영국 개방대학 코스의 형성 평가 과정을 설명하고 있다.

Performance and Instruction Journal, 22(5). 1983. Special issue on formative evaluation. 일대일 평가, 소집단 평가, 형성 평가에 대한 임상적 접근, 형성 평가의 효과와 비용 등을 종합적으로 다루고 있다.

Reeves, T. C., & Hedberg, J. G. (2003). *Interactive learning systems evaluation*. Englewood Cliffs, NJ: Educational Technology Publications. 평가의 여섯 수준과 함께 이러닝의 실행과정과 프로그램에 대한 형성 평가 기법을 설명하고 있다.

Royse, D. D. (2001). *Program evaluation: An introduction*. Belmont, CA: Brooks/Cole-Wadsworth Thompson Learning. 형성 평가와 과정 평가를 다루고 있다.

Russell, J. D., & Blake, B. L. (1988). Formative and summative evaluation of instructional products and learners. *Educational Technology, 28*(9), 22-28. 프로그램의 형성 평가와 학습자의 형성 평가를 구별하여 설명하고 있다.

Scott, R. O., & Yelon, S. R. (1969). The student as a coauthor-The first step in formative evaluation. *Educational Technology*, October, 76-78. 학생들을 활용한 일대일 형성 평가 절차를 설명하고 있다.

Scriven, M., Tyler, R., & Gagné, R. (1967). *Perspectives of curriculum evaluation*. AERA Monograph Series on Curriculum Evaluation. Chicago: Rand McNally. 형성 평가와 종합 평가를 처음으로 구별하려는 첫 시도이다.

Smith, P. L., & Ragan, T. J. (2005). *Instructional design* (3rd ed.). New York: Wiley. 형성 평가와 종합 평가를 다루고 있으며, 프로그램 수정을 위한 데이터의 종합과 해석 문제를 다루고 있다.

Tessmer, M. (1994). Formative evaluation alternatives. *Performance Improvement Quarterly, 7*(1), 3-18.

Tessmer, M. (1996). Formative evaluation. In P. Kommers, S. Grabinger, & J. C. Dunlap (Eds.), *Hypermedia learning environments: Instructional design and integration*. Mahwah, NJ: Lawrence Frlbaum Associates. 디지털 기술을 이용한 교수 학습 상황에서의 형성 평가 절차를 설명하고 있다.

Tessmer, M. (2005). *Planning and conducting formative evaluation*. Oxen, UK: Routledge. 형성 평가의 주요 단계를 종합적으로 설명하고 있다.

Weston, C. B., LeMaistre, C., McAlpine, L., & Bordonaro, T. (1997). The influence of participants in formative evaluation on the improvement of learning from written instructional materials. *Instructional Science, 25*(5), 369-386. 인쇄매체를 활용하고 있는 프로그램에서 학습

자의 피드백을 받아서 프로그램을 수정했을 때, 가장 학습 효과가 높았음을 보고하고 있다.

Weston, C. B., McAlpine, L., & Bordonaro, T. (1995). A model for understanding formative evaluation in instructional design. *Educational Technology Research and Development 43*(3), 29-49. 다양한 교수 설계 과정 간의 피드백을 하나의 모형으로 설명하고 있다.

Williams, D. D., South, J. B., Yanchar, S. C., Wilson, B. G., & Allen, S. (2011). How do instructional designers evaluate? a qualitative study of evaluation in practice. *ETR&D, 29*(6), 885-907. 형성 평가 과정에서의 데이터 종합, 분석, 해석을 위한 유용한 내용을 제시하고 있다.

7장의 일부 참고문헌도 참고하기 바란다.

Arter, J. A., & Chappius, J. (2006). *Creating and recognizing quality rubrics.* Upper Saddle River, NJ: Pearson.

Arter, J. A., & McTighe, J. (2001). *Scoring rubric in the classroom: Using performance criteria for assessing and improving student performance.* Thousand Oaks, CA: Crowin Press. 학습자의 역량 증진을 위해 교수 프로그램과 평가와 통합 문제를 다루고 있다.

Carey, L. M. (2001). *Measuring and evaluating school learning* (3rd ed.). Boston: Allyn and Bacon. 검사 문항, 산출물, 수행, 태도 지시사항, 루브릭, 포트폴리오 평가 개발 방법을 다루고 있다.

Chappius, J., Stiggins, R. J., Chappius, S., & Arter, J. A. (2011). *Classroom assessment for student learning: Doing it right–Using it well* (2nd ed.). Upper Saddle River, NJ: Pearson. 학생의 성적 순위를 매기는 평가에서 학습의 성공을 도와주는 평가로의 전환의 문제를 다루고 있다.

Fishman, J. A. (2003). *Introduction to test construction in the social and behavioral sciences: A practical guide.* Lanham, MD: Rowman & Littlefield. 도구 설계의 첫째 고려 사항은 최종 목표에 기초하여 검사 도구를 개발하는 것이라는 문제를 제시하고 있다.

Gagné, R. M., Wager, W. W., Golas, K. C., & Keller, J. M. (2004). *Principles of instructional design* (5th ed.). Belmont, CA: Wadsworth/ Thomson Learning. 목표 지향 평가뿐만 아니라 '숙달' 개념과 규준 참조 검사 개발에 관한 학습 평가에 대한 내용을 다루고 있다.

Kubiszyn, T., & Borich, G. D. (2013). *Educational testing and measurement: Classroom application and practice* (8th ed.). New York: Wiley. 문항 작성 준거에 대한 내용을 포함하여 다른 평가 방법과, 포트폴리오 평가를 개발하는 문제와 함께 준거 지향 평가에 대해 다루고 있다.

Mayer, R. E. (2011). *Applying the science of learning.* Upper Saddle River, NJ: Pearson. 교수, 학습, 평가 간의 관련성을 강조하고 있다.

McMillan, J. H. (2013). *Classroom assessment: Principles and practice for effective standards–based instruction* (6th ed.). Boston: Allyn &Bacon. 학습 성과의 증진을 위한 형성 평가를 강조하고 있다.

Miller, M. D., Linn, R. L., & Gronlund, N. E. (2009). *Measurement and assessment in teaching* (10th ed.). Upper Saddle River, NJ: Merrill. 설계로부터 평가에 이르는 문제를 종합적으로 다루고 있다.

Nitko, A. J., & Brookhart, S. M. (2010). *Educational assessment of students* (6th ed.). Upper Saddle River. NJ: Merrill/Prentice Hall. 고차적 사고, 문제 해결, 비판적 사고에 대한 평가를 다루고 있다.

Phillips, P. P. (2010). *Measurement and evaluating training.* Alexandria, VA: ASTD Press.

Popham, W. J. (2013). *Classroom assessment: What teachers need to know* (7th ed). Upper Saddle River, NJ: Prentice Hall. 초기 설계로부터 성과 보고에 이르는 프로그램 평가를 강조하고 있다.

Russell, M., & Airasian, P. W.(2011). *Classroom assessment* (7th ed.). New York: McGraw–hill. 강의실 수업을 위한 평가 설계 및 결과 해석에 대한 종합적인 문제를 다루고 있다.

Shrock, S. A., & Coscarelli, W. C. (2007). *Criterion-referenced test development: Technical and legal guidelines for corporate training* (3rd ed.). San Francisco: Pfeiffer. 준거 지향 검사 개발과, 기능과 평가 과제와의 관련성을 강조하고 있다.

Stiggins, R., & Chappius, J. (2011). *Introduction to student involved assessment for learning* (6th ed.). Upper Saddle River, NJ: Merrill/Prentice Hall. 검사와 검사 목적과의 일관성을 갖고 검사를 설계하는 것의 중요성을 포함하여 질 높은 평가 문제를 다루고 있다.

제 13 장

종합 평가의 설계 및 실행

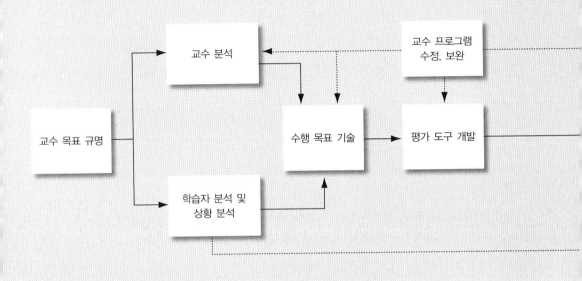

교수 분석

교수 프로그램 수정, 보완

교수 목표 규명

수행 목표 기술

평가 도구 개발

학습자 분석 및 상황 분석

학습 목표

➤ 종합 평가의 목적을 설명할 수 있다.

➤ 종합 평가의 두 단계와 각 단계에서 도출된 결정을 설명할 수 있다.

➤ 종합 평가의 전문가 판단 단계를 설계할 수 있다.

➤ 종합 평가의 효과 단계를 설계할 수 있다.

➤ 형성 평가와 종합 평가를 목적과 설계 면에서 비교할 수 있다.

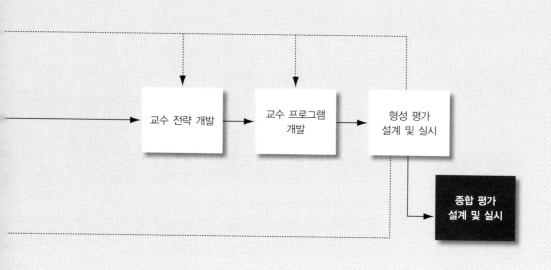

배경

종합 평가는 교수 프로그램이 수행 상황에서 의도한 대로 실제로 작동하는지(work) 판단하기 위한 데이터와 정보를 수집하는 과정이다. 또한 교수 프로그램의 설계와 개발의 원인이 된 수행상의 문제가 개선되고 있는지 확인하기 위해서 행해진다. 종합 평가의 주요 목적은 교수 프로그램이 (조직의) 기대에 미치는지의 여부를 밝히는 것이다.

새로운 공립학교 교육과정과 매체 전달 시스템이 나오게 되면, 자신의 교육과정이나 매체 전달 시스템이 경쟁사의 것보다 낫다고 주장하면서 수십 년 전부터 종합 평가의 필요성이 일반화되기 시작했다. 어느 것이 더 우수한지 결정하기 위한 연구들이 신속하게 진행되었는데, 새로운 교수 프로그램이 전통적 교수 프로그램보다 효과적이지 않을 때도 있었다. 전통적 교수 프로그램은 오랜 기간에 걸쳐 사용되고 수정된 반면, 새로운 교수 프로그램은 초기 버전이라는 것을 아는 경험 있는 평가자들은 이러한 결과를 놀랍게 생각하지 않았다.

새로운 교수 프로그램이 형성적으로 평가되고, 주요 문제점들이 모두 수정되고 일상적으로 사용할 수 있는 수준에 이를 때까지 전통적 교수 프로그램과의 비교를 미뤄야 한다는 설득력 있는 주장들이 나왔다. 그런 다음에야 비로소 새로운 교수 프로그램이 학습자의 수행, 태도, 강사의 반응, 비용, 지속력과 관련하여 어떠한 결과를 가져오는지 정확하게 평가할 수 있을 것이다. 대부분의 의사 결정권자들은 새로운 전달 시스템이나 새로운 교육과정(또는 둘 다)의 효과를 증명하기 위한 연구를 할 때 개발자나 어느 한쪽을 옹호하는 사람을 연구에 참여시키고 싶어하지 않는다. 따라서 외부 평가자나 제3의 평가자들에게 종합 평가를 의뢰하곤 한다. 수년 동안 종합 평가의 취지는 변해 왔다. 이제는 "어느 것이 더 나은가?" 대신에 "교수 프로그램이 최초에 교수의 필요성을 야기했던 문제를 해결해 주는가?" 질문을 던진다. 즉, 교수 프로그램은 문제에 대한 해결책으로 여겨지고 있으며 궁극적인 종합 평가의 질문은 "그것이 문제를 해결했는가?"가 되었다.

이 장에서는 교수와 교수 프로그램이 여러 번 언급되는데, 이 두 단어는 동의어로 사용된다. 교수가 어떤 형태로 일어나든 그것의 종합 평가를 말하고자 하는 것이다. 따라서 둘 중 어느 단어를 사용하더라도 어떤 형태의 교수 프로그램이라고 생각하면 된다.

개념

종합 평가에 대한 관심은 새로운 교수 프로그램과 사후 수행 검사 결과를 비교하는 것에서부터 기능이 사용될 수행 상황에서 학습자가 실제로 수행을 할 수 있는지 확인하는 것으로 변해 가고 있다. 실무 현장의 학습자들이 그 기능을 사용하는가? 그리고 그 기능이 잘 작동하는가? 이에 대한 질문에 답하기 위해서 종합 평가가 전형적으로 검토해야 할 두 가지 사항은 교수 프로그램의 질과 교수 프로그램이 조직에 주는 영향이다. 질에 대한 문제는 교수 프로그램과 절차에 대한 전문가의 판단을 통해 확인할 수 있고, 조직에 주는 영향에 대한 문제는 교수가 완료된 후에 실무에서 기능의 전이가 얼마나 일어났는지 연구를 통해 확인할 수 있다.

Burke와 Hutchins(2008), Hutchinson(2009)은 교수를 통해 획득한 지식과 기능이 실무 현장에 전이된 정도를 알아보기 위해 고려해야 할 세 가지 사항을 기술했다. 표 13.1은 그 세 가지 사항인 교수의 특징, 직원의 특징, 실무 현장의 특징을 설명하고 있다. 표의 내용을 신중히 살펴보자. 우리가 종합 평가를 위해 전문가 판단을 의뢰받은 설계자라고 한 번 가정해 보자. 설계자 혹은 평가자로서 우리는 교수 프로그램을 설계할 때 사용했던 기능과 전략을 종합 평가를 할 때에도 사용할 것이므로 우리가 이미 평가에 대한 개념적 지식을 갖추고 있다는 사실에 반가울 것이다. 표의 첫째 열에 있는 교수적 특징은 교수 프로그램을 설계할 때 사용했던 Gagné의 아홉 가지 교수 단계에 기반을 둔 다섯 가지 주요 학습 요소임을 알아차릴 수 있다. 이 평가는 종합 평가의 전문가 판단 단계에서 시행한다.

둘째 열은 학습자 특성과 관련된 것으로 학습자를 분석할 때 고려해야 할 사항에 동기에 관한 ARCS 모형이 포함된 것을 알 수 있다. 또한 셋째 열에 있는 내용의 대부분은 수행환경 분석에서 고려해야 할 사항임을 알 수 있다. 학습자/직원 및 실무 환경에 대한 고려사항은 일반적으로 종합 평가의 영향 분석 단계에서 시행한다.

초기 분석(front-end analysis)이 특히 조직의 목표 그리고 그 목표와 특정 교수 프로그램의 일치도와 관련이 있으므로 설계자/평가자는 초기 분석에서의 고려사항을 평가에 포함한다. 이 정보는 종합 평가의 전문가 판단과 영향 분석 단계 모두에서 사용된다. 종합 평가에서 평가자는 지식과 기능들이 얼마나 실무 현장에 전이되는지 파악하기 위해 교수 설계프로세스에서의 이러한 모든 단계들을 포함한다. 평가자는 그 조직 또는 교수 프로그램에만 있는 다른 특이사항 또한 고려해야 한다. 표 13.2는 종합 평가에서 전문가 판단 및 영향분석 단계에서 이루어져야 할 전형적 의사결정에 대한 내용을 종합하고 있다. 특별한 교수프로그램 및 조직을 위한 다른 내용들이 추가될 수 있다.

표 13.1 ┃ 훈련을 통해 습득한 기능이 실무에 전이되는지 평가하기 위해 고려해야 할 사항

교수적 특성	학습자 특성	업무 환경 특성
사전 교수 • 동기 • 직무에 필요한 지식과 기능에 대한 명확한 이해 • 능력에 맞는 난이도 • 선수 지식 및 직무 요구와의 연결 학습 내용 • 직무/직업의 요구와 관련 • 학습자 안내 • 정교화 학습자 참여 • 풍부한 연습 기회 • 직무 수행과 일치하는 연습 • 적절하고 겨냥된 피드백 평가 적합한 전이 전략 • 멘탈 리허설, 대화하기, 목표 설정, 직무수행 보조물	인지 능력 자기 효능감 동기 • 훈련의 즉각적 요구에 대한 관련성 지각, 자신감, 학습과 수행에 대한 개인적 만족감 기대 회사에 대한 친밀감 또는 헌신	감독관 • 직원에게 긍정적 피드백 • 훈련에 참여 • 직원들과 기능 논의 • (기능의) 올바른 사용에 대한 결과 • (기능의) 올바르지 않은 사용에 대한 수정 • 추후 관련된 훈련 개선 긍정적 전이 분위기 • 조직적 헌신 　훈련과 연관된 수행 개선에 감독관과 직원의 책임을 짐 • 동료들과 새로운 기능 의논 • 기능을 사용할 기회 • 기능을 실행하는 동안의 지원 • 새로운 기능의 사용을 촉진하는 신호 • 장려금이나 피드백과 같은 사회적 지원

표 13.2 ❘ 종합 평가에서 전문가 검토 및 영향력 검토 단계

종합 평가	
전문가 판단 단계	영향 분석 단계
종합적 결정	
교수 프로그램은 우수 사례를 따랐으며 조직의 요구를 충족했는가?	지정된 상황(실무, 다음 강의)에 기능을 전이하는 데 교수 프로그램은 효과적이었는가?
구체적 결정	
일치도 분석: 조직의 요구 및 목표와 교수 프로그램의 목표는 일치하는가? **내용 분석:** 교수 프로그램은 완전하고 정확하며 최근의 것인가? **설계 분석:** 학습, 교수, 동기의 원리가 명확하게 교수 프로그램에 반영되었나?	**결과 분석:** **학습자에게 미치는 영향:** 교수 프로그램에 대한 학습자의 성취 수준과 동기 수준은 만족스러운가? 훈련의 대상이 된 직원은 훈련과 잘 맞는가? (예를 들어, 초기 기능, 복합성, 동기, 개인의 목표) **직무에 미치는 영향:** 학습자는 교수 프로그램을 통해 얻은 지식, 기능, 태도를 실무 환경 혹은 관련 있는 후속 교수 프로그램 활동에 전이할 수 있는가? **조직에 미치는 영향:** 학습자의 변화된 행동(수행, 태도)은 조직의 임무와 목표 달성에 긍정적인 차이를 가져오는가? (예, 중도 탈락자와 학습 포기자의 감소; 출석률과 성취의 향상; 생산성 및 성적의 향상) **관리 분석:** 1. 조직은 긍정적 전이 분위기를 유지하는가? 2. 감독관의 태도와 행동은 전이를 도와주는가? 3. 관리진은 실행 절차를 지원해 주는가? 4. 시간, 인원, 설비, 자원과 관련된 비용은 주어진 결과에 적절했는가?

종합 평가의 전문가 판단 단계

일치도 분석(congruence analysis)

조직의 요구. 일치도 분석의 목적은 조직의 요구와 교수 프로그램의 내용이 얼마나 일치하는지 검토하는 것이다. 우리가 평가자라고 계속 가정해 보자. 일치도를 분석하기 위해서 우선 조직의 전략적 계획, 현재의 목표와 목적, 훈련의 요구에 대한 정보를 알아야 한다. 그래야 훈련의 목표가 조직의 목표 및 요구와 얼마나 근접하게 일치하는지 파악할 수 있을 것이다. 훈련이 조직의 전략적 계획과 목표에 일치할수록 실무 현장에서 변화를 받아들이고 새로운 기능을 실행하는 데 있어 관리자와 직원이 더 나은 지원을 받게 될 것이다.

다음으로, 직무 분석 자료와 교수 프로그램을 통해 해결하고 싶어하는 문제와 관련된 조직의 문서를 구해서, 이 문서들의 내용을 교수 프로그램의 목표 및 목적과 비교해 보자.

직무 분석 자료에서의 과제와 현재 조직의 요구가 교수 프로그램의 목표 및 목적과 일치하면 할수록 학습자들은 기능을 습득하여 이를 실무에 더 잘 전이할 수 있을 것이다. 교수 프로그램에 대한 정보는 그 프로그램을 설계한 집단에서 얻을 수 있다.

평가자는 조직의 직원/학습자 특징에 대한 정확한 정보를 알아야만 한다. 그들의 학습 특징(예를 들어 태도, 동기, 능력, 경험, 목표)과 교수 프로그램이 의도한 학습자의 특징을 비교해야 한다. 훈련을 받게 될 직원과 교수 프로그램의 대상 학습자는 경험, 능력, 동기 면에서 어느 정도 비슷해야 한다.

자원. 조직이 교수 프로그램을 위해 활용할 수 있는 자원과 교수 프로그램을 채택하고 실행하는 데 필요한 비용이 잘 맞는지 분석해 보자. 효과적이기는 하지만 비용이 너무 많이 드는 교수 프로그램은 예산 부족으로 인해 조직에서 유지하기 힘들다. 조직에서 갖추고 있는 시설 및 장비와 교수 프로그램을 실행하는 데 필요한 시설 및 장비 또한 비교해 보아야 한다.

자원과 관련한 정보들을 충분히 입수했으면 (1) 조직의 요구 대 교수 프로그램에서 다루고 있는 요구, (2) 조직의 대상 학습자 집단 대 교수 프로그램의 대상 학습자 집단, (3) 조직의 자원 대 교수 프로그램을 실행하는 데 필요한 비용을 비교해 보자. 일치도 분석을 통해 얻은 정보는 적합한 의사 결정권자에게도 공유해야 한다. 종합 평가에 무엇을 포함시킬지 또는 평가를 지속시킬지 최종 결정을 내리는 사람은 조직마다 매우 다양하다.

어떤 종합 평가든 교수 프로그램이 질적으로 우수하게 설계되었는지와 관련된 질문들을 검토해 보아야 한다.

1. 교수 프로그램과 그에 포함된 평가는 정확하고 완전한가?
2. 기대되는 학습 결과를 위해 교수 전략은 적합한가?
3. 훈련을 통해 습득한 지식과 기능이 얼마나 실무 현장에 전이될 수 있는가?

내용 분석 우리는 평가하고자 하는 교수 프로그램의 내용 전문가가 아닐 수 있기 때문에 내용 전문가를 자문 위원으로 참여시킬 필요가 있을 수도 있다. 우리는 그 전문가를 어떻게 최대한으로 활용할 수 있을지 고민해 보아야 한다. 한 가지 전략은 전문가에게 모든 자료를 주고 조직의 목표를 위한 교수 프로그램의 정확성, 현실성, 완전성을 판단해 보도록 하는 것이다. 다른 전략은 교수 프로그램을 만든 팀에서 설계 자료를 얻어서 전문가에게 주고, 그 자료를 기준으로 삼아 교수 프로그램의 정확성과 완전성을 평가하게 하는 것이다. 교수적 목표 프레임워크가 어떻게 교수 프로그램을 평가하는 데 사용될 수 있을까? 프레임워크에 포함된 기능은 평가자가 교수 프로그램의 질과 그에 동반한 검사를 평가할 때 사용하도록 체크리스트나 평정 척도로 변환될 수 있다.

설계 분석 평가자는 교수 프로그램에 포함된 교수 전략의 구성요소들의 적합성을 판단해야 한다. 외부 평가자는 교수 프로그램이 학습자의 요구에 적합한지 모를 수 있으므로 학습자의 특성을 먼저 파악할 필요가 있다. 설계자의 교수 전략(학습 전 정보, 학습 내용 제시, 학습자 참여, 평가, 마무리)은 교수 프로그램을 검토하기 위한 템플릿으로 사용할 수 있다.

교수 전략의 기본 구성요소가 바뀌지는 않지만, 교수 프로그램에서 다룬 학습 결과의 유형과 학습자의 동기와 능력에 근거한 각 구성요소들과 연관된 준거를 채택할 필요가 있을 것이다. 또한 교수 프로그램을 시설, 설비, 관리의 관점에서 평가할 필요도 있다. 학습 원리의 측면이 아닌 관점에서 교수 프로그램의 문제 원인을 찾아내려는 것이다.

이런 중요한 측면에서 어떤 혹은 모든 교수 프로그램이 적절하지 않다고 판단되었다면 종합 평가를 지속하는 것이 무의미하다. 학습 내용과 교수 전략에 관한 전문가의 판단을 감독관에게 알리고, 평가를 지속하길 원하는지 여부를 물어보아야 한다.

전이 가능성 분석 교수 프로그램에 대한 네 번째 질문은 학습 상황에서 얻은 지식과 기능이 실무 현장으로 전이될 가능성에 관련된 것이다. 학습자가 교수 프로그램과 실무의 차이를 연결하도록 안내하고 지원하는 요소들을 생각해 보자. 학습자들은 학습 자료를 실무 현장에 가져갈 수 있도록 허용되었는가? 참고할 학습자 가이드, 체크리스트, 또는 학습 개요가 있는가? 스마트폰 앱이나 또는 지원에 쉽게 접근할 방법이 있는가? 학습자의 태블릿이나 실무 현장에 전자 수행 지원 시스템이 있는가? 전이를 지원하는 적시적(just-in-time) 자료가 있는가? 많은 실무 현장에서 교수 프로그램을 실행하기 위해 소프트웨어나 독립적 학습 플랫폼이 필요한가? 평가자는 또한 실무의 중요한 측면이 학습 상황에서 적절하게 모방되었는지의 여부를 알아야 한다. 감독관의 능력, 설비, 또는 환경과 같은 다른 고려사항들도 검토해야 할 중요한 부분이다. 그리고 어떤 요소가 조직에 교수 프로그램을 사용하는 것을 도왔는지 또는 제한했는지, 훈련을 하는 동안 직원이 실제로 지식과 기능을 학습했는지 조사해야 할 수도 있다. 지식과 기능이 학습되지 않았다면 전이도 일어날 가능성이 없다. 어떤 사람들은 직무 연수(in-service training)를 자격을 위한 점수 얻기, 실무에서 하루 떠나 있기, 동료와 나가서 점심 먹기, 집에 일찍 퇴근하기 정도로 생각한다. 이러한 문화에서 전이 가능성은 희박하다. 이런 상황에서 설계자/평가자는 전이 가능성을 어떻게 평가할 수 있을까? 평가자는 기능이 실제로 학습되었는지 알기 위해 조직에 사후검사 자료를 요청할 수 있다. 개인에 대한 정보는 필요하지 않지만 집단 성취 자료는 도움이 될지도 모른다. 사후검사에서 기능을 검사했는지 아니면 만족도 조사를 한 것인지 알아보기 위해 사후 검사 내용을 살펴보는 것 또한 도움이 될 것이다. 훈련을 제공했던 사람과 학습자를 인터 뷰해 보면서 다른 증거들도 얻을 수 있을 것이다. 그들은 학습이 이루어졌는지 이루어지지 않았는지 매우 잘 알고 있다.

기존의 교수 프로그램 분석 지난 몇 년간 이러닝의 확산으로 인해 많은 조직들은 이러한 전달 형식의 우수한 교수 프로그램을 찾고 있다. 공립학교, 대학, 평생 직업교육뿐 아니라 경영, 정부 및 군대의 훈련 집단에서도 원격 교육의 경제성과 편의성을 인식하여, 이에 질 좋은 교수 프로그램을 찾고 있다. 이러한 요구는 더욱 많은 교수 설계자를 필요로 했다. 교 수 설계자를 양성하는 대학원 프로그램이 확대되지 않은 상태에서 교수 설계자 수요에 대 한 현장의 급격한 확장으로 인해 오늘날의 많은 설계자들은 교수 설계 또는 산업/조직 심 리학에 대한 이해가 부족한 상태로 설계를 하고 있다. 이러한 급격한 확장 속에서 만들어 진 교수 프로그램은 우수하지 않을 가능성이 있다. 따라서 외부 컨설턴트가 만든 패키지화 된 상업적 학습 솔루션이나 교수 프로그램의 가능성을 평가하기 위해서 교수 설계 원리를 잘 알고 있는 외부 평가자가 추가적인 평가 업무를 해야 할지도 모른다.

종합 평가의 전문가 판단 단계는 모든 세부 단계에 걸쳐 매우 잘 작동하기 때문에 이런 종류의 평가에서 종합 평가의 새로운 모형이 필요하지는 않다. 평가자는 이러한 평가를 위 해 모든 세부 단계를 거쳐야 한다고 생각하지 않는다. 대신에 각 분석 단계에서 평가를 지 속할지의 여부를 결정한다. 기존의 교수 프로그램을 분석하는 순서는 새로 설계되고 개발 된 교수 프로그램을 분석하는 순서와 같다. 일치도 분석으로 시작해서 내용 분석, 설계 분 석, 전이 가능성 분석 순서로 분석을 한다.

그림 13.1은 조직의 요구를 충족하고자 하는 교수 프로그램의 가능성을 평가하기 위한 전문가 판단 단계에 포함될 과업들의 순서를 종합하고 있다. 그림에서 명백하게 볼 수 있 듯이 제일 먼저 일치도 분석을 한다. 교수 프로그램의 질 검토와 상관없이 조직의 요구와 일치하지 않는 교수 프로그램은 부적절하며 더 이상의 고려 대상이 아니다. 교수 프로그램 이 조직의 요구와 일치하면 그 다음 내용 분석으로 넘어간다. 교수 프로그램의 내용이 완 전하거나 최신이거나 정확하지 않다면 역시 더 이상 고려 대상이 될 수 없다. 이러한 단계 적 전문가 판단 과정은 평가를 최대한 경제적이게 한다.

이 시점에서 여러분은 종합 평가의 전문가 판단 단계를 마쳤다. 이 단계의 평가를 위해 활용한 평가 설계 및 절차, 권고사항 및 그 근거는 평가 보고서에 기록해야 한다. 이런 중요 한 측면에서 교수 프로그램이 부적절하다고 판단되면 종합 평가를 지속하는 것은 의미가 없다. 종합 평가의 이 단계에서 나온 판단 내용을 관리자에게 알려야 하며, 관리자가 현장

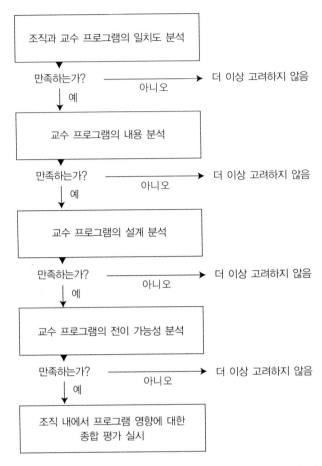

그림 13.1 ┃ 종합 평가에서 전문가 판단 단계의 분석 순서

평가를 진행하기 원하는지 물어봐야 한다.

종합 평가의 영향 분석 단계

종합 평가의 두 번째 단계는 조직 내에서 시행되는 **영향 분석**이다. 영향 분석은 **결과 분석**
이라고도 불리는데, 일반적으로 영향 분석 초점 맞추기, 준거와 데이터 설정하기, 응답자
선정하기, 분석 절차 계획하기, 데이터 요약 및 분석하기, 보고서 작성하기, 자원 협상하기
의 부분들을 나누어진다.

영향 연구의 초점 맞추기 첫 번째 계획 활동은 연구를 실무 현장의 중심에 놓는 것이다.
평가자는 교수 프로그램에 대한 관점에서 조직에 대한 관점으로 옮겨 가야 한다. 먼저 조

직의 목표, 정의된 요구, 조직과 교수 프로그램을 위한 구체적 목표의 관계 그리고 조직과 교수 프로그램에 참여하는 직원의 관계가 어떠한지 살펴본다. 이 자료를 바탕으로 현장 연구에서 답을 구해야 할 질문들을 명확히 기술한다. 질문은 영향 연구를 위한 정보(학습자, 직무, 조직의 결과)를 이끌어 낼 수 있어야 한다.

어떻게 직원들에게 연구를 소개하고 그들과 상호작용할 것인지 계획을 세우는 것은 늘 바람직하다. 기업의 직원들에게 잘못 다가가면 첫 만남이 연구를 망칠 수도 있다. 연구에 참여하는 모든 직원들은 그들이나 조직이 평가되는 것이 아니라 특정한 교수 프로그램이 평가 대상이라는 것을 이해해야 한다. 사람들이나 조직이 낯선 사람의 질문을 경계하는 것은 공공연한 일이다. 따라서 평가의 초점과 목적이 모든 사람들에게 명확하게 전달되어야 한다.

처음에 만나면 자기소개를 하고, 연구의 목적과 직원들이 도와줄 수 있는 방법에 대해 이야기한다. 그냥 불쑥 나타나거나 예상치 않은 설문지를 보내는 것은 좋은 방법이 아니다. 참여자가 평가자와 평가자의 조직 및 연구에 최대한 긍정적인 느낌을 받게 할 필요가 있다. 참여자와 신뢰를 쌓고 그들의 요구에 신경 써 준다면 업무 현장에 들어가서 데이터를 얻는 데 많은 도움이 될 것이다. 사실 연구가 진행되는 동안 참여자를 *평가자*로 부르는 것이 좋다.

준거와 데이터 설정하기 수행 현장에서의 준거와 데이터는 상황에 따라 매우 상이하므로 현장에 맞춘 적절한 평가 방법을 사용해야 한다. 여기에서의 준거나 질문은 교수 프로그램을 통해 학습한 사람들의 학습한 기능이 실무 현장에 전이되었다고 느끼는지에 대한 여부이다. 또한 기능이 전이됨으로써 조직의 정의된 요구가 충족되었거나 혹은 그 요구가 충족되고 있는 상태인지의 여부, 기능을 사용하고 있다는 물리적 또는 태도적 증거나 실무 현장 내에 영향이 존재하는지의 여부를 준거나 질문으로 삼아야 한다. 데이터는 직무에 대한 학습자의 수행 및 태도 평가, 감독관과 동료 및 고객의 태도, 감독관에 의한 직원의 수행 평가, 관리자에 의한 감독관의 수행 평가, 제품 및 수행 또는 서비스의 물리적 개선점을 포함한다. 데이터 수집 방법은 연구에서 활용할 수 있는 자원에 따라 다르다. 충분한 자원을 가지고 있다면 현장을 방문하여 직원을 인터뷰, 관찰하는 것이 최상의 방법일 것이다. 자원이 제한되어 있다면 설문조사로도 충분할 것이다.

응답자 선정하기 필요한 정보들의 특성과 특정 질문은 연구에 어떤 사람들을 몇 명 정도 참여시킬지 계획하는 데 도움이 된다. 참여자는 일반적으로 대상 학습자, 동료, 감독관, 관리자이며 때로는 고객도 포함된다. 조직의 평가 의뢰자를 인터뷰해야 할 필요가 있을 수도 있다. 그들과의 논의를 통해 조직의 요구, 자원, 제한사항을 정확하게 파악할 수 있을 것이다. 또한 그들은 평가자가 고려하지 못한 부분을 찾을 수 있도록 도와줄 수 있고, 조직의 직원과 만나거나 필요한 기록을 볼 수 있도록 도와줄 수도 있을 것이다. 참여자들이 결정되고 나면 향후 현장 방문을 계획하고 적합한 사람과 소통할 수 있도록 조정한다.

학습자/직원은 기능을 어디에 어떻게 사용하는지, 만약 사용하지 않는다면 그 이유가 무엇인지에 대해 잘 알고 있다. 학습자의 동료나 부하 직원 또한 교수 프로그램의 효과에 대한 통찰을 줄 수 있다. 그들은 학습자가 기능을 사용하고 있다는 것을 알아차렸나? 학습자는 효과적이었나? 학습자는 어떻게 더 나은 수행을 보일 수 있었는가? 새로운 기능을 시도함에 있어 학습자들은 주목을 받거나 다른 종류의 보상을 받았는가? 학습자들은 새로운 기능의 적용에 불리한 업무 환경의 제약점을 보았을 수도 있다.

학습자의 관리자나 감독관이 인식하는 교수 프로그램의 유용성과 실무의 기술 적용은 학습자가 느끼는 것과 같을 수도 있고 다를 수도 있기 때문에 이들을 연구에 참여시킬 필요가 있다. 그들은 또한 훈련을 설계하고 전달함에 있어 그들의 역할이나 직원들이 실무에 새로운 기능을 시도하도록 개인적 지원을 제공하는 것에 대해 이해할 수 있도록 돕는다. 그리고 훈련의 결과로 인한 조직의 변화와 학습한 기능과 조직의 정의된 요구의 일치를 잘 알고 있다. 감독관은 회사 기록에 접근하고 새로운 기능 적용과 관련한 직원 수행 평가를 할 수 있도록 도와줄 수도 있을 것이다.

연구 절차 계획하기 훈련의 영향에 대한 증거 확보를 위해 가장 적합한 절차를 선정할 때에는 언제, 어디서, 어떻게 정보를 수집할지 생각해 보아야 한다. 언제 정보를 수집할지는 교수 프로그램의 특성, 실무의 특성, 조직의 요구에 근거하여 결정하는 것이 좋다. 훈련 조직으로부터 이전의 사후검사 자료가 필요한지 생각해 보자. 대상 학습자 집단이 실무 현장에 기능을 전이하지 못하는 것은 그 기능 수행에 대한 그들의 역량 부족일 가능성이 있다. 이런 사항을 아는 것이 중요하다면 평가를 위해 해당 데이터를 수집해야 한다. 영향 분석을 30일 후, 혹은 6개월 후나 1년 후에 할 것인지, 아니면 시간에 따른 변화를 보기 위해 여러 번에 걸쳐 데이터를 검토할 것인지는 조직의 요구에 달려 있다. 어떤 기능은 일상적으로 사용할 수 있기까지 다른 기능보다 더 오래 걸리기도 하므로 평가자는 각기 다른 시기에 걸쳐 관찰하고 싶어할 수도 있다.

영향 평가를 위해 어디서 데이터를 수집할 것인지도 결정해야 한다. 마찬가지로 이것은 조직의 요구에 따라 달라진다. 어떤 경우에는 한 현장 내에서 한 개의 훈련 집단과 한 개의 부서에 의해 연구가 실시되기도 한다. 하지만 여러 개의 실무 현장에 걸친 훈련 집단에 연구가 시행되는 경우도 있다. 어떤 조직들은 비슷한 미션을 가지고 여러 현장에 직원을 두고 있다. 그리고 하나의 교수 프로그램에서부터 다양한 현장까지 기능 전이의 특성을 조사해 보고 싶어할 수도 있다. 이런 경우에 평가 질문의 초점은 각 현장마다 같지만, 관리자, 감독관, 직원, 동료, 사회적 환경에 따라 각기 다른 결과가 나올 수도 있다. 이러한 연구의 장점은 어떤 집단이 다른 집단보다 새로운 기능을 더 잘 도입한다는 것을 알 수 있고, 성공 전략을 다른 집단에도 공유할 수 있다는 것이다. 또한 실행과 전이에 있어 여러 집단에 걸친 공통의 문제를 찾을 수 있다. 이러한 발견은 기능의 전이를 촉진하기 위한 더 나은 방법을 갖추도록 교수 프로그램을 개선하게 한다. 그리고 전이의 문제가 교수 프로그램 때문인지, 전이 전략의 문제인지 아니면 주어진 실무 환경 때문인지에 대한 만성적 질문에 잠재적으로 답변을 해 준다. 두세 개의 집단을 제외한 여러 개의 집단이 새로운 기능과 절차를 도입하는 것에 성공했다면, 교수 프로그램을 우수한 것으로 볼 수 있다. 하지만 단지 몇 개의 현장에서만 성공하고 대부분에서 성공하지 못했다면 평가자는 몇 개의 성공적 현장에서 제공한 전략이나 지원을 조사하고 기록해야 한다.

영향 분석을 위한 데이터를 어떻게 수집할지는 표본, 데이터 수집 및 분석, 조직의 요구와 관련된 모든 사항에 따라 결정한다. 표본과 관련해서, 교수 프로그램을 이수한 모든 대상 집단과 전이를 위해 도움을 준 사람들을 연구할 수 있을지 결정해야 한다. 집단이 너무 크다면 대상 집단을 대표할 수 있는 하위 집단을 어떻게 정할 것인지 고민해야 한다. 능력, 사후검사 수행, 실무 경험, 경력 목표, 자기 효능감, 동기와 같은 학습 태도(주의집중 수준, 관련성 인식, 자신감 인식, 개인적 만족감), 실무 수행에 대한 감독관의 평가 측면에서 다양한 수준을 가진 학습자를 선정하고 싶을 수도 있다. 표본 학습자/직원을 선정하고 나면, 선정된 표본 학습자의 행동에 영향을 주는 사회적 요소나 업무 환경에 대한 정보를 얻기 위해 그들의 감독관과 동료 또한 포함시켜야 한다.

데이터 수집 절차는 수집하고자 하는 데이터의 유형에 따라 달라진다. 예를 들어, 설문지, 관찰 양식, 인터뷰 프로토콜, 평정 척도, 회사 기록이 필요할 것인가? 각 질문을 검토하고 그 질문에 답하기 위해 어떤 정보가 필요한지 스스로에게 물어보자. 질문은 종합 평가의 전반적 질문, 교수 프로그램에서 학습한 기능, 실무 능력, 업무 환경 측면, 학습 이론이나 변화 이론과 같은 이론적 기초에 기반해야 한다.

데이터 요약 및 분석하기. 데이터 분석 절차는 간단하고 서술적이어야 한다. 데이터는 연구 문제에 대해 쉬운 해석으로 요약되어야 하고, 요약 내용에는 응답자 답변의 항목 빈도수 또는 내용 분석을 포함할 수 있다. 수행과 태도의 시간별 변화를 측정하는 것과 같이 복잡한 연구 문제와 설계가 아니라면 여기에서는 복잡한 통계가 필요하지 않다. 복잡한 연구 결과는 연구를 의뢰한 사람들에게 혼란을 줄 가능성이 크며, 결과를 정확하고, 직접적이고, 쉽게 읽고 해석할 수 있도록 하는 것이 중요하다.

결과 보고하기. 종합 평가의 보고서는 평가를 어떻게 설계했느냐에 따라 다르다. 만약 전문가 판단과 영향 분석 단계를 모두 포함했다면, 이 두 단계 모두 보고서에 담겨 있어야 한다. 각 단계마다 전반적 목적, 특정 문제, 설계 및 절차, 결과, 권고사항과 그 근거를 기술한다. 권고사항에 대한 근거는 반드시 연구 결과에 나타난 데이터에 기반해야 한다.

평가 보고서를 설계하고 작성할 때는 항상 독자를 고려해야 한다. Fitzpatrick, Sanders와 Worthen(2004)은 여러 개의 프로그램 평가 보고서를 분석했는데, 그 보고서들이 유용한 정보를 주기는 하지만 보고서의 체제가 한심하다는 결론을 내렸다. 이런 문제를 개선하기 위해 Fitzpatrick 등이 제안한 보고서 형식을 따르는 것도 좋다. 그들은 평가의 최종 권고사항과 근거를 강조하는 종합 요약이나 초록을 보고서의 첫 부분에 넣는 것을 제안한다. 그러면 독자들은 평가 절차의 질을 검증하거나 결론 내용의 타당성을 확인하기 위해 나머지 기술적인 내용을 선택적으로 읽을 것이다. (우리는 교수 프로그램을 형성적으로 평가했던 것처럼 기술 보고서를 형성적으로 평가할 수 있다.)

자원 협상하기. 연구를 진행하는 데 필요한 자원을 계획한다. 이미 우리는 필요한 정보, 만나야 할 사람의 수, 방문해야 할 현장의 수, 데이터 수집 도구와 방법, 연구를 진행하기 위해 필요한 전문가를 결정했다. 이제는 어떤 자원이 필요한지에 대해 면밀하게 추정해 보아야 한다. 적은 예산을 가지고 최고 수준의 연구를 원하는 조직은 거의 없다. 주어진 자원을 가지고 원하는 연구를 할 수 없다면, 계획을 수정하고 무엇을 할 수 있고 결과는 어떻게 분석되고 전달될 것인지를 명확히 해야 한다.

형성 평가와 종합 평가의 비교

형성 평가와 종합 평가는 여러 측면에서 다르다. 표 13.3은 이 둘의 차이점을 요약하고 있다. 첫째 차이점은 각 평가를 수행하는 목적과 관련이 있다. 형성 평가는 교수 프로그램의 단점이나 문제를 찾아 이를 수정하기 위해 실시한다. 종합 평가는 교수 프로그램이 다 만들어진 후 교수 프로그램이 학습자, 직무, 조직에 미치는 영향을 검토하기 위해 실시한다. 종합 평가는 교수 프로그램을 수정하기 위한 것이 아니라 새로운 교수 프로그램을 채택할지 또는 기존 교수 프로그램을 유지할지 결정해야 하는 의사 결정자를 위해 검토 결과를 기록하고자 하는 것이다.

둘째 차이점은 평가의 단계이다. 형성 평가는 일대일, 소집단, 현장 검사의 세 단계로 구성되며, 모든 단계는 대상 학습자에게 직접 실시된다. 각 단계에서는 학습자가 교수 프로그램에서 겪는 문제의 본질을 파악하기 위해 학습자 관찰 및 인터뷰에 많은 시간이 소요된다. 반면 종합 평가에는 전문가 판단과 영향 분석의 두 단계가 있다. **전문가 판단 단계**는 교수 프로그램의 설계와 개발 도중에 설계자와 내용 전문가가 하는 평가 결정과 유사하다. 대상 학습자는 이 단계에 참여하지 않는다. **영향 평가 단계**는 대상 학습자가 실무로 돌아간 후에 실시되며 실무 현장에 초점을 둔다. 이 단계에서는 (1) 교수 프로그램의 사용으로 조직의 요구가 충족되었는지, (2) 직원들이 새로운 지식과 기능을 실무에 전이할 수 있는지, (3) 실무 수행 능력이나 생산성이 향상된 것을 감지할 수 있는지의 세 가지 사항을 검토한다. 결과는 일반적으로 관찰, 설문지, 자료 분석, 수행 상황에서의 실무 수행 능력 평가를 통해 도출된다.

형성 평가와 종합 평가의 대상이 되는 교수 프로그램은 일반적으로 각기 다른 개발 과정을 거친다. 형성 평가 대상인 교수 프로그램은 보통 체제적으로 설계되고 개발되며, 따라서 대상 학습자에게 효과적일 것이라고 보장한다. 반면에 종합 평가의 대상은 체제적 설계 접근에 따라서 개발되었을 수도 있고 아닐 수도 있다.

다른 차이점은 평가자와 교수 프로그램 간의 관계이다. 일반적으로 형성 평가자는 교수 프로그램의 설계와 개발에 참여한 사람으로, 가능한 한 최고의 교수 프로그램을 만들기 위한 타당한 판단을 모색한다. 평가의 결과에 직접 참여하는 사람을 *내부 평가자*라고 부른다. 종합 평가는 평가 대상인 교수 프로그램에 관여하지 않는 사람이 평가하는 것이 좋다. 그래야 평가를 설계하고 교수 프로그램의 장단점을 기술하는 데 객관성을 유지할 수 있기 때문

표 13.3 ┃ 형성 평가와 종합 평가의 비교

	형성 평가	종합 평가
목적	교수 프로그램의 단점을 찾아 수정하는 데 그 목적을 둠	교수 프로그램을 통해 습득한 기능이 어느 정도 실무에 전이되었는지 검토하기 위함
단계	일대일 소집단 영향 평가	전문가 판단 영향 분석
교수 프로그램 개발 과정	내부적으로 체제적 접근에 의해 설계되고, 조직의 요구에 따름	내부적으로 또는 외부적으로 만들어지고, 반드시 체제적 접근을 따르지는 않음
학습 내용 (교수 자료)	한 세트의 학습 내용	한 세트의 학습 내용
평가자의 지위	설계와 개발 팀의 구성원	일반적으로 외부 평가자
결과물	교수 프로그램을 수정하기 위한 처방전	교수 프로그램의 건실성과 교수 프로그램이 직원, 직무, 조직에 미치는 영향을 기술한 보고서

이다. 이렇게 교수 프로그램의 설계에 관여하지 않는 평가자를 보통 *외부 평가자*라고 한다.

형성 평가와 종합 평가의 마지막 차이점은 결과물이다. 형성 평가의 결과물은 형성 평가 세 단계에서의 교수 프로그램 수정을 위한 처방전과 실제 수정된 교수 프로그램이다. 종합 평가의 결과로서 교수 프로그램의 수정본이 포함될 수도 있지만 수정을 위한 처방전은 종합 평가의 결과물은 아니다. 교수 프로그램을 통해 학습된 기능들이 실무 현장에 얼마나 잘 전이되었는지, 그리고 새로운 기능을 사용하는 것이 직원의 생산성 및 조직에 미치는 영향이 무엇인지 조사한 내용을 담고 있는 보고서가 종합 평가의 결과이다.

예시

이 절에는 종합 평가의 전문가 판단 단계와 영향 분석 단계를 위한 평가 도구의 예를 제시한다. 기본적으로 전문가 판단 단계에서 필요한 도구는 요약 차트와 평가자가 작성해야 할 평가 체크리스트나 평정 척도이다.

일치도 분석을 위한 데이터 요약 양식

표 13.4는 일치도 분석을 위한 데이터 요약 양식의 예이다. 첫째 열은 조직의 교수적 요구, 조직 내 대상 학습자의 출발점 기능과 그들의 특징, 교수 프로그램을 구입하고 실시할 수 있는 조직의 자원을 기술하도록 되어 있다. 둘째 열은 교수 프로그램과 관련된 내용이다.

표 13.4 ┃ 일치도 분석 내용 요약 양식

검토한 교수 프로그램 _____

검토자 _____

일치 정도에 ○표 하세요.

1 = 일치하지 않음, 2 = 어느 정도 일치함, 3 = 거의 일치함, 4 = 일치함

조직의 특성 진술	교수 프로그램	일치 정도	검토자 의견
조직의 교수적 요구 (목적과 주요 목표)	진술된 교수 프로그램의 목적과 목표	1 2 3 4	
조직의 대상 집단의 출발점 행동	진술된 학습자의 출발점 행동	1 2 3 4	
조직의 대상 집단의 특징	진술된 학습자 특징과 환경 특징	1 2 3 4	
수행 환경 특성	학습 환경	1 2 3 4	
교수 프로그램을 실행하는 데 사용 가능한 조직의 자원	예산 금액 내의 비용	1 2 3 4	

셋째 열에는 평가자가 조직의 문서와 교수 프로그램의 일치도 수준을 판단하도록 1부터 4까지의 평정 척도를 담고 있다. 마지막 열은 요약 보고서를 준비할 때 평가자가 검토하고 싶어하는 내용을 적을 수 있도록 되어 있다. 이러한 방법으로 내용을 요약하는 것은 평가자와 의사 결정권자에게 조직의 요구를 위한 교수 프로그램의 적합성을 판단할 수 있도록 한다.

내용 분석을 위한 평가 양식: 교수 프로그램의 완전성, 정확성 평가

그림 13.2는 가상의 목표 프레임워크와 교수 프로그램 평가 양식을 보여 준다. 표의 윗부분은 목표 분석이고, 아랫부분은 교수 프로그램 평가 양식이다. 우리의 판단을 기록하기 위한 응답 양식을 얼마든지 개발할 수 있다. 여기에 나온 예를 보면, 정확성, 완전성, 직무 분석과의 연결, 사후검사에 포함된 내용을 평가하고 요약 발언을 위해 다섯 개의 응답 칸을 사용했다. 하위 기능과 교수 프로그램을 평가하기 위해 간단한 3점 척도(포함되지 않음, 포함됨, 일치함)를 사용했다.

교수 프로그램의 정확도를 평가한 후 표의 맨 아랫줄에 긍정적 응답 개수의 총계를 낸다. 전문가 판단 단계의 내용 분석과 관련된 내용을 상기해 보면, 이러한 준거들은 한 번에 한 가지씩 평가해야 한다. 교수 프로그램이 정확하지 않다고 판단되면 평가를 지속할 필요가 없기 때문이다. 교수 프로그램이 정확하다고 판단되면 비로소 그 다음 평가 절차로 넘어갈 수 있다. 가상의 예시에 있는 교수 프로그램은 매우 우수해 보이는데, 그 이유는 다섯 가지 주요 단계들과 내용 전문가들이 밝힌 하위 기능들을 모두 포함하고 있기 때문이다. 표의 맨 아랫줄에는 100퍼센트의 기능이 정확하게 교수 프로그램에 담겨 있다는 것을 보여 준다. 반대로 평가자는 단지 교수 프로그램의 79퍼센트만이 완성되었고 79퍼센트만이 직무 분석에 완전히 연결되었다고 판단했다. 사후검사 칸을 보면 64퍼센트의 기능만이 사후검사에 포함되어 있는 것을 알 수 있다. 이는 잠재적으로 전이 분석에 대한 문제가 될 수 있다. 교수 프로그램이 끝나고 목표 프레임워크 직원들의 기능이 거의 40퍼센트나 평가되지 않았다. 주요 단계 기능들이 사후검사에 포함되었다고 한다면 괜찮을 수도 있지만 주요 단계 기능뿐 아니라 하위 기능들이 검사되지 않았다면 결코 좋은 상황은 아니다. 그림 13.2의 예시를 보면 주요 단계 2와 그 하위 기능들이 사후검사에 포함되지 않은 것을 알 수 있다. 평가자는 이 내용을 의견란에 적어 놓았다.

데이터 분석에 이어, 체제적 교수 설계의 관점에서 교수 프로그램에 관한 질문에 답하기 위해 데이터를 사용할 수도 있다. 다음은 견본 질문이다.

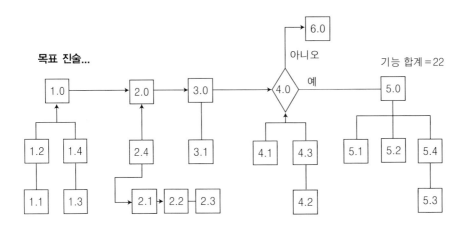

검토한 교수 프로그램명 _____실험실 안전 절차_____

검토자 이름 _____Abigail Beck_____

교수 프로그램의 각 하위 기능을 평가하고 ○표 하세요.

1 = 포함되지 않음, 2 = 포함됨, 3 = 일치함

하위 기능 진술	교수 프로그램 정확성	교수 프로그램 완전성	직무 분석 연결성	사후검사에 포함 여부	검토자 의견
1.0	1 2 ③	1 2 ③	1 2 ③	1 2 ③	
1.1	1 2 ③	1 2 ③	1 2 ③	1 2 ③	
1.2	1 2 ③	1 2 ③	1 2 ③	1 2 ③	
1.3	1 2 ③	1 ② 3	1 2 ③	1 2 ③	
1.4	1 2 ③	1 2 ③	1 2 ③	1 2 ③	
2.0	1 2 ③	1 2 ③	1 ② 3	① 2 3	증거 없음
2.1	1 2 ③	1 2 ③	1 ② 3	① 2 3	학습자
2.2	1 2 ③	1 2 ③	1 ② 3	① 2 3	요구됨
기타	1 2 ③	1 2 ③	1 ② 3	① 2 3	이 기능들
합계	100%	79%	79%	64%	

그림 13.2 ┃ 교수 프로그램의 정확성, 완전성과 검사 도구의 내용 타당도 평가를 위한 프레임워크

1. 교수 프로그램의 목표와 주요 목적은 얼마나 명확한가?

2. 교수 프로그램에 포함된 내용은 얼마나 정확하고 최근의 것인가?

3. 교수 프로그램의 학습 내용 제시 순서는 얼마나 논리적인가?

4. 교수 프로그램은 대상 학습자의 출발점 기능과 특징에 얼마나 적절한가(예, 기능, 맥락, 이해, 성별, 인종, 문화적 편견)?

5. 수행의 측정(지필 검사와 루브릭)은 교수 프로그램의 목표 및 목적, 대상 학습자의
특징과 일치하는가?

설계 분석을 위한 평가 양식: 교수 프로그램의 교수 전략 평가

자신이 설계하고 개발한 교수 프로그램을 종합 평가하는 교수 설계자는 교수 프로그램의
토대가 되는 교수 학습의 기초적 원리를 자세하게 알고 있다. 교수 프로그램의 제작에 참
여하지 않은 독립적 평가자는 이러한 원리들이 교수 프로그램에 사용되었는지 여부를 검
토해야 한다.

동기 평가자는 학습자 동기 유발에 대한 교수 프로그램의 잠재성과 제시된 정보와 기능을
학습하는 데 얼마나 흥미를 가졌는지에 대한 학습자의 인식에 특별히 초점을 두어야 한다.
ARCS 모형(Keller, 1987)은 교수 프로그램을 제작하는 설계자와 기존 교수 프로그램의 질을
검토하는 평가자가 사용할 수 있는 유용한 동기 유발 원리를 제시한다. 제8장을 상기해 보
면, ARCS는 (1) 교수 프로그램에 걸쳐 학습자의 주의를 얻고 유지하고, (2) 학습자가 인식
하기에 개인의 요구와 목적에 관련되며, (3) 학습자가 시도하면 성공할 수 있다는 자신감을
가질 수 있을 정도로 난이도가 적절하며, (4) 투자한 만큼의 보상과 관련한 학습자의 만족
감과 같은 원리를 나타낸다. 이러한 동기 유발 원리의 개념은 표 13.5에서 제시된 것과 같
이 상보적 종합 평가의 질문 내용으로 전환될 수 있다.

교수 목표 유형 종합 평가의 전문가 판단 단계에 초점을 맞추기 위해 서로 다른 학습 유형
을 위한 교수 원리에 기반을 둘 수 있다. 표 13.6은 지적 기능, 언어적 정보, 태도, 운동 기능과
같은 교수 학습 원리에 기초를 둔 체크리스트이다. 체크리스트에 포함된 질문들은 학습 원리
에 기반하여 제기할 수 있는 질문들을 자세히 다루려는 것이 아니라 종합 평가의 설계에 있
어 이러한 원리의 역할을 설명하려는 것이다. 교수 학습 원리, 그 원리의 유래 및 교수 프로
그램에서의 사용에 대해 더 많은 정보를 원한다면 제8장에 있는 내용을 다시 살펴보자.

교수 전략 언어적 정보의 학습이든 지적 기능이나 태도, 운동 기능의 학습이든 상관없이
효과적 교수 프로그램은 어떤 특징들을 가지고 있다. 우수한 교수 프로그램은 학습자의 주
의를 끌고 동기를 유발해야 한다. 또한 학습자들이 배워야 할 연관된 측면에 초점을 맞추
고, 학습 내용을 논리적으로 머릿속에 저장하고, 나중에 효율적으로 그 지식과 기능을 회
상할 수 있도록 도와야 한다. 종합 평가자는 효과적 교수 프로그램의 설계 원리를 잘 이해

표 13.5 ▌동기 이론에 따른 종합 평가의 질문(주의집중, 관련성, 자신감, 만족감)

프로그램 _____
검토자 _____
각 준거를 다음의 척도를 이용하여 ○표 하세요.
1 = 그렇지 않다, 2 = 다소 그렇다, 3 = 적합하다.

ARCS 동기 모형	종합 평가를 위한 질문 내용	척도	검토자 의견
주의집중	1. 학습자의 주의를 집중시키고 유지하기 위한 전략이 사용되었는가? (예, 감정적이거나 개인적인 호소, 생각 도전, 인간적 관심을 끄는 사례)	1 2 3	
관련성	2. 교수 프로그램은 주어진 대상 집단과 관련이 있는가? 3. 학습자는 그 관련성을 알고 있으며 확신을 하는가? (예, 졸업, 수료, 고용, 승진, 자아 실현을 위한 새로운 필요조건에 대한 내용)	1 2 3	
자신감	4. 교수 프로그램의 시작부터 교수가 일어나는 동안에 학습자가 성공할 수 있다는 자신감을 갖는가? ● 학습자가 목적과 선행요소를 깨달음 ● 선행 지식을 갖춘 것 같음 ● 익숙한 것에서 익숙하지 않은 것으로 교수의 진행 ● 구체적인 것에서 추상적인 것으로 ● 어휘, 맥락, 적절한 범위 ● 실제적이고 현재적인 도전	1 2 3	
만족감	5. 학습자는 학습 경험에 만족하는가? ● 자유 시간, 고용, 승진, 인정과 같은 적절한 외적 보상 ● 성공의 느낌, 성취감, 호기심 충족, 지적 유희 등과 같은 실제적인 내적 보상	1 2 3	

하고, 이를 평가의 기준으로 삼아야 한다. 종합 평가의 설계에 사용되어야 할 교수 학습 원리는 적어도 동기, 교수 목표 유형(예, 지적 기능, 언어적 정보, 태도, 운동 기능), 교수 전략을 포함해야 한다.

표 13.7은 교수 프로그램에 포함된 교수 전략을 평가하기 위한 평가 양식의 견본이다. 왼쪽 열은 사전, 사후검사를 제외한 교수 전략의 부분이다. 그 다음 열은 교수 프로그램에 사용된 교수 전략의 각 요소에 대한 적합성을 평가하기 위해 사용한다. 교수 전략의 각 부분에 대한 장단점을 적기 위해 두 개의 열을 공란으로 둔다. 이 양식에서의 평가 점수와 간단한 메모는 최종 보고서를 작성할 때 유용하다.

이런 방식으로 교수 프로그램을 평가하면(표 13.4부터 13.7까지) 조직의 요구를 충족하기 위한 교수 프로그램의 가능성을 명확하게 그리면서 시작할 수 있다. 이러한 검토를 통해 얻은 정보들은 영향 평가를 계획하는 데도 매우 유용하다.

표 13.6 ┃ 지적 기능, 언어적 정보, 태도, 운동 기능의 교수 원리에 기초한 교수 프로그램 특성 검토를 위한 평가 양식

검토한 프로그램 _____

검토자 _____

다음의 기준으로 평정하여 ○표 하세요.

1 = 포함되어 있지 않다. 2 = 다소 그렇다. 3 = 분명하게 포함되어 있다.

지적 기능	척도	의견
1. 학습자는 그들의 기억 속에 저장되어 있는 선행 지식을 떠올리는가?	1 2 3	
2. 교수 프로그램은 학습자의 기억 속에 저장된 선행 기능과 새로운 기능을 연결해 주는가?	1 2 3	
3. 새로운 기능이 더욱 쉽게 회상될 수 있도록 기능을 조직화하는 방법이 제시되었나?	1 2 3	
4. 개념의 물리적, 관계적, 역할의 특징들이 명확하게 기술되고 설명되었나?	1 2 3	
5. 규칙과 원리의 적용 절차가 명확히 기술되고 설명되었나?	1 2 3	
6. 대답, 산출, 수행과 같은 결과의 적절성을 판단하기 위한 질적 준거(특성)가 직접적으로 다루어졌는가?	1 2 3	
7. 초보자가 범하는 분명하지만 부적절한 물리적, 관계적, 질적 특징과 일반적인 오류가 직접적으로 다루어지고 설명되었는가?	1 2 3	
8. 예시와 비예시가 개념과 절차의 명확한 표본을 제시하는가?	1 2 3	
9. 개념이나 절차를 소개하고 설명하기 위해 사용된 예시와 맥락이 학습자에게 익숙한 것인가?	1 2 3	
10. 예시, 맥락, 적용이 단순한 것에서 복잡한 것으로, 익숙한 것에서 그렇지 않은 것으로, 또는 구체적인 것에서 추상적인 것으로 제시되는가?	1 2 3	
11. 연습이나 리허설 활동이 지적 기능의 적용을 반영하는가 아니면 단지 기능의 수행에 대한 정보를 상기시키는가?	1 2 3	
12. 학습자에 대한 피드백이 올바른 정보와 예시를 제공하는가 아니면 단지 올바른 정답만을 제공하는가?	1 2 3	
13. 발전, 개선, 향상과 같은 마무리 활동은 현재적이며 논리적인가? (예, 선행 조건 다루기, 향상된 동기에 초점 두기, 추가적인 예시와 맥락 제공하기)	1 2 3	
언어적 정보	**척도**	**의견**
1. 새로운 정보가 적절한 맥락에서 제시되는가?	1 2 3	
2. 새로운 정보를 현재 기억 속에 저장된 관련 정보와 연결하는 전략이 제공되는가? (예를 들어, 익숙한 유추의 제시, 학습자에게 상상하도록 요청, 학습자 자신의 경험에서 나온 예시의 제공)	1 2 3	
3. 정보는 부분으로 조직되고, 각 부분 간의 관계가 설명되는가?	1 2 3	
4. 정보를 조직하고 요약하기 위한 목록, 개요, 표, 구조도가 제공되는가?	1 2 3	
5. 새로운 정보가 기억 속에 저장된 어떤 정보와도 연결될 수 없을 때 논리적인 기억방법이 제공되는가?	1 2 3	
6. 리허설(연습)은 정교화와 단서를 강화시켜 주는 활동을 포함하는가? (예, 새로운 예시의 생성, 회상의 단서가 되는 이미지의 형성, 조직적 구조의 개선)	1 2 3	
7. 피드백은 응답의 정확성에 대한 정보뿐만 아니라 주어진 응답이 왜 틀린지에 대한 정보를 포함하는가?	1 2 3	
8. 교정은 회상 단서를 위한 더 많은 리허설뿐만 아니라 추가적 동기 전략도 포함하는가?	1 2 3	

표 13.6 ▎지적 기능, 언어적 정보, 태도, 운동 기능의 교수 원리에 기초한 교수 프로그램 특성 검토를 위한 평가 양식 (계속)

태도	척도	의견
1. 바람직한 감정은 명확하게 서술되었거나 암시되어 있는가?	1　2　3	
2. 바람직한 행동은 명확하게 서술되었거나 암시되어 있는가?	1　2　3	
3. 바람직한 감정과 행동 간의 관계(인과 관계), 그리고 그것들과 그 후의 긍정적인 결과 간의 관계가 명확하게 연결되어 있는가?	1　2　3	
4. 바람직하지 않은 감정과 행동 간의 관계, 그리고 그것들과 그 후의 부정적인 결과 사이의 관계가 명확하게 연결되어 있는가?	1　2　3	
5. 제시된 긍정적, 부정적 결과는 학습자 관점에서 진실하고 믿을 만한가?	1　2　3	
6. 제시된 긍정적, 부정적 결과는 대상 학습자에게 중요한 결과로 여겨지는가?	1　2　3	
7. 간접적 학습이 포함된 경우 대상 학습자는 사람이나 환경에 대해 감탄, 경멸, 공감, 연민과 같은 정서를 느끼는가?	1　2　3	
8. 간접적 학습이 포함된 경우 제시된 맥락과 상황은 대상 학습자에게 친숙하고 관련되어 있는가?	1　2　3	
9. 피드백 부분에서 학습자가 직접적 혹은 간접적으로 경험한 특정 행동에 대한 긍정적, 부정적 결과가 제시되는가?	1　2　3	

운동 기능	척도	의견
1. 교수 프로그램은 학습자가 이미 수행할 수 있는 기능과 유사한 기능을 다루는가?	1　2　3	
2. 교수 프로그램은 운동 기능의 순서와 시기를 설명하는 시각적 표현을 포함하고 있는가?	1　2　3	
3. 학습자가 분석, 실험, 리허설할 수 있도록 복합적 기능을 논리적 부분들로 나누었는가?	1　2　3	
4. 논리적 부분들을 통합하여 완전한 기능을 수행할 수 있도록 대비하는가?	1　2　3	
5. 흔히 저지르기 쉬운 실수와 실수를 피하기 위한 전략이 직접적으로 제시되는가?	1　2　3	
6. 학습자가 일상적인 업무를 매끄럽게 처리하고 기능을 자동적으로 수행할 수 있도록 반복 연습이 제공되는가?	1　2　3	
7. 부정확한 실행을 하지 않도록 학습자를 돕는 즉각적인 피드백이 제공되는가?	1　2　3	

영향 분석을 위한 평가 척도 양식

외부 평가자는 교수 프로그램의 특성, 실무 현장의 특징, 평가를 위한 예산에 따라 설문지나 현장 방문을 통해 실무 현장에 있는 사람들로부터 정보를 얻는다. 그림 13.3은 평가자가 지정된 후속 일자에 대상 학습자의 인식에 대한 설문 자료를 얻을 때 사용할 수 있는 양식이다. 이 양식은 다음 내용을 포함한다.

표 13.7 ┃ 교수 프로그램의 교수 전략을 평가하기 위한 체크리스트

교수 프로그램명 _____

검토자 이름 _____

해당되는 척도에 ○표 하세요.

1 = 누락됨, 2 = 제시됨, 3 = 좋음, 4 = 훌륭함

학습 구성요소	척도	질	문제
I. 교수 전			
A. 초기 동기 유발	1 2 3 4		
B. 목표	1 2 3 4		
C. 출발점 기능			
1. 서술됨	1 2 3 4		
2. 표본 문항	1 2 3 4		
II. 정보 제시			
A. 조직화된 구조			
1. 표제	1 2 3 4		
2. 도표와 삽화	1 2 3 4		
B. 정교화			
1. 유추/동의어	1 2 3 4		
2. 상상/숙고의 자극	1 2 3 4		
3. 예시와 비예시	1 2 3 4		
4. 예시의 관련 특성	1 2 3 4		
5. 요약/복습	1 2 3 4		
III. 학습자 참여			
A. 관련된 연습	1 2 3 4		
B. 피드백			
1. 해답	1 2 3 4		
2. 풀이 예시	1 2 3 4		
3. 일반적 오류 및 실수	1 2 3 4		
IV. 후속활동			
A. 기억을 돕는 자료	1 2 3 4		
B. 전이 전략	1 2 3 4		

- 소개 부분
- 교수 프로그램의 학습 결과 목록
- 교수 프로그램을 통해 배운 기능을 어느 정도로 사용하고 있는지에 대한 질문
- 특정 기능의 실무 관련성에 대한 질문
- 기능을 위해 필요한 추가적 지원에 대한 질문
- 특정 기능을 사용하지 않는 이유에 대한 자유 응답 질문
- 교수 프로그램의 결과로 나타난 참여자들 또는 조직의 긍정적 변화에 대한 자유 응답 양식

(교수 프로그램이나 워크숍 명) 후의 성찰

(날짜) 동안 여러분은 (워크숍, 훈련, 강의의 이름)에 참여자로 선정되셔서, 다음의 정해진 예상 결과를 얻고자 했습니다.(여러분의 목표, 목적을 아래에 적으세요)

1. 첫 번째 목표/목적
2. 두 번째 목표/목적
3. 세 번째 목표/목적
4. 기타

(교수 프로그램)이 끝난 후 (이름, 시간)이 지났습니다. 그 시간 동안 여러분은 새로운 지식과 기능을 실무에 전이하고 (교수 프로그램)에 대한 경험이 어떻게 여러분과 여러분의 업무에 영향을 주었는지 성찰해 보셨을 거라 생각됩니다. 여러분의 성찰 내용을 공유해 주시기 바랍니다. 여러분의 의견은 익명이 보장되며 (교수 프로그램)의 효과성을 평가하기 위한 목적으로만 사용할 것입니다. 시간을 내어 설문에 참여해 주셔서 감사합니다.

A. 실무에서 그 기능을 어느 정도로 사용하십니까?

결과	사용하지 않음	사용할 계획임	사용하기 시작함	주기적으로 사용함	전부터 사용해 옴
1. 위에 적은 결과 1	○	○	○	○	○
2. 위에 적은 결과 2	○	○	○	○	○
3. 기타	○	○	○	○	○

B. 어떤 의도된 학습 결과에도 '사용하지 않는다'고 응답했다면 그 이유는 무엇입니까? 해당되는 이유를 모두 표시해 주세요. 설계자 노트: 조직과 기능에 관련된 여러분의 이유를 아래에 적어 주세요.

결과	업무와 관련 없음	훈련이 더 필요함	감독관의 지원이 더 필요함	자원이 더 필요함	지원이 더 필요함
1. 위에 적은 결과 1	○	○	○	○	○
2. 위에 적은 결과 2	○	○	○	○	○
3. 기타	○	○	○	○	○

교수 프로그램에서 배운 기능을 현재 사용하지 않는 다른 이유가 있으면 여기에 적어주세요.

C. 교수 프로그램의 직접적 결과로서 지식, 기능, 태도 면에서 학습 결과와 관련된 긍정적 변화가 있었습니까?

1 = 전혀 아니다, 2 = 약간 그렇다, 3 = 매우 그렇다

결과	지식	기능	태도
1. 위에 적은 결과 1	① ② ③	① ② ③	① ② ③
2. 위에 적은 결과 2	① ② ③	① ② ③	① ② ③
3. 기타	① ② ③	① ② ③	① ② ③

D. 각 결과마다 교수 프로그램의 장점과 개선을 위한 제안사항을 제시해 주세요.

결과	장점	개선을 위한 제안사항
1. 위에 적은 결과 1		
2. 위에 적은 결과 2		
3. 기타		

그림 13.3 ┃ 수행 상황에서 교수 프로그램의 영향에 대한 학습자 인식 평가 양식

이 외에도 특정 교수 프로그램의 양식에 맞추기 위해 다른 질문들을 추가할 수 있다.

표 13.8은 현장 방문을 위한 질문과 절차를 설계할 때 사용할 수 있는 양식이다. 첫째 열은 현장에서 직원에게 물어보고 싶은 질문들이다. 표의 둘째 열은 평가에 포함시키고 싶은 집단의 이름이다. 특정 응답자의 직무에 따라 질문을 재구성할 수 있다. 특정 교수 프로그램이나 직무에 맞춘 다른 질문들을 추가할 수도 있다. 셋째 열은 데이터 수집 방법이다. 평가에서 사용할 수 있는 자원에 따라 데이터가 수집되는 방법이 달라지는 것은 명백한 사실이다. 예산이 매우 적다면 설문조사를 더 많이 하고 원격 인터뷰를 해야 할 수밖에 없다. 하지만 사용할 수 있는 자원이나 시간이 여유롭다면 현장 방문, 면대면 인터뷰, 포커스 인터뷰, 직접 관찰 등을 할 수도 있다.

표 13.8 ▌ 실무 현장에서 영향 분석을 위한 질문, 자료 출처, 방법

질문 예시	자료 출처	방법

1. 학습한 지식과 기능이 실무에 전이되었는가(전부, 조금, 전혀)?
2. 그 기능은 어떻게 사용되는가(빈도, 맥락)?
3. 어떤 물리적, 사회적, 관리적 요소가 그 기능의 사용을 지원하는가?
4. 어떤 물리적, 사회적, 관리적 요소가 그 기능의 사용을 제한하는가?
5. 그 기능이 실무에 익숙해지도록 새로운 기능을 실험해 볼 수 있는가?
6. 그 기능의 사용이 본래의 요구를 해결하는 것을 돕는가? 어떻게 돕는가?
7. 학습한 지식과 기능이
  ● 이전에 사용하던 것보다 나은가?
  ● 실무 과제에 직접적으로 연관되는가?
  ● 기대에 적합한가?
  ● 배워서 사용하기가 쉬운가?
  ● 동료들과 논의되었나?
  ● 감독관과 논의되었나?
  ● 조직의 외부 동료와 논의되었나?
8. 교수 프로그램을 계획하는 데 참여했는가? 어떻게 참여했는가?
9. 교수 프로그램을 제공한 집단을 존경하는가?
10. 제공자의 교수 프로그램에 다시 참여하겠는가?
11. 다른 사람에게 교수 프로그램을 추천한 적이 있는가?
12. 당신의 실무 수행 향상의 물리적/사회적 근거로는 어떤 것이 있는가? (예, 시간, 수익, 자원, 만족해하는 직원, 고객 만족, 감독관의 만족)
13. 이 기능을 습득하고 사용하는 것이 경력 개발에 도움이 되는가? 어떻게 도움이 되는가?
	학습자
	
	감독관
	
	고객
	
	회사 기록
	
	학습자의 동료
	
	학습자의 부하
	
	강사
		인터뷰
		
		설문지
		
		관찰
		
		기록 분석
		
		산출물/수행 평가
		
		직무 수행 및 행동 평가

사례 연구: 집단 리더십 훈련

다음 그림은 제8장과 제9장에 제시된 "협조적 집단 상호작용 관리하기"라는 주요 단계 6의 교수 분석과 전략을 토대로 하고 있다. 대상 학습자들이 지식과 기능의 수준이 다양하고, 배경 전공 영역이 다르고, 다양한 관심과 직업적 목표를 가진 마스터 수준의 학습자인 것을 떠올려 보자.

대상 학습자는 일대일이나 소집단으로 한 학기 훈련을 이수했거나 혹은 새로운 집단 리더십 훈련을 개발하고 수정하는 동안 두 학기에 걸친 현장 시험 평가에 참여했던 사람들임을 떠올려 보자. 훈련 후의 일 년 동안 집단 리더십 기능을 적용할 수 있었는지 검토하기 위해 30명의 모든 학습자에게 영향 평가를 실시했다. 자주 그러듯이 연구를 위한 자금은 매우 제한적이었으며, 대학원 조교 임무의 한 부분으로 실시되었다.

대상 학습자의 태도 측정을 위한 양식

훈련이 완료되고 일 년 후, 훈련 이수자들이 교수 프로그램을 통해 학습한 집단 리더십 기능을 대학이나 커뮤니티 내의 실무에 얼마나 잘 적용할 수 있었는지에 관한 설문지를 배포했다. 그림 13.4는 이메일을 통해 설문 참여자들이 받게 될 설문 요청 내용과 Survey Monkey(www.surveymonkey.com)와 같은 온라인 설문조사 프로그램의 링크를 포함하고 있다. 실제로 양식을 보낼 때는 모든 기능들을 포함해야 하지만 그림 13.4에서는 절차를 설명하기 위한 목적으로 두 개의 기능만을 포함했다.

집단 리더십 훈련 후의 성찰

작년에 여러분은 학교, 경영, 커뮤니티 리더를 위한 집단 리더십 훈련에 참여한 바 있습니다. 그 훈련은 아래와 같이 회의를 진행할 때 사용할 수 있는 효과적인 집단 리더십 기능에 대한 정해진 예상 결과를 포함하고 있었습니다.

1. 회의와 토론 준비하기	5. 의견 방향 관리하기
2. 회의 안건 설정하기	6. 협조적 집단 상호작용 관리하기
3. 회의 소집하기	7. 토론을 요약하고 결론짓기
4. 회의 주제 소개하기	

여러분이 훈련을 성공적으로 마치고 나서 일 년이 흘렀습니다. 여러분의 리더십 기능을 대학이나 커뮤니티 내의 집단에 전이하는 데 충분한 시간이었기를 바랍니다. 리더십 훈련이 어떻게 여러분과 여러분의 업무에 영향을 주었는지 여러분의 성찰 내용을 공유해 주시기 바랍니다. 설문 작성에 매우 짧은 시간이 소요될 것이며 여러분의 의견은 익명이 보장됩니다. 모든 정보는 훈련의 효과성을 평가하기 위한 목적으로만 사용할 것입니다. 시간을 내어 설문에 참여해 주셔서 감사합니다.

A. 집단 리더로서 실무에서 이 기능을 어느 정도 사용하십니까?

결과	사용하지 않음	사용할 계획임	사용하기 시작함	주기적으로 사용함	전부터 사용해 옴
1. 의견 방향 관리하기	○	○	○	○	○
2. 협조적 집단 상호작용 관리하기	○	○	○	○	○
3. *기타*	○	○	○	○	○

B. 어떤 기능도 사용하지 않는다고 응답했다면 그 이유는 무엇입니까? 해당되는 이유를 모두 표시해 주세요.

결과	업무에 관련 없음	훈련이 더 필요함	감독관의 지원이 더 필요함	자원이 더 필요함	지원이 더 필요함
1. 의견 방향 관리하기	○	○	○	○	○
2. 협조적 집단 상호작용 관리하기	○	○	○	○	○
3. *기타*	○	○	○	○	○

교수 프로그램에서 배운 기능을 현재 사용하지 않는 다른 이유가 있으면 여기에 적어 주세요.

C. 훈련의 직접적 결과로서 지식, 기능, 태도 면에서 학습 결과와 관련된 긍정적 변화가 있었습니까?

1 = 전혀 아니다, 2 = 약간 그렇다, 3 = 매우 그렇다

결과	지식	기능	태도
1. 의견 방향 관리하기	① ② ③	① ② ③	① ② ③
2. 협조적 집단 상호작용 관리하기	① ② ③	① ② ③	① ② ③
3. *기타*	① ② ③	① ② ③	① ② ③

D. 각 결과마다 훈련의 장점과 개선을 위한 제안사항을 적어 주세요.

결과	장점	개선을 위한 제안사항
1. 회의와 토론 준비하기		
2. 회의 안건 설정하기		
3. *기타*		

그림 13.4 ┃ 실무 상황에서 교수 프로그램의 영향에 대한 학습자의 인식을 평가하는 설문지

요약

종합 평가는 현재의 교수 프로그램을 계속 사용할 것인지, 새로운 교수 프로그램을 채택할 것인지, 아니면 현재의 교수 프로그램을 수정할 것인지 결정하기 위해서 수행된다. 종합 평가의 주요 평가자가 교수 프로그램의 설계자나 개발자인 경우는 드물다. 평가자는 대개 평가될 교수 프로그램, 평가를 요청한 기관, 또는 교수 프로그램이 평가되는 환경에 친숙하지 않다. 이러한 평가자를 *외부 평가자*라 한다. 외부 평가자는 교수 프로그램에 관여를 하지 않아서 그 교수 프로그램의 장단점을 좀 더 객관적으로 평가할 가능성이 크기 때문에 종합 평가의 평가자로 선호된다.

교수 설계자는 교수 설계 과정, 잘 설계된 교수 프로그램의 특성, 평가의 준거를 이해하고 있기 때문에 훌륭한 종합 평가자의 역할을 할 수 있다. 교수 설계자가 가진 기능은 종합 평가의 전문가 판단 단계는 물론이고 영향 분석 단계에서도 평가를 설계하고 실행하기 위한 전문성으로 활용된다.

종합 평가의 전문가 판단 단계 설계는 체제적 교수 설계 모형에 기반을 두고 있다. 교수 설계를 시작할 때와 마찬가지로 교수 프로그램의 평가자는 조직의 요구와 교수 프로그램의 목표가 일치하는지 판단하는 것으로 평가를 시작한다. 다음으로, 그 교수 프로그램에 제시된 내용의 완전성과 정확성을 평가한다. 이 평가의 기준이 되는 것은 하위 기능이 포함된 교수 목표 분석이다. 내용 전문가는 기능 다이어그램을 작성하거나 또는 검증하는 활동에 관여한다. 그러고 나서 교수 전략의 질과 교수 프로그램이 학습을 통해 얻은 지식과 기능을 수행 상황에 전이하도록 돕는지의 가능성을 평가한다. 영향 분석 단계는 실무 현장에 초점을 두고 (1) 교수 프로그램을 통해 조직의 요구가 충족되었는지, (2) 직원들은 새로운 지식과 기능을 실무에 전이할 수 있는지, (3) 직무 수행 또는 생산성에 향상이 있는지를 검토한다.

종합 평가를 위한 루브릭

아래는 설계자가 종합 평가 과정을 검토하기 위해 사용할 수 있는 루브릭이다. 평가는 전문가 검토(만약 전문가 검토가 시행되었다면), 영향 분석, 조직에 제출한 최종 평가 보고서에 대한 검토를 포함해야 한다.

설계자 노트: 다음 항목이 프로젝트와 관련이 없다면, '아니오' 칸에 '해당 없음'이라고 표시한다.

아니오	약간	예	**가. 전문가 검토 단계** 아래 분석을 포함하고 있는가:
___	___	___	1. 일치도(교수 목표, 조직의 요구, 자원)?
___	___	___	2. 내용 분석(완전성, 정확성, 현재성)?
___	___	___	3. 설계 분석(교수 전략과 동기 유발)?
___	___	___	4. 영향 가능성 분석(교수 프로그램을 유능하게 끝낸 학습자, 제공된 직무수행 보조물, 조직의 우선순위가 높은 기능, 기능을

사용하지 않은 것의 결과 등)?

_____ _____ _____ 5. 보고서 내 명확한 데이터 요약과 분석?

나. 영향 분석 단계(결과 분석) 조직에 미치는 영향을 분석하기 위해 아래 항목들이 검토되었는가:

_____ _____ _____ 1. 학습자 성취 및 태도?

_____ _____ _____ 2. 수행 환경으로 기능의 전이?

_____ _____ _____ 3. 기능의 적용 빈도(실제/이상)?

_____ _____ _____ 4. 기능을 적용하는 맥락?

_____ _____ _____ 5. 교수 프로그램과 관련된 학습자의 기능, 실무, 태도의 긍정적 변화?

_____ _____ _____ 6. 실무에서 기능의 사용을 제한하는 요인?

_____ _____ _____ 7. 기능의 전이와 관련하고 실무 환경 및 생산성에 영향을 주는 관리자의 태도?

_____ _____ _____ 8. 조직 내의 본래 문제가 해결되었다는 증거?

_____ _____ _____ 9. 미션과 목표를 더 잘 충족시키는 조직?

다. 조직에 제출한 보고서 보고서가 다음의 항목을 명확히 포함하고 있는가:

_____ _____ _____ 1. 주요 요약?

_____ _____ _____ 2. 사용된 평가 절차에 대한 기술?

_____ _____ _____ 3. 데이터 요약 및 기술?

_____ _____ _____ 4. 결론?

라. 기타

_____ _____ _____ 1.

_____ _____ _____ 2.

연습

1. 종합 평가의 주요한 목적은 무엇인가?
2. 종합 평가의 주요한 두 단계는 무엇인가?
3. 종합 평가의 첫 번째 단계는 왜 필요한가?
4. 종합 평가의 첫 번째 단계에서 실시되는 네 가지 유형의 분석과 정보를 수집하는 데 활용되는 도구의 유형을 말해 보자.
5. 종합 평가의 두 번째 단계 후에 이루어지는 중요한 결정은 무엇인가?
6. 종합 평가의 두 번째 단계에 누가 참여하는가? 그리고 정보를 수집하기 위한 절차는 무엇인가?
7. 형성 평가와 종합 평가의 목적을 비교해

보자.

8. 형성 평가와 종합 평가에서 평가자의 지위를 비교해 보자.

9. 형성 평가와 종합 평가의 최종 결과물을 비교해 보자.

피드백

1. 목적: 교수 프로그램의 장단점을 기록하는 것

2. 단계: 전문가 판단과 영향 분석

3. 전문가 판단: 조직의 요구를 충족시키기 위한 교수 프로그램의 가능성을 결정하기 위한 것

4. 전문가 판단 단계에서 실시되는 분석 유형:
   - 일치도 분석—데이터 요약 양식
   - 내용 분석—교수 프로그램 체크리스트 또는 평정 척도
   - 설계 분석—교수 프로그램 체크리스트 또는 평정 척도
   - 전이 분석- 교수 프로그램 체크리스트 또는 평정 척도

5. 영향 평가: 학습한 지식과 기능이 실무 현장(수행 상황)에 얼마나 전이되었는지 기록하기 위한 것

6. 참여자: 외부 평가자 및 조직의 직원. 조직의 직원으로는 훈련을 수료한 사람, 그들의 동료, 감독관, 관리자, 문제를 찾아 교수 프로그램을 조정한 사람이 포함되며, 가능하다면 고객도 포함됨. 데이터 수집을 위한 방법으로는 설문조사, 태도 설문지, 인터뷰, 관찰, 직무 수행 평정 척도, 회사 기록이 있음

7. 목적
   - 형성 평가: 교수 프로그램 수정을 위한 데이터 수집
   - 종합 평가: 학습한 지식과 기능이 실무 현장에 전이되고 조직의 요구를 충족시키는지 검토하기 위한 데이터 수집

8. 평가자 지위
   - 형성 평가: 교수 프로그램의 개선에 직접 관여한 설계자
   - 종합 평가: 다른 사람이 개발한 교수 프로그램의 질 및 교수 프로그램이 조직에 주는 영향을 객관적으로 평가할 수 있는 외부 평가자

9. 최종 결과물
   - 형성 평가: 교수 프로그램의 수정사항에 대한 기술서와 수정된 교수 프로그램
   - 종합 평가: 평가의 목적, 절차, 결과, 권고사항을 기록한 의사 결정권자를 위한 평가 보고서

참고문헌

Alexander, M. E., & Christoffersen, J. (2006). The total evaluation process: Shifting the mental model. *Performance Improvement, 45*(7), 23-28. 저자는 초기 수행 분석 단계에서 투자수익률을 고려한 후 설계, 개발, 실행에 걸쳐 고려해야 할 사항을 다룰 것을 주장한다.

Broad, M. L. (2005). *Beyond transfer of training: Engaging systems to improve performance.* San Francisco, CA:

Pfeiffer. 훈련의 결과를 본래의 수행 향상 요구와 연결하고 있다.

Brown, S. M., & Seidner, C. J. (Eds.). (1998). *Evaluating corporate training: Models and issues*. Boston, MA: Kluwer Academic Publishers. 경영과 교육 분야의 평가 모형과 준거들을 제시하고 있다.

Burke, L. A., & Hutchins, H. M. (2007). Training transfer: An integrative literature review. *Human Resource Development Review, 6*, 263-269. 훈련의 성공적 전이와 관련된 요소들을 조사한 연구들을 종합하고 있다.

Burke, L. A., & Hutchins, H. M. (2008). A study of the best practices in training transfer and proposed model of transfer. *Human Resource Development Quarterly, 19*(2), 107-128. 교수 프로그램에 전이 전략을 구축하기 위한 모형을 제안하고 있다.

Campbell, P. B., Perlman, L. K., & Hadley, E. N. (2003). Recommendations and voices from the field: Thoughts from the CLASS summative evaluation. In R. Bruning, C. A. Horn, & L. M. PytlikZillig (Eds.), *Web-based learning: What do we know? Where do we go?* Greenwich, CT: Information Age Publishing. 웹 기반 학습에서 학습자 관점에 초점을 둔다.

Carey, L. M., & Dick, W. (1991). Summative evaluation. In L.J. Briggs, K. L. Gustafson, & M. H. Tillman (Eds.), *Instructional design: Principles and applications*. Englewood Cliffs, NJ: Educational Technology Publications. 종합 평가의 절차를 요약하고 있다.

Cronbach, L., & Associates. (1980). *Toward reform of program evaluation*. San Francisco: Jossey-Bass. 평가자가 교수 설계 과정에서 지원적 역할을 할 것을 제안하고 있다.

Dessinger, J. C., & Moseley, J. L. (2003). *Confirmative evaluation: Practical strategies for valuing continuous improvement*. San Francisco, CA: Pfeiffer. 교수 프로그램이 실행된 몇 개월 후에 영향 평가하는 방법을 설명하고 있다.

Dick, W., & King, D. (1994). Formative evaluation in the performance context. *Performance and Instruction, 33*(9), 3-10. 실무 현장에서의 후속 평가를 논의하고 있다.

Draper, S. W. (1997). The prospects for summative evaluation of CAI in HE. *Association of Learning Technology Journal, 5*(1), 33-39. 저자는 종합 평가의 유용성과 컴퓨터 지원 학습을 위한 학습 소프트웨어를 평가하는 전략을 설명하고 있다. 그의 글은 www.psy.gla.ac.uk/~steve/summ.html#CAL에 접속하여 볼 수 있다.

Farrington, J. (2011). Training transfer: Not the 10% solution. *Performance Improvement Quarterly, 24*(1), 117-121. 독자의 주의를 얻기 위해 10% 해결책이 소개되었고 이는 실제에 기반을 두지 않는다는 점을 상기시킨다.

Kirkpatrick, D. L., & Kirkpatrick, J. D. (2005). *Transferring learning to behavior: Using the four levels to improve performance*. San Francisco, CA: Berrett-Koehler Publishers. 훈련의 결과로서 Kirkpatrick의 4단계 평가 모형 중 네 번째 단계인 학습 전이에 초점을 둔다.

Fitzpatrick, J. L., Sanders, J. R., & Worthen, B. R. (2004). *Program evaluation: Alternative approaches & practical guidelines* (3rd ed.). Boston: Allyn & Bacon. 전이가 일어날 수 있을지라도 교수 프로그램 평가보다는 프로그램 표준과 절차에 초점을 둔다.

Gagné, R. M., Wager, W. W, Golas, K. C., & Keller, J. M. (2004). *Principles of instructional design* (5th ed.). Belmont, CA: Wadsworth/Thomson Learning. 교수 설계자 관점에서의 종합 평가를 간략하게 기술하고 있다.

Guerra-Lopez, I., & Leigh, H. N. (2009). Are performance improvement professionals measurably improving performance? What PIJ and PIQ have to say about the current use of evaluation and measurement in the field of performance improvement. *Performance Improvement Quarterly, 22*(2), 97-110. 십 년 동안 Performance Improvement 저널과 Performance Improvement Quarterly 저널에 실렸던 내용 분석과 관련된 논문들을 소개하고 있다.

Hale, J. (2002). *Performance-based evaluation: Tools and techniques to measure the impact of training*. San Francisco, CA: Pfeiffer. 훈련과 개발의 효과성을 판단하기 위해 자료를 수집하고 활용하는 방법을 다루고 있다.

Hall, G. E., & Hord, S. M. (1987). *Change in schools*. Albany, NY: SUNY Press. 수행 상황에서 훈련의 영향 평가를 위해 유용한 변화의 단계를 제시하고 있다.

Hutchins, H. M. (2009). In the trainer's voice: A study of training transfer practices. *Performance Improvement Quarterly, 22*(1), 69-93. Published online in Wiley InterScience (www.interscience.wiley.com). 실무 현장으로 전이를 촉진하기 위한 우수 사례에 대해 강사가 느끼는 관점을 질적 연구로 보고하고 있다.

Keller, J. M. (2010). *Motivational design for learning and performance: The ARCS model approach*. New York, NY: Springer.

Kirkpatrick, D. L. (2006). *Evaluating training programs: The four levels* (3rd ed.). San Francisco: Berrett-Koehler. Kirkpatrick 모형에서 평가는 열 단계 중 열 번째로서 Dick과 Carey의 ID 프로세스와 유사하다. 평가의

4단계는 반응, 학습, 행동, 결과이다. 이러닝과 학습 전이를 위해 고려할 내용들을 포함하며, 허구적 모형 사례를 논의하고, 성공적으로 모형을 적용한 다양한 사례 연구들을 제시하고 있다.

Morrison, G. R., Ross, S. M., & Kemp, J. E. (2007). *Designing effective instruction* (5th ed.). Hoboken, NJ: Wiley. 종합 평가를 위한 설계, 데이터 보고, 해석에 대한 내용을 다루고 있다.

Moseley, J. L. & Dessinger, J. C. (2010). *Handbook of improving performance in the workplace.* San Francisco, CA: International Society of Performance and Instruction and Pfeiffer. 수행, 이론, 사례에 관한 아이디어를 요약하여 제시하고 있다.

Phillips, J. J. (1997). *Handbook of training evaluation and measurement methods* (3rd ed.). Houston, TX: Gulf Publishing. 데이터 관리를 위한 절차를 담고 있고, 훈련의 투자수익률 분석에 대한 몇 개의 챕터를 포함하고 있다.

Phillips, J. J., & Stone, R. D. (2002). *How to measure training results: A practical guide to tracking the six key indicators.* New York, NY: McGraw-Hill. 여섯 가지 유형의 측정을 조직의 핵심과 전략적 목표에 연결하기 위한 데이터 분석을 설명하고 있다.

Rogers, E. M. (2003). *Diffusion of innovations* (5th ed.). New York, NY: The Free Press. 30년간의 혁신 연구 확산에 대한 요약을 포함하고 있다.

Stake, R. E. (2004). *Standards-based and responsive evaluation.* Thousand Oaks, CA: Sage Publications. 평가 연구의 설계, 실행, 종합, 해석, 윤리를 서술하고 있다.

Stufflebeam, D. L. (2001). *Evaluation models: New directions for evaluation.* San Francisco: Jossey-Bass. 22개의 평가 모형을 논평하고 있다. 저자의 CIPP모형은 현재 교육 평가에서 널리 사용되고 있는 모형 중 하나이다.

Stufflebeam, D. L., & Shinkfield, A. J. (2007). *Evaluation theories, models, and applications.* San Francisco: Jossey-Bass. Joint Committee Program Evaluation Standards의 적용을 실행하는 것을 다루고 있다.

Thiagarajan, S. (1991). Formative evaluation in performance technology. Performance Improvement Quarterly, 4(2), 22-34. 교육 프로그램의 실행 6개월 후의 추후 평가에 대한 논의를 하고 있다. 우수한 참고문헌이다.

Vishwanath, A., & Barnett, G. A. (Eds.) (2011). *The diffusion of innovations.* New York, NY: Peter Lang Publishing. 확산 연구의 현재 측면에 대한 에세이를 포함하고 있다.

부록

이 책의 많은 독자들은 자신의 교수 프로그램을 개발하기 위해 하나의 참고자료로서 이 책을 사용하고 있는 교육자들이다. 이 부록에서 제공된 사례들은 학교 교육과정의 측면에서 Dick과 Carey의 모형을 학교 학습에 적용하는 것을 돕기 위한 것이다. 설계 모델의 각 단계에 대한 축약된 사례들을 수집해 둔 것이라서 많은 사람들에게 도움이 될 것이라고 생각한다. 자신의 설계 과정을 문서화해야 하거나 수강하고 있는 강좌의 프로젝트로 교수 프로그램을 개발해야 하는 이들에게도 유익할 것이다. 부록의 목차는 다음과 같다.

부록 A 작문에 대한 초기 분석(Front-End Analysis)과 교수 목표에 대한 설계 측면의 판단

초기 분석	설계 측면의 판단
I. 요구 분석	학생들의 작문 문제를 토의하기 위해 소집된 중학교 교직원 회의에서 교사들은 요구 분석을 실시하기로 했다. 각 교사는 보편적인 주제에 대한 짧은 에세이 쓰기를 학생들에게 과제로 부과했다. 지역교육청 산하에 근무하는 교사들이 중심이 되어 새롭게 평가 팀이 만들어지고 이들은 어떤 공통된 문제가 있는지를 알아보기 위해 학생들의 과제를 검토해 보았다. 이 팀의 보고서에 따르면, 일반적으로 학생들은 자신의 생각을 표현하기 위해 그 생각의 목적이나 복잡성에 따라 문장의 구조를 다양하게 시도하지 않고 단순한 선언문 형태의 문장만을 전형적으로 사용하고 있다고 한다. 또한 마침표와 쉼표를 제외한 구두점은 학생들의 글에 없었고, 쉼표도 사용하는 경우가 극히 드물었다.
II. 교수 목표와 요구와의 관련성	교사들은 다음의 내용에 초점을 둔 특별한 교수 프로그램을 설계하기로 결정했다. ● 문장의 목적에 어울리는 다양한 형태의 문장을 작성하기 ● 문장의 복잡성에 따라 다양한 문장 구조를 사용하여 작문하기 ● 문장 유형과 복잡성에 어울리는 다양한 구두점 사용하기 요구 분석으로 확인된 문제에 직접적으로 초점을 둔 교수 프로그램을 통해 교사들은 학생들의 작문에서 발견된 지나치게 단순한 작문 형태를 바꾸고자 했다.
III. 교수 목표의 명확화	교사들은 다음과 같은 목표를 가르칠 수 있는 두 가지의 교수 프로그램을 만들기로 결정했다. 1. 문장의 목적과 분위기에 어울리는 구두점이 있는 다양한 문장 유형을 사용할 수 있다. 2. 문장의 복잡성이나 구조에 어울리는 구두점이 있는 다양한 문장 유형을 사용할 수 있다.
IV. 학습자의 일반적 특성	문장의 다양성을 특별히 강조한 작문 교수 프로그램의 단원은 현재 평균이나 평균 이상의 언어 표현 수준을 갖추고 있는 6학년 학생에게 가장 적절하다고 판단되었다. 이 집단은 현재 그들의 작문 기능 수준이 매우 다양할 것이다. 따라서 작문에서 다양한 문장 유형의 사용뿐만 아니라 문장 유형 쓰기에 대한 내용이 교수 프로그램에 포함되어야 할 것이다.
V. 수행 환경의 일반적 특성	수행 환경은 교과영역에 무관하게 학교이다. 학생들이 필요로 하는 어떤 지역 단체나 기관에서도 문장 쓰기를 필요로 하며, 마찬가지로 학생들이 졸업을 해서 직업을 갖게 되더라도 그 능력은 필요하다.
VI. 학습 환경에 대한 일반적 특성	학습 환경은 일차적으로 학교 교실이면서, 동시에 교실이나 학교 매체센터, 도서관, 집에서 학생들이 접속할 수 있는 웹 기반 학습 환경이 제공된다.
VII. 학습자가 목표 달성하는 데 필요한 모든 도구	학생들은 자신들의 작문 기능을 연습하기 위해 워드 프로세서가 있는 개인용 컴퓨터와 학습과 평가를 관리할 수 있는 교수 시스템(예, Blackboard)이 필요하다. 연초부터 개인용 컴퓨터를 관할 교육청에 속해 있는 모든 초등학교 6학년 학생들에게 대여해 줄 것이다. 이 지역의 대다수의 학교에서는 고학년의 교실, 학습 센터/도서관, 교사 연구실에 무선 인터넷이 연결되어 있다. 지역 교육청에서는 학교 교실의 수업을 위해서, 그리고 학생들이 가정에서 이 교수 프로그램에 접속할 수 있도록 하기 위해서 Blackboard를 구입했다.

부록 B 작문하기 교수 목표에 대한 목표 분석

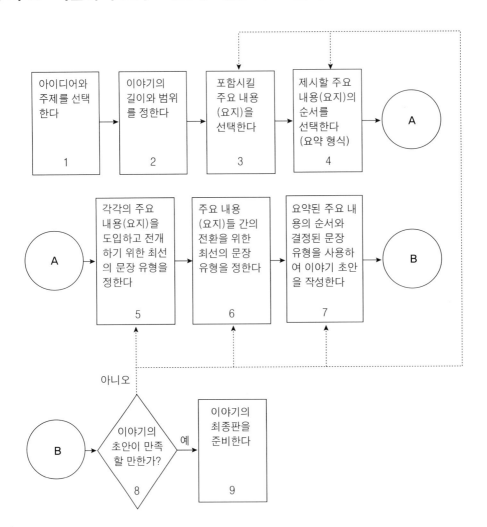

부록 C 출발점 기능 표시가 되어 있는 작문하기 목표의 선언적 문장 부분에 대한 위계적 분석

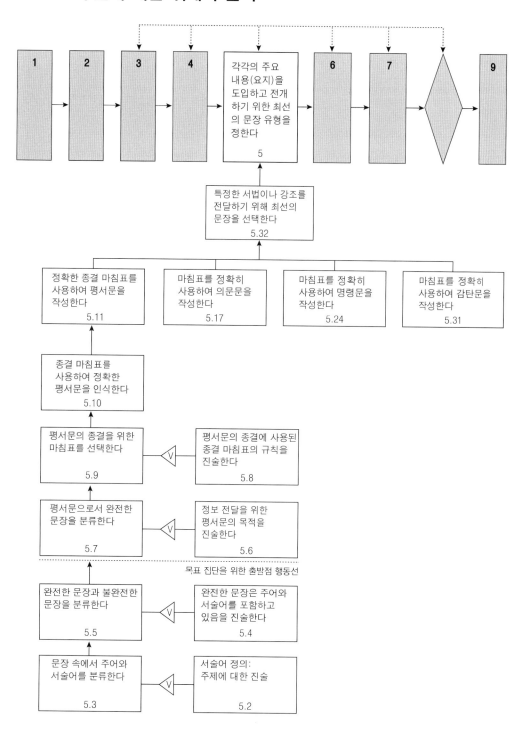

부록 D 학습자 특성, 수행 맥락, 학습 환경 분석

1. 작문 수업에서 6학년 학생들의 학습자 특성

정보 범주	자료 출처	학습자 특성
I. 능력		
1. 출발점 기능	• 학생들의 작문 검사로부터 얻어진 요구 사정 자료 • 교사와의 인터뷰	• 학생들은 간단한 평서문을 작성하는 경향이 있다. • 학생들은 평서문을 쓰며, 마침표와 쉼표만을 활용하는 경향이 있다.
2. 주제 영역에 대한 선수 지식	• 학생들의 작문 검사로부터 얻어진 요구 사정 자료 • 교사와의 인터뷰	• 학생들은 문장의 형태와 문장의 구조를 포함한 5학년 과정을 완료했으며, 정규 수업을 통해 구두점에 대해서도 학습했다.
3. 교육 수준 및 능력 수준	• 반영구적 기록(생활기록부) • 교사와의 인터뷰	• 집단 내 학생들은 평균 혹은 평균 이상의 능력 수준을 가지고 있다. 예를 들어, 9등급 성적표시법에서 4~9급 간, 백분위수로는 27~99에 속한다. • 교사들은 집단 내 모든 학생들이 작문을 학습 및 연습할 수 있다는 것을 보여 준다.
4. 일반적 학습 선호도	교사 및 학생과의 인터뷰	• 학생들은 컴퓨터를 사용하여 학습하는 것을 좋아하고, 학습자들이 참여하는 활동을 즐긴다. 그들은 많은 양의 글쓰기 과제를 숙제로써 완료하는 것보다 수업을 통해 학습하는 것을 좋아한다.
II. 태도		
1. 내용에 대한 태도	교사 및 시범 학생과의 인터뷰	• 교사들은 학생들이 작문수업에 대해 폭넓게 이해하고 있으며, 잡지나 다른 작문 과제에 기꺼이 참여하려 한다고 보고한다. • 학생들은 이에 대해 다양하게 응답했다. 몇 명에게 이는 좋아하는 주제였지만, 다른 학생들에게는 그렇지 못하거나, 잡일과 같이 느껴졌다.
2. 활용될 가능성이 있는 전달 시스템에 대한 태도	교사 및 시범 학생과의 인터뷰	• 교사들은 학생이 작문 과제를 위해 활용하는 개인용 컴퓨터뿐만 아니라 웹 기반 수업 역시 학생들의 동기 유발을 위해 좋은 기능을 할 것이라고 믿는다. 그들은 또한 모든 학생들을 동기 유발시키기 위해서는 부가적 동기 유발 인자나 '촉매제'가 필요하다고 생각한다. • 학생들은 교실 내에 있는 컴퓨터를 사용할 수 있는 새로운 작문 프로그램에 선정되고 싶어한다.
3. 수업을 위한 동기(ARCS)	교사 및 시범 학생과의 인터뷰	• 학생들은 컴퓨터에 주의를 집중하리라 예상된다. • 대부분의 학생들은 더욱 잘/빨리 쓰고 싶어한다. • 학생들은 문장의 다양성을 활용하는 법을 배울 수 있다고 생각한다. • 몇 명의 학생들은 잘 쓰는 법을 배우는 것이 다른 사람들로부터 인정을 받는 방법이라고 생각한다. • 교사들은 학습 동기가 높은 학생과 그렇지 않은 학생이 다양하게 존재한다는 것을 다시 한 번 지적한다.

정보 범주	자료 출처	학습자 특성
4. 훈련 조직에 대한 태도	교사 및 학생들과의 인터뷰	• 학생들에게는 교사와 학교의 효율성에 대한 다양한 인식이 존재하고 있다. 많은 학생들은 이에 대해 긍정적으로 인식하지만, 다른 학생들은 학교와 교사 모두를 부정적으로 인식하거나 이에 불만을 품고 있다.

III. 일반적인 집단 특성

정보 범주	자료 출처	학습자 특성
1. 일반적 특성	전반적 느낌	• 집단은 성취도와 동기 측면에서 매우 이질적이다. • 모든 집단은 작문 기능을 학습하고, 이를 증진할 수 있다. • 학생들은 이야기와 같은 작문을 위한 도구를 원하는데, 이는 동기를 유발시켜 줄 수 있을 뿐만 아니라 학생들이 기능들을 배울 해 주고, 긴 작문 과제보다 짧은 형태의 과제를 연습할 수 있도록 도와준다.

2. 작문 수업을 위한 수행 및 학습 환경

유의사항: 이 학교에서, 학습 및 수행 환경은 동일하므로, 수행 환경에 대한 별도의 분석은 필요하지 않음.

정보 범주	자료 출처	수행 상황 특성
1. 관리 및 감독 상의 지원	교장, 교사, 학부형과의 인터뷰	• 교장, 교사, 학부모 모두 컴퓨터 기반의 개별 수업에 대해 만족하고, 학생들의 쓰기 기능을 증진시키기 위한 전체 프로그램의 일부로 워드 프로세서를 활용하는 것에 만족한다. • 교장은 동기를 진작시키는 도구 및 학생들의 작문 표현 수단으로서 모든 6학년 학생들이 뉴스레터를 제작할 것을 제안해 왔다. 또한, 그녀는 Blackboard 시스템을 통해 이 뉴스레터가 편집되고 배포될 것을 주장했으며, 그로 인해 인쇄 및 배포 비용을 감소시키고, 학교의 친환경 활동이 시작될 수 있다고 언급했다. 학부모들은 작문에 새롭게 관심을 기울이는 것에 만족하고 있으며, 자녀 및 학교의 노력을 기꺼이 지원하고 있다. • 교사-학부모 연합회(Teacher Parent Association)는 기사기 6학년 학생들에 의해 쓰이고, 모든 학년의 학생들이 읽기와 쓰기에 참여할 수 있다면, 이 뉴스레터에 대해 기금을 마련하기로 결정했다. 리더십은 계획된 작문의 시도를 위해 긍정적이고 지원적이라 설명할 수 있다.

정보 범주	자료 출처	수행 상황 특성
2. 환경의 물리 적 특성	학생, 교사, 미디어 센터 (도서관) 관리자, 학부모, 관내 담당자, 학습 지원 센터와의 인터뷰	• 모든 6학년 학생들은 학기 초에 개인용 컴퓨터를 빌렸 다. 어느 한 시점부터 90퍼센트 가량의 컴퓨터가 사용 되고 있다. • 관내 학교의 교실과 학습센터 등에서는 무선 인터넷이 작동한다. • 지역 학습 지원 센터는 Blackboard의 교수/학습 시스템 을 관내의 교사들과 학생들에게 배포하고, 주기적으로 시스템의 사용과 시스템을 통한 학습자 관리법을 교사 들에게 훈련시킨다. 교사들은 학생들에게 시스템 사용 법과 시스템에 접속하는 방법, 컴퓨터 사용법에 대해 알 려줄 것이라 여겨진다. 그들은 또한 학생들을 지원하고, 필요에 따라 정밀함을 더해 줄 것이라 기대된다.
3. 사회적 환경 및 학습 환경 의 특성	교장, 교사, 학부형과의 인터뷰	학생들은 컴퓨터를 활용하여 수업에 참여하기 위해 개별 적으로 Blackboard 내에서 학습을 진행할 수 있다. 그들 은 교실로부터, 미디어 센터나 도서관으로부터, 심지어는 컴퓨터와 인터넷만 있다면 집에서도 수업을 들을 수 있다. 직접 수업은 다음과 같은 장점을 갖는다. • 동기 유발 자료, 수행 목표, 사전 지식에 대한 정보를 포함한 수업 전 정보를 제공한다. • 예와 비예를 제시해 준다. • 연습과 피드백의 기회를 제공한다. • 학생들이 최소 수준 이상으로 기능을 습득했는지 여부 를 점검할 수 있는 평가를 제공한다.
4. 학습자가 목 적을 달성하 기 위해 가져 야 할 도구들 에 대한 설명		개인용 컴퓨터 혹은 교내 컴퓨터

부록 E 하위 기능, 수행 목표, 검사 문항을 포함한 평가표 설계

교수 목표: 작문을 할 때, 학습자들은 (1) 문장의 용도와 분위기에 따라 다양한 유형의 문장을 구사하고 이에 알맞은 구두점을 표현할 수 있으며, (2) 문장의 복잡성이나 구조에 따라 다양한 유형의 문장을 활용하고 이에 알맞은 구두점을 표현할 수 있다.

최종 목표: 작문을 할 때 문장의 용도, 분위기, 복잡성에 따라 다양한 유형의 문장을 구사하고, 이에 알맞은 구두점을 활용하라. 문장은 유형, 구두점, 용도에 따른 문형, 문단 내 문장의 다양성에 각각 알맞은 형태로 표현되어야 한다.

평행 검사 문항: 독자의 흥미를 이끌어 낼 만한 다양한 문장의 종류를 포함하고 있는 한 페이지 정도의 짧은 설명이나 이야기를 적어 보라. 이야기를 작성할 때에는 다음과 같은 점에 유의해야 한다.

1. 평서문, 의문문, 명령문, 감탄문 중 최소 두 가지 이상을 사용해야 한다.
2. 완결된 문장만을 사용해야 한다.
3. 문장의 유형이나 분위기에 맞는 올바른 구두점을 활용해야 한다.
4. 자신이 이야기하고자 하는 바를 담을 수 있는 최적의 문형을 활용해야 한다.

하위 기능	수행 목표	검사 문항
5.1 주어 정의하기	5.1 주어라는 용어가 주어지면, 그 용어를 정의한다.	1. 주어부에 대해 정의하시오. 2. 다음 중, 주어부에 대한 설명으로 옳은 것은? 　○ 문장이 시작됨을 보여 준다 　○ 대문자로 시작한다 　○ 행동을 보여 준다 　○ 주제에 이름을 붙인다
5.2 서술어 정의하기	5.2 서술어라는 용어가 주어지면, 그 용어를 정의한다. 서술어에 대한 정의에는 주어나 주제에 대해 무엇인가를 이야기한다는 것이 포함되어야 한다.	1. 서술부에 대해 정의하시오. 2. 문장의 서술부는 (　　)에 대해 무엇인가를 이야기하는 역할을 한다. 　○ 주어 　○ 동사 　○ 형용사 　○ 전치사

하위 기능	수행 목표	검사 문항

5.3 완전한 문장에서 주어와 서술어 분류하기	5.3 완전한 단순 평서문이 주어지면, 모든 주어와 서술어가 어디에 있는지 찾는다.	1. 다음 문장에서 밑줄 친 부분이 주어인지, 서술어인지 밝히시오. 만약 어느 것에도 속하지 않는다면 정답 없음을 고르시오.
		  a. 그 행사는 대단히 성공적이었다.
		    ○ 주어 ○ 서술어 ○ 정답 없음
		  b. 그 축구팀이 이번 시즌에서 우승했다.
		    ○ 주어 ○ 서술어 ○ 정답 없음
		  c. 수잔은 방과 후에 잡초 뽑는 아르바이트를 구했다.
		    ○ 주어 ○ 서술어 ○ 정답 없음

5.4 완전한 문장이 주어지면, 그 개념을 정의하기	5.4 그 정의는 주어와 서술어라는 용어를 포함해야 한다.	1. 완전한 문장에는 ( )와 ( )가 있어야 한다.
		2. 완전한 문장에 포함되어야 할 것은 무엇인가?
		  ○ 주어
		  ○ 서술어
		  ○ 둘 다 필요 없다
		  ○ 주어와 서술어 모두

5.5 완전한 문장과 불완전한 문장 구분하기	5.5.1 완전한 평서문과 불완전한 평서문이 주어지면, 완전한 문장이 어디에 있는지 찾는다.	다음의 문장들이 완결된 것인지, 그렇지 않은 것인지를 판단하시오.
		1. 존은 주의 깊게 그 지시를 따랐다.
		  ○ 완결 ○ 미완결
		2. 가장 흥분되었던 팀
		  ○ 완결 ○ 미완결
		3. 그 개 썰매는 덜컹거리며 얼어붙은 땅 위를 달렸다.
		  ○ 완결 ○ 미완결
		4. 잃어버린 친구를 찾은 그녀를 만나서 반가운
		  ○ 완결 ○ 미완결

	5.5.2 몇몇의 완전한, 또는 불완전한 평서문이 주어지면, 빠져 있는 주어와 서술어를 모두 찾아낸다.	다음 문장들은 주어와 서술어 중 어떤 것이 빠져 있는가? 두 가지 모두 빠져 있다면, 모두를 고르시오.
		1. 존은 주의 깊게 그 지시를 따랐다.
		  ○ 주어 ○ 서술어 ○ 모두
		2. 가장 흥분되었던 팀
		  ○ 주어 ○ 서술어 ○ 모두
		3. 그 개 썰매는 덜컹거리며 얼어붙은 땅 위를 달렸다.
		  ○ 주어 ○ 서술어 ○ 모두
		4. 잃어버린 친구를 찾은 그녀를 만나서 반가운
		  ○ 주어 ○ 서술어 ○ 모두

5.6 평서문의 목적 기술하기	5.6 평서문과 목적이라는 용어가 주어지면, 평서문의 목적을 진술한다. 그 목적은 정보를 전달하거나 말하는 것을 포함해야 한다.	1. 평서문의 목적은 ( ) 하는 것이다.
		2. 다음 중, 평서문의 목적을 잘 설명한 것을 고르시오.
		  ○ 설명
		  ○ 질문
		  ○ 명령
		  ○ 감탄

하위 기능	수행 목표	검사 문항

5.7 평서문으로서의 완전한 문장 분류하기	5.7 마침표를 바르거나 바르지 않게 사용한 평서문, 의문문, 감탄문을 포함한 몇몇의 문장이 주어지면, 평서문인 것을 모두 찾는다.	다음 문장들이 평서문인지 아닌지를 판단하시오.
		1. 배가 고프니
		  ○ 평서문 ○ 평서문이 아님
		2. 펜을 내려 놓으시오
		  ○ 평서문 ○ 평서문이 아님
		3. 그 숲은 조용하고 평화로워 보였다
		  ○ 평서문 ○ 평서문이 아님
		4. 와, 저 불 좀 봐
		  ○ 평서문 ○ 평서문이 아님

5.8 평서문을 마치기 위해 마침표 사용하기	5.8 평서문과 말의 끝맺음을 위한 구두점이라는 용어가 주어지면, 마침표라고 대답한다.	1. 평서문에 쓰이는 종결 구두점은 ( )라고 불린다.
		2. 평서문은 어떤 마침표를 사용해서 종결되는가?
		  ○ 따옴표
		  ○ 느낌표
		  ○ 물음표
		  ○ 마침표

5.9 평서문을 종결하기 위해 사용된 구두점 선택하기	5.9 마침표, 쉼표, 느낌표, 물음표의 부호와 평서문과 종결 구두점이라는 용어가 주어지면, 마침표를 선택한다.	1. 평서문을 종결하기 위해 사용되는 구두점을 고르시오.
		  , ! . ? ″
		2. 다음 중 평서문을 종결하기 위해 사용하는 부호는?
		  ○ , ○ ! ○ . ○ ? ○ ″

5.10 올바른 종결 구두점이 있는 평서문 인식하기	5.10 마침표를 올바로 활용한 평서문과 잘못 활용한 평서문이 주어지면, 정확한 종결 마침표를 사용한 평서문을 모두 고른다.	다음 문장들은 올바른 종결 구두점을 사용했는가?
		1. 존은 우주이야기 읽기를 좋아한다?
		  ○ 올바르다 ○ 올바르지 않다
		2. 나는 버스를 타고 2마일 거리의 학교를 다닌다.
		  ○ 올바르다 ○ 올바르지 않다
		3. 나는 가끔 스케이트 보드를 타러 간다!
		  ○ 올바르다 ○ 올바르지 않다

5.11 올바른 종결 구두점이 있는 평서문 작성하기	5.11 (1) 주어진 주제와 (2) 학생들이 선택한 주제에 따라 평서문을 작성한다. 완결된 문장으로 작성해야 하며, 문장의 뒤에는 마침표를 찍어야 한다.	1. 오늘 학교 회의를 설명하는 5개의 평서문을 작성하시오. 2. 지난 2주간 우리 학급에서 있었던 일 중 하나를 선택하시오. 그 일에 대해 '뉴스'란에 활용될 다섯 가지 문장을 적어 보시오.

부록 F 목표의 계열화와 군집화, 사전 교수 활동 및 평가 활동을 위한 교수 전략

구성요소	설계
목표의 계열화 및 군집화	하단의 열에 나열된 여섯 가지 수업은 목표에 따라 수업 내에 그리고 수업 간에 계열화와 군집화가 되어 있다. 수업당 배당된 시간은 한 시간이다. 1 2 3 4 5 6 5.6 5.12 5.18 5.25 5.11 5.32 5.7 5.13 5.19 5.26 5.17 5.8 5.14 5.20 5.27 5.24 5.9 5.15 5.21 5.28 5.31 5.10 5.16 5.22 5.29 5.11 5.17 5.23 5.30
작문 단원을 위한 사전 교수 활동	**동기** 1. 학습 환경: 학급에서는 교내에 배포되는 교지나 지역지를 만들기 시작한다. 6학년 학생들은 뉴스레터를 작성하기 위해 계획을 세우고 관리하며, 기사를 작성할 것이다. 2. 다양한 종류의 문장 쓰기: 뉴스레터의 기사는 도입부로 활용될 것이다. 이는 6학년 학생 수준에 아주 흥미로운 화제이며, 네 가지 문형을 모두 포함하고 있어 변화의 요점을 이해하기 쉽고, 변화하는 문형을 통해 학생들의 흥미를 증가시킬 수 있다. **목표** 예제로 제시된 이야기에 포함되어 있는 네 가지 유형의 문형이 도입부에서 강조되고 기술된다. 다양한 문형을 가진 글쓰기를 학습한다는 단원의 목적이 제시된다. **출발점 기능** 1. 뉴스레터: 학생들은 지난 시간에 내준 과제에 따라 문제 해결 과정을 상기하고, 뉴스레터를 기획하고 개발하는 데 활용할 수 있다(문제의 명료화, 해결안의 탐색, 해결안의 실행 및 정련화, 효과성의 관찰). 2. 작문: 교수 분석에서 기록된 출발점 행동이 있으므로, 출발점 행동을 담고 있는 검사가 개발 및 관리되어, 학생들이 요구되는 선행 기능을 가지고 있는지를 결정해야 한다.
작문 단원의 평가 활동	**출발점 기능** 출발점 기능 검사는 짧고 간단하며, 하위 기능 5.1, 5.2, 5.3, 5.4, 5.5에 대한 내용을 포함하는 것이어야 한다. 만약 학습자가 선행 지식을 갖고 있지 않다면, 첫 번째 수업으로 이를 학습하도록 해야 한다(Blackboard의 개별화 수업 기능을 활용하면 좋다). 평가는 Blackboard를 통해 개발되고 관리될 수 있다. **사전검사** 사전검사는 두 부분으로 나누어진다. 먼저, 학생들은 네 가지 문형을 활용한 짧은 기사를 작성하도록 요구받고, 그들의 기사는 평가 기준표를 활용하여 평가된다. 개별 수업(예, 평서문)을 진행할 때에는 사전에 마련된 Blackboard를 통해 목표 검사를 실시할 수 있으며, 해당 검사는 본 수업을 위한 하위 기능을 포함하고 있다. 이러한 평가는 궁극적으로 필요 기능을 이전에 학습한 학습자를 위한 분기 기제의 역할을 한다. 사전검사는 학생들에게 재연 혹은 개요라는 용어로 언급될 것이다.

구성요소	설계
작문 단원의 평가 활동	**연습 검사** 연습 검사는 개별 수업 이후에 즉시 실시되며, 수업에서 다룬 하위 기능들을 포함한다. 이 검사는 학생들이 하위 기능에 대해 가지고 있는 문제점을 진단하는 데 활용될 수 있으며, 피드백을 동반한 연습과 리허설을 위해서도 사용될 수 있다. 학생들과 토론을 해 보면, 이러한 평가는 앞선 검사와 마찬가지로, 재현 혹은 개요라는 용어로 언급될 것이다. **사후검사** 학생들은 두 가지 유형의 사후검사를 실시하게 된다. 첫 번째 평가는 한 단원의 수업 후에 실시될 것이고, 일정 형식을 갖춘 평가가 될 것이며, 학생들이 기초 기능들을 습득했는지를 평가할 것이다. 두 번째 평가는 문제 해결 전략의 단계를 효과적으로 확인할 수 있는 교지 기사 작성 등의 대안적인 평가 형태로 실시될 수 있다. 교수자, 편집장(편집장 역할을 담당하는 학생), 기타 학생들은 기사를 검토하고 (1) 기사의 타당성에 대해 수상을 하거나 (2) 각 학생의 수행 증진을 위한 제언을 제공할 수 있다. 이와 같은 검토는 네 가지 문장의 사용에 초점을 맞춰 이루어진다. 기사 작성 평가는 연간 여러 번 이루어질 수 있으며, 문단의 작성, 복문의 활용, 문장 전환, 시제의 일치, 정교화, 이야기체 쓰기, 다양한 문장 구조 활용하기 등의 여러 작문 기술을 익히는 데 활용될 수 있다. 검토가 동반된 이와 같은 기사문은 학생들의 작문 포트폴리오가 될 수 있다. 이 포트폴리오는 교사, 학생, 학부모들이 연간 이루어진 학생의 작문 향상을 검토해 볼 수 있도록 도와준다.
후속활동	**기억 보조물** 학생들은 자기 스스로의 이야기나 기사를 평가하기 위해 활용된 문장의 유형을 판단할 수 있는 평가표나 준거를 개발할 수 있다. 교사는 수업에 기초한 단순한 평가 기준표를 제공하고, 학생들은 이를 알맞게 수정할 수 있다. 학생들은 이 평가표를 자신의 글을 검토하고 편집하는 데 활용하거나, 동료들을 도와주는 데 활용할 수 있다. **전이 전략** 다음과 같은 두 가지의 전이 전략이 활용될 수 있다. (1) 지난 시간에 학습한 문제 해결 전략을 새로운 교지 쓰기 활동에 적용하도록 한다. (2) 교사의 강요에 의한 것보다는 글을 쓰는 이유를 찾을 수 있도록 한다.

부록 G 내용 제시, 학생 참여 내용 요소를 위한 교수 전략과 그 전략에 근거한 레슨의 할당

학습 구성요소	설계

목표 5.6
평서문의 목적
진술하기
	내용 제시:
	내용: 평서문은 정보를 전달하고 독자에게 이야기하기 위해 사용된다.
	예: 학생들이 자신의 뉴스레터 '흥미'란에 기록한 간단한 평서문을 활용한다. 모든 예제 문장은 처음, 중간, 끝이 같은 주제를 가지고 있어야 한다.
	⑴ 톰은 우주 이야기 읽는 것을 정말 좋아한다. ⑵ 그는 과학 공상 잡지를 정기구독한다. ⑶ 그는 편지로 배달되는 새로운 잡지 기사를 읽기 위해 한 달씩이나 기다릴 수 없을 정도이다. ⑷ 그는 다른 일을 하기 전에 잡지를 처음부터 끝까지 읽는다.
	
	학습자 참여
	연습 항목: 학생들에게 평서문은 어떠한 역할을 하는지, 어떠한 문장이 평서문인지를 말하게 한다.
	예: • 평서문은 어떠한 역할을 하는가?
	   • 톰은 무엇을 읽기를 좋아하는가?
	   • 톰은 정보들을 어디서 얻어 내는가?
	피드백: 평서문은 정보를 전달하기 위해 사용된다는 점을 다시 한 번 이야기하고, 문장들이 독자에게 무엇을 이야기하는지를 말해 준다.

목표 5.7 **평서문 분류하기**	**내용 제시** **내용:** 평서문은 정보를 전달하고 독자에게 무엇인가를 이야기하기 위해 사용된다. **예:** 학생들이 자신의 뉴스레터 '흥미'란에 기록한 간단한 평서문을 활용한다. 모든 예제 문장은 처음, 중간, 끝이 같은 주제를 가지고 있어야 한다. (5.6의 예제 참조) **비예:** 의문문, 명령문, 감탄문을 비예로 활용하고, 이러한 문장들을 가르치지 말고, 이 문장들이 왜 평서문이 아닌지를 지적한다. 평서문에 초점을 맞춘다. ⑴ 톰은 무엇을 읽기를 좋아하는가? ⑵ 톰은 어디서 이야기를 수집하는가? ⑶ 그는 편지에서 무엇을 얻는가? ⑷ 톰은 읽기를 멈추어라. **학습자 참여** **연습 항목:** 학생들에게 같은 주제로 이루어진 문장의 목록을 제공하고, 평서문을 골라내도록 한다. 이때 의문문, 명령문, 감탄문, 평서문이 모두 포함되도록 해야 한다. 제공되는 문장에는 구두점을 모두 제거하여 학생들이 문장의 내용만을 단서로 삼도록 한다. **피드백:** 평서문의 원칙을 다시 한 번 언급하고, 제시된 문장이 왜 평서문인지, 혹은 왜 평서문이 아닌지를 설명한다.
목표 5.8 **평서문을 마치기** **위한 구두점 사** **용하기를 진술하** **기**	**내용 제시** **내용:** 평서문을 끝내기 위해서 마침표를 사용한다. **예:** 학생들이 자신의 뉴스레터 '흥미'란에 기록한 주제를 바탕으로 3∼5개의 평서문을 활용한다. 이때 마침표를 굵은 글씨나, 별색으로 강조한다. 모든 예제 문장은 처음, 중간, 끝이 같은 주제를 가지고 있어야 한다. (5.6의 예제 참조) **학습자 참여** **연습 항목:** 학생들이 '마침표'라고 답하거나 여러 구두점의 예제 중 마침표를 고르도록 한다. **예:** ⑴ 평서문을 마치기 위해 사용하는 구두점의 이름은 무엇인가? ⑵ 마침표, 쉼표, 느낌 중 평서문을 끝내는 데 활용되는 것은 무엇인가? **피드백:** 평서문을 끝내는 데 마침표가 활용됨을 다시 한 번 언급한다.

학습 구성요소	설계
목표 5.9 **문장을 끝내기 위한 구두점 선택하기**	**내용 제시** **내용:** 평서문을 끝내기 위해서 마침표를 사용한다. **예:** 5.8의 하위 기능과 같은 유형의 예제를 선택하되, 예제 자체는 다른 것으로 한다. **비예:** 예제 문장을 반복하되, 다른 문장 유형에 따라 구두점을 대체하고, 문장의 내용과 잘못 기입된 구두점 사이의 불일치를 지적한다. **학습자 참여** **연습 항목:** '흥미'란에 기입된 단순한 문장 중, 구두점을 생략한 평서문을 3~5개 제시한다. 모든 예제 문장은 처음, 중간, 끝이 같은 주제를 가지고 있어야 한다. (5.6의 예제 참조) 학생들이 문장을 마치기 위한 구두점을 선택하도록 한다. (. 마침표. ? 물음표. ! 느낌표) **피드백:** 모든 평서문 문장을 끝내기 위해서는 마침표가 사용되어야 한다는 것을 언급한다. 예제로 주어진 문장에 알맞은 구두점을 보여 준다.
목표 5.10 **옳은 구두점이 있는 문장 찾기**	**내용 제시** **내용:** 마침표만이 평서문을 끝내는 데 사용된다. **예:** 학생들이 자신의 뉴스레터 '흥미'란에 기록한 주제를 바탕으로 3~5개의 평서문을 활용한다. 이때 마침표를 굵은 글씨나, 별색으로 강조한다. 모든 예제 문장은 처음, 중간, 끝이 같은 주제를 가지고 있어야 한다. (5.6의 예제 참조) **비예:** 동일 주제에 대해 구두점을 제대로 표기하거나 제대로 표기하지 않은 또 다른 단순한 예제를 제시한다. 그리고 그 문장이 왜 옳은지, 그른지를 설명한다. **학습자 참여** **연습 항목:** 학생들이 흥미로워하는 주제에 대해 부가적인 단순 평서문을 제공한다. 이 문장들은 구두점을 제대로 사용한 것과 사용하지 않은 것을 포함하고 있다. 학생들에게 평서문의 구두점을 제대로 활용한 문장을 고르도록 한다. **피드백:** 잘못된 구두점을 사용한 평서문이 왜 틀렸는지를 보여 준다.
목표 5.11 **옳은 구두점을 사용하여 평서문 쓰기**	**내용 제시** 이 기능의 내용은 5.11에 대한 하위 기능에서 다루어진다. 여기에서는 학생들이 알고 있는 주제에 대해 글을 쓰는 것을 격려해 주어야 한다. 글을 쓰는 것은 올바로 쓰여진 평서문을 찾아내는 것과 다른 기능이라는 것을 설명한다. 학생들이 해야 할 일에 대한 지침이 수업에서 다루어진다. **연습 1:** 학생들에게 다른 문형의 문장을 평서문으로 바꿔 보게 한다. 문장을 변환할 때, 주제를 바꾸어서는 안 되지만, 문장의 의미를 확장시킬 수 있고, 형태를 바꾸기 위해 문장을 추가시킬 수 있다. 예를 들어 학생들에게 다음과 같은 지시문을 제시한다. 다음 문장들을 평서문으로 바꾸시오. 문장의 주제는 같아야 하나, 문장들을 평서문으로 변환시키기 위해 필요에 따라 문장을 확장시키거나 정보를 변경해도 좋습니다. 1. 문학작품이나 영화에 나오는 인물들이 어떻게 보입니까? 2. 그 인물들이 어디로 가고 있습니까? 3. 번개를 조심하세요! 4. 밖으로 나가기 전에 집안일을 마쳐라. **피드백:** 예시문은 평서문으로 어떻게 다시 쓰는지에 대한 예를 보여 준다. 문장을 옳게 전환하는 여러 방법이 있음을 말해 준다.

학습 구성요소	설계	
목표 5.11 **옳은 구두점을 사용하여 평서문 쓰기**	**연습 2:** 학생들에게 스스로 선택한 주제에 대해 3~5문장으로 이루어진 평서문을 써 보도록 한다. 그들이 뉴스레터의 해당 난으로부터 골라낸 주제는 글을 쓰기 위한 좋은 예시가 될 수 있다. 학교나 학급 주변에서 일어나는 일을 써 보게 하는 것 역시 또 다른 아이디어가 될 수 있다. 예제 문장들이 어떻게 평서문으로 바뀔 수 있는지를 보여 준다. 주어진 문장을 평서문으로 바꾸는 데에는 여러 가지 방법이 있다는 것을 기억하도록 한다. **피드백:** 학생들이 문장을 쓰며, 본인의 문장을 점검할 수 있는 준거 기준표를 제공한다. 　예: 　_____ 문장에 주어가 있습니까? 　_____ 문장에 서술어가 있습니까? 　_____ 무엇인가를 설명하는 문장입니까? 　_____ 문장의 끝에 마침표가 있습니까? 　_____ 문장들은 모두 같은 주제를 기술하고 있습니까?	
교수 전략에 따른 레슨 할당	**활동**	**할당 시간**
세션 1	도입, 동기부여 자료 / 출발점 능력 검사	55분
세션 2	주제 쓰기 사전검사	55분
세션 3	목표 5.6~5.11(평서문)에 관한 사전검사 및 교수 실시	55분
세션 4	목표 5.12~5.17(의문문)에 관한 사전검사 및 교수 실시	55분
세션 5	목표 5.18~5.24(명령문)에 관한 사전검사 및 교수 실시	55분
세션 6	목표 5.25~5.31(감탄문)에 관한 사전검사 및 교수 실시	55분
세션 7	목표 5.11, 5.17, 5.24, 5.31(평서문, 명령문, 의문문, 감탄문)의 검토	55분
세션 8	목표 5.32(특정 목적이나 분위기에 따라 최적의 문장 골라내기)에 관한 교수 실시	55분
세션 9	목표 5.6~5.32에 관한 사후검사	55분
학생 집단 구성	학생들은 개인용 컴퓨터를 활용하여 개별적으로 공부를 하고, 질문/대답, 과외 연습, 피드백을 위해 선생님이나 소집단과 함께 학습하게 된다.	
교수 프로그램의 주요 단계를 위한 매체 및 전달 시스템의 선정	일차적인 매체는 개별화된 웹 기반 교수 자료이겠지만, 교사는 추가의 모범 사례들 및 모범적이지 않은 사례들과 필요 시 소집단을 지원하기 위한 연습을 준비해야 한다.	

부록 H 구성주의적 학습 환경을 위한 계획

1. 구성주의적 학습 환경 착수를 위한 설계와 학습 자료

요구 계획	활동 계획
학습 환경 계획	<ul><li>목표: 다양한 문장 유형을 활용한 작문 능력 향상</li><li>교수 목표: 단계 5: 주요 요점을 소개하고 발전시키기 위해 읽기 자료 안에서 최적의 문장 유형을 찾아 작성할 수 있다.</li></ul>근거: 학생들의 작문에 관한 문제점을 토론하기 위해 소집된 중학교 교직원 회의에서 교사들은 요구 분석을 하기로 결정했다. 개별 교사들은 학생들에게 공통의 주제를 주고 짧은 에세이를 써오게 했다. 해당 학군 교사들을 고루 포함하여 새롭게 구성된 평가 팀은 학생들의 작문에서 규명될 수 있는 공통된 문제점을 확인하기 위해 에세이를 검토했다. 평가 팀의 보고에 따르면, 학생들은 자신의 생각을 전달하기 위해 목적이나 복잡성을 고려한 다양한 문장 구조보다는 하나의 문장 유형, 즉 단순하고 선언적인 문장을 주로 활용한다고 했다. 더 나아가 학생들의 작문에는 마침표와 쉼표 이외의 문장 부호는 사용되지 않았고, 쉼표도 매우 드물게 쓰였다고 했다. 교사들은 학생들을 (1) 문장 용도에 부합하는 다양한 문장 작성해 보기 (2) 복잡성의 정도가 다른 다양한 문장 구조를 활용하여 작성하기 (3) 문장 유형과 복잡성에 부합하는 문장부호 쓰기에 초점을 두고 특수한 교육 프로그램을 설계하기로 결정했다. 요구 분석에서 확인된 문제점에 초점을 맞춘 교육을 통해 교사들은 학생들의 작문에서 발견된 단순하고 유사한 문장의 패턴을 바꾸기 바란다.<ul><li>구성주의적 초점: 추론, 비판적 사고, 문제 해결, 보존, 이해 및 사용</li><li>시나리오: 바람직한 학습 환경을 구축하기 위해 요구 분석 팀과 교장선생님이 앞서 제안한 뉴스레터가 활용될 것이다. 학생들은 팀 협동을 통해 학교 또는 학군의 친구들을 위한 회보를 계획하고 만들 것이다. 뉴스레터는 다음과 같은 기회를 제공할 것이다.<ul><li>작문 능력을 연마하기 위한 자연적인 동기 유발의 기회</li><li>학습자들이 뉴스레터를 기획, 관리하며 무엇을 어떻게 쓸 것인지 계획하면서 발생하는 학습자 중심의 학습 기회(예, 스포츠, 자연, 학교행사, 마을행사, 학생 영웅, 건강)</li><li>실제의 수행 상황에서 문장과 문단 구성을 연습, 적용, 평가할 수 있는 기회</li><li>교육 프로그램의 초반부(즉, 사전 지식: 문제를 명확히 하고, 해결책을 찾고, 아이디어를 시험해 보고, 정교화하고, 효과를 점검하는)부터 학급의 문제 해결 전략을 적용하는 기회</li><li>학급 친구들과 교사 자문단들과 일할 수 있는 기회</li><li>그들의 작문 실력을 다양한 관점에서 평가할 수 있는 기준을 적용하는 기회(예, 형식, 내용, 흥미, 심미성, 가치관, 적합성, 법적 고려사항)</li></ul></li><li>학습 자원 자료(learning resource materials)<ul><li>뉴스레터 관리를 위한 학생 활동을 위한 구조(매트릭스의 2섹션 참고)</li><li>학생들이 선택한 뉴스레터 칼럼 (주제) 목록</li><li>다양한 유형의 문장(단문, 중문, 복문), 문단, 그리고 기사(ariticle)에 대한 개별화된 웹 기반 교육</li><li>학군의 법적 구성원, 관리자, 학부모 고문 팀에 의해 확립된 정보의 배포에 관한 아래와 같은 이용 약관<ul><li>사이트를 제공하는 것에 관한 학군의 법적 고려사항</li><li>사이트에 권한이 부여된 개인/집단(예, 학급, 학교 전체, 학군 전체의 학생; 교사; 학부모; 운영자)</li></ul></li></ul></li></ul>

요구 계획	활동 계획

학습 환경 계획	• 개인/집단에게 부여된 권한의 종류(예, 저작권; 제출된 자료를 올리고, 편집하고, 삭제하는 사이트 리더)
	• 학군에 배포된 자료 중 내용이 허용된 것(예, 해당 연령, 편견이 없는, 지역과 학교의 가치에 부합하는 것)
	  • 다음을 위한 직무수행 보조물
	    • 학생들에 의해 선정된 중학교 수준의 뉴스레터와 뉴스레터 기사 예
	    • 뉴스레터 제작 중 확인된 기타 산출물
	• 학습자 집단 구성: 2개의 수행 팀이 있을 수 있다: 뉴스레터 관리 팀(콘텐츠, 그래픽 디자인, 편집, 제작 등)과 칼럼 콘텐츠(창의적) 팀(스포츠, 과학, 학교 행사 등). 학생들은 각자의 관심에 따라 한 가지 또는 그 이상의 관리 팀에서 봉사할 수 있으며, 새로운 경험이나 학급 친구들을 위해 팀을 바꿀 수도 있다. 학급의 모든 학생들은 하나 또는 그 이상의 칼럼 콘텐츠(창의적) 팀에서 활동할 것이다. 점차 진화하는 작업에 적합한 팀이 있는지를 알기 위해 학생들은 월간 뉴스레터의 진행을 모니터링할 것이다.
	• 전달 시스템, 미디어 및 직원
	  • 학군의 학습 지원 센터에 의해 제작된 뉴스레터를 배포하는 블랙보드 기관 사이트
	  • 다양한 유형의 문장과 구성에 대해 개별화된 웹 기반 교육을 수행하기 위한 이 러닝 포탈
	  • 기사를 위한 콘텐츠 조사에 쓰일 노트북
	  • 주제 조사를 위한 도서관/미디어 전문가
	  • 6학년 국어 교사
	  • 학군의 교수 설계자와 교육 공학자
	  • 교사와 학생들은 참여하기를 원하는 다른 학교의 교직원을 찾게 될 것이다(예, 그래픽 디자인을 위한 미술 교사, 스포츠 칼럼을 위한 체육교사, 역사 집단을 위한 사회 과목 교사, 예술 칼럼을 위한 음악/연극/언어의 미술교사, 내용 연구와 기술을 위한 도서관/미디어 전문가 등).

학습자 참여를 위한 계획	**참여하는 동안 예측되는 절차 및 행동** • 참여 활동: 작년에 뉴스레터를 제작하여 발행한 중학생 집단에 대한 학급 내의 토론으로 몰입이 시작될 것이다. 기존 뉴스레터의 장점이 논의될 것이며, 교사는 학급 구성원 모두가 정말로 자신들의 뉴스레터를 제작하고 싶은지에 관해 물어볼 것이다. 교사와의 토론을 통해 집단이 뉴스레터 발행에 관한 정보를 더 많이 얻고자 하면, 각 학급은 6학년 대표를 한 명 선발하여 시/도 교육청 사무실을 견학하게 할 것이다. 각 학교 대표들은 교육청에서 교육공학자를 만나 6학년 학생들이 학급 뉴스레터를 제작하고 발행할 것에 대한 허락을 받는다. 대표들은 미팅의 내용을 학급 학생들에게 보고할 것이며, 학급은 교육청 관리자들이 뉴스레터를 지원할 것에 동의한다는 답신(사전 조정)을 일주일간 기다릴 것이다. 관리자들은 학교 대표들에게 공식적인 편지를 보낼 것이며, 대표들은 이것을 학우들에게 읽어줄 것이다. • 탐색: 학생들은 뉴스레터를 제작하고 발간하며 6학년 학생들이 관심 있어하는 읽기 자료(칼럼과 기사) 수집을 위해 필요한 관리 팀의 종류에 관한 정보를 조사할 것이다. 또한 학생들은 다른 학생들이 만든 뉴스레터의 모양(그래픽, 배열 형태 등)과 작성된 기사의 양식(주제, 길이, 어조 등)을 조사할 것이다. 학생들은 또한 그들이 작성하고자 하는 기사의 종류도 조사할 것이다(스포츠, 과학, 예술, 학교 행사, 시의 역사 등).

요구 계획	활동 계획
학습자 참여를 위한 계획	• 설명: 수행 팀의 학생들은 완수되어야 할 과업과 기사에 관한 그들의 생각을 계획하며 학습 친구 사이에, 부모에게, 그리고 교사와 고문에게 설명해야 한다. 수행 팀은 또한 기사를 혼자서, 짝을 지어, 아니면 세 명이 함께 작성할 것인지에 대한 사안을 교사와 논의해야 한다. • 정교화: 문제 해결, 팀워크, 작문 능력은 학교의 다른 학급에서, 집에서 그리고 가끔은 직장에서 이용될 것이다.

학습 안내 계획	**적응적 학습 안내에서 예상되는 자료와 활동**
	• 스캐폴딩(scaffolding)
	  • 모델
	    • 뉴스레터
	    • 기사
	• 교사와 콘텐츠 고문의 코칭과 질문
	• 팀 구성원과 편집 위원회로부터의 동료 학습
	• Blackboard에 문장, 문단, 기사 종류에 관한 개별화된 안내

참 평가 계획	**참 평가에 예상되는 자료와 절차** • 개발 과정에서의 개별 기사: 학생들은 교사들이 제안한 법규를 반영할 것이며, 그들이 포함되어야 한다고 믿는 기준도 덧붙일 것이다. 학생들은 집필 형식, 콘텐츠에 대한 관심 정도, 적법성, 그리고 정책 기준을 개인적으로 자신의 기사를 정리하고 비판하는 데 이용할 것이다. 또한 그들의 기사를 돌아보고 발전시키기 위해 고문교사(예술, 체육교사, 미디어 전문가) 등과 일하게 될 것이다. • 단일 뉴스레터 발간의 재출판: 편집 팀에서 봉사할 학습자들은 제작에 앞서 뉴스레터의 단 하나의 쟁점까지 비판하고 개정과 개선을 위한 생각을 제시하기 위해 기자들과 일할 것이다. • 발행 후: 학생들은 그들의 기사에 관해 부모, 형제, 학교의 다른 학생들, 그리고 다른 교사들로부터 '자연스러운' 피드백을 받을 것이다. • 포트폴리오: 각각의 학생들의 기사는 한 해 동안 작문 포트폴리오로 축적된다. 학생과 교사는 전반적인 작문 실력의 진전과 그 학기에 배운 특별 레슨에서의 성취도(예, 선언적 문장, 전환) 진단을 위해 성적 산출 기간 동안 포트폴리오를 검토할 것이다.

2. 뉴스레터 관리를 위한 절차적 분석(구성주의적 학습 환경)

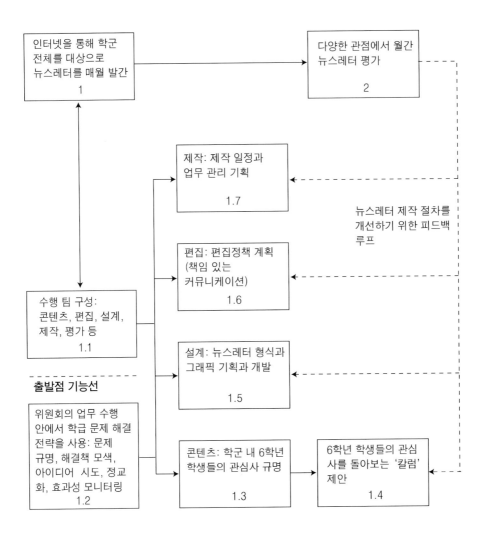

부록 I   세션 1: 출발점 기능을 위한 동기적 교수 프로그램, 단원 목표, 평가

설계자 유의사항: 이 교수 프로그램은 여백과 색깔이 문제가 되지 않는 장소에서는 Blackboard를 통해 전달되도록 의도되었다.

구성요소	하위 기능	텍스트
동기		

이제 작업팀이 신문기사를 열심히 계획하고 있기 때문에, 우리는 그것을 위해 어떤 흥미로운 기사들을 쓸 수 있는지 생각해볼 수 있어. 기사를 흥미롭게 만들기 위해서, 우리는 다양한 종류의 글쓰기와 문장들을 사용할 거야. 어떻게 하면 다른 6학년 아이들을 위해 기사를 가장 흥미롭게 만들 수 있는지 궁금하니?

우리가 기사를 더 흥미롭게 만들 수 있는 방법 중 하나는 그것을 쓸 때 다른 유형의 문장들을 사용하는 거야. 다른 유형의 문장들은 담긴 내용은 바꾸지 않고, 전달하는 방식만을 다르게 해.

다른 유형의 문장들은 독자들로 하여금 우리가 무엇을 말하고자 하는지, 그리고 우리가 말한 바에 대해 어떻게 느끼는지 알게 해. 그것은 기사에 활력을 불어넣어 주기 때문에 독자들이 읽는 것에 몰입하게 해줘.

어떻게 다양한 유형의 문장들이 신문기사를 더 흥미롭게 만드는지 보여 주기 위해서, 내가 과학란에 넣을 내용의 기사를 두 가지 방식으로 써 봤어.

내가 쓴 왼쪽의 기사는 평서문으로만 이루어졌고, 오른쪽의 기사는 네 유형의 다른 문장들을 사용했어.

둘 다 읽어 보고 비교해 봐.

달에 어두운 면은 없다
by Lauren Hauser

달에 어두운 면은 없다!
by Lauren Hauser

달에는 어두운 측면이 없다고들 말한다. 다음에는 부기 맨이나 또는 이의 요정이 없다고 하겠네. 달의 어두운 측면에 대한 견해의 근거들에는 추가적인 설명이 필요하다. 분명 뭔가가 이 견해를 뒷받침할 것이다. 락 밴드들이 이에 대해 노래하고, 때론 우주에 관련된 이야기에 거론되기도 한다.

설명은 단순하다. 지구는 자전한다. 회전과 동시에, 달에서 지구를 보는 사람에게는 지구의 모든 측면이 매일 노출된다. 반면 지구와 달리, 달은 자전하지 않는다. 그래서 지구에서 달을 보는 사람들은 항상 같은 측면을 보게 된다. 우리가 달에 가게 되면, 지구와 달 둘 다 해를 중심으로 공전하기 때문에, 우리는 빛과 어둠 모두를 보게 될 것이다.

노래와 이야기에서 말하는 달의 어두운 면은 사실 먼 쪽 면을 말한다. 우리를 마주보는 달 표면의 반대쪽 면을 먼 쪽 면이라고 부른다. 우리를 마주보는 달의 표면을 가까운 쪽 면이라고 부른다. 언제 한 번, 주중 밤에 야외로 나가서 가까운 쪽 면의 보름달을 봐라.

뭐라고? 달에는 어두운 측면이 없다고? 다음에는 부기 맨이나 또는 이의 요정이 없다고 하겠네! 만약 달에 어두운 측면이 없다면 그 의견은 도대체 어디서 왔을까? 분명 뭔가가 이 견해를 뒷받침할 것이다! 락 밴드들이 이에 대해 노래하고, 때론 우주에 관련된 이야기에 거론하기도 한다.

설명은 단순하다. 지구는 자전한다. 회전함과 동시에, 달에서 지구를 보는 사람에게는 지구의 모든 측면이 매일 노출된다. 반면 지구와 달리, 달은 자전하지 않는다. 그래서 지구에서 달을 보는 사람들은 항상 같은 측면을 보게 되는 것이다! 우리가 달에 가게 되면, 과연 빛과 어둠 모두를 볼 수 있을까? 그렇다. 지구와 달 둘 다 해를 중심으로 공전하기 때문에 볼 수 있다.

노래들과 이야기에서 말하는 달의 어두운 면은 사실 먼 쪽 면을 말한다. 우리를 마주보는 달의 표면의 반대쪽 면을 먼 쪽 면이라고 부른다. 그렇다면 우리가 항상 보는 면은 뭐라고 부를까? 우리를 마주보는 달의 표면은 가까운 쪽 면이라고 부른다. 언제 한 번, 주중 밤에 야외로 나가서 가까운 쪽 면의 보름달을 봐라.

두 번째 글이 거의 똑같은 내용을 담고는 있지만, 더 흥미롭게 읽힌다고 생각하지 않아? 과연 내가 달에서 지구를 바라보게 되는 날이 오진 않을까 기대하게 만들어. 내가 못 보는 달의 먼 쪽 모습을 궁금하게 만들기도 해. Lauren이 다음 글에서 그 부분에 대해 썼으면 좋겠어.

우리가 직접 신문기사를 쓸 때는, 여러 유형의 문장들을 쓰는 것이 다른 지역의 학생들을 위해서 글을 더 흥미롭게 만들어 준다는 걸 기억해야 해.

구성요소	하위 기능	텍스트
단원 목표		

여러 유형의 문장들을 사용한 신문기사 쓰는 법을 배우는 건 재밌을 것 같아. 이번에는 아래의 예시에 집중하여, 우리가 말하고자 하는 바를 가장 효과적으로 나타내는 문장을 골라보자.

네 유형의 문장

- 평서문은 독자에게 무엇을 말해 준다.
- 의문문은 질문을 한다.
- 명령문은 명령, 지시, 혹은 뭔가를 요청한다.
- 감탄문은 감정 혹은 흥분을 나타낸다.

물론 네 유형의 문장들이 모두 담긴 글을 쓰는 건 어느 정도의 연습이 필요할 거야. 나는 각 문장 유형을 보여 주고, 각각 써 보는 것을 도와주고 싶어.

네 유형의 문장 모두를 써 본 다음에, 우리는 그것을 사용해서 초판을 위한 흥미로운 신문기사들을 만들어 볼 거야.

일단 평서문으로 시작해 보자.

구성요소	하위 기능	텍스트
출발점 기능	5.1~5.5	

첫째, 그 어떤 유형의 문장을 쓰더라도, 항상 필요하기 때문에 완전한 문장에 대해 기억을 상기시켜 봐.

다시 한 번 확인해 보고 싶다면 바로 아래에 '다시 보기' 버튼을 클릭해. 답을 맞춰 보고 싶으면 '제출'을 클릭하고 그 다음 'OK'를 클릭해.

검토

설계자 유의사항: 왼쪽에 있는 기능 번호는 학생들의 출발점 검사지에는 나타나지 않는다. 교사들이 출발점 행동을 해당 항목과 연결시킬 수 있도록 포함시킨 것이다.

기능	항목
출발점 기능 검사	

5.1.　1. 문장의 주어는 어떤 역할을 하는가? 주어는

　　　　○ 문장의 시작을 알린다.

　　　　○ 대문자로 한다.

　　　　○ 행동을 보여 준다.

　　　　○ 주제를 명명한다.

5.2.　2. 문장의 술어는 어떤 역할을 하는가? 술어는 _____에 대해 알려 준다.

　　　　○ 주어

　　　　○ 동사

　　　　○ 형용사

　　　　○ 전치사

5.3.　**아래의 문장들에서 주어 혹은 술어 중 무엇에 밑줄이 그어져 있는가? 만약 그 어떤 것도 밑줄 그어져 있지 않다면, '둘 다 아님'을 선택하라.**

　　　　3. 미국 학생들은 앰트랙 기차를 <u>탄다.</u>

　　　　○ 주어　　○ 술어　　○ 둘 다 아님

　　　　4. <u>유럽 학생들은</u> 유레일 기차를 탄다.

　　　　○ 주어　　○ 술어　　○ 둘 다 아님

　　　　5. 일본의 학생들은 <u>하얀 초고속 기차를 탄다.</u>

　　　　○ 주어　　○ 술어　　○ 둘 다 아님

5.4.　6. 완전한 문장은 무엇인가? 완전한 문장은 _____를 포함한다.

　　　　○ 주어

　　　　○ 술어

　　　　○ 둘 다 아님

　　　　○ 주어, 술어 모두

5.5.　**아래의 문장은 완전한가, 불완전한가?**

7. 개썰매 경주

　　○ 완전　　○ 불완전

8. 건조하고, 춥고, 어둡고, 바람 부는.

　　○ 완전　　○ 불완전

9. 우승자는 9일 동안의 길고 어두운 밤을 보낸 다음에야 완주했다.

　　○ 완전　　○ 불완전

아래의 문장에는 주어, 술어 중 무엇이 빠져 있는가? 만약 주어와 술어 모두가 있다면 '둘 다 있음'을 택하시오.

10. 개썰매 경주.

　　○ 주어　　○ 술어　　○ 둘 다 있음

11. 건조하고, 춥고, 어둡고, 바람 부는.

　　○ 주어　　○ 술어　　○ 둘 다 있음

부록 J 세션 2: 예비 시험; 신문기사 쓰기와 기사를 평가하는 데 '평가 점수표' 사용하기

설계자 유의사항: 이 책의 공간이 부족하여, 사진과 대화창을 이용한 동료 교사들의 학습 의욕을 유발하는 직접적 지시를 계속할 수 없다. 아래는 평문으로 이루어졌다. 📷 아이콘은 대화 풍선말 그림에서 동료 교사의 사진이 어디에 입력되고 사용되어야 하는지 표시할 것이다.

1. 학생에게 예비시험 안내

구성요소	하위 기능	텍스트
대안적 평가 사전검사와 평가 기준표	교수 목적	

📷 이제 신문에 발표할 당신의 첫 기사를 쓸 때가 되었다. '내용 팀'이 우리의 관심사에 대해 조사 결과의 통계를 집계하여 항목들을 위한 주제를 선정해 두었다. 당신의 첫 기사를 위해 아래의 항목 중 하나를 고르시오. 만약 당신의 기사를 위해 더 좋은 아이디어가 있다면 명명하고, 그것을 바탕으로 당신의 기사를 작성하시오.

기사 항목

- 동쪽 서쪽 (도시에 대한 모든 것)
- 오락
- 환경
- 우리 도시의 역사
- 우주
- 스포츠
- 뉴스에서의 현대 기술
- 다가오는 학교 행사

📷 당신의 노트북과 워드 프로세스 프로그램을 사용하여 신문에 게재할 두세 가지 기사를 작성하시오. 당신의 기사는 다른 유형의 문장들로 이루어져, 독자들의 흥미를 유지해야 한다. 기사에 다음의 것들을 사용하시오.

1. 다음 문장들 중 적어도 두 가지: 평서문, 명령문, 의문문, 감탄문
2. 모두 완전한 문장
3. 문장의 유형과 문법에 따른 올바른 구두법
4. 당신이 말하고자 하는 바를 가장 효과적으로 반영하는 유형의 문장
5. 정확한 철자. 항상 맞춤법을 검사하고, 당신이 틀린 맞춤법(오타가 아닌)들을 목록으로 작성하시오.

📷 초안을 완성하게 되면 다시 훑어보시오. 독자들이 더 흥미를 가질 수 있는 방법을 찾을 수 있겠는가? 필요한 부분은 수정하시오.

당신의 기사를 오늘 아침 수업이 끝나는 대로, 컴퓨터를 이용하여 Brown 선생님께 보내시오.

📷 아래의 평가 점수표는 자신의 글을 검토하는 데 도움이 된다.

2. 학생들의 사전검사 신문기사를 위한 간단한 평가 기준표

범주	문장 유형			
	평서문	의문문	명령문	감탄문
1. 전체 문장의 수				
2. 완성한 문장의 수				
a. 누락된 주어의 수				
b. 누락된 술어의 수				
3. 마지막 문장부호가 정확한 문장의 수				
4. 아이디어가 적절한 문장의 수				
5. 문법이 적절한 문장의 수				

설계자 유의사항: 이 단원에서 다루지 않은 범주는 일부러 평가표에서 제외했다.

부록 K 세션 3: 하위 기능 5.6부터 5.11까지의 사전검사와 교수 프로그램

설계자 유의사항: 📷 은 동료 교수 사진이 들어가는 것을 가리키며, 문자를 입력하기 위해 큰 소리로 대화할 때 이용된다는 점을 상기한다.

구성요소	하위 기능	텍스트
목표 사전검사와 교수	5.6~5.11	

📷 평서문으로 관심을 돌려 보자. 첫째, 평서문은 모든 글쓰기의 골격을 이루고 있으므로 그러한 문장을 생각해 보시오. 평서문에 대한 당신의 기억을 점검하기 위해 아래에 있는 '다시 보기' 버튼을 클릭하시오. 마친 다음에는 당신의 답을 확인하기 위해 '제출'을 클릭한 뒤, 'OK'를 클릭하시오.

하위 기능 사전검사

5.6　1. 평서문의 목적은 무엇인가? 평서문은 뭔가를 _____ 한다.

　　　○ 말한다

　　　○ 묻는다

　　　○ 명령한다

　　　○ 소리친다

5.7　**드러나지 않은 문장부호를 무시하고, 다음 문장 가운데 평서문에 표시하시오.**

　　2. 지난 토요일 걸 스카웃과 함께 간 캠핑은 재미있었다

　　　○ 평서문　　　○ 평서문 아님

　　3. 텐트를 동그랗게 쳐야 합니까

　　　○ 평서문　　　○ 평서문 아님

　　4. 캠프파이어를 하기 전에 항상 설거지를 해라

　　　○ 평서문　　　○ 평서문 아님

　　5. 우리는 캠프파이어 주변의 곰에 대해 무서운 이야기를 들었다

　　　○ 평서문　　　○ 평서문 아님

　　6. 아니 이런, 텐트 밖에 곰이 있어

　　　○ 평서문　　　○ 평서문 아님

5.8 7. 평서문은 어떤 문장부호로 끝나는가?

   ○ 따옴표

   ○ 느낌표

   ○ 물음표

   ○ 온점

5.9 8. 평서문의 끝에 쓰이는 문장부호는 어떤 것인가?

   ○ ,   ○ !   ○ .   ○ ?   ○ ˝

   9. 평서문을 마치기 위해서 사용하는 문장부호는 어떤 것인가?

   ○ .   ○ !   ○ ;   ○ ?   ○ :

5.10 **다음 평서문 가운데 올바른 문장부호로 끝낸 문장은?**

   10. 이디타로드 개 썰매를 모는 사람을 무셔라고 부른다?

   ○ 맞음   ○ 틀림

   11. 작년의 마지막 무셔는 16마리의 개를 몰았다.

   ○ 맞음   ○ 틀림

   12. 그 무셔는 길을 잃어 16일 후에야 경주를 마쳤다.

   ○ 맞음   ○ 틀림

   13. 그 경주는 너무 어려워서 주자도 상패를 받았다?

   ○ 맞음   ○ 틀림

   14. 마지막 무셔의 상패는 붉은 등 상이라고 부른다!

   ○ 맞음   ○ 틀림

5.11 우리 학급에서 지난 2주 동안에 일어난 일 가운데 하나를 선정하시오. 그 일을 아래
   의 빈칸에 네 개의 평서문으로 쓰고, 그것을 "뉴스" 이야기로 사용해도 된다.

   (제출)

학생 관리   교수로 가서 1세션 평서문이란 제목을 클릭하시오.

      설계자 유의사항: 교사는 사전검사의 숙달도 점수에 따라 후속하는 교수
      에서 학생들을 집단으로 나눌 것인지 결정해야 한다.

구성요소	하위 기능	텍스트
내용 제시	5.6	평서문

📷　평서문은 독자에게 무언가를 말하거나 설명하기 위해 사용한다. 사실이나 무언가를 직접 설명할 때, 평서문을 사용한다.

사실을 말하기 위해 사용한 몇 개의 평서문이 아래에 제시된다.

1. 영희는 집 뒷문 옆 텃밭에서 향료 채소를 기르고 있다.
2. 그녀는 그 텃밭에 민트와 베이실(나륵풀)을 비롯하여 서로 다른 다섯 가지 향료를 기른다.
3. 그녀는 숙제를 마친 다음에 그 텃밭에 갈 수 있다.
4. 모든 가족은 그녀의 향료 채소로 만든 음식을 좋아한다.

📷　평서문은 무언가를 말할 때 사용한다. 위의 문장 1에서는 영희가 가진 것을 말한다는 점에 유의하자. 그녀는 '텃밭'을 가지고 있다. 문장 2에서는 그녀의 텃밭에 있는 것을 말한다. 문장 3에서는 텃밭에서 일하는 때를 말하며, 문장 4에서는 그 텃밭에 대해 가족들이 어떻게 느끼는지를 말한다. 이 모든 문장은 무언가를 말하고 있다.

📷　평서문은 무언가를 설명하기 위해서도 사용된다. 다음 문장들이 설명하는 글이다.

1. 소풍 가는 날 비가 정말 많이 내렸다.
2. 하늘이 너무 어두워서 공원의 전등이 켜졌다.
3. 우리는 물에 흠뻑 젖었고, 핫도그도 그랬다.

📷　문장 1은 비 오는 날을 설명하고, 문장 2는 소풍날에 하늘이 매우 어두웠다는 걸 설명하며, 문장 3은 학생들과 음식에 대해 설명한다.

구성요소	하위 기능	텍스트
내용 제시	5.7	

📷　다음 두 개의 문장을 보시오. 하나는 평서문이며 하나는 아니다. 차이점을 설명할 수 있는가? 어느 문장이 평서문인가?

1. 철수는 그렇게 젖은 소풍을 정말 즐거워했다.
2. 철수가 무엇으로 인하여 그렇게 즐거워했을까?

📷 문장 1은 철수가 즐긴 것을 말한다. 문장 2는 설명하지 않는다. 이 문장을 읽은 후에는 철수가 좋아하는 것을 알 수 없다. 왜냐하면 문장 2가 독자에게 정보를 주지 않기 때문에 평서문이 아니다.

구성요소	하위 기능	텍스트
연습과 피드백	5.6~5.7	

📷 연습해 보자. 다음 각 쌍의 문장을 읽으시오. 어느 문장들이 평서문인가, 그리고 그 이유는 무엇인가?

1. a. 세그웨이 PT는 무엇인가?
   b. 세그웨이 PT는 건전지를 사용한 개인용 이동차량(personal transporter)이다.
2. a. 세그웨이 PT는 세워둘 수 있고, 자리에서 돌 수 있으며, 보행자의 속도로 여행할 수 있다.
   b. 여러분은 세그웨이 PT로 무엇을 할 수 있을까요?

📷 문장의 첫 쌍에서 문장 1a는 세그웨이 PT가 무엇인지 말하지 않으므로 평서문이 아니다. 문장 1b는 세그웨이 PT에 대해 설명하므로 평서문이다. 세그웨이에 대해 무언가를 설명한다.

📷 문장의 둘째 쌍에서, 평서문 2a는 세그웨이 PT로 무엇을 할 수 있는지 말해 준다. 반면에 문장 2b는 그것으로 무엇을 할 수 있는지에 대해 어떠한 실마리도 제공하지 않는다. 그래서 문장 2b는 평서문이 아니다.

구성요소	하위 기능	텍스트
내용 제시	5.8~5.9	설명문을 위한 문장부호

📷 문장부호는 완전한 문장을 마치기 위해 사용된다. 마침표(.)는 평서문을 마치기 위해 항상 사용되는 문장부호이다.

문장의 끝에 마침표가 있으면, 그 문장은 평서문일 것이다.

📷 다른 유형의 문장도 마침표를 사용할 수 있지만, 정보를 제공하고 마침표로 마치는

문장은 언제나 평서문이다.

📷 아래의 평서문들은 마지막에 문장부호를 정확하게 사용했다.
  1. 우리의 태양계에서는 태양과 여덟 개의 행성이 서로 중력으로 운행한다.
  2. 여덟 개의 행성에는 166개의 달이 있다.
  3. 태양계에는 또한 세 개의 왜소 행성인 명왕성, 케레스, 에리스가 있다.
  4. 태양계에는 수백만 개의 소형 물체인 소행성, 운성체, 행성, 행성 간 먼지들이 있다.

📷 우리는 이들 네 개의 문장이 평서문이라고 생각하는데, 그 이유는 태양계와 그것에 포함된 것을 설명하며, 그것들이 마침표로 끝났다.

📷 어떤 문장이 무언가를 말해 주거나 설명하기 때문에 평서문으로 보이더라도, 문장의 끝에 마침표가 없으면 그 문장은 평서문이 아니다.

📷 문장이 독자에게 무언가를 말하면, 그것은 평서문일 거라는 실마리가 된다. 그러나 문장의 끝에 마침표가 사용되지 않으면 평서문이 아니다. 과학 소설책에서 뽑은 문장을 몇 개 보자.
  1. 운성체(meteoroid)는 지구와 충돌할 수 있다!
  2. 그것이 충돌하면 지구는 파괴되어 사람이 살 수 없게 된다!

📷 위의 문장 중 어느 것도 문장을 끝내기 위해 마지막에 마침표를 사용하지 않았으므로 평서문이 아니다. 평서문이 되려면, 독자에게 무언가를 말해야 하고 마침표로 끝나야 함을 기억하자.

구성요소	하위 기능	텍스트
연습과 피드백	5.8~5.9	

📷 연습을 해 보자! 아래의 문장을 보시오. 어느 것이 평서문인가?
  1. 미국 탐험 캠프에 온 것을 환영합니다!
  2. 미국 탐험 캠프에 온 것을 환영합니다.
  3. 이번 여름에 어디로 캠프를 가니?

📷 첫째 문장은 평서문이 아니다. 새로운 캠프에 온 것을 환영하지만 마침표로 끝나지 않았다. 둘째 문장은 평서문이다. 새로운 캠프에 온 것을 환영하고 마침표로 끝났다. 셋째 문장은 평서문이 아니다. 정보를 제공하지도 않고 마침표로 끝나지도 않았다.

구성요소	하위 기능	텍스트
연습 검사 문항	5.6~5.11	

📷 첫째 평서문을 복습하자. 아래의 복습 버튼을 클릭하여 복습 문제를 가져오시오. 모든 문제에 답한 후에 그 답을 제출하고, 각 문항별 피드백을 주의 깊게 복습하시오. 실수한 부분을 눈여겨보면서 그 이유를 파악하시오. 측정한 후에 평서문에 대해 방금 읽은 정보를 다시 검토할 수도 있다.

하위 기능

5.6　1.　우리가 글을 쓸 때 평서문을 사용하는 이유는 무엇인가?

　　　　○ 무언가를 물어보기 위해

　　　　○ 무언가를 명령하기 위해

　　　　○ 무언가를 말하기 위해

　　　　○ 무언가에 감탄하기 위해

5.7　**드러나지 않은 문장부호를 무시하고, 다음 문장 가운데 평서문에 표시하시오.**

　　　2.　15세기 우리 마을에는 인디언들이 살았다

　　　　○ 평서문　　　○ 평서문 아님

　　　3.　그 인디언들은 어느 부족이었는가

　　　　○ 평서문　　　○ 평서문 아님

　　　4.　그들은 학교 운동장 근처에 살았을까

　　　　○ 평서문　　　○ 평서문 아님

　　　5.　와, 그들 중 몇 사람을 알면 좋을 텐데

　　　　○ 평서문　　　○ 평서문 아님

　　　6.　인디언에 관한 책을 먼저 읽어라

　　　　○ 평서문　　　○ 평서문 아님

5.8 7. 평서문은 어떤 문장부호로 끝나는가?

   ○ 따옴표

   ○ 느낌표

   ○ 물음표

   ○ 온점

5.9 8. 평서문의 끝에 쓰이는 문장부호는 어느 것인가?

   ○ ,   ○ !   ○ .   ○ ?   ○ ″

5.10 **다음 평서문 가운데 올바른 문장부호로 끝난 문장은?**

   9. 태양으로부터 각 행성의 거리는 각 행성의 1년 기간에 의해 결정된다?

      ○ 맞음   ○ 틀림

   10. 지구의 1년은 365일이다!

      ○ 맞음   ○ 틀림

   11. 수성의 1년은 지구의 날짜로 단 88일이다.

      ○ 맞음   ○ 틀림

   12. 해왕성의 1년은 지구의 날짜로 거의 165년이다?

      ○ 맞음   ○ 틀림

5.11 13. 소식지에서 주제 칼럼 중 하나를 선정하여, 서로 관련된 네 개의 평서문을 찾아서 아래에 쓰시오. 칼럼의 제목은, 동쪽 서쪽(고장에 관해), 오락, 환경, 역사 속의 우리 고장, 우주, 스포츠, 뉴스에 나타난 공학, 학교 이벤트 등이다.

제출

설계자 유의사항: 평서문을 다루는 사후검사에서 객관식 문제는 교수 전략을 사용하여 작성되며 사전검사와 연습 검사와 동일한 형태라고 가정하자. 사후검사에서 모든 검사 문항은 서로 다른 예문을 포함한다.

부록 L 집단별, 개인별 목표 성취 정도와 교수 프로그램에 대한 태도

1. 사전검사의 출발점 기능 부문에 있어서 목표 내의 문항에 대한 학생들의 응답

목표	5.1	5.2	5.3			5.4	5.5							
문항	1	2	3	4	5	6	7	8	9	10	점수	%	목표	%
학생														
1							1		1		2	20	0	0
2			1	1	1		1		1		5	50	1	20
3			1	1	1		1		1		5	50	1	20
4	1		1	1	1		1		1		6	60	2	40
5	1	1	1	1	1		1	1	1	1	9	90	4	80
6	1	1	1	1	1	1	1	1	1	1	10	100	5	100
7	1	1	1	1	1	1	1	1	1	1	10	100	5	100
8	1	1	1	1	1	1	1	1	1	1	10	100	5	100
9	1	1	1	1	1	1	1	1	1	1	10	100	5	100
10	1	1	1	1	1	1	1	1	1	1	10	100	5	100
11	1	1	1	1	1	1	1	1	1	1	10	100	5	100
12	1	1	1	1	1	1	1	1	1	1	10	100	5	100
13	1	1	1	1	1	1	1	1	1	1	10	100	5	100
14	1	1	1	1	1	1	1	1	1	1	10	100	5	100
15	1	1	1	1	1	1	1	1	1	1	10	100	5	100
# 정답자 수	12	11	14	14	14	10	15	11	15	11				
% 정답률	80	73	93	93	93	66	100	73	100	73				
% 목표 성취율	80	73	93			66	73							

참고사항: 1은 정답, 빈칸은 오답

2. 평서문을 위한 사후검사: 목표 내 문항에 대한 학생들의 성취 정도

목표	5.6	5.7				5.8	5.9	5.10				5.11						
문항	1	2	3	4	5	6	7	8	9	10	11	12	13	14	15	점수	%	목표
학생																		
1	1	1	1	1	1	1	1	1		1	1		1		1	12	80	5
2	1	1	1	1	1	1	1	1	1	1	1	1	1	1	1	15	100	6
3	1	1	1	1	1	1	1	1	1	1	1	1	1	1	1	15	100	6
4	1	1	1	1	1	1	1	1	1	1	1	1	1	1	1	15	100	6
5	1	1	1	1	1	1	1	1	1	1	1	1	1	1	1	15	100	6
6	1	1	1	1	1	1	1	1	1	1	1	1	1	1	1	15	100	6
7	1	1	1	1	1	1	1	1	1	1	1	1	1	1	1	15	100	6
8	1	1	1	1	1	1	1	1	1	1	1	1	1	1	1	15	100	6
9	1	1	1	1	1	1	1	1	1	1	1	1	1	1	1	15	100	6

목표	5.6	5.7				5.8	5.9	5.10				5.11				점수	%	목표
문항	1	2	3	4	5	6	7	8	9	10	11	12	13	14	15	점수	%	목표
학생																		
10	1	1	1	1	1	1	1	1	1	1	1	1	1	1	1	15	100	6
11	1	1	1	1	1	1	1	1	1	1	1	1	1	1	1	15	100	6
12	1	1	1	1	1	1	1	1	1	1	1	1	1	1	1	15	100	6
13	1	1	1	1	1	1	1	1	1	1	1	1	1	1	1	15	100	6
14	1	1	1	1	1	1	1	1	1	1	1	1	1	1	1	15	100	6
15	1	1	1	1	1	1	1	1	1	1	1	1	1	1	1	15	100	6
# 정답자 수	15	15	15	15	15	15	15	15	14	15	15	14	15	14	15			
% 정답률	100	100	100	100	100	100	100	100	93	100	100	93	100	93	100			
% 숙련도	100	100				100	100	100				93						

참고사항: 1은 정답, 빈칸은 오답

3. 사전검사, 연습 검사 문항과 사후검사에 있어서의 학생들의 성취 정도

목표 내용	5.6 목적 알기			5.7 확인하기			5.8 구두점 진술하기			5.9 구두점 찍기			5.10 인식하기			5.11 쓰기		
검사	사전검사	연습검사	사후검사	사전검사	연습검사	사후검사	사전검사	연습검사	사후검사	사전검사	연습검사	사후검사	사전검사	연습검사	사후검사	사전검사	연습검사	사후검사
1		1	1		1	1	1	1	1	1	1	1		1				
2		1	1		1	1	1	1	1	1	1	1		1			1	
3		1	1		1	1	1	1	1	1	1	1		1			1	
4		1	1		1	1	1	1	1	1	1	1		1	1		1	
5		1	1		1	1	1	1	1	1	1	1		1	1		1	
6		1	1		1	1	1	1	1	1	1	1		1	1		1	1
7		1	1		1	1	1	1	1	1	1	1		1	1		1	1
8		1	1		1	1	1	1	1	1	1	1		1	1		1	1
9		1	1		1	1	1	1	1	1	1	1		1	1		1	1
10	1	1	1		1	1	1	1	1	1	1	1		1	1		1	1
11	1	1	1	1	1	1	1	1	1	1	1	1	1	1	1	1	1	1
12	1	1	1		1	1	1	1	1	1	1	1	1	1	1	1	1	1
13	1	1	1	1	1	1	1	1	1	1	1	1	1	1	1	1	1	1
14	1	1	1	1	1	1	1	1	1	1	1	1	1	1	1	1	1	1
15	1	1	1	1	1	1	1	1	1	1	1	1	1	1	1	1	1	1
통과한 학생 수	6	15	15	4	15	15	15	15	15	15	15	15	5	15	12	5	14	10
통과율	40	100	100	27	100	100	100	100	100	100	100	100	33	100	80	33	93	66
차이	+60	0		+73	0		0	0		0	0		+67	−20		+60	−27	

참고사항: 1은 통과한 목표, 빈칸은 통과하지 못한 목표

4. 사전검사 · 연습 검사 · 사후검사에서 각 목표를 달성한 15명 학생의 비율

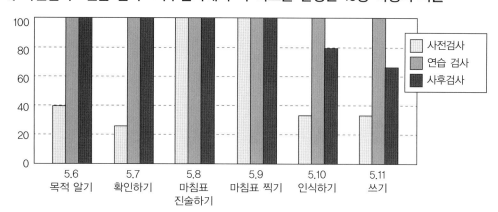

5. 사전검사 · 연습 검사 · 사후검사에서 필수 출발점 기능을 가지고 있지 않은 4명 (#1~4) 학생의 비율

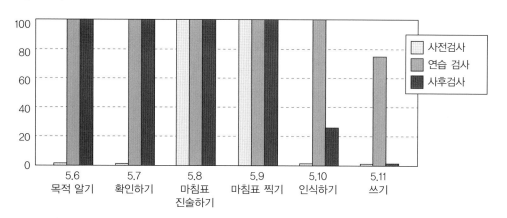

6. 사전검사 · 연습 검사 · 사후검사에서 필수 출발점 기술을 가지고 있는 10명 (#6~15) 학생의 비율

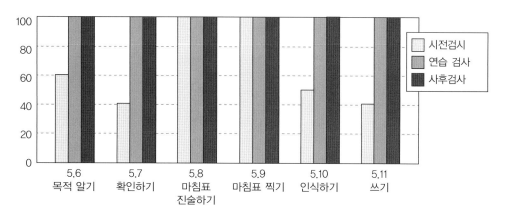

7. 태도 설문에 관한 학생들 집단의 응답 요약

유형별 문장 쓰기 수업에 대한 다음 질문에 답하시기 바랍니다. 당신의 답변은 수업의 질 향상을 위해 사용됩니다.

이름 _____요약_____ 날짜 _____1/6_____ 학급 _____소집단_____

A. 동기

1. 6학년 학생들이 읽을 수 있게 신문을 만들고 싶은가요? ○ 예   ○ 아니오

   예 = ||| ||| /// = 13 ; 아니오 = // 2

2. 수업 중에 6학년 학생들이 좋았나요? ○ 예   ○ 아니오

   예 = ||| ||| ||| = 15 ; 아니오 = 0

3. 자신이 칠판에 쓰는 속도가 맘에 들었나요? ○ 예   ○ 아니오

   예 = ||| ||| ||| = 15 ; 아니오 = 0

4. 달의 어두운 부분에 대한 기사를 좋아했나요? ○ 예   ○ 아니오

   예 = ||| ||| ||| = 15 ; 아니오 = 0

5. 모든 유형의 문장이 들어 있는 이야기가 더 흥미롭다고 생각하나요? ○ 예   ○ 아니오

   예 = ||| ||| ||| = 15 ; 아니오 = 0

6. 더 재미있는 이야기를 쓰고 싶나요? ○ 예   ○ 아니오

   예 = ||| ||| /// = 13 ; 아니오 // = 2

7. 어떤 종류의 이야기를 읽고 싶나요? ○ 예   ○ 아니오

   말, 애완동물, 우주, 스포츠, 자연, 차, 미스터리

B. 목표

1. 더 흥미로운 신문기사 쓰기를 배우려고 했다는 것을 이해했나요? ○ 예   ○ 아니오

   예 = ||| ||| ||| = 15 ; 아니오 = 0

2. 글쓰기에서 네 가지의 다른 유형의 문장 쓰기를 배우려고 했다는 것을 이해했나요?

   ○ 예   ○ 아니오

   예 = ||| ||| ||| = 15 ; 아니오 = 0

3. 다른 유형의 문장 쓰기를 하고 싶어했나요? ○ 예   ○ 아니오

   예 = ||| ||| ||| = 15 ; 아니오 = 0

C. 출발점 기능

1. 주어, 서술어와 완전한 문장에 대한 질문들을 명확하게 이해했나요? ○ 예   ○ 아니오

   예 = ~~卅~~ ~~卅~~ ~~卅~~ = 15 ; 아니오 = 0

2. 주어, 서술어와 완전한 문장에 대해 학습 전에 이미 알고 있었나요? ○ 예   ○ 아니오

   예 = ~~卅~~ ~~卅~~ //// = 14 ; 아니오 / = 1

3. 주어, 서술어와 완전한 문장에 대한 정보가 수업 중에 포함되었기를 바라나요?

   ○ 예   ○ 아니오

   예 = 0; 아니오 = ~~卅~~ ~~卅~~ ~~卅~~ = 15

D. 검사

1. 사전검사의 질문을 명확하게 이해했나요? ○ 예   ○ 아니오

   예 = ~~卅~~ /// = 8 ; 아니오 ~~卅~~ // = 7

   (답을 모르거나 어휘가 부정확할 때에도)

2. 사전검사에서 대부분의 질문에 대한 정답을 알고 있었나요? ○ 예   ○ 아니오

   예 = ~~卅~~ //// = 9 ; 아니오 ~~卅~~ / = 6

3. 사후검사의 질문들을 명확하게 이해했나요 아니면 그렇지 못했나요? ○ 예   ○ 아니오

   예 = ~~卅~~ ~~卅~~ ~~卅~~ = 15 ; 아니오 = 0

4. 수업 중 질문들을 명확하게 이해했나요, 아니면 그렇지 못했나요? ○ 예   ○ 아니오

   예 = ~~卅~~ ~~卅~~ ~~卅~~ = 15 ; 아니오 = 0

E. 교수 프로그램

1. 서술형 문장에 대한 학습 활동이 흥미로웠나요? ○ 예   ○ 아니오

   예 = ~~卅~~ ~~卅~~ ~~卅~~ = 15 ; 아니오 = 0

2. 학습 활동을 명확하게 이해했나요? ○ 예   ○ 아니오

   예 = ~~卅~~ ~~卅~~ ~~卅~~ = 15 ; 아니오 = 0

   만약 그렇지 않다면, 이해되지 않은 것은 무엇인가요? (신문기사가 어디 있었어요?)

3. <예문>이 도움을 주었나요? ○ 예   ○ 아니오

   예 = ~~卅~~ ~~卅~~ = 10 ; 아니오 ~~卅~~ = 5

4. <예문>이 너무 많았나요? 아니면 너무 적었나요?

   예 = ~~卅~~ ~~卅~~ ~~卅~~ = 15 ; 아니오 = 0

5. 예문이 너무 적었나요? ○ 예   ○ 아니오

   예 = /// = 3 ; 아니오 = 0

6. 수업 중에 연습 문제가 도움이 되었나요? ○ 예   ○ 아니오

    예 = ### ## = 10 ; 아니오 ## = 5

7. 수업 중에 피드백 활동은 도움이 되었나요? ○ 예   ○ 아니오

    예 = ### ## = 10 ; 아니오 ## = 5

    만약 그렇지 않다면, 그 이유는 무엇인가요?

F. 종합

1. 일반적으로 수업에 참석하는 것을 좋아하나요? ○ 예   ○ 아니오

    예 = ### ## ## = 15 ; 아니오 = 0

2. 전에 할 수 없었던 것들을 배웠나요? ○ 예   ○ 아니오

    예 = ### ## = 10 ; 아니오 ## = 5

3. 수업을 개선하기 위해 가장 필요한 것이 무엇이라고 생각하나요?

    더 많은 이야기 자료; 평서문 고르기; 수업은 글쓰기에 대한 것이 아니었다. 글쓰기는
    이전 수업 시간에 배웠다.

부록 M 교수 프로그램 수정 분석 양식

교수 전략	문제점	제안된 변화	증거와 자원
동기 유발 도입자료	없음	없음	질문지 조사 인터뷰
출발점 행동	네 명의 학생들은 요구되는 출발점 행동 기능이 결여되었다(1, 2, 3, 4). 다섯 번째 학생은 행동 기능 5.4가 결여되었고, 문장들을 분류했으나(행동 기능 5.5) 문장 쓰기에 어려움이 있었다(5.11). 출발점 행동을 갖추지 못한 학생들은 중간 평가는 통과했으나 사후검사에서 어려움을 겪었다. 출발점 행동 기능이 결여된 학생들은 회보 만들기를 원하지 않았다.	모든 학생들이 출발점 행동 기능을 갖추고 수업에 임할 수 있도록 한다.	출발점 행동 기능 검사 연습 검사 사후검사 관찰
자료 내용	집단 구성원들은 행동 기능 5.8과 5.9를 필요로 하지 않았다. 집단의 몇몇 구성원들은 수업이 필요치 않았지만, 다른 5명은 복습을 위해 수업이 필요했다. 몇몇 학생들은 서술형 문장 쓰기 방법을 알고 있다고 했다. 상위 능력 학습자들은 수업에 만족하지 않았다.	출발점 행동 기능 5.8과 5.9를 수업과 평가에서 제거한다. 사전검사를 실시하고 학생들이 개별화된 수업을 받게 한다.	사전검사 연습 검사 사후검사 설문조사
학습자 참여 (피드백을 통한 연습)		학생들은 회보에 대해 더 많은 정보를 얻기를 원했다. 회보 내용에 대한 목표 문항 또는 예제에 초점을 다시 맞춘다. 평가 항목 중에서 일단 명령문 항목은 제외하고, 명령문과 감탄문의 차이점을 다루는 수업에서 이를 도입한다.	연습 검사 사후검사 설문조사 인터뷰

교수 전략	문제점	제안된 변화	증거와 자원
평가	없음	없음	객관식 평가와 대안 평가에서는 기초필수 기능을 갖춘 학생과 그렇지 않은 학생을 구분하여 사전검사를 실시했다. 어휘 수준이 적당했다. 시간 구성이 알맞았다. 학생들은 퀴즈보다 명칭을 복습하고자 했고, 스스로 자신의 수준을 확인해 볼 수 있는 피드백을 선호했다.
전이	출발점 행동 기능이 없는 학생들은 회보에 대해 부정적인 견해를 나타냈지만, 기초필수 기능을 갖춘 학생들은 긍정적인 반응을 보였다.		설문조사 인터뷰
총평	대부분의 학생들은 객관식 사후검사에서 문항들을 습득할 수 있으나, 많은 학생들은 아이디어를 내거나 쓰기를 하는 데 어려움을 겪는다. 회보를 이용한 연습과 단체 활동이 이에 도움이 되며, 도서관 사서나 매체 전문가와 협력하여 기사 검색을 할 수 있다. 또한 학생들의 문장 쓰기 달성에만 중점을 두기보다는 모든 학생들의 참여를 높이기 위한 문장 쓰기 지도에 힘써야 한다.		

용어설명

개념(Concept) 한 개나 그 이상의 공통된 특징을 가진 묶음으로 나눌 수 있으며, 공통된 표시나 상징을 사용하는 일련의 목표, 행사, 기호, 상황 등. 개념 학습은 그 개념 범주의 일원을 알아내는 능력을 일컫는다.

개별화 교수 프로그램(Individualized instruction) 학생들의 개인적 흥미, 능력, 경험에 맞게 특별히 선택된 자료와 체제적으로 고안된 학습 활동을 학생들이 사용하는 것이며, 이것은 보통 자신의 진도에 맞추어지도록 설계된다.

교수(Instruction) 학습자들이 사전에 명료화된 행동들을 습득하도록 한다는 목적을 가지고 한 개 이상의 매체를 통해 제시되는 일련의 행사나 활동.

교수 내용 묶음(Chunk of instruction) 한 목표나 두 가지 이상의 목표를 가르치도록 요구하는 모든 교수 내용의 묶음.

교수 분석(Instructional analysis) 학생들이 목적을 성취하는 데 필요한 관련 기능을 규명하기 위해, 그리고 하위 기능과 정보를 확인하기 위해 교수 목적에 적용되는 과정.

교수자용 안내서(Instructor's manual) 교사의 교수 프로그램 사용을 촉진하기 위해 교사에게 주어지는 문서 자료. 이 지침서에는 자료의 개관, 답이 달린 질문, 교사에게 유용하다고 여겨지는 보충 정보 등이 포함되어야 한다.

교수 전략(Instructional strategy) 교수 목적을 성취하기 위한 전반적인 활동 계획. 그 전략은 집단 핑, 매체, 전달 시스템의 명료화뿐만 아니라, 중간 목표들의 연계와 교수 목적을 달성하도록 하는 학습 활동을 포함한다.

교수 프로그램(Instructional materials) 학생들이 교수 목적을 성취하기 위해 사용하는 인쇄물이나 다른 매체.

구성주의(Constructivism) 학습을 사회적, 문화적, 실제적 환경을 통해 얻어진 새로운 지식을 기존의 지식과 연합시킴으로써 의미를 구성해 가는 내적 과정으로 간주하는 학습이론. 구성주의는 학습을 위해 참여하는 과정과 사회적 상호작용을 강조한다.

구성주의적 학습 환경(Constructivist learning environment) 학습자가 협력 집단에 소속되어 문제의 해결을 위해 자문을 해 주는 동료 학습자나 교사와 더불어 학습할 수 있는 환경. 면대면 협력이나 매체에 의한 원격 협력이 가능하다. 또한 실제 환경이나 가상 학습 환경에서 협력이 이루어질 수 있다.

군집 분석(Cluster analysis) 목적을 성취하는 데 필요한 특정 정보와 그 정보가 가장 잘 조직되고 나누어질 수 있는 방법을 규명하기 위한 기술로, 언어적 정보 영역의 목적을 분석하는 데 사용된다.

내용 안정성(Content stability) 학습될 정보가 최신의 것으로 남는 정도.

내재된 태도 질문(Embedded attitude question) 학습자들이 처음 교수에 접했을 때 교수에 관해 받는 질문.

대안적 평가(Alternative assessment) 객관적 형태의 검사를 대신하여 실제 수행이나 산출물, 태도 등에 대해 평가하는 평가 도구 및 절차를 의미하며, 이는 학습자를 위한 안내문과 평가 기준표를 포함한다.

매체(Media) 교수 내용을 전달하는 물리적 수단. 예로서 그림, 슬라이드, 오디오테이프, 컴퓨터, 사람, 모형 등이 있다.

맥락 지향 준거(Context-centered criteria) 평가 상황과 학습 및 수행 맥락 사이의 일치도를 판단하기 위해 활용되는 검사 및 항목에 대한 준거. 예제 및 모의 환경의 실제성이 중요한 요소이다.

모듈(Module) 전체 학습 과정의 한 부분으로 제공되며, 특정 지식과 기능의 숙달을 발달시키는 데 필요한 정보를 제공하는 하나의 통합된 주제를 가진 교수 패키지.

모형(Model) 한 체제의 선택된 특징을 나타내며, 종종 체제를 단순화하여 그림이나 플로차트 형태로 나타낸다.

목표(Goal) 교수 의도에 대한 광범위하고 일반적인 진술로서 '학습자가 무엇을 한다'라고 표현된다.

목표(Objectives) 학습자가 특정 교수를 완수하고 난 뒤 할 수 있을 것이라고 기대되는 것에 대한 진술로서, 관찰 가능한 수행을 나타내는 용어로 기술된다. 수행 목표, 행동 목표, 교수 목표로 알려져 있다.

목표 분석(Goal analysis) 시행의 순서 및 그 순서를 성취하는 데 필요한 판단을 규명하기 위해 목적을 분석하는 데 사용되는 기술.

목표 지향 준거(Goal-centered criteria) 교수 목적, 수행 목표, 학습의 점검을 위해 활용되는 어떠한 종류의 검사 항목 사이의 일치성을 판단하기 위해 사용되는 검사 또는 항목에 대한 준거.

변별(Discrimination) 한 자극에서 다른 자극을 구별해 내는 것. 그리고 다양한 자극에 다르게 반응하는 것.

복합 목적(Complex goal) 한 학습 영역 이상을 포함하는 목적.

비교수적 해결책(Noninstructional solution) 지식 이수 이외의 수행 차이를 줄이는 수단으로, 동기적, 환경적, 설비적 요소가 포함된다.

설계 평가표(Design evaluation chart) 설계 평가를 촉진하는 정보를 조직하기 위한 한 방법. 이 표는 기능, 목표, 조합된 평가 항목과 관계있으며, 교수 설계의 요소 간에 비교를 쉽게 한다.

수행 기반 교수 프로그램(Performance-based instruction) 훈련이나 학습 평가를 설계하기 위해 투입되는 직무 수행 측정치나 추정치의 활용.

수행 맥락(Performance context) 학습자가 학습하고 있는 기능을 성공적으로 사용할 것이라고 희망하는 환경이나 여건으로, 물리적, 사회적 양상을 포함한다.

수행 분석(Performance analysis)   직무 혹은 수행의 문제를 밝혀내고, 분석하고, 교정하는 분석 과정.

숙고적 성찰(Mindful reflection)   구성주의적 학습에서, 학습자가 미래의 학습을 위해 자신의 과거와 현재의 학습 과정을 고찰하여, 이를 확고하게 하거나 교정하는 내적인 과정.

숙달 수준(Mastery level)   목표가 만족할 정도로 성취되었음을 나타내는 과제 수행의 수준으로, 사전에 유목화되어 있으며, 하위 단계는 포함하지 않는다.

요구(Needs)   현 상황의 상태와 당연히 그러해야만 하는 상태 사이의 분별.

요구 분석(Needs assessment)   현재의 결과와 어떤 기관의 바람직한 결과 사이의 차이를 규명하는 정식 과정.

위계적 분석(Hierarchical analysis)   지적 기능 영역의 목적을 위해 사용되는 기술로, 목적을 성취하는 데 필요한 중요한 하위 기능들과 그것들의 상호작용을 규명한다. 각 하위 기능을 위해, 이 분석은 다음과 같은 질문을 한다. '특정 하위 기능을 학습하기 위해 학생들은 무엇을 알아야만 하는가?'

인지적 유연성(Cognitive flexibility)   새롭고, 예측할 수 없는 문제를 해결하기 위해 개인의 지적 구조와 관리 전략을 적용하고 변화시키는 능력.

인지 전략(Cognitive strategy)   개인이 학습한 것을 확실히 하기 위해 사고하는 방법을 관리하는 데 활용되는 메타 과정.

인지주의(Cognitivism)   학습을 새로운 지식을 기억에 저장하고 또한 인출하는 역동적 심리 과정으로 간주하는 학습이론.

일관성 분석(Congruence analysis)   어떤 기관의 공표된 요구, 목적과 후보 교수에 명시된 것들 간의 일치를 분석하는 것; 어떤 기관에 속한 목표 집단의 출발점 기능, 특성과 후보 자료가 의도한 행동과 특성 간의 일치도 분석; 어떤 기관의 수단과 후보 교수가 확보, 실행되는 데 필요한 수단 간의 일치도 분석을 의미한다. 종합 평가의 전문가 평가 동안 수행된다.

일대일 평가(One-to-one evaluation)   설계자와 개개 학생 사이의 직접적 상호작용을 의미하는 형성 평가의 첫 번째 단계.

일반적 학습자 특성(General learner characteristics)   주어진 목표 집단에서 그 학습자를 기술하는 일반적이고 상대적으로 안정된(교수에 의해 영향받지 않는) 특성.

전달 시스템(Delivery system)   교수가 학습자에게 전달되는 수단을 묘사하는 용어. 교사 주도 교수, 원격 교육, 컴퓨터 기반 교수 그리고 자기 주도 교수 프로그램들.

전문가 판단 평가(Expert judgment evaluation)   내용 전문가, 학습자 전문가, 혹은 설계 전문가에 의해 만들어진 교수 프로그램의 질에 대한 판단. 종합 평가의 첫 번째 국면에 해당한다.

조건(Conditions)   수행 목표를 진술하는 주요 요소로, 학습자가 목표를 숙달했는지에 대한 평가를 할 때 필요한 환경과 자료를 기술한다.

준거(Criterion)   수행이나 산물이 측정되는 표준.

준거 지향 검사 항목(Criterion-referenced test items)   명시적인 교수 목표의 수행을 측정하기 위해 고안된 항목들로서, 교수 목표 관련 평가 항목이라고도 한다.

지적 기능(Intellectual skill) 약간의 독특한 인지적 활동을 요구하는 기능으로, 인지적 상징을 조작하는 것을 포함하며, 단순히 전에 배운 정보를 끄집어 내는 것과는 상반된다.

직무 분석(Job analysis) 사람들이 직무에 대해 무엇을 하고 있으며, 또 해야 하는지를 기술한 내용을 수집, 분석, 종합하는 절차

직무수행 보조물(Job aid) 복잡한 과업의 수행 동안 학습자가 기억에 의존해야 하는 것을 경감시켜 주는 종이나 컴퓨터 형태의 장치.

집단 기반 교수(Group-based instruction) 학습자 집단에 사용하기 위해 고안된 학습 활동 및 자료로, 상호작용적인 집단 교수 방법을 말한다.

참 평가(Authentic assessment) 새로 습득한 기능을 최종적으로 활용될 실제 상황이나 이를 모방한 환경에서 평가하는 것.

초기 분석(Front-end analysis) 교수적 요구를 평가하고, 해당 요구를 충족시키기 위한 대안적인 접근 방법을 고안하는 절차. 이는 수행 분석, 요구 분석, 직무 분석, 훈련 전달 옵션, 실행 가능성 분석을 망라하는 다양한 활동을 포함한다.

출발점 기능(Entry skills) 학습자가 주어진 교수 활동에 들어가기 전에 숙달했어야만 하는 특정 능력이나 기능.

출발점 기능 검사 항목(Entry-skill test item) 특정 교수 과정의 시작에 필요한 전제 조건으로 규명된 기능을 측정하기 위해 고안된 준거 지향 검사 항목. 항목들은 전형적으로 사전검사에 포함된다.

태도(Attitude) 어떤 상황에서 개인이 행동을 선택하거나 결정하는 데 영향을 미치는 내부 상태. 태도는 특정 방법으로 반응하는 경향을 나타낸다.

평가(Evaluation) 특정 시간이나 장소에서 특정 질문에 대해 특정 대답을 얻기 위해 행해지는 조사로, 품질 수준에 대한 판단을 포함한다.

평가 도구(Assessment instruments) 학습자의 성취도와 태도 모두에서 학습자의 상태와 발전 정도를 가늠하기 위해 활용되는 자료. 성취도 평가를 위해서는 목표 검사, 산출물 개발 활동, 실제 수행 검사가 포함된다. 태도 평가를 위해서는 객관적 평가와 자기 평가가 모두 포함된다.

평가 지향 준거(Assessment-centered criteria) 문법, 철자, 구두점, 명확성, 간명성, 제시된 형식의 활용 등과 같은 작문의 질적 수준을 판단하기 위한 항목들을 활용하는 검사, 혹은 항목의 준거.

피드백(Feedback) 교수 중 질문에 대한 학습자 응답의 정확성에 관해서 학습자에게 제공되는 정보.

학습 맥락(Learning context) 전개될 교수가 사용될 실제 물리적 장소(혹은 장소들).

학습 영역(Domain of learning) 요구된 학습 수행 유형에 의한 영역이나, 요구된 정신적 과정 유형이나, 학습의 관련 조건 영역과는 구별되는 학습 결과의 주요 유형.

학습자 분석(Learner analysis) 목표 집단 구성원에게 들어맞는 특징을 결정하는 것. 종종 조직이

나 작업 환경에 대한 태도와 함께 가르칠 내용에 대한 태도와 사전 지식을 포함한다.

학습자 수행 데이터(Learner performance data) 학습자들이 교수의 단원에 따른 교수 목표를 성취하는 정도에 대한 정보.

학습자 전문가(Learner specialist) 특정한 학습자 집단에 관해 지식이 풍부한 사람.

학습자 지향 준거(Learner-centered criteria) 수행 수준의 적절성과 학습자의 언어, 맥락, 경험 및 교수 프로그램 사이의 일치성을 판단하기 위해 사용하는 준거

항목 난이도 지표(Item difficulty index) 정답을 맞히거나, 과제를 정확하게 수행한 학습자들의 백분율.

항목 분석표(Item analysis table) 평가의 각 항목에 정확히 답한 학습자의 백분율이 나타나는 평가 데이터를 제시하는 수단.

행동(Behavior) 공개적이고, 관찰 가능하고, 측정 가능한 수행을 일컫는 행위.

행동 목표(Behavioral objective) 목표 참조.

현장 평가(Field trial) 형성 평가의 세 번째 단계로서 프로그램이나 산출물이 사용될 장소에서 그 프로그램이나 산출물을 평가하는 것을 일컫는다. 이는 또한 종합 평가의 두 번째 국면이기도 하다.

형성 평가(Formative evaluation) 프로그램이나 산출물을 향상시키기 위해 사용되는 정보와 자료를 수집하기 위해 고안된 평가로, 프로그램이 전개되는 동안에 수행된다.

후보 매체(Candidate media) 가장 효과적이리라는 고려 없이 이상적인 정보를 나타내 줄 수 있는 매체들. 비후보 매체와 구별된다. 예를 들어 책은 소리를 낼 수 없으므로 어떤 목표의 교수 전달에는 부적절한 선택일 것이다.

ARCS 켈러(Keller)의 동기 이론의 축약어: 주의집중(Attention), 관련성(Relevance), 자신감(Confidence), 만족감(Satisfaction).

EPSS 전자수행지원체제(Electronic Performance Support System)의 축약어. 소프트웨어 시스템에 내재되어, 필요에 따라 업무 수행을 지원하기 위해 활용될 수 있다. 이는 알고리듬, 전문가 시스템, 튜토리얼, 각종 정보 등을 제공한다.

찾아보기

기타

역자 소개

김동식

부산대학교 교육학과 졸업
미국 Florida State University 대학원 교육공학 석사 및 Ph. D
한국교육공학회 회장(2009~2010)
(현) 한양대학교 교육공학과 교수
kimdsik@hanyang.ac.kr

체제적 교수 설계, 8판
The Systematic Design of Instruction, 8/E

발행일 2016년 3월 15일 초판 발행
저자 Walter Dick, Lou Carey, James O. Carey | **역자** 김동식
발행인 홍진기 | **발행처** 아카데미프레스 | **주소** 413-756 경기도 파주시 문발동 출판정보산업단지 507-9
전화 031-947-7389 | **팩스** 031-947-7698 | **이메일** info@academypress.co.kr
웹사이트 www.academypress.co.kr | **출판등록** 2003. 6. 18 제406-2011-000131호
ISBN 978-89-97544-81-3 93370

값 28,000원